hänssler

ARMIN MAUERHOFER

Pädagogik

nach biblischen Grundsätzen

Band 1
Menschenbilder, Erziehungsziele, pädagogische Prinzipien und gemeindepädagogische Überlegungen

Dr. Armin Mauerhofer wurde 1946 in Neuenegg geboren. Er war einige Jahre Primarlehrer. Nach dem Studium an der Staatsunabhängigen Theologischen Hochschule in Basel war er längere Zeit Pfarrer der Freien Evangelischen Gemeinde in Langenthal. Neben der Gemeindearbeit promovierte er an der Uni in Bern. Heute ist er Lehrer innerhalb des Bundes der Freien Evangelischen Gemeinden und Dozent an der STH im Bereich der Praktischen Theologie. Er unterrichtet seit 1986 Pädagogik und Katechetik. Er ist verheiratet und Vater von drei erwachsenen Kindern.

hänssler-Paperback
Bestell-Nr. 393.645
ISBN 3-7751-3645-2

Internet: www.haenssler.de
E-Mail: info@haenssler.de
Titelfotos: H. B. Binder; The Image Bank
Umschlaggestaltung: Daniel Kocherscheidt
Satz: AbSatz, Klein Nordende
Druck und Bindung: Freiburger Graphische Betriebe, Freiburg
Printed in Germany

Inhalt

Vorwort

Mein Interesse an pädagogischen und didaktischen Überlegungen wurde im Lehrerseminar geweckt. Als ich Lehrer war, begann ich mich vertieft mit diesen Gedanken auseinander zu setzen.

Als ich einige Jahre später an der Staatsunabhängigen Theologischen Hochschule in Basel studierte, beeindruckten mich im pädagogisch-didaktischen Bereich vor allem die Ausführungen von Prof. Dr. Arthur Hoffmann und Prof. Dr. Alfred Stückelberger. Beide setzten sich mit den Strömungen unserer Zeit auseinander und versuchten zudem ihre alternativen Grundgedanken von der Bibel her zu entfalten.

Während meines Weiterstudiums an der theologischen Fakultät der Universität Bern wurde mir bewusst, dass jede theologische Bewegung, sei es die Reformation, der Pietismus oder die Erweckungsbewegung ihre Grundanliegen bis in den pädagogisch-didaktischen Bereich weitergezogen hat. Genau das gab diesen Bewegungen eine gewisse Langzeitwirkung.

Ich beschäftigte mich dann eingehend mit der evangelikalen Bewegung, die sich seit dem Zweiten Weltkrieg immer stärker in Europa ausbreitet. Dabei fiel mir auf, dass pädagogisch interessierte Persönlichkeiten dieser Bewegung sich für die Umsetzung ihrer Anliegen in den pädagogisch-didaktischen Bereich einsetzten. Dazu gehörten A. H. Hoffmann und A. Stückelberger. Auch G. Schröter, D. Velten, E. Mühlan und viele andere wären hier zu erwähnen. Ich setzte mich intensiv mit ihren Veröffentlichungen auseinander. Je mehr ich mich mit dieser Thematik beschäftigte, desto mehr wuchs in mir der Wunsch, diesen evangelikalen Ansatz, der seine Grundgedanken von der Bibel her entfaltet, breiter auszuführen.

Da ich seit 1986 an der Staatsunabhängigen Theologischen Hochschule in Basel als Nachfolger von Prof. Dr. Alfred Stückelberger Pädagogik und Katechetik unterrichte, versuchte ich in der Ausarbeitung meiner Vorlesungen diesen Wunsch zu verwirklichen. Das Ergebnis liegt nun in den beiden Bänden »Pädagogik nach biblischen Grundsätzen« vor.

Ich verbinde mit der Herausgabe dieser Bücher folgende Anliegen:

- Zunächst wünsche ich, dass diese Ausführungen Kindergärtnerinnen, Lehrerinnen und Lehrer auf ihre eigentliche Aufgabe aufmerksam machen, die darin besteht, dass sie die Kinder zu Jesus, ihrem Retter, hinführen.
  Ferner hoffe ich, dass sie neue Impulse im Blick auf den Umgang mit Kindern, Teenagern und Jugendlichen in den christlichen Gemeinden auslösen.
- Außerdem würde es mich freuen, wenn diese Bücher einen Anstoß zur Gründung einer evangelikalen Pädagogischen Hochschule geben könnten, damit die Möglichkeit gegeben wäre, die entfalteten Gedanken auch umzusetzen.
- Schließlich ist es mein Wunsch, dass diese Ausführungen verunsicherten Eltern unserer Zeit konkrete Hilfen für die Erziehung ihrer Kinder geben.

Ein ganz besonderer Dank gilt Pfarrer Berthold Meier, Leiter der Aloys-Henhöfer-Schule in Karlsruhe, der das ganze Manuskript sprachlich überarbeitet hat und mir viele wertvolle Hinweise gab. Mein Dank gilt auch Wilhelm Faix und Debora Sommer, die mir hilfreiche Anregungen gegeben haben. Ebenfalls danke ich Claudia Gloor und Uta Müller, die das Manuskript gründlich durchgesehen haben.

Vor allem danke ich meiner Frau Christine, die mithalf, die in den vorliegenden Büchern entfalteten Gedanken in der Erziehung unserer Kinder – Matthias, Daniel und Damaris – umzusetzen.

Im Sommer 2000
Muttenz

Armin Mauerhofer

1 Die Bibel – Grundlage der pädagogischen Überlegungen

Die Pädagogik hat es mit dem Menschen als einem **erziehungsbedürftigen Wesen zu tun.**[1] In der Pädagogik geht es um die Lehre von der Erziehung der heranwachsenden Menschen. Die Erziehung ist grundsätzlich in der Verantwortung der Erwachsenen – vor allem der Eltern – den heranwachsenden Kindern gegenüber verankert. Dieser Erziehungsauftrag ist nicht evolutionär entstanden, wie dies Erich Weber meint,[2] sondern Gott hat diesen Auftrag seinen Geschöpfen, den Menschen gegeben (5. Mose 8,5; Spr 22,6; Eph 6,4). Die Erwachsenen haben aber zu beachten, dass die Kinder aktiv am Erziehungsprozess mitwirken. Ein Teilaspekt der Erziehung ist das Lehren in seiner ganzen Vielfalt (Belehrung, vormachen, üben usw.) und die damit verbundenen Lernerfahrungen des Kindes. Erziehung umfasst alle Handlungen, mit Hilfe welcher man auf das Kind einwirkt (loben, tadeln, ermutigen). Zur Erziehung gehört aber auch der Lebensraum, in welchem das Kind aufwächst (heile Familie, zerrüttete Familienverhältnisse, Geschwister, Schule). Da Erziehung von einem bestimmten Menschenbild, bestimmten Zielen, die wiederum von bestimmten Werten und Normen beeinflusst werden, geprägt wird, haben wir uns zu fragen: Wer sagt uns denn, wer der Mensch wirklich ist? Wer kennt seine eigentlichen Ziele, die angestrebt werden sollten? Wer setzt die tragenden Werte und Normen fest? Wer zeigt uns, welche Prinzipien wir im Erziehungsprozess zu beachten haben?

---

1 Weber, E., Pädagogik. Eine Einführung. Grundfragen und Grundbegriffe. Ontogenetische Voraussetzungen der Erziehung – Notwendigkeit und Möglichkeit der Erziehung, Bd. 1/Teil 2, Donauwörth 1996[8], S. 218-219

2 Weber, E., Pädagogik. Eine Einführung. Grundfragen und Grundbegriffe. Pädagogische Anthropologie. Phylogenetische (bio- und kulturrevolutionäre) Voraussetzungen der Erziehung, Bd. 1/Teil 1, Donauwörth 1995[8], S. 216

Ich bin zutiefst davon überzeugt, **dass nur Gott, der uns Menschen erschaffen hat, uns sagen kann, wer wir eigentlich sind** und welche Ziele wir anzustreben haben. Er ist es auch, der die zu berücksichtigenden Werte und Normen festgesetzt hat und uns zeigt, was wir im Erziehungsprozess zu beachten haben, sodass wir den Kindern gerecht werden.

Wenn der Mensch sich in diesen Grundfragen nicht an Gott und seiner Offenbarung orientiert, besteht die Gefahr, dass er diese ideologisch, parteipolitisch usw. zu lösen versucht. Dadurch kann die Pädagogik einer illusionären Selbstüberschätzung verfallen. Man meint z. B. mit Hilfe der Pädagogik die Probleme unserer Zeit lösen zu können, wenn man nur den richtigen Ansatz wähle.[3]

Wer wir sind, wozu uns Gott gemacht hat, welche Grundwerte und -normen wir einzuhalten haben und welche Prinzipien wir zu beachten haben, sagt uns Gott in seiner Offenbarung, der Bibel. Deshalb hat für mich die Bibel im Blick auf alles pädagogische Überlegen und Handeln eine grundlegende Bedeutung. Ein Rückgriff auf undefinierbare »transzendentallogische« Voraussetzungen befriedigt mich nicht.[4]

Dadurch, dass ich in meinen pädagogischen Überlegungen von der göttlichen Offenbarung ausgehe, ergibt sich ein Zueinander von Theorie und Praxis. Denn Gott, der uns die erzieherischen Anweisungen gibt, befähigt uns auch, sofern wir an ihn glauben, diese in die Tat umzusetzen.

Ich untersuche in meinen Ausführungen zunächst die Frage nach der Stellung der Bibel in den heutigen pädagogischen Theorien (1.1) und in der Religionspädagogik (1.2). Dann zeige ich auf, warum ich die Bibel als die von Gott gegebene Offenbarung ernst nehme und welche hermeneutischen Konsequenzen sich für mich hieraus ergeben (1.3). Anschließend entfalte ich von dieser biblischen Grundlage her meine pädagogischen Überlegungen (1.5).

---

[3] Brezinka, W., Grundbegriffe der Erziehungswissenschaft, München; Basel 1974, S. 199-218

[4] Breinbauer, I. M., Einführung in die Allgemeine Pädagogik, Wien 1996, S. 19

1.1 Die Stellung der Bibel in der heutigen Pädagogik

Es gibt heute leider nicht mehr so etwas wie eine »Allgemeine Pädagogik«. Vielmehr gibt es eine Pluralität pädagogischer Richtungen, mit der wir uns abfinden müssen.[5]

1.1.1 Pädagogen, welche die Bibel als Grundlage ernst nahmen

Die Reformatoren – allen voran **Martin Luther** – gingen selbstverständlich davon aus, dass der Bibel in allen erzieherischen Bemühungen die zentrale Bedeutung zukommt. Zunächst ist biblische Unterweisung aufgrund der Schöpfungsordnung Gottes Aufgabe der Eltern. Ja, es ist ihre heiligste und wichtigste Pflicht. Da diese Aufgabe jedoch weithin Fähigkeit und Willigkeit der Eltern übersteigt, braucht es andere Erzieher, nämlich die Lehrer der Schule, die als Helfer diese wichtigste Pflicht erfüllen. Martin Luther setzte sich vehement für das Erlernen der Sprachen Latein, Griechisch und Hebräisch ein, damit die Kinder die Bibel gründlich studieren können. Nur durch gründliche Sprachkenntnisse würden falsche Bibelauslegungen entlarvt und Irrtümer bekämpft.[6]

Johann Amos Comenius (1592-1670) verdanken wir wohl das erste wirklich umfassende System einer Pädagogik, das von den anthropologischen Prämissen bis in die Details der Ziel- und Inhaltsentscheidungen, sowohl der methodischen als auch der organisatorischen, eines aus dem anderen entwickelt.[7] Auch er suchte seine Gedanken von der Bibel her zu entfalten. Er leitete aus der Bibel drei pädagogische Ziel- und Aufgabenbereiche ab. Es ging ihm um die Auf-

5 ebd., S. 129-133

6 Schule auf biblischer Basis. Grundlagen und Ziele Evangelischer Bekenntnisschulen, hg. v. der Arbeitsgemeinschaft Evangelischer Bekenntnisschulen (AEBS), Neuhausen-Stuttgart 1985, S. 30-31

7 Scheuerl, H., Johann Amos Comenius (1592-1670), in: Klassiker der Pädagogik, hg. v. H. Scheuerl, Bd. 1, München 1979, S. 68

gabenbereiche eruditio (Erkenntnisbildung), mores (Tugendlehre, sittliche Erziehung) und pietas (Frömmigkeit, Demut und praktisches Christentum).[8] Comenius war davon überzeugt, dass die Bildung der Kinder zur Verbesserung der menschlichen Verhältnisse führt. Er wünschte, dass alle Menschen, gleichgültig welchen gesellschaftlichen Stand sie angehören, die gleichen Bildungsmöglichkeiten haben sollten. Bildung bestand für ihn nicht in einem enzyklopädischen großen Wissen, sondern darin, die Ordnungen der Welt richtig zu erkennen, sodass jedem Ding der rechte Platz im Ganzen der Schöpfung zuerkannt werden konnte.[9]

August Hermann Francke (1663-1727) war ein bedeutender Pädagoge. Seinem Einfluss ist es zu verdanken, dass die allgemeine Schulpflicht für die Kinder eingeführt wurde. Er setzte mit seinem »Seminarium Selectum Praeceptorum« den Grundstein für eine geordnete Lehrerausbildung im deutschsprachigen Raum und darüber hinaus. Dadurch, dass er die Realien und die praktischen Fächer stark förderte, waren die Grundlagen zur späteren Realschule gegeben.

Francke entfaltete seine pädagogischen Gedanken von der Bibel her. Seine wichtigsten Schriften sind: »Von der Erziehung der Jugend« (1698), »Kurzer und einfältiger Unterricht, wie die Kinder zur wahren Gottseligkeit und christlichen Klugheit anzuführen sind« (1702).[10] Er schreibt in der Schrift »Von der Erziehung der Jugend« unter anderem:

> »Denn die Kinder werden nicht mit gebührenden Ernst darauff gewiesen/wie sie alles/was sie von Worte Gottes hören/ohne Unterlass innerlich und äusserlich appliciren sollen/also dass ihr Wesen mit dem Worte Gottes übereintreffe/ja sie sehen gerade das Gegentheil an ihren Eltern und Praeceptoren.«[11]

---

8 ebd., S. 75

9 Breinbauer, I.M., Einführung in die Allgemeine Pädagogik, S. 50

10 August Hermann Francke, Werke in Auswahl, hg. v. E. Peschke, Berlin 1969, S. 120-150

11 zit. nach ebd., S. 122

1.1.2 Mit Jean-Jacques Rousseau setzte die Abwendung von der Bibel ein

Jean-Jacques Rousseau (1712-1778) hat mit seinem Erziehungsroman »Emile ou de l'éducation« der Bibel die zentrale Stellung in der Pädagogik geraubt. Er ließ nur noch die »natürliche Religion« gelten, in welcher die Vorstellungen von einer Gottheit durch die Vernunft möglich sind.[12] Es geht Rousseau in diesem Roman um die »natürliche Erziehung« des Individuums.[13] Die Erziehung hat sich der Natur als einer von Stufe zu Stufe fortschreitenden Entwicklung anzupassen. Anders formuliert: Der Erzieher soll sich möglichst zurückhalten. Er hat primär die Aufgabe, die Umwelt zu gestalten und »pädagogische Situationen« aufzubauen. Er ist letztlich Stellvertreter der Natur und des »allgemeinen Willens«. Dem Kind kommt nach Rousseau ein Eigenrecht zu, da es seine Erfüllung und Reife in sich selber trage. Das Kind wird vom Objekt der Erziehung zum Subjekt.[14] Dies führt bei Rousseau da und dort zur »negativen Erziehung«. Er will, dass dem Kind bestimmte Erziehungsinhalte wie z. B. die Anleitung zum sittlichen Handeln, so spät wie möglich vermittelt werden.[15]

1.1.3 Die Philanthropen

Die führenden pädagogischen Schriftsteller und Schulreformer Deutschlands in der zweiten Hälfte des 18. Jahrhunderts wirkten, beeinflusst von Rousseau und den aufklärerischen Gedanken, in dem Bewusstsein, ein »pädagogisches Jahrhundert« heraufzuführen. Sie waren davon überzeugt, mit der häuslichen und schulischen Erzie-

---

12 Rousseau, J. J., Emile oder Über die Erziehung, hg. v. M. Rang, Stuttgart 1986, S. 535

13 Rang, M., Jean Jacques Rousseau (1712-1778), in: Klassiker der Pädagogik, Bd. 1, S. 116

14 Gudjons, H., Pädagogisches Grundwissen, Bad Heilbrunn 1993, S. 76-78

15 Knoop, K.; Schwab, M., Einführung in die Geschichte der Pädagogik. Pädagogen – Porträts aus vier Jahrhunderten, Heidelberg; Wiesbaden 1994³, S. 49-50

hung einen »neuen Menschen« schaffen zu können, nämlich den religiös-aufgeklärten, sittlich und wirtschaftlich vernünftig handelnden Menschen. Man nennt diese Gruppe von Pädagogen, zu welchen **Johann Bernhard Basedow** (1724-1790), **Joachim Heinrich Campe** (1746-1818) und **Ernst Christian Trapp** (1745-1818) gehören, **Philanthropen** (Menschenfreunde). In ihrer Pädagogik ist das Ziel der Bildung die wirtschaftliche Brauchbarkeit des Menschen.[16] Die Bibel spielte in ihren pädagogischen Entwürfen kaum mehr eine Rolle, da die christlichen Inhalte zu einer bürgerlichen Tugendlehre umfunktioniert wurden.[17]

1.1.4 Große Pädagogen, so genannte Neuhumanisten, haben Erziehung und Bildung in der entstehenden bürgerlichen Gesellschaft stark geprägt (1800-1900)

- All diesen großen Pädagogen stelle ich **Johann Heinrich Pestalozzi** (1746-1827) voran, da er viele der nachfolgend genannten Pädagogen, insbesondere Herder und Herbart, maßgeblich beeinflusst hat. Pestalozzi war davon überzeugt, dass der Mensch einen sittlichen Willen besitzt, der durch Erziehung entwickelt werden kann. Ohne Erziehung kann dieser sittliche Wille nicht zur Entfaltung kommen. In diesem Zusammenhang bejahte er das Christentum, weil es die Sittlichkeit zu fördern vermöge. Nicht die Lehre, sondern das Ergebnis, nämlich die Moral, war für ihn entscheidend.[18]

  Für ihn war auch klar, dass der Mensch in seinem Verhalten wesentlich von der sozialen Umwelt bestimmt wird. Auf der anderen Seite lehrte er die Autonomie des Menschen. Der Mensch

---

[16] Herrmann, U., Die Pädagogik der Philanthropen, in: Klassiker der Pädagogik, Bd. 1, S. 135-158

[17] Kron, F.W., Grundwissen Didaktik, München; Basel 1993, S. 69

[18] Die Religion der Reformpädagogen. Ein Arbeitsbuch, hg. v. R. Koerrenz; N. Collmar, Weinheim 1994, S. 11

wird durch die Umwelt beeinflusst, beeinflusst aber seinerseits die Umwelt.[19]

Er betonte, dass nicht Belehrung und aufklärerische Unterweisung zu sittlichem Verhalten führen können, sondern nur die Erfahrung von Fürsorge, Liebe und gelebter Gemeinschaft. Deshalb bemühte er sich auf dem Neuhof um verarmte Kinder und kümmerte sich um Waisenkinder in Stans.

Er entfaltete später in Burgdorf und Iferten (Yverdon) die Grundgedanken zur neuen Volksschule. Grundlegend war für Pestalozzi im Unterricht die Anschauung und die Erfahrung. Auch das Tun dessen, was gelehrt wurde, spielte für ihn eine wichtige Rolle. »Kopf, Herz und Hand« sollte im Unterricht berücksichtigt werden. Er bemühte sich um einen erziehenden Unterricht, in welchem auf das Kind eingegangen wird.[20]

- **Friedrich Fröbel** (1782-1852) hatte mit seinem Buch »Menschenerziehung« (1826) einen großen Einfluss. Er zeichnete ein romantisches Bild vom Kind als einem unverstellten Wesen. Er setzte sich vor allem für die Vorschulerziehung des Kindes ein. Er machte auf die Wichtigkeit des Spiels und des Singens aufmerksam. Er suchte Kindergärten einzuführen, in welchen modellhaft gezeigt werden sollte, wie man mit kleinen Kindern umgeht.[21]
- **Johann Gottfried Herder** (1744-1803) wurde mit seinem anthropologischen Entwurf vom Menschen, als dem »ersten Freigelassenen der Natur«, bekannt. Er betonte die Freiheit und Verantwortung des Menschen (in seinen Schulreden 1784-91). Die höchste Form der Humanität war für Herder die Religion, denn nur in ihr erkenne der Mensch die Gesetze Gottes.[22]
- **Johann Friedrich Herbart** (1776-1841) sah den Charakter eines Menschen – seine Sittlichkeit – abhängig von den Vorstellungen, die den Menschen beherrschen. Die Erziehung soll dem Kind

[19] Knoop, K.; Schwab, M., Einführung in die Geschichte der Pädagogik, S. 80
[20] ebd., S. 83-84
[21] ebd., S. 146. 152-153
[22] Zdarzil, H., Zum Menschenbild Johann Gottfried Herders, in: Menschenbilder. Festschrift für Rudolf Lassahn, hg. v. C. Menze; G. P. Bunk; B. Ofenbach, Frankfurt a. M.; Berlin; Bern; New York; Paris; Wien 1993, S. 128

helfen, durch zunehmende Einsicht und Beherrschung des Willens allmählich aus eigener Einsicht zu wollen, also sittlich zu handeln. Er betrachtete die »Regierung«, den »Unterricht« und die »Zucht« als Hauptmaßnahmen der Erziehung.[23] Die Regierung bändigt die Individualität, der Unterricht führt zur Vielseitigkeit, die schließlich zur Formung des Charakters beiträgt, die von der Zucht unterstützt wird.[24] Der zu unterrichtende »Stoff« sollte unter dem Gesichtspunkt der Moralität oder der Sittlichkeit ausgewählt werden. Die Grundelemente des Unterrichts waren für ihn: Aufnehmen, Denken, Verarbeiten und Anwenden. Mit der Zeit wurden in fast allen Schulen diese »Herbartschen Formalstufen« angewandt.

- **Wilhelm von Humboldt** (1767-1835) hat die strukturelle Reform des Schul- und Universitätswesens in Preußen beeinflusst. Humboldt versteht Bildung als Selbstformung, als selbständige Entfaltung aller Kräfte. Der Mensch soll nach ihm durch Bildung zu einer harmonischen inneren Gestalt gelangen.[25] Das Individuum, das sich durch Bildung selber vervollkommnet, steht im Mittelpunkt des Humboldtschen Denkens.[26]
  - Im Blick auf die Reform der Universitäten war es Humboldt wichtig, dass Bildung durch Wissenschaft als Philosophie im Mittelpunkt stand. Studenten waren für ihn gleichberechtigte Teilnehmer am wissenschaftlichen Gespräch und der Forschung. Grundlegend war für ihn die Einheit von Forschung und Lehre als gemeinsame Wahrheitssuche von Professoren und Studenten und die relative Unabhängigkeit vom Staat (Selbstverwaltung, Autonomie der Wissenschaft).
  - Humboldt legte die Grundlagen dazu, dass aus der alten Lateinschule ein neues Gymnasium wurde. Es wurde zunächst ein verbindlicher Lehrplan für das Gymnasium entwickelt. Im Mittelpunkt standen der Sprach- und Mathematikunter-

---

23 Knoop, K.; Schwab, M., Einführung in die Geschichte der Pädagogik, S. 134

24 ebd., S. 135-136

25 ebd., S. 96

26 Menze, C., Das Menschenbild Wilhelm von Humboldts, in: Menschenbilder, Festschrift für Rudolf Lassahn, S. 154-155

richt. Humboldt betonte die Sprache deshalb so stark, weil sie für ihn Ausdruck der Geisteskraft eines Menschen war. Somit bildete für ihn die Ausbildung der Sprache die Grundlage aller individuellen und gesellschaftlichen Bildung.[27] Es wurden auch Berufseingangsprüfungen für Gymnasiallehrer eingeführt.

Mit dieser Reform war der Weg zu leitenden Staatsämtern für jedermann und nicht nur für die Adligen offen.

Zu bemängeln ist sicherlich, dass an diesen Gymnasien die modernen Naturwissenschaften vernachlässigt wurden, und die berufspraktischen und technischen Fähigkeiten und Kenntnisse fehlten.

- Humboldt setzte sich weiter für eine für alle verbindliche Elementarschule ein. Zugleich wurde die Lehrerbildung für diese Schulen an die Hand genommen. An Seminaren, die als Musterinstitute ins Leben gerufen wurden, bildete man die Lehrer aus. Der Einfluss von Pestalozzi war an diesen Lehrerausbildungsstätten sehr groß.
- Die zwischen Gymnasien und Elementarschule stehende Real- oder Bürgerschule wurde von Humboldt abgelehnt. Trotzdem entfaltete sie sich immer mehr im 19. Jahrhundert. Sie schwankte lange Zeit zwischen Allgemeinbildung und technisch-wissenschaftlicher Realbildung hin und her.[28]

- **Karl Marx** (1818-1883) hatte mit seinen atheistischen Theorien eine herausfordernde Wirkungskraft auf die Pädagogik. Er wies auf die politisch-ökonomischen Bedingungen von Erziehung und Bildung hin. Er sah Erziehung als Prozess der Emanzipation und machte auf die Verknüpfung von Arbeit und Bildung aufmerksam.[29]

---

27 Menze, C., Der pädagogische Humanismus in der Diskussion der Gegenwart, in: Richtungsstreit in der Erziehungswissenschaft und pädagogische Verständigung, Wilhelm Flitner zur Vollendung seines 100. Lebensjahres am 20. August 1989 gewidmet, hg. v. H. Röhrs; H. Scheuerl, Frankfurt a.M. 1989, S. 260

28 Knoop, K.; Schwab, M., Einführung in die Geschichte der Pädagogik, S. 83-91

29 Scarbath, H., Karl Marx (1818-1883), in: Klassiker der Pädagogik, hg. v. H. Scheuerl, Bd. 2, München 1979, S. 7-9

- **Friedrich Nietzsche** (1844-1900) kritisierte vehement den Historismus der Bildung, da es für ihn in seinem nihilistischen Ansatz keinen letzten Sinn gab. Er hat zudem eine Geschichte der Moral ausgearbeitet und hat die »Moral« in all ihren Wandlungen und Abarten analysiert. Dies führte bei ihm zu einer destruktiven Moralkritik.[30]

1.1.5 Pädagogen der Erweckungsbewegung

Durch die stark rationalistischen pädagogischen Entwürfe, die z. T. sogar im öffentlich vorgetragenen Atheismus wurzelten, wurden viele **Pädagogen der Erweckungsbewegung** aufgeschreckt. Zu ihnen gehörten u.a. Friedrich Wilhelm Dörpfeld (1824-1893)[31], Johann Wilhelm Stern (1792-1873)[32], Johann Hinrich Wichern (1808-1881)[33] und Christian Heinrich Zeller (1779-1860)[34], Leiter des Schlosses Beuggen, wo verwahrloste Kinder erzogen und junge Männer kostenlos zu Lehrern ausgebildet wurden. Sie bemühten sich, das Wort Gottes erneut als Grundlage aller pädagogischen Überlegungen und Bemühungen in den Mittelpunkt zu stellen.

Wilhelm Faix schreibt im Blick auf die Pädagogik von Christian Heinrich Zeller:

---

30 Kokemohr, R., Friedrich Nietzsche (1844-1900), in : Klassiker der Pädagogik, Bd. 2, S. 34-35

31 Goebel, K., Friedrich Wilhelm Dörpfeld. Sonderdruck aus: Rheinische Lebensbilder, Bd. 6, Köln 1975

32 Tiesmeyer, L., Die Erweckungsbewegung in Deutschland während des 19. Jahrhunderts, Bd. 1, Kassel 1901

33 Faix, W., Familie im gesellschaftlichen Wandel. Der Beitrag des Pietismus – Eine sozialgeschichtliche Studie, Gießen; Basel 1997, S. 84-97. Bettina Lindmeier entfaltet in ihrem Buch die Größe des heilpädagogischen Wirkens von J. H. Wichern. Vgl. Lindmeier, B., Die Pädagogik des Rauhen Hauses. Zu den Anfängen der Erziehung schwieriger Kinder bei Johann Hinrich Wichern, Bad Heilbrunn 1998

34 Ho, H.-C., Christian Heinrich Zellers Erziehungsdenken als Grundlage seiner Tätigkeit an der »freiwilligen Armen-Schullehrer-Anstalt« in Beuggen, Frankfurt a. M. 1980

> »Bei Zeller können wir am besten das Erziehungsdenken des damaligen Pietismus erkennen und nachvollziehen. Im Mittelpunkt seines Erziehungsdenkens steht der Glaube an die Heilige Schrift und wie die Worte der Heiligen Schrift ›konsequent in erzieherische Anweisungen umgesetzt‹ werden können.«[35]

In dieser Zeit entstanden in Deutschland und in der Schweiz viele Privatschulen, an welchen die Kinder bewusst von einer biblischen Grundlage her unterrichtet wurden. Leider fanden aber diese pädagogischen Bemühungen in ihrer Zeit kaum Beachtung.

1.1.6 Die reformpädagogische Bewegung

Um 1900 brach die **reformpädagogische Bewegung** auf, die etwa bis 1960, unterbrochen vom Nationalsozialismus, einen starken Einfluss ausübte. An der Schwelle dieser Reformbewegung steht die Kulturkritik von Julius Langbehn (1851-1907) und von Paul de Lagarde (1827-1891).[36]

Zu den führenden Vertretern dieser pädagogischen Richtung gehören **Herman Nohl** (1879-1960), **Theodor Litt** (1880-1962), **Eduard Spranger** (1882-1963), **Wilhelm Flitner** (1889-1990) und **Erich Weniger** (1894-1961).

In der heutigen Diskussion wird die Reformpädagogik nicht mehr als eine einheitliche Bewegung verstanden, und wird deshalb nur noch in ihrer Vielfalt und in ihren Divergenzen dargestellt.[37]

Die reformpädagogische Bewegung ist deswegen von besonderer Bedeutung, da in der heutigen Pädagogik um die gleichen Grundfragen gerungen wird, welche die Pädagogen damals beschäftigten, wenn auch in einer anderen historischen Situation.

---

[35] zit. nach Faix, W., Familie im gesellschaftlichen Wandel, S. 80, vgl. S. 114

[36] Röhrs, H., Die traditionellen Alternativschulen, in: Pädagogische Positionen. Ein Leitfaden für Lehrer aller Schularten, hg. v. J. Petersen, G.-B. Reinert, Donauwörth 1990, S. 98

[37] Flitner, A., Reform der Erziehung, Impulse des 20. Jahrhunderts, München 1992, S. 236

- Man rang um sozialpädagogische Fragen (Reform der Verwahrlostenerziehung).
- Die Frauenbewegung (Mädchen- und Frauenbildung) und die Jugendbewegung erhielten kräftige Impulse.
- Hugo Gaudig forderte eine stärkere Aktivität der Schüler im Unterrichtsgeschehen. Maria Montessori (1870-1952) suchte schon die Kleinkinder zu fördern. Dem Kind sollten von den Erziehern Hilfen zur Selbsthilfe gegeben werden. Es sollte zur Selbständigkeit geführt werden. Das Lernen an geeigneten Materialien in einer vorbereiteten Umgebung (Lernecken im Klassenzimmer) waren für Maria Montessori wichtig, weil sie die Kinder zur Eigenständigkeit anregten.[38]
- Georg Kerschensteiner (1854-1932) machte als Stadtschulrat in München aus der Buchschule eine Arbeitsschule.[39] Er setzte sich für die Eigentätigkeit des Kindes in der Schule ein. Das praktische Tun, das Lernen an der Sache und fachliches Wissen waren für ihn wichtig. Er gründete in München die ersten Berufsschulen. Neben der beruflichen Bildung betonte er die Wichtigkeit des staatsbürgerlichen Unterrichts.[40]
- Es kam zu politischen Schulreformkonzepten. Paul Oestreich (1878-1959) verwirklichte eine brüderliche Erziehung im Sinne des ethischen Sozialismus. Um dieses Ziel zu erreichen, entfaltete er die Idee einer Schule mit elastischer Differenzierung, Kern-Kurs-Systemen, Mitbeteiligung der Schüler, Eltern und Lehrer, kollegialer Schulleitung, Integration von handwerklicher und geistiger Bildung.
- Es entstand auch eine Kunsterziehungsbewegung.
- Viele setzten sich für eine naturverbundene und persönlichkeitsfördernde Erziehung ein. Diese verwirklichte man in Landerziehungsheimen. Die Lehrer lebten mit den Schülern wie in einer Familie zusammen. Vertreter dieser Schulidee waren Hermann Lietz, Gustav Wyneken, Paul Geheeb und Paul Hahn.

---

38 Knoop, K.; Schwab, M., Einführung in die Geschichte der Pädagogik, S. 195-197

39 ebd., 162-163

40 ebd., S. 165

- Zu erwähnen ist auch die Jena-Plan-Schule von Peter Petersen (1884-1952). Er versuchte eine Schule zu gestalten, in welcher der Lehrer zuerst Erzieher und dann erst Lehrer war. Er setzte seine Gedanken an der Universitätsschule in Jena um.[41] Diese war eine Lebensgemeinschaftsschule, hatte jahrgangsübergreifenden Unterricht statt Jahrgangsklassen, kannte einen Wochenarbeitsplan statt einem Normalstundenplan, hatte ein Helfersystem von Schülern, Gruppenarbeiten und vollzog Versetzung nach Selbsteinschätzung der Schüler.[42] Da die Schule nicht nur Ausbildungsstätte, sondern auch erzieherische Lebensstätte sein sollte, spielte die pädagogische Atmosphäre eine bedeutende Rolle.[43]

Wir sehen: Der Reformpädagogik ging es um die Praxis. Die Theorie bemühte sich um anschließende Klärung und Systematisierung. Im Mittelpunkt der pädagogischen Bemühungen stand der verstehende Mensch. Diese anthropozentrische Pädagogik hat sehr stark die philosophische Denktradition, vor allem von Wilhelm Dilthey, die Psychologie und die sich entwickelnde Soziologie in ihren Überlegungen mit berücksichtigt.

Diese starke Ausrichtung auf diese drei Hilfswissenschaften festigten in der Pädagogik **den Immanentismus**. Der Mensch meinte, mit Hilfe der Psychologie und Soziologie, alles verstehen zu können. Aus diesem Verstehen heraus erzog er. Es fehlte in dieser Zeit eine Öffnung für das Handeln Gottes im Leben der Kinder, der Eltern, der Lehrer und der Gesellschaft.

Diese Entwicklung ist durchaus verständlich, wenn man beachtet, **welchen Stellenwert die Reformpädagogen der christlichen Religion gegeben haben.**

Religion war für viele nicht mehr als ein persönliches Gefühl.[44] Die christliche Religion wurde von etlichen als wertvolles Kulturgut

---

41 ebd., S. 222-223

42 Gudjons, H., Pädagogisches Grundwissen, S. 91-97; vgl. Röhrs, H., Die traditionellen Alternativschulen, in: Pädagogische Positionen, S. 100-111

43 Knoop, K., Schwab, M., Einführung in die Geschichte der Pädagogik, S. 195-197

44 Die Religion der Reformpädagogen. Ein Arbeitsbuch, S. 21-22

ernst genommen (z. B. J. Tews; P. Petersen)[45] oder als Grundlage für ein sittliches Verhalten betrachtet (z. B. E. Witte; L. Stöcker; H. Lietz).[46] Andere setzten sich für den Pluralismus religiöser Vorstellungen ein (z. B. L. Gurlitt).[47] Es gab sogar solche, die die jüdisch-christliche Religion als Relikt der Vergangenheit betrachteten, das sie in ihren pädagogischen Neuansätzen zu überwinden suchten (z.B. E. Key; G. Wyneken).[48]

Eine so verstandene christliche Religion hat auf den Unterricht und auf die Erziehung der Kinder kaum einen Einfluss.

Somit ist erzieherisches Handeln nur noch eine Form sozialen Handelns, das von gesellschaftlichen Bedingungszusammenhängen, Verhältnissen und von verstehenden Einsichten abhängig ist.[49]

1.1.7 Die neueren (ab 1960) atheistisch geprägten pädagogischen Richtungen

Die vom Positivismus beeinflusste »**Empirische Erziehungswissenschaft**« drängte sich 1960 vorübergehend in den Vordergrund. In dieser pädagogischen Bewegung spielte Gott keine Rolle mehr. Man glaubte an die technologische Machbarkeit der Erziehung. Ethisch-moralische Überlegungen wurden als unwissenschaftlich ausgeklammert.[50]

Die »**Kritische Erziehungswissenschaft**«, welche ab 1968 einen starken Einfluss im pädagogischen Bereich ausübte, wurde von der atheistisch-kritischen Theorie von M. Horkheimer, Th. W. Adorno und J. Habermas her entfaltet. Sie lehnte ganz bewusst Gott als

---

45 ebd., S. 156. 205
46 ebd., S. 155. 158-159. 202-203
47 ebd., S. 40
48 ebd., S. 41-42. 204
49 Kron, F. W., Grundwissen Pädagogik, München; Basel 1989², S. 38
50 Berner, H., Aktuelle Strömungen in der Pädagogik, Bern; Stuttgart; Wien 1992, S. 154-155

letzte Autorität ab.[51] Man meinte, dass der Mensch erst dann wirklich emanzipiert sei, wenn er sich auch von Gott emanzipiert habe.

Auch die aus der »Kritischen Erziehungswissenschaft« hervorgehende **Antipädagogik** wurzelt im Atheismus.

Es ist bedrückend festzustellen, dass **alle neueren pädagogischen Grundauffassungen atheistisch geprägt sind.**

Andreas Steinmeister spricht im Blick auf die modernen pädagogischen Strömungen mit Recht von einer »gottlosen« Pädagogik. Mit Hilfe einer von Gott emanzipierten Vernunft setzen heute Philosophen, Psychologen und Soziologen willkürlich die Wertmaßstäbe für die Erziehung der heranwachsenden Jugend fest. Die modernen pädagogischen Strömungen haben sich deutlich von Gott und den in seinem Wort vorgegebenen Grundwerten und -normen gelöst.[52]

1.1.8 Die neokonservative Bewegung

Angesichts dieser rein immanenten und dadurch wertzerstörenden Pädagogik, wiesen **neokonservative Kräfte** auf die Wichtigkeit von religiösen Bindungen unter den heranwachsenden Jugendlichen hin.[53]

Diese neokonservative Bewegung ist 1974 mit dem in München durchgeführten Kolloquium »Tendenzwende« an die Öffentlichkeit getreten. 1978 führte sie in Bonn das Forum »Mut zur Erziehung« durch.[54]

---

51 ebd., S. 157

52 Steinmeister, A., Sind Schulen auf biblischer Basis für unsere Kinder wirklich notwendig?, in: Bibel und Gemeinde, hg. v. Bibelbund, Waldbronn Nr. 3/1990, S. 291-292

53 Berner, H., Aktuelle Strömungen in der Pädagogik, S. 209

54 ebd., S. 196-207

1.1.9 Gedanken zum Ende der Pädagogik in der Postmoderne

Die atheistisch-nihilistischen Vordenker der Postmoderne J. Baudrillard, M. Foucault und J.-F. Lyotard erteilten allem Metaphysischen eine endgültige Absage. Von diesem Grundsatzentscheid herkommend, lehnten sie einen universellen Wahrheitsanspruch prinzipiell ab und gelangten so zum radikalen Relativismus und Pluralismus.[55]

D. Lenzen ist der Ansicht, dass u.a. infolge dieses postmodernistischen radikalen Relativismus und Pluralismus eine erzieherische Praxis nicht mehr möglich sei, da ihr jegliche Grundlage fehle.[56]

Auch K. Wünsche spricht vom Ende der Pädagogik, da es wegen der radikalen Relativierung und Pluralisierung keine tragenden Wert- und Sinnüberzeugungen mehr geben könne.[57]

Wir sehen, dass eine Pädagogik, die sich radikal von Gott und seinem Wort gelöst hat, nicht mehr in der Lage ist, sich selber zu begründen. Sie gelangt an ihr Ende.

1.1.10 Der systemtheoretische Ansatz

Der postmoderne Zweifel, der pädagogisches Handeln als Tätigkeit frei entscheidender Subjekte betrachtet, hat u.a. zum systemtheoretischen Ansatz in der Erziehungswissenschaft geführt. Man geht davon aus, dass jede Person eines Systems (Ehe, Familie, Schulklasse, politische Partei usw.) sich ein Bild von der Wirklichkeit konstruiere. Diesem Bild entsprechend werde jedes Verhalten in einer sozialen Situation gedeutet. Zudem wirkten systemische Gesetzmäßigkeiten auf den Einzelnen ein.[58]

Man ist der Ansicht, dass sich bei diesem Ansatz die Frage nach Normen oder Prinzipien im Blick auf das angemessene pädagogi-

---

55 Weber, E., Pädagogik. Eine Einführung. Grundfragen und Grundbegriffe, Bd. 1/ Teil 1, S. 158-159

56 ebd., S. 184

57 ebd., S. 189-191

58 Weitere Ausführungen dazu siehe 3.2.5

sche Handeln fast erübrige, da das Entscheidende durch systemische Gesetzmäßigkeiten geschehe, die noch empirisch erforscht werden müssen.[59]

Dieser systemtheoretische Ansatz ist vom atheistisch-nihilistischen Denken der Postmoderne geprägt.

1.1.11 Die evangelikalen Pädagogen

Daneben fordern in jüngerer Zeit eine immer größere Zahl von **evangelikalen Pädagogen**, dass die Bibel wieder Grundlage der pädagogischen Überlegungen werden müsse, da nur sie letztgültige Aussagen über die Ziele und die Art und Weise, wie sie zu erreichen sind, machen könne. Zu ihnen gehören unter anderen: Claudia und Eberhard Mühlan[60], Reinhold Ruthe[61], Otto Schaude[62], Gottfried Schröter[63], Rudolf Seiß[64], Alfred Stückelberger[65], Dieter Velten[66] usw.

Charakteristisch für den evangelikalen Ansatz im Blick auf pädagogisches Überlegen und Handeln ist, was Claudia und Eberhard Mühlan so formulieren:

> »Die Maßstäbe für den Umgang mit unseren Kindern gibt uns ausschließlich die Heilige Schrift. Sie ist das inspirierte Wort Gottes und nicht dem Wandel des gesellschaftlichen Denkens unterworfen. Neue Erziehungsmodelle kommen und gehen, das Wort Gottes dagegen gibt uns für alle Generationen einen absoluten und

---

59 Lenzen, D., Orientierung Erziehungswissenschaft. Was sie kann, was sie will, Reinbek bei Hamburg 1999, S. 159

60 Claudia und Eberhard Mühlan haben viele wertvolle Bücher veröffentlicht. Die Hauptgedanken werden gut zusammengefasst in: Das große Familien-Handbuch. Erziehungstips für alle Entwicklungsphasen Ihrer Kinder, Asslar 1996

61 Vgl. Ruthe, R., Elternbuch, Wuppertal 1986

62 Ratgeber Erziehung, hg. v. O. Schaude; D. Velten, Wuppertal; Zürich 1991

63 Schröter, G., Leben lässt sich nicht zensieren. Erfahrungen eines unverbesserlichen Schulmeisters, Wuppertal; Zürich 1993

64 Seiss, R., Humane Pädagogik. Liebe – das Zentrum erzieherischen Handelns, Bad Heilbrunn 1986[2]

65 Stückelberger, A., Erziehung als Herausforderung, Zürich 1966

66 Ratgeber Erziehung, hg. v. O. Schaude; D. Velten, Wuppertal; Zürich 1991

> zeitlosen Maßstab. Alles, was sich von anderen Erziehungstheorien in das Menschenbild der Bibel einordnen lässt, können wir als Christen akzeptieren, aber was darüber hinausgeht, sollten wir lieber zur Seite legen.«[67]

Die Bibel bildet die Grundlage aller pädagogischen Bemühungen. Alle Erziehungstheorien und ihre Ergebnisse werden an diesem Maßstab geprüft. Das, was biblisch akzeptiert werden kann, wird in die pädagogischen Überlegungen einbezogen. Angeregt durch die Überlegungen dieser Pädagogen kam es in Deutschland seit 1973 und in der Schweiz ab 1987 zur Gründung von Schulen auf biblischer Grundlage.

Meine Ausführungen verstehe ich als eine gründliche Entfaltung und Weiterentwicklung dieses evangelikalen Ansatzes.

1.2 Die Stellung der Bibel in der heutigen Religionspädagogik

Mit der Durchsetzung der allgemeinen Schulpflicht im 18. und 19. Jahrhundert trat neben die katechetische Praxis der Kirche der Religionsunterricht an den staatlichen Schulen.[68] Trotz der Abkehr von der Bibel im Bereich der Pädagogik in der Aufklärung, war der kirchliche Einfluss stark genug, dass seine katechetische Praxis erhalten blieb. Der Religionsunterricht vermochte sich als Lehrfach an den Schulen ebenfalls zu halten, allerdings unter zunehmender Aufsicht des Staates.[69] Vor allem setzte sich C. D. F. Palmer (1811-1875) für den Religionsunterricht an den öffentlichen Schulen ein.

---

67 zit. nach Mühlan, E. u. C., Menschenskinder. Kindererziehung aus biblischer Sicht, Asslar 1987⁶, S. 12-13

68 Frör, K., Grundriss der Religionspädagogik. Im Umfeld der modernen Erziehungswissenschaft, Konstanz 1983², S. 23

69 Evangelisches Gemeindelexikon, hg. v. E. Geldbach; H. Burkhardt; K. Heimbucher, Wuppertal 1978, S. 447-448

In diesem Unterricht ging es nach ihm darum, eine religiöse Begründung für das sittliche Handeln zu geben, denn er war davon überzeugt, dass sittliches Handeln und christlicher Glaube zusammengehören.[70]

Später suchte Richard Kabisch (1868-1914), ein liberaler Theologe, zu beweisen, dass der Religionsunterricht an den staatlichen Schulen notwendig sei. Er zeigte auf, dass der Staat selber am Religionsunterricht deshalb Interesse haben müsse, weil er die Staatsgesinnung fördere. Die Staatsgesinnung entsteht nach Kabisch dann, wenn der Mensch sich die den Staat tragenden Kulturgüter aneignet. Er betrachtete die christliche Religion als eine tragende Säule der christlich-abendländischen Kultur und hielt sie deshalb für die Basis des Staates. Aus diesem Grund hatte für ihn der Religionsunterricht eine genuin staatsfördernde Funktion.[71]

Heute bemüht man sich im Fachbereich **Religionspädagogik** um die Art und Weise der Weitergabe der Religion in Kirche und Schule. Der Begriff Religionspädagogik begegnet uns erstmals 1889 und wird nach 1900 in der Zeit der Reformpädagogik geläufig. Damals wollte er die Wende zu einer modernen religiösen Erziehung signalisieren. Heute ist der Begriff Religionspädagogik nahezu vollständig an die Stelle der klassischen Bezeichnung »Katechetik« getreten. Mit dem Wort Religionspädagogik will man vor allem seit den 70er Jahren (anthropologische Wende) auch zum Ausdruck bringen, dass sich die religiöse Unterweisung von ihrer einseitig theologisch-dogmatischen Orientierung gelöst hat und sich heute an philosophische, psychologische und soziologische Erkenntnisse anlehnt.[72]

Die Religionspädagogik ist aber nach wie vor eine theologische Wissenschaft im Fachbereich der Praktischen Theologie.[73]

---

70 Lämmermann, G., Religionspädagogik im 20. Jahrhundert, Gütersloh 1994, S. 34-35

71 ebd., S. 48

72 Englert, R., Wissenschaftstheorie der Religionspädagogik, in: Handbuch religionspädagogischer Grundbegriffe, hg. v. G. Bitter; G. Miller; Bd. 2, München 1986, S. 426-427

73 Frör, K., Grundriss der Religionspädagogik, S. 11

Die Religionspädagogik erarbeitet heute Grundlagen zur religiösen Erziehung in der Familie, der Vorschule (Kindergarten), der Schule (Religionsunterricht), der Kirche (Konfirmandenunterricht), in der Erwachsenenbildung und in den Medien (Fernsehen, Radio, Literatur und Zeitschriften).[74]

Da der Begriff Religionspädagogik unscharf ist, möchte ich an dieser Stelle doch kurz der Frage nachgehen: Wie versteht sich die Religionspädagogik? Worum geht es ihr?

Erich Feifel schreibt dazu:

> »Die jüngste Entwicklung der Religionspädagogik kennzeichnet das Abrücken von einem eng normativen und die Orientierung an einem weiten anthropologisch bzw. ontologisch begründeten Religionsverständnis.«

Was er darunter versteht, führt er weiter so aus:

> »Bei uns wurden bislang religiöse Sinnsysteme vorrangig durch die Kirchen vermittelt und eingeübt. Dabei sind Erfahrungs- und Bewusstseinsinhalte maßgebend, die aus konfessionell katholischer, evangelischer, reformierter, orthodoxer usw. Tradition herrühren ...« Heute wird »Religion nicht mehr nur in Relation zu den Religionen begriffen, vielmehr zu Sinnsystemen insgesamt. In Abgrenzung von der theozentrisch normativen Bestimmung wird Religion als menschliches Existential gesehen; es geht dabei um die Zukunft von Mensch und Welt, um den Sinn des Menschenlebens. Die Differenzierungen, welche dieses weitere Religionsverständnis inzwischen gefunden hat, markieren die ›Trends‹ in der Theologie. In Formulierungen wie der von der Religion als ›Bezug des Menschen auf den Wesens-, Existenz- und Sinngrund seiner selbst‹ wird die Nähe zur Dimension ›Existenz und Glaube‹ in der Theologie Bultmanns deutlich. Im Gefolge einer um die Aufarbeitung

---

74 Stachel, G., Religiöse Erziehung als offene Frage, in: Handbuch der Religionspädagogik, hg. v. E. Feifel; R. Leuenberger; G. Stachel; K. Wegenast, Bd. 1, Gütersloh; Zürich; Einsiedeln; Köln 1977², S. 30

der Säkularisierung bemühten Theologie gewinnen Welt und Gesellschaft auch im Religionsverständnis zunehmend an Gewicht.«[75]

H. Halbfas sagt dazu:

»Religion wird zu einer fundamental-anthropologischen Kategorie. Auch die müssen sich als religiöse Menschen ansprechen lassen, die sich selbst als areligiös bezeichnen, solange sie nur offen sind für alles, was menschliches Leben sinnvoll machen kann.«[76]

Es waren vor allem H. Halbfas und S. Vierzig, welche den Religionsbegriff sehr stark ausweiteten. H. Halbfas und S. Vierzig sind der Überzeugung, dass es eine alle Menschen in gleicher Weise betreffende »Religiosität« gibt.[77] Ulrich Hemel spricht von einer jedem Menschen innewohnenden Religiosität. Er ist davon überzeugt, dass in einem jeden Menschen eine Aufgeschlossenheit oder zumindest Neugier für das Religiöse ist. Dies nennt er religiöse Sensibilität.[78] Auf diese Weise sucht man jegliche Religionskritik zu entkräften, merkt aber nicht, dass man die eigentliche Religion, den Glauben an Gott und Jesus Christus, den Retter der Menschen, preisgibt.[79] H. Ritter beklagt mit Recht, dass man mit dieser Ausweitung des Religionsbegriffs wieder einmal mehr im theologischen Bereich unter Beweis stellt, dass man sich den wechselnden Bedürfnissen der Gesellschaft mehr oder weniger unkritisch anpasst. Diese Anpassung sucht man wissenschaftlich zu legitimieren.[80]

---

75 zit. nach Feifel, E., Grundlegung der Religionspädagogik im Religionsbegriff, in: Handbuch der Religionspädagogik, Bd. 1, S. 39-40; vgl. dazu Ritter, W. H., Religion in nachchristlicher Zeit. Eine elementare Untersuchung zum Ansatz der neueren Religionspädagogik im Religionsbegriff. Kritik und Konstruktion, Frankfurt a. M.; Bern 1982, S. 26-28

76 zit. nach Schmidt, H., Religionsdidaktik. Ziele, Inhalte und Methoden religiöser Erziehung in Schule und Unterricht, Bd. 1, Stuttgart 1982, S. 30

77 Ritter, W. H., Religion in nachchristlicher Zeit, S. 30-33

78 Hemel, U., Ziele religiöser Erziehung. Beiträge zu einer integrativen Theorie, Frankfurt a. M.; Bern; New York; Paris 1988, S. 553-590

79 Ritter, W. H., Religion in nachchristlicher Zeit, S. 36

80 ebd., S. 80

Wir sehen, dass Religion heute vom Menschen ausgeht. Seine existenzielle Situation steht im Mittelpunkt.[81] Die katholische Kirche ist bemüht davon zu sprechen, dass die Lebenssituation des Menschen gleich wichtig ist wie die biblische Überlieferung und Offenbarung.[82]

Durch die Betonung des Menschen wird Gott und sein Reden in den Hintergrund gedrängt. Letztlich sieht sich der Mensch in diesem neuen Religionsverständnis weitgehend auf sich selber geworfen. Er ist herausgefordert, letzte Fragen über sich selbst und seine Aufgaben in dieser Welt, selber zu beantworten, da Gott nur noch als eine hinter allem stehende Macht gesehen wird. Paul Tillich hat diesen neuen Religionsbegriff maßgebend mitgeprägt, als er sagte:

> »Religion ist im weitesten und tiefsten Sinne des Wortes das, was uns unbedingt angeht.«[83]

Georg Baudler zeigt, dass diese eben entfalteten Gedanken im katholischen Raum vor allem von Karl Rahner aufgenommen wurden. Er war es, der in der katholischen Theologie die anthropologische Wende herbeiführte. Die Gnade manifestiert sich nach Karl Rahner in der Funktion des menschlichen Geistes.[84]

Dieser in der neueren Religionspädagogik im Mittelpunkt stehende Mensch fragt nun nach der Legitimationsbasis des Religionsunterrichts.[85]

Man kam zunächst zu folgenden Überlegungen: Religiöse Erziehung müsse immer an geschichtlich gewordene religiöse Lebensformen anknüpfen, selbst dann, wenn sie diese nur kritisch beerben möchte.

Der Religionsunterricht wird also aus den geschichtlichen Gegebenheiten in der Gesellschaft begründet. Zugleich sollten alle he-

---

81 ebd., S. 40

82 Baudler, G., Religiöse Erziehung heute. Grundelemente einer Didaktik religiösen Lernens in der weltanschaulich pluralen Gesellschaft, Paderborn; München; Wien; Zürich 1979, S. 228

83 zit. nach Schmidt, H., Religionsdidaktik, S. 30

84 Baudler, G., Religiöse Erziehung heute, S. 32-33

85 Schmidt, H., Religionsdidaktik, S. 32

ranwachsenden Jugendlichen durch den Religionsunterricht zu einer kritischen Beschäftigung mit dem Christentum angeleitet werden.[86]

Werner H. Ritter hält diesen Ansatz für unzulänglich. Er weist darauf hin, dass wir heute weitgehend in einer nachchristlichen Gesellschaft leben. Er leitet den Religionsunterricht von der Bedürftigkeit des Menschen nach einer Gesamtorientierung ab. Die Tatsache, dass der Mensch in einem ungesicherten Zustand lebe, legitimiere den Religionsunterricht, da in diesem Unterricht von seinem Selbst-, Welt- und Wirklichkeitsverständnis die Rede sei.[87] Der katholische Theologe Norbert Scholl sagt in Anlehnung an die eben entfalteten Gedanken, dass sich der Religionsunterricht an den Bedürfnissen der heranwachsenden Jugend orientieren müsse.[88]

Georg Baudler versucht die beiden Ansätze miteinander zu verbinden. Er weist darauf hin, dass die Tiefendimension menschlicher Lebenserfahrung das notwendig vermittelnde Medium sei, um an dem in unserer Gesellschaft vorgegebenen christlichen Glauben anzuknüpfen.[89]

Erwin Rauscher sucht den Religionsunterricht unter anderem von der ökologischen Herausforderung unserer Zeit her zu legitimieren. Die ökologische Situation auf unserer Erde erfordere von allen Menschen ein verantwortliches Handeln, das von einer tiefen Selbstbetroffenheit getragen werden müsse und zu einer Selbstbescheidung führe. Nur mit Hilfe des Religionsunterrichts könnten die Menschen nach Rauscher zu diesem notwendigen verantwortlichen Handeln angeleitet werden.[90]

---

86 Adam, G.; Lachmann, R., Begründungen des schulischen Religionsunterrichts, in: Religionspädagogisches Kompendium, hg. v. G. Adam; R. Lachmann, Göttingen 1997^5, S. 125

87 Ritter, W. H., Religion in nachchristlicher Zeit, S. 134-135

88 Scholl, N., Eine Botschaft, die gut tut. Wie Religion für Schüler(innen) wieder attraktiv werden kann, in: Werden unsere Kinder noch Christen sein? hg. v. J. Hoeren; K. H. Schmitt, Freiburg i. Br. 1990, S. 139

89 Baudler, G., Religiöse Erziehung heute, S. 50-51

90 Rauscher, E., Religion im Dialog. Fächerverbindung, Projektstruktur, Religionsunterricht, Frankfurt a. M.; Bern; New York; Paris 1991, S. 28-50

Alle Legitimationsversuche des Religionsunterrichts gehen vom Menschen oder seiner Umwelt und nicht von dem uns im Wort Gottes gegebenen göttlichen Auftrag aus. Gott kann gar nicht mehr der Beauftragende sein, da man in der modernen Theologie von der »Unwirklichkeit Gottes« ausgeht. Sowohl R. Bultmann als auch K. Barth hielten es für theologisch illegitim, vom Wirken Gottes in Zeit, Erfahrung und Praxis zu sprechen. Diese Unwirklichkeit Gottes führte zwangsläufig zu diesem anthropologischen Ansatz.[91]

Demzufolge nimmt sich der Mensch natürlich das Recht, über die Stellung der Bibel in einem so begründeten Religionsunterricht zu entscheiden. Es werden heute viele Gründe aufgezählt, warum der Bibel im Religionsunterricht keine zentrale Stellung mehr zukommen soll. Diese Gründe suche ich in meinen weiteren Ausführungen im Einzelnen darzulegen.

1.2.1 Die Folgen der historisch-kritischen Bibelbetrachtungsweise und des ausgeweiteten Religionsbegriffs in der Religionspädagogik

Zunächst suche ich die Gründe aufzuzeigen, warum der Bibel in der heutigen Religionspädagogik keine zentrale Bedeutung mehr zukommt.

1.2.1.1 Anfragen an die »Evangelische Unterweisung«

In den sechziger Jahren wurde von führenden Theologen behauptet, dass die Bibel auf die Themen und Fragen, welche die Jugend unserer Zeit bewegen, keine Antwort gebe.[92] Mit diesem Argument wandte man sich vor allem in den siebziger Jahren gegen die »Evangelische Unterweisung«, welche erst nach dem Zweiten Weltkrieg, von Karl

[91] Bockmühl, K., Atheismus in der Christenheit. Die Unwirklichkeit Gottes in Theologie und Kirche, Gießen; Basel 1985^3, S. 111

[92] Bochinger, E.; Paul, E., Einführung in die Religionspädagogik, in: Studium Theologie, Bd. 5, München; Mainz 1979, S. 50

Barth herkommend, an den deutschsprachigen Schulen die dominierende Richtung wurde. Mit Hilfe des Katechismusunterrichts suchte man den Kindern, die biblische Botschaft systematisch geordnet einzuprägen. Lieder und Gebete galten als eiserne Ration für das zukünftige Leben.[93] Helmuth Kittel (1902-1984) hat mit seinem 1947 herausgegebenen Buch »Vom Religionsunterricht zur Evangelischen Unterweisung« dieser Unterrichtsform zum Durchbruch verholfen.[94]

Er suchte in diesem Buch aufzuzeigen, dass der in der allgemeinen Religiosität begründete Religionsunterricht die Entchristlichung verstärkt.

Die von ihm begründete »Evangelische Unterweisung« verstand er von der Kirche her, denn nur von ihr her wird die Bibel wieder als das Zentrum erkannt. Demzufolge wurde der Beruf des Religionslehrers als ein kirchliches Amt verstanden. Das Ziel der »Evangelischen Unterweisung« war es auch, die Kinder in die Kirche zu führen.

Kittel ging in seinen Überlegungen vom getauften Kind aus. Das getaufte Kind war nach seinem Verständnis nicht mehr unser Kind, sondern ein Kind Gottes. Es ging nun in der »Evangelischen Unterweisung« darum, das Kind zu belehren, sich als solches zu verstehen. Damit diese Belehrung gelingen konnte, musste der Lehrer im Unterricht recht mit der Bibel umgehen. Er lehnte in diesem Zusammenhang alles Moralisieren von der Bibel her ab. Jedoch fehlte in diesem Unterricht der Bezug zu den Bedürfnissen und zum Alltag des Kindes.

Die zentrale Bedeutung des Wortes Gottes als selbstredende Offenbarung machte alle didaktischen und methodischen Überlegungen entweder überflüssig oder relativierte ihre Bedeutung.[95]

Man ist heute fast einhellig der Überzeugung, dass diese Art des Unterrichts deshalb gescheitert ist, weil sie die gesellschaftlichen Probleme und die Schülerbedürfnisse nicht berücksichtigt habe. Dieser Vorwurf ist, wenn man die Zielrichtung der Theologie von

---

93 Schmidt, H., Religionsdidaktik, S. 35-37

94 Kittel, H., Vom Religionsunterricht zur Evangelischen Unterweisung, Hannover 1947

95 Lämmermann, G., Religionspädagogik im 20. Jahrhundert, S. 84-93

Karl Barth, die sich natürlich in der »Evangelischen Unterweisung« niederschlug, genauer betrachtet, durchaus berechtigt. Es ging Karl Barth, wie Klaus Bockmühl ausführlich nachweist, darum, alle Aussagen über den Menschen in solche über Gott umzuwandeln.[96] Dadurch gab es fast nur noch ein Handeln Gottes, das aber in der Wirklichkeit unanschaulich blieb.[97] Dieses Eliminieren jeglicher Konfrontation mit dem Wirken Gottes in der Wirklichkeit hatte zur Folge, dass der Bereich des alltäglichen Lebens, der Praxis, des gesellschaftlichen Lebens, der Psyche (Seelsorge) von der Theologie preisgegeben wurde.[98] Durch die Verjenseitigung Gottes kam es zur Preisgabe der profanen Welt, in deren Gestaltung keine theologischen Maßstäbe mehr hineinreden. Genau diese weltfremde Art der Theologie schlug sich in der »Evangelischen Unterweisung« nieder.[99] Und doch hatte **das Wort Gottes in der »Evangelischen Unterweisung« noch einen wichtigen Stellenwert.**

1.2.1.2 Der »Hermeneutische Religionsunterricht«

Wer die »historisch-kritische Bibelbetrachtungsweise« ernst nahm, fühlte sich vom verkündigenden Unterricht überfordert. Er verlangte deshalb einen hinweisenden Unterricht.[100] Dies führte zum **»Hermeneutischen Religionsunterricht«** (1958). Diese Unterrichtsform hat ihre entscheidenden Impulse von der Theologie **Rudolf Bultmanns** erhalten.

> »Er sieht in ihr (der Bibel, Anm. d. Verf.) nicht mehr zeitlos gültige, geoffenbarte Wahrheit, die für den Schüler unmittelbar zu ›Verkündigung heute‹ werden kann. Er erkannte das Mißverhältnis zwischen dem von der theologischen Wissenschaft erarbeiteten Verständnis

---

[96] Bockmühl, K., Atheismus in der Christenheit, S. 88
[97] ebd., S. 89
[98] ebd., S. 91
[99] ebd., S. 101
[100] Sturm, W., Religionspädagogische Konzeptionen, in: Religionspädagogisches Kompendium, S. 50

> und dem naiven, den historischen Abstand überspringenden Umgang mit biblischen Texten in der Unterrichtspraxis,«[101]

schreibt Ursula Früchtel. Von den Überzeugungen Bultmanns herkommend hat zuerst **Martin Stallmann** (1903-1980) im Religionsunterricht die existentiale Interpretation der historisch-kritisch aufgearbeiteten Texte gefordert. Für ihn war die religiöse Frage nichts anderes, als eben die Frage des Menschen nach sich selbst.[102] Es geht nach ihm nicht darum, die Kinder zum Glauben zu führen, sondern sie mit der christlichen Überlieferung bekannt zu machen.[103] Doch hat erst **Gert Otto** mit seinem Buch »Schule, Religionsunterricht, Kirche« dem »Hermeneutischen Religionsunterricht« zum Durchbruch verholfen.[104]

In diesem Unterricht steht nicht mehr die Bibel, sondern die **»biblische Überlieferung«** und **»ihre Wirkungsgeschichte«** in der Mitte. Wichtig ist, dass Überlieferung und Wirkungsgeschichte in die »gegenwärtige Wirklichkeit« des Kindes hineinsprechen.[105] Diese »gegenwärtige Wirklichkeit« des Kindes ist geprägt von inneren Grundbefindlichkeiten (z. B. Angst), von ethischen Grundsituationen (z. B. Freundschaft) und Erfahrungen im religiösen Bereich (Gebet am Abend).[106] Es muss aber auch der Tatsache Rechnung getragen werden, dass die »gegenwärtige Wirklichkeit« des Kindes ständig eine andere ist, da sich das Kind in einer Entwicklung befindet. Deshalb gilt es, die entwicklungspsychologischen Einsichten ständig mit zu berücksichtigen.[107] Das Kind soll Antworten auf Fragen nach sich selbst erhalten und soll zur Verantwortung und Moralität geführt werden (existentiale Interpretation).

---

101 zit. nach Früchtel, U., Leitfaden Religionsunterricht. Arbeitsbuch zur Didaktik des Religionsunterrichts, Göttingen 1987[4], S. 20

102 Lämmermann, G., Religionspädagogik im 20. Jahrhundert, S. 109-113

103 Sturm, W., Religionspädagogische Konzeptionen, in: Religionspädagogisches Kompendium, S. 51

104 Otto, G., Schule, Religionsunterricht, Kirche, Göttingen 1961

105 Früchtel, U., Leitfaden Religionsunterricht, S. 70-71

106 Wegenast, K., Religionsdidaktik Grundschule, Stuttgart; Berlin; Köln; Mainz 1983, S. 71-77

107 Schmidt, H., Religionsdidaktik, S. 216

Um den Kindern die ferne und fremde (mythische) biblische Überlieferung nahe bringen zu können, sodass sie in ihre Situation hineinspreche, müsse der Lehrer zu dem Text, den er den Kindern nahe bringen möchte, die Ergebnisse **der Textkritik, der Literarkritik, der Form- und Gattungskritik, der Traditionskritik und der Redaktionskritik** berücksichtigen. Nur so sei er in der Lage zwischen Gesagtem und Gemeintem zu unterscheiden.[108]

Da zwischen biblischer Überlieferung und der Gegenwart eine riesige Kluft klaffe, gelte es, diese mit Hilfe der Wirkungsgeschichte der biblischen Überlieferung zu überbrücken.[109] Der Lehrer habe möglichst viele **Wirkungszusammenhänge in Sprache, Soziologie und Philosophie** zu berücksichtigen. Leider sei es aber so, dass man in der Frage der Wirkungsgeschichte keine eindeutigen Antworten finde.[110] Dem Kind könne so klargemacht werden, dass die Suche nach der Wahrheit sich in der Auseinandersetzung vollziehe. Der katholische Religionspädagoge R. Baudler übernimmt die Gedanken des »Hermeneutischen Religionsunterrichts«, spricht aber vom **»analytisch-assoziativen Unterricht«.**[111] Es geht ihm in diesem Unterricht zunächst um die Analyse des vorgegebenen Textes mit Hilfe der historisch-kritischen Methode.[112] Dann folgt die **Assoziation**, die Übertragung in das gänzlich andere Leben und die gänzlich andere Erfahrungswelt des heute lebenden Menschen. In der gegenwärtigen Erfahrungswelt soll der übertragene biblische Gedanke Handlungsimpulse und Orientierungsdaten bewirken. In den Handlungsimpulsen kommt das, was der biblische Text eigentlich meint, kaum noch zum Tragen. Im **Prozess der Assoziation** löst man sich weitgehend vom biblischen Text. Dies ist deshalb möglich, weil dem Text von der historisch-kritischen Methode herkommend keine normative Bedeutung zukommt.[113]

108 Früchtel, U., Leitfaden Religionsunterricht, S. 123-125
109 ebd., S. 151-152
110 ebd., S. 156
111 Baudler, G., Religiöse Erziehung heute, S. 96-147
112 ebd., S. 107
113 ebd., S. 122-124

Ob ein solcher Unterricht überhaupt realisierbar ist, erscheint mir mehr als fraglich, wenn ich bedenke, was der Lehrer alles berücksichtigen sollte.[114] Deshalb ist dieser Unterricht meist durch Langeweile gekennzeichnet, manchmal auch durch Disziplinlosigkeit und offen bekundete Verständnislosigkeit.[115] Was soll das Ganze?

Bei dieser Art des Unterrichts **geht jeglicher normative Anspruch der Bibel auf das Leben des Kindes verloren**. Nach Bultmann ist Theologie gleich Anthropologie. Das Neue Testament enthalte – so seine Überzeugung – letztlich nur Antworten von Menschen auf die Frage nach sich selbst.[116] Zudem gilt es zu beachten, dass eine konsequente Durchführung des Entmythologisierungsprogrammes zum humanistischen Atheismus Feuerbachs[117] führt, wie Klaus Bockmühl in seinem Buch »Atheismus in der Christenheit« nachweist. Der Verlust der Bibel wird letztlich zum Gottesverlust.[118]

Klaus Wegenast, aber auch Werner H. Ritter und andere setzen sich für eine Neubelebung dieses Unterrichts ein.[119]

---

114 Wie kompliziert sich die Vorbereitung eines solchen Unterrichts gestaltet, zeigt Johannes Lähnemann. In seinen Ausführungen werden verschiedene fragwürdige Hypothesen als allgemein anerkannte theologische Überzeugungen hingestellt. Hieraus wird gefolgert, dass sie bei der Erarbeitung eines Textes unbedingt berücksichtigt werden sollten. (Vgl. Lähnemann, J., Umgang mit der Bibel – Bibelwissenschaftliches Arbeiten in fachdidaktischer Perspektive, in: Religionspädagogisches Kompendium, S. 245-294) Dies finde ich nicht korrekt.

115 Schmidt, H., Religionsdidaktik, S. 39

116 Lämmermann, G., Religionspädagogik im 20. Jahrhundert, S. 105

117 Ludwig Feuerbach (1804-1872) war davon überzeugt, dass es keinen Gott gebe. Und doch hielt er an der Sittlichkeit des Menschen fest. Er leitete seine Sittlichkeit aus seinem naturhaften Trieb nach dem Glück und aus seiner Achtung vor dem anderen Menschen ab. Vgl. Die Religion in Geschichte und Gegenwart. Handwörterbuch für Theologie und Religionswissenschaft, hg. v. K. Galling, Bd. 2, Tübingen 1986[3], Sp. 929

118 Bockmühl, K., Atheismus in der Christenheit, S. 44

119 Ritter, W. H., Religion in nachchristlicher Zeit, S. 162

1.2.1.3 Der problemorientierte Religionsunterricht

Die »historisch-kritische Bibelbetrachtungsweise« führte weiter zum »**problemorientierten Religionsunterricht**«.[120] Von der Theologie **Paul Tillichs** beeinflusst, hat **Hans Bernhard Kaufmann** diese Unterrichtsform 1966 mit seiner Thesenreihe »Muss die Bibel im Mittelpunkt des Religionsunterrichts stehen?« ins Leben gerufen. Im »problemorientierten Unterricht« stehen die Schüler/Schülerinnen mit ihrem Welt- und Selbstverständnis im Mittelpunkt. Die aktuelle Lebenssituation und die wahrscheinliche Zukunft der Schüler/Schülerinnen ergeben die Perspektive, unter welcher die Bibel befragt werden muss. Nicht die Bibel spricht in die Situation der Schüler/Schülerinnen, sondern die Situation erhellt die biblischen Aussagen.[121]

Drei besondere Merkmale kennzeichnen den »problemorientierten Unterricht«:

- Es kommt in ihm von der Traditionsorientierung zur Zukunftsorientierung;
- von der Stofforientierung zur Problemorientierung;
- von der Vermittlungsorientierung zur Schülerorientierung.[122]

Im Unterricht selbst werden biblische Texte nur am Rand beigezogen, da ihre Aussagen nicht mehr als nur Lösungsversuche sein können. Hören wir, was eine Grundschullehrerin sagt:

> »Wenn ich keinen passenden Bibeltext finden kann, lasse ich ihn weg! Muss ich denn unbedingt einen haben? ... Meistens finde ich nichts Geeignetes! Und wenn ich einen einbaue, ist dies immer ein sehr fragwürdiges Unternehmen!«[123]

Wie schwierig es ist, auf die christliche Glaubensüberlieferung zu sprechen zu kommen, wenn man in der Katechese von den Problemen der Menschen ausgeht, erfuhr auch G. Baudler. Er schreibt:

---

[120] Früchtel, U., Leitfaden Religionsunterricht, S. 23

[121] Lämmermann, G., Religionspädagogik im 20. Jahrhundert, S. 105

[122] Berg, H. K., Grundriß der Bibeldidaktik. Konzepte – Modelle – Methoden, München; Stuttgart 1993, S. 106

[123] zit. nach Früchtel, U., Leitfaden Religionsunterricht, S. 27

> »Über weite Strecken hin war dieser Austausch innerhalb des sich bildenden Beziehungsgeflechts so stark und teilweise auch so erschütternd, dass ich selbst ernsthaft daran zu zweifeln begann, ob angesichts der Dichte und Unmittelbarkeit des Lebens, das sich im Austausch artikulierte, die jahrtausendealte, in fest geprägte Formeln und Bilder gegossene Glaubensüberlieferung hier noch etwas zu sagen habe und ob es noch angebracht sei, sie in den Prozeß einzubringen.«[124]

Klaus Wegenast sagt dazu:

> »Vielleicht muss man sogar sagen, dass in den letzten Jahren der Text des Alten und Neuen Testamentes kaum mehr um seiner selbst willen vermittelt wurde, sondern nur noch als Mittel für wechselnde Zwecke.«[125]

Heinz Schmidt geht noch einen Schritt weiter, wenn er schreibt:

> »Schließlich konnte die biblische Überlieferung überall dort entbehrlich erscheinen, wo die Beziehung zwischen ihr und den anstehenden Problemen und Situationen der Gegenwart nur schwer oder gar nicht herzustellen zu sein schien.«[126]

Da der »problemorientierte Unterricht« beeinflusst von der »kritischen Erziehungswissenschaft« und der »lerntheoretischen Didaktik« grundsätzlich ein emanzipatorisches Interesse verfolgt, besteht in ihm die Gefahr, dass ausgewählte Bibelstellen nur noch bestimmte ideologisch gefärbte Gedanken zu unterstützen haben.[127]

Hören wir kurz, wie die Mehrheit der Schüler diesen »problemorientierten Religionsunterricht« erlebt:

---

[124] zit nach Baudler, G., Religiöse Erziehung heute, S. 178-179
[125] zit. nach Wegenast, K., Religionsdidaktik Grundschule, S. 78
[126] zit. nach Schmidt, H., Religionsdidaktik, S. 45
[127] Früchtel, U., Leitfaden Religionsunterricht, S. 112

»Wir haben da über Probleme »gequatscht« ... Was hat das mit Religion zu tun? ...«[128]

Die Bibel ist nur noch **ein Potential möglicher Lösungsversuche**, da ihr kein autoritativer Geltungsanspruch mehr zukommt. Sie hat nur noch **eine Randbedeutung.**[129] Die Kinder können sich bei dieser Unterrichtsart nie ein zusammenhängendes Bild von der biblischen Lehre machen. Heinz Schmidt sucht diesem Umstand mit einem in den »problemorientierten Unterricht« eingebauten **»paradigmatischen Lernen«** Abhilfe zu verschaffen.[130] Das Wichtigste der christlichen Überlieferung soll dem Kind seinem Alter entsprechend exemplarisch nahe gebracht werden, so wie dies W. Klafki fordert.[131] Bis heute konnte man sich aber in der Religionspädagogik in der Frage, was als exemplarisch zu gelten habe, nicht einigen.[132]

Wolf Dieter Marsch und Wenzel Lohff betrachten die Lehre von der Schöpfung, Sünde/Gesetz, Christus/Rechtfertigung, Kirche und Eschatologie als das Exemplarische. Jürgen Moltmann hält die Befreiungsbotschaft des Evangeliums für das Eigentliche. Deshalb gehört für ihn all das zum Exemplarischen, das zu einem befreiten politischen Handeln Hilfen bietet.[133]

Unter dem großen Dach der problemorientierten Konzeption des Religionsunterrichts lassen sich drei Varianten unterscheiden: **Der lernzielorientierte Religionsunterricht, der Religionsunterricht mit den offenen Curricula und der so genannte sozialisationsbegleitende oder therapeutische Religionsunterricht.**[134]

---

128 zit. nach ebd., S. 85

129 Hoffmann, A. H., Vom Elend der (evangelischen) Religionspädagogik, in: Fundamentum. Zeitschrift der Freien Evangelisch-Theologischen Akademie Basel, Riehen Nr. 1/1984, S. 183

130 Schmidt, H., Religionsdidaktik, S. 55.61

131 Kerp, E., Emanzipation – Wovon? Wozu? Eine kritische Anfrage an die neuere Religionspädagogik, Bern; Frankfurt a. M. 1976, S. 140

132 Schröer, H., Elementarisierung, in: Handbuch religionspädagogischer Grundbegriffe, Bd. 2, S. 502-505

133 Berg, H. K., Grundriß der Bibeldidaktik, S. 71-74

134 Früchtel, U., Leitfaden Religionsunterricht, S. 28

1. Der lernzielorientierte Religionsunterricht

Siegfried Vierzig hat dieser Unterrichtsform mit seinem Buch »Lernziele und Religionsunterricht« (1970) zu einem bestimmten Ansehen verholfen.[135] Er schreibt in diesem Buch unter anderem:

> »Die Antwort auf die Frage, was gelernt werden soll, kann nicht von den Stoffen, sondern von den Zielen her entschieden werden ... Der Neuansatz (kleine ›kopernikanische Wende‹ in der Pädagogik) der Curriculumforschung besteht darin, dass zuerst nach den notwendigen Zielen gefragt wird. Nicht die Stoffe garantieren von sich aus, dass der Schüler das Richtige lernt, sondern die überlegte, exakte Zielsetzung.«[136]

Da S. Vierzig in seinen Überlegungen davon ausgeht, dass alle Menschen religiös sind, darf nach ihm das globale Lernziel weder dogmatisch noch konfessionell geprägt sein. Als Globalziel betrachtet er die Fähigkeit, die religiöse Frage in den jeweiligen Entscheidungs- und Konfliktsituationen zu stellen und in Auseinandersetzung mit vorgegebenen Antworten religiöser und weltanschaulicher Tradition, vornehmlich der biblischen Botschaft, zu einer eigenen Antwort zu finden. Dieses Globalziel sucht er weiter zu operationalisieren. Er unterscheidet vor allem drei Leitziele:

1. Es geht darum, Schüler/Schülerinnen zur religiösen Fragehaltung zu führen.
2. Religiöse Vorstellungen sollen kritisch geordnet und befragt werden.
3. Schließlich gilt es, die Schüler/Schülerinnen zur religiösen Welt- und Lebensdeutung zu befähigen.[137]

Diese Unterrichtsform hat sich den Anliegen der emanzipatorischen Erziehung geöffnet. So sagt z.B. Siegfried Vierzig:

---

135 Vierzig, S., Lernziele und Religionsunterricht, Zürich; Einsiedeln; Köln 1970
136 zit. nach ebd., S. 31
137 Lämmermann, G., Religionspädagogik im 20. Jahrhundert., S. 171-174

> Der Religionsunterricht ist »der Ort kritischer Reflexion unterschiedlicher Normen und Werte im Zusammenhang mit den Prozessen der Emanzipation und Sozialisation.«[138]

Er setzt sich sogar dafür ein, dass den Heranwachsenden nur jene Elemente der Glaubensüberlieferung vorgelegt werden sollten, die den Glauben als Verpflichtung für die politische, gesellschaftliche, moralische und rationale Emanzipation des Menschen aufzeigen.[139] Dies führt zu einer unverantwortlichen Ideologisierung des Religionsunterrichts.

Im lernzielorientierten Religionsunterricht kommt die Bibel nur noch in den Punkten zum Zuge, in welchen sie mit den Wahrheits- und Weltprinzipien der Sozialphilosophie korrespondiert.[140] **Die Bibel hat in dieser Unterrichtsform ihren Eigenwert verloren.** Es kommt zu einer Funktionalisierung oder Instrumentalisierung des biblischen Textes.

2. Der Religionsunterricht mit den offenen Curricula

Karl Ernst Nipkow setzt sich für einen modernen, theologisch und pädagogisch verantworteten Religionsunterricht ein. Er will, dass sich die Schüler/Schülerinnen rational mit der christlichen Botschaft auseinandersetzen.

Der Unterricht sollte nach seinen Vorstellungen seinen Ausgangspunkt bei den gegenwärtigen Tatbeständen, Problemen und Fragen haben, welche die Jugendlichen in ihrem Verhältnis zur Welt und zur Kirche haben. Dabei sollte es zu einer Verschränkung von Alltagswelt und biblischer Botschaft kommen (Konvergenzmodell), wobei der Bibel kein unhinterfragbarer Eigenwert zukommt.[141] Vielmehr hat die Bibel in diesem Prozess nur noch einen Funktionswert, da das Ziel allen Unterrichtens, nämlich die Hinführung zur Selbstbe-

---

138 zit. nach Wegenast, K., Religionsdidaktik Grundschule, S. 39
139 Bailer, A., Profile des Religionsunterrichts, Stuttgart 1980, S. 28-29
140 ebd., S. 36
141 Lämmermann, G., Religionspädagogik im 20. Jahrhundert, S. 145-155

stimmungsfähigkeit, feststeht.[142] Horst Klaus Berg sucht diesen Ansatz von Karl Ernst Nipkow mit Hilfe der »materialistischen Bibelauslegung« von Georges Casalis noch zu vertiefen.[143]

Auch in dieser Unterrichtsform werden Anliegen der emanzipatorischen Erziehung übernommen. Es geht im Unterricht letztlich um die Emanzipation des Kindes, um die Veränderung der Gesellschaft und die Verbesserungen der Lebensmöglichkeiten.[144]

In diesem Konzept hat **die Bibel**, überhaupt das christliche Gedankengut, keinen **Eigenwert** mehr, sondern bestenfalls noch **einen Funktionswert** zur Bewältigung bestimmter Situationen.[145]

3. Sozialisationsbegleitender oder therapeutischer Religionsunterricht

Dieter Stoodt hat diese Unterrichtsform in seinem Buch »Die gesellschaftliche Form des Religionsunterrichts« (1969) eingeführt. Stoodt geht davon aus, dass Religion durch Sozialisationsprozesse vermittelt wird. Es geht in dem von ihm vorgestellten Unterricht darum, falsches Verhalten der Schüler/Schülerinnen im religiösen Bereich zu therapieren. Ursula Früchtel schreibt:

> »Während sich der problemorientierte Ansatz auf die Anforderungen unserer Zeit bezieht, für deren Bewältigung der Schüler motiviert und befähigt werden soll, bezieht sich der sozialisationsbegleitende auf die Probleme des einzelnen Schülers, insbesondere auf seine individuelle Lebensgeschichte. Ziel ist die Aufhellung und Aufarbeitung längst verfestigter Vorstellungen, damit Selbstklärung und Verhaltensänderungen herbeigeführt werden können. Das Ziel soll im Rahmen eines durch den Lehrer

---

142 Eva Müller zeigt in ihrer Dissertation, wie ein Religionsunterricht mit offenem Curriculum in der Primarschule aussehen könnte. Vgl. Müller, E., Bildnerische Eigentätigkeit im Religionsunterricht der Primarstufe. Entwicklung einer Lernform, in: Studien zur Pädagogik der Schule, hg. v. R. Biermann; W. Wittenbruch, Frankfurt a. M. 1990

143 Berg, H. K., Grundriß der Bibeldidaktik, S. 127-139

144 Kerp, E., Emanzipation - Wovon? Wozu?, S. 127; Müller, E., Bildnerische Eigentätigkeit im Religionsunterricht der Primarstufe, S. 201

145 Wegenast, K., Religionsdidaktik Grundschule, S. 41

strukturierten Austausches der Schüler untereinander (Interaktion) verwirklicht werden.«[146]

D. Stoodt unterscheidet in seinen Ausführungen in Anlehnung an H. E. Bahr zwischen »Religion 1« und »Religion 2«.

- Zu »Religion 1« gehören nach ihm alle Elemente der christlichen Tradition, die bestehende Machtverhältnisse und Strukturen aufrechterhalten.
- Hinter »Religion 2« verbergen sich die emanzipatorischen Gehalte des Christentums.

Dieter Stoodt geht davon aus, dass das heutige Christentum, da es vor allem »Religion 1« repräsentiere, ein latentes Angstbewusstsein und damit ein ständiges Bedürfnis nach Sicherheit auslöse, das zu einem zwanghaften infantilen Verhalten führe. Das Ziel des Religionsunterrichts habe vorrangig die Befreiung von diesen falschen Verhaltensweisen zu sein. Dies gehe nur, wenn man die in »Religion 2« enthaltene Emanzipation des Heranwachsenden anstrebe.[147] Zugleich werde dieses Ziel nur mit Hilfe eines therapeutischen Religionsunterrichts erreicht. Gruppengespräche, soziodramatische und psychodramatische Spiele sollen die Konfliktfelder aufdecken, die anschließend diskutiert werden. In den fruchtbaren Momenten solcher Diskussionen sollen biblische Informationen und seelsorgerliche Impulse in den Kommunikationsprozess einfließen.[148] Schließlich sollen die Verhaltensweisen von »Religion 2« eingeübt werden. Nur so komme es zur nötigen Verhaltensänderung im Leben der Kinder.[149]

Wir fragen uns, ob das, was Dieter Stoodt hier vorstellt, überhaupt noch Religionsunterricht ist. Ist es nicht vielmehr ein therapeutisches Experimentierfeld, in dem der Bibel nur noch eine Randbedeutung zukommt? Außerdem bleibt die Frage berechtigt, ob es sich hier nicht um eine unverantwortliche willkürliche Manipulation der Kinder handelt.

---

146 zit. nach Früchtel, U., Leitfaden Religionsunterricht, S. 38
147 Lämmermann, G., Religionspädagogik im 20. Jahrhundert, S. 176-182
148 Bailer, A., Profile des Religionsunterrichts, S. 60-63
149 Lämmermann, G., Religionspädagogik im 20. Jahrhundert, S. 186-187

Wir sehen, wo der »historisch-kritische Ansatz« und der ausgeweitete Religionsbegriff in der Religionspädagogik hingeführt hat. Zunächst führte er **zur Verdrängung der Bibel aus der Mitte des Unterrichts**. An die Stelle der biblischen Inhalte und Ziele traten einerseits die ideologisch geprägten Ziele der »Lerntheoretischen Didaktik« (siehe 7.4.1.2) und andererseits willkürliche therapeutische Schwerpunkte. Dies konnte deshalb geschehen, weil es im heutigen Religionsunterricht letztlich, wie Alois Niggli in seinem Aufsatz »Lebensbewältigung als Bindeglied zwischen Familie und Religionsunterricht« darlegt, um Hilfen für die Lebensbewältigung des Schülers geht. Die Bedürfnisse des Schülers, seine Sehnsüchte, Ängste, sein Verhalten in der Gesellschaft usw. stehen im Mittelpunkt des Unterrichts.[150] **Der Anspruch Gottes auf den Menschen fällt weg.**

Um bei den zu unterrichtenden Kindern anzukommen, hat man sich im **Bereich der Inhalte und der Didaktik** ganz dem Einfluß **der Humanwissenschaften** (humanistische Anthropologie, Psychologie, Soziologie) geöffnet. Rainer Lachmann behauptet sogar, dass die Religionspädagogik aus der Partizipation mit den Humanwissenschaften **ihre Dynamik** zieht.[151] Die Dynamik liegt also nicht mehr in dem zu vermittelnden Wort Gottes, das durch die Kraft des Heiligen Geistes bestätigt würde. Die Religionspädagogik sucht deshalb auch jede humanwissenschaftlich begründete didaktische Modeströmung mitzumachen, weil sie ihre **Mitte, das Wort Gottes, ihren Inhalt, Jesus Christus, verloren hat.**

1.2.1.4 Die Symboldidaktik

Nachdem man die Bibel weitgehend aus dem Religionsunterricht verdrängt hat, streitet man sich heute in der Religionsdidaktik darüber, was **an biblischen Inhalten** noch in den Religionsunterricht gehört.

---

150 Niggli, A., Lebensbewältigung als Bindeglied zwischen Familie und Religionsunterricht, in: Schweizer Schule, Kriens Nr. 9/1990, S. 22

151 Lachmann, R., Wechselnde Moden in der Religionspädagogik, in: Grundlagen der evangelischen Religionspädagogik, hg. v. J. Ohlemacher; H. Schmidt, Göttingen 1988, S. 105

- Einige betonen mit Klaus Wegenast zusammen, dass es unaufgebbar sei, im Religionsunterricht von der Schöpfung und der Zuwendung Gottes in Christus zu uns Menschen zu sprechen.[152] Diese Betonung übernimmt auch die katholische Kirche. Im Religionsunterricht muss es nach Georg Baudler darum gehen, dass explizit und implizit eine aufweisbare Beziehung zu dem urchristlichen Bekenntnis aufgezeigt wird, dass der gekreuzigte Jesus von Nazareth der »Christus«, der Retter und Heilbringer des menschlichen Lebens ist.[153]
- Horst Klaus Berg vertritt die Ansicht, dass im Religionsunterricht zumindest die Themen Schöpfung, Gemeinschaft (Partnerschaft, Bund, Oekumene), Leiden/Leidenschaft, Befreiung, Heiliger Geist/Begeisterung und Gottesherrschaft/Schalom zur Sprache gebracht werden sollten.[154]
- Andere fordern, dass wenigstens die Wirkungsgeschichte der christlichen Religion dargelegt werden müsse, darunter auch R. Preul.[155]
- Wieder andere verlangen, dass den Kindern zumindest noch **die Symbole der christlichen Religion erschlossen werden müssen**, wie zum Beispiel die Taufe, das Abendmahl. Die Ansätze zu einer eigentlichen **Symboldidaktik** haben **E. Feifel** (1979), **H. Halbfas** (1982) und **H. Kirchhoff** (1985) entwickelt.[156]

Die Hinwendung zum Symbol entsprang dem Wunsch, die Tiefen des biblischen Textes auch nach der Entmythologisierung Bultmanns beibehalten zu können.[157]

Man ging von **Paul Tillich** (1886-1965) herkommend davon aus, dass das religiöse Symbol **»die Dimension der letzten Wirklichkeit«** eröffne. Man meinte, dass man die Wahrheit der Bibel erfassen könne, indem man sie nicht wörtlich auffasse, sondern indem man

[152] Schmidt, H., Religionsdidaktik, S. 211-212
[153] Baudler, G., Religiöse Erziehung heute, S. 162
[154] Berg, H. K., Grundriß der Bibeldidaktik, S. 78-87
[155] Schmidt, H., Religionsdidaktik, S. 212
[156] Nastainczyk, W., Didaktik, in: Handbuch religionspädagogischer Grundbegriffe, Bd. 2, S. 472
[157] Schmidt, H., Religionsdidaktik, S. 245-250

darauf lausche, wie die eigene Psyche auf die Bilder und Symbole der Bibel reagiere, wenn man anfange, darüber zu träumen. Letztlich entdecke man Gott mit Hilfe der Symbole in der eigenen Seele.[158] Gerade das bibelkritische Denken öffne den Weg zum Symbolverständnis, denn das Symbol oder die Metapher sage nicht aus, was ist, sondern womit zum Beispiel Gott, der Himmel usw. vergleichbar seien.[159]

Man vertritt auch die Meinung, dass Symbole eine Vermittlungsfunktion zwischen der Erfahrungswelt der Kinder und Jugendlichen heute und der Erfahrungswelt der Menschen in der Bibel haben.[160]

Peter Biehl hat in seinem Buch »Symbole geben zu lernen« versucht, die Gedanken der Symboldidaktik bis in die Praxis durchzuziehen.

Er ist der Überzeugung, dass vom Symbol oder der Metapher her ein neuer **Lebensentwurf** gestaltet werden könne, da das Symbol helfe, die Lebenserfahrung zu interpretieren und zugleich einen neuen Umgang mit der eigenen Lebensgeschichte ermögliche.[161] Der Mensch sagt also, wie die biblischen Symbole oder Metaphern zu interpretieren sind. Er formt von dieser willkürlichen Interpretation her einen ebenso willkürlichen Lebensentwurf, in dem die Ausrichtung auf die Ewigkeit gänzlich fehlt. Alle eschatologischen Aussagen werden, da sie ja nur symbolisch zu verstehen sind, für die jetzige Lebensgestaltung umfantasiert.[162]

Beispiel:
Vom Symbol der »neuen« Stadt Jerusalem herkommend, lässt sich Folgendes sagen:

---

158 Schrodt, Ch., Eugen Drewermann – ein neuer Prophet? in: Fundamentum. Zeitschrift der Freien Evangelisch-Theologischen Akademie Basel, Riehen Nr. 3/1993, S. 73

159 Schweitzer, F., Lebensgeschichte und Religion. Religiöse Entwicklung und Erziehung im Kindes- und Jugendalter, München 1987, S. 185

160 Sturm, W., Religionspädagogische Konzeptionen, in: Religionspädagogisches Kompendium, S. 82

161 Biehl, P.; Hinze, U.; Tammeus, R., Symbole geben zu lernen. Einführung in die Symboldidaktik anhand der Symbole Hand, Haus und Weg, Neukirchen-Vluyn 1989, S. 84

162 ebd., S. 92-94

> »Man kann nicht leben ohne Vertrauen, ohne Vertrautheit ringsum und ohne jene letzte Vertrautheit mit sich selbst, die einen »Ich« sagen und »Ich« sein lässt.«[163]

In dem auf Symbole ausgerichteten Unterricht fällt die Botschaft von Jesus als Erlöser und Retter weg, da das Kreuz nur als Symbol verstanden wird. Man ist der Auffassung, dass das Symbol als solches schützen, stärken, trösten und orientieren könne. Man glaubt, dass durch Symbole sogar emotionale Konflikte aufgearbeitet werden können.[164]

Das richtig erfasste Symbol habe in sich selbst eine **Wirkungsmacht**. Symbole könnten, da sie von ihrer Wirkung her beurteilt werden, beliebig ausgetauscht werden; sie könnten aus der Bibel, heidnischen Kulten, aus dem okkulten Bereich usw. entnommen werden. Hauptsache sei ihre Wirkung. Wir spüren, dass hier das Wirken Gottes durch das **magische Wirken** irgendwelcher Symbole ersetzt werden kann.[165]

In der Symboldidaktik steht der Mensch, seine Möglichkeiten und Bedürfnisse, im Mittelpunkt. Es geht um seine Selbstverwirklichung. Biehl behauptet sogar:

> »Das Symbol kann so schöpferische Potentiale der Ich-Gestaltung und des Selbstausdrucks entbinden.«[166]

Wie dieser auf Symbole ausgerichtete Unterricht aussehen kann, zeigt Peter Biehl an den Symbolen »Haus«, »Weg« und »Hand«.[167]

Er entfaltet von J. Fowlers Darlegungen über die religiöse Entwicklung her die Stufen des Symbolverständnisses. Er sagt abschließend:

---

163 zit. nach ebd., S. 94
164 Feifel, E., Religionsunterricht, in: Handbuch religionspädagogischer Grundbegriffe, Bd. 1, München 1986, S. 207
165 Biehl, P.; Hinze, U.; Tammeus, R., Symbole geben zu lernen, S. 171-172
166 zit. nach ebd., S. 179
167 ebd., S. 73-153

> »Es ist eine der Aufgaben der Symbolkunde, das Symbolverständnis so weit zu fördern, dass möglichst die Stufe des kritischen Symbolverständnisses erreicht wird.«[168]

Es ist die Stufe, in welcher der Jugendliche in der Lage sein sollte, zu erkennen, dass die sinnstiftende Kraft nur der Bedeutung, welche das Symbol »transportiere«, zukomme, nicht dem Symbol als solchem.[169]

Zur Erschließung der Symbole benutzt man im Unterricht das Bibliodrama, Pantomime, Tanz und Meditation.[170] Gerade in der Meditation sucht man sich der Ausstrahlung des Symbols durch Imagination zu öffnen. So gelangt man zu besonderen religiösen Erfahrungen. Dies ist letztlich, wie Traugott Kögler richtig bemerkt, ein esoterischer Vorgang.[171]

Es fällt auf, dass bei dem auf Symbole ausgerichteten Unterricht an die Stelle einer persönlich erfahrbaren Gottesbeziehung durch den Retter Jesus Christus eine Beziehung zu unpersönlichen Symbolen tritt. Diese Symbole sollen dem Menschen helfen, sich selber zu verwirklichen und die emanzipatorischen Gesellschaftsformen mitzugestalten.

Der von Symbolen ausgehende Unterricht ist aus biblischer Sicht eine **Irreführung**. Die Bibel vermag dem Menschen nur zu helfen, wenn er sie als Offenbarung versteht und sie wörtlich, unter Berücksichtigung der jeweiligen literarischen Form – Prosa, Allegorie, Poesie, Geschichtsbericht –, ernst nimmt.[172] Im Symbol begegnet er letztlich nur seinen eigenen Fantasiegebilden oder esoterischen Krafteinflüssen.

---

168 zit. nach ebd., S. 160

169 ebd., S. 159

170 ebd., S. 186

171 Kögler, T., Lernen durch Entspannung? Superlearning, Suggestopädie und »Sanfte Methoden« der Entspannung in Schule, Kirche und Gemeinde. Eine kritische Studie, Lahr 1993, S. 122-124

172 Stadelmann, H., Grundlinien eines bibeltreuen Schriftverständnisses, S. 106

Obwohl man die Bibel aus den eben dargelegten Gründen teilweise aus dem Religionsunterricht verdrängt hat, will man doch an der christlichen Tradition festhalten, wie Werner Ritter in seinem Buch »Religion in nachchristlicher Zeit« nachweist.[173] Trotz der historisch-kritischen Bibelbetrachtungsweise und des »offenen« Religionsbegriffs gipfeln die Ausführungen im »christlichen Glauben«,[174] der aber **nur noch anthropologisch verstanden wird.**[175] Wir haben es hier mit einem »atheistischen Christentum« zu tun, das vor allem auf die Gedanken von Paul Tillich zurückgeht, welcher die »Überwindung des Theismus« forderte. Viele Theologen vertreten von der »Unwirklichkeit« Gottes herkommend entweder einen faktischen oder freimütig ausgesprochenen Atheismus,[176] der sich aber nicht von der Substanz der christlichen Verkündigung im Blick auf die anthropologische Ausrichtung lösen will.[177] Der heranwachsende Jugendliche soll zu sich selbst gelangen (sich emanzipieren) und eine positive Beziehung zu den Mitmenschen und zur Gesellschaft aufbauen.[178] Diese anthropologische Ausrichtung blieb natürlich nicht ohne Auswirkung auf die heranwachsende Jugend. In einer empirischen Umfrage aus dem Jahr 1992 wird deutlich, dass nur etwas mehr als die Hälfte der protestantischen Jugendlichen in Deutschland (16- bis 24-jährig) noch an einen Gott glauben.[179]

Dieser von der historisch-kritischen Bibelbetrachtungsweise geprägte Religionsunterricht spricht die Schüler nicht mehr an. Dies beweisen in Deutschland die vielen Abmeldungen vom Religionsunterricht und die Teilnahmslosigkeit der noch anwesenden Schüler. Und doch gibt es auch heute viele Schüler, wie Erwin Rauscher in seiner Habilitationsarbeit »Religion im Dialog« nachweist, welche im Religionsunterricht eine Antwort auf die Frage nach dem Sinn

---

173 Ritter, W. H., Religion in nachchristlicher Zeit, S. 62-73

174 ebd., S. 75

175 Bockmühl, K., Atheismus in der Christenheit, S. 119/120

176 ebd., S. 121-122

177 ebd., S. 123

178 Feifel, E., Religionsunterricht, in: Handbuch religionspädagogischer Grundbegriffe, S. 204

179 Jörns, K.-P., Die neuen Gesichter Gottes. Was die Menschen heute wirklich glauben, München 1997, S. 41

des Lebens suchen.[180] **Die historisch-kritische Bibelauslegung und die Ausweitung des Religionsbegriffs haben das Fach Religionsunterricht in eine schwere Krise gestürzt.**[181]

1.2.2 Folgen des weltanschaulichen Pluralismus für die Religionspädagogik

Es gibt auch religionspädagogische Ansätze, die davon ausgehen, dass man in einer Zeit des **weltanschaulichen Pluralismus** in unserer Gesellschaft die Schwerpunkte des christlichen Glaubens – geschweige die der Bibel – nicht mehr als maßgebliche Inhalte des Religionsbegriffs darlegen dürfe.[182] Da die öffentliche Schule eine Schule für alle sei, müsse es ihre Aufgabe sein,

> »ins Gespräch über unterschiedliche Überzeugungen zu führen, und nicht ein einzelnes Bekenntnis, einen bestimmten Glauben zu vermitteln«,[183] denn der christliche Glaube sei »eine unter vielen Auffassungsweisen ..., wie die offenen Lebensprobleme des Menschen zu deuten seien und wie man sich mit ihnen auseinanderzusetzen habe.«[184]

Übrigens ist dies auch die Auffassung des Ökumenischen Rates der Kirchen (ÖRK). K. Emilio Castro und Wesley Arionjah, Leiter des Genfer Dialogprogramms, sagten an der 10. Weltmissionskonferenz des ÖRK, die vom 22. Mai bis 1. Juni 1989 in San Antonio/Texas stattfand, dass die Aussage »Jesus ist der einzige Weg zu Gott!« im Zeitalter des religiösen Pluralismus und des Dialogs nicht mehr möglich sei. Dies sei eine »Sprache der Macht«. Andersdenkende würden durch solche Formulierungen überfahren und ein Dialog mit ih-

180 Rauscher, E., Religion im Dialog, S. 40
181 Kaufmann, H. B., Die Christen und die Schule in staatlicher und in freier Trägerschaft, Neukirchen-Vluyn 1989, S. 80
182 Bochinger, E; Paul, E., Einführung in die Religionspädagogik, S. 56
183 ebd., S. 57
184 D. Stoodt, zit. nach Ritter, W. H., Religion in nachchristlicher Zeit, S. 152

nen werde verhindert. Man sollte statt dessen im Gespräch mit Angehörigen anderer Religionen für »neue Einsichten« offen sein.[185] Johannes Lähnemann schlägt vor, dass man mit den Schülern die Gottesdiensthäuser der anderen Religionen besucht (Synagogen, Moscheen, buddhistische Zentren) und dass man ihre Leiter in Religionsstunden einlädt, um ihre Glaubensüberzeugungen zu erläutern. Anhand dieser Begegnungen sollten die Schüler in den religiösen Dialog eingeführt werden.[186] John M. Hull wünscht, dass man mit Kindern Themen aus dem säkularen Leben – z.B. Einstellungen gegenüber Tieren, Krieg oder Sexualität – aus der Perspektive verschiedener Religionen betrachtet. Auf diese Weise könne der Gedanke des Zusammenwirkens statt der Konkurrenz der Religionen vermittelt werden.[187]

Für diesen religionskundlichen, gesellschaftskritischen Unterricht, der alles Christliche relativiert, setzen sich vor allem H. Halbfas und G. Otto ein.[188] Auch Karl Ernst Nipkow setzt sich intensiv mit diesem interreligiösen Unterricht auseinander.[189] Meiner Meinung nach besteht hier die akute Gefahr, dass heranwachsende Kinder zu einer selbst gebastelten Religiosität geführt werden. Werner Thiede schreibt dazu:

> »Wo alle Religionen letztendlich gleich-gültig erscheinen, dort ist gegen irgendwelche Kreativ-Mixturen nichts ernsthaft einzuwenden – dort herrscht postreligiöser Synkretismus.«[190]

---

185 Gassmann, L., Frieden in Gerechtigkeit durch Welteinheit?, Basel '89 und der »konziliare Prozess«, Bad Liebenzell 1989, S. 23-24

186 Lähnemann, J., Weltreligionendidaktische Grundregeln, in: Religionsdidaktik in Grundregeln. Leitfaden für den Religionsunterricht, hg. v. E. Gross; K. König, Regensburg 1996, S. 64-65

187 Hull, J. M., Glaube und Bildung, Ausgewählte Schriften Bd. 1, Berg am Irchel 2000, S. 188

188 Ritter, W. H., Religion in nachchristlicher Zeit, S. 74

189 Nipkow, K. E., Bildung in einer pluralen Welt. Bd. 2, Religionspädagogik im Pluralismus, Gütersloh 1998, S. 131-156.210-211

190 zit. nach Thiede, W., Esoterik – die postreligiöse Dauerwelle. Theologische Betrachtungen und Analysen, Neukirchen-Vluyn 1995, S. 134

Es wird ferner darauf hingewiesen, dass dieser offene Dialog zwischen den unterschiedlichen Religionen und Überzeugungen nicht nur durch den weltanschaulichen Pluralismus in unserer eigenen Gesellschaft erforderlich sei, sondern auch in der weltweiten Orientierung unserer politischen, wirtschaftlichen und geistigen Beziehungen begründet sei. Die Schule sei beauftragt, diesen weltweiten Verständigungsprozess zu fördern.[191]

Eine klare Ausrichtung auf die Bibel kann sich in der gesellschaftlichen und weltweiten Verständigung nach Auffassung derer, welche diesen eben dargelegten Standpunkt vertreten, nur hemmend auswirken.

Als weiterer Grund, warum in einer pluralistischen Gesellschaft die christliche Religion und damit auch die Bibel, nicht mehr im Mittelpunkt des Religionsunterrichts stehen dürfe, wird angeführt, dass viele Jugendliche aus dem Christentum ausgewandert seien, trotzdem aber ein starkes **»Bedürfnis nach Religion«** haben.[192] Man sagt dann, vom neuen ausgeweiteten Religionsbegriff herkommend, dass es im Unterricht letztlich nur noch um »grundlegende anthropologische Erfahrungen« gehen dürfe. G. Stachel ist der Meinung, dass es in der religiösen Erziehung im Letzten um »Hilfe zur sinnvollen Orientierung in der Welt« gehen sollte.[193] Von dieser Zielsetzung ausgehend fordert man, dass sich die Religionspädagogik aus der Abhängigkeit der kirchlichen Lehre lösen müsse. Klaus Langer sagt, dass die Kirche einfach zur Kenntnis nehmen müsse, dass der heutige Religionslehrer nicht mehr Mittler christlicher Tradition sein könne, da es seine Aufgabe sei, in den, dem Christentum mehrheitlich distanziert gegenüberstehenden Schülern, wenigstens das Interesse für Religion zu wecken. Im Interesse verwertbarer Religion habe man im Religionsunterricht einen anthropologischen Schwerpunkt zu setzen.[194] Von diesem Denkansatz her ist es nicht verwunderlich, was Klaus Langer in seiner Studie »Warum noch Religions-

---

[191] Bochinger, E.; Paul, E., Einführung in die Religionspädagogik, S. 57
[192] ebd., S. 57
[193] Ritter, W. H., Religion in nachchristlicher Zeit, S. 69
[194] Langer, K., Warum noch Religionsunterricht? Religiosität und Perspektiven von Religionspädagogen heute, Gütersloh 1989, S. 299

unterricht?« nachweist: In Hamburg wird die Distanz der jungen Leute zur Kirche durch den Religionsunterricht stabilisiert, wenn nicht sogar gefördert.[195]

Weiter behauptet man, dass Religion, da sie sich im sozialen Handeln zeigt, in einem dauernden Prozess, in Entwicklung sei.

Die Vertreter dieser religionspädagogischen Richtung weisen darauf hin, dass Religion allüberall und allgegenwärtig sei, und deshalb nicht in ein schulisches Fach Religionsunterricht eingefangen werden könne. Religion habe sich als interdisziplinären Prozess zu verstehen, an dem verschiedene Wissenschaften beteiligt seien, unter anderen die Soziologie, Psychologie, Philosophie, Religionswissenschaft und Pädagogik. Letztlich soll der Religionsunterricht selbst beseitigt werden, da seine Notwendigkeit nicht mehr eingesehen wird.[196]

Heute sind diese eben entfalteten theoretischen Überlegungen in Deutschland an Brandenburgs Schulen mit dem Fach »Lebensgestaltung – Ethik – Religionskunde« (LER) Wirklichkeit geworden. Peter Antes sucht aufzuzeigen, dass nur noch religionskundliche Kenntnisse die Grundlage dieses Faches bilden sollten und dies aus folgenden Gründen:

- Religionskundliche Kenntnisse ermöglichten den Zugang zum kulturellen Erbe des Abendlandes.
- Sie befähigten die heranwachsenden Kinder zum Zusammenleben mit Menschen aus anderen Religionen und Kulturen.
- Schließlich vermittelten sie Modelle zur Konfliktbewältigung in Extremsituationen des Lebens.[197]

Die primären Bezugswissenschaften zum LER sind die Philosophie und die vergleichende Religionswissenschaft.[198]

---

195 ebd., S. 296

196 Ritter, W. H., Religion in nachchristlicher Zeit, S. 37

197 Antes, P., Simulierung von Religion im Unterricht? In: Religion in der schulischen Bildung und Erziehung. LER – Ethik – Werte und Normen in einer pluralistischen Gesellschaft, hg. v. K. E. Grözinger; B. Gladigow; H. Zinser, Berlin 1999, S. 190-191

198 Schmidt, H., Gott in der Schule. Bildungstheoretische Überlegungen zum Religionsunterricht, in: Widerstehen und Erziehen im christlichen Glauben, Festgabe für Gerhard Ringshausen zum 60. Geburtstag, hg. v. G. Besier; G. R. Schmidt, Holzgerlingen 1999, S. 129

Die Einführung des LER wird in religionspädagogischen Verlautbarungen deshalb bedauert, weil hier, wie Gerhard Besier aufzeigt, eine kirchenpolitische Frage zur Debatte steht. Es geht nämlich um die Frage, ob die beiden Großkirchen die religiöse Bildungsverantwortung weiterhin in ihrer privilegierten Form wahrnehmen können.[199]

1.2.3 Abschließende Gedanken zur heutigen Religionspädagogik

Wir haben gesehen, wie man nach und nach die Bibel aus der Pädagogik verdrängte. Heute sucht man sie auch aus der Religionspädagogik, also aus dem Bereich, wo ihrer Botschaft in unserer Gesellschaft noch hätte Beachtung verschafft werden können, zu beseitigen. Schuld an dieser Verdrängung der Bibel aus dem Religionsunterricht ist die historisch-kritische Bibelbetrachtungsweise. Die Bibel scheint nicht mehr in der Lage zu sein, absolute Wahrheiten zu vermitteln. Die historisch-kritische Bibelbetrachtungsweise führte zur Auffassung von der Unwirklichkeit Gottes.[200] Von hier aus entwickelte sich der »christliche Atheismus«, der nur noch eine anthropologische Komponente kennt. Der Theismus ist eigentlich zu Ende und damit auch die Theologie. Man weiß von der heutigen Theologie herkommend nicht mehr, was man im Religionsunterricht noch unterrichten soll.[201] Welche Auswirkungen dies in der Praxis hat, zeigt Klaus Langer anhand einer ausführlichen Umfrage unter den Religionslehrern in der Stadt Hamburg. 68 Prozent der Religionslehrer (RL) sehen das Ziel des Religionsunterrichts darin, die Schüler beratend zu begleiten.

»Die Vermittlung religiöser Erfahrung ist für ein Viertel der RL (25 %) ein wichtiges Ziel ihres Religionsunterrichts (RU). Und nur

199 Besier, G., Konzern Kirche. Das Evangelium und die Macht des Geldes, Neuhausen-Stuttgart 1997, S. 106-111
200 Baudler, G., Religiöse Erziehung heute, S. 148
201 Bockmühl, K., Atheismus in der Christenheit, S. 128

> eine Minderheit unter den RL (13 %) befürwortet einen RU mit Verkündigungscharakter. Eine noch kleinere Zahl von RL (5 %) will die Jugendlichen zur Teilnahme am kirchlichen Leben ermutigen.«[202]

Beachtenswert ist weiter, dass die nichtchristlichen Religionen und religiösen Bewegungen für die Hälfte der Religionslehrer (50 %) inhaltlicher Schwerpunkt ihres Religionsunterrichts sind.

Klaus Langer kommt aufgrund der Auswertung seiner Umfrage zum Schluss, dass die christlichen Inhalte im Religionsunterricht ihre Spitzenstellung eingebüßt haben.[203] Dies ist nicht verwunderlich, da für eine große Zahl der Religionslehrer die christliche Glaubensüberlieferung nur eine periphere Lebensbedeutung hat.[204] Es drängt sich, wenn wir die Ergebnisse der Studie von Klaus Langer ernst nehmen, die Frage auf: Wozu braucht es den Religionsunterricht an den öffentlichen Schulen noch? Könnte nicht ein Fach wie zum Beispiel »Lebenskunde« den anthropologischen Grundfragen der Schüler ebenso gerecht werden?

Nachdem wir festgestellt haben, dass die biblische Botschaft im Religionsunterricht weitgehend preisgegeben worden ist, verwundert uns nicht, was durch eine umfängliche Befragung württembergischer Berufsschüler im Religionsunterricht im Winter 1982/1983 festgestellt wurde[205], dass es nämlich unter den Jugendlichen immer mehr zu einer »Ablösung von der christlichen Tradition« kommt.[206] Karl Ernst Nipkow kommt nach der Auswertung dieser Umfrage sogar zum Schluss, dass sich die Jugendlichen »tendenziell in einer nachchristlichen Situation« befinden.[207] Diese Abkehr von der christlichen Tradition geht auch deutlich aus einer 1986 gemachten

---

202 zit. nach Langer, K., Warum noch Religionsunterricht?, S. 281
203 ebd., S. 281
204 ebd., S. 290
205 Nipkow, K. E., Erwachsenwerden ohne Gott? Gotteserfahrung im Lebenslauf, München 1987, S. 10
206 ebd., S. 89
207 ebd., S. 90

Studie von Franz-Xaver Kaufmann, Walter Kerber und Paul M. Zulehner in Bayern hervor. Sie schreiben:

> »Bei den unter 40-jährigen finden wir nur 17 % ›kirchenfeste Gläubige‹, dagegen 29 % ›distanzierte Christen‹ und 54 % ›religiös kaum Ansprechbare‹.«[208]

Gerade weil der christliche Glaube in der Öffentlichkeit immer mehr schwindet, fordert Werner H. Ritter, dass es im Religionsunterricht wieder um »christlich-theologische Glaubensrede und Wirklichkeitserfahrung« gehen müsse.[209] Er sieht dann im »Hermeneutischen Unterricht« die Verwirklichungsmöglichkeit seines Anliegens gegeben.[210] Wir sahen aber, dass gerade dieser Unterricht dem Kind die Botschaft der Bibel stark entfremdet. Auch Heinz Schmidt bestätigt die Tatsache, dass christliche Religion im Schwinden sei. Er sagt dann, dass er davon überzeugt sei, dass die neuen religionspädagogischen Ansätze dieses Schwinden der christlichen Religion nicht aufzuhalten vermögen.[211] Dies ist deshalb so, weil sie ja von einer Theologie des »christlichen Atheismus« ausgehen, bei der die existentielle Situation des Menschen im Mittelpunkt steht. In den neueren religionspädagogischen Entwürfen, die den Religionsunterricht beleben sollten, wird der anthropologische Ansatz beibehalten.[212] Godwin Lämmermann ist davon überzeugt, dass es mehr denn je Aufgabe der Religionspädagogik sei, von der Lebenswelt des Kindes auszugehen. Er schreibt:

> »Soll der Glaube seine integrative Kraft für die Entfaltung und Gestaltung von Subjektivität als Folge des rechtfertigenden Handelns Gottes am Menschen bewähren, dann muss die Relevanz des

208 zit. nach Kaufmann, H. B., Die Christen und die Schule in staatlicher und freier Trägerschaft, S. 63
209 Ritter, W. H., Religion in nachchristlicher Zeit, S. 156
210 ebd., S. 157
211 Schmidt, H., Religionsdidaktik, S. 65
212 Lachmann, R., Grundsymbole christlichen Glaubens. Eine Annäherung, Göttingen 1992, S. 20

> Glaubens im Kontext der Lebenswelt erkennbar werden. Daraus erwächst didaktisch die Forderung nach einem Primat der Lebenswelt und des Alltags.«[213]

Wenn der Religionsunterricht so verstanden wird, bleibt die Frage, was er gegenüber den anderen Fächern, die auch alle von der Lebenswelt des Kindes ausgehen, noch Besonderes zu bieten hat. Peter Kliemann zeigt, dass die Themen des heutigen Religionsunterrichts – Ökologie, Drogenproblematik, politische Fragen – in den Fächern Deutsch, Geschichte, Gemeinschaftskunde, Erdkunde und Politik ebenfalls entfaltet werden.[214] Da der heutige Religionsunterricht in seiner immanent anthropologischen Ausrichtung die Hinführung des Kindes in die Gemeinschaft mit Gott, die durch das Erlösungswerk Jesu Christi möglich wäre, ausklammert, verunmöglicht er dem Kind die spirituelle Erfahrung einer persönlichen Gottesbeziehung.

Christa Meves fragt deshalb mit Recht:

> »Wäre es nicht besser, unsere Kinder wüchsen ohne schulische Glaubensunterweisung auf, als im Religionsunterricht einem Trommelfeuer des Unglaubens, ja, oft sogar der Glaubensverhöhnung ausgesetzt zu sein?«[215]

Dieser Religionsunterricht, der nicht mehr die Fragen nach dem Sinn des Lebens und nach dem Tod beantwortet, begünstigt den Schüler-Okkultismus. Enttäuscht wenden sich die Schüler von diesem nichtssagenden Religionsunterricht ab und suchen anderswo nach religiöser Erfahrung. In Comics, Kassetten, Videos, Spielzeugpro-

---

213 zit. nach Lämmermann, G., Religionspädagogik im 20. Jahrhundert, S. 210-211. Wie stark die Ausrichtung auf die Lebenswelt der Kinder den Religionsunterricht in der Schweiz (Kanton Aargau) prägt, zeigt Klaus Reihlen. Vgl. Reihlen, K., Gesellschaft, Schule, religiöse Erziehung. Diplomarbeit, Didaktikum Aarau 1999, S. 6-7

214 Kliemann, P., Impulse und Methoden. Anregungen für die Praxis des Religionsunterrichts, Stuttgart 1997, S. 124-127

215 zit. nach Meves, Ch., Bilanz aus 30 Jahren Fehlentwicklung. Trotzdem: Mut zur Zukunft, Gräfelfing 1998, S. 103

grammen usw., die sich zum Ziel gesetzt haben, das New-Age-Gedankengut zu verbreiten, wird ihnen gezeigt, wie sie zu esoterischen Erfahrungen mit dem Überirdischen gelangen können. Mit Techniken aus Zauberei, Magie, Hexerei, Hellseherei, Spiritismus werden ihnen Anleitungen gegeben, wie sie mit unsichtbaren Mächten in Kontakt treten können.[216] Nach einer Umfrage des Freiburger Psychologen Johannes Mischo, die er 1991 durchführte, haben etwa ein Drittel der Jugendlichen in Deutschland praktische Erfahrung mit dem Okkulten.[217] Werner Thiede geht zudem davon aus, dass jeder zehnte Schüler durch okkulte Praktiken psychisch real gefährdet sein könnte.[218]

Helmut Burkhardt weist ganz richtig darauf hin, dass in der Abwendung von dem sich uns in der Bibel geoffenbarten Gott immer eine Öffnung für gottfeindliche überirdische Mächte vollzogen wird (1. Kor 10, 20-22).[219]

1.2.4 Die biblische Antwort auf diese große Herausforderung

Die Feststellung von K. E. Nipkow, W. H. Ritter und H. Schmidt, **dass sich unsere Jugend in einer nachchristlichen Situation befindet**, sollte uns, die wir uns von der Bibel her beauftragt sehen, allen Kindern und Jugendlichen die Botschaft des göttlichen Wortes weiterzusagen (Mk 10,13-16), aufhorchen lassen. Wir leiten die Legitimation zu einem biblischen Religionsunterricht nicht von Menschen oder von gesellschaftlichen Gegebenheiten her ab, sondern von dem uns **in der Bibel gegebenen göttlichen Auftrag** (Mt 28,18-20), denn wir gehen davon aus, dass die Bibel das Wort Gottes ist. Interessant ist zu beobachten, dass jeder von Menschen oder von gesellschaftlichen Gegebenheiten her begründete Religionsunter-

216 Ledermann, K.; Skambraks, U., Der Griff nach unseren Kindern. Einblicke in ein (un)heimliches Erziehungsprogramm, Asslar 1988, S. 82-94
217 Thiede, W., Esoterik – die postreligiöse Dauerwelle, S. 65-66
218 ebd., S. 82
219 Burkhardt, H., Wiederkehr der Religiosität?, Gießen 1990, S. 50

richt, sich je nach religionswissenschaftlichem, pädagogischem oder soziologischem Standpunkt **in Frage stellen lässt.**[220] Letztlich lässt sich nur **der bibeltreue Religionsunterricht begründen und zwar vom Auftrag Gottes her.** Deshalb wollen wir in unserer nachchristlichen Zeit **biblischen Religionsunterricht erteilen.**

Wir gehen davon aus, dass die Bibel das Offenbarungswort Gottes ist. Gott hat, wie uns die Offenbarung mitteilt, wirklich in Raum und Zeit gehandelt und gesprochen. Der Mittelpunkt seines Handelns und Redens sind das Kreuz und die Auferstehung Jesu. Der Mensch (das Kind) kann durch den Glauben an das Erlösungswerk Jesu mit Gott in Kontakt kommen. Gott wird für ihn erfahrbar. Gott spricht zu ihm durch sein Wort und handelt in seinem alltäglichen Leben. Ja, Gott verändert für andere sichtbar sein Leben (Mt 5,16) und handelt durch ihn in dieser Welt.[221]

Seelsorgerlich verantworteter biblischer Unterricht ist die einzige Alternative zum heutigen »christlich-atheistischen« Unterricht. **Unser Auftrag ist es aber nicht nur, zu einem biblischen Religionsunterricht (Katechetik), sondern auch zu einer biblischen Pädagogik zurückzukehren.**

1.3 Die Bibel, das Offenbarungswort Gottes

Bevor wir uns dem biblischen Religionsunterricht (Katechetik) und der bibelorientierten Pädagogik zuwenden, wollen wir uns zunächst mit der Bibel selbst beschäftigen.

Wir haben gesehen, dass die grundsätzliche, kritische Infragestellung der Aussagen der Bibel, die Anerkennung und die konsequente Anwendung der »historisch-kritischen« Methode zur Auflösung der Dogmatik, Ethik, ja der Theologie selbst geführt hat. Auf diese Weise wurde dem Pluralismus Tür und Tor geöffnet. Hieraus resul-

220 Schweitzer, F., Religiöse Bildung als Aufgabe der Schule, in: Religionspädagogisches Kompendium, S. 107

221 Bockmühl, K., Atheismus in der Christenheit, S. 145

tiert, wie wir sahen, die Unmöglichkeit einer biblischen Pädagogik und schließlich eines von der Bibel geprägten Religionsunterrichts.

Wir wollen uns nun der Frage zuwenden: Wird die »historisch-kritische« Bibelbetrachtungsweise der Bibel überhaupt gerecht?

1.3.1 Grundgedanken zur Bibel als Wort Gottes

Da es einerseits darum geht, das Wort Gottes im Religionsunterricht weiterzusagen und wir andererseits aus diesem Wort die pädagogischen Grundgedanken ableiten werden, ist es unsere Aufgabe, uns einige grundsätzliche Gedanken über dieses Wort zu machen.

1.3.1.1 Was sagt die Bibel über sich selbst?

Die Bibel bezeugt von sich selbst, dass sie das Offenbarungswort Gottes ist. Wichtige Stellen sind 2. Tim 3,16 und 2. Petr 1,20-21.

Den Schriften des Alten Testaments wird von **Jesus** ein absoluter Wahrheitsgehalt zuerkannt.[222] Was Mose lehrte, ist für Jesus *»Wort Gottes«* (Mk 7,10-13). Jesus bezieht sich auf alle drei Teile des hebräischen Kanons: Thora (Mt 4,4), Propheten (Mk 7,6) und Schriften (Mt 12,10). Für ihn ist das Alte Testament auch in seinen geschichtlichen Aussagen – ob es sich nun um Noah und die Sintflut handelt (Lk 17,26f) oder um Jona im Fisch (Mt 12,40)[223] – Wort Gottes.

Auch **die Apostel** gehen von der Überzeugung aus, dass die Schriften des Alten Testaments von Gott eingegeben sind. Wiederholt brauchen sie im Neuen Testament die Ausdrücke *»die Schrift sagt«* und *»Gott sagt«* austauschbar (Röm 9,17; 10,11; Gal 3,8). Aussagen der Propheten gelten als Aussagen Gottes (Apg 13,33.34; 28,25-27). Paulus fasst diese Grundüberzeugung, dass Gott das Alte

---

222 Stadelmann, H., Grundlinien eines bibeltreuen Schriftverständnisses, S. 23-24; vgl. Marshall, H., Biblische Inspiration, Gießen; Basel 1986, S. 31

223 Weitere Beispiele dazu siehe Ryrie, Ch. C., Irrtum ausgeschlossen! Wahrheit und Inspiration der Bibel im Kreuzverhör, Dillenburg 1996, S. 71-72

Testament den Schreibern eingegeben hat, in den umfassenden Worten zusammen: *»Die ganze Schrift ist von Gott gehaucht und nütze zur Lehre, zur Erziehung ...«* (2. Tim 3,16). Dieser Satz fasst die Selbstaussage des Alten Testaments gut zusammen und widerspiegelt getreu die Schrifthaltung Jesu.[224] Dass das AT für die neutestamentlichen Autoren Autorität hatte, kommt auch darin zum Ausdruck, dass das NT über 1600 Zitate aus dem AT aufweist.[225]

Auch für die **Inspiration neutestamentlicher Schriften** finden wir Hinweise im Neuen Testament. Wiederholt werden die neutestamentlichen Apostel als Offenbarungsträger auf eine Stufe mit den alttestamentlichen Propheten gestellt (1. Petr 1,12.13; 2. Petr 3,2.15.16). Dies macht klar, dass sich die Autoren des Neuen Testaments bewusst waren, dass die Schreiben, welche sie verfassten, in ihrer Art und Autorität mit denen des Alten Testaments vergleichbar sind.[226] Paulus ist davon überzeugt, dass er geleitet durch den Heiligen Geist *»wahrhaftiges Gotteswort«* schrieb (1. Thess 2,13). Petrus bezeichnet die Apostel als Menschen, die *»euch durch den vom Himmel gesandten Heiligen Geist das Evangelium predigten«* (1. Petr 1,12) und stellt in 2. Petr 3,16 den »Corpus Paulinum« den »übrigen Schriften« gleich. Johannes warnt schließlich am Schluss der Offenbarung, nichts zu den Worten der Weissagung hinzuzufügen oder wegzunehmen (Offb 22,18.19).[227] Mit dieser Aussage stellt er die Offenbarung auf dieselbe Stufe wie die Thora (5. Mose 4,2).

Wir sehen, dass die Heilige Schrift unmissverständlich ihren göttlichen Ursprung bezeugt, ohne ihre menschliche Verfasserschaft zu leugnen, denn »die menschliche Abfassung verhindert nicht, dass die Schrift als letztlich von Gott selbst stammend betrachtet werden kann«.[228] Diese Behauptung stimmt dann, **wenn Gott sich in menschlicher Sprache adäquat ausdrücken kann.**

---

224 Stadelmann, H., Grundlinien eines bibeltreuen Schriftverständnisses, S. 22-25

225 Schnabel, E., Die Lehre von der Inspiration nach der Heiligen Schrift, in: Der Kampf um die Bibel. 100 Jahre Bibelbund (1894-1994), hg. v. S. Holthaus; Th. Schirrmacher, Bonn 1994, S. 87

226 Marshall, H., Biblische Inspiration, S. 33

227 Stadelmann, H., Grundlinien eines bibeltreuen Schriftverständnisses, S. 25-29

228 Schnabel, E., Inspiration und Offenbarung. Die Lehre vom Ursprung und Wesen der Bibel, Wuppertal 1986, S. 127

Genau dies wird heute bestritten. Man ist von I. Kant herkommend der Überzeugung, dass die unzulängliche, menschliche Sprache nicht in der Lage ist, transzendente Realitäten zu vermitteln. Diese Auffassung vertreten unter anderen F. Schleiermacher, R. Bultmann, E. Brunner, K. Barth, G. Ebeling. Dem ist entgegenzuhalten, dass der Gott der Bibel selbst Sprache gebraucht. Der Mensch hat insofern Anteil daran, als er im Bild Gottes geschaffen ist. Gott hat den Menschen so geschaffen, dass er mit ihm kommunizieren kann. Da er selbst Wahrheit ist, ist sein Reden immer wahr. Insofern Gott sich in seiner Offenbarung an den Menschen richtet und seine Sprache gebraucht, bleibt das, was er sagt, doch Gottes Wort. Gott redet mit seinen Geschöpfen in endlicher Sprache, aber trotzdem seinem Wesen adäquat.[229]

Gott hat seine Offenbarung schriftlich gegeben, weil geschriebene Sprache dauerhaft, objektiv und übermittelbar ist. Dieser uns schriftlich gegebene Text der Heiligen Schrift ist Wort Gottes, so wie es Artikel 3 der Chicago-Erklärung sagt:

> »Wir bejahen, dass die Bibel als geschriebenes Wort in ihrer Ganzheit die von Gott gegebene Offenbarung ist«.[230]

Diese uns schriftlich vorgegebene Offenbarung darf nicht abgeändert werden (Spr 30,6; Offb 22,18f).

Es gibt für uns zwischen Text und Offenbarung keinen Unterschied.

Im Blick auf **die Bildung des Kanons**[231] können wir sagen, dass Gott sein an uns gerichtetes Wort erhalten hat. Er wachte darüber,

---

229 ebd., S. 130-135

230 zit. nach ebd., S. 142

231 Mitte des 4. Jhs wird das Wort »Kanon« auf die Bibel angewandt, aber zunächst im griechischen Sinn als »Liste«, »Verzeichnis« oder »Tabelle«. Die lateinisch sprechenden Kirchen übernahmen diesen Begriff noch in demselben Jahrhundert. Der Begriff »canon« bekam aber bei ihnen die Bedeutung »Richtschnur« und »Norm«. (Vgl. Swarat, U., Das Werden des neutestamentlichen Kanons, in: Der Kanon der Bibel, hg. v. G. Maier; Gießen; Basel; Wuppertal 1990, S. 29-30)

dass bei der Festlegung des Kanons des Alten[232] und Neuen Testaments[233] nur sein Wort berücksichtigt worden ist.[234] Der Prozess der Kanonbildung ging von Gott aus. Er hat ihn durch seine Offenbarung angestrebt, weil er seine Offenbarung grundsätzlich als geschlossene Größe versteht (2. Tim 3,16). Er hat ihn dann unter der Leitung des Heiligen Geistes zum Abschluss gebracht. Der Kanon ist also **nicht das Produkt der Kirche, sondern das Produkt desselben göttlichen Geistes, der die einzelnen Schriften hervorgebracht hat.** Die Kirche hat den Kanon nicht geschaffen, sondern den von Gott geschaffenen Kanon anerkannt.[235] Wir lehnen den Versuch der historisch-kritischen Bibelbetrachtungsweise ab, im vorgegebenen Kanon einen letztgültigen Kanon zu suchen, da uns das Wort Gottes selbst dazu keine Kriterien angibt.

---

232 Gerhard Maier zeigt, dass der alttestamentliche Kanon schon 200 v. Chr. abgeschlossen war. Er leitet diese Überzeugung aus Äußerungen von Josephus, aus dem 4. Esra und der mischnischen Tradition ab. Zudem führten ihn Ergebnisse, die er bei Philo, aus den Makkabäerbüchern und dem Sirachbuch gewinnen konnte zu dieser Entscheidung. (Vgl. Maier, G., Der Abschluss des jüdischen Kanons und das Lehrhaus von Jabne, in: Der Kanon der Bibel, S. 13-14)

233 Uwe Swarat macht in seinen Ausführungen deutlich, dass die Gemeinde nie ohne apostolische Autorität war. Als nämlich die Apostel starben, traten sogleich ihre Schriften an ihre Stelle. Deshalb haben wir davon auszugehen, dass das NT in seinen Hauptteilen (Evangelien, Paulusbriefe, Johannesoffenbarung, 1. Petrusbrief und 1. Johannesbrief), das sind mehr als drei Viertel seines heutigen Umfangs, von den Gemeinden im 1. Jahrhundert anerkannt und gebraucht (vorgelesen) wurden. Es gab aber Schriften, die erst im Verlauf des 2. Jahrhunderts und dann erst noch den Regionalkirchen entsprechend (die westlich, lateinisch sprechende Kirche, die östliche und syrische Kirche), den Weg ins Leben der Gemeinden fanden. Die endgültige Abgrenzung auf den Umfang von 27 Schriften, für die sich Athanasius eingesetzt hatte, wurde auf der römischen Synode (382), der Synode von Hippo Regius (393) und von Karthago (397) vorgenommen. (Vgl. Swarat, U., Das Werden des neutestamentlichen Kanons, in: Der Kanon der Bibel, S. 27-29.43-44)

234 Maier, G., Grundlinien eines biblischen Schriftverständnisses, in: Theologische Auseinandersetzung mit dem Denken unserer Zeit, Bd. 3, Neuhausen-Stuttgart 1984, S. 52

235 Maier, G., Biblische Hermeneutik, Wuppertal; Zürich 1990, S. 132-134

1.3.1.2 Gedanken zur Inspiration

Man hält in der heutigen Theologie die Inspirationslehre für etwas endgültig Erledigtes, da ja allen einsichtig sein müsse, dass »inspiriert« und »geschichtlich« zwei unversöhnliche Gegensätze seien. Man geht sogar so weit, dass man die jahrhundertelange Inspirationsüberzeugung für ungöttlich, für eine Irrlehre hält.[236]

Was verstehen wir denn unter Inspiration?

> »Inspiration bezeichnet den geschichtlichen Gesamtvorgang, durch den Gott mittels der kreativen Macht seines Geistes die von Menschen verfassten Schriften des biblischen Kanon als sein Wort hervorgebracht hat, sodass die ganze Heilige Schrift in allen ihren Teilen eine authentische Kundtat seiner Ansicht und Absicht und Darstellung seiner Botschaft an alle Menschen ist.«[237]

Wir gehen davon aus, dass die Schrift *»von Gott gehaucht«* (theopneustos, lat. inspiratus) ist (2. Tim 3,16). Die Entstehung der biblischen Bücher ist durch die Konvergenz[238] menschlicher und göttlicher Aktivität zu erklären. Wenn Gott in bestimmten Situationen Menschen gebrauchte, um sein Wort zu vermitteln, geschah dies keineswegs unter Ausschaltung ihrer Persönlichkeit. Er hat sie eben gerade nicht ent-persönlicht und willenlos gemacht, sondern hat sie als Persönlichkeiten mit ihren Fähigkeiten und Geisteskräften in Dienst genommen. So wird heute noch der Sprachstil, die Ausdrucksweise und der Bildungsstand der Schreiber im vorliegenden Text der Bibel deutlich. Der Heilige Geist hat aber die Schreiber geleitet, indem er ihre Gedanken und Worte überwachte, sodass sie Worte Gottes geschrieben haben, die göttliche Autorität beanspruchen. Dies wird in 2. Petr 1,21 mit dem Wort φερόμενοι, pheromenoi, Partizip passiv von φέρω, pherō, das mit »treiben« zu überset-

---

236 ebd., S. 80-81

237 zit. nach Schnabel, E., Inspiration und Offenbarung, S. 148

238 Konvergenz: Annäherung, Übereinstimmung von Meinungen, Zielen u. Ä.

zen ist, zum Ausdruck gebracht.[239] Es war der Geist Gottes, der die Menschen bei der Weitergabe des göttlichen Wortes »trieb«. Gott ist demzufolge der Urheber dieser Worte.[240] Zuweilen hat der Heilige Geist Worte eingegeben, deren letzter und tiefster Sinn ihnen selber – jedenfalls zum Teil – verborgen blieb (1. Petr 1,10-12). Dabei ist es weder möglich noch notwendig, den ganzen Vorgang der Inspiration zu ergründen, da das Überzeugtsein davon, dass die Bibel inspiriertes Wort Gottes ist, letztendlich Sache des Glaubens und nicht eines rationalen Beweises ist. Die Bibel ist **ganz Menschenwort und zugleich ganz Gotteswort** und zwar so, dass sie nicht in zwei »Worte« zerlegt werden kann, sondern indem sie Wort Gottes bleibt.[241]

Eckhard Schnabel schreibt:

> »Wir sehen, dass die Heilige Schrift ihren göttlichen Ursprung bezeugt, ohne ihre menschliche Verfasserschaft zu leugnen. Das Zueinander dieser beiden Elemente wird nicht erklärt. Aber eines ist unbestritten: Die menschliche Abfassung verhindert nicht, dass die Schrift als letztlich von Gott selbst stammend betrachtet werden kann – mit allen Konsequenzen, die sich aus diesem Sachverhalt ergeben.«[242]

Weil wir davon ausgehen, dass die Worte der Heiligen Schrift inspiriert sind, reden wir von **Verbalinspiration**. Wenn nämlich die Worte der Schrift nicht ganz Gottes Worte wären, könnte auch ihre Lehre nicht ganz Gottes Lehre sein. Wenn wir von Verbalinspiration reden, denken wir in keiner Weise an eine mechanische Inspiration oder an ein Diktat. Gerhard Maier spricht lieber von **Ganzinspiration,** weil das Wort »ganz« in 2. Tim 3,16 steht und zugleich der fal-

239 Haubeck, W; v. Siebenthal, H., Neuer sprachlicher Schlüssel zum griechischen Neuen Testament. Römer bis Offenbarung, Gießen 1994, S. 332

240 Wohlenberg, D.G., Der erste und zweite Petrusbrief und der Judasbrief, in: Kommentar zum Neuen Testament, hg. v. Th. Zahn, Leipzig 1915², S. 210

241 Stadelmann, H., Grundlinien eines bibeltreuen Schriftverständnisses, S. 30-32

242 zit. nach Schnabel, E., Die Lehre von der Inspiration nach der Heiligen Schrift, in: Der Kampf um die Bibel, S. 91

schen Auffassung einer atomisierenden Bibelbetrachtungsweise vorbeugt.[243]

Ich möchte, damit der Schwerpunkt auf dem einzelnen Wort bleibt (Joh 10,35), aber auch der Blick für das Ganze – für Verheißung und Erfüllung, Wort und Antwort – nicht verloren geht, sowohl von **Verbal- als auch von Ganzinspiration** sprechen.

Wir halten aber fest, dass die Inspiration sich streng genommen nur auf den autografischen Text[244] der Schrift bezieht, der nach Gottes Vorsehung anhand der überlieferten und heute verfügbaren Manuskripte mit großer Genauigkeit ermittelt werden kann. Aus dem textkritischen Sachverhalt ergibt sich, dass der uns heute verfügbare Text der Heiligen Schrift in hohem Maße mit dem Urtext übereinstimmt, von dem wir überzeugt sind, dass er frei von Fehlern war.[245] Bernhard Ramm schreibt dazu:

> »Die Anzahl wirklich wesentlicher Textvarianten im Neuen Testament, die nicht mit unseren gegenwärtigen Informationen völlig geklärt werden können, ist sehr klein, und die neuen Handschriften, die in den verschiedenen Höhlen am Toten Meer gefunden wurden, zeigen die bemerkenswerte Reinheit unseres gegenwärtigen Textes vom Alten Testament.«[246]

Abschriften und Übersetzungen der Schrift sind insofern Wort Gottes, als sie das Original treu wiedergeben.

Inspiration und Geschichte schließen sich nicht aus, wie dies E. Troeltsch behauptete, für welchen Geschichte nur einen immanenten (innerweltlichen) Kausalzusammenhang darstellte. Wenn wir die Entstehung der einzelnen biblischen Bücher betrachten, bemerken wir, dass die Inspiration ein geschichtlicher Vorgang war.[247] **Deshalb können Offenbarung und Geschichte nicht getrennt**

---

243 Maier, G., Biblische Hermeneutik, S. 100-105

244 Das sind die Texte, welche die Schreiber der Bibel selber verfasst haben. Alle diese Texte bilden den so genannten Urtext.

245 Schnabel, E., Inspiration und Offenbarung, S. 166

246 zit. nach Ramm, B., Biblische Hermeneutik, Asslar 1991, S. 25

247 Maier, G., Biblische Hermeneutik, S. 111-115

werden, und die Offenbarung braucht nicht durch Geschichte ergänzt zu werden.[248] Geschichte wird vielmehr durch die göttliche Offenbarung mitgesetzt. In der schriftlich vorgegebenen Offenbarung lassen sich geschichtliche Fakten und ihre Deutung nicht voneinander trennen (Lk 1,1-4), wie dies Bultmann und seine Schüler machten.[249]

Gerhard Maier betont:

»Ohne das Faktum wird das Wort zum Mythos oder zur Fabel. Soweit man überhaupt von Geschichtsschreibung reden darf, können wir Faktum und Kerygma immer nur miteinander bekommen – oder keines von beiden.«[250]

1.3.1.3 Ergebnisse aus der kurz skizzierten Inspirationslehre

Da die Heilige Schrift sagt, was Gott sagt, hat sie Autorität. Helge Stadelmann sagt dazu:

»Wo Gott spricht, begegnet der Mensch absoluter Wahrheit und absoluter Autorität.«[251]

Gerhard Maier schreibt:

»Die Schriftautorität ist im Grunde die Personautorität des hier begegnenden Gottes.«[252]

Die Chicago-Erklärung formuliert dies in Artikel 1 folgendermaßen:

»Wir bejahen, dass die Heilige Schrift als autoritatives Wort Gottes anzunehmen ist. Wir verwerfen die Ansicht, dass die Schrift ihre

248 ebd., S. 189
249 ebd., S. 193
250 zit. nach ebd., S. 193
251 zit. nach Stadelmann, H., Grundlinien eines bibeltreuen Schriftverständnisses, S. 14
252 zit. nach Maier, G., Biblische Hermeneutik, S. 151

Autorität von der Kirche, der Tradition oder irgendeiner anderen menschlichen Quelle empfängt.«[253]

Für uns ist die Schrift gewordene Offenbarung einzige norma normans (Richtschnur, Maßstab, Regel).[254]

Weil die Heilige Schrift Autorität hat, kann eine intellektualistische Anerkennung nicht genügen, sondern wir haben ihr **mit Glauben und Gehorsam zu begegnen**. Wir sind bereit, unser Denken demütig der Offenbarung Gottes zu unterordnen. Es geht hier aber in keiner Weise um ein »Opfer des Verstandes«, um ein so genanntes »sacrificium intellectus«, sondern es geht um ein Denken im Gehorsam Gott gegenüber. Wenn wir die Bibel, das Wort Gottes, als Autorität anerkennen, heißt dies nicht, dass wir einen »papierenen Papst« verehren, sondern dass dem Geber dieses Wortes unsere Achtung und Liebe gilt.[255]

Die Bibel ist der Maßstab für unser Denken und nicht irgendwelche **Philosophien** wie z.B. bei Strauß, der in seinem theologischen Denken vom Philosophen Hegel abhängig war, Bauer ebenfalls von Hegel, Lohmeyer von Hönigswald und Bultmann von Heidegger. Auch nicht die **Evolutionslehre** wie bei A. Harnack und J. Wellhausen oder **die Erfahrung** wie bei M. Kähler bestimmen unser theologisches Denken, sondern das echte Hören auf die Offenbarung Gottes.[256]

Wir sind auch nicht bereit, ein »Gelehrtenpapat«, wie es Martin Kähler nennt, neben der Bibel als Autorität anzuerkennen.[257]

Im göttlichen Ursprung ist die **Vollkommenheit,** beziehungsweise **Suffizienz** der Bibel begründet. Sie enthält nämlich vollkommen und hinreichend alles, was zum Heil zu wissen nötig ist.[258]

---

253 zit. nach Schnabel, E., Inspiration und Offenbarung, S. 167; vgl. Maier, G., Biblische Hermeneutik, S. 144-148

254 Maier, G., Biblische Hermeneutik, S. 152

255 Stadelmann, H., Grundlinien eines bibeltreuen Schriftverständnisses, S. 63

256 Maier, G., Biblische Hermeneutik, S. 25-26

257 ebd., S. 141

258 Schnabel, E., Inspiration und Offenbarung, S. 168-169; vgl. Maier, G., Biblische Hermeneutik, S. 157-159

Eine weitere Eigenschaft der Heiligen Schrift ist ihre **Unfehlbarkeit und Irrtumslosigkeit**. Wir lesen in der Chicago-Erklärung in Artikel 11:

»Wir bejahen, dass die Schrift, durch göttliche Inspiration gegeben, unfehlbar ist; sie leitet uns also nicht in die Irre, sondern ist im Blick auf alle Bereiche, zu denen sie spricht, wahr und zuverlässig.«[259]

Die Unfehlbarkeit und Irrtumslosigkeit bezieht sich auch auf **die historischen, geografischen und naturwissenschaftlichen Aussagen**, da diese unlösbar mit Heils- und Moralaussagen verbunden sind, so z.B. das Sterben Jesu am Kreuz und seine Auferstehung. Wir können demzufolge die Auffassung von R. Bohren nicht teilen, wenn er behauptet, dass uns die historische Echtheitsfrage nicht zu interessieren brauche, da die Zukunft des Textes wichtiger sei als seine Herkunft.[260] Dem ist entgegenzuhalten, dass der biblische Text ohne wirkliche historische Vergangenheit auch keine Zukunft hat. Alles löst sich auf diese Weise in nichts auf.

Es ist schließlich das Wesen Gottes selbst, das die Irrtumslosigkeit der Schrift verlangt.

»Wenn Gott ein Gott der Heiligkeit und Vollkommenheit, ein Gott der absoluten Wahrhaftigkeit und Allwissenheit ist, ein Gott, der nicht lügt, dann muss auch sein Wort vollkommen wahrhaftig sein (vgl. Ps 119,160; Spr 30,5; Joh 17,17).«[261]

Es sollte klar sein, dass die Irrtumslosigkeit der Schrift **die verschiedenen literarischen Gattungen nicht aus-, sondern einschließt.**

Es ist wichtig zu erkennen, dass die Bibel die Komplexität Gottes, der Menschen und der Schöpfung in ihren Ausführungen ernst nimmt. Daher beschreibt sie Dinge und Ereignisse aus unterschiedlichen Perspektiven, um dieser Komplexität gerecht zu werden. Die

---

259 zit. nach Evangelische Schriftauslegung. Ein Quellen- und Arbeitsbuch für Studium und Gemeinde, hg. v. J. Cochlovius; P. Zimmerling, Wuppertal 1987, S. 316

260 Bohren, R., Predigtlehre, München 1986, S. 163

261 zit. nach Schnabel, E., Inspiration und Offenbarung, S. 174

gemachten Aussagen ergänzen sich und sind eben gerade keine Widersprüche. Denken wir nur an die Aussagen über die Trinität.[262]

Wir gestehen ein, dass es zwischen bestimmten biblischen Texten **für uns Spannungen gibt**, doch sind wir davon überzeugt, dass die Bibel keine Widersprüche hat und sich diese Spannungen nur deshalb ergeben, weil wir ein begrenztes Wissen haben.[263] Wir hoffen aber, dass durch gründliches Weiterforschen diese Spannungen aufgelöst werden können.[264]

Hätte die Bibel Fehler oder Irrtümer, wenn auch nur in begrenzter Weise, könnte sie nicht mehr eine bedingungslose Autorität geltend machen, sondern müsste durch das menschliche Urteilsvermögen bekräftigt oder bestätigt werden. Die objektive Autorität der Bibel würde durch das subjektive Urteilsvermögen der Menschen ersetzt. Jeder Art von Bibelkritik wäre dann Tür und Tor geöffnet.[265]

John H. Gerstner weist in seinem Aufsatz »Die kirchliche Lehre über die Inspiration der Bibel« nach, dass man in der frühen Kirche, im Mittelalter und in der Reformation, insbesondere Luther und Calvin, von der Irrtumslosigkeit der Heiligen Schrift ausging.[266] Auch die führenden Männer des **Pietismus und der Erweckungsbewegung** waren von der Irrtumslosigkeit der Bibel überzeugt.[267] Es gilt aber zu beachten, dass **jede Generation** neu die Argumentation für die Irrtumslosigkeit der Heiligen Schrift führen muss, da sich die Gemeinde Jesu mit immer neuen Fragestellungen konfrontiert sieht.[268] In unserer Zeit ist dies deshalb besonders nötig, weil die moderne Theologie mit immer neuen Argumenten die Auffassung

---

262 Kaiser, B., Was ist biblische Irrtumslosigkeit, in: Der Kampf um die Bibel, S. 111-115

263 Ramm, B., Biblische Hermeneutik, S. 216-217

264 Hille, R., Was ist schriftgemäß?, in: Dein Wort ist die Wahrheit. Festschrift für Gerhard Maier. Beiträge zu einer schriftgemäßen Theologie, hg. v. E. Hahn; R. Hille; H.-W. Neudorfer, Wuppertal 1997, S. 37

265 Stadelmann, H., Grundlinien eines bibeltreuen Schriftverständnisses, S. 33-45

266 Gerstner, J. H., Die kirchliche Lehre über die Inspiration der Bibel, in: Die Unfehlbarkeit der Bibel, J. M. Boice, hg. v. S. R. Külling, Asslar; Riehen 1987, S. 12-29

267 Stadelmann, H., Grundlinien eines bibeltreuen Schriftverständnisses, S. 56-59

268 Kantzer, K. S., Die Evangelikalen und die Lehre von der Irrtumslosigkeit, in: Die Unfehlbarkeit der Bibel, S. 144

von der Irrtumslosigkeit der Bibel als absolut unhaltbar darstellt. In unserer Zeit suchte man in der »Lausanner Verpflichtung« (1974) und in der »Chicago-Erklärung« (1978) neu die Stellung zur vollen Autorität und Zuverlässigkeit der Heiligen Schrift zu formulieren.[269]

Aus den eben dargelegten Gründen kann ich die Aussage von Gerhard Hörster, dass die Lehre von der Irrtumslosigkeit der Bibel »an der realen Gestalt der Bibel« scheitert, nicht verstehen.[270] Er sagt ferner sogar, dass der, welcher von der Irrtumslosigkeit der Bibel spreche, »den Charakter der Bibel als Menschenwort nicht ernst« nehme.[271] Dazu möchte ich nur sagen: Wer so spricht, nimmt zu wenig ernst, dass die Bibel, obwohl sie ganz Menschenwort ist, auch ganz Gotteswort ist und Gott sich nicht irrt.

Dieses Festhalten an der Irrtumslosigkeit der Bibel garantiert nicht eine lehrmäßige Rechtgläubigkeit.[272] Deshalb erübrigt die Lehre von der Irrtumslosigkeit nicht eine gründliche Beschäftigung mit der Schriftauslegung (Hermeneutik). Vielmehr bildet sie mit den anderen Ergebnissen der Inspirationslehre zusammen die Grundlage derselben.

Die Einheit der Heiligen Schrift ist ein weiteres Resultat ihrer Inspiration. Obwohl Gottes Offenbarung eine fortschreitende, eine heilsgeschichtliche Offenbarung ist, die ihre Mitte in der Person und im Erlösungswerk Jesu hat, bildet sie eine wunderbare Einheit. Jeder Gedanke in der Offenbarung geht aus dem vorangehenden hervor, ohne den vorangehenden zu korrigieren, noch ihm zu widersprechen. Die ganze Offenbarung redet, gewirkt durch den Heiligen Geist, von der Mitte Jesus Christus. Deshalb ist gerade im Blick auf diese Mitte, nichts in der Bibel entbehrlich. Gerade die Prophetie unterstreicht die Einheit und Zuverlässigkeit der göttlichen Offenbarung. Die Bibel redet, da sie einen göttlichen Urheber hat, gewissermaßen mit einer Stimme und ist nicht ein Gewirr vieler Stimmen.[273]

---

269 Stadelmann, H., Grundlinien eines bibeltreuen Schriftverständnisses, S. 60-61
270 Hörster, G., Markenzeichen bibeltreu. Die Bibel richtig verstehen, auslegen, anwenden, Gießen 1990, S. 43
271 ebd., S. 45
272 Marshall, H., Biblische Inspiration, S. 81
273 Haaker, K., Biblische Theologie als engagierte Exegese. Theologische Grundfragen und thematische Studien, Wuppertal; Zürich 1993, S. 23

Die Deutlichkeit und Klarheit der Heiligen Schrift ist ebenfalls das Resultat der Inspiration. Die Bibel lässt sich durch die Bibel auslegen, wie es schon die Reformatoren gesagt haben »scriptura sacra sui ipsius interpres«. Die schwierigen, unklaren, »dunklen« Stellen sind im Licht der klaren, »hellen« Stellen zu verstehen. Es ist an dieser Stelle darauf hinzuweisen, dass nur für den das Wort deutlich und klar ist, der durch die Wiedergeburt den Heiligen Geist besitzt, der dieses Wort eingegeben hat.[274] Die Gemeinde braucht also keinen Stand von »Wissenden«, der ihr zeigt, wie die Schrift ausgelegt werden muss, wie dies im Bereich der historisch-kritischen Bibelbetrachtungsweise der Fall ist. Jeder schlichte Christ, der den Heiligen Geist empfangen hat, kann die Bibel, weil ihre Aussagen und Anliegen klar und deutlich sind, wirklich verstehen.[275] Es gibt also im Bereich des Bibelverständnisses keine Laien, wie dies Werner Schütz behauptet.[276]

Weiter gilt es zu beachten, dass die Heilige Schrift, weil sie Gottes Offenbarung ist, **ewig bleibt** (Ps 119,89; Jes 40,8; Mt 5,18; 1. Petr 1,25). Das, was Gott durch inspirierte Menschen in eine bestimmte Situation hineingesprochen hat, ist nie nur historisches Dokument der Vergangenheit. Vielmehr hat dieses in eine historische und kulturelle Situation hineingeredete Wort Gottes überzeitliche normative Bedeutung. Der vorgegebene historische Text und das Wort Gottes sind und bleiben identisch. Durch den Text, der in bestimmte Situationen in einen bestimmten kulturellen Kontext spricht, redet Gott ins Jetzt der heute lebenden Menschen. Es ist nicht möglich, situative und kulturelle Aspekte der biblischen Aussagen als zweitrangig auszuscheiden.[277]

---

274 Schnabel, E., Inspiration und Offenbarung, S. 184
275 Maier, G., Biblische Hermeneutik, S. 155-156
276 Schütz, W., Probleme der Predigt, Göttingen 1981, S. 67
277 Ramm, B., Biblische Hermeneutik, S. 172

1.3.2 Die Auslegung der Bibel (Hermeneutik)

Hermeneutik wird vom griechischen Wort ἑρμηνεύω, hermeneuō, hergeleitet. Dieses Wort kann für »übersetzen« gebraucht werden. Es steht auch für »sich ausdrücken«, »etwas aussagen«. Schließlich wird es für »auslegen« und »erklären« gebraucht.[278]

Die Inspiration der Heiligen Schrift begründet den hermeneutischen, das heißt, den die Schriftauslegung betreffenden Ansatz. Wir nehmen das Selbstzeugnis der Bibel ernst und gehen davon aus, dass sie das unfehlbare Offenbarungswort Gottes an den Menschen ist. Dies bildet das Vorverständnis zu unseren hermeneutischen Überlegungen.

Wenn wir die Schrift als wahres Wort Gottes ernst nehmen, ergibt sich konsequenterweise zunächst die Ablehnung der historisch-kritischen Methode.[279] G. Maier hat in diesem Bereich mit seinem Buch »Das Ende der historisch-kritischen Methode« eine beachtenswerte Arbeit geleistet. Er hat mit aller Deutlichkeit gezeigt, dass diese Methode dem biblischen Text überhaupt nicht gerecht wird, weil der aufgeklärte Theologe mit seiner autonomen Vernunft der Offenbarung mit Kritik begegnet.[280] Dies führt zur Überhebung des Theologen über die Bibel, zur Eliminierung des Supranaturalen und zur Entfernung der »wissenschaftlichen Theologie« von der Gemeinde.[281] Die historische Kritik wird der Tatsache, dass die Bibel Offenbarung Gottes ist, in keiner Weise gerecht. Eta Linnemann schreibt im Blick auf diese Methode:

---

278 Konrad, W., Hermeneutik im Spannungsfeld von Exegese und Homiletik. Predigt als Rede- und Leseakt, Frankfurt a. M. 1998, S. 17

279 Werner Konrad entfaltet in seiner Dissertation die Entstehungsgeschichte der historisch-kritischen Methode. Er zeigt, dass man durch einen »Blick in die Geschichte der historisch-kritischen Methode die Abhängigkeit der verschiedenen Forscherpositionen von der jeweils vorherrschenden Ideologie der Aufklärung, der Romantik und des Idealismus nachweisen kann«. Es zeugt demzufolge von Naivität, an die Voraussetzungslosigkeit dieser Methode zu glauben. (Vgl. ebd., S. 159)

280 Maier, G., Das Ende der historisch-kritischen Methode, Wuppertal 1975^3, S. 43-45

281 Maier, G., Biblische Hermeneutik, S. 222-225

»Eine genauere Untersuchung würde zeigen, dass der Arbeitsweise der historisch-kritischen Methode eine Reihe von Vor-Urteilen zugrunde liegen, die selber nicht Ergebnis wissenschaftlicher Untersuchung sind, sondern dogmata, Glaubenssätze, deren Grundlage die Absolutsetzung der menschlichen Vernunft als Kontrollorgan ist.«[282]

Der kritische Theologe verdrängt mit Hilfe der autonomen und emanzipierten Vernunft das Reden Gottes. Dadurch verkommt historisch-kritische Bibelauslegung zu einem vernunftimmanenten Selbstgespräch.[283]

Eduard Zwierlein weist in seinem Aufsatz »Heilige Schrift, historisch-kritische Methode und Hermeneutik« nach, dass die historisch-kritische Methode eine Mixtur aus rationalistischen, romantischen, idealistischen und naturwissenschaftlich-positivistischen Prämissen ist. Diese Methode vermag aufgrund ihrer Grunddispositionen die Wirklichkeit des vorgegebenen Textes nicht zu rekonstruieren, sondern beseitigt sie vielmehr.[284] Er sagt abschließend:

»An die Stelle der gewesenen Wirklichkeit tritt die Methodenwirklichkeit der HKM (historisch-kritischen Methode, Anm. d. Verf.), die die Texte zum Schweigen bringt und ihre eigene Geschichte im Medium dafür mißbrauchter Texte erzählt.«[285]

Zugleich führt die immer noch zunehmende Hypothesenvielfalt innerhalb der historisch-kritischen Methode zu hoher Unsicherheit im Blick auf die exegetischen Ergebnisse. Die Ergebnisse sind subjektiv, pluralistisch und widersprechen sich je nach hypothetischem Ansatz. Die Bibelauslegung kann nur noch Vermutungen hervorbrin-

---

282 zit. nach Linnemann, E., Original oder Fälschung. Historisch-kritische Theologie im Licht der Bibel, Dillenburg 1994, S. 38-39

283 Konrad, W., Hermeneutik im Spannungsfeld von Exegese und Homiletik, S. 37

284 Zwierlein, E., Heilige Schrift. historisch-kritische Methode und Hermeneutik, in: Bibel und Gemeinde, hg. v. Bibelbund, Waldbronn Nr. 2/1991, S. 164

285 zit. nach ebd., S. 168

gen. Dies führt natürlich zur Irrelevanz ihrer Aussagen für den Alltag.

Eta Linnemann sagt ganz richtig, dass hinter dieser Methode dämonische Mächte stehen, die den wahren Sinn des göttlichen Wortes verdrehen und zerstören.[286]

Diese eben ausgeführte Tatsache ist deshalb besonders tragisch, weil uns das Wort Gottes **den Weg zum Heil offenbart** (2. Tim 3,15). Die historisch-kritische Methode zerstört also, wie Thomas Schirrmacher ganz richtig bemerkt, den Weg zum Heil.[287] Deshalb gilt das Wort Jesu aus Mt 23,13 auch für die historisch-kritisch arbeitenden Theologen von heute: *»Wehe aber euch, Schriftgelehrte und Pharisäer, Heuchler! Denn ihr verschließt das Reich der Himmel vor den Menschen; denn ihr geht nicht hinein, noch lasst ihr die, welche hineingehen wollen, hineingehen.«*

Wir weigern uns also mit Recht, hinter den vorgegebenen Text zurückzugehen. Für uns ist die ganze Heilige Schrift eine Einheit. Karl Heim sagt in seinem Lebensrückblick:

> »Ein einheitlicheres Buch als die Bibel kann ich mir nicht denken.«[288]

> »Sola scriptura (allein die Schrift) und tota scriptura (die ganze Schrift) sind deshalb untrennbare Seiten derselben Offenbarung«[289],

schreibt Gerhard Maier.

Wir wollen uns nun mit der Frage beschäftigen, welche Konsequenzen sich aus der Inspiration, Unfehlbarkeit und Irrtumslosigkeit der Schrift für den Interpretationsvorgang ergeben.

---

[286] Linnemann, E., Original oder Fälschung, S. 47

[287] Schirrmacher, Th., Bibelkritik und Sünde: Gedanken zum Sündenfall (1. Mose 3), in: Der Kampf um die Bibel, S. 130

[288] zit. nach Heim, K., Ich gedenke der vorigen Zeiten, Wuppertal 1960^3, S. 207

[289] zit. nach Maier, G., Wie legen wir die Schrift aus?, Gießen; Basel 1982^2, S. 41

1.3.2.1 Der Heilige Geist schließt uns den Text auf

Den nun folgenden Überlegungen ist vorauszuschicken, dass es die **Hilfe des Heiligen Geistes** braucht, um die durch den Heiligen Geist eingegebene Heilige Schrift in rechter Weise zu verstehen. In 2. Kor 4,4 wird gesagt, dass der Gott dieser Welt den Sinn der Ungläubigen verblendet hat, damit sie den *»Lichtglanz des Evangeliums von der Herrlichkeit des Christus, der Gottes Bild ist, nicht sehen.«* Und in 1. Kor 2,14 lesen wir: *»Ein natürlicher Mensch aber nimmt nicht an, was des Geistes Gottes ist, denn es ist ihm eine Torheit, und er kann es nicht erkennen, weil es geistlich beurteilt wird.«* Nur der Mensch, der durch die gläubige Annahme der Rettung Jesu Christi den Heiligen Geist empfangen hat, kann die Bibel in rechter Weise verstehen. Zunächst wird durch den Heiligen Geist sein Sinn erneuert, sodass er das Wort Gottes verstehen kann (Röm 12,2), das ihm derselbe Heilige Geist aufschließt (Joh 16,13). Der Heilige Geist, der die Schrift eingegeben hat und nun in ihm ist, schenkt im Umgang mit der Bibel die nötige »Kongenialität« (Gleichrangigkeit hinsichtlich der Interpretation eines Werkes), besser gesagt **»Konspiritualität«** (Der Heilige Geist, der die Bibel eingegeben hat, ist derselbe Geist, der in mir wohnt und der mir bei ihrer Interpretation hilft). Die Offenbarung selbst setzt zu ihrem Verständnis beim Ausleger den Heiligen Geist voraus.[290]

Zugleich muss der, welcher die Schrift in rechter Weise auslegen will, wie Gerhard Maier richtig bemerkt, **in die Gemeinde Jesu eingebunden sein**. Hier geschieht das helfende Gebet, der nötige Austausch, die Korrektur und die Praxis. Auslegung des göttlichen Wortes ist immer auch mit Verantwortung eben dieser Gemeinde gegenüber verbunden.[291]

Dieses Wissen, dass der Heilige Geist uns das Verständnis für die Bibel öffnet, oft mit Hilfe der Glaubensgeschwister, entbindet uns nicht davon, bei der Auslegung der Bibel gründlich methodisch zu

---

[290] Maier, G., Biblische Hermeneutik, S. 37-41
[291] ebd., S. 335-337

arbeiten.[292] Es ist nicht nötig, bei der Schriftauslegung das geordnete Denken aufzugeben, wohl aber gilt es, das Denken unter den Gehorsam Christi zu stellen (2. Kor 10,5).[293]

Gerade die Weitergabe der biblischen Botschaft in der Katechese erfordert eine methodische Auslegung der Bibel.[294]

In diesem Zusammenhang gehen wir von der Überzeugung aus, **dass die inspirierte Schrift, Anrede Gottes an den heutigen Menschen ist**. Es gibt deshalb unseres Erachtens keine »neutrale« Beschäftigung mit der Heiligen Schrift. Dieses Wort Gottes wirkt in jedem Menschen, der sich ihm öffnet. Glauben (Röm 10,17), führt zur Wiedergeburt des Menschen (1. Petr 1,23). Ja, es *»ist lebendig und wirkungskräftig und schärfer als jedes zweischneidige Schwert, es dringt hindurch, bis es Seele und Geist, auch Mark und Bein scheidet, und ist ein Richter über die Regungen und Gedanken des Herzens.«* (Hebr 4,12)[295].

Der Erzieher und der Katechet haben sich zunächst der Wirkungskraft dieses göttlichen Wortes auszusetzen. Sie haben diesem Wort zu gehorchen, da ja Gott selber durch dieses Wort zu ihnen spricht. Jesus selber hat die Erkenntnis seines Wortes an den Gehorsam gebunden. Er sagt: *»Wenn jemand seinen (des Vaters) Willen tun will, so wird er von der Lehre wissen, ob sie aus Gott ist oder ob ich aus mir selbst rede.«* (Joh 7,17) Der Ausleger hat sich also dem göttlichen Wort unterzuordnen.

---

292 Ich grenze mich hier von der »pneumatischen Bibelauslegung« ab, die beim Auslegen eines Textes bewusst auf jegliche Methode verzichtet. Vgl. Riesner, R., Wenn sich pneumatische Exegese beim Geist widerspricht, in: Dein Wort ist die Wahrheit, S. 131-132

293 Maier, G., Heiliger Geist und Schriftauslegung, Wuppertal 1983, S. 27; vgl. Stadelmann, H., Grundlinien eines bibeltreuen Schriftverständnisses, S. 116-119

294 Maier, G., Biblische Hermeneutik, S. 292-293

295 Stadelmann, H., Grundlinien eines bibeltreuen Schriftverständnisses, S. 101. In diesem Zusammenhang lehne ich die Auffassung von P. Ricoeur ab, dass biblische Sprache als metaphorische Sprache zu verstehen sei. (Vgl. Konrad, W., Hermeneutik im Spannungsfeld von Exegese und Homiletik, S. 243.293). Die Bibel ist nicht in einer religiösen Sondersprache geschrieben worden, sondern in gewöhnlicher verständlicher Sprache

1.3.2.2 Das Herausarbeiten der philologisch-historischen Textbedeutung

Wir gehen von der Deutlichkeit und Klarheit der Heiligen Schrift aus und sind deshalb davon überzeugt, dass wir, geleitet durch den Heiligen Geist, durch eine **philologisch-historische Auslegungsarbeit zur eigentlichen Textbedeutung - zum Literalsinn - gelangen können**. Es gilt bei der Auslegung den Literalsinn, die einfache, normale Wortbedeutung, wie der jeweilige Kontext sie uns sprachlich – Prosa, Poesie – und geschichtlich nahe legt, herauszuarbeiten.[296]

Dazu ist die Kenntnis der Sprachen, in welchen die Bibel geschrieben wurde – Hebräisch, Griechisch –, der Grammatik, der Gattungen und Sprachfiguren, eine große Hilfe. Auch das Wissen darum, wer den vorgegebenen Text in welcher Situation und kulturellen Umwelt geschrieben hat, ist hilfreich.

Das, was im vorliegenden Text buchstäblich so gemeint ist, wird als buchstäblich ernst genommen. Was offensichtlich bildlich gemeint ist, wird bildlich verstanden.[297]

Bernhard Ramm schreibt dazu:

> »Die einzige sichere Möglichkeit, die Bedeutung der Heiligen Schrift zu kennen, besteht darin, die Interpretation in der buchstäblichen Exegese zu verankern.«[298]

Walter C. Kaiser betont denselben Gedanken, wenn er sagt, dass korrektes Verstehen immer bei der Bedeutung, die der Schreiber seinen eigenen Worten gab, also bei der wörtlichen Bedeutungsebene, anknüpfen müsse.[299] In diesem Zusammenhang lehne ich die Auffassung des Poststrukturalismus ab, dass der Leser der Schöpfer der Bedeutung des Textes sei.[300]

---

296 ebd., S. 106
297 Ramm, B., Biblische Hermeneutik, S. 135
298 zit. nach ebd., S. 139
299 Kaiser, W. C. jr., Legitime Hermeneutik, in: Fundamentum. Zeitschrift der Staatsunabhängigen Theologischen Hochschule Basel, Riehen Nr. 4/1997, S. 106
300 Blomberg, C. L., Die Gleichnisse Jesu. Ihre Interpretation in Theorie und Praxis, Wuppertal 1998, S. 131

In der philologisch-historischen Auslegung wird der Text auch **historisch** ernst genommen. Das, was die Bibel berichtet, ist wirklich so geschehen. Zum Beispiel hat Jesus vor 2000 Jahren wirklich auf dieser Erde gelebt, ist dann am Karfreitag mit etwa 33 Jahren am Kreuz gestorben und ist am dritten Tag, an Ostern, aus dem Grab, in welches er gelegt worden war, auferstanden.[301] Er lebt heute. Die Wunder sind historische Tatsachen. Die Prophetie ist wirklich so geschehen.[302]

Die philologisch-historische Auslegung beachtet im vorgegebenen Text ferner die Intention des Verfassers.

Bei biblischen Texten, die ja durch den Heiligen Geist eingegeben worden sind und somit Worte Gottes sind, geht der vorliegende Text über die Intention des Verfassers hinaus. Deshalb ist es für das Verstehen eines biblischen Textes wichtiger, den jeweiligen Kontext zu beachten, als die vermuteten Absichten des Autors.[303]

Natürlich führt auch die philologisch-historische Auslegungsarbeit zu unterschiedlichen Ergebnissen, die aber nur die Fülle des Textes zum Ausdruck bringen.[304] Weil das Wort Gottes durchaus verständlich ist, soll es auch in der Katechese verständlich weitergegeben werden.

1.3.2.3 Der heilsgeschichtlich-christozentrische Schwerpunkt bei der Auslegung

Da die Inspiration ein heilsgeschichtlicher Vorgang ist, haben wir die Heilige Schrift auch **heilsgeschichtlich** auszulegen. Das heilsgeschichtliche Denken öffnet den Blick für die Einheit der Bibel. Sie nimmt zudem den Spannungsbogen von Prophetie und Erfüllung

301 Wir lehnen die Unterscheidung zwischen dem historischen Jesus und dem biblischen Zeugnis von Jesus ab, wie sie P. Stuhlmacher vornimmt. (Vgl. Stuhlmacher, P., Wie treibt man biblische Theologie?, Neukirchen-Vluyn 1995, S. 28)

302 Stoll, C.-D., Umstrittene Verfasserschaft am Beispiel des Jesaja-Buches, in: Dein Wort ist die Wahrheit, S. 185-187

303 Konrad, W., Hermeneutik im Spannungsfeld von Exegese und Homiletik, S. 85

304 Maier, G., Wie legen wir die Schrift aus?, S. 25

ernst.[305] Kein Teil der Schrift ist in ihrem heilsgeschichtlichen Ganzen entbehrlich. Die Bibel schreitet eben gerade nicht von minderwertiger Offenbarung (Rachegebete, rächender Gott) zu immer klarerer Offenbarung voran. Die Aussagen der Bibel sind in ihrem heilsgeschichtlichen Ganzen gleichwertig.[306] Der Heilige Geist zeigt uns, dass Jesus Christus die Mitte der Heilsgeschichte ist. Helge Stadelmann schreibt:

> »Von Christus als der heilsgeschichtlichen Mitte der Schrift zu reden ist geradezu ein Gegenprogramm gegen jenes kritische Unterfangen.«[307]

Gottes Offenbarung zielt auf die Erlösung und Vollendung der Menschen in Christus, die sich auch in der Schöpfung zeigen wird. Eckhard Schnabel sagt:

> »Die christozentrische Konzentration ist vielmehr die hermeneutische Richtschnur für die Interpretation der in der Bibel als Einheit gegebenen Offenbarungsgeschichte.«[308]

Alle heilsgeschichtlichen Linien des Volkes Israel, der Gemeinde, des kommenden Reiches Gottes (Millennium) und der Erschaffung eines neuen Himmels und einer neuen Erde **laufen in Jesus Christus zusammen.**[309]

Jesus ist der Angelpunkt und zugleich der Wendepunkt in der Heilsgeschichte. Nur auf ihn hin und von ihm her kann die in der Bibel geoffenbarte Heilsgeschichte verstanden werden.[310]

---

305 Stadelmann, H., Biblische Apokalyptik und heilsgeschichtliches Denken, in: Epochen der Heilsgeschichte, Beiträge zur Förderung heilsgeschichtlicher Theologie, hg. v. H. Stadelmann, Wuppertal 1984, S. 99

306 Kaiser, W.C. jr. Legitime Hermeneutik, in: Fundamentum, Nr. 1/1998, S. 93

307 zit. nach Stadelmann, H., Grundlinien eines bibeltreuen Schriftverständnisses, S. 132

308 zit. nach Schnabel, E., Inspiration und Offenbarung, S. 188

309 Schrupp, E., Die Heilsgeschichte bei Erich Sauer, in: Epochen der Heilsgeschichte, S. 16-19

310 Künneth, W., Mitte und Struktur biblischer Heilsgeschichte, in: Epochen der Heilsgeschichte, S. 34

Diese heilsgeschichtliche und christozentrische Auslegung der Bibel vermag der Komplexität der Geschichte gerecht zu werden und bewahrt zugleich vor atomisierender Exegese.[311] **Der Ausleger sucht deshalb den philologisch-historisch aufgearbeiteten Text heilsgeschichtlich einzuordnen und christozentrisch auszulegen.** Die Bibel verweist uns auf die Tatsache, dass sie nur von Jesus her in rechter Weise verstanden und gelebt werden kann.

- **Jesus selbst** sagt, dass nur der das Alte Testament in rechter Weise versteht, der erkennt, dass es von ihm und seinem Erlösungswerk redet (Lk 24,44-47; Joh 1,45; 5,39.46). Auch **die Apostel** waren davon überzeugt, dass das Alte Testament von Jesus redet (Apg 26,22-23; Röm 10,4; 1. Kor 15,1-5; 1. Petr 1,10-12) und deshalb nur von ihm her verstanden werden kann.
- Die Schriften des Neuen Testaments machen deutlich, dass sich in Jesus das Alte Testament erfüllt hat (Lk 24,44).[312] Zudem können sie nur von Jesus, von seinem Erlösungswerk her wirklich verstanden werden (1. Kor 2,2; Gal 6,14).

Jesus Christus, seine Person und sein Erlösungswerk, **sind die Zusammenhang stiftende Mitte der Schrift.** Die ganze Schrift führt zu ihm und kann deshalb nur von ihm her in rechter Weise verstanden werden. In Kolosser 2,3 wird das so formuliert: *»In Jesus Christus sind alle Schätze der Weisheit und der Erkenntnis.«* Deshalb haben wir bei der Auslegung eines jeden Textes, ob er nun im AT oder NT steht, zu fragen: In welcher Beziehung steht diese Textaussage zur Person und zum Erlösungswerk Jesu und seinen Auswirkungen?

Steht der Text im NT, ist dies relativ einfach, weil Jesus und sein Erlösungswerk im Mittelpunkt des NT stehen. Alles im NT kann nur von diesem Zentrum her verstanden werden, deshalb wird es auch »Evangelium« genannt.

In der **Auslegung des AT** führt diese bewusste Ausrichtung auf Jesus zunächst zum Ernstnehmen **aller prophetischen Aussagen**, die

311 Maier, G., Biblische Hermeneutik, S. 173

312 Wenham, J., Jesus und die Bibel. Autorität, Kanon und Text des Alten und Neuen Testaments, Holzgerlingen 2000, S. 112

auf ihn, sein Erlösungswerk und auf die Ereignisse, die sich daraus ergeben, hinweisen.[313]

Weiter werden auch **alle im NT aufgezeigten typologischen Hinweise auf Jesus und sein Erlösungswerk** sorgfältig in der Auslegung berücksichtigt. Aus den vielen typologischen Hinweisen auf Jesus und seine Erlösungstat, greife ich hier einige heraus:

- Alle **Opfer des AT** weisen auf das eigentliche Opfer von Jesus Christus hin, in welchem alle Opfer vollendet wurden (Hebr 9,11-28).
- **Mose** war als Prophet ein Typus für Jesus (5. Mose 18,15; Apg 3,22; 7,37). **Aaron,** der Hohepriester, war ein Typus für den Hohenpriesterdienst, den Jesus heute im Himmel in vollkommener Weise versieht (Hebr 7,11-28).[314]
- **Die Stiftshütte** mit ihren Vorhängen, Brettern und Gegenständen ist ein vielfältiger typologischer Hinweis auf die Menschwerdung Jesu, sein Erlösungswerk und seine Erhöhung.[315]
- Auch der **Tempel und seine Geräte** weisen auf Jesus hin.[316]

Die bewusste Ausrichtung auf Jesus öffnet uns auch die Augen für das, **was durch Jesus Christus neu geworden ist**. Auf vieles wurde im AT schon typologisch hingewiesen, wie uns das NT an vielen Stellen deutlich macht. Auch hier greife ich einige Beispiele heraus:

- **Das Licht**, das Gott bei der Schöpfung gemacht hat, ist ein typologischer Hinweis auf die Erleuchtung der Menschen durch das Licht Jesus Christus (2. Kor 4,6).
- **Adam**, der erste Mensch, von dem alle Menschen abstammen, ist ein Typus für Jesus, von dem alle Geretteten herkommen (Röm 5,14).

---

313 Sauer, E., Das Morgenrot der Welterlösung. Ein Gang durch die alttestamentliche Offenbarungsgeschichte, Gütersloh 1937^3, S. 179-189

314 Ruager, S., Die Hermeneutik des Hebräerbriefes (Hebr 1,1+2a), in: Dein Wort ist die Wahrheit, S. 214-216

315 Ramm, B., Biblische Hermeneutik, S. 241-245

316 Schmid, H., Der Tempelbaubericht - mehr als ein Baubericht. Beobachtungen zu 1. Könige 6 und 7, in: Dein Wort ist die Wahrheit, S. 155-164

- **Das alttestamentliche Volk Israel** ist ein Typus für das neutestamentliche Israel Gottes, die Gemeinde, welche durch das Erlösungswerk Jesu entstehen durfte (Gal 6,16).[317]
- Mose, der Mittler des alten Bundes, ist ein Typus für Jesus, den Mittler des neuen Bundes (Hebr 8,3-13).

Die typologische Auslegung des AT darf aber nicht zur willkürlichen Spielerei werden, sondern muss sich an das halten, was im NT geoffenbart ist.

Die im NT aufgezeigte typologische Auslegung des AT macht deutlich, dass das AT und das NT in Christus – in seinem Erlösungswerk – auf wunderbare Weise miteinander verbunden sind.[318]

1.3.2.4 Die allegorische Schriftauslegung lehnen wir ab

Es gibt heute Ausleger, die den vorgegebenen Text über das eben Ausgeführte hinaus **»allegorisch« oder »geistlich« zu deuten versuchen**. Sie meinen, dass der biblische Text neben der wörtlichen Bedeutung noch einen verborgenen, tieferen, geistlichen Sinn habe. Dieses allegorische System wurde von den heidnischen Griechen entwickelt. Es wurde dann von den alexandrinischen Juden aufgenommen (Philo) und fand über diese den Weg in die christliche Gemeinde (Clemens, Origines, Hieronymus und Augustinus). Diese Art der Bibelauslegung beherrschte die Exegese bis zur Reformation.[319]

Das Problem dieser Auslegung ist, dass sie die vorgegebene klare Bedeutung des Wortes Gottes unklar macht, indem sie völlig willkürlich allegorische und geistliche Bedeutungen in den Text hineinliest. Die Bibel kennt für eine solche Art der Auslegung keine Prinzipien. Auch die allegorischen Ausführungen in Galater 4,21-31 sind keine Stütze für eine allegorische Bibelauslegung, da hier Paulus keine Grundprinzipien für eine solche Auslegung gibt. Nur dort, wo

---

317 Ramm, B., Biblische Hermeneutik, S. 277-280

318 Henderson, W.G., Göttliche Prinzipien der Schriftauslegung, Neuhausen-Stuttgart 1987, S. 68-69

319 Ramm, B., Biblische Hermeneutik, S. 38-52

die Bibel sich selbst allegorisierend auslegt, wie bei den Gleichnissen,[320] ist eine allegorisierende Bibelauslegung gerechtfertigt.[321]

Es besteht die akute Gefahr, dass die »Allegoriker« – wie die bibelkritischen Theologen – bei ihrer Interpretation ihre eigenen Vorstellungen in die Bibel hineinlesen.[322]

1.3.2.5 Der vorgegebene Text ist Lehre

Gerade bei der heilsgeschichtlichen Einordnung des Textes kann das Gespräch mit Auslegern aus den verschiedenen kirchengeschichtlichen Epochen zu interessanten Entdeckungen führen.[323]

Entdecken wir Diskrepanzen oder Spannungen im Text, suchen wir diese mit Hilfe anderer Bibelstellen oder von einer dogmatischen Gesamtschau der Bibel her, aufzulösen, weil wir davon überzeugt sind, dass die Bibel sich selbst auslegt. Gelingt uns eine solche Auflösung nicht, wissen wir, dass dies unserer Begrenztheit zuzuschreiben ist.[324]

Die vorgegebene Schrift ist nicht nur eine Anhäufung wichtiger theologischer Gedanken, sondern **sie ist Lehre** (Eph 4,14.15; 2. Tim 3,16.17). Deshalb können die Aussagen der Bibel, geleitet durch den Heiligen Geist, systematisch geordnet und zu einem **dogmatischen Lehrgebäude** zusammengefügt werden. Wichtig ist, dass die Exegese immer die Grundlage der Dogmatik bleibt. Die Aussagen der Bibel sind so tief und groß, dass sie in einer Dogmatik nie umfassend berücksichtigt werden können. Und doch ist die Systematisierung der biblischen Gedanken von großer Wichtigkeit, weil die Bibel Lehre ist. Der Dogmatiker darf die Lehren, die er entfaltet, nicht über die Belege in der Heiligen Schrift hinaus ausdehnen. Deshalb werden bestimmte Dinge in seinem dogmatischen Lehrgebäude offen bleiben müssen. **Da Dogmatik göttliche Lehre sein will, beeinflusst sie ihrerseits**

[320] Blomberg, C.L., Die Gleichnisse Jesu, S. 21-32.143
[321] Kaiser, W. C. jr., Legitime Hermeneutik, in: Fundamentum, Nr. 1/1998, S. 86
[322] Marshall, H., Biblische Inspiration, S. 108-109
[323] Maier, G., Biblische Hermeneutik, S. 350-351
[324] Schnabel, E., Inspiration und Offenbarung, S. 186.193

die Bibelauslegung. Deshalb trägt jeder Dogmatiker eine überaus große Verantwortung. Er braucht unbedingt das Gespräch, die Anregungen und Korrekturen von anderen gläubigen Dogmatikern.

Die Bibel, das Wort Gottes, lehrt, wer Gott ist und wer der Mensch ist. Demzufolge ist sie nicht nur die Grundlage der Theologie, sondern auch der Humanwissenschaften, d. h. der Pädagogik, Psychologie und Soziologie.

1.3.2.6 Das Wort Gottes ist erfahrbar und drängt in die alltägliche Anwendung

Die Inspiration der Schrift schließt **die Anwendung der Bibel für heute mit ein**, deshalb muss eine biblische Hermeneutik diesen lebenspraktischen Bezug mit berücksichtigen. Arne Völkel formuliert dies so:

> »Eine Hermeneutik ohne den lebenspraktischen Bezug und ohne Bewährung ihrer Ergebnisse in der menschlichen Erfahrung und gemeindlichen Wirklichkeit, ist defizitär und damit irreleitend.«[325]

Gott redet jetzt gerade durch sein Wort, dessen Literalsinn wir mit Hilfe des Heiligen Geistes durchaus verstehen können und das wir

---

325 zit. nach Völkel, A., Testfeld Leben. Theologie und Erfahrung – miteinander statt gegeneinander, Wuppertal 1998, S. 144. Arne Völkel gibt beachtenswerte Anregungen, wie das Wort Gottes durch das Wirken des Heiligen Geistes im Leben der Gläubigen zu Glaubenserfahrungen führen kann. Schade finde ich, dass er von einer gemäßigt bibelkritischen Haltung ausgeht (ebd., S. 63.99-108). Dadurch kommt es in seinen Ausführungen zu einer unnötigen Abwertung des göttlichen Wortes gegenüber dem gegenwärtigen Wirken des Heiligen Geistes im Leben der Gläubigen und in der Gemeinde. So schreibt er z.B. »Gemeinden müssen Schutz und Rat tatsächlich bei Christus und seinem Geistzeugnis suchen und nicht dort, wo wir sie nächstliegend vermuten« (zit. nach ebd., S. 168). Wo bleibt hier das Wort Gottes? Was er dazu denkt, schreibt er weiter unten: »Aber andererseits ist es fatal, jede zeitgeschichtlich angezeigte und gemeindemäßig günstig erscheinende Entscheidung biblisch begründen zu müssen.« (zit. nach ebd., S. 168) Es ist doch so, dass der Heilige Geist das, was die Bibel lehrt, für uns durch Christus hier und jetzt erfahr- und umsetzbar macht.

heilsgeschichtlich einzuordnen vermögen, zu uns. Durch dieses Reden Gottes münden die ewig gültigen Aussagen des Textes in eine spezielle, zeitbedingte Anwendung ein. Das Wort Gottes will durch Christus zur Erfahrung, zur Tat, zur Verhaltensänderung, zu diakonisch-missionarischem Handeln führen. Die Anwendung darf aber nicht die Auslegung des Wortes bestimmen, sondern das Wort die Anwendung.

Die Schriftaussagen brauchen weder eine Uminterpretation, wie dies die liberalen Theologen fordern, noch eine kulturelle Anpassung, wie dies evangelikale Theologen in bestimmten Fragebereichen (z.B. das Predigen der Frau in der Gemeinde) vorschlagen,[326] um heute verstanden und angewandt werden zu können.[327] Das Wort Gottes will im Leben der Angesprochenen, nachdem sie es verstanden haben, zur Erfahrung, zur Hilfe und zur Tat werden.

Im Leben derer, die noch getrennt von Gott in Sünde leben, bewirkt der Heilige Geist das Verlangen, Jesus als Retter anzunehmen. Wer Jesus im Glauben als Retter annimmt, gelangt zur Sündenvergebung (Eph 1,7). Er erlebt eine Wiedergeburt und ist befähigt, ein neues Leben zu führen (Röm 6,4). Dies sind gewaltige Erfahrungen.

Kennen die vom Wort Gottes Angesprochenen Jesus schon als ihren persönlichen Retter und Herrn, will dieses Wort ihr Erleben, ihr Verhalten, Reden und Tun im Alltag prägen. Der Heilige Geist macht ihnen deutlich, dass dies nur mit Hilfe des in ihnen wohnenden Christus möglich ist (2. Kor 4,10; Eph 3,17; Phil 1,21). Nur durch ihn wird für sie das, was die Bibel lehrt, erfahrbar. Durch ihn werden ihnen ihre Ausführungen zur Hilfe und sind sie befähigt, ihre Anwei-

[326] So geht z. B. F. F. Bruce in seinen Ausführungen zur Frauenfrage in der Gemeinde von der kulturellen Relativität der biblischen Aussagen aus. Diese relativen kulturellen Aussagen brauchten eine Anpassung an die jeweilige Zeit. (Vgl. Yarbrough, R. W., Die Hermeneutik von 1. Timotheus 2,12, in: Frauen in der Kirche. 1. Timotheus 2,9-15 kritisch untersucht, hg. v. A. J. Köstenberger; Th. R. Schreiner; H. S. Baldwin, Gießen; Basel 1999, S. 225-226) Es bleibt nur die Frage, wie man in der Bibel diese relativen kulturellen Aussagen herausschälen kann, da uns die Bibel dazu keine Anhaltspunkte gibt? Letztlich sind fast alle biblischen Aussagen kulturell gefärbt.

[327] Marshall, H., Biblische Inspiration, S. 124

sungen zu tun (Joh 15,5). Von ihrer Seite braucht es aber Hingabe an Jesus und die Bereitschaft, ihm zu gehorchen.

Wir sehen: Der Heilige Geist, der auch *»Geist Jesu Christi«* genannt wird (Phil 1,19), führt zu einer christozentrischen Auslegung des Wortes Gottes.

Diese Auslegung öffnet einerseits das Verständnis für die biblischen Lehraussagen (Kol 2,3), andererseits zeigt sie, wie das, was die Bibel lehrt, mit Hilfe von Jesus erfahren und in die Tat umgesetzt werden kann. In Jesus werden Verstehen/Erkennen und Erfahren/Tun miteinander verbunden (1. Joh 2,3-6).

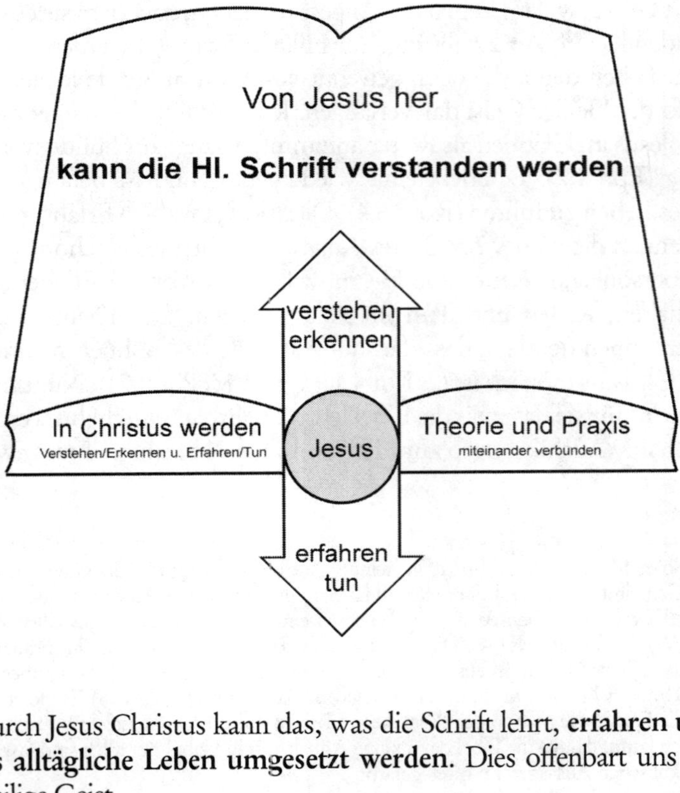

Durch Jesus Christus kann das, was die Schrift lehrt, **erfahren und ins alltägliche Leben umgesetzt werden**. Dies offenbart uns der Heilige Geist.

Die verstehenden Hörer – auch Kinder, Teenager und Jugendliche – werden als freie Persönlichkeiten gesehen, die auf das Verstandene eingehen oder es zurückweisen können. Sie müssen aber die Verantwortung für ihr Verhalten tragen (Mt 7,24-27; Jak 1,22-25).

Natürlich muss das Wort zunächst im Leben dessen, der es auslegt, mit Hilfe von Jesus zur Erfahrung und zur Praxis werden. Damit aber das ausgelegte Wort auch im Leben der Kinder, Teenager und Jugendlichen zur Erfahrung und zur Praxis werden kann, braucht es von Seiten des Auslegers neben der Ausrichtung auf Jesus noch das Eingebundensein in die Gemeinde, wo er sich im Gespräch mit der heranwachsenden Jugend befindet. So hat der/die Gemeindepädagoge/-pädagogin in Sprache und Art im Unterricht die nötige Nähe zu den Kindern. Zugleich muss er/sie auch die Herausforderungen kennen, welchen die heranwachsenden Jugendlichen heute ausgesetzt sind,[328] um möglichst aktuell in ihr Leben hineinreden zu können.

Zu lange hat man die Aussagen der Bibel vom alltäglichen Leben geschieden. Diese Scheidung ist, wie Klaus Bockmühl in seinem Buch »Atheismus in der Christenheit« nachweist, die Auswirkung der Theologie von Rudolf Bultmann und Karl Barth. Beide gingen in ihren theologischen Programmen davon aus, dass das Wirken Gottes in Geschichte, Erfahrung und Praxis theologisch als illegitim zu betrachten sei. Statt Erfahrbarkeit Gottes lehrt man heute, da Bultmann und Barth durch ihre Theologie die anthropologische Wende herbeigeführt haben, das persönliche und gesellschaftliche Engagement.[329]

Diese Trennung von biblischer Aussage und Alltag prägt heute weitgehend auch die Katechesen und Predigten innerhalb der evangelikalen Gemeinden. Es wird ein Evangelium verkündigt, das im Alltag nicht erfahrbar ist. Deshalb lechzen vor allem Kinder, Teenager und Jugendliche nach einer Weitergabe des Wortes, die zu alltäglichen Glaubenserfahrungen führt.[330]

---

328 Maier, G., Biblische Hermeneutik, S. 353-357
329 Bockmühl, K., Atheismus in der Christenheit, S. 111-140
330 Völkel, A., Testfeld Leben, S. 23-24

Hieran ist nicht die Bibel schuld. Sie gibt viele Zusagen und Hilfen für den Alltag und helfende Anweisungen für alle Bereiche des Lebens, sei es für die Schule, das Verhalten in der Familie und in der Gesellschaft. Es wird aber von denen, die das Wort Gottes auslegen, zu wenig deutlich darauf hingewiesen, dass uns in Jesus Christus die Möglichkeit geschenkt ist, die Zusagen der Bibel zu erfahren und ihre Anweisungen in die Tat umzusetzen.

1.4 Die Kinder müssen mit dem Wort Gottes vertraut gemacht werden

Das Wissen darum, dass uns die Bibel das Allerwichtigste sagt, was Menschen in ihrem Leben wissen müssen, nämlich wie sie zum Heil durch den Retter Jesus Christus gelangen können, drängt uns, den Kindern die Botschaft der Bibel zu sagen. Wir sind davon überzeugt, dass die Weitergabe der biblischen Botschaft wichtiger ist denn je, da wir

> »tendenziell in einer nachchristlichen Situation«

leben, wie K. E. Nipkow in seinem Buch »Erwachsenwerden ohne Gott?« nachweist.[331]

Wir wissen auch, dass die Heilige Schrift, Anrede Gottes an die Kinder, Teenager und Jugendlichen ist und in ihrem Leben Glauben wirken kann und eine Wiedergeburt ermöglicht (1. Petr 1,21.23). Dieses Wort kann das Leben der gläubigen Kinder als wirksame Kraft Gottes ins Bild Jesu umgestalten (Eph 4,13).

Wir sind weiter zutiefst davon überzeugt, dass die heranwachsenden Kinder durchaus das Wort Gottes verstehen können (Mt 18,3).

Dazu kommt, dass uns die Bibel selber beauftragt, ihre Worte gerade den Kindern weiterzugeben, so in 5. Mose 4,9. In 5. Mose 6, 7-9 lesen wir: *»Und du sollst sie (die Worte Gottes) deinen Kindern ein-*

---

331 Nipkow, K.E., Erwachsenwerden ohne Gott?, S. 89-90

schärfen, und du sollst davon reden, wenn du in deinem Hause sitzt und wenn du auf dem Weg gehst, wenn du dich hinlegst und wenn du aufstehst. Und du sollst sie als Zeichen auf deine Hand binden ... und du sollst sie auf die Pfosten deines Hauses und an deine Tore schreiben.« Weitere Bibelstellen sind 5. Mose 11,19-21; 31,11-13, Psalm 71,17. In Psalm 78,3-8 steht: *»Was wir gehört und erfahren und unsere Väter uns erzählt haben, wollen wir nicht verhehlen ihren Söhnen und dem künftigen Geschlecht erzählen die Ruhmestaten des Herrn und seine Macht und seine Wunder, die er getan hat. Denn er hat ein Zeugnis aufgerichtet in Jakob und ein Gesetz aufgestellt in Israel und gebot unseren Vätern, sie ihren Söhnen kundzutun, damit das künftige Geschlecht sie kenne, die Söhne, die geboren werden sollten, und (auch) sie aufständen und sie ihren Söhnen erzählten ...«* Erwähnenswerte Bibelstellen sind weiter Psalm 119,9, Sprüche 23,26 und Prediger 12,1.

Es ist letztlich Gott selber, der uns durch diese Worte beauftragt, den Kindern sein Wort weiterzusagen.

Jesus sagte seinen Jüngern: *»Lasst die Kinder, und wehrt ihnen nicht, zu mir zu kommen; denn solcher ist das Reich der Himmel«* (Mt 19,14). Jesus war zutiefst davon überzeugt, dass gerade die Kinder seine göttlichen Worte verstehen können (Mt 18,3). Er sprach mit größter Selbstverständlichkeit davon, dass Kinder *»an ihn glauben können«* und warnte die Erwachsenen, sie von der Jesusnachfolge abtrünnig zu machen.[332] Er sagte sogar das harte Wort: Wer dies tut, *»für den wäre es besser, dass ein Mühlstein an seinen Hals gehängt und er in die Tiefe des Meeres versenkt würde«* (Mt 18,6).[333] Jesus verlangt also, dass man seine Botschaft, die wir ja heute im Neuen Testament haben, den Kindern weitergibt, weil sie diese verstehen und deshalb zum Glauben an ihn gelangen können.

---

332 Maier, G., Bibelkommentar. Matthäus-Evangelium, Bd. 2/2. Teil, Neuhausen-Stuttgart 1996, S. 54

333 Mit »diesen Kleinen«, von denen in Mt 18,6 die Rede ist, sind zunächst einmal die Jünger gemeint, die »Kinder« im geistlichen Sinn sind. (Vgl. Maier, G., Bibelkommentar. Matthäus-Evangelium, Bd. 2/2. Teil, Neuhausen-Stuttgart 1996, S. 55.58) Es ist aber durchaus möglich, an dieser Stelle auch an Kinder zu denken, die zum Glauben an Jesus Christus gefunden haben. (Vgl. Rienecker, F., Das Evangelium des Matthäus. Wuppertaler Studienbibel, hg. v. F. Rienecker; W. de Boor, Wuppertal 1972^6, S. 251)

Paulus sagt in 2. Timotheus 3,15, dass schon die Kinder durch die Kenntnis des göttlichen Wortes zum Glauben an Jesus Christus und dadurch zur Rettung kommen können.

Interessanterweise ist ferner zu beachten, dass in verschiedenen Briefen des Neuen Testaments die Kinder direkt angesprochen werden (Eph 6,1-3; Kol 3,20; 1. Joh 2,12.14). Die Schreiber dieser Briefe gingen sicherlich davon aus, dass die Kinder beim Vorlesen der Briefe anwesend waren. Die Kinder gehörten demzufolge selbstverständlich zu den Zusammenkünften der ersten Gemeinde. Dies macht deutlich, dass die Apostel, die die Briefe schrieben, davon überzeugt waren, dass die Kinder das, was sie schrieben, ihrem Alter entsprechend verstehen können.

Wenn wir all die Stellen der Heiligen Schrift, die uns beauftragen, den Kindern die Botschaft der Bibel weiterzugeben, näher betrachten, erkennen wir, dass die Bibel von einer **ganzheitlichen Weitergabe** ihrer Botschaft spricht. Durch **Wort und Leben** soll das Wort Gottes den Kindern weitergegeben werden. Auf der einen Seite sollen die Kinder durch das Wort mit dem Inhalt der Bibel vertraut gemacht werden. Zugleich muss ihnen aber dieses Wort von denen, die es ihnen sagen, **vorgelebt** werden. Wer das Wort Gottes Kindern weitergibt, muss »ein Brief Christi sein« (2. Kor 3,2.3).

Das, was das Kind hört und was es im Leben der Erzieher sieht, muss eine Einheit bilden. Dies ist nur dann möglich, wenn der, der das Wort Gottes weitergibt, diesem Wort selber gehorcht. Dieser Gehorsam zeigt sich zunächst in der Aneignung des Heils und schließlich in der Bereitschaft, in der Heiligung zu wandeln. Nur der, in welchem das lebendige Wort, Jesus Christus, wohnt, ist auch in der Lage, das geschriebene Wort zu leben.

Weil das Ziel der Weitergabe des göttlichen Wortes die Hinführung des Kindes zu seinem Retter Jesus Christus ist, muss sie bewusst **christozentrisch** sein. Zugleich muss den Kindern vorbildhaft vorgelebt, aber auch gesagt werden, wie das Wort Gottes im Alltag **in die Tat** umgesetzt werden kann. Es muss bei der Weitergabe des göttlichen Wortes immer wieder die Brücke zwischen **Wort und Tat, zwischen Theorie und Praxis**, geschlagen werden. Wenn dies nicht beachtet wird, wirkt die biblische Botschaft weltfremd, und die heranwachsenden Kinder wenden sich enttäuscht von ihr ab. Ebenso ist das Ziel der Weitergabe des göttlichen Wortes die Integration des Kindes in die Gemeinde.

Wie wir im Einzelnen den Kindern das Wort Gottes weiterzugeben haben, entfalte ich in der **bibelorientierten Didaktik** (Kapitel 7) und in der **Katechetik** (Kapitel 8).

1.4.1 Wer ist beauftragt, das Wort Gottes weiterzugeben?

Nachdem wir uns von der Wichtigkeit der Weitergabe des göttlichen Wortes an die Kinder überzeugt haben, wenden wir uns noch der Frage zu, wer denn beauftragt ist, ihnen das Wort Gottes weiterzugeben.

1.4.1.1 Die Eltern

J. J. Toews geht in seinen Ausführungen von 5. Mose 6,4-9 aus, wo mit aller Deutlichkeit darauf hingewiesen wird, dass die Kinder das Wort Gottes zu Hause vernehmen sollen. Er schreibt dann:

> »Für das Kind gibt es keine bessere Sonntagsschule als das Gespräch mit Vater und Mutter. Und es gibt keine bessere Sonntagsschulklasse als das Wohnzimmer im Hause der Eltern oder das Zimmer des Kindes.«[334]

Die Weitergabe des göttlichen Wortes ist besonders Aufgabe der Eltern. Der Vater darf also das Erzählen biblischer Geschichten im Kleinkinderalter nicht nur der Mutter übertragen. Später hat er mit den Kindern nicht nur über die Schule, den Sport, Hobbys und

---

334 zit. nach Toews, J. J., Glückliche Familie – nach Gottes Plan, Neuwied 1982², S. 129

Weltereignisse zu reden. Er ist mit der Mutter zusammen beauftragt, den Kindern das Wort Gottes weiterzusagen.

Eine besondere Möglichkeit, die Kinder mit dem Wort Gottes vertraut zu machen, ist sicherlich das **Bibellesen nach dem Essen**. Der Vater oder die Mutter können, nachdem sie den Bibeltext gelesen haben, noch kurz einige erklärende Worte zum eben gelesenen Text sagen. Die Kinder dürfen natürlich auch Fragen stellen. Besonders schön ist, wenn man als Familie einen **Wochenspruch** auswendig lernt.

Eine weitere Möglichkeit sind die **Familienandachten**, die zumindest einmal in der Woche stattfinden, in denen man in öfters wechselnden Formen gemeinsam auf die Aussagen der Bibel hört.[335]

Die Weitergabe des göttlichen Wortes ist eigentlich **ein Kernpunkt der Erziehung.**

Eberhard Mühlan weist ganz richtig darauf hin, dass Gott nicht nur wünscht, dass wir sein Wort unseren Kindern weitergeben, sondern dass er uns dies befiehlt.[336]

Nur dann können Eltern mit geistlicher Vollmacht das Wort Gottes ihren Kindern weitersagen, wenn sie die Aussagen dieses Wortes vorbildhaft vorleben.

1.4.1.2 Die Gemeinde Jesu

Zunächst hilft die Gemeinde den Kindern, deren Eltern die Gemeinde besuchen, das Wort Gottes weiterzusagen. Sie entbindet die Eltern nicht von ihrer Aufgabe, sondern unterstützt sie darin. Dies geschieht vor allem in der Sonntagsschule, dem biblischen Unterricht und später in der Jugendgruppe und in der Predigt.

Die Gemeinde hat zugleich den Auftrag, allen Kindern in der Region, in welcher sie sich befindet, das Wort Gottes weiterzugeben (Mt 19,14). Sie hat dazu verschiedene Möglichkeiten:

---

335 Mühlan, E., Früh übt sich ...! Christlicher Lebensstil und Andachten in der Familie, Asslar 1989, S. 26-63

336 Mühlan, E., Früh übt sich ...!, S. 11

- Sie kann in Hauskinderstunden Kindern eines bestimmten Wohnquartiers das Evangelium weitersagen.
- Mit Hilfe einer evangelistischen Jungschararbeit kann sie die Kinder und Teenager vieler Familien mit der biblischen Botschaft erreichen.
- Auch die Jugendgruppe kann durch evangelistische Aktivitäten – Jugendevangelisationen, Filmwochen, Musikabende, Freizeiten – anderen Jugendlichen das Evangelium verkündigen.
- Gläubige Lehrerinnen und Lehrer haben die Möglichkeit, an öffentlichen Schulen den Schülern/Schülerinnen das Wort Gottes in den verschiedenen Fächern, vor allem aber im Religionsunterricht, zu sagen.
- Eine Möglichkeit, die die Gemeinde Jesu wieder ganz neu entdeckt hat, ist das Gründen von **Schulen auf biblischer Grundlage.**[337]

Leider hat die Gemeinde Jesu lange Zeit versäumt, die schulische Erziehung der Kinder ernst zu nehmen, obwohl gerade hier die Möglichkeit gegeben ist, sie im ganzen Fächerspektrum mit der biblischen Botschaft vertraut zu machen. Man hat die schulische Erziehung fast völlig einem liberalen Staat und damit zum größten Teil gottlosen Lehrern überlassen, die die biblischen Lehr- und Lernziele hinterfragen und mehrheitlich ablehnen.[338] Um aber die schulische Erziehung an den neu gegründeten Schulen in rechter Weise von der Bibel her wahrnehmen zu können, ist es die Aufgabe der Gemeinde Jesu, eine **bibelorientierte Didaktik** zu entfalten (siehe Kapitel 7). In dieser Didaktik werden die letzten Ziele des Unterrichtens von der Bibel her aufgezeigt. In ihr wird auch auf den Lehr- und Lernvorgang und die sich daraus ergebenden Unterrichtsmethoden näher eingegangen.

Die Gemeinde Jesu hat in unserer Zeit ganz neu den Auftrag ernst zu nehmen, allen Kindern ihres Landes das Evangelium weiterzusa-

[337] Schule auf biblischer Basis, S. 59-88; vgl. Steinmeister, A., Sind Schulen auf biblischer Basis für unsere Kinder wirklich notwendig?, in: Bibel und Gemeinde, Nr. 3/1990, S. 286-304

[338] Steinmeister, A., Sind Schulen auf biblischer Basis für unsere Kinder wirklich notwendig?, in: Bibel und Gemeinde, Nr. 3/1990, S. 296

gen. Bei allen Mitarbeitern und Mitarbeiterinnen, welche sie einsetzt, um den Kindern das Wort Gottes zu lehren, muss das Leben mit diesem Wort übereinstimmen.

Diese ganze Thematik entfalte ich ausführlich in der Gemeindepädagogik (Kapitel 5).

1.5 Die Bibel – Grundlage der pädagogischen Überlegungen

Die Bibel kann uns, da sie **die Wahrheit sagt**, letztgültige Aussagen über Gott, die Schöpfung und **den Menschen** machen (2. Tim 3,16). Im **Bereich der Pädagogik** geht es vor allem um den Menschen. Die Bibel lehrt uns, dass der Mensch im Bild Gottes geschaffen wurde (1. Mose 1,27), aber dass er durch den Sündenfall heute in der Entfremdung von Gott lebt (1. Mose 3; Jes 59,1.2). Durch dieses Getrenntsein von Gott lebt der Mensch zu sich selber, zu seinen Mitmenschen und zur Natur in einem von der Sünde geprägten Verhältnis. Gott hat durch das Erlösungswerk seines Sohnes, Jesus Christus, einen Ausweg aus dieser Entfremdung geschaffen (Joh 3,16).

Das Wissen darum, wer der Mensch ist, ist in der Pädagogik von größter Wichtigkeit. Die Auffassung darüber prägt nämlich die **Erziehungsziele** und den **Erziehungsstil**. Das Bild, das wir vom Menschen haben, beeinflusst das ganze pädagogische Handeln. Da es bis heute keine wissenschaftlichen Methoden gibt, mit deren Hilfe erforscht werden könnte, wer der Mensch wirklich ist,[339] sind wir auf **Offenbarung angewiesen**. Die Bibel zeigt uns das **wirkliche Menschenbild,** von welchem aus realistisches erzieherisches Handeln möglich ist.[340] Von dem in der Bibel vorgegebenen Menschenbild her haben wir die philosophischen und psychologischen Aussagen

---

339 Lassahn, R., Grundriß einer allgemeinen Pädagogik, Heidelberg 1983², S. 57

340 von Padberg, L., Die Bibel: Grundlage für Glauben, Denken und Erkennen, Neuhausen-Stuttgart 1986, S. 110-113

über den Menschen zu überprüfen (1. Thess 5,21). Verschiedenes kann durchaus hilfreich sein (siehe 6.2.1; 6.2.2).

Nachdem die Bibel uns gezeigt hat, dass die Eltern in der Erziehung die Hauptverantwortung tragen, lehrt sie uns, welche **pädagogischen Ziele** im Leben eines Menschen anzustreben sind. Wenn uns diese Ziele nicht in der Bibel vorgegeben wären, würde man sie ganz willkürlich den Zeitströmungen entsprechend festlegen, wie es immer und immer wieder geschah und geschieht.[341]

Die Bibel lehrt uns, dass das wichtigste Ziel aller pädagogischen Bemühungen **die Hinführung des Kindes zu seinem Retter Jesus Christus ist** (Mt 18,14).

Das zweite Hauptziel ist die **Förderung des Umgestaltungsprozesses ins Bild Jesu** (Eph 4,13). Das Kind soll in allen Bereichen umgestaltet werden, die zur Gottesebenbildlichkeit gehören, sei es geistlich, sozial, moralisch, intellektuell, kreativ, körperlich und emotional. Diese Umgestaltung ins Bild Jesu ist, da sie alle Lebensbereiche mit einschließt, nur durch eine ganzheitliche Erziehung möglich.

Ein ebenso wichtiges Ziel ist es, **das Kind in die Gemeinde zu führen.**

Diese ganzheitliche Erziehung ist bei einem an Christus glaubenden Kind deshalb möglich, weil durch den Heiligen Geist Erkennen und Tun, Gnosis und Praxis, miteinander verbunden sind.[342] Worin diese Ziele im Einzelnen bestehen, habe ich unter 3.3 breiter ausgeführt.

Interessant ist zu beachten, dass uns die Bibel nicht nur die pädagogischen Ziele aufzeigt, sondern zugleich auch die Kraftquelle ist, diese Ziele überhaupt zu erreichen, wenn man bereit ist, ihr Glauben zu schenken. Die Bibel hat in sich eine ungeahnte Wirkungskraft (Hebr 4,12).

Die Bibel zeigt ferner, welche **Prinzipien** wir im pädagogischen Handeln zu beachten haben. Zunächst brauchen die Kinder die **lie-**

---

341 Lassahn, R., Grundriß einer allgemeinen Pädagogik, S. 38

342 Seiß, R., Identität und Beziehung. Ein zentraler Aspekt verstehender Entwicklungspsychologie, Neuhausen-Stuttgart 1986, S. 329

bevolle Zuwendung der Eltern und später der Lehrer/Lehrerinnen (Jes 66,13; Ps 103,13). Eltern und Lehrer/Lehrerinnen haben die Kinder zudem zum **Gehorsam** anzuleiten (Kol 3,20). Diese beiden Grundprinzipien ergeben sich aus dem Verhalten Gottes uns Menschen gegenüber. Gott begegnet grundsätzlich allen Menschen in seiner Liebe (Joh 3,16; Röm 5,8). Zugleich erwartet Gott, dass die Menschen, seine Geschöpfe, ihm gehorchen. Er hat uns zum Beispiel wohl überlegte Gebote gegeben (2. Mose 20). Ungehorsam gegenüber Gott hat Konsequenzen, wenn ein Mensch bis zu seinem Tod im Ungehorsam verharrt, sogar ewige Konsequenzen. Das letzte Ziel der Erziehung ist demzufolge, dass ein Kind angeleitet wird, sich der Liebe Gottes zu öffnen und bereit wird, ihm, seinem Retter und Herrn, zu gehorchen. Eine Erziehung, die dem Kind hilft, Gott, der höchsten Autorität, zu gehorchen, ist eine Erziehung zur Freiheit, denn nur in der Bindung an Jesus ist ein Mensch wirklich frei (Joh 8,36; 2. Kor 3,17; Gal 5,13). Gott ist es, der in seinem Leben diese Freiheit schafft und erhält. In Freiheit trägt dann der gläubig heranwachsende Jugendliche in der Familie, in der Gemeinde und der Gesellschaft auf der Grundlage der göttlichen Werte und Normen Verantwortung. Er wird zu einer selbständigen Persönlichkeit[343] (siehe 4.3).

Von der Tatsache ausgehend, dass die Bibel inspiriertes Wort Gottes ist, haben wir die Gewissheit, dass wir es in ihr im Blick auf die Erziehung nicht mit zeitgebundenen, kulturabhängigen Ansichten zu tun haben, sondern mit letztgültigen Wahrheiten, die für alle Zeiten und Kulturen ihre Gültigkeit behalten. Deshalb sind wir nicht den ständig wechselnden humanistisch oder ideologisch geprägten Erziehungskonzepten ausgeliefert.

343 von Padberg, L., Freiheit und Autorität, Wuppertal 1984, S. 111

1.6 Aufbau der folgenden Ausführungen

In den folgenden Ausführungen entfalte ich die skizzenhaft vorgestellten pädagogischen Überlegungen breiter von der Bibel her. Zunächst gehe ich auf das **biblische Menschenbild** ein (Kapitel 2). Anschließend frage ich mich, welches **die biblischen Erziehungsziele** sind (Kapitel 3). Ferner entfalte ich die **biblischen Erziehungsprinzipien** (Kapitel 4). In diesen Kapiteln gehe ich zuerst auf die heute üblichen Menschenbilder, Erziehungsziele und -prinzipien ein und erörtere dann den biblischen Ansatz.

In einem weiteren Kapitel frage ich mich, welchen **Beitrag die Gemeinde Jesu im Blick auf die Erziehung der Kinder** in unserer Zeit leisten sollte. Es geht in diesem Kapitel 5 um **Gemeindepädagogik**.

Ich wende mich dann **entwicklungspsychologischen Überlegungen** zu (Kapitel 6) und mache schließlich Ausführungen zu einer **bibelorientierten Didaktik** (Kapitel 7), die im **Fachbereich Katechetik** (Religionsunterricht) ihre praktische Anwendung finden (Kapitel 8).

2 Das Menschenbild

Alfred Stückelberger schreibt:

> »Wer erziehen will, kann das darum nur tun aus einer gewonnenen Ansicht über das menschliche Wesen, als dem Gegenstand seines erzieherischen Denkens und Handelns. Denn: diese Anschauung vom Menschen wird zur Grundlage des Erziehungszieles und damit auch zur Grundlage der erzieherischen Methode.
> Alle Pädagogik ist demnach bestimmt von der Auffassung, die sie vom Wesen des Menschen besitzt.«[1]

Wilhelm Dilthey war es, der im Jahr 1888 darauf hingewiesen hat, dass jedem Pädagogen ausdrücklich oder implizit eine Vorstellung vom Menschen innewohne, ein Bild dessen, was der Mensch sei und was er sein könne und solle.[2]

Heinrich Roth schreibt im zweiten Satz seines Vorworts in seiner »Pädagogischen Anthropologie« (1966),

> »dass alle pädagogischen Systeme oder Systemansätze auch eine pädagogische Anthropologie enthalten oder anstreben.« [3]

Traugott Weißkopf geht in seinem 1989 erschienenen Vortrag »Das Ringen um ein Menschenbild in der Pädagogik« davon aus, dass jeder Pädagoge ein bestimmtes Selbstverständnis des Menschen in sich lebendig habe, ja dass er in seinem Denken und Handeln von einem

---

1 zit. nach Stückelberger, A., Grundlagen und Bausteine christlicher Erziehung. Der Erzieher, das Kind, die Erziehung, Zürich 1946, S. 23

2 Scheuerl, H., Pädagogische Anthropologie. Eine historische Einführung, Stuttgart; Berlin; Köln; Mainz 1982, S. 16

3 Roth, H., Pädagogische Anthropologie. Bildsamkeit und Bestimmung, Bd. 1, 1976[4]

mehr oder weniger ausgearbeiteten Menschenbild als Orientierungshilfe ausgehe.[4]

Interessant finde ich den Hinweis von Traugott Weißkopf, dass die Ansätze zu expliziter philosophischer, pädagogischer, aber auch theologischer Anthropologie immer in Auf- und Umbruchszeiten entfaltet wurden. Diese epochal bedingten Krisenzeiten lieferten für die Besinnung auf das eigentliche Menschenbild einen besonders günstigen Boden.[5]

Zunächst bin ich mit A. Stückelberger, W. Dilthey, H. Roth, T. Weißkopf und vielen anderen der Überzeugung, dass jede Pädagogik von einem bestimmten Menschenbild geprägt wird, sei dies nun implizit oder explizit ausgesprochen. Es wird deshalb zunächst meine Aufgabe sein aufzuzeigen, welche **Menschenbilder** die heutige Pädagogik prägen. Die Vorstellungen, wer der Mensch ist, entwickelt die Pädagogik nicht selbst, sondern entlehnt sie aus der Philosophie, Psychologie, Soziologie oder Theologie.[6]

Pädagogisches Überlegen und Handeln kann nie voraussetzungslos, aufgeklärt oder wertneutral vollzogen werden, wie sich dies die empirische Wissenschaft wünscht, denn die Pädagogik kommt nie von der Frage nach dem Menschen, seinem Wesen und seiner Bestimmung in der Welt los.[7] Zugleich gehe ich davon aus, dass wir in einer Zeit des Umbruchs leben, in welcher die Frage **nach dem eigentlichen Menschenbild** neu aufbricht. Der Zusammenbruch des kommunistischen Systems in den Staaten des Warschauer Paktes lässt sich als Scheitern einer bestimmten Auffassung vom Menschen verstehen. Angetreten mit dem erklärten Ziel, einen

---

4 Weißkopf, T., Das Ringen um ein Menschenbild in der Pädagogik, in: Das heutige Menschenbild. Entwürfe und Ansätze, hg. v. M. Svilar, Bern; Frankfurt a. M.; New York; Paris 1989, S. 220

5 ebd., S. 221

6 Röhrs, H., Allgemeine Erziehungswissenschaft. Eine Einführung in die erziehungswissenschaftlichen Aufgaben und Methoden, in: Hermann Röhrs. Gesammelte Schriften, Bd. 1, Weinheim 1993, S. 66

7 Horn, H., Existenz – Erziehung – Evangelium. Pädagogik im Dialog mit Philosophie und Theologie, in: Dortmunder Beiträge zur Pädagogik, hg. v. U. von der Burg; U. Freyhoff; D. Höltershinken; G. Pätzold, Bd. 6, Bochum 1991, S. 2

neuen Menschen schaffen zu wollen, erleben die Kommunisten nun das Scheitern ihrer Vision.

In den Wohlstandsstaaten des Westens gelangt man nach dem Zusammenbruch der Fortschrittseuphorie zur Überzeugung, dass der Rationalismus der Aufklärung und auch der Kapitalismus den neuen Menschen nicht schaffen können.[8] Dazu kommen heute, wie Hans-Joachim Roth richtig bemerkt, die Herausforderungen einer multikulturellen Gesellschaft mit all ihren Problemen.[9] Diese großen Umwälzungen und Herausforderungen veranlassen uns, erneut nach dem eigentlichen Wesen des Menschen zu fragen.

Es ist wichtig zu beachten, dass die Vorstellung, wer der Mensch eigentlich sei, sowohl die Erziehung als auch die Lehr- und Lerntheorien prägen.[10]

2.1 Die philosophischen Menschenbilder seit der Aufklärung

Nach **Jean Jacques Rousseaus** Überzeugung herrscht über der Welt ein »mächtiger und weiser Wille«, der die Menschen schon von klein auf »durch Vernunft und Gewissen« auszeichnet.

Unsere Schwäche, unser menschliches Versagen ist keine Sünde im christlichen Sinne, weshalb wir auch

> »keines Erlösers bedürfen. ... Das fundamentale Prinzip der Moral ist, dass der Mensch von Natur aus gut ist und Gerechtigkeit und Ordnung liebt, dass es keine irgendwie geartete Zwiespältigkeit im

[8] v. Padberg, L., Auf der Suche nach dem neuen Menschen, in: Bibel und Gemeinde, hg. v. Bibelbund, Waldbronn Nr. 1/1990, S. 65

[9] Roth, H.-J., Pädagogische Anthropologie und Erziehungswissenschaft heute, in: Pädagogische Rundschau, Frankfurt a. M. Nr. 5/1996, S. 606

[10] Ofenbach, B., Zum Beziehungsgeflecht von Anthropologie und Geschichte, in: Menschenbilder. Festschrift für Rudolf Lassahn, hg. v. C. Menze; G. P. Bunk; B. Ofenbach, Frankfurt a. M.; Berlin; Bern; New York; Paris; Wien 1993, S. 8

menschlichen Herzen gibt und dass die ersten Regungen der Natur immer richtig sind.«[11]

Hans Scheuerl kommt nach dem gründlichen Studium des »Emile« zum Schluss, dass Rousseau das Kind radikal gut bewertet.[12] Rousseau ging davon aus, dass sich im Innersten eines Menschen ein Gesetz befindet, das in Fragen der Religion und der Welt Wahrheit vermittelt. Er meinte auch, dass im naturgemäß erzogenen Menschen in den Reifejahren das Menschliche, nämlich die Sittlichkeit, Güte und Nächstenliebe zur Geltung kommen werden, da ja der Mensch aus sich heraus gut sei.[13] Das, was das Kind verdirbt, ist die Gesellschaft. Diese muss geändert werden.

Dass solche Veränderungsversuche oft mit brutaler Menschenverachtung gepaart sind, haben die französische Revolution und andere revolutionäre Umbrüche in der neueren Geschichte gezeigt.[14]

Johann Heinrich Pestalozzi, der von den Gedanken Rousseaus beeinflusst wurde, war davon überzeugt, dass im neugeborenen Kind alle guten Anlagen verborgen seien, die es im Lauf des Lebens nur noch zu entwickeln gelte. Für ihn war die Grundnatur des Menschen deshalb positiv, weil er eine göttliche Herkunft habe. Er hat diese Auffassung in der Schrift »Abendstunde« breit entfaltet.[15] Er ging in seiner Hauptschrift, den »Nachforschungen«, davon aus, dass eine bestimmte innere Kraft dem Menschen hilft, sich zu einer ausgeglichenen, sittlichen Persönlichkeit zu entfalten. Nach ihm ist der Mensch fähig, aus sich heraus die Vorstellungen über Wahrheit und Recht zu entwickeln.[16] Damit sich diese innere Kraft im Leben eines Menschen entfalten könne, sollte er in einer ihm wohl wollen-

11 zit. nach Schule auf biblischer Basis. Grundlagen und Ziele Evangelischer Bekenntnisschulen, hg. v. der Arbeitsgemeinschaft Evangelischer Bekenntnisschulen (AEBS), Neuhausen-Stuttgart 1985, S. 14

12 Scheuerl, H., Pädagogische Anthropologie, S. 113

13 Röhrs, H., Die Erneuerung des Menschen und der Gesellschaft im Geiste Rousseaus, in: Menschenbilder, S. 58-59

14 Scheuerl, H., Pädagogische Anthropologie, S. 114 -115

15 Hager, F.-P., Das Menschenbild Pestalozzis in seiner religiösen Tiefendimension, in: Menschenbilder, S. 102-106

16 ebd., S. 116-117

den und seine elementaren Bedürfnisse befriedigenden Umwelt aufwachsen. Diese in jeglicher Hinsicht befriedigende Umwelt ist nach Pestalozzi die »Wohnstube«. Hier werden seiner Überzeugung nach durch das Verhalten der Mutter im Kind Liebe, Opfersinn, Treue und Verlässlichkeit geweckt. Die inneren Kräfte können sich entfalten, sodass sie den sittlichen Menschen hervorbringen, den Menschen, auf dessen Qualität die Staaten beruhen.[17] In seinen Spätwerken redet er davon, dass es in der Erziehung darum gehen sollte, den göttlichen Funken in den Menschen zur Entfaltung zu bringen, damit der Mensch in die Lage versetzt werde, über den Hang zur Sinnlichkeit, zur menschlichen Begehrlichkeit, zu siegen.[18]

Immanuel Kant behauptete in seiner »Kritik der reinen Vernunft«, dass die Vernunft den Menschen zum Subjekt mache.[19] Der von Gott emanzipierte Mensch brauchte die Vernunft nicht mehr, um mit ihrer Hilfe Gott zu denken, vielmehr wurde die befreite Vernunft selbst der Gott dieser Epoche. Man hielt die Vernunft für das Unbedingte, das Überzeitliche und Prinzipielle. Man war sogar bereit, an die Wirkungskraft der Vernunft für eine Weiterentwicklung der Menschheit zum Besseren zu glauben.[20] Aufgrund der Hochschätzung der Vernunft, die an ein, in jedem Menschen innewohnendes Sittengesetz gebunden gedacht wurde, entwickelte sich **ein positives Bild vom Menschen.**

Diese Vorstellung, dass der Mensch von Natur aus gut sei, hat im **deutschen Idealismus – Fichte, Schelling, Hegel** – eine besondere Ausgestaltung gefunden. Im Idealismus ging man davon aus, dass der Mensch, der sich aus der göttlichen und natürlichen Vormundschaft emanzipiert habe, das Gute nun aus sich selbst heraus hervorbringen könne, da er mit allen Anlagen zum Guten ausgerüstet sei. In der in jedem Fall guten Selbstentfaltung des Individuums spielte **die Vernunft** eine entscheidend wichtige Rolle. Der idealisti-

---

17 Hager, F.-P., Aufklärung und christlicher Platonismus in Pestalozzis religiösen Anschauungen, in: Pädagogische Rundschau, Frankfurt a. M. Nr. 1/1996, S. 27
18 ebd., S. 28
19 Knubbertz, A., Pädagogik aus Verantwortung. Überlegungen zur Aktualität prinzipiengeleiteter Erziehung in der Schule, Frankfurt a. M. 1990, S. 85
20 ebd., S. 87-88

sche Grundzug zeigte sich darin, dass man davon überzeugt war, dass der Mensch ein sittliches, vernünftiges Wesen sei, das im Grunde nur das Gute wollen und tun könne.[21] So glaubte z.B. **J. G. Herder**, dass der durch die Vernunft und die Kultur zu wahrer Humanität gelangte Mensch für die Gerechtigkeit und Wahrheit lebt.[22] Max König hat diese idealistische Vorstellung vom Menschen so formuliert:

> »Demnach wird sich die im Menschen angelegte Vernunft fortschreitend durchsetzen, schließlich alle Nebel durchdringen und das Leben des Einzelnen und der Gesellschaft segnungsvoll bestimmen.«[23]

Ferner wurde die Auffassung, dass der Mensch von Natur aus gut ist, auch im **atheistischen Materialismus**, der sich von Ludwig Feuerbach[24] über Karl Marx, Engels und Lenin bis zu den neueren Vertretern des **Neomarxismus** – etwa der »Frankfurter Schule« – erstreckt, weiterentwickelt. Von der Evolution herkommend braucht der Mensch keinen Gott mehr. Er ist, so wie es Ludwig Feuerbach formulierte, sich selber Gott (»Homo homini Deus est«).[25] Der Mensch müsse sich nur noch aus der gesellschaftlich vorgegebenen »Entfremdung« befreien. Auf diesem Weg gelange er zur freien und allseitigen Entfaltung. Er werde auf diese Weise zu einem »neuen Menschen«. Gerhard P. Bunk hält das neomarxistische Menschenbild für »überoptimistisch«.[26]

---

21 v. Padberg, L., Freiheit und Autorität, Wuppertal 1984, S. 25-26

22 Zdarzil, H., Zum Menschenbild Johann Gottfried Herders, in: Menschenbilder, S. 127

23 zit. nach König, M., Lasst die Kinder Kinder sein, Gießen 1989, S. 48

24 L. Feuerbach rückt den Menschen ins Zentrum seiner Überlegungen, der sich als Subjekt, ohne Gott, aus seiner elenden sozialen Lage mit dem Ziel des ästhetischen Genusses befreien kann. Vgl. Matzker, R., Anthropologie. Theorie, Geschichte, Gegenwart, München 1998, S. 45

25 Schlichting, W., Atheismus, in: Evangelisches Gemeinde-Lexikon, hg. v. E. Geldbach; H. Burkhardt; K. Heimbucher, Wuppertal 1978, S. 32-33

26 Bunk, G. P., Vom Bankrott der Erziehung, in: Pädagogische Rundschau, Frankfurt a. M. Nr. 3/1995, S. 325

Nach Friedrich Nietzsche werde sich der Mensch, da ja Gott tot sei, durch Evolution zum Übermenschen entwickeln, denn wenn Gottes Macht über den Menschen als gebrochen gedacht werde, müsse er selber die Macht ergreifen.[27] Der Glaube an ein höheres göttliches Wesen kann nach atheistischer Überzeugung in allen Lebensbereichen nur zu Einengung und Abhängigkeit führen. Der Mensch selber müsse deshalb das »Maß aller Dinge« sein.[28]

Das Individuum ist nach **Max Scheler** in der Lage, sich mit Hilfe der Intelligenz und der Wahlfähigkeit weiter zu entwickeln, sodass ihm im Kosmos eine besondere Stellung zukomme. Das entscheidende Element seines Lebens sei der Geist. Mit seiner Hilfe könne sich der Mensch selber verwirklichen.[29]

Im **existentialistischen Atheismus** vertritt man die Meinung, dass »der Mensch nichts anderes sei, als das, wozu er sich macht« (J. P. Sartre).[30] Der Mensch müsse seinem Leben selber einen Sinn geben. Das könne er deshalb, weil er immer das Gute wählen könne, das zugleich für alle Menschen das Gute sei.[31]

Alle philosophischen Strömungen waren seit der Aufklärung davon überzeugt, dass der Mensch, hervorgebracht durch Evolution und eben nicht durch Gott, von Natur aus gut und in sich veranlagt sei, das Gute zu wollen. Man stellte sich vor, dass er innerlich gleichsam zum Guten angetrieben werde.[32] Er ist nach Meinung von **Maria Montessori** sogar in der Lage, in eigenständiger Verantwortung zur Erhaltung und Entwicklung der Schöpfung beizutragen.[33] Es schien fast so, als wäre der Mensch evolutionistisch gesehen befähigt, über sich selber hinauszuwachsen. Einige waren sogar überzeugt, dass der Mensch **sich**

27 Scheuerl, H., Pädagogische Anthropologie, S. 146
28 ebd., S. 149
29 Matzker, R., Anthropologie, S. 102-105
30 Weber, E., Pädagogik. Eine Einführung. Grundfragen und Grundbegriffe. Ontogenetische Voraussetzungen der Erziehung – Notwendigkeit und Möglichkeit der Erziehung, Bd. 1/Teil 2, Donauwörth 1996[8], S. 307
31 ebd., S. 307
32 Lassahn, R., Grundriß einer Allgemeinen Pädagogik, Heidelberg 1983[2], S. 44
33 Ludwig, H., »Kosmische Erziehung«. Zum Ansatz einer ökologisch orientierten Schulpädagogik und Didaktik bei Maria Montessori, in: Pädagogische Rundschau, Frankfurt a. M.; Berlin; Bern; New York; Paris; Wien Nr. 4/1992, S. 392

selber vergöttlichen und dann die Kräfte in der Natur und im Kosmos bezwingen und sich nutzbar machen könne.[34]

Manche Theologen suchten dieses aufklärerische Menschenbild vom Christentum her zu stützen, indem sie sagen:

> »Recht ist der Mensch also, weil er ›von außen‹ gerecht gesprochen wurde.«[35]

In den fünfziger Jahren suchte man sich nach dem Schock des Zweiten Weltkrieges, in der Frage nach dem Menschenbild **aus der philosophischen Bevormundung zu lösen**. Es war nach den schrecklichen Greueltaten des Zweiten Weltkrieges nicht mehr möglich zu behaupten, dass der Mensch gut sei. Wie sollten die abscheulichen Kriegsverbrechen erklärt werden? Man suchte mit Hilfe psychologischer, soziologischer, kulturanthropologischer, psychoanalytischer und biologischer Einzelergebnisse ein **integratives Menschenbild** zu entwickeln. Besondere Anstrengungen in dieser Richtung gehen auf Heinrich Roth zurück. Er suchte in seiner zweibändigen »Pädagogischen Anthropologie« mit Hilfe einer datenverarbeitenden Integrationswissenschaft, Grundlegendes und Allgemeines über den Menschen herauszuarbeiten.[36] Ziel seiner Untersuchungen war es, die Frage nach der Bildsamkeit, Bestimmung, Entwicklung und Erziehung des Menschen zu klären.[37] Weil aber H. Roth die Pluralität und Heterogenität der vielen empirischen Daten bestehen ließ und sie eben gerade nicht integrativ verarbeitete, wie es eigentlich sein Ziel war, kam es anschließend zu den widersprüchlichsten Ergebnissen darüber, wer der Mensch sei.[38] Einige behaupteten, der Mensch

---

[34] Hunt, D.; Mc Mahon, T. A., Die Verführung der Christenheit, Bielefeld 1985, S. 88

[35] zit. nach Ritter, W. H., Religion in nachchristlicher Zeit. Eine elementare Untersuchung zum Ansatz der neueren Religionspädagogik im Religionsbegriff, Kritik und Konstruktion, Frankfurt a. M.; Bern 1982, S. 99

[36] Roth, H., Pädagogische Anthropologie. Bildsamkeit und Bestimmung, Bd. 1, Hannover 1966; Entwicklung und Erziehung, Bd. 2, Hannover 1971

[37] Roth, H.-J., Pädagogische Anthropologie und Erziehungswissenschaft heute, in: Pädagogische Rundschau., S. 601

[38] ebd., S. 603

sei das Produkt des eigenen Willens. Andere hielten ihn für wesentlich von der Gesellschaft und Umwelt bestimmt.[39]

H. Roth, welcher ein **integratives Menschenbild** zu entfalten suchte, war nicht in der Lage, mit Hilfe des ganzen Spektrums empirischer und psychologischer Befunde, Auskünfte über die menschliche Bestimmung zu geben. Deshalb sah man sich erneut gezwungen, auf philosophische Sinnauslegungen zurückzugreifen.[40] Man wandte sich wieder dem positiven Menschenbild zu.

Die moderne Pädagogik knüpft mit ihrer Vorstellung, dass der mündige Mensch eigenverantwortlich und vernunftgeleitet als selbstbestimmtes Subjekt jederzeit richtig handelt, an dieses positive Menschenbild an. Man ist heute davon überzeugt, dass der heranwachsende Mensch seinen Egozentrismus und seine anfängliche Heteronomie zu Gunsten von Altruismus und Autonomie überwinden lerne,[41] da er ein angeborenes Streben nach Vervollkommnung in sich trage.[42]

Die Vertreter und Vertreterinnen der **Antipädagogik** betrachten den Menschen ebenfalls als **radikal gut**. Sie sind davon überzeugt, dass der Mensch von Geburt an das Beste selber spürt und wählt.[43]

Die **Feministinnen** sind der Ansicht, dass die Frau, da sie in tiefster Übereinstimmung mit dem Kosmos, also auch mit dem Schöpfer, lebe, ein Wesen sei, das gut sei, sodass an ihrem Wesen die Welt genesen könne.[44]

Es gilt aber zu beachten, dass dieser gute, durch die Evolution hervorgebrachte Mensch, in der Schöpfung keine besondere Stellung mehr hat. Er wird oft nur als ein höher entwickeltes Tier betrach-

---

39 Lassahn, R., Grundriß einer Allgemeinen Pädagogik, S. 53

40 Scheuerl, H., Pädagogische Anthropologie, S. 14

41 Weber, E., Pädagogik. Eine Einführung. Grundfragen und Grundbegriffe. Pädagogische Anthropologie. Phylogenetische (bio- und kulturevolutionäre) Voraussetzungen der Erziehung, Bd. 1/Teil 1, Donauwörth 1995[8], S. 212-213

42 Ahlborn, H.-U., Werteerziehung durch Vorbildlernen. Tugenden in moderner Sicht, Frankfurt a. M. 1996, S. 96

43 Berner, H., Aktuelle Strömungen in der Pädagogik, Bern; Stuttgart; Wien 1992, S. 236-237

44 Hauschildt, I., Die feministische Versuchung und die Antwort der christlichen Frau, Wuppertal; Zürich 1989, S. 55

tet.[45] Von diesem Standpunkt aus gibt es **keine von Gott gegebene Wertbemessung für menschliches Leben**. Der ohne Gott lebende Mensch meint, sich selbst letzte Werte geben zu können. Deshalb ist Abtreibung ungeborener Kinder und nach und nach auch Euthanasie durchaus möglich.[46]

Zudem wagt der Mensch immer mehr durch Gentechnologie **den Menschen nach seinem Bild**, nach seinen Vorstellungen zu formen, obwohl Gott gesagt hat: »Du sollst dir kein Götterbild machen, **auch keinerlei Abbild** dessen, was oben im Himmel oder **was unten auf der Erde** oder was in den Wassern unter der Erde ist.« (2. Mose 20,4) Bei der Gentechnologie muss man den Verbrauch von vielen Embryonen zu Forschungszwecken in Kauf nehmen. Dies ist bei einem evolutionistischen Prozess nichts Anstößiges. Da aber der Mensch in allem, was er tut, begrenzt ist, sind mit der Gentechnologie nicht voraussehbare und kaum kontrollierbare Risiken verbunden.[47]

Zugleich sucht der Mensch **mit Hilfe der Medien eine seinen Vorstellungen, seinem Bild entsprechende Welt zu gestalten**. Er bemüht sich, die Grenzen des Realen hin zum Fiktionalen aufzubrechen. Diese mediale, von den Menschen geformte Wirklichkeit, soll sich verändernd auf die Menschen und die Gesellschaft auswirken.[48] Reiner Matzker ist der Ansicht, dass die Medienrezeption der einzelnen Menschen mit einer religiösen Andachtshaltung vergleichbar ist. Bestimmte Fernsehserien und Filmepen werden für eine weltweite Fangemeinde unter verschiedenen Aspekten zum Religionsersatz.[49] So sagt z.B. Florian Goll in einem Interview:

> »Für mich ist ›Star Wars‹ eine Religion. Ich kann mir gut vorstellen, dass ›the force‹ existiert – jenes positive Energiefeld, das den ›Star-Wars‹-Helden Kraft und Mut gibt. Ich glaube, dass es vielleicht

---

45 Schaeffer, F. A., Die große Anpassung. Der Zeitgeist und die Evangelikalen, Asslar 1988, S. 134

46 ebd., S. 139

47 Weber, E., Pädagogik. Eine Einführung. Grundfragen und Grundbegriffe. Pädagogische Anthropologie, Bd. 1/Teil 1, S. 128

48 Matzker, R., Anthropologie, S. 209-210

49 ebd., S. 219

> Menschen gibt, die wie die Jedi-Ritter Dinge mit Gedanken bewegen können.«[50]

Der ohne Gott lebende Mensch glaubt immer mehr an seine eigenen Vorstellungen, an das Bild, das er sich von der Welt macht.

Alle **philosophisch oder ideologisch geprägten Aussagen** darüber, wer der Mensch eigentlich ist, sind nicht mehr als **Annahmen, Hypothesen**.

Walter Braun macht in seinem Buch »Pädagogik – eine Wissenschaft!?« deutlich, dass das von der Aufklärung geprägte Bild vom Menschen zu stark vom Bewusstsein her entfaltet wird. Der Mensch ist zuletzt nur noch das, was man denkt, dass er sei.[51] Der Mensch wird den eigenen Vorstellungen entsprechend konstruiert.[52]

Übrigens können alle die, welche davon ausgehen, dass der Mensch grundsätzlich gut sei, das böse Verhalten des Menschen wie Lieblosigkeit, Hass, Streit, Mord, Krieg usw. nicht einsehbar erklären.

Uns kann, wenn es um die Frage geht, wer der Mensch wirklich ist, **nur Gott selbst**, der den Menschen gemacht hat, **mit seiner Offenbarung weiterhelfen**.

Wir haben bemerkt, dass die Philosophie, die sich autonom und eigenmächtig der Offenbarung und den zu ihr führenden Vorfragen verschließt, sich selber zur Wahrheitsquelle, zur Pseudo-Offenbarung aufwirft.[53]

---

50 West, M. Ein Märchen berauscht die Welt, in: Brückenbauer. Wochenzeitung der Migros, Basel Nr. 31/1999, S. 23

51 Braun, W., Pädagogik – eine Wissenschaft!? Aufstieg, Verfall, Neubegründung, Weinheim 1992, S. 65-77

52 Dienelt, K., Pädagogische Anthropologie. Eine Wissenschaftstheorie, Köln; Weimar; Wien; Böhlau 1999, S. 39

53 Klapwijk, J., Philosophien im Widerstreit, hg. v. S. R. Külling, Asslar; Riehen 1985, S. 78

2.2 Die Menschenbilder der Psychologie

Grundsätzlich stellt man sich die Entstehung des in der Psychologie näher beschriebenen Menschen durch evolutionistische Prozesse vor. Das erkenntnisleitende Interesse gilt in erster Linie der Aufdeckung von allgemeinen Strukturen der Spezies Mensch.[54]

Man erhoffte sich in den letzten Jahren mit Hilfe der Psychologie, zum eigentlichen, der Realität entsprechenden Menschenbild zu gelangen.

In der **analytischen Psychologie** geht man von einem **materialistischen Menschenbild** aus. Die Seele des Menschen ist nur eine Funktion der Materie und grundsätzlich mit physikalisch-chemischen Gesetzen erklärbar. Der »Geist« des Menschen ist kein Thema, jedenfalls nicht im Sinne einer vom Leib unabhängigen existenten Wesenheit.[55] Dies verwundert überhaupt nicht, wenn man bedenkt, dass der Begründer der Psychoanalyse, **Sigmund Freud** (1856-1939), die Religion als ein aus dem »Vaterkomplex« der Kindheit des Menschen herausgewachsenes Gebilde betrachtet, dessen wir heute nicht mehr bedürfen.[56] Der Mensch hat nach Freud keine höhere Daseinsbestimmung. Er lebt im Spannungsfeld mit seinem Sexualtrieb, in der Auseinandersetzung mit der Kultur, durch das Unbewusste und durch seine Kindheitserlebnisse determiniert.[57] Viele Menschen vegetieren nach ihm als Neurotiker und Psychotiker dahin.[58]

Der Behaviorismus (behaviour – beobachtbares Verhalten), welcher von **J. B. Watson** (1878-1958) begründet wurde, hat seine Wurzeln im Positivismus, bzw. Neopositivismus (Moritz v. Schlick, R. Carnap, V. Kraft und L. Wittgenstein). Der Positivismus lässt lediglich die Erfahrung als eine gültige Quelle der wissenschaftlichen Er-

---

54 Kron, F. W., Grundwissen Pädagogik, München; Basel 1989², S. 165
55 Antholzer, R., Plädoyer für eine biblische Seelsorge, Berneck 1986, S. 18-24
56 Schlichting, W., Atheismus, in: Evangelisches Gemeinde Lexikon, S. 33
57 Matzker, R., Anthropologie, S. 116
58 Krone, W., Zur Erziehung des Erziehers. Behaviorismus – Psychoanalyse – Humanistische Psychologie, Europäische Hochschulschriften, Reihe 11, Frankfurt a. M. 1988, S. 46

kenntnis gelten.[59] Die Vorstellung von einem transzendenten Anteil am psychischen Geschehen wird als bloße Spekulation verworfen. Die Begriffe »Seele« und »Geist« werden überhaupt nicht thematisiert. Da das Seelenleben selbst nicht beobachtbar und messbar ist, sondern lediglich das Verhalten des Menschen, macht man Aussagen über Reiz-Reaktions-Beziehungen. Das kognitive und affektive Erleben des Individuums interessiert nicht an sich, sondern wird als Äußerung des Verbalverhaltens aufgefasst und nur als solches einer Analyse unterzogen.[60] Es gibt für die Behavioristen weder gutes noch böses, sondern lediglich angepasstes oder unangepasstes Verhalten. Der Mensch kennt nur beschränkt eine personale Identität. Er wird als ein konditionierbares Objekt gesehen, wobei man zwischen klassischer und operanter Konditionierung unterscheidet. Dadurch wird der Mensch innerhalb des Rahmens seiner konstitutionellen Voraussetzungen machbar. Vor allem **B. F. Skinner** hat diese Gedanken breiter entfaltet.[61] Da die Behavioristen stark vom evolutionistischen Denken beeinflusst sind, haben sie keine großen Bedenken, die Ergebnisse aus Tierversuchen auf Menschen zu übertragen.[62]

Ähnliche Gedanken haben im deutschsprachigen Raum, ebenfalls vom Positivismus beeinflusst, die Vertreter der »**empirischen Erziehungswissenschaft**«, vor allem Rudolf Lochner und Wolfgang Brezinka, entfaltet. Sie sind der Meinung, dass man mit Hilfe einer gründlichen empirisch-wissenschaftlichen Forschung den Menschen so erfassen könne, dass man in der Lage sei, eine Erziehungstechnologie zu entwickeln, mit welcher sich nach und nach alle erzieherischen Probleme lösen ließen. Es können nach ihrer Auffassung Erziehungstechniken entwickelt werden, die gewolltes Educanden-Verhalten stabilisieren und ungewolltes verhindern oder abbauen.[63] Der Mensch wird als begrenzt machbar betrachtet.

---

59 Kron, F. W., Grundwissen Pädagogik, S. 211
60 ebd., S. 30-33
61 Antholzer, R., Plädoyer für eine biblische Seelsorge, S. 21-22; vgl. Kron, F. W., Grundwissen Pädagogik, S. 87
62 Gudjons, H., Pädagogisches Grundwissen, Bad Heilbrunn 1993, S. 165
63 Berner, H., Aktuelle Strömungen in der Pädagogik, S. 132-155

Sowohl der Behaviorismus als auch die »empirische Erziehungswissenschaft« nehmen den Menschen als Persönlichkeit, die fähig ist, verantwortlich zu handeln, zu wenig ernst. Dem Menschen fehlt in diesen beiden Ansätzen jegliche Persönlichkeitsstruktur.[64]

Die **humanistische Psychologie** ist in den USA unter dem Einfluss von K. Lewin, Ch. Bühler u.a. entstanden. Sie setzte sich sowohl der Psychoanlayse als auch dem Behaviorismus gegenüber für die »Rehumanisierung« des Menschen ein.

> »Sie möchte den Menschen einerseits davor bewahren, dass er sich zu untermenschlichen Zwecken missbrauchen lässt, anderseits aber auch davor, dass er sich übermenschlichen Mächten und Wahrheiten unterwirft. Jeder Gottglaube wird letztlich als Einschränkung der Humanität des Menschen gesehen, weil er damit seine Autonomie preisgibt!«[65]

Die Grundlage der humanistischen Psychologie ist eine **materialistische Philosophie**, die sich ausschließlich mit den immanenten und sichtbaren Bezügen befasst. Die humanistische Psychologie lehnt den Determinismus der analytischen und behavioristischen Psychologie ab. Ihre Vertreter billigen dem Menschen ein gewisses Maß an Entscheidungsfreiheit zu.

Zur Unterstützung dieser Überzeugung übernimmt man von der modernen Zoologie, insbesondere von Adolf Portmann, den Hinweis, dass der Mensch ein »weltoffenes« und damit ein »entscheidungsfreies Wesen« sei.[66] Diese Entscheidungsfreiheit des Menschen sei in seinem vorgegebenen Bewusstsein begründet.[67]

Dem Einfluss der Umwelt messen die Vertreter der humanistischen Psychologie keine große Bedeutung bei. Sie glauben, dass der

---

64 Lehner, H., Einführung in die empirisch-analytische Erziehungswissenschaft. Wissenschaftsbegriff, Aufgaben und Werturteilsproblematik, Bad Heilbrunn 1994, S. 114-115

65 zit. nach Antholzer, R., Plädoyer für eine biblische Seelsorge, S. 23

66 Scheuerl, H., Pädagogische Anthropologie, S. 155

67 Thomae, H., Psychologische Anthropologie, in: Pädagogik. Handbuch für Studium und Praxis, hg. v. L. Roth, München 1991, S. 113

Mensch unabhängig von äußerer Kontrolle sich selber verwirklichen könne. Zudem ist man davon überzeugt, dass der Mensch Entscheidungsfreiheit hat und ihm somit die Fähigkeit und Verpflichtung zukomme, für sein Handeln und für sein Leben Verantwortung zu übernehmen. Dies gelingt deshalb ohne Probleme, weil ja der Mensch aus der Sicht der humanistischen Psychologie gut ist.[68] Die humanistische Psychologie glaubt an den Menschen. Sie ist davon überzeugt, dass er sogar die Fähigkeit besitzt, aus Absurdem einen Sinn zu schaffen.[69] In ihr steht der Mensch mit seinen auf sich selbst ausgerichteten Bedürfnissen im Mittelpunkt. Diese Bedürfnisse müssten in verantwortlicher Weise befriedigt werden. Dies geschehe in der **Selbstverwirklichung.** A. H. Maslow (1908-1970), ein maßgeblicher Mitbegründer der humanistischen Psychologie, hält die Selbstverwirklichung für die höchste Stufe menschlicher Reifung und Selbstgestaltung. Durch sie würden die Möglichkeiten zur Findung des Lebenssinns erschlossen.[70] V. E. Frankl versteht unter Selbstverwirklichung die jedem Menschen aufgegebene, freie und verantwortliche Realisierung seines persönlichen Lebenssinns.[71] Um dieses Ziel zu erreichen, müsse der Mensch Abstand von egozentrischen Bedürfnissen und Interessen gewinnen und sich über diese erheben.[72]

Paul Vitz weist darauf hin, dass die humanistische Psychologie Tendenzen der Selbstvergötterung aufweist. Man glaubt an die Fähigkeiten eines beinahe allmächtigen Selbst,[73] das als letzte Instanz den Lebensplan entwirft und dem Leben den Sinn vermittelt.[74]

---

68 Krone, W., Zur Erziehung des Erziehers, S. 72

69 ebd., S. 74

70 Weber, E., Pädagogik. Eine Einführung. Grundfragen und Grundbegriffe. Ontogenetische Voraussetzungen der Erziehung, Bd. 1/Teil 2, S. 314

71 Für V. E. Frankl ist das menschliche Sein immer schon ein Sein auf den Sinn hin. Es besteht so etwas wie ein Vorwissen um den Sinn. Vgl. Dienelt, K., Pädagogische Anthropologie, S. 88

72 Weber, E., Pädagogik. Eine Einführung. Grundfragen und Grundbegriffe. Ontogenetische Voraussetzungen der Erziehung, Bd. 1/Teil 2, S. 318

73 Vitz, P., Der Kult ums eigene Ich. Psychologie als Religion, Gießen; Basel 1995, S. 51-52

74 Ernst, H., Psychotrends. Das Ich im 21. Jahrhundert, München 1998, S. 194

Da man in der Psychologie von einem Menschen ausgeht, der ohne Gott in dieser Welt lebt, sucht man in der **transpersonalen Psychologie** seine Bedürfnisse nach geistigen Erfahrungen zu befriedigen. Das Ziel dieser Psychologie ist das transpersonale Erlebnis, nämlich die Verschmelzung von Mensch, Natur und Kosmos zu einer Ganzheit. Sie strebt auch die Befreiung aus der Ambivalenz von Gut und Böse an. Dieses Ziel sucht man mit Hilfe von Psychotechniken wie Meditation, Autogenes Training, Yoga, Atemübungen, Visualisierungen usw. zu erreichen.[75] Grundlage dieser Bewegung ist der religiöse Synkretismus mit okkulten und esoterischen Elementen.[76] Letztlich werden in dieser neuen vom New Age geprägten Spiritualität die Mächte der Finsternis an die Stelle Gottes gerückt.[77]

Der Mensch der **analytischen und behavioristischen Psychologie** ist grundsätzlich determiniert und somit **wertneutral**. Er kennt nur **ein begrenztes Selbstbewusstsein**. Die Psychologie entfaltet das Bild eines Menschen, der sich eingebunden in eine vorgegebene Gesellschaft, jederzeit angemessen verhalten kann. Destruktivität, Gemeinheiten und Hass im täglichen Verhalten eines Menschen sind auf falsche Beeinflussungen im Elternhaus und in der Gesellschaft zurückzuführen. Die negativen Verhaltensweisen selbst bleiben ungeklärt.[78] Diesem Menschen fehlt irgendwie die Persönlichkeit.

Genau hier knüpft die postmoderne Sicht des Menschen an. Der Mensch wird durch die Kultur und Umwelt geformt. Er hat kein klares Persönlichkeitsprofil. Er ist vor allem anpassungsfähig.[79]

Es kann aber, wenn wir diese Menschenbilder betrachten, nicht in Erfahrung gebracht werden, warum der Mensch so ist, wie er eben ist und wozu er eigentlich ist. Die Frage nach dem Sinn des Lebens

---

75 Kögler, T., Lernen durch Entspannung? Superlearning, Suggestopädie und »Sanfte Methoden« der Entspannung in Schule, Kirche und Gemeinde. Eine kritische Studie, Lahr 1993, S. 203

76 Vitz, P., Der Kult ums eigene Ich, S. 136-138

77 Ledermann, K.; Skambraks, U., Der Griff nach unseren Kindern. Einblicke in ein (un)heimliches Erziehungsprogramm, Asslar 1988, S. 61

78 Vitz, P., Der Kult ums eigene Ich, S. 66-71

79 Weber, E., Pädagogik. Eine Einführung. Grundfragen und Grundbegriffe. Pädagogische Anthropologie, Bd. 1/Teil 1, S. 205

bleibt unbeantwortet. Es ist deshalb nicht verwunderlich, dass viele Jugendliche unter starken Sinnlosigkeitsgefühlen leiden.[80]

Der vordergründige Erfolg der psychologischen Theorien liegt nach Lutz von Padberg in ihrer Übereinstimmung mit dem neuzeitlichen Erkenntnisbegriff. Den der Immanenz verhafteten Menschen werden immanente Vorstellungshilfen angeboten, die ihre Realitätssicht nicht grundsätzlich in Frage stellen, sondern letztlich ihren Bezugsrahmen bestätigen.[81] Unter anderem wird aus der metaphysischen Seele des Menschen ein berechenbarer und damit formbarer Mechanismus.[82]

2.3 Das biblische Menschenbild

Das Grunddefizit der in der Philosophie und Psychologie entworfenen Menschenbilder besteht darin, dass der Mensch von sich selber ausgeht. Er anerkennt keine sinnstiftende, von ihm unabhängige Größe über sich. Sowohl die Philosophie als auch die Psychologie stellt den Menschen in den Mittelpunkt und bleibt so der Diesseitigkeit verhaftet.

Lutz von Padberg schreibt:

> »Indem sie Gott als bestimmende Größe ausklammern, unterliegen sie einem gigantischen Realitätsdefizit, einer prinzipiellen Fehldeutung.«[83]

Die tiefste Ursache dieser Entwicklung ist die Selbstüberschätzung des Menschen, der meint, **mit seiner Vernunft alles erfassen zu**

[80] Dienelt, K., Pädagogische Anthropologie, S. 108

[81] v. Padberg, L., Die Bibel. Grundlage für Glauben, Denken und Erkennen, Neuhausen-Stuttgart 1986, S. 62

[82] Rehfus, W. D., Die Vernunft frisst ihre Kinder. Zeitgeist und Zerfall des modernen Weltbilds, Hamburg 1990, S. 239

[83] zit. nach v. Padberg, L, Auf der Suche nach dem neuen Menschen, in: Bibel und Gemeinde, Nr. 1/1990, S. 67

können. In allen von Descartes ausgehenden Denksystemen setzt sich das Ich, das denkt, selbst als Subjekt ein und macht auf diese Weise alles außer sich zum Objekt.[84]

Als wirklich lässt der Mensch nur noch das gelten, was **er beobachten und empirisch nachweisen** kann. Er hält also die sichtbare Welt für die einzige Realität, deshalb kann er über sich selbst nur das erfahren, was in dieser für ihn erforschbaren Welt enthalten ist. Seinem neusten Forschungsstand entsprechend, konstruiert er immer wieder neue Menschenbilder, die aber dem Menschen, da er ein Geschöpf Gottes ist, nicht gerecht werden.

W. D. Rehfus zeigt, dass I. Kant in seinen **philosophischen Überlegungen** wohl dargelegt hat, wie mit der autonomen Vernunft umzugehen ist, welches ihre Möglichkeiten und Grenzen sind, dass aber bei ihm das Ich, welches als Subjekt mit der Vernunft umgeht, unbekannt bleibt. Johann Gottlieb Fichte (1762-1814) bemühte sich darum, das Ich aus sich selbst zu begründen, was ihm aber nicht gelang. Georg Wilhelm Friedrich Hegel (1770-1831) versuchte ebenfalls das Ich, das sich autonom der Vernunft bedient, zu ergründen. Auch er scheiterte. Karl Marx (1818-1883) zeigte, dass das Ich nicht aus sich selber, sondern von den gesellschaftlichen und ökonomischen Bedingungen her zu erklären sei. Damit sagte er, dass es letztlich kein autonomes Ich, sondern nur ein stets abhängiges Ich gebe. Später sagte auch Sigmund Freud (1856-1939), dass es für das Ich keine Autonomie gebe, da es vom Unbewussten determiniert sei.

Auch die neueren Philosophen wie Ludwig Wittgenstein (1889-1951) und Martin Heidegger (1889-1976) vermochten das Ich nicht im Letzten zu ergründen.

Damit ist natürlich die autonome Vernunft, über welche das Ich verfügt, in Frage gestellt.[85]

> »Damit sind wir in der unglücklichen Lage, in einer Zeit zu leben, die sich sozusagen selbst verloren hat ... Weil eben die autonome Vernunft nicht nur überkommene Verbindlichkeiten, Wahrheits-, Gel-

---

84 Braun, W., Pädagogik – eine Wissenschaft!?, S. 161
85 Rehfus, W. D., Die Vernunft frisst ihre Kinder, S. 203-206

tungs- und Gültigkeitsansprüche zerstört hat, sondern auch sich selbst.«[86]

M. Foucault stellt auch die **in der Psychologie** gemachten Aussagen über den Menschen in Frage. Der Mensch, der sich selber zum Subjekt gemacht hat, macht sich in der Psychologie zum Objekt seiner selbst. Der Mensch wird so zum Fundament der Erkenntnis seiner selbst. Er beachtet viel zu wenig, dass seine Erkenntnis von Vorverständnissen, kulturellen Prägungen, von Begrenzungen und vielen andern Einflüssen bestimmt wird.[87]

M. Foucault zweifelt einerseits die Möglichkeit, dass der Mensch sich als Subjekt zum Objekt machen kann, grundsätzlich an. Andererseits hält er es nicht für möglich, dass der Mensch mit Hilfe seiner Erkenntnis, da diese nie wertneural ist, letzte Aussagen über sich selber machen kann.[88] Dies beweisen die widersprüchlichen Auffassungen über den Menschen in der Psychologie.

Bei der Suche nach dem wirklichen Menschenbild helfen uns die empirischen, philosophischen und psychologischen Überlegungen nicht weiter, weil sie nur von innerweltlichen Vorstellungen ausgehen. Um zu einem tragfähigen Menschenbild zu gelangen, bedarf es eines Fundaments, das eben nicht vom Menschen abhängig ist, da der Mensch mit Hilfe der Vernunft – wie wir eben sahen – nie zu sich selbst gelangt. **Wir bedürfen einer zeitlos gültigen Wahrheit über den Menschen.**

> »Diese eine Wahrheit, nach der sich die Menschen aller Zeiten gesehnt haben, kann nicht im Menschen selbst liegen, sonst würde das Karussell der Ideologien von neuem starten.«[89]

---

86 ebd., S. 206-207

87 Coelen, Th., Pädagogik als »Geständniswissenschaft«? Zum Ort der Erziehung bei Foucault, Frankfurt a. M. 1996, S. 49

88 Forneck, H. J., Bildung – Die Archäologie der Selbsterschaffung, in: Studien zur Philosophie und Theorie der Bildung. Kritische Erziehungswissenschaft – Moderne – Postmoderne, hg. v. W. Marotzki; H. Sünker, Bd. 2, Weinheim 1993, S. 162-171

89 zit. nach v. Padberg, L., Auf der Suche nach dem neuen Menschen, in: Bibel und Gemeinde, S. 68

Nur der Schöpfer kann dem Menschen sagen, wer er ist. Und genau dies hat Gott **in der Bibel** gemacht. Er sagt ihm in seinem Wort in letzter Deutlichkeit, wer er ist. Was Gott im Einzelnen sagt, wollen wir jetzt genauer betrachten.

2.3.1 Der Mensch ist im Bild Gottes geschaffen worden (1. Mose 1,26.27)

Im Schöpfungsbericht sagt uns Gott, dass er den Menschen geschaffen hat (1. Mose 1,27). In meinen Ausführungen gehe ich davon aus, dass wir den Schöpfungsbericht, so wie er in der Bibel steht, ernst nehmen können (siehe 1.3.1.3).[90] Es wird uns sogar noch gesagt, **wie** Gott den Menschen erschaffen hat. Wir lesen in 1. Mose 1,26.27: *»Und Gott sprach: Lasst uns Menschen machen in unserm Bild (als unser Abbild, unsere Gleichheit), uns ähnlich! Sie sollen herrschen über die Fische des Meeres und über die Vögel des Himmels und über das Vieh und über die ganze Erde und über alle kriechenden Tiere, die auf der Erde kriechen! Und Gott schuf den Menschen nach seinem Bild, nach dem Bild Gottes schuf er ihn; als Mann und Frau schuf er sie.«*

Die Pluralformulierung gleich zu Beginn von Vers 26 *»Lasst uns Menschen machen ...«* hat viele theologische Erklärungsmöglichkeiten hervorgerufen. C. Westermann betrachtet diese Aussage im Sinne eines pluralis deliberationis (Überlegung, Beratschlagung). Gott brauche diese Mehrzahlform, weil in ihm eine solche Fülle des

---

90 Folgende wissenschaftliche Arbeiten zeigen auf, warum wir den Schöpfungsbericht, so wie er in der Bibel steht, ernst nehmen können: Gitt, W., Das biblische Zeugnis der Schöpfung, Neuhausen-Stuttgart 1985^2; Kuhn, W., Stolpersteine des Darwinismus. Wunder der Schöpfung in Wort und Bild, Bd. 2, Berneck 1985; Morris, H. M., Evolution im Zwielicht, Augsburg 1966; Wilder-Smith, A. E., Die Erschaffung des Lebens, Neuhausen-Stuttgart 1972; Wilder-Smith, A. E., Herkunft und Zukunft des Menschen, Basel; Gießen 1966.
Ich lehne die Auffassung ab, dass der Mensch durch evolutionistische Prozesse im biologischen und soziokulturellen Bereich hervorgebracht worden sei, wie dies u. a. Erich Weber vertritt. Vgl. Weber, E., Pädagogik. Eine Einführung. Grundfragen und Grundbegriffe. Pädagogische Anthropologie, Bd. 1/Teil 1, S. 60-84

Seins vorhanden sei, dass er mit sich selber beraten könne.[91] Wieder andere halten diese Mehrzahlform für einen pluralis exhortationis (Aufmunterung). Gott wolle hier einen wichtigen Entschluss hervorheben.[92] Viele Theologen, darunter auch die Kirchenväter Irenäus, Hilarius, Basilius und der Reformator Calvin sahen darin einen Hinweis auf die Trinität Gottes.[93] Ich schließe mich dieser Auffassung an.

Die beiden Verse betonen ferner die **Gottesbildlichkeit** des Menschen. Die beiden Zentralbegriffe in diesen Versen sind צֶלֶם, selem, und דְּמוּת, d^{e}mūt.

Nach S. Külling bedeutet צֶלֶם, selem, primär Bild, Abbild, Abbildung.

Das zweite Wort דְּמוּת, d^{e}mūt, bedeutet »Das was gleicht«, Gleichheit, Gestalt, Nachbildung, Ähnlichkeit. צֶלֶם, selem, und דְּמוּת, d^{e}mūt, sind für S. Külling gleichbedeutend.[94]

Er schreibt ergänzend dazu:

> »Ich sehe דְּמוּת, d^{e}mūt, weder als eine ›Abmilderung‹ (Ähnlichkeit ist irreführend), noch als ›Präzisierung‹ von צֶלֶם, selem, sondern als ›Verstärkung‹ und ›Hervorhebung‹ der Tatsache, dass der Mensch als ›Bild‹ und ›Gleichnis‹ Gottes geschaffen werden soll und wird.«[95]

Die Präpositionen בְּ, b^{e}, und כְּ, k^{e}, sind gleichbedeutend. Sie sind mit »nach« oder »gemäß« zu übersetzen und sind demzufolge austauschbar und haben auf die Bedeutung von צֶלֶם, selem, und דְּמוּת, d^{e}mūt, keinen Einfluss.[96]

---

91 Westermann, C., Biblischer Kommentar. Genesis 1-11, Bd. 1/Teil 1, Neukirchen-Vluyn 1974, S. 201

92 Külling, S., Genesis, in: Fundamentum. Zeitschrift der Freien Evangelisch-Theologischen Akademie Basel, Riehen Nr. 2/1982, S. 16

93 ebd., S. 12-13

94 Külling, S., Genesis, in: Fundamentum, Nr. 3/1982, S. 4-6

95 zit. nach ebd., S. 6

96 ebd., S. 6

Ausgehend von diesen theologischen und philologischen Vorüberlegungen, haben wir nach der Bedeutung der Gottesbildlichkeit zu fragen.

Dieser Gott, der die Menschen geschaffen hat, steht als der Dreieine im Mittelpunkt der biblischen Botschaft. Die beiden Verse machen uns deutlich, dass das Menschsein sich an Gott selbst orientiert. Damit gibt es, um den Menschen zu erfassen, keinen anderen Ausgangspunkt als Gott selbst. In den nun folgenden Ausführungen wende ich das göttliche Vorbild direkt auf den Menschen an, wissend, dass der Mensch Geschöpf Gottes und als Geschöpf Abbild Gottes ist. Wir sehen, dass nur der **zum wirklichen Menschenbild gelangt**, der ein **klares Gottesbild** hat, da der Mensch im Bild Gottes geschaffen ist. Deshalb lehnen wir alle spekulativen Behauptungen, wie z.B. diejenigen des Feminismus, über Gott ab. Mit dem Streit, ob Gott männlich oder weiblich ist, wird Gott »verdiesseitigt«, verfügbar gemacht. Wir haben Gott so ernst zu nehmen, wie er sich uns in der Bibel offenbart, denn er ist und bleibt für uns Menschen unverfügbar.[97]

Die moderne Theologie sucht die Weltentstehungstheorien der Naturwissenschaft und die biblischen Aussagen zu harmonisieren. Leider ist aber dieser Versuch, Evolution und biblische Schöpfungslehre miteinander zu verknüpfen, zum Scheitern verurteilt, weil so die Frage nach dem Gott, der sich uns in der Bibel offenbart und nach dem Verhältnis Mensch – Gott ungelöst bleibt.[98]

Jetzt betrachten wir den von Gott geschaffenen Menschen von seinem göttlichen Vorbild her.[99] Ich werde zu entfalten versuchen, was dies im Einzelnen bedeutet, dass der Mensch im Bild Gottes geschaffen ist. Es geht mir darum zu zeigen, dass die Gottesbildlichkeit alle Bereiche unseres Menschseins umfasst.

---

[97] Hauschildt, I., Die feministische Versuchung und die Antwort der christlichen Frau, S. 98-100

[98] Nipkow, K. E., Erwachsenwerden ohne Gott? Gotteserfahrung im Lebenslauf, München 1987, S. 63-64

[99] In den folgenden Ausführungen halte ich mich stark an das Scriptum von Steiner, H. R., Gottes Plan mit den Menschen (Scriptum), Juni 1986

2.3.1.1 Gemeinschaftsfähigkeit (Der geistliche und soziale Bereich)

Gott ist als der Dreieine ein Gemeinschaftswesen. In 1. Mose 1,26 sagt er ja: *»Lasst uns Menschen machen in unserem Bild, uns zum Abbild.«* Gott pflegt in sich selber Gemeinschaft. Dies kommt in der Aussage im Johannesevangelium 1,1, welche sich an den Schöpfungsbericht anlehnt, ganz stark zum Ausdruck. Hier wird Christus, der Sohn Gottes, als das »Wort« [100] und damit als Inbegriff der Kommunikation vorgestellt.

Der im Abbild Gottes geschaffene Mensch ist einerseits zur **Gemeinschaft mit Gott**, andererseits auch zur **Gemeinschaft mit seinesgleichen** befähigt.

Gott begegnete dem Menschen im Garten Eden von Angesicht zu Angesicht (1. Mose 3,8). Zu dieser Begegnung gehörte auch das Gespräch. Die **Sprachlichkeit** des Menschen liegt im Willen Gottes begründet, mit dem Menschen Gemeinschaft zu pflegen. Eine solche Beziehung mit Gott war seit dem Sündenfall immer wieder Bestandteil menschlicher Sehnsucht und Hoffnung.

Auf der zwischenmenschlichen Ebene bemühte sich Gott darum, ein kommunikationsfähiges Gegenüber für den Menschen zu finden (1. Mose 2,20-25). Er schuf in Eva für Adam eine Frau, die nicht seine Kopie, sondern seine Hilfe, sein Beistand und damit seine Ergänzung war. Auch hier hat sich Gott selbst als Vorbild genommen. Er ist nämlich **Einheit in der Verschiedenheit**: Vater, Sohn und Heiliger Geist nehmen gemäß dem geoffenbarten Wort unterschiedliche Funktionen wahr. Hieraus können wir schließen, dass sich Ergänzung gemeinschaftsfördernd auswirkt (Pred 4,9-12).

---

[100] ὁ λόγος, ho logos, heißt »das Wort«. Vgl. Godet, F., Kommentar zu dem Evangelium des Johannes, Gießen; Basel 1987, S. 23

2.3.1.2 Verantwortlichkeit (Der moralische Bereich)

Die Bibel beschreibt Gott als heiligen, gerechten Herrn aller Dinge. Er ist es, der von allem Anfang an Maßstäbe setzte, indem er das, was er geschaffen hat, als gut beurteilte (1. Mose 1,31). Als Inbegriff alles Guten und Gerechten konnte er nichts Böses in seiner Umgebung dulden (1. Mose 3,22-24). Von Anfang an betraute er den Menschen mit **moralischer Verantwortung:** *»Aber vom Baum der Erkenntnis des Guten und Bösen, davon darfst du nicht essen«* (1. Mose 2,17). Dazu kam auch die **verwalterische Verantwortung,** die in der Pflege des Gartens und in der Herrschaft über die Schöpfung, insbesondere über die Tiere, bestand (1. Mose 1,28; 2,15). Als Abbild Gottes ist der Mensch somit **ein verantwortliches, moralisches Wesen,** das die Konsequenzen für sein Handeln tragen kann und muss.

2.3.1.3 Denkvermögen (Der intellektuelle und geistige Bereich)

Weit über eine Million verschiedener Lebewesen und Pflanzen sind bis heute entdeckt worden, gar nicht zu reden von den vielen ausgestorbenen Tier- und Pflanzenarten. Die Vielfalt und Komplexität der Schöpfung zeugt von einem unbeschreiblich intelligenten, ja allwissenden Gott. *»Er sprach ... und es geschah«* (1. Mose 1,9 ff.). Die Sprache in ihrer sinngebenden Eigenart ist Ausdruck des Denkvermögens. Auch der Mensch erhielt dieses Geschenk bei seiner Erschaffung. Er wurde beauftragt, den Tieren des Gartens Namen zu geben. Dazu brauchte er das Denkvermögen, das in Sprache ihren Ausdruck fand (1. Mose 2,19.20). Von Gott geprägtes Denken und Reden wird später in der Bibel auch **Weisheit** genannt (Spr 1,1-7).

2.3.1.4 Kreativität (Der schöpferische Bereich)

Die ersten beiden Kapitel der Bibel beschreiben Gott als Schöpfer, der alles aus dem Nichts gemacht hat. *»Im Anfang schuf Gott die Himmel und die Erde«* (1. Mose 1,1). Im Blick auf dieses Schöpfungsgeschehen sagt Paulus in Kolosser 1,16: *»Denn in ihm (in Jesus) ist alles in den Himmeln und auf der Erde geschaffen worden, das Sichtbare und das Unsichtbare ... alles ist durch ihn und für ihn geschaffen.«* Dieser Vers zeigt uns deutlich, dass die Schöpfung zweckbestimmt ist. Sie soll **für den Schöpfer da sein**. Innerhalb dieser Bestimmung wurde dem Menschen bereits im Garten Eden der Auftrag gegeben, kreativ tätig zu sein. Dem Menschen wurde, da er ja als Abbild Gottes **praktische Kreativität** hat, der Unterhalt des Gartens anvertraut (1. Mose 2,15). Weil er auch **geistige Kreativität** hatte, wurde ihm die Benennung der Tiere übertragen (1. Mose 2,19.20). Die Fertigkeit aus Rohmaterial etwas »Neues« zu schaffen, das seinen Stempel trägt und damit Kultur ist, hat Gott bei der Erschaffung des Menschen in ihn hineingelegt, denn er hat ihn ja in seinem Bild gemacht.

2.3.1.5 Personhaftigkeit – Körperlichkeit (Der körperliche Bereich)

Die Bibel berichtet von Anfang an von einem redenden (1. Mose 1,3 ff.), handelnden (1. Mose 2,8), mitfühlenden (1. Mose 2,18), wollenden (1. Mose 3,16.17) und damit **personhaften Gott**. Zugleich ist Gott aber Geist (Joh 4,24), unsichtbar (Kol 1,15). Und doch hat er sich den Menschen in seinen personhaften Eigenschaften offenbart. Obwohl Gott in seiner Unendlichkeit, Allgegenwart und Allwissenheit menschliche Eigenschaften weit übertrifft, hat er den Menschen auch in seiner **Personhaftigkeit** in seinem Bild geschaffen. Diese Personhaftigkeit, die eigentlich eine **geistig-seelisch-leibliche Einheit** ist, hat Gott so gemacht: *»Da bildete Gott, der Herr, den Menschen, aus Staub vom Erdboden und hauchte in seine Nase den Odem des Lebens, so wurde der Mensch eine lebende Seele«* (1. Mose 2,7). Der Mensch ist von seiner Zeugung an eine einzigartige Persönlichkeit, ein Ich. Er hat demzufolge eine Identität. (Nähere Ausführungen dazu siehe 6.1) Da ist nichts von minderwertiger Körperlichkeit zu spüren, wie im griechischen Platonismus und späteren Gnostizismus. In seiner Verwobenheit mit dem geistig-seelischen Bereich soll der Körper Gott zur Verfügung stehen. Paulus bezeichnet den Körper eines an Christus glaubenden Menschen als Tempel des Heiligen Geistes (1. Kor 3,16). Die menschliche Körperlichkeit ist etwas Gottgewolltes, Wunderbares, ja sie gehört auch zur Gottesbildlichkeit.[101] Erich Sauer schreibt dazu:

> »Es hätte überhaupt keine leibliche Menschwerdung des Sohnes Gottes gegeben, keine leibliche Auferstehung, wenn nicht der Leib des Menschen ein irgendwie passendes Gefäß des nach dem Bilde Gottes geschaffenen Menschen wäre.« [102]

Mann und Frau sind beide im Bild Gottes geschaffen. Sie sind wohl verschiedenartig, aber gleichwertig.[103]

Hätte der Mensch vom vorerst nicht verbotenen Baum des Lebens (1. Mose 2,9) gegessen, wäre er Gott wohl sogar in seiner Unvergänglichkeit (1. Mose 3,22b) gleich gewesen.

2.3.1.6 Emotionalität (Der Bereich der Gefühle)

Auch die Emotionalität ist eng mit der Personhaftigkeit Gottes verwoben. Gott hatte **Mitgefühl** mit dem allein dastehenden Adam und schuf für ihn eine Hilfe, ein Gegenüber (1. Mose 2,18). Wir lesen im Alten Testament weiter, dass Gott sich freuen (5. Mose 30,9) und dass er betrübt und traurig sein kann (Hes 20,17).

---

[101] Ich lehne die Auffassung von C. Westermann ab, dass sich die Gottesbildlichkeit nicht auf die äußere Gestalt des Menschen beziehen könne. Vgl. Westermann, C., Biblischer Kommentar. Genesis 1-11, Bd. 1/Teil 1, S. 215-216

[102] zit. nach Külling, S., Genesis, in: Fundamentum, Nr. 3/1982, S. 13

[103] Hauschildt, I., Die feministische Versuchung und die Antwort der christlichen Frau, S. 62

Die Gabe des Gefühls kommt erstmals zum Ausdruck, als Adam voll Freude über die ihm von Gott zugeführte Frau ausruft: *»Diese endlich ist Gebein von meinem Gebein und Fleisch von meinem Fleisch; diese soll Männin heißen, denn vom Mann ist sie genommen ... Und sie waren beide nackt, der Mensch und seine Frau, und sie schämten sich nicht«* (1. Mose 2,23.25). Die gefühlsmäßige Verbindung mit seiner Frau war ungetrübt. Adam und Eva lebten in einem inneren und äußeren Gleichgewicht.

2.3.1.7 Ganzheitlichkeit (Der Bereich der Harmonie)

Gott wird uns in der Bibel als einmütiger Gott vorgestellt, der in sich selbst keinen Widerspruch kennt. Das *»Lasst uns ...«* in 1. Mose 1,26 lässt etwas von dieser **vollkommenen Harmonie Gottes** erahnen, die Jesus auch in Joh 17,20-23 beschreibt. Wie bereits erwähnt, schuf Gott den Menschen als dynamische geistig-seelisch-leibliche Einheit (1. Mose 2,7). Die **ganzheitliche Sicht des Menschen** liegt dem biblischen Menschenbild zugrunde. Der Schöpfungsbericht zeugt von der Harmonie, in der Adam und Eva lebten. Da bestand ein wunderbares **Gleichgewicht** zwischen Gemeinschaftsfähigkeit, Verantwortlichkeit, Denkvermögen, Kreativität, Personhaftigkeit, Körperlichkeit und Emotionalität, ein Gleichgewicht, das sich in einer tragenden Harmonie zeigte. Diese Harmonie war im bereitwilligen **Gehorsam Gott gegenüber begründet** und war auch Ausdruck des göttlichen Planes mit dem Menschen. Der Mensch war ganzheitlich mit einem ausgewogenen Ichbewusstsein, mit einer Identität, einem bewundernswerten Denkvermögen und einem freien Willen geschaffen worden.

Die Tatsache, dass der Mensch im Bild Gottes geschaffen ist, macht ihn überaus **wertvoll**. Ihm kommt als Geschöpf Gottes eine große Würde zu. Der Mensch wird nicht wertvoll, sondern ist es gleich vom Augenblick seiner Zeugung an.

2.3.2 Die Folgen des Sündenfalls

Die bisherigen Ausführungen zeigten uns, wie Gott den Menschen ursprünglich geschaffen hat. Doch was ist nach dem Sündenfall von dem übrig geblieben? Indem der Mensch anstelle des Baumes »des Lebens« den Baum »der Erkenntnis des Guten und des Bösen« wählte, öffnete er sich dem Bösen und wählte damit sein Verderben (1. Mose 2,17). Ich halte den in 1. Mose 3,1-6 beschriebenen Sündenfall für eine historische Tatsache und nicht für eine dichterische Erfindung oder mythische Darstellung. Die hier beschriebene Abwendung des Menschen von Gott führte zu einem unüberwindbaren Graben zwischen ihm und Gott, dessen Realität bis heute von allen schmerzlich erfahren wird. Mit dem Sündenfall ist die Zeit der ungetrübten Harmonie beendet (1. Mose 3,12-19). Jeder Mensch ist nun von Natur aus ein Sünder (Röm 5,12). Er steht **unter der Machtherrschaft Satans** (Joh 8,44). Er kann wohl noch das Gute erkennen, aber ist nicht mehr fähig, es zu tun (Röm 7,15-18). Die »Reise« des Menschen weg von Gott hat damit begonnen. Im Laufe der Zeit hat er seinen Schöpfer immer mehr aus seinem Leben und damit aus dem Zusammenleben ausgeschlossen. Die Bibel zeigt uns, dass sich die Konsequenzen der Abkehr von Gott auf alle im letzten Abschnitt erwähnten Bereiche auswirken.

2.3.2.1 Entstellte Gemeinschaftsfähigkeit

Das Verhältnis des Menschen zu Gott, den Mitmenschen und zu sich selbst ist aufgrund des Sündenfalls gestört.

Die Beziehung zu Gott ist so radikal gestört, dass der Tod für einen jeden Menschen unwiderruflich feststeht (Röm 6,23). Die Sünden sind zu Scheidewänden zwischen Gott und Mensch geworden (Jes 59,2). Der Mensch lebt als Sünder getrennt von Gott in dieser Welt, denn Gott verabscheut in seiner Heiligkeit eine jede Sünde, und in seiner Gerechtigkeit wird er eine jede ewig bestrafen in der Hölle (Offb 21,8).

Auch **im zwischenmenschlichen Bereich** ist die ursprüngliche Gemeinschaftsfähigkeit derart stark gestört, dass der Mensch unmöglich zu Gottes Idealen gelangen kann. Paulus beschreibt den von Gott abgefallenen Menschen als *»voll Zank, Trug, Tücke, Ohrenbläserei, Verleumdung, Frechheit, Übermut, Prahlerei, Ungehorsam gegenüber den Eltern, Unverständigkeit, Unbeständigkeit, Lieblosigkeit, Unversöhnlichkeit, Unbarmherzigkeit«* (nach Röm 1,29-32). Das Beziehungsproblem ist offensichtlich. Es kommt auch im sexuellen Bereich zum Ausdruck, indem die natürliche Verbindung von Mann und Frau durch Homosexualität, Lesbismus (Röm 1,26-27) und durch Hurerei, Ehebruch und Unzucht (Gal 5,19) überschattet wird.

Auch die **inneren Spannungen des einzelnen Menschen** brechen immer wieder durch (Röm 7). Der Mensch hat durch die Sünde eine gestörte Beziehung zu sich selbst. Er kann sich oft selber nicht verstehen.

Trotz gestörter Gemeinschaftsfähigkeit bleibt er allerdings auf Gott und den Nächsten hin angelegt. Er ist weiterhin zu Kommunikation und sogar zu Liebe fähig, dies auch im sündigen Zustand. Das Bild Gottes ist also in dieser Beziehung **nicht völlig zerstört** worden, obwohl alle Beziehungsbereiche seines Lebens vom Sündenfall betroffen sind, einschließlich der Sprache. Diese hat im Blick auf die Herstellung und Erhaltung der Gemeinschaft eine entscheidend wichtige Bedeutung. Vom Sündenfall herkommend hat der Mensch Probleme mit der Sprache. N. Chomsky, der sich eingehend mit dem Phänomen der Sprachlichkeit des Menschen befasst hat, sagt:

> »Es können nur höchst vorläufige und vage Hypothesen über die Natur der Sprache, ihren Gebrauch und ihren Erwerb aufgestellt werden.«[104]

Ein Problem besteht vor allem darin, dass der Hörer oft gar nicht das versteht, was ihm gesagt wird. Vom Sündenfall gezeichnete Sprache ist sowohl verständlich als auch missverständlich. Sie ist somit Ausgangspunkt vieler zwischenmenschlicher Spannungen, Verletzun-

104 zit. nach Lassahn, R., Grundriß einer Allgemeinen Pädagogik, S. 73

gen, Missverständnisse usw. Deshalb kommt man heute zum Schluss, dass die Sprache zur Formulierung unmissverständlicher Aussagen ungeeignet sei, und sucht nach einem wissenschaftlichen Ersatz.[105]

2.3.2.2 Entstellte Verantwortlichkeit

Entstellte Gemeinschaftsfähigkeit ist oft gleichzeitig entstellte Verantwortlichkeit. Die in Römer 1,29-32 aufgeführte Liste ist voller direkter und indirekter Unmoral: »Ungerechtigkeit, Schlechtigkeit, Habsucht, Bosheit, Mordlust, erfinderische Bosheit«. **Der gottlose Mensch hat sich selbst zum Maßstab aller Dinge gemacht.** Er lehnt es ab, sich Gott unterzuordnen und ihm gegenüber Verantwortung wahrzunehmen. Jesus hat die Zeit, in der wir heute leben, als eine Zeit der Gesetzlosigkeit, in der die Liebe in vielen erkalten wird, vorausgesagt (Mt 24,12). Indem der Mensch den in der Bibel vorgegebenen absoluten Maßstab von gut und böse – dessen Grundlage die Zehn Gebote sind – ablehnt und sich einem atheistischen oder agnostischen Humanismus verschreibt, öffnet er sich einer völlig willkürlichen Situationsethik. Er verhält sich nicht nur seinen Mitmenschen gegenüber verantwortungslos (Abtreibungen, Scheidungen, sexueller Missbrauch von Kindern usw.), sondern nimmt auch der Schöpfung, insbesondere den Tieren gegenüber, seine ihm von Gott gegebene Verantwortung nicht wahr. Statt die Schöpfung verantwortungsvoll zu pflegen, beutet er sie aus.

2.3.2.3 Entstelltes Denkvermögen

Das Denkvermögen steht in engem Zusammenhang mit der Verantwortlichkeit. Römer 1,21-22 zeigt auf, dass das Denken als Folge mangelnder Gottesfurcht in Mitleidenschaft gezogen wird. In Anbetracht der heute zur Weltreligion gewordenen Evolutionstheorie, ist

105 ebd., S. 67

der Textzusammenhang in Römer 1 besonders interessant. Dass eine Verbindung zwischen Gottesfurcht und Denken besteht, geht aus den Sprüchen Salomos, in welchen die Furcht des Herrn als Anfang aller Erkenntnis hingestellt wird, deutlich hervor (Spr 1,7). Der Verstand des sündigen Menschen ist verfinstert (Eph 4,18). Dieser verfinsterte Verstand ist nicht in der Lage, Gottes Weisheit zu erkennen (1. Kor 2,14). Die Erkenntnis, wer Gott eigentlich ist, ist ohne den Glauben an das Wort Gottes und an Jesus nicht möglich. Der Mensch ist nicht mehr fähig, mit Hilfe seines Verstandes Gott zu erkennen. Er hat als Sünder den direkten Weg zu Gott und damit zur Wahrheit verloren. Ein Denken, das den Zugang zur Wahrheit verloren hat, endet wie Lutz von Padberg nachweist, im Subjektivismus, im Kritizismus, im Immanentismus, im Pluralismus, im Relativismus und im Reduktionismus und ist anfällig für ideologisierende Einflüsse.[106]

2.3.2.4 Entstellte Kreativität

Der Zerfall der Kreativität als Ausdruck aktiven Umgestaltens der Umgebung schien nach dem Sündenfall erst nach und nach einzusetzen. Der Mensch musste kreativ sein, um außerhalb des Gartens Eden überleben zu können. Untätigkeit und Passivität kamen zur Zeit Jesu offenbar vermehrt vor, sodass von Leuten die Rede ist, die nicht arbeiteten, sondern unnütze Dinge trieben (2. Thess 3,10-11). Das passive Verhalten der Menschen hat heute wohl als Folge des einseitig geprägten Konsum- und Medienverhaltens einen Höhepunkt erreicht. Die praktische, aber auch die geistige Kreativität haben sehr gelitten. Die modernen Kunstwerke in Sprache, im Bild und in der Musik sind dafür Beispiele.

106 v. Padberg, L., Die Bibel. Grundlage für Glauben, Denken und Erkennen, S. 65-73

2.3.2.5 Entstellte Personhaftigkeit – Körperlichkeit

Das Verhältnis von Geist-Seele-Leib ist durch die Sünde gestört worden. Es kommt im Leben der Menschen immer wieder zu Identitätskrisen. Das Zueinander von Denken, Fühlen und Wollen gestaltet sich oft recht mühsam, da dem Leben die eigentliche Mitte – der Gottesbezug – fehlt.

Das körperliche Wohlbefinden des Menschen wurde durch den Sündenfall stark eingeschränkt. Der Mensch muss heute mit Ermüdung, Niedergeschlagenheit, Schmerzen und schließlich mit dem Tod fertig werden (1. Mose 3,16-19). Die Lebenserwartung beträgt 70 bis 80 Jahre (Ps 90,10). Krankheiten und körperliche Behinderungen belasten das Leben vieler Menschen. Auch Trunksucht, übermäßiges Essen (1. Petr 4,3) und andere Süchte führen zum körperlichen Zerfall.

Zu erwähnen ist ferner die Überbetonung des Körperlichen.

Auf der andern Seite die Selbstablehnung: Minderwertigkeitsgefühle, Ablehnung der Geschlechtlichkeit, Magersucht[107] und Selbstablehnung bis hin zum Selbstmord.

2.3.2.6 Entstellte Emotionalität

Die Sünde hat auch den emotionalen Bereich stark in Mitleidenschaft gezogen.

Im Alltag machen den Menschen Gefühle der Niedergeschlagenheit, Minderwertigkeitsgefühle und Ängste zu schaffen. Besonders bedrückend ist die Angst vor dem Tod (Ps 116,3).

In zwischenmenschlichen Beziehungen kann es zu besonders starken emotionalen Verletzungen kommen. Es gibt Menschen, die von denen, die sie besonders liebten und mit denen sie sich gut verstanden, zutiefst enttäuscht wurden. Wieder andere fühlen sich von ihren Mitmenschen – den Eltern, dem Ehepartner, den Mitarbeitern usw. –

107 Constam, D., Befreiung aus dem Hungerturm, Hilfe für Magersüchtige, Bern; Bad Salzuflen; Wuppertal 1991

nicht ernst genommen oder abgelehnt. Dies kann zu großer Traurigkeit und Resignation führen.

Die Empathie wird immer wieder von Gefühlen der Eifersucht und des Neides in Frage gestellt. Es kann sogar sein, dass man unsympathische Menschen innerlich ablehnt.

Viele Menschen sind emotional so tief verletzt, dass sie unter Depressionen oder Neurosen leiden.

2.3.2.7 Entstellte Integriertheit

Mit dem Sündenfall begann der Zerfall der menschlichen Ganzheit. Unrast, Disharmonie und Verzweiflung wurden zum Los des Menschen (1. Mose 4,7-15). Der gottlose Mensch ging durch Katastrophen, Kriege und Zerbruch und lernte daraus in der Regel nichts. Im Gegenteil, die heutige Zeit ist von einer wohl nie dagewesenen Desintegriertheit geprägt. Ärzte, Psychotherapeuten, Psychologen und Seelsorger werden von unzähligen seelisch leidenden, beziehungsarmen und -gestörten, hoffnungslosen und zerstörten Menschen in Anspruch genommen. Äußerlich scheint bei vielen alles in bester Ordnung zu sein, aber innerlich fehlt die Harmonie. A. Knubbertz spricht davon, dass der Mensch »eine nie dauerhaft zu harmonisierende Ganzheit« sei.[108] Weder Wissenschaftsgläubigkeit noch moralische Freizügigkeit, noch Besitztum, noch der Genuss von Vergnügen, können dem Menschen jene Sicherheit und Erfüllung geben, nach der er sich letztlich sehnt.

Im Blick auf die Gottesbildlichkeit nach dem Sündenfall schreibt Erich Sauer:

> »Nach dem Fall des Menschen blieb die Gottesbildlichkeit als geistig-formale Anlage bestehen, doch ging das Bild Gottes als geistlich-materialer Besitz und tatsächlicher Zustand verloren.«[109]

---

108 Knubbertz, A., Pädagogik aus Verantwortung, S. 27
109 zit. nach Külling, S., Genesis, in: Fundamentum, Nr. 3/1982, S. 16

Die Bibel zeigt uns, dass jeder Mensch seit dem Sündenfall, da er unter der Machtherrschaft Satans lebt, von der Sünde bestimmt wird (Röm 7,23). Er ist wohl noch in der Lage, das Gute zu erkennen und zu wollen, doch kann er es nicht tun (Röm 7,18.19). Er ist sich selber entfremdet.[110] Durch jede sündige Tat wird er an Gott schuldig. Gott kann, weil er heilig ist, mit dem Menschen keine Gemeinschaft haben. Der Mensch lebt entfremdet von Gott in dieser Welt.[111] Gott wird ihn im letzten Gericht zur Rechenschaft ziehen und bestrafen. Der Mensch muss die Ewigkeit getrennt von Gott verbringen (Offb. 21,8).

Dieses **Gefangensein von der Macht der Sünde** wird in der Psychologie in keiner Weise ernst genommen. Sigmund Freud spricht stattdessen von Triebkonflikten und Alfred Adler vom Willen zur Macht. Für den behavioristischen Psychologen ist der Mensch durch die Gegebenheiten der Umwelt bestimmt. Jedes Verhalten des Menschen ist letztlich erklär- und damit entschuldbar. Man meint sogar, man könne das Selbstentfremdungsproblem durch die Beseitigung der gesellschaftlichen oder psychischen Einengungen lösen.[112]

Wer die Aussagen der Bibel über den gefallenen Menschen ernst nimmt, erkennt, dass **eine Selbsterlösung** des Menschen nicht denkbar ist. Der Mensch ist nicht fähig, sich selbst aus der Machtherrschaft der Sünde zu befreien.

Die atheistisch geprägte Psychologie ist hier genau der gegenteiligen Auffassung. Sie ist davon überzeugt, dass sich der Mensch durch das Aktivieren innerer Kräfte durchaus selber helfen könne. Aus dieser Auffassung wuchsen die vielen verschiedenen Formen der Psychotherapie.[113]

---

110 Die Auffassung von C. Westermann stimmt nicht, dass das Eigentliche des Menschen darin bestehe, dass er mit Gott in einer Beziehung lebe. (Vgl. Westermann, C., Biblischer Kommentar. Genesis 1-11, Bd. 1/Teil 1, S. 218) Vielmehr ist bei jedem Mensch seit dem Sündenfall die Beziehung zu Gott zerbrochen (Jes 59,1.2).

111 Beck, H. W., Menschenwürde und Emanzipation. Entfremdung und Konzepte ihrer Aufhebung. Kritischer Traktat, Neuhausen-Stuttgart 1981, S. 76

112 ebd., S. 78-79

113 Antholzer, R., Plädoyer für eine biblische Seelsorge, S. 27-36

Auch in der New-Age-Bewegung vertritt man die Meinung, dass sich der Mensch mit Hilfe der innewohnenden Selbstheilungskräfte, und wenn nötig mit kosmischen Kräften, selber helfen und befreien könne. Dies, so behauptet man, geschehe durch immer neue »Transformationen«.[114]

2.3.3 Was durch das Erlösungswerk Jesu möglich ist

Beim gefallenen Menschen ist die Beziehung zu Gott zerbrochen. Er befindet sich auf dem Weg von Gott weg in die ewige Gottferne. Er ist, wie wir sahen, nicht in der Lage, sich selber aus dieser ausweglosen Situation zu befreien.

Um uns Menschen zu helfen, hat Gott seinen Sohn, Jesus Christus, in diese Welt gesandt (Joh 3,16).

Jesus hat aufgrund seines stellvertretenden Leidens und Sterbens am Kreuz und durch seine Auferstehung alles in die Wege geleitet, dass der sündige Mensch **zur Befreiung**, ja sogar zu einem **neuen Leben** gelangen kann (Röm 6,4; 1. Petr 1,18.19; 2,24).

- Weil Jesus alle Sünden der Menschen als das eigentliche Lamm Gottes auf sich genommen hat (Jes 53,6.7), kann er heute allen Menschen die **Vergebung der Sünden** anbieten (1. Joh 1,7).
- Er hat am Kreuz von Golgatha den Zorn Gottes, der über einem jeden Leben steht, stellvertretend ertragen (Röm 5,8-10). Weil er unsere Strafe trug, wurde er so grausam misshandelt (Jes 53,3-12). Er musste als Verfluchter am Kreuz sterben und schließlich von Gott verlassen werden, weil er unseren Fluch und die Gottverlassenheit, die uns hätte treffen müssen, auf sich nahm (Ps 22,2; Mt 27,46; Gal 3,10-13). Weil Jesus an unserer Stelle den Zorn Gottes getragen hat, kann er uns **die Befreiung vom Gericht Gottes** anbieten (Joh 5,24; 1. Thess 1,10b).
- Am Kreuz hat Jesus, als er starb, dem Teufel die Macht entrissen (Hebr 2,14). Er ist deshalb in der Lage, jeden Menschen aus dem

114 v. Padberg, L., Die neue Spiritualität. Informationen über das New Age, in: Bibel und Gemeinde, hg. v. Bibelbund, Waldbronn Nr. 2/1988, S. 175-176

Machtbereich des Teufels zu befreien. Wir lesen in Kol 1,13: *»Er hat uns errettet aus der Macht der Finsternis und versetzt in das Reich des Sohnes seiner Liebe.«*

Entscheidend aber ist, dass ein Mensch diese Angebote, die ihm der Erlöser Jesus Christus anbietet, annimmt. In Reue hat er Jesus seine Sünden zu bekennen. Dankend darf er dann im Glauben die Vergebung annehmen (1. Joh 1,9). Hat ein Mensch Vergebung der Sünden, ist er **befreit vom Zorn Gottes** und **erlöst aus der Machtherrschaft Satans** (Eph 1,7).

Jesus, der am Kreuz starb, ist am dritten Tag auferstanden. Er lebt heute. Als Auferstandener nimmt er im Leben der Menschen, die die Sündenvergebung angenommen haben, Wohnung. Er tritt durch den Heiligen Geist in diese Leben ein (Joh 14,17.18). Deshalb hat jeder Mensch, in welchem Jesus wohnt, den Heiligen Geist (Röm 5,5; 2. Kor 3,17).

- Wenn Jesus in das Leben eines Menschen eintritt, erlangt dieser die Stellung der *»Gotteskindschaft«* (Joh 1,12). Er kann nun wieder mit seinem Schöpfer Gemeinschaft haben.
- Er wird durch die Einkehr von Jesus eine *»neue Schöpfung«* (2. Kor 5,17) und hat *»den neuen Menschen angezogen«* (Eph 4,24; Kol 3,10). Dieses Neuwerden erfasst alle Bereiche seines Menschseins – das Denken, Fühlen und Wollen und auch den Umgang mit dem Körper. Es gilt aber zu beachten, dass sein Leib erst bei der Wiederkunft Jesu neu wird (1. Kor 15,51-54).
- Jesus schenkt **seine Gerechtigkeit und Heiligkeit** dem, in dessen Leben er einzieht (1. Kor 1,30).

Durch das Erlösungswerk Jesu wird der in Sünde gefallene Mensch einerseits **befreit** von der Machtherrschaft der Sünde und des Teufels, und andererseits wird er **neu gemacht**, um in Gemeinschaft mit Gott und für ihn in dieser Welt leben zu können. Nach diesem Leben wird er in ewiger Gemeinschaft mit Gott weiterleben (Joh 17,24).

2.3.4 Die Umgestaltung ins Bild Gottes

Jesus Christus, der ewige Sohn Gottes, wird in Kol 1,15 »Bild des unsichtbaren Gottes« genannt. Mit Bild, auf Griechisch εἰκών, eikōn, wird in diesem Text betont, dass Jesus Gott »gleich ist«. Jesus ist als εἰκών, eikōn, die sichtbare Gestalt des »unsichtbaren Gottes«. Mit εἰκών, eikōn, wird hier die Gleichheit des Sohnes mit dem Vater in allen Bereichen betont.[115] Er wurde durch seine Inkarnation das wahre Bild Gottes in dieser Welt. Jesus hat auf dieser Erde so gelebt, wie es der **göttlichen Vorstellung entsprach**. Er hat sich als Mensch in allen zur Gottesbildlichkeit gehörenden Bereichen (siehe 2.3.1) vorbildlich verhalten (Phil 2,4.5; 1. Petr 2,21).

Das Ziel Gottes mit all denen, welche das neue Leben in Christus empfangen haben, ist, dass sie *»zur vollen Mannesreife, zum Vollmaß des Wuchses der Fülle Christi«* (Eph 4,13b) gelangen. Die erneuerten Menschen sollen also immer mehr ins Bild Jesu umgestaltet werden (Kol 3,10).

Diese Umgestaltung ins Bild Jesu ist, weil Jesus das Bild Gottes ist, nichts anderes **als die Umgestaltung ins Bild Gottes**. Wir sollen also in das Bild umgestaltet werden, in welchem die ersten Menschen vor dem Sündenfall erschaffen wurden. Diese Umgestaltung ist ein ständiger **Erneuerungsprozess** (Kol 3,10). Sie geht wachstümlich vor sich und findet ihren Abschluss erst, wenn wir sterben oder wenn Jesus wiederkommt (Phil 3,20.21). Wir lesen in 1. Joh 3,2: *»Geliebte, jetzt sind wir Kinder Gottes, und es ist noch nicht offenbar geworden, was wir sein werden; wir wissen, dass wir, wenn es offenbar werden wird, **ihm gleich sein werden**, denn wir werden ihn sehen, wie er ist.«*

Jesus ist, wie wir sahen, aufgrund seines Erlösungswerkes der **Ausgangspunkt dieses Umgestaltungsprozesses in sein Bild**. Er ist es auch, der als der Erhöhte diesen Umgestaltungsprozess **auf der Grundlage seines Wortes mit Hilfe des Heiligen Geistes und der Gemeinde Jesu (Eltern)** Schritt für Schritt vollzieht (2. Kor 3,18;

[115] Krimmer, H., Kolosserbrief, in: Edition C, Bibelkommentar, hg. v. G. Maier, Neuhausen-Stuttgart 1996, S. 47-48

Eph 4,11-13). Die durch den Heiligen Geist in unser Leben ausgegossene **Liebe Gottes** (Röm 5,5) ist die eigentliche Triebfeder dieses Umgestaltungsprozesses. Erich Mauerhofer formuliert dies so:

> »Die Liebe vom Herrn und zum Herrn ist der Pulsschlag des Umgestaltungsprozesses ins Bild Jesu.« [116]

Diese Liebe befähigt uns zur **Gemeinschaft** mit Gott und mit den Mitmenschen. Gerade diese Liebe zu Gott und zum Nächsten fördert in uns, da wir ihnen diese Liebe zeigen möchten, die **Denkfähigkeit und Kreativität**. Es ist diese Liebe, die uns hilft, vor Gott für andere Menschen **Verantwortung** zu tragen. Diese Verantwortung tragen wir aber nicht nur für die anderen, sondern auch für uns selbst, deshalb gehen wir verantwortlich mit unseren Gaben, mit unserer Zeit und unserem Körper um. Eine der wichtigsten Aufgaben für einen an Christus glaubenden Menschen ist es demzufolge, in **der Liebe Jesu zu bleiben** (Joh 15,9).

Dieser Umgestaltungsprozess wird vom **Kampf mit der Sünde begleitet** (Gal 5,17), weil wir noch einen Leib tragen, der zu allem Bösen geneigt bleibt und somit versuchlich ist. Eine klare Ausrichtung auf Jesus bewahrt uns davor, in diesem Kampf aufzugeben (Hebr 12,1-3). Vielmehr dürfen wir vom Sieg Jesu herkommend in diesem Kampf immer wieder neu überwinden (1. Kor 15,57). Haben wir trotzdem eine Sünde begangen, bekennen wir diese Jesus in Reue und bereinigen sie, wenn nötig im zwischenmenschlichen Bereich. Jesus vergibt uns immer wieder und reinigt uns mit seinem Blut (1. Joh 1,7).

Was uns in diesem Umgestaltungsprozess weiter zu schaffen macht, sind die **Schwachheiten, Gebrechen und Krankheiten** unseres sterblichen Leibes (Röm 8,23). Wir dürfen aber gerade in inneren und äußeren Schwachheiten erleben, dass die »Kraft Gottes in Schwachheit zur Vollendung kommt« (2. Kor 12,9).

---

[116] zit. nach Mauerhofer, E., Umgestaltung ins Bild Jesu, in: Fundamentum, Zeitschrift der Staatsunabhängigen Theologischen Hochschule Basel, Riehen Nr. 4/ 1994, S. 60

Jesus ist es, der diesen Umgestaltungsprozess in sein Bild in unserem Leben ermöglicht. Er ist es auch, der ihn durch den Heiligen Geist und durch die Gemeinde Jesu – bei den Kindern erst noch durch die Eltern – auf der Grundlage seines Wortes vollzieht. Trotzdem geschieht diese Umgestaltung in unserem Leben **nicht automatisch**. Wir sind als Gläubige für diesen Umgestaltungsprozess mitverantwortlich. Es ist unsere Aufgabe, Gott, d. h. zunächst einmal seinem Wort, **zu gehorchen**. Dieses Gehorchen haben wir zu lernen (mehr dazu führe ich unter 4.4.1 aus).

2.3.5 Bei diesem Umgestaltungsprozess soll die Wesensart des Kindes mit berücksichtigt werden

Jedes Kind ist in seiner charakterlichen Wesensart, in seinem Verhalten usw. anders. Es ist eine besondere, einmalige Persönlichkeit und muss als solche ernst genommen werden.

Ein eher verschlossenes Kind wird durch die Hinwendung zu Jesus nicht plötzlich ein kontaktfreudiger Christ. Wichtig ist aber, dass es jetzt mit Hilfe von Jesus, natürlich mit Unterstützung der Eltern, an dieser Art zu arbeiten beginnt.

Ein Kind, das in der Schule nur schwache intellektuelle Leistungen erbringt, ist nach Annahme von Jesus als persönlichen Retter nicht ein Spitzenschüler. Es sollte aber angeleitet werden, mit Hilfe von Jesus, seine ihm geschenkte Intelligenz besser zu entfalten.

Damit der Umgestaltungsprozess bei einem Kind normal verlaufen kann, braucht es einerseits von seiner Seite die Bereitschaft, bewusst sein Leben mit Hilfe von Jesus zu gestalten. Andererseits benötigt es die liebende und einfühlsame Unterstützung durch die Eltern und Erzieher. Diese muss, da ja jedes Kind anders ist, dem jeweiligen Kind angepasst sein. Viele Eltern und Erzieher gehen im Umgang mit den Kindern meist von ihrer eigenen Art aus, statt sich

Zeit zu nehmen, sie in ihrer besonderen Wesensart immer besser zu verstehen.[117]

2.3.6 Abschließende Gedanken

Der Mensch kann im Blick auf das Menschenbild eigentlich nur zwischen zwei Wegen entscheiden:

- Er kann von **Menschenbildern ausgehen, die sich Menschen ausgedacht haben**, die von der Grundvorstellung getragen sind, dass die Menschheit sich positiv weiterentwickelt.
  Damit verbunden ist der Glaube an die Fähigkeit des Menschen, diese Welt zu verbessern und sich selbst positiv weiterentwickeln zu können, wenn er nur sein Geschick mit Hilfe der Vernunft selbst in die Hand nehme. Voraussetzung dieser Vorstellung ist das Bild vom grundsätzlich **guten Menschen.**
  Die Menschenbilder der Philosophie und der Psychologie sind diesem Verbesserungsideal verpflichtet.
  Wer diese Überzeugung vertritt, scheitert allerdings immer wieder an dem alltäglichen realen Verhalten der Menschen, sei es in der Familie, am Arbeitsplatz oder in der Gesellschaft.
- Er kann aber auch von der **Offenbarung Gottes, dem Wort Gottes, ausgehen.** Von der göttlichen Offenbarung her sieht er die Geschichte der Menschheit in entgegengesetzter Weise. Sie ist durch den Sündenfall vom Abfall von den guten Ordnungen Gottes gekennzeichnet. Das ständige Fehlverhalten der Menschen führt zu einem immer größeren Chaos auf dieser Erde. In dieses zunehmende Chaos hinein hat Gott durch das stellvertretende Leiden und Sterben seines Sohnes Jesus Christus am Kreuz und durch

[117] Charles Boyd unterscheidet zwischen dominanten, initiativen, stetigen und gewissenhaften Kindern. (Vgl. Boyd, Ch., Was für Eltern braucht mein Kind? Wege zu einer typgemäßen Erziehung, Wuppertal 1997, S. 45-104) Obwohl diese Ausführungen viele hilfreiche Anregungen enthalten, befriedigt mich diese Unterscheidung nicht, weil sie meines Erachtens gerade nicht dazu beiträgt, das Kind in seiner Art, in seiner Einmaligkeit richtig zu verstehen und ernst zu nehmen

sein Auferstehen **die Möglichkeit zur Umkehr gesetzt**. Jeder Mensch, der die ihm in Christus angebotene Rettung annimmt, kann jetzt schon auf dieser Erde in Gemeinschaft mit Gott leben. Wenn er stirbt, ist er ewig gerettet. Alle die, welche die ihnen in Christus angebotene Rettung angenommen haben, bilden die **Gemeinde Jesu**. Die Gemeinde Jesu hat eine erhaltende und ordnende Kraft in der Gesellschaft, weil in ihr die biblischen Werte und Normen (Nächstenliebe, Treue, Ehrlichkeit usw.) das Zusammenleben prägen. Je mehr Menschen innerhalb der Gesellschaft zu Jesus umkehren und zur Gemeinde Jesu gehören, desto stärker wird das Chaos zurückgedrängt.

Zwischen diesen beiden Grundansichten gibt es keine Harmonisierung. Es gibt keinen bequemen dritten Mittelweg. Deshalb ist jeder im Blick auf das Menschenbild zu einer Entscheidung herausgefordert.[118]

118 v. Padberg, L., Auf der Suche nach dem neuen Menschen, in: Bibel und Gemeinde, Nr. 1/1990, S. 71

3 Die pädagogischen Ziele

Man geht heute in der Pädagogik mit größter Selbstverständlichkeit davon aus, dass der Mensch **erziehbar und lernfähig** ist. Man ist sich lediglich darüber nicht im Klaren, ob der Mensch sozusagen formbar oder ob er nur begrenzt erziehbar ist. Die Behavioristen betonen die Machbarkeit des Menschen, während andere psychologische und philosophische Richtungen nur von einer begrenzten Erziehbarkeit des Menschen sprechen. Niemand kann aber im Letzten die Frage klären, warum der Mensch erziehbar und lernfähig ist. Warum ist er nicht wie das Tier auf bestimmte Verhaltensweisen festgelegt?[1]

Der Mensch ist deshalb nicht ein festgelegtes und deshalb ein lernfähiges Wesen, weil er im Bild Gottes geschaffen ist. Er ist gleich von Geburt an eine einzigartige Persönlichkeit, die aber im Auftrag Gottes erzogen werden muss, damit sie mit der Freiheit, die ihr geschenkt ist, umgehen lernt. Der im Bild Gottes geschaffene Mensch wirkt im Erziehungsprozess aktiv mit.

Gott, der den Auftrag zur Erziehung gegeben hat, hat auch die Erziehungsziele festgesetzt. Diese finden wir in der Bibel, der Offenbarung Gottes. Diese uns von Gott vorgegebenen Erziehungsziele sind von verbindlichen Grundnormen und -werten getragen, ohne die ein gesellschaftliches Zusammenleben nicht möglich ist. Nur wenn die Erziehung von diesen letzten Normen und Werten ausgeht und die von Gott vorgegebenen Ziele zu erreichen sucht, kann sie ihrer großen Verantwortung gerecht werden.

Gott, welcher den Erziehungsauftrag gab, hat die Eltern, Lehrer usw. zur Erfüllung dieses Auftrags auch befähigt. Doch ist es nötig, dass sie den Erziehungsauftrag in der Verantwortung vor Gott und mit seiner Hilfe wahrnehmen.

---

1 Auch die Ausführungen von Frank Zils vermögen mich nicht zu befriedigen. Er betrachtet den Menschen als »unfertiges« Wesen, das aber in der Lage sei, seine »Unfertigkeit« zu bewältigen. Vgl. Zils, F., Kirche und Erwachsenenbildung, Frankfurt a. M. 1997, S. 18

Dort, wo der Mensch den göttlichen Auftrag an sich reißt und die Erziehungsziele so wählt, dass er den Menschen nach seinem Bild formen kann, verliert die Erziehung ihren Sinn. So ist zum Beispiel Alice Miller der Überzeugung, dass »erzieherisches Handeln« nur Ausdruck der Verachtung des Kindes sei und für das Kind Unterdrückung bedeute.[2]

Ich wende mich in meinen Ausführungen zunächst den von Menschen festgelegten Erziehungszielen zu. Diese gehen von bestimmten Menschenbildern aus. Zudem sind sie von der jeweiligen Zeit, Kultur und Gesellschaft geprägt. Deshalb sind sie auch einem ständigen Wandel unterworfen, sind also nicht in letzten Normen und Werten verankert.[3] Wolfgang Brezinka hält die Erziehungsziele für »von Menschen geschaffene Gedankengebilde«, in denen ideale Eigenschaften im Blick auf eine vollkommene Persönlichkeit kombiniert werden, die schließlich selbständig und sozial verantwortlich leben soll. Es besteht dabei natürlich die Gefahr, einem Wunschdenken oder einer Ideologie zu erliegen, da diese Ziele letztlich weder rational noch durch empirische Erkenntnisse gerechtfertigt werden können.[4] Im Bereich der Erziehungsziele gibt es heute nicht nur einen verwirrend großen Pluralismus, sondern auch viele divergierende Ziele.

Anschließend betrachte ich die in der Bibel vorgegebenen, für alle Zeiten gültigen Erziehungsziele, die vom biblischen Menschenbild ausgehen und in vorgegebenen biblischen Normen und Werten verankert sind.

Die Erziehungsziele sind deshalb von größter Bedeutung, weil sie zunächst das Verhältnis des Erziehers zum Kind prägen. Ferner haben sie Auswirkungen auf die Persönlichkeitsentfaltung des heranwachsenden Kindes, da sie auf seine Psyche und sein Verhalten einwirken. Schließlich tragen sie zur Erhaltung oder zur Veränderung der gesellschaftlichen Strukturen bei.[5]

---

2 König, M., Lasst die Kinder Kinder sein, Gießen 1989, S. 23

3 Kron, F. W., Grundwissen Pädagogik, München; Basel 1989², S. 253

4 Brezinka, W., Erziehungsziele heute. Problematik und Leitlinien, in: Pädagogische Rundschau, Frankfurt a. M.; Bern; New York; Paris Nr. 5/1991, S. 563-569

5 Hemel, U., Ziele religiöser Erziehung. Beiträge zu einer integrativen Theorie, Frankfurt a. M.; Bern; New York; Paris, 1988, S. 38

3.1 Die Erziehungsziele, die sich von den philosophischen Menschenbildern her ergeben

Zunächst werde ich die Erziehungsziele **der geisteswissenschaftlichen Pädagogik** ausführen. Anschließend wende ich mich den **Erziehungszielen der kritischen Erziehungswissenschaft** zu. Wir werden noch kurz **die Ziele der Antipädagogik** betrachten. Ich gehe ferner auf **die Ziele der neokonservativen Bewegung** ein und entfalte abschließend noch einige **Gedanken zum Ende der Pädagogik in der Postmoderne**.

3.1.1 Erziehungsziele der geisteswissenschaftlichen Pädagogik

Die geisteswissenschaftliche Pädagogik hat nach dem Ersten Weltkrieg – dann unterbrochen durch den Nationalsozialismus – bis in die 60er-Jahre die Pädagogik in Deutschland und dadurch im deutschsprachigen Raum nachhaltig beeinflusst. Heute versuchen neokonservative Kräfte ihre Grundanliegen wieder zum Tragen zu bringen.

Die geisteswissenschaftliche Pädagogik geht auf den Philosophen **Wilhelm Dilthey** (1833-1911) zurück. Er erklärte alle Geisteswissenschaften (alle Wissenschaften, die sich auf den Menschen beziehen) zu Bildungswissenschaften.[6] Dilthey kritisierte grundsätzlich den Allgemeingültigkeitsanspruch, den die alten Pädagogen erhoben haben. Nach ihm sind alle Weltanschauungen nur geschichtliche Phänomene. Die aus ihnen abgeleiteten pädagogischen Gedanken haben demzufolge, da sie historisch bedingt sind, nur eine relative Gültigkeit. Deshalb kann der Pädagogik nicht mehr die Aufgabe zukommen, eine gültige, normative Konzeption vom Wesen und Ziel der

---

6 Groothoff, H.-H., Wilhelm Dilthey: Mensch, Gesellschaft und Geschichte, in: Menschenbilder. Festschrift für Rudolf Lassahn, hg. v. C. Menze; G. P. Bunk; B. Ofenbach, Frankfurt a. M.; Berlin; Bern; New York; Paris; Wien 1993, S. 258

Erziehung zu gestalten. Die Erziehung beruht auf dem Erfassen aller pädagogischen Phänomene in der Kultur und ihrer Interpretation. Fritz-Peter Hager fasst dies treffend zusammen, wenn er schreibt:

> »Die Pädagogik hat nunmehr neu die Aufgabe, diese konkrete, geschichtlich gewordene kulturelle Wirklichkeit aller pädagogischen Phänomene zu erforschen, sie mittels systematischer Grundbegriffe und geisteswissenschaftlicher Denkformen und Forschungsmethoden zu deuten und zu interpretieren.«[7]

Das methodologische Grundmuster der Geisteswissenschaften war für Dilthey nicht das Erklären, sondern das Verstehen des Sinnes und der Bedeutung des menschlichen Handelns. Er suchte dieses Verstehen mit Hilfe des »hermeneutischen Zirkel« abzusichern.[8] Er rückte so den Menschen als wollendes, fühlendes und handelndes Wesen in den Mittelpunkt seiner Überlegungen.[9] Er betrachtete die Psychologie und Soziologie als Mittel der Erkenntnis sowohl des einzelnen Menschen, als auch der Gesellschaft als Ganzes und damit der Erziehung.[10] Dilthey vertrat die Auffassung, dass die psychischen Prozesse teleologisch verlaufen und auf Entfaltung und Steigerung ausgerichtet sind. Da die innere Entwicklung zu einer höheren Vollkommenheit führe, ließen sich nach ihm aus der Interpretation der gegenwärtigen Situation Grundlagen gewinnen, die die Entwicklung zur Vervollkommnung unterstützten. Diesen Vorgang betrachtete Dilthey als Fundament der Erziehung.[11]
Zu den führenden Vertretern dieser pädagogischen Richtung gehören **Herman Nohl** (1879-1960), **Theodor Litt** (1880-1962), **Eduard Spranger** (1882-1963), **Wilhelm Flitner** (1889-1990) und **Erich We-**

---

[7] zit. nach Hager, F.-P., Zum Bedeutungswandel der Geschichte der Pädagogik, in: Pädagogische Rundschau, Frankfurt a. M. Nr. 3/1996, S. 357

[8] König, E.; Zedler, P., Theorien der Erziehungswissenschaft. Einführung in Grundlagen, Methoden und praktischen Konsequenzen, Weinheim 1998, S. 88

[9] Groothoff, H.-H., Wilhelm Dilthey: Mensch, Gesellschaft und Geschichte, in: Menschenbilder, S. 255

[10] Braun, W., Pädagogik – eine Wissenschaft? Aufstieg, Verfall, Neubegründung, Weinheim 1992, S. 179

[11] König, E.; Zedler, P., Theorien der Erziehungswissenschaft, S. 90-91

niger (1894 -1961). Sie alle vertreten eine hermeneutisch-pragmatische Pädagogik.

- Diese Pädagogen betonten vor allem die **Praxis**. Die Praxis hatte das Primat vor der Theorie.[12] Erich Weniger teilte die Auffassung von Schleiermacher, dass die Theorie sich erst Raum verschafft, wenn die Praxis schon begründet ist.[13]
  Der eigentliche Schwerpunkt lag in der **Geschichtlichkeit**, denn Dilthey war der Überzeugung, dass der Mensch sich nur in der Geschichte erkennen kann. Man suchte von diesem Ansatz her mit Hilfe der historischen Analyse, die Strukturelemente der Erziehung für die Gegenwart und Zukunft abzuleiten.[14]
- Das **Verstehen des Kindes** war der methodische Grundbegriff der geisteswissenschaftlichen Pädagogik.[15] Dieses Verstehen bildete die Grundkategorie der geisteswissenschaftlichen Hermeneutik. Die Grundlage des Verstehens war das eigene Erleben, die eigene Erfahrung. Wilhelm Flitner sagte, dass alles Fremdverstehen ein Sich-Selbst-Auslegen mit einschließt.[16] Zum Verstehen gehörte ferner der Rückgriff auf die gemeinsame Erfahrung, sei es im sozialen, ökonomischen und politischen Bereich.[17]
- Neben dem hermeneutisch-historischen Ansatz hat Theodor Litt die **dialektische Methode** in die geisteswissenschaftliche Pädagogik eingeführt. Er vertrat die Überzeugung, dass das, was ist, grundsätzlich gegensätzlich sein müsse. Gerade der Umstand,

---

12 Bollnow, O. F., Die geisteswissenschaftliche Pädagogik, in: Richtungsstreit in der Erziehungswissenschaft und pädagogische Verständigung. Wilhelm Flitner zur Vollendung seines 100. Lebensjahres am 20. August 1989 gewidmet, hg. v. H. Röhrs; H. Scheuerl, Frankfurt a. M. 1989, S. 57-58

13 Knoop, K; Schwab, M., Einführung in die Geschichte der Pädagogik. Pädagogen – Porträts aus vier Jahrhunderten, Heidelberg; Wiesbaden 1994³, S. 237

14 Röhrs, H., Allgemeine Erziehungswissenschaft. Eine Einführung in die erziehungswissenschaftlichen Aufgaben und Methoden, in: Gesammelte Schriften Hermann Röhrs, Bd. 1, Weinheim 1993, S. 23

15 Gudjons, H., Pädagogisches Grundwissen. Überblick – Kompendium – Studienbuch, Bad Heilbrunn 1993, S. 28-32

16 Röhrs, H., Richtungsstreit in der Erziehungswissenschaft und pädagogische Verständigung – Zur Einführung in die Fragestellung, in: Richtungsstreit in der Erziehungswissenschaft und pädagogische Verständigung, S. 25

17 König, E.; Zedler, P., Theorien der Erziehungswissenschaft, S. 102

dass der Mensch frei sei, mache dies deutlich. Weil der Mensch frei und ein zweideutiges Wesen sei, gebe es zu jeder positiven Verhaltensmöglichkeit auch eine negative. Litt ging davon aus, dass das Gewissen oder das sittliche Gefühl dem Menschen deutlich mache, wie er verantwortlich handeln könne. Der Mensch sei aber als freies Wesen in die Entscheidung gestellt.[18] Er meinte, dass sich dieses Gegensätzliche durch die Dialektik aufhellen lasse.[19]

- Edmund Husserl führte die **Phänomenologie** in die geisteswissenschaftliche Pädagogik ein. Er bemühte sich, durch eine kategoriale Gliederung der Erziehungsphänomene eine pädagogische Theorie zu entwickeln, die für die erzieherische Vielfalt offen ist. J. Langeveld und O. F. Bollnow haben diesen Ansatz vertieft und weiter entfaltet.[20]
- Ganz wichtig war weiter der **pädagogische Bezug**, das Verhältnis des reifen zu einem werdenden Menschen. Herman Nohl beschreibt dies so:

  »Die Grundlage der Erziehung ist also das leidenschaftliche Verhältnis eines reifen Menschen zu einem werdenden Menschen, und zwar um seiner selbst willen, dass er zu seinem Leben und seiner Form komme.«[21]

- Auch die **Beschäftigung mit der Kultur** spielte eine große Rolle. Erziehung wurde als Auseinandersetzung mit der überkommenen Kultur verstanden.[22]
- Man forderte auch die Unabhängigkeit der Pädagogik von Kirche, Staat, Parteien und Weltanschauungen.[23] Neben Erich We-

---

18 Cilien-Naujeck, U., Das Wagnis der Freiheit. Zum Menschenbild Theodor Litts, in: Menschenbilder. Festschrift für Rudolf Lassahn, S. 318-319. 322

19 Röhrs, H., Allgemeine Erziehungswissenschaft, S. 95-103

20 ebd., S. 105-116

21 zit. nach Nohl, H., Die pädagogische Bewegung in Deutschland und ihre Theorie, Frankfurt 1935, S. 169

22 Braun, W. Pädagogik – eine Wissenschaft!?, S. 33

23 Bollnow, O. F., Die geisteswissenschaftliche Pädagogik, in: Richtungsstreit in der Erziehungswissenschaft und pädagogische Verständigung, S. 64-65

niger setzte sich vor allem Wilhelm Flitner für die Autonomie der Pädagogik ein. Er plädierte dafür, dass sie sich aus der Umklammerung durch die Theologie und Philosophie befreien solle, da sie weder eine normative noch eine empirische Disziplin sei.[24]

Die Erziehung ging von in Staat und Gesellschaft vorgegebenen Werten und Normen aus, die aber als zeitlich befangen betrachtet wurden. Da die Ziele als weltanschaulich-historisch bedingt angesehen wurden, konnte die geisteswissenschaftliche Pädagogik keine für alle Zeiten und zu allen Orten passenden Erziehungsziele aufstellen, sondern nur solche für diese besondere historische Situation.[25] Eines ihrer Grundziele war es, das Kind zu einer selbständigen Persönlichkeit zu formen, die weiß, was sie will und fähig ist, verantwortlich zu handeln.[26] Im Blick auf dieses Ziel spielten die Tugenden **Fleiß, Gehorsam und Ordnung** eine bedeutende Rolle.

Diese Pädagogik hat die Feuerprobe des Nationalsozialismus nicht bestanden. Sie war nicht in der Lage, auf das böse Verhalten der Menschen eine Antwort zu geben, wie es im Zweiten Weltkrieg zum Ausdruck kam.

Sie hatte weiter den Zusammenhang zwischen menschlichem Tun und den gesellschaftlichen Bedingungen vernachlässigt. Dazu kam, dass die Vertreter der empirischen Sozialwissenschaften das hermeneutische Verstehen für unwissenschaftlich hielten.[27]

3.1.2 Die Frage nach den Erziehungszielen in der »empirischen Erziehungswissenschaft«

Nach den 60er Jahren kam es innerhalb der Pädagogik zu der von **Heinrich Roth** (1906-1983) eingeleiteten **realistischen Wende**. H. Roth versuchte Empirie und Hermeneutik wechselseitig aufeinander

---

24 Knoop, K.; Schwab, M., Einführung in die Geschichte der Pädagogik, S. 283

25 König, E.; Zedler, P., Theorien der Erziehungswissenschaft, S. 104

26 Ofenbach, B., Ethos und Erziehung. Der systematische Ort der Verantwortung in der Theoriebildung der hermeneutisch-pragmatischen Pädagogik, in: Pädagogische Rundschau, Frankfurt a. M. Nr. 4/1997, S. 369

27 König, E.; Zedler, P., Theorien der Erziehungswissenschaft, S. 110-111

zu beziehen. Mit Hilfe der empirischen Forschung erhoffte er sich, neue entwicklungspädagogische Möglichkeiten für den Unterricht erschließen zu können.[28] Er suchte bewusst die Öffnung zu den Sozialwissenschaften. Mit seinen Überlegungen gab er den Anstoß, dass sich die Pädagogik von einer philosophisch-hermeneutisch-pragmatischen Disziplin vorübergehend zu einer forschungsorientierten Sozialwissenschaft wandelte.[29] **Die »empirische Erziehungswissenschaft«**, vor allem repräsentiert durch **Wolfgang Brezinka** und **Lutz Rössner**, drängte sich vorübergehend in den Vordergrund. Sowohl W. Brezinka als auch L. Rössner haben sich in ihren Ausführungen vor allem auf K. R. Popper (1902-1994) berufen, der das Prinzip der kritisch-rationalen Prüfung forderte. Sie waren ferner der Ansicht, dass die empirische Wissenschaft Erklärungen, Prognosen und Technologien zur Verfügung stellen könne.[30] Von diesem Ansatz her ging es der empirischen Erziehungswissenschaft darum, die erfahrbare Erziehungswirklichkeit durch die Anwendung empirisch naturwissenschaftlicher Methoden wie exaktes Beobachten, Beschreiben, aber auch durch Experimente in den Griff zu bekommen. Sie funktionierte die Erziehungswissenschaft zu einer **technologischen Disziplin** um, aus welcher ethisch-moralische Fragen als unwissenschaftlich ausgeklammert wurden.[31] Der Glaube an die technologische Machbarkeit der Erziehung drängte die Frage nach den Erziehungszielen in den Hintergrund, da diese nicht wissenschaftlich begründet werden können.[32] Da mich in diesem Kapitel vor allem die Frage nach den Erziehungszielen interessiert, brauche ich nicht näher auf die »empirische Erziehungswissenschaft« einzugehen. Unter 4.3, wo es um die Prinzipien der

---

28 Knoop, K.; Schwab, M., Einführung in die Geschichte der Pädagogik, S. 303-304

29 Berner, H., Aktuelle Strömungen in der Pädagogik, Bern; Stuttgart; Wien 1992, S. 67-68

30 König; E.; Zedler, P., Theorien der Erziehungswissenschaft, S. 46-54

31 ebd., S. 154-155

32 Lehner, H., Einführung in die empirisch-analytische Erziehungswissenschaft. Wissenschaftsbegriff, Aufgaben und Werturteilsproblematik, Bad Heilbrunn 1994, S. 19

Erziehung geht, beschäftige ich mich eingehend mit dem Grundanliegen der »empirischen Erziehungswissenschaft«.

Die »empirische Erziehungswissenschaft« gab keine Antworten auf die drängenden Fragen im gesellschaftlichen, politischen, wirtschaftlichen und ökologischen Bereich. Sie wurde deshalb sehr bald von der **»kritischen Erziehungswissenschaft«** abgelöst.

3.1.3 Erziehungsziele der »kritischen Erziehungswissenschaft«

Seit den Studentenunruhen der sechziger Jahre sucht man den »mündigen«, »selbstverantwortlichen«, »von allen Zwängen befreiten« Menschen heranzubilden. Ziel aller Erziehung soll **die Emanzipation, die Selbstverwirklichung** des Menschen sein. Wie entstanden diese Vorstellungen und Forderungen?

Schon **I. Kant** war davon überzeugt, dass der Mensch als vernünftiges Wesen sich selbst die Zweckbestimmung des Lebens geben kann. Diese Zweckbestimmung ist demzufolge nichts anderes als eine vernünftige Selbstbestimmung.[33] Die Neukantianer Paul Natorp, Richard Hönigswald, Jonas Cohn, um nur einige zu nennen, entwickelten die Gedanken von Kant weiter und können als die Vordenker dieser oben erwähnten Erziehungsziele betrachtet werden. Nach ihrer Überzeugung muss Erziehung von der Autonomie des zu Erziehenden ausgehen. Erziehung hat beim zu Erziehenden die Vernunft aus jeder nur möglichen Bevormundung freizusetzen. Da Erziehung als Hinführung zur Mündigkeit betrachtet wurde, reduzierte sie sich auf »Hilfe zur Selbsthilfe«. Man war davon überzeugt, dass der mündige Mensch mit Hilfe der Vernunft verantwortlich handeln kann[34] und auch zum Sinn des Lebens gelangt.[35] Diese Gedanken werden heute in der transzendental-philosophischen Päda-

33 Breinbauer, I. M., Einführung in die Allgemeine Pädagogik, Wien 1996, S. 79
34 Knubbertz, A., Pädagogik aus Verantwortung. Überlegungen zur Aktualität prinzipiengeleiteter Erziehung in der Schule, Frankfurt a. M. 1990, S. 28-29
35 Hüllen, J., Ethik und Menschenbild der Moderne, Köln; Wien 1990, S. 135-139

gogik weiter entfaltet.[36] Eberhard Kerp entfaltet in seinem Buch »Emanzipation – Wovon? Wozu?« die ideengeschichtliche Entwicklung des Emanzipationsbegriffs. **Emanzipation** und die mit ihr korrespondierenden Begriffe Autonomie und Mündigkeit bezogen sich im römischen Recht primär auf »die rechtliche Stellung eines Menschen oder einer Gruppe im Verhältnis zu anderen.« So bedeutete emancipatio zum einen die Freilassung von Sklaven, zum andern das »Rechtsgeschäft der Entlassung des erwachsenen Sohnes aus väterlicher Gewalt.« E. Kerp weist dann darauf hin, dass in der Aufklärung des 18. Jahrhunderts die Emanzipation erstmalig gesellschaftlich-politische Relevanz im Sinne der Befreiung einer gesellschaftlichen Gruppe erhalten habe. Das aufgeklärte französische Bürgertum emanzipierte sich von dem feudalistisch-absolutistischen System. Dies führte schließlich zur Revolution von 1789.[37] Später forderte Karl Marx die Emanzipation des Proletariats aus der rechtlich-sozialen Unterdrückung der Bourgeoisie. Zugleich verlangte er die Emanzipation von der diese Unterdrückung sanktionierenden Religion.[38]

Die Grundlagen zur heutigen so genannten **»emanzipatorischen Erziehung«** erarbeiteten die Begründer der »Frankfurter Schule«, nämlich die neomarxistischen Sozialphilosophen M. Horkheimer (1895-1973), Th. W. Adorno (1903-1969), H. Marcuse (1898-1979) und J. Habermas (1929).[39] Sie suchten mit Hilfe der »Kritischen Theorie« zu zeigen, welche Rolle die Wissenschaft für die gesellschaftliche Entwicklung übernehmen kann. Es ging ihnen darum, soziale Tatsachen aus ihrem gesellschaftlichen Entstehungszusammenhang zu erklären. Dazu untersuchten sie die Regeln, Prozesse und Mechanismen, durch die in einer gesellschaftlichen Ordnung jeweilige soziale Tatsachen hervorgebracht werden. Ihre Theoriebil-

36 vgl. dazu Heitger, M., Vom Selbstverständnis transzendentalphilosophischer Pädagogik, in: Richtungsstreit in der Erziehungswissenschaft und pädagogische Verständigung, S. 161-172

37 Kerp, E., Emanzipation – Wovon? Wozu? Eine kritische Anfrage an die neuere Religionspädagogik, Bern; Frankfurt a. M. 1976, S. 10

38 ebd., S. 12

39 Lück, I., Alarm um die Schule. Kritische Auseinandersetzung mit der gegenwärtigen Erziehungs-Situation. Die neomarxistische Unterwanderung, Neuhausen-Stuttgart 1980², S. 39

dung wurde vor allem durch die Antizipation[40] von gesellschaftlichen Verhältnissen geleitet. Es ging ihnen letztlich darum, dass die Menschen selbstbestimmt, frei von Zwängen ihr Zusammenleben organisieren können. Die »Kritische Theorie« versuchte ferner deutlich zu machen, welche Ursachen und Gründe dieses Ziel verhindern. Diese hier geleistete Aufklärung sollte den Menschen helfen, sich von unnötigen gesellschaftlichen Zwängen zu befreien, sich zu emanzipieren. J. Habermas ist der Ansicht, dass in dieser herrschaftsfreien Gesellschaft das soziale Handeln durch die ideale Sprechsituation, den Diskurs, abgesichert werden kann.[41]

Es waren vor allem **Klaus Mollenhauer** (geb. 1928), **Herwig Blankertz** (1927-1983)[42] und **Wolfgang Lempert** (geb. 1930),[43] die von der »Kritischen Theorie« herkommend die »kritische Erziehungswissenschaft« entfaltet haben.[44] In Anlehnung an das neomarxistische Welt- und Menschenbild musste die Grundlage der Bildung nach ihrer Auffassung eine gesellschaftskritische Haltung sein, da es um Veränderung eben dieser Gesellschaft gehe. Im Blick auf dieses Ziel wurde die »Kritische Theorie« als die einzig angemessene betrachtet, weil sie vom theoretischen und praktischen erkenntnisleitenden Interesse geleitet wird, in der Gesellschaft die Bedingungen und praktischen Möglichkeiten für Freiheit, Gleichheit und Gerechtigkeit zu realisieren. In diesem Prozess sah man einen dialektischen Zusammenhang zwischen individueller und gesellschaftlicher Frei-

---

40 Antizipation = Vorwegnahme von etwas

41 König, E.; Zedler, P., Theorien der Erziehungswissenschaft, S. 115-123

42 H. Blankertz lehnt eine Kooperation und wechselseitige Begrenzung des hermeneutischen und empirischen Ansatzes ab. Er suchte nach einer Instanz, die die Begrenztheiten der geisteswissenschaftlichen Pädagogik durchbricht und eine kritische Verarbeitung der Resultate der empirischen Pädagogik gestattet. Eine solche Instanz glaubte er – von Habermas beeinflusst – im erkenntnisleitenden Interesse nach Emanzipation zu finden. Vgl. Blankertz, H., Pädagogische Theorie und empirische Forschung, in: Neue Folge der Ergänzungshefte zur Vierteljahresschrift für wissenschaftliche Pädagogik, Nr. 5/1966, S. 65-78.

43 W. Lempert will die Bildungsprozesse in emanzipatorischer Absicht untersuchen. Er erhofft sich daraus, dass emanzipierte Lehrer und Eltern eine repressionsfreie Erziehung möglich machen. Vgl. Lempert, W., Bildungsforschung und Emanzipation. Über ein leitendes Interesse der Erziehungswissenschaft und seine Bedeutung für die empirische Analyse von Bildungsprozessen, in: Neue Sammlung, Nr. 9/1969

44 Berner, H., Aktuelle Strömungen in der Pädagogik, S. 157

heit, Gleichheit und Gerechtigkeit.[45] Die »Kritische Theorie« wurde ferner zur gesellschaftskritischen Sozialisationstheorie weiterentwickelt (siehe 3.2.2). Für alle war Emanzipation das leitende Erkenntnisinteresse.[46]

K. Mollenhauer schrieb 1968:

> »Für die Erziehungswissenschaft konstitutiv ist das Prinzip, das besagt, dass Erziehung und Bildung ihren Zweck in der Mündigkeit des Subjekts haben; dem korrespondiert, dass das erkenntnisleitende Interesse der Erziehungswissenschaft das Interesse an Emanzipation ist.« [47]

Hans Berner weist nach, dass **die 68er-Bewegung** der Forderung nach Emanzipation zum Durchbruch verholfen hat.[48] Bis ins Jahr 1968 wurde der Emanzipationsbegriff im pädagogischen Bereich kaum verwendet. 1973 konnte man im pädagogischen Lexikon von Wehle lesen:

> »Gegenwärtig kann die Forderung nach emanzipatorischer Erziehung als allgemein akzeptiert gelten; ...«[49]

Klaus Mollenhauer ist der Ansicht, dass der Wille zur Emanzipation der Vernunft selber entspringt.[50]

Emanzipation entspricht im Letzten, wie J. Schefflers darlegt, einem religiösen Ziel, das nicht mehr hinterfragt werden darf. Emanzipation ist das absolute Kriterium, an dem der Einzelne, die Gesellschaft als Ganzes und das pädagogische Handeln gemessen werden.[51]

---

45 Marburger, H., Entwicklung und Konzepte der Sozialpädagogik, München 1981², S. 131-132

46 Berner, H., Aktuelle Strömungen in der Pädagogik, S. 177

47 zit. nach Mollenhauer, K., Erziehung und Emanzipation – Polemische Skizzen, München 1973⁶, S. 10

48 ebd., S. 73-77

49 Pädagogik aktuell – Lexikon pädagogischer Schlagworte und Begriffe, hg. v. G. Wehle, Bd. 1, München 1973, S. 43

50 Mollenhauer, K., Erziehung und Emanzipation, München 1970, S. 67-68

51 Kerp, E., Emanzipation – Wovon? Wozu?, S. 56

In der auf Emanzipation ausgerichteten Erziehung geht es nach H. Marcuse um die Befreiung von den Bindungen an die Normen und Werte der bisherigen Gesellschaft mit dem Ziel, dieses System zu überwinden.[52] Es gelte ein Reich der Freiheit zu erzwingen, in welchem es nach H. Giesecke keine Herrschaft des Menschen über den Menschen gibt: die Herrschaft des Mannes über die Frau, des Vaters über das Kind, des Lehrers über den Schüler, des Fabrikanten über den Arbeiter, des Staates über den Bürger usw. dürfe es nicht mehr geben.[53] Jeder könne in Freiheit leben. Dazu gehört nach H. Marcuse auch die grenzenlose Freigabe der Sexualität.[54] Wir sehen, dass es bei der frei ausgelebten Sexualität weniger um Lustbefriedigung, sondern vielmehr um Gesellschaftsveränderung geht.[55]

Mit Hilfe der Studentenrevolte versuchte man 1968 diese emanzipierte Gesellschaft zu verwirklichen.

Im Blick auf eine emanzipierte Gesellschaft wurden u.a. folgende Lernziele ins Auge gefasst: Der Schüler müsse zur Selbstbestimmung, Kritikfähigkeit, Chancengleichheit, Selbstverwirklichung, zu enthemmter Sexualität und zur Fähigkeit zum Widerstand erzogen werden. Autorität und Gehorsam haben in diesem Erziehungssystem keinen Platz mehr. Damit fällt auch die ganze Thematik des schuldhaften Verhaltens eines Kindes weg.[56]

Welches sind denn die **Lehrinhalte** der Emanzipationspädagogik, um die oben genannten Ziele zu erreichen? Es wird aufgezeigt, dass die bestehenden Gesellschaftsordnungen nicht mehr länger erhaltenswert seien, da sie nur die sozialen Unterschiede, gefährliche Technologien förderten und die Kriminalität nicht eindämmen könnten.

Die Grundnormen dieser neu zu schaffenden Gesellschaft, in welcher jeder seine Bedürfnisse optimal befriedigen und wirklich in Freiheit leben könne, ergäben sich aus der vernünftigen Rede, **dem Dis-**

52 Lück, I., Alarm um die Schule, S. 53

53 ebd., S. 89

54 Huntemann, G., Vom Überlebenskampf des Christentums in Deutschland, Herford 1990, S. 105-106

55 Meves, Ch., Kindgerechte Sexualerziehung. Bilanz und Neuanfang, Vellmar-Kassel 1992, S. 18

56 König, M., Lasst die Kinder Kinder sein, S. 38

kurs. W. Klafki meint, dass man mit Hilfe dieser herrschaftsfreien Kommunikation immer wieder zu einem vernünftigen Konsens finde, an dem sich die Gesellschaft orientieren könne.[57]

François Lyotard gibt aber zu bedenken, dass der Diskurs keine Verbindlichkeiten hervorbringen könne, da er nicht in der Lage sei zu beweisen, dass das, was er hervorgebracht hat, die universelle Wahrheit wirklich erschließt. Dies kommt seiner Ansicht nach daher, dass durch den Diskurs Hervorgebrachtes nicht beurteilt werden kann, da der Vernunft ein letzter absoluter Maßstab oder Fixpunkt fehlt.[58]

Wenn sich die Grundnormen aus dem Diskurs ergeben, ist der Einzelne dem Kollektiv und seinen sich ständig wandelnden Maßstäben ausgeliefert. Bei genauerem Hinsehen verunmöglicht diese neue Gesellschaft persönliche Freiheit, weil sie, wie Stephanie Hellekamps ganz richtig bemerkt, das Individuum für aufgelöst erklärt.[59]

Es ist interessant zu beobachten, dass sich die Emanzipation gegen jede Art von gesellschaftlicher Unterdrückung wendet, nicht aber gegen die unterdrückenden Einzelnen.[60] Es ist eine Vortäuschung falscher Tatsachen, wenn behauptet wird, dass es eine Zeit gebe, in welcher der mündige Mensch frei von jeder Autorität leben könne. Aus der Sicht der Vertreter der Antiautorität ist der Mensch deshalb mündig und frei, weil er ihre Ansprüche erfüllt – ihnen, den neuen Autoritäten, dient.[61] Nur dort ist die persönliche Freiheit gewährleistet, wo man von den göttlichen Grundordnungen ausgeht, so wie sie uns in der Bibel geoffenbart sind. Gott schützt den Einzelnen, während der selbstherrliche Mensch ihn unterdrückt. Francis

57 Klafki, W., Kann Erziehungswissenschaft zur Begründung pädagogischer Zielsetzungen beitragen? – Über die Notwendigkeit, bei pädagogischen Entscheidungsfragen hermeneutische, empirische und ideologiekritische Untersuchungen mit diskursethischen Erörterungen zu verbinden, in: Richtungsstreit in der Erziehungswissenschaft und pädagogische Verständigung, S. 155

58 Mertens, G., Verbindliche Argumentation in der Pädagogik? Überlegungen zu Lyotards Postmodernismus, in: Pädagogische Rundschau, Frankfurt a. M.; Bern; New York; Paris Nr. 1/1991, S. 85-89

59 Hellekamps, S., Erziehender Unterricht und Didaktik. Neuere Didaktiktheorien im Horizont klassischer Begriffsbestimmungen, Weinheim 1991, S. 238-239

60 Kerp, E., Emanzipation – Wovon? Wozu?, S. 66

61 von Padberg, L., Freiheit und Autorität, Wuppertal 1984, S. 59

Schaeffer weist darauf hin, dass in einer Gesellschaft, in welcher jeder nur seine Freiheit sucht, das Gleichgewicht zwischen Ordnung und Freiheit zerbricht. Es kommt zu individueller Willkür und damit zu einem Chaos. Jedes Mal, wenn das Chaos auch nur für kurze Zeit herrscht, resultiert daraus die Geburt einer starken Kontrollmacht.[62]

Die Wissenschaft soll dem »autonomen Menschen« durch empirische Analysen und hermeneutische Überlegungen helfen, eine Gesellschaft zu verwirklichen, in welcher sich das regulative Prinzip des emanzipatorischen Erkenntnisinteresses in einem fortschreitenden Befreiungsprozess des Individuums durchsetzt,[63] da Wissenschaft dazu beitrage, traditionelle Abhängigkeiten aufzuheben. Man ist davon überzeugt, dass der Mensch mit Hilfe der Vernunft sich selbst befreien und helfen kann. Deshalb fördert man eine gewisse Wissenschaftsgläubigkeit. So schreibt zum Beispiel H.-H. Groothoff in seinem Aufsatz »Philosophie und Pädagogik« im »Erziehungswissenschaftlichen Handbuch«:

> »Die höchste Möglichkeit der modernen Wissenschaft besteht darin, ganze Prozesse zu erforschen und reproduzierbar sowie variierbar zu machen. Das gilt – grob gesprochen – gleichermaßen von natürlichen wie von seelischen, beziehungsweise gesellschaftlichen Prozessen.« [64]

Nach Groothoff ist die Wissenschaft heute also durchaus in der Lage, individuelle und gesellschaftliche Veränderungen hervorzubringen, da sie sowohl die individuellen, wie die gesellschaftlichen Entwicklungsprozesse erforschen, reproduzieren und variieren könne. Diese Überzeugung Groothoffs beruht auf der Annahme, dass das pädagogische Wissen eine Einheit bildet. Er glaubt, dass

---

62 Schaeffer, F. A., Die große Anpassung. Der Zeitgeist und die Evangelikalen, Asslar 1988, S. 32

63 Lucht, K., Pädagogische Forschungsmethoden, in: Pädagogische Positionen. Ein Leitfaden für Lehrer aller Schularten, hg. v. J. Petersen; G.-B. Reinert, Donauwörth 1990, S. 252-253

64 zit. nach Groothoff, H.-H., Philosophie und Pädagogik, in: Erziehungswissenschaftliches Handbuch, Bd. 3/Teil 1, Berlin 1971, S. 41

wissenschaftliche Empirie und pädagogisches Ethos als emanzipative Urteils- und Handlungskompetenz zusammengehören.[65] Aus diesem Grund kam es in den Schulen – wie Ulrich Hemel in seiner Habilitationsarbeit nachweist – zu einer Akzentverlagerung von eher bildungshumanistischen zu wissenschaftsorientierten, tendenziell rationalistischen Erziehungs- und Lernzielen.[66]

Von dieser Wissenschaftsorientierung herkommend hält man es nicht mehr für richtig, das Bewusstsein des jungen Menschen durch religiöse Offenbarung zu indoktrinieren. Die gesamte Wirklichkeitserfahrung des Menschen soll von der Wissenschaft her bestimmt werden.

Dieser Glaube an die Möglichkeiten der Wissenschaft trägt meiner Ansicht nach **normativ-religiöse Züge**, die man doch gerade mit Hilfe der Wissenschaft zu überwinden sucht.[67] Die immer stärker wissenschaftsorientierten Schulen sind demzufolge in ihren Grundlagen rein **weltimmanent und damit atheistisch, materialistisch konzipiert**. Die Schüler bekommen den Menschen als Geschöpf Gottes überhaupt nicht mehr in den Blick, da Offenbarung aus diesem Konzept der Wissenschaft ausgeschlossen wird.

Es gilt zu bedenken, dass wissenschaftliche Erkenntnis nicht absolut vorgegeben ist, sondern von Menschen mit einer bestimmten Grundauffassung über die Wirklichkeit, in der sie leben, mit besonderen Alltagserfahrungen, und mit einer bestimmten Weltsicht geprägt wird.[68] Daraus wird deutlich, dass der Mensch sich **durch die Wissenschaftsgläubigkeit in die Abhängigkeit des Menschen begibt**, der ihn den gewünschten Zielen entsprechend beeinflussen kann. H. Giesecke schreibt nämlich:

---

[65] Benner, D., Studien zur Theorie der Erziehungswissenschaft. Pädagogik als Wissenschaft, Handlungstheorie und Reformpraxis, Bd. 1, Weinheim; München 1994, S. 253

[66] Hemel, U., Ziele religiöser Erziehung, S. 320

[67] Schmid, A., Als Glaube und Pädagogik auseinanderfielen, in: idea-magazin Schweiz. Informationen und Dokumentationen aus der Evangelischen Allianz, Luzern Nr. 17/1994, S. 4

[68] Ouweneel, W. J., Mythos Wissenschaft. Ein Blick hinter die Kulissen, Bielefeld 1994, S. 17

> »Zum Standard einer demokratischen Öffentlichkeit gehört nämlich auch, dass Entscheidungen (z.B. über Erziehungsziele A.M.) öffentlich begründet werden müssen, und diese Begründung muss ihrerseits wieder diskutiert werden können. In diesem ständigen Prozess kann die Erziehungswissenschaft durchaus im Sinne der regulativen Ideen der Mündigkeit, der Partizipation und der Emanzipation sich nicht nur mit empirisch-technischen, sondern auch mit normativen Argumenten beteiligen.«[69]

Durch die Wissenschaftsgläubigkeit können also Menschen von der scheinbaren Richtigkeit der normativen Argumente für die Emanzipation im Erziehungsprozess überzeugt werden. Wie eine solche Argumentation aussehen kann, lesen wir bei Erich Weber. Er schreibt:

> »Die ›befreiende‹ bzw. ›emanzipatorische‹ Erziehung erfolgt in ihrer Hochform als ›dialogische‹ bzw. ›kommunikative‹ Erziehung, die weder manipuliert noch indoktriniert, sondern, so weit wie möglich, rational und diskursiv argumentiert.«[70]

Permanente wissenschaftlich (rational) fundierte Bildung, die sich auf das ganze Leben ausdehnt, soll mithelfen, einen »neuen Menschen« zu schaffen, der in der Lage ist, die angestrebte herrschaftsfreie Gesellschaft zu verwirklichen. Lehren und Lernen werden als Weg zu dieser befreiten Gesellschaft verstanden.[71] Aus diesen Überlegungen entwickelte sich die Forderung nach einem lebenslangen Lernprozess. Daraus erwuchs die Andragogik und Gerontagogik.[72]

---

69 zit. nach Giesecke, H., Einführung in die Pädagogik, Weinheim; München 1990, S. 100

70 zit. nach Weber, E., Pädagogik. Eine Einführung. Grundfragen und Grundbegriffe. Ontogenetische Voraussetzungen der Erziehung – Notwendigkeit und Möglichkeit der Erziehung, Bd. 1/Teil 2, Donauwörth 1996[8], S. 340

71 Dienst, K. Formen des Lehrens und Lernens in der Geschichte der Kirche, in: Grundlagen der evangelischen Religionspädagogik, hg. v. J. Ohlemacher; H. Schmidt, Göttingen 1988, S. 34

72 Pöggeler, F., Bildung in lebenslanger Perspektive, in: Richtungsstreit in der Erziehungswissenschaft und pädagogische Verständigung, S. 339-348

Wir sehen: **Die heutige Wissenschaft blendet das Absolute in ihrer Erkenntnistheorie aus**. Sie denkt nur in geschlossenen, immanenten Systemen. Was sie hervorbringt, sind nur relative, vorläufige Ergebnisse. Sie ist auch nicht in der Lage, Sinnzusammenhänge aufzuzeigen. Weil die heutige Wissenschaft, vom Relativismus geprägt, die Wahrheitsfrage bewusst immer offen lässt, **überlässt sie den Menschen der Orientierungslosigkeit**. Diese Leugnung einer absoluten Wahrheit, wie sie uns in der Offenbarung Gottes vorgegeben ist, unterwirft alles wissenschaftliche Denken dem Reduktionismus. Trotz aller wissenschaftlichen Bemühungen und scheinbarer Gründlichkeit kann man, nachdem man Gott ausgeklammert hat, nie zur eigentlichen, wahren Erkenntnis gelangen (2. Tim 3,7). **Diese von Relativismus, Reduktionismus geprägte Wissenschaft gelangt zu einer Pluralität von Begründungsweisen wissenschaftlicher Erkenntnis.**[73] Diese Pluralität wird heute in der Diskussion um die Grundlagen der Wissenschaft sichtbar. Kann es sein, dass wissenschaftliche Erkenntnis durch neue Paradigmen, die sich durchzusetzen vermögen, entsteht (so Th. S. Kuhn, geb. 1922) oder ist sie nur ein Sprachspiel, das gleichwertig neben anderen steht (so J.-F. Lyotard, geb. 1924)? Ist sie vielleicht nur das Ergebnis menschlicher »Konstruktion« (so H. R. Maturana, geb. 1928)?[74]

Clemens Diesbergen setzt sich mit dem radikalen Konstruktivismus, der im pädagogischen Bereich immer mehr Einfluss gewinnt, kritisch auseinander.[75] Die Frage, welches die tragenden Grundlagen

---

73 Koller, H.-Ch., Bildung im Widerstreit. Bildungstheoretische Überlegungen im Anschluss an Lyotads Konzeption pluraler Diskurse, in: Studien zur Philosophie und Theorie der Bildung. Kritische Erziehungswissenschaft – Moderne – Postmoderne, hg. v. W. Marotzki; H. Sünker, Bd. 2, Weinheim 1993, S. 85

74 König, E.; Zedler, P., Theorien der Erziehungswissenschaft, S. 206-234

75 Clemens Diesbergen entfaltet in seinem Buch zunächst die Schwerpunkte des radikalen Konstruktivismus. Grundsätzlich geht der Konstruktivismus (seine radikale Form) davon aus, dass die Welt, in der wir leben, die Erfindung eines jeden Einzelnen ist. (Vgl. Diesbergen, C., Radikal-konstruktivistische Pädagogik als problematische Konstruktion. Eine Studie zum Radikalen Konstruktivismus in seiner Anwendung in der Pädagogik, Bern; Berlin; Bruxelles; Frankfurt/M; New York; Wien 2000², S. 22) Aus dieser Grundannahme ergibt sich, dass der Mensch ein autonomes Wesen ist, das aufgrund seiner Autonomie auch für seine Welt verantwortlich ist. (ebd., S. 61)

des wissenschaftlichen Denkens sind, kann heute nicht mehr klar beantwortet werden.

Zugleich ist die von einem letzten Sinngrund gelöste Wissenschaft nicht in der Lage, handlungsrelevante und ethische Anweisungen zu geben. **Die sich selbst überlassene Praxis** gerät dadurch ebenfalls in den Strudel des Pluralismus und dies hat verheerende Folgen, besonders im moralisch-ethischen Bereich.[76] Francis Schaeffer spricht in diesem Zusammenhang von einem moralischen Zusammenbruch.[77]

Er zeigt ferner, wie sich die konstruktivistische Auffassung auf die Unterrichtsgestaltung auswirkt. Man hat primär das einzelne, lernende Subjekt im Auge und versucht dessen selbstreferentielle Wissenskonstruktion durch eine vielfältige anregende Lernumgebung zu unterstützen. (ebd., S. 99) In allem Unterrichten wird der systemische Aspekt beachtet. (ebd., S. 101)
Der Konstruktivismus wird heute von vielen als pädagogisches Programm verstanden. Es gehe darum, die konstruktivistischen Ansichten zum eigentlichen Unterrichtsgegenstand zu machen mit dem Ziel, den Schüler zur Bildung eines flexiblen Wirklichkeitsverständnisses anzuregen, um sich in der pluralistischen Welt besser orientieren zu können. (ebd., S. 159)
In einem zweiten Teil entfaltet Clemens Diesbergen seine Kritik am Konstruktivismus. Zuerst zeigt er, dass die Argumentation des Konstruktivismus nicht ohne realistische Anleihen auskommt. (ebd., S. 194) Er weist weiter nach, dass der Konstruktivismus in Schwierigkeiten gerät, wenn er seine Kernaussagen rechfertigen soll. So kann er z.B. nicht erklären, wie Erkennen tatsächlich vor sich geht. (ebd., S. 208) Er stellt beim Konstruktivismus sogar Selbstwiderlegungstendenzen fest. (ebd., S. 214-216) Da der Konstruktivismus auch eine empirische Wissenschaft sein will, verstrickt er sich in eine Reihe von Problemen. (ebd., S. 218-226) Der radikale Konstruktivismus scheitert letztlich an der individuellen Erfahrung. Für die Bestätigung der Hypothese von der Konstruiertheit der Sinneswahrnehmung gibt es keinen Hinweis im Erleben des Wahrnehmungsprozesses. (ebd., S. 227-228)
Nachdem Clemens Diesbergen ausgeführt hat, warum der Konstruktivismus als erkenntnistheoretische Metatheorie versagt, übt er Kritik an der konstruktivistischen Pädagogik. (ebd., S. 233-261) Er schreibt abschließend: »Was also an der radikal-konstruktivistischen Pädagogik tatsächlich neu ist, sind auch im Hinblick auf die Praxis nur zusätzliche Probleme: eine argumentativ unhaltbare und praktisch kaum durchführbare Toleranzforderung und die Gefahr einer fragwürdigen Indoktrination mit dem Glaubensbekenntnis des Radikalen Konstruktivismus.« (zit. nach ebd., S. 280)

76 von Padberg, L., Die Bibel. Grundlage für Glauben, Denken und Erkennen, hg. v. der Studiengemeinschaft Wort und Wissen, Band 17, Neuhausen-Stuttgart 1986, S. 65-76

77 Schaeffer, F. A., Die große Anpassung, S. 30

Die **feministische Bewegung** erstrebt ebenfalls **die Ziele der emanzipatorischen Erziehung**. Sie ist aber davon überzeugt, dass diese Ziele nur dann erreicht werden können, wenn der Mensch zu einem »androgynen Wesen« (mann-weiblich in einer Person) geformt werden könne. Deshalb gelte es, das Patriarchat zu beseitigen. Die Welt könne nur an den fraulichen Eigenschaften und Werten wie Spontaneität, Zärtlichkeit, Kreativität, Betonung der Gefühle wieder genesen. Die Hinwendung der Menschheit zum Fraulichen bringe ihr, so wird behauptet, die ersehnte Befreiung.[78] Die Frage bleibt aber, welches denn die ideale Fraulichkeit angesichts der Polarität der Geschlechter ist. Feministinnen meinen, dass zur weiblichen Identitätsfindung die Überwindung der Geschlechtspolarität gehöre. Diese Forderung führt gerade bei weiblichen Jugendlichen zu psychisch krankmachenden Verhaltensweisen, wie z.B. der Magersucht. Sie suchen sich durch dieses selbstdestruktive Benehmen von allen Anzeichen weiblicher Anziehungskraft zu befreien.[79]

3.1.3.1 Der Einfluss der emanzipatorischen Zielsetzung in den Schulen, insbesondere in der Religionspädagogik

Wie stark die emanzipatorischen Gedanken in den Schulbüchern Deutschlands Aufnahme gefunden haben, machten Henning Günter und Rudolf Willeke in ihrem 1982 veröffentlichten Buch »Was uns deutsche Schulbücher sagen« deutlich. Sie weisen nach, dass bereits eine relativ große Beeinflussung durch das emanzipatorische Gedankengut stattgefunden hat, wobei die direkte politische Beeinflussung in den Schulbüchern immer stärker zurücktritt.[80] Mit den Auswir-

78 Hauschildt, I., Die feministische Versuchung und die Antwort der christlichen Frau, Wuppertal; Zürich 1989, S. 32-39

79 Neumann-Schönwetter, M.; Kehlenbeck, C., Jugendliche – das sind weibliche Jugendliche und männliche Jugendliche – Zur Notwendigkeit einer geschlechtsspezifischen Betrachtungsweise, in: Jugend heute. Wege in die Autonomie, hg. v. J. W. Erdmann; G. Rückriem; E. Wolf, Bad Heilbrunn 1996, S. 163-164

80 Günter, H.; Willeke, R., Was uns deutsche Schulbücher sagen. Eine empirische Untersuchung der genehmigten Deutsch-, Politik- und Religionsbücher, hg. v. Forschungsstelle Jugend und Familie, Werl 1982, S. 226-227

kungen der emanzipatorischen Erziehung in den Schulbüchern beschäftigte sich auch Helmut Schoeck in seinem 1987 veröffentlichten Buch »Kinderverstörung«. Schoeck zeigte, dass den Kindern vom ersten Jahr der Grundschule an beigebracht wird, dass jede Regel, Ordnung oder Norm willkürlich ist und überwunden werden kann.[81]

Was uns besonders auffällt, ist, dass der lernzielorientierte Religionsunterricht sich unter dem Einfluss von **Siegfried Vierzig** und **Gert Otto** für die Ziele der emanzipatorischen Erziehung einsetzt. Diese Tatsache ist nur dann verständlich, wenn wir bedenken, dass sich die Praktische Theologie beeinflusst von G. Ebeling und R. Zerfaß den Humanwissenschaften (humanistische Anthropologie, Soziologie, Psychologie usw.) und ihren Ergebnissen geöffnet hat. Die theologische Wissenschaft und ihre Ergebnisse traten in den Hintergrund. Die Hinwendung der Praktischen Theologie zu den Humanwissenschaften zeigt sich in besonders ausgeprägter Weise in der Religionspädagogik. Hier werden sogar die Zielsetzungen von den Humanwissenschaften mitgeprägt. Ulrich Hemel ist der Überzeugung, dass die Zielsetzungen in der Religionspädagogik so gewählt werden können, dass sie humanwissenschaftlich, ohne theologische Vertiefung, verstanden werden können.[82] Es bleibt aber doch verwunderlich, dass Religionspädagogen die Ziele der Emanzipation mittragen, da unter Emanzipation auch die Befreiung von jeglicher religiösen Bevormundung verstanden wird, da sich Religion emanzipationsfeindlich auswirke.[83] Dieser Auffassung von der die Emanzipation verhindernden »Religion« stellt S. Vierzig die Antithese entgegen, dass eine wesentliche Funktion des Christentums schon immer die Emanzipation gewesen sei. Allerdings muss er eingestehen, dass das Neue Testament, aus seiner Sicht bedauerlicherweise, die innere von der äußeren Freiheit, die Freiheit durch den Glauben von der politischen Freiheit, getrennt habe.[84] Er führt ferner aus, dass die christliche Überlieferung der Beginn einer weltver-

---

81 Schoeck, H., Kinderverstörung. Die missbrauchte Kindheit. Umschulung auf eine andere Republik, Asendorf 1987², S. 181

82 Hemel, U., Ziele religiöser Erziehung, S. 582

83 Kerp, E., Emanzipation – Wovon? Wozu?, S. 96

84 ebd., S. 96-97

ändernden Initiative und der Anfang der Befreiung der ganzen geknechteten Kreatur sei.[85] Von diesen Ausführungen Vierzigs herkommend, übernahm man im Religionsunterricht die Ziele der emanzipatorischen Erziehung. Die Lernziele hießen jetzt: **Chancengleichheit, Kritikfähigkeit, Kommunikationsfähigkeit, Hilfen für die Befreiung von Abhängigkeiten**. Die, welche die emanzipatorischen Anliegen in den Religionsunterricht hineingetragen haben, sind neben den eingangs Erwähnten besonders **Hubertus Halbfas** und **Hans Rauschenberger.**[86]

Der Religionsunterricht darf nach Gert Otto nicht zu bestimmten Einstellungen, Vorstellungen oder Verhaltensweisen erziehen, sondern muss zu rückhaltlosem kritischem Denken anleiten, da nur ein solches Denken dem emanzipatorischen Prinzip angemessen sei. Der Religionsunterricht solle zu einem kritischen Denken befähigen, das sich selbstkritisch auch gegen das Christentum wendet. In den didaktischen Überlegungen lehnt sich G. Otto an die »kritisch-konstruktive« Didaktik Klafkis an (siehe 7.4.1.1).[87]

Die Ziele der emanzipatorischen Erziehung werden den Kindern vor allem im Zusammenhang mit der Entfaltung der Gedanken über das »Reich-Gottes« nahe gebracht.[88]

- In der Darlegung der politischen Dimension des Reiches Gottes gehe es darum zu zeigen, welche Stellung die Kirche zu Militär und Rüstung einnehmen solle. Es sollte gezeigt werden, dass sie aufgerufen sei, sich für ein gewaltloses Leben und Handeln einzusetzen. Die Kirche sieht sich deshalb verantwortlich, der Friedenserziehung im Religionsunterricht breiten Raum zu geben. Es gelte, den Kindern zu helfen, Gewaltverzicht einzuüben und ihnen zu zeigen, wie sie Feinde als Friedenspartner gewinnen können. Um diese Ziele zu erreichen, müsse grundsätzlich die Emanzipation

---

85 Schmidt, H., Religionsdidaktik. Ziele, Inhalte und Methoden religiöser Erziehung in Schule und Unterricht, Bd. 1, Stuttgart; Berlin; Köln; Mainz 1982, S. 48

86 Wegenast, K., Religionsdidaktik Grundschule, Stuttgart; Berlin; Köln; Mainz 1983, S. 38

87 Lämmermann, G., Religionspädagogik im 20. Jahrhundert, Gütersloh 1994, S. 192-195

88 Schmidt, H., Religionsdidaktik, S. 227-239

der Kinder und ihre Kommunikationsfähigkeit gefördert werden.[89]

- In der Darlegung der sozialgeschichtlichen und sozialstrukturellen Dimension des Reiches Gottes sollen die Problembereiche Dritte Welt, menschenwürdige Arbeit und die Frauenrolle thematisiert werden. Es soll aufgezeigt werden, dass gerade der Kirche die Aufgabe zukommt, der Gerechtigkeit in allen Bereichen des Lebens und im Zusammenleben der Völker zum Durchbruch zu verhelfen. Die Kinder müssten im Blick auf dieses Ziel zur kritischen Distanz in Bezug auf die herrschende Meinung und zum aufgeklärten Widerstand angeleitet werden. Dazu sei eine gründliche politische Bildung im Religionsunterricht nötig.[90]
- Hinsichtlich der menschheits- und schöpfungsgeschichtlichen Dimension des Reiches Gottes sei es die Aufgabe zu zeigen, dass die Kirche einen Verzicht auf wirtschaftliches Wachstum fordern müsse, weil nur so die Umweltzerstörung aufgehalten werden könne. Ferner sollten die Kinder zu einem alternativen Lebensstil angeleitet werden (Ökologische Erziehung).

Diese Zielsetzungen verkennen, dass das Grundproblem der Menschen die Sünde ist. Durch die Behebung all dieser Missstände entstehen nur neue, oft noch größere Probleme. Der Mensch ist als gefallenes Geschöpf nicht in der Lage die Probleme, die durch sein sündiges Verhalten entstanden sind, selbst zu lösen. Da hilft auch ein sozialistisches Programm – für das sich viele Theologen der evangelischen und reformierten Kirche einsetzen – nicht weiter. Die Menschen müssen wieder die Zehn Gebote anerkennen. Nur so kann die Gesellschaft und die Schöpfung erhalten werden, weil dem Bösen gewehrt wird und es zu einer Förderung des Guten kommt. Das Gute haben wir hier im Sinne der Sicherung grundlegender Bedürfnisse menschlichen Lebens zu verstehen.[91]

---

89 Missalla, H., Friedenserziehung, in: Handbuch religionspädagogischer Grundbegriffe, hg. v. G. Bitter; G. Miller, Bd. 1, München 1986, S. 317-322

90 Missalla, H., Politische Bildung, in: Handbuch religionspädagogische Grundbegriffe, Bd. 1, S. 313-317

91 Bockmühl, K., Theologie und Lebensführung. Gesammelte Aufsätze II, Gießen; Basel 1982, S. 135-136

Zugleich brauchen die Menschen das Evangelium, die Botschaft von der Rettung durch Jesus Christus.[92]

Mit der Übernahme der emanzipatorischen Zielsetzungen werden im Religionsunterricht rein innerweltliche Ziele angestrebt. Die Ausrichtung des Menschen auf die diesem Leben folgende Ewigkeit wird gänzlich außer Acht gelassen. Man sucht die emanzipatorischen Zielsetzungen mit den entwicklungspsychologischen Erkenntnissen von Fritz Oser zu untermauern. Fritz Oser weist darauf hin, dass die religiöse Entwicklung eines jeden Menschen zur Unabhängigkeit von einem letztgültigen Sein Gottes führt.[93] Gott geht ganz in der Immanenz auf. Letztlich steht hinter der Übernahme der Zielsetzung der emanzipatorischen Erziehung das Wissen um die Unwirklichkeit eines handelnden Gottes.[94] **Der Absolutheitsanspruch von Jesus Christus wird dem Absolutheitsanspruch der Emanzipation geopfert**. Man ist bereit einer Utopie zu dienen, statt dem in der Bibel geoffenbarten Christus.[95] Meiner Ansicht nach gibt sich der Religionsunterricht mit der Übernahme der emanzipatorischen Erziehungsziele selber auf, denn um die Ziele der Emanzipation zu erreichen, bedarf es wirklich nicht der Theologie, da genügen die sozialphilosophischen Ausführungen der Frankfurter Schule.[96] Der Religionsunterricht wird so, wie E. Schillebeeckx richtig bemerkt,

> »im Grunde zu einem modischen Nachplappern des augenblicklich modernen Lebensbewusstseins.«[97]

---

92 Schaeffer, F. A., Die große Anpassung, S. 142-145

93 Oser, F., Genese und Logik der Entwicklung des religiösen Bewusstseins: Eine Entgegnung auf Kritiken, in: Glaubensentwicklung und Erziehung, hg. v. K. E. Nipkow; F. Schweitzer; J. W. Fowler, Gütersloh 1988, S. 52-53

94 Bockmühl, K., Atheismus in der Christenheit. Die Unwirklichkeit Gottes in Theologie und Kirche, Gießen; Basel 1985^3, S. 128

95 Kerp, E., Emanzipation – Wovon? Wozu?, S. 114

96 Ritter, W. H., Religion in nachchristlicher Zeit. Eine elementare Untersuchung zum Ansatz der neueren Religionspädagogik im Religionsbegriff. Kritik und Konstruktion, Frankfurt a. M.; Bern 1982, S. 66.159

97 zit. nach ebd., S. 160

Bedrückend ist nur, dass auch Evangelikale zu diesen modischen Nachplapperern gehören. Viele werfen die biblischen Gedanken über das Reich Gottes und das sozialistische Programm durcheinander.[98] Um diese Entwicklung zu verstehen, gilt es zu beachten, dass sich früher viele evangelikale Gruppierungen aus der gesellschaftlichen Mitverantwortung zurückgezogen haben. Viele junge Evangelikale erkennen ganz richtig, dass dies falsch war. Die Gemeinde Jesu darf sich nicht der Verantwortung für die sie umgebende Gesellschaft entziehen. Welches ist aber der Auftrag der Gemeinde Jesu in der heutigen Gesellschaft? Dies wurde noch zu wenig durchdacht. Viele Evangelikale suchen heute einerseits der Gesellschaft das Gemeinde-Ethos zu überstülpen[99] oder setzen sich andererseits für sozialistische Programme ein, da sie meinen, dass diese der biblischen Reich-Gottes Lehre sehr nahe stehen. Es wäre meines Erachtens dringend notwendig, dass sich die Gemeinde Jesu mit einer biblisch begründeten Sozialethik befasst.[100] In dieser Sozialethik sollten von der Bibel her Anregungen für den Bereich der Lebenserhaltung gegeben werden. Hier könnten verschiedenste diakonische Modelle vorgestellt werden. Zudem müsste sie sich mit der Frage der Existenzsicherung beschäftigen. Auch das Asylantenproblem und andere aktuelle Probleme müssten von der Bibel her angesprochen werden.[101]

---

98 Schaeffer, F.A., Die große Anpassung, S. 141-145

99 Dafür setzen sich unter anderen Ronald Sider und Christopher Sugden ein. Sie sind davon überzeugt, dass die biblischen Maßstäbe, die in der Gemeinde Jesu gelten, auch in der Gesellschaft angewendet werden müssen. Vgl. Berneburg, E., Das Verhältnis von Verkündigung und sozialer Aktion in der evangelischen Missionstheorie – unter besonderer Berücksichtigung der Lausanner Bewegung für Weltevangelisation (1974-1989), Wuppertal 1997, S. 258.269

100 Bockmühl, K., Theologie und Lebensführung, S. 130-145

101 Bockmühl, K., Evangelikale Sozialethik. Der Artikel 5 der Lausanner Verpflichtung, Gießen; Basel 1975, S. 47-51

3.1.3.2 Auswirkungen der emanzipatorischen Erziehung im Leben vieler Jugendlicher

Der kritische, freie, autonome Mensch, der das Bild einer »heilen Welt« belächelt, wagt grundsätzlich alles in Frage zu stellen. Dieses erschütterte Vertrauen in die überkommenen Werte löst in ihm eine Identitätskrise aus. Wer vor allem weiß, was er nicht will, wer vor allem artikuliert, was ihn stört, was er beseitigen möchte, hat es schwer, eine positive Identität aufzubauen. Weil er nicht mehr weiß, was er soll, weiß er auch nicht mehr, was er will, und weil er nicht mehr weiß, was er will, weiß er auch nicht mehr, wer er ist. Diese **Identitätskrise** wird in einer rapiden Zunahme der Neurosen und Psychosen sichtbar. Im gesellschaftlichen Bereich findet diese Krise ihren sichtbaren Ausdruck in einer umfassenden Generationenkrise. Viele Jugendliche suchen eine Alternativ- oder Subkultur aufzubauen. Diese Selbstausbürgerung ist gekennzeichnet durch **Sucht** (Drogen- und Alkoholabhängigkeit, Techno-Kultur), **Radikalisierung** (Terrorismus, Hausbesetzungen, Neonazismus) und **religiösen Fanatismus** (Jugendsekten).

In der Ablehnung jeglicher Autorität ist diese **Gegenkultur** auf der Basis eines ganz anderen Norm- und Wertsystems gewachsen. In dieser Alternativkultur zeigen sich die tragischen Früchte des Autoritätsabbaus und einer falschen Vorstellung von Freiheit.[102] Es kommt eben gerade nicht zu einer Befruchtung der demokratischen Staats- und Gesellschaftsform, wie dies H. Giesecke behauptet.[103]

Rudolf Seiß schreibt:

> »Mit dem Anschein von Freiheit wird der Mensch verführt, ein an sich selbst ... Gebundener zu werden, der da sucht, wo nicht zu finden ist, was er sucht.«[104]

---

102 von Padberg, L, Freiheit und Autorität, S. 66-67; vgl. Rehfus, W. D., Die Vernunft frisst ihre Kinder. Zeitgeist und Zerfall des modernen Weltbilds, Hamburg 1990, S. 115-117

103 Giesecke, H., Einführung in die Pädagogik, S. 94-97

104 zit. nach Seiß, R., Humane Pädagogik. Liebe – das Zentrum erzieherischen Handelns, Bad Heilbrunn 1986[2], S. 24

Die emanzipatorische Erziehung führt zu einer Generationenkrise, die nicht mit dem notwendigen Prozess menschlicher Reifung und Persönlichkeitsentwicklung zu verwechseln ist. Sie tritt als sozialpolitisches Phänomen des **Generationenbruchs** in Erscheinung, wie es 2. Tim 3,2 beschreibt.

Ausdruck dieser Identitätskrise im pädagogischen Raum ist **das Denken in Konflikten**. Der »autonome Mensch« braucht, um das Endziel – nämlich die völlige Befreiung – zu erreichen, mehr Freiheit, als ihm die jetzige Gesellschaft gewährt.[105] Dies führt zwangsläufig zu Konflikten. Ziel dieser gewollten Konflikte ist die gesellschaftliche Veränderung.[106] In verschiedenen Schulbüchern wird gerade die Wunschwelt des Kindes als Motivation für diese gesellschaftliche Veränderung gebraucht.

- Armut und Reichtum in der Welt stehen im Dienst der Anklage gegen die eigene Gesellschaft.[107]
- Die Gefahren, die von der Technologie ausgehen, dienen in der pädagogischen Literatur oft dazu, vor einer Stabilisierung der gegenwärtigen Verhältnisse zu warnen. Man verschweigt aber, dass es durch die Abschaffung der Technik zu einer Verelendung der Menschen käme. Die Technik hat allerdings die Aufgabe, ihre Mängel und Gefahren immer noch besser zu neutralisieren. Dies ist ihr nur dann möglich, wenn sie sich an die Maßstäbe der in der Bibel geoffenbarten Humanität hält,[108] was leider z.B. in der Gentechnologie ganz offensichtlich nicht der Fall ist.
- Die Verwahrlosung bestimmter Menschengruppen und die immer mehr um sich greifende Kriminalität werden dazu benutzt aufzuzeigen, dass die bestehende Gesellschaftsordnung nicht länger erhaltenswert sei. Es gelte nun endlich eine neue Gesellschaft den

---

105 Schule auf biblischer Basis. Grundlagen und Ziele Evangelischer Bekenntnisschulen, hg. v. der Arbeitsgemeinschaft Evangelischer Bekenntnisschulen (AEBS), Neuhausen-Stuttgart 1985, S. 19

106 Brezinka, W., Aufklärung über Erziehungstheorien. Beiträge zur Kritik der Pädagogik, München; Basel 1989, S. 312

107 Lück, I., Alarm um die Schule, S. 177-184

108 Huntemann, G., Vom Überlebenskampf des Christentums in Deutschland, S. 50-51.61

emanzipatorischen Vorstellungen entsprechend zu schaffen.[109] Wie die zu schaffende Gesellschaft aussehen soll, kann leider niemand sagen. Olaf-Axel Burow redet von einem ökologischen Umbau der Gesellschaft, ohne aber auszuführen, wie das Ziel dieses Umbaus aussehen soll.[110]

Die **Konsum- und Medienindustrie** wendet sich heute direkt an die emanzipierten Kinder, da die meisten über ein Einkommen (Taschengeld) verfügen. Sie präsentieren ihnen eine Welt, in der Erwachsene als Vorbilder ausgedient haben. Eltern und Lehrer werden in den Medienangeboten für Kinder oft gedemütigt und lächerlich gemacht. Es wird den Kindern sogar eine Welt vorgegaukelt, in welcher sie das Sagen haben. Der Zugang zum Markt und zu den Medien unterstützt den Emanzipationsprozess. Es gelingt heute, mit den emanzipierten Kindern eine eigentliche Kinderkultur zu schaffen, die sich aus der elterlichen Kontrolle löst und der Gruppe der Gleichaltrigen die eigentliche Bedeutung beimisst.[111]

Interessant ist zu beachten, dass im emanzipatorischen Erziehungskonzept nirgends gesagt wird, wie man sich **dem Nächsten gegenüber** zu verhalten hat. Dies ist deshalb so, weil es in diesem Konzept eigentlich nur um die Selbstentfaltung oder Selbstverwirklichung geht. Es ist demzufolge nicht verwunderlich, dass knapp zwei Drittel der heutigen Jugendlichen selbständig ihre eigenen Ziele verwirklichen wollen und nicht bereit sind, die Interessen anderer zu berücksichtigen. Sie sind nur auf sich selbst ausgerichtet.[112] Diese Selbstbezogenheit führt unter ihnen zu Unverbindlichkeit, zu Konsumorientierung und zu einer tiefen Sinnkrise.[113]

---

109 Brezinka, W., Gewalt, Staat und Erziehung, in: Pädagogische Rundschau, Frankfurt a. M. Nr. 1/1995, S. 9

110 Burow, O.-A., Jugendgewalt. Symptom einer sozialen und ökologischen Amnesie der Erwachsenengeneration?, in: Jugend heute, S. 106

111 Hengst, H., Kinder an die Macht! Der Rückzug des Marktes aus dem Kindheitsprojekt der Moderne, in: Kinder als Außenseiter? Umbrüche in der gesellschaftlichen Wahrnehmung von Kindern und Kindheit, hg. v. H. Zeiher; P. Büchner; J. Zinnecker, Weinheim; München 1996, S. 124-129

112 Miegel, M.; Wahl, S., Das Ende des Individualismus. Die Kultur des Westens zerstört sich selbst, Bonn 1994^2, S. 53

113 Flämig, K.; Kress, G.; Wenzler, E. G., Jugendarbeit mit Pfiff, Kassel 1994, S. 52-54

Natürlich prägt diese Einstellung der Jugendlichen auch den Schulalltag. Die Lehrer haben immer mehr Mühe, die Schüler zur Mitarbeit zu motivieren. Die Zahl der schwierigen, verhaltensauffälligen Kinder, welche das Unterrichten erschweren, wird immer größer.[114] Es ist deshalb nicht verwunderlich, dass sich viele Lehrer in die Krankheit oder in den vorzeitigen Ruhestand flüchten.[115]

Die Lehrerin Gisela Pauly antwortete auf die Frage, worin denn nun das störende Schülerverhalten bestehe:

> »In Egoismus, Rücksichtslosigkeit, Disziplinlosigkeit, Freude am Stören. Ich konnte diese Negativ- und Anti-Haltung, dieses Null-Bock-Verhalten der Schüler nicht mehr ertragen. Dieses passive Konsumieren der Unterrichtsstoffe, diese rigorose Ablehnung eines Lernstoffes, wenn er nur unter Anstrengung erarbeitet werden konnte ... Was mir auch mehr und mehr zu schaffen gemacht hat, war der rapide Sprachverfall. Die verbale Gewalt ist ein Problem, das anscheinend noch gar nicht ernst genug genommen wird. Denn sie ist eine Vorstufe zu physischer Gewalt.«[116]

Wie stark **die physische Gewalt** an den deutschen Schulen schon praktiziert wird, zeigt eine im Januar 1993 veröffentlichte Studie der Bielefelder Universität. Es wird darin aufgezeigt, dass 15 Prozent der Schüler eines Jahrgangs gewalttätig sind. Ferner wird darauf aufmerksam gemacht, dass der Grad der Brutalität unter den Kindern ansteigt.[117] Die Bielefelder Forscher betrachten das Fehlen von Regeln, an welchen sich Jugendliche orientieren können, für die eigentliche Ursache dieser Entwicklung.[118]

Man kann in der Emanzipationspädagogik kaum von einer schülerzentrierten Erziehung reden. Jugendliche sind auf sich selbst zu-

---

114 Fend, H., Entwicklungspsychologie des Jugendalters, Opladen 2000, S. 440

115 Aanderud, C., Die Gesellschaft verstößt ihre Kinder. Werteverlust und Erziehung, Hamburg 1995, S. 151-152

116 zit. nach ebd., S. 182

117 Flämig, K.; Kress, G.; Wenzler, E. G., Jugendarbeit mit Pfiff, S. 22

118 Winkel, R., Von Solingen bis Mölln. Gewalt und Gewaltbereitschaft bei Schülerinnen und Schülern, in: Jugend heute, S. 74

rückgeworfen. Es gibt für sie nichts mehr als das Selbst. Diese Über-Individualisierung bewirkt ein **hedonistisches und narzisstisches Verhalten**. Sie wollen sich als emanzipierte Menschen selbst verwirklichen. Genau diese Selbstverwirklichung führt andererseits zu Vereinsamung, Angst und Melancholie. Dies hat D. Coupland in seinem Roman »Generation X – Geschichten für eine immer schneller werdende Kultur« sehr gut herausgearbeitet.[119] Zugleich bewirkt sie eine lähmende Perspektivlosigkeit.[120]

Letztlich führt das Konzept der emanzipatorischen Erziehung **zur Auflösung der ethischen und religiösen Normen**. Dies kommt daher, weil man alle ethischen Auffassungen und religiösen Vorstellungen für gleich wahr hält, wie widersprüchlich sie auch sein mögen.[121] Dieser Zerfall letztgültiger Normen in der Gesellschaft zerstört den freiheitlich-demokratischen Rechtsstaat, da dieser nur auf einem bestimmten Minimum gemeinsamer Grundwerte bestehen kann. Ich befürchte deshalb, dass der freiheitlich-demokratische Rechtsstaat schließlich durch eine Staatsform abgelöst wird, in welcher das Individuum weitgehend seine Bedeutung und seine Freiheit verliert.[122] Der Einzelne wird gedrängt, sich selbst aufzugeben, um gemeinsame Ziele, die erstrebenswert erscheinen, zu erreichen. Das Individuum verliert seinen Wert, den Gott ihm gegeben hat. Statt zur »Mündigkeit« führt die emanzipatorische Erziehung schließlich zu Bevormundung (Diskurs), statt zur Befreiung zu gesellschaftlichen Zwängen, statt zur Chancengleichheit zu großen Ungleichheiten, statt zur Kommunikationsfähigkeit zum Schweigen-Müssen. **Die Unfreiheit, die man abschütteln möchte, wird auf dem Weg der Emanzipation** auf lange Sicht gesehen **nur vergrößert.** Dies kommt daher, weil man verkennt, dass die Unfreiheit das Ergebnis der aus dem Sündenfall resultierenden Gottesentfremdung ist, die

---

119 Coupland, D., Generation X – Geschichten für eine immer schneller werdende Kultur, Hamburg 1992

120 Zeltner, E., Generationen-Mix, Bern 1998, S. 189

121 McDowell, J.; Hostetler, B., Die neue Toleranz. Wie eine kulturelle Bewegung Sie, Ihren Glauben und Ihre Kinder zu zerstören droht, Bielefeld 1999, S. 67

122 Brezinka, W., Erziehungsziele heute. Problematik und Leitlinien, in: Pädagogische Rundschau, Nr.5/1991, S. 573-575

sich in unserem Leben in einer Selbstentfremdung zeigt. Was mich deshalb besonders befremdet ist, dass sich der lernzielorientierte Religionsunterricht mit aller Kraft für die Ziele der emanzipatorischen Erziehung einsetzt. Die Theologen sollten doch von der Bibel her Hilfen für die Probleme unserer Zeit geben. Lutz von Padberg schreibt dazu:

> »Der selbstbestimmte Freiheitskampf führt den natürlichen Menschen in die Unfreiheit, weil er dem Gesetz der Sünde unterliegt. Wirkliche Freiheit gibt es nur in der Bindung an Jesus Christus ... Der Mensch kann nur dann freiheitlich über sich verfügen, wenn er Gott über sich verfügen lässt.«[123]
> Nur »die Autorität Gottes, die uns in seinem unumschränkten Herrsein, in seinem Sohn Jesus Christus und in seinem geoffenbarten Wort begegnet, schafft und erhält Freiheit.«[124]

Wahre Freiheit erwächst letztlich nur aus einer freiwilligen Bejahung der göttlichen Autorität.[125]

3.1.4 Die Antipädagogik

Die emanzipatorischen Erziehungsauffassungen führten bei einigen zur **Antipädagogik**. 1975 veröffentlichte der Publizist **Ekkehard von Braunmühl** das Buch »Antipädagogik – Studien zur Abschaffung der Pädagogik« (Weinheim). Die Postulate dieses Buches lauten:

> »Kein Kind ist erziehungsbedürftig! Kein Erwachsener ist für die Kinder verantwortlich! Wer Kinder liebt, erzieht sie nicht.«[126]

---

123 zit. nach Padberg, L., Freiheit und Autorität, S. 87-88
124 zit. nach ebd., S. 92
125 ebd., S. 89
126 zit. nach Berner, H., Aktuelle Strömungen in der Pädagogik, S. 85

In der zweiten Hälfte der siebziger Jahre wurden weitere Bücher veröffentlicht, welche die antipädagogische Bewegung unterstützten, darunter von **Maud Mannoni, Katharina Rutschky** und **Alice Miller**. Vor allem die Bücher von Alice Miller wurden zum großen Publikumserfolg. Sie schreibt im Buch »Am Anfang war Erziehung« unter anderem:

> »Im Gegensatz zur allgemein verbreiteten Meinung und zum Schrecken der Pädagogen kann ich dem Wort »Erziehung« keine positive Bedeutung abgewinnen. Ich sehe in ihr die Notwehr des Erwachsenen, die Manipulation aus der eigenen Unfreiheit und Unsicherheit, die ich zwar verstehen kann, deren Gefahren ich aber nicht übersehen darf.«[127]

Die grundlegenden gemeinsamen Überzeugungen der Vertreter/Vertreterinnen der Antipädagogik sind:
- »Die Heranwachsenden sind nicht erziehungsbedürftig; der Mensch ist kein homo educandus.
- Erziehungsakte vermögen lediglich das Gegenteil des Beabsichtigten zu erreichen.
- Erziehungsbedürftig (im Sinne von bedürftig, erziehen zu können) sind die Erwachsenen; sie brauchen die Kinder-Erziehung, um das ihnen als Kinder angetane Leid weitergeben zu können.«[128]

Konsequenterweise setzt sich die Antipädagogik für die Abschaffung der Schulpflicht ein.[129] John Holt hält die Schulen für die antidemokratischsten, zerstörerischsten und gefährlichsten Institutionen der modernen Gesellschaft.[130]

---

[127] zit. nach Miller, A., Am Anfang war Erziehung, Frankfurt 1983, S. 121
[128] zit. nach Berner, Aktuelle Strömungen in der Pädagogik, S. 237
[129] ebd., S. 237
[130] Holt, J., Zum Teufel mit der Kindheit, Wetzlar 1978, S. 194

3.1.5 Die neokonservative Bewegung lehnt Emanzipation als Erziehungsziel ab

Neokonservative Kreise aus allen Bereichen der Wissenschaft führten 1974 in München ein Kolloquium mit dem Titel »Tendenz-Wende« durch. Robert Spaemann sagte in seinem Referat »Emanzipation – ein Erziehungsziel?« unter anderem:

> »Gegenüber der Emanzipationsideologie müssen wir die Mündigkeit der Bürger verteidigen. Der ideologisch überforderte Emanzipationsbegriff ist zweideutig geworden. Einst als Befreiung aus vormundschaftlicher Gewalt gemeint, dient er zur Legitimation neuer Arten von Herrschaft, nämlich derjenigen, der es gelingt, sich als emanzipatorisch zu deklarieren.«[131]

Im Jahre 1978 führte die neokonservative Bewegung in Bonn ein Forum »Mut zur Erziehung« durch. Die Referate hielten **Lobkowicz, Spaemann, Aurin, Tenbruck, Lübbe** und **Schwan**. Zum Abschluss des Forums gaben sie eine 9 Thesen umfassende Erklärung ab.

- In den Referaten und Thesen wurde mit denen, welche die Ziele der emanzipatorischen Erziehung vertraten, abgerechnet. Man wies auf die Irrtümer und Irreführungen der emanzipatorischen Bemühungen hin.
- Auf der anderen Seite wurde von der Selbstverständlichkeit der Erziehung in Familie und Schule gesprochen. Die Tugenden Fleiß, Disziplin, Gehorsam und Ordnung wurden als erstrebenswert hervorgehoben. Daneben wies man auf die Wichtigkeit der Kultur und Überlieferung hin. Neben den Tugenden und der Kultur wurde besonders die Lebenspraxis betont.[132]

Um all dies eben Genannte in der Erziehung beachten zu können, gilt es nach Bath, die Wertvorstellungen in Staat und Gesellschaft zu

---

131 zit. nach Spaemann, R., Emanzipation – ein Erziehungsziel?, in: Tendenzwende, hg. v. C. Graf, Stuttgart 1975, S. 76

132 Berner, H., Aktuelle Strömungen in der Pädagogik, S. 199-207

beachten. Erziehung müsse wieder von allgemein gültigen Werten und Normen getragen werden.[133]

Zunächst wirft man der neokonservativen Bewegung vor, sie betreibe eine undifferenzierte antiaufklärerische Pädagogik, die, am Maßstab einer recht verstandenen Vernunft und Freiheit gemessen, inakzeptabel sei.[134]

Die Kritik besteht ferner darin, dass die neokonservative Bewegung suggeriere, sie könne auf bestehende Werte und Normen zurückgreifen. Wer sagt aber, warum gerade diese Werte und Normen die tragenden sein sollen? Es genügt nicht zu sagen, dass diese Werte deshalb, weil man in der Vergangenheit von ihnen ausging, heute wieder tragend sein sollten.[135]

»Mut zur Erziehung« **greift auf traditionelle Werte und Normen zurück, ohne aber den christlichen Hintergrund**, aus dem sie hervorgegangen sind, **genügend zu berücksichtigen**. Genau dies ist meines Erachtens **der Schwachpunkt der neokonservativen Bewegung**. Sie geht von christlichen Normen und Werten aus, ohne aber ihre Grundlage, die Bibel, ernst zu nehmen. Sie vermag deshalb der heutigen Gesellschaft nicht klar zu machen, warum gerade diese Normen und Werte besonders beachtet werden sollten. Darum werden auch die sich aus diesen Normen und Werten ergebenden Ziele von der Öffentlichkeit in Frage gestellt.[136]

Ich halte es für eine Illusion zu meinen, man könne eine christlich-ethische Wertsetzung vornehmen, ohne den christlichen Hintergrund, die Botschaft der Bibel, zu berücksichtigen. Ich bin davon überzeugt, dass nicht der Mensch, sondern nur Gott, der ihn erschaffen hat, letzte Normen und Werte festsetzen kann. Und das hat er gemacht. Er hat sie uns in seiner Offenbarung, der Bibel, zusammengefasst in den Zehn Geboten, mitgeteilt.

---

133 ebd., S. 207-209

134 Weber, E., Pädagogik. Eine Einführung. Grundfragen und Grundbegriffe. Pädagogische Anthropologie. Phylogenetische (bio- und kulturrevolutionäre) Voraussetzungen der Erziehung, Bd. 1/Teil 1, Donauwörth 1995[8], S. 210

135 Berner, H., Aktuelle Strömungen in der Pädagogik, S. 221

136 Gudjons, H., Pädagogisches Grundwissen, S. 178

3.1.6 Das Ende der Pädagogik in der Postmoderne

Protagonisten der postmodernen Überzeugungen sind die französischen Philosophen J. Baudrillard, M. Foucault und J.-F. Lyotard.

Mit der Absage an eine metaphysische und szientistische[137] Gewissheit und mit der Zurückweisung des Anspruchs einer einheitsstiftenden Vernunft wird nach J.-F. Lyotard das Ende der Moderne und der Beginn der Postmoderne eingeleitet.[138] Aus dieser Ablehnung eines universellen und verbindlichen Wahrheitsanspruchs resultiert ein radikaler Relativismus und Pluralismus.[139] Dies führt zu einem ständigen Widerstreit, der nicht gelöst werden kann und soll.[140]

J. Baudrillard vertritt die Ansicht, dass die Wirklichkeit immer mehr aus unserem Alltag schwindet und damit verbunden auch der Sinn. Dies komme daher, dass die Wirklichkeit immer mehr durch Zeichen ersetzt werde, vor allem in den Medien. Durch das Verschwinden der Wirklichkeit (des Realen) komme es zu einer enormen Zunahme an Simulation. Simulationen ersetzten das Reale und dominierten das soziale Leben. Dies sei mit einem gravierenden Sinnverlust verbunden.[141]

M. Foucault betont die Unmöglichkeit des Subjektseins des Menschen. Da die moderne Pädagogik den Menschen als personales Subjekt betrachtet, wurde sie durch diese Behauptung Foucaults in Frage gestellt.[142]

Diese Gedanken der französischen Philosophen haben sich im deutschsprachigen Raum auf das pädagogische Denken ausgewirkt. Der Postmodernismus begünstigt, da man einen radikalen Relativismus und Pluralismus lehrt, im pädagogischen Bereich ein Abgleiten in

137 Szientistisch: Auf strenger Wissenschaftlichkeit gegründete Haltung. Für J.-F. Lyotard ist wissenschaftliches Wissen nur eine Form des Wissens neben anderen. Vgl. König, E.; Zedler, P., Theorien der Erziehungswissenschaft, S. 217

138 Weber, E., Pädagogik. Eine Einführung. Grundfragen und Grundbegriffe. Pädagogische Anthropologie, Bd. 1/Teil 1, S. 158

139 ebd., S. 159

140 ebd., S. 160

141 ebd., S. 161

142 ebd., S. 162

die Beliebigkeit. Es drängt sich ein Verzicht auf eine wertorientierte Erziehung auf. So ist es leider nicht mehr möglich, in der Erziehung einen letzten Sinn zu vermitteln. Da alles nur noch relativ ist, fehlen letzte Kriterien, um die Identität eines Menschen festigen zu können. Weil auch letzte Ziele im Blick auf den Unterricht der Kinder fehlen, soll er vor allem spielerisch und lustbetont sein.[143] Der animierenden Inszenierung des Unterrichts kommt deshalb eine wachsende Bedeutung zu. Der Lehrer wird nach und nach zum Unterhaltungskünstler.[144]

Aus diesen eben entfalteten Gedanken wuchs die Idee vom »Ende« der Pädagogik.

- **D. Lenzen** sieht das Ende der Pädagogik deshalb für gekommen, weil seit der Aufklärung keine Vermittlung zwischen Theorie und Praxis möglich gewesen sei, was heute mit den Mitteln strukturalistischer und neostrukturalistischer Analysen aufgezeigt werden könne. Diese ständige Krise führe das Ende der Pädagogik herbei. Zudem habe erzieherische Praxis infolge des postmodernistischen radikalen Pluralismus und Relativismus ihre Konsensfähigkeit und Verbindlichkeit verloren.[145]
- **K. Wünsche** ist der Ansicht, dass die »pädagogische Bewegung«, die in der Reformpädagogik des frühen 20. Jhs. ihren Höhepunkt erreicht habe, gegen Ende des 20. Jhs. zum Stillstand gekommen und deshalb zu verabschieden sei.

  Er zählt u. a. folgende Gründe auf:
  - Die Infragestellung und Ablehnung des Fortschrittsglaubens.
  - Die Verabschiedung der Idee der Kindheit. Die Pädagogik sehe sich heute zuständig für Babys und Greise. Die Differenzierung zwischen Kind und Erwachsenem falle weg. Dadurch habe die

---

143 ebd., S. 181

144 Rauschenberger, H., Erzieherisches Denken und Handeln. Gesellschaftliche Entwicklungen in ihrer Wirkung auf Schule und Unterricht, Weinheim; München 1999, S. 171-172

145 Lenzen, D., Mythos, Metapher und Simulation. Zu den Aussichten Systematischer Pädagogik in der Postmoderne, in: Zeitschrift für Pädagogik, Nr. 33/1987, S. 43-60

Pädagogik ihren Gegenstand, das Kind und seine Erziehung, verloren.[146]

- Der Schwund allgemein anerkannter und verbindlicher Zielvorstellungen infolge der immer radikaleren Relativierung und Pluralisierung aller Wert- und Sinnüberzeugungen.[147]

Detlef Garz bringt dies auf den Punkt, wenn er schreibt:

»Wenn alles auch anders sein kann, hat die Pädagogik vermeintlich ihr Recht und ihre Möglichkeiten verloren.«[148]

- Auch für **H. Giesecke** zeichnet sich ein Ende der Pädagogik ab. Er nennt folgende Gründe:
  - Das Bildungssystem kopple sich immer mehr vom Beschäftigungssystem ab.
  - Die ökologische Krise und zwischenstaatliche Auseinandersetzungen zerstörten den Fortschrittsoptimismus.
  - Die Erziehung sei durch die Sozialisation abgelöst worden, für die sich niemand persönlich verantwortlich fühle.

  Er fordert abschließend, dass Kinder wie Erwachsene behandelt werden sollten, da sie in der Lage seien, ihr Leben verantwortlich zu gestalten. Dazu sei es nötig, dass das Kind in Familie und Schule frei von pädagogischen Einflüssen aufwachsen könne.[149] Erich Weber schreibt dazu:

»Letztlich will Giesecke mit seiner These vom Ende der Erziehung in unserer fortgeschrittenen modernen Gesellschaft deren Pädago-

---

146 Simone Jostock weist darauf hin, dass vor allem die Rationalisierung der Kindheit und der Einfluss der Institutionen auf sie, zu ihrem strukturellen Verschwinden beigetragen haben. Vgl. Jostock, S., Kindheit in der Moderne und Postmoderne. Eine bildungstheoretische und sozialwissenschaftliche Untersuchung, Opladen 1999, S. 60.74-83

147 Wünsche, K., Die Endlichkeit der pädagogischen Bewegung, in: Neue Sammlung, Nr. 25/1985, S. 433-449

148 zit. nach Garz, D., Moral, Erziehung und Gesellschaft. Wider die Erziehungskatastrophe, Bad Heilbrunn 1998, S. 102

149 Giesecke, H., Das Ende der Erziehung. Neue Chance für Familie und Schule, Stuttgart 1985, S. 24-29.77-110

gisierungs- und Therapeutisierungstendenzen kritisieren und überwinden. Ihnen setzt er aus seiner pädagogischen Sicht vorrangig die Sozialisations- und Qualifikationsprozesse entgegen.«[150]

Wir sehen, dass unter dem Einfluss der philosophischen Überlegungen der Postmoderne, die Pädagogik nicht nur ihre Ziele verloren hat, sondern sich selbst in Frage stellt.

Erich Weber fordert, dass man mit Hilfe der Vernunft aufzeigen solle, dass die spätmoderne Pädagogik noch nicht an ihr Ende gekommen sei.[151] Er gesteht dann aber selbst ein, dass die Vernunft im pädagogischen Bereich zu Engführungen, Einseitigkeiten und Fehlentwicklungen geführt habe. Trotzdem sucht er mit ihrer Hilfe die spätmoderne Erziehungswissenschaft zu verbessern und zu korrigieren.[152] Vor allem sollte nach ihm die Emotionalität in der Erziehung wieder ernster genommen werden. Auch der praktischen Dimension des Lernens müsse mehr Beachtung geschenkt werden. Schließlich solle noch die Willensbildung mehr berücksichtigt werden, da durch sie die Versittlichung des Menschen möglich sei.[153] Ergänzend dazu schreibt Simone Jostock, dass es in der spätmodernen Erziehung darum gehen müsse, die heranwachsenden Kinder menschenwürdig leben zu lehren, d.h. sie zu lehren, ein von der Vernunft geleitetes Leben zu führen, wie dies schon Rousseau und Kant forderten.[154]

Diese hier von Erich Weber und Simone Jostock entfalteten Revisions- und Korrekturvorschläge im pädagogischen Bereich gehen am Grundproblem der postmodernen pädagogischen Überlegungen vorbei. In der Postmoderne wird deshalb vom Ende der Pädagogik gesprochen, weil der alles bestimmende Relativismus und Pluralismus keine letzten Werte, Normen und Sinnüberzeugungen zulässt. Die Revisionsvorschläge von E. Weber und S. Jostock geben auf die-

---

150 zit. nach Weber, E., Pädagogik. Eine Einführung. Grundfragen und Grundbegriffe. Pädagogische Anthropologie, Bd. 1/Teil 1, S. 186
151 ebd., S. 231
152 ebd., S. 232
153 ebd., S. 236-242
154 Jostock, S., Kindheit in der Moderne und Postmoderne, S. 94

ses Grundproblem keine Antwort, da ihre auf der Vernunft begründeten Vorschläge nur einige unter vielen anderen sind. Die Vernunft ist eben gerade nicht in der Lage, letzte Werte, Normen und Sinnzusammenhänge aufzuzeigen. Sie ist es doch, die zu Relativismus und Pluralismus geführt hat.

Nur eine Pädagogik, die von letzten Normen und Werten ausgeht, welche Gott – der Schöpfer der Menschen – festgesetzt hat, kann aus der Sackgasse der postmodernen Auffassung, dass wir am Ende der Pädagogik angelangt seien, herausführen.

3.2 Erziehungsziele, die sich von den psychologischen Menschenbildern her ergeben

Vor allem die Ausführungen **zu den Menschenbildern der analytischen und behavioristischen Psychologie** haben kombiniert mit soziologischen Überlegungen in der Pädagogik zu verschiedenen wichtigen Zielvorstellungen der Erziehung geführt. Dies war erst seit den 80er-Jahren der Fall, als man die Ergebnisse der Soziologie in die Pädagogik zu integrieren suchte. Es waren Emile Durkheim (1858-1917), der eigentliche Begründer der Soziologie, George Herbert Mead (1863-1931), Herbert Blumer (1900-1987) und Talcott Parsons (1902-1979), die auf Wechselwirkungen von Gesellschaft und Erziehung hinwiesen.[155] Alle waren sie davon überzeugt, dass die Gesellschaft die Menschen formt.[156] Diesen Vorgang nannten sie

155 Eggers, Ph.; Lenhart, V., Die sozialwissenschaftliche Orientierung der Pädagogik, in: Richtungsstreit in der Erziehungswissenschaft und pädagogische Verständigung, S. 232-239; vgl. König, E.; Zedler, P., Theorien der Erziehungswissenschaft, S. 141-142

156 Einige grundsätzliche Gedanken zur Soziologie: Nach Norbert Elias hat die Soziologie davon auszugehen, dass gesellschaftliche Prozesse relativ autonom verlaufen. Sie seien zum Teil als sich selbst regulierende Funktionszusammenhänge anzusehen, die von niemandes Absichten und Zielen gelenkt werden. Erst durch die systematische Erforschung dieser sinn- und zwecklosen gesellschaftlichen Funktionszusammenhänge, könne der Mensch sie beherrschen und ihnen einen

Vergesellschaftung oder Sozialisation. Darüber, wie dies im Einzelnen geschieht, gingen ihre Auffassungen weit auseinander.[157]

3.2.1 Die Sozialisation

Die Lernprozesse, die für das Funktionieren des jeweiligen sozialen Systems notwendig sind, nennt man **Sozialisation**. Das Wort **Sozialisation** ist ein Sammelbegriff für ein hypothetisches Konstrukt, für angenommene Prozesse der Übernahme sozial relevanter Verhaltens- und Erlebensmuster.[158] Die Sozialisation dient der Reproduktion und der Stabilisierung der bestehenden Ordnung.[159]

Sinn geben (Vgl. Elias, N., Was ist Soziologie?, Weinheim; München 1996[8], S. 61-62). In der Soziologie untersucht man die Frage, wie Menschen ihre Beziehungen zueinander regulieren. Zudem betrachtet man jede Beziehung zwischen Menschen als einen Prozess (ebd., S. 82). Das Beziehungsgeflecht zwischen größeren Menschengruppen oder der Gesellschaft, hält man für undurchschaubar. Aus dieser Undurchschaubarkeit leitet man ab, dass Beziehungsgeflechte ihre eigenen Entwicklungen haben, die relativ unabhängig von den Absichten und Handlungszielen der Menschen sind, die dieses Geflecht bilden (ebd., S. 106-109). Die Soziologie ringt mit der Fragestellung, wie sich Individuum und Gesellschaft zueinander verhalten. In der Entwicklung der Soziologie wurde bald die Gesellschaft, bald das Individuum höher bewertet (ebd., S. 125-128). Mit dem Begriff Figuration sucht man die Aufmerksamkeit auf die Interdependenzen, die gegenseitigen Abhängigkeiten der Menschen voneinander zu lenken. Es bleibt allerdings noch die Frage zu klären, was Menschen in Figurationen zusammenbindet (ebd., S. 144). Norbert Elias ist der Ansicht, dass die Menschen zunächst emotional miteinander verbunden seien (ebd., S. 150). Weiter erwähnt er die beruflichen Bindungen (ebd., S. 159). Es geht in der Soziologie auch um die Frage, wie sich die Gesellschaft entwickelt. In diesem Bereich ist man bis heute zu keiner befriedigenden Antwort gelangt (ebd., S. 166-168). Bei der Erfassung gesellschaftlicher Entwicklungen beachtet man in neuerer Zeit sowohl innerstaatliche als auch zwischenstaatliche Beziehungen (ebd., S. 188).
Bei diesem von Norbert Elias entfalteten soziologischen Ansatz fehlt jegliche Einflussnahme Gottes auf das gesellschaftliche Geschehen. Zugleich kommt es zu einer Abwertung des Individuums innerhalb soziologischer Prozesse, da diese als relativ autonom zu verstehen seien.

157 Veith, H., Theorien der Sozialisation. Zur Rekonstruktion des modernen sozialisationstheoretischen Denkens, Frankfurt; New York 1996, S. 113

158 Trautner, H. M., Lehrbuch der Entwicklungspsychologie, Bd. 1, Göttingen; Toronto; Zürich 1978, S. 141

159 Lück, I., Alarm um die Schule, S. 27

Die **behavioristischen Psychologen** John B. Watson und Burrhus F. Skinner versuchten angenommene soziologische Prozesse zu erhellen und zu erklären. Sie gingen davon aus, dass jede dauerhafte Veränderung des menschlichen Verhaltens die Folge identifizierbarer externer Ursachen sei. Auf dieser umweltdeterministischen Grundlage entwickelten sie Lernmodelle (klassische und operante Konditionierung), die eine hohe sozialisationstheoretische Relevanz besitzen.[160] B. F. Skinner suchte mit Hilfe von Tierversuchen (»Skinner-Box«) zu zeigen, dass das Verhalten durch Umweltstimuli steuerbar sei. Im Blick auf die Beeinflussung des Verhaltens der Menschen galten als Umweltstimuli physische, soziale und kulturelle Reizgrößen.[161] Es gelang also der behavioristischen Psychologie, scheinbar den Vorgang der Sozialisation mit Hilfe empirisch-rationalistischer Versuche teilweise zu erklären.

F. W. Kron wünscht, beeindruckt von den Ergebnissen der behavioristischen Psychologie, dass sich die Pädagogik als verstehende und erklärende Sozialwissenschaft neu konstituiert. Ihre Aufgabe solle es sein, die Erziehungs- und Sozialisationsprozesse zu erforschen und aufzuklären,[162] wie dies in den empirisch-rationalistischen Ansätzen der Fall ist.[163]

Andere, vor allem Erich Fromm und Talcott Parson, versuchten den Sozialisationsprozess **psychoanalytisch** zu erklären.[164]

In der Sozialisation gehe es darum, dass der junge Mensch die Normen und Werte seines kulturellen Raumes so intensiv wie möglich verinnerliche, um so ein wertvolles Glied der Gesellschaft zu werden.[165] Der Neobehaviorist A. Bandura redet in diesem Zusammenhang von Beobachtungs-, Nachahmungs- und Imitationslernen.[166] Der Sozialisationsprozess wird allgemein als ein didaktischer Vorgang

160 Veith, H., Theorien der Sozialisation, S. 221
161 ebd., S. 259-260
162 Kron, F. W., Grundwissen Pädagogik, S. 73-74
163 Frost, U., Erziehungswissenschaft, in: Handbuch religionspädagogischer Grundbegriffe, hg. v. G. Bitter; G. Miller, Bd. 2, München 1986, S. 564
164 Veith, H., Theorien der Sozialisation, S. 388-399; 422-431
165 Lück, I., Alarm um die Schule, S. 28
166 Weber, E., Pädagogik. Eine Einführung. Grundfragen und Grundbegriffe, Bd. 1/ Teil 2, S. 66-70

begriffen, in welchem einerseits der einzelne Mensch als Mitglied der Gesellschaft in dieser handlungsfähig wird und durch den sich andererseits die Gesellschaft erhält und reproduziert. Die Sozialisationsforschung geht grundsätzlich davon aus, dass der Mensch immer schon ein gesellschaftliches und damit ein »vergesellschaftetes Subjekt« ist, das sich die Strukturen und Regelwerke, in denen es lebt, aneignen kann und so zur Identität und damit zum eigentlichen Leben gelangt.[167]

Bei diesem Aneignungsprozess der soziokulturellen Welt wird **der Sprache** eine entscheidende Bedeutung beigemessen. Die Sprache, so wird behauptet, könne einerseits den Zugang zu verschiedenen Bereichen der sozialen Umwelt erschließen und andererseits verwehren, weil das Sprachverständnis dem sozialen Stand entsprechend unterschiedlich entfaltet werde.[168] Diese Überzeugung vertrat vor allem Basil Bernstein.[169]

D. Baacke ist der Ansicht, dass auch die Medien zu diesem Verinnerlichungsprozess einen wichtigen Beitrag leisten.[170]

Man stellt sich vor, dass der barbarische Mensch durch die **Sozialisation zum kulturell angepassten Menschen werde.**[171] Die Sozialisationstheoretiker übernehmen die Überzeugung von P. L. Berger und Th. Luckmann, dass der Mensch prinzipiell formbar sei.[172]

Grundlage der Sozialisation ist die **Rollentheorie. George Herbert Mead** (1863-1931), der Begründer des Sozialbehaviorismus, vertritt die Auffassung, dass die Identität des einzelnen Ichs gesellschaftlichen Ursprungs sei. Das Neugeborene habe noch kein Ich. Die persönliche Identität sei das Produkt eines gesellschaftlich bestimmten Lern- und Entwicklungsprozesses, in welchem es mit den anderen Menschen zu Interaktionserfahrungen komme.[173]

167 Kron, F. W., Grundwissen Pädagogik, S. 75
168 Röhrs, H., Allgemeine Erziehungswissenschaft, S. 262
169 Veith, H., Theorien der Sozialisation, S. 510-511
170 Kron, F. W., Grundwissen Didaktik, München; Basel 1993, S. 350
171 Lück, I., Alarm um die Schule, S. 29
172 Ritter, W. H., Religion in nachchristlicher Zeit, S. 48-49
173 Veith, H., Theorien der Sozialisation, S. 359

> »Die Interaktionen sind daher für die Identitätsbildung eine grundlegende Bedingung. Sie setzen das Subjekt erst in Szene, sie fordern den einzelnen in seinem Handeln und Denken, in seinen Gefühlen und Bedürfnissen heraus ...«[174]

Der Einzelne ist deshalb immer nur Objekt seiner selbst, da er durch die gesellschaftliche Umwelt konstituiert wird, in der er, durch die Haltung der anderen beeinflusst, bestimmte Rollen annimmt.[175] Der Begriff »Rolle« meint in der Soziologie den Komplex der Erwartungen, die die Gesellschaft an eine bestimmte Position und an einen bestimmten Status knüpft (Sohn, Vater, Lehrer, Mitglied einer Partei usw.).[176] Gerade in der Beschreibung der Rollenübernahme, des Lernens seiner Rolle, macht die Rollentheorie – von Talcott Parsons beeinflusst – Anleihen bei psychoanalytischen Modellvorstellungen vom Lernen. Sie redet nämlich von **Identifikation** und **Internalisierung** (Verinnerlichung).[177] In diesem Zusammenhang wird auch auf die **Sublimierung** hingewiesen. Das heranwachsende Kind verzichte auf triebhafte Befriedigung zugunsten von Verhaltensweisen, die sozial geduldet und positiv bewertet werden.[178] Mead misst der Sprache im Blick auf die Rollenübernahme eine entscheidende Bedeutung zu. Er meint, dass die Menschen mit Hilfe der Sprache (er spricht von signifikanten Symbolen) in die Lage versetzt werden, beliebig viele Handlungsweisen zu übernehmen.[179] Erst durch die Übernahme der Rollenerwartung im Sozialisationsprozess komme

---

174 zit. nach Kron, F. W., Grundwissen Pädagogik, S. 237

175 Düsing, E., Das Ende der Individualität?, in: Menschenwürde und Emanzipation. Entfremdung und Konzepte ihrer Aufhebung. Kritischer Traktat, Neuhausen-Stuttgart 1981, S. 36

176 Erving Goffman (1922-1982) verstand menschliches Handeln als eine Übernahme bestimmter Rollen. Vgl. König, E.; Zedler, P., Theorien der Erziehungswissenschaft, S. 142

177 Kron, F. W., Grundwissen Pädagogik, S. 81. 103-111; vgl. Veith, H., Theorien der Sozialisation, S. 410

178 Schenk-Danzinger, L., Entwicklung, Sozialisation, Erziehung. Von der Geburt bis zur Schulfähigkeit, Bd. 1, Wien 1994^2, S. 121

179 Veith, H., Theorien der Sozialisation, S. 358

es bei einem Menschen zur **Identitätsfindung und dadurch zur richtigen Menschwerdung.**[180]

Der Mensch als Person, als Individuum sei das Produkt verschiedener Rollenerwartungen. Man glaubt auch, dass es erschwerende und erleichternde Bedingungen in der Aneignung von Rollen gebe. Finde der Mensch zu seinen ihm angemessenen Rollen in Bezug auf seine soziale Umgebung, werde er zu einer ausgewogenen Persönlichkeit. Je perfekter er seine Rollen im ganzen Rollengefüge zu erfüllen vermöge, desto sicherer sei sein Auftreten in der Gesellschaft.[181] Es komme zugleich in seinem Leben zu einer harmonischen Balance aller Kräfte. Der reibungslose Ablauf des Lebens innerhalb der Gesellschaft sei nun gewährleistet. Der Mensch handle nun **zweckmäßig, gesellschaftskonform** und **verhalte sich angepasst**. Er habe die von ihm erwartete Reife erlangt.

3.2.2 Symbolische Interaktionen

Der Mensch ist von diesem soziologischen Standpunkt her betrachtet letztlich das Produkt der Gesellschaft. Seit den 70er-Jahren weist man aber beeinflusst von der »kritischen Erziehungswissenschaft« darauf hin, dass die Sozialisationstheorie zu einseitig nur die Anpassung betont.[182] Da jede Gesellschaft dem Prozess der geschichtlichen Veränderung unterworfen sei und diesen Prozess um ihres Überlebens willen sogar selbst vorantreiben müsse, sollte zur Sozialisation notwendigerweise auch die Fähigkeit zur aktiven Veränderung des Bestehenden gehören. Sozialisation wird deshalb als ein lebenslanger dynamischer Prozess verstanden, in welchem sich der Einzelne in permanenten Wechselwirkungsprozessen der Anpassung und der Spon-

[180] ebd., S. 357; vgl. Lück, I., Alarm um die Schule, S. 31

[181] Stoodt, D., Von der religiösen Erziehung zur religiösen Sozialisation, in: Religiöse Sozialisation, hg. v. M. Arndt, Stuttgart 1975, S. 14

[182] Frör, K., Grundriss der Religionspädagogik. Im Umfeld der modernen Erziehungswissenschaft, Konstanz 1983², S. 58; vgl. Kron, F. W., Grundwissen Pädagogik, S. 114-118

taneität fortentwickelt.[183] Mead weist darauf hin, dass es in der Sozialisation nicht nur um Anpassung an das jeweils übergeordnete soziale System gehen dürfe, sondern dass es auch um die Herausbildung der Reflektivität gehen müsse, deren Grundlage die Spontaneität sei, welche aus dem Subjekt des Ich komme.

Man stellt sich diesen Prozess der Anpassung und Veränderung so vor:
Das Lernen von Rollen und Rollensystemen, die für alle verbindlich sind, betrachtet man als gesellschaftlichen Prozess. Die Gesellschaft mit ihren Normen und Wertvorstellungen etabliere sich sozusagen im Subjekt. Diesen Vorgang verstand T. Parson als eine zunehmend differenzierte **Identifizierung.** Der Begriff stammt aus der Psychoanalyse und sucht deutlich zu machen, dass Normen und Wertvorstellungen, die von außen gesetzt werden, innerlich übernommen werden können, indem man sich mit ihnen identifiziert. Identifizierung wird also als Lernprozess verstanden.[184] Im Subjekt wird eine Instanz angenommen – **das »Me«** – in welcher die soziokulturellen Einflüsse gelernt und festgemacht werden können.

Wie es einem sozialisierten Menschen möglich ist, Vorgegebenes zu verändern, denkt man sich so:

Man stellt sich vor, dass die Persönlichkeitsentwicklung eines Menschen durch das Zusammenspiel zweier Größen, dem »I« und dem »Me« bestimmt werde. **Das »I«** (das Ich als Subjekt) wird als eine psychische Komponente betrachtet, die Spontaneität, Kreativität und einen Antriebsüberschuss habe.[185] Das »Me« wird eher als die soziale Komponente betrachtet, die die soziokulturellen Einflüsse verinnerliche. Weil ein Mensch mit verschiedenen Personen zusammenlebe und sich in verschiedenen soziokulturellen Einflussbereichen bewege, habe er sozusagen **verschiedene »Me's«.** Diese müssten aber, um ein konsistentes Verhalten zu ermöglichen, in ei-

183 Czell, G., Religiöse und kirchliche Sozialisation in der Alltagswelt, in: Religiöse Sozialisation, S. 36
184 Veith, H., Theorien der Sozialisation, S. 428-429
185 Garz, D., Moral, Erziehung und Gesellschaft, S. 48

nem einheitlichen Selbstbild synthetisiert werden, dem so genannten »Self« (Identität).

Das spontan voranstrebende »I« und das soziale »Me« müssten immer wieder eine Balance, die im **»Self«** gegeben sei, finden.[186]

Aus den eben gemachten Ausführungen leitet man die Gedanken **der symbolischen Interaktion** ab. Sie wird als eine aus dem Wechselspiel von Vergesellschaftung und Individuation hervorgehende Persönlichkeitsentwicklung begriffen, bei dem die gesellschaftlichen Bedingungen den Menschen wohl beeinflussen, aber nicht determinieren.[187] Die Bedeutung der Symbole (vor allem der Sprache), die diesen Vorgang entscheidend beeinflussen, sind nach Mead nicht festgelegt. Deshalb kann ihr Sinngehalt in sozialen Interaktionen immer wieder neu ausgehandelt werden.

Die gesellschaftlich vorgegebenen Rollen und Rollensysteme können dieser eben ausgeführten Vorstellung entsprechend im Alltag von den Individuen in den situativen Zusammenhängen neu interpretiert und variiert werden. Dies führt natürlich auch zu Konflikten. Diese müssen aber nicht ausgeblendet oder unterdrückt werden, da sie positiv zu werten seien, weil sie zu einer Veränderung in der Gesellschaft beitragen.[188]

Es wird ferner darauf hingewiesen, dass sich symbolische Interaktionen vor allem dann ergeben, wenn **die Rollen und Positionen der Beteiligten nicht festgelegt seien**. Nur dann komme es zu dem nötigen zweiwegigen Prozess.[189] Der Sozialisierte beeinflusse den zu Sozialisierenden und umgekehrt.

Ziel symbolischer Interaktionen ist eine verantwortete Selbstverwirklichung bzw. verantwortete Emanzipation.[190]

Ende der 60er Jahre haben Vertreter der »kritischen Erziehungswissenschaft« (u.a. **Klaus Mollenhauer**) diese Theorie des symbolischen Interaktionismus aufgegriffen und zu einer der wichtigsten

---

186 Veith, H., Theorien der Sozialisation, S. 360-361
187 Gudjons, H., Pädagogisches Grundwissen, S. 151
188 Kron, F. W., Grundwissen Pädagogik, S. 226-235
189 Czell, G., Religiöse und kirchliche Sozialisation in der Alltagswelt, in: Religiöse Sozialisation, S. 37
190 Kron, F. W., Grundwissen Pädagogik, S. 239

gesellschaftskritischen Sozialisationstheorien weiterentwickelt.[191] Symbolische Interaktionen führen nach J. Habermas dann zu evolutionären Veränderungen der Normen und Werte der Gesellschaft, wenn das Verständigungsverhältnis diskursiviert gestaltet wird. Dazu sei es natürlich nötig, dass keiner von letzten Wahrheiten und Autoritäten ausgehe. Das Einzige, das bleiben dürfe, sei die Autorität des besseren Arguments.[192] Es ist somit nicht mehr möglich, zwischen Wahrheit und Irrtum, Wirklichkeit und Täuschung zu unterscheiden.[193]

Gerade die durch symbolische Interaktionen ermöglichte ständige Veränderung bewirkt, dass der heranwachsende Mensch zwischen divergierenden Zielen und Wertsystemen hin und her gerissen wird. Wo diese ständige Veränderung der Gesellschaft letztlich hinführt, ist dem blinden Zufall überlassen.[194] Merkwürdig erscheint mir, dass man Veränderung, von der Evolution herkommend, grundsätzlich positiv betrachtet. Könnte Veränderung nicht auch negative Folgen haben, wie dies der Kultursoziologe Arnold Gehlen (1904-1976) angedeutet hat?[195] Er wies darauf hin, dass es im Leben des Menschen zwangsläufig zu einer Sinn- und Orientierungskrise kommt, wenn die äußeren Stütz- und Fixpunkte fehlen.[196] Rudolf Seiß schreibt:

> »Es ist an der Zeit, die Fortschrittsgläubigkeit kritisch zu hinterfragen.«[197]

Meiner Ansicht nach wird im sozialisationstheoretischen Denken **die Gesellschaft vergöttlicht**, denn sie hat die Sprache, Ehe und Familie, Religion, Werte, Normen in evolutionistischen Prozessen hervorgebracht.[198] Es wird nirgends gesagt, wie sie das gemacht hat. In

---

191 Gudjons, H., Pädagogisches Grundwissen, S. 149
192 Veith, H., Theorien der Sozialisation, S. 492-493
193 Benner, D., Studien zur Theorie der Erziehungswissenschaft, S. 157
194 Lassahn, R., Grundriss einer Allgemeinen Pädagogik, Heidelberg 1983^2, S. 128-130
195 Kron, F. W., Grundwissen Pädagogik, S. 169
196 Veith, H., Theorien der Sozialisation, S. 285
197 zit. nach Seiß R., Humane Pädagogik, S. 17
198 Kron, F. W., Grundwissen Pädagogik, S. 44-46

immer breiter werdenden Ausführungen über die Sozialisationsprozesse wird hypothetisch entfaltet, wie diese Grundwerte der Gesellschaft weitergegeben (Sozialisation) und weiterentwickelt (symbolische Interaktionen) werden.

Wolfgang Brezinka ist der Überzeugung, dass die Vorgänge, die als »Sozialisation« bezeichnet werden, keine beobachtbaren, sondern erfundene, fiktive Vorgänge sind.[199]

> »Das Sozialisations-Vokabular hat nichts mit der wissenschaftlich erfahrbaren Welt zu tun, sondern es gehört in das Reich der Spekulation, in die Scheinwelt der irrealen Gegenstände, der erdichteten Entitäten ... Für die Erkenntnis der Realität ist damit gar nichts gewonnen.«[200]

Wenn der Mensch durch Sozialisation geformt wird, zeigt sich Schuld letztlich nur noch dort, wo ein Mensch gegen die gesellschaftlichen Zielvorstellungen und Anschauungen verstößt. Denn die ethischen Werte und Normen, welche die Gesellschaft hervorbringt, sind wandelbar, weil sie einer ständigen Neuinterpretation unterliegen.[201]

Die Ideen der Sozialisation und der symbolischen Interaktionen haben das pädagogische Denken unserer Zeit nachhaltig geprägt.

3.2.3 Der Einfluss der Sozialisationsideen auf die Religionspädagogik

Viele Religionspädagogen betrachten religiöses Lernen als Sozialisationsprozess. Dies zeigt, wie stark die Religionspädagogik von den Humanwissenschaften geprägt ist.

Kurt Frör ist der Überzeugung, dass die religiösen Lernprozesse als Sozialisationsprozesse zu verstehen seien. Durch soziales Lernen

---

199 Brezinka, W., Aufklärung über Erziehungstheorien, S. 265
200 zit. nach ebd., S. 265-266
201 Kron, F. W., Grundwissen Pädagogik, S. 84

könne die junge Generation an den religiösen Erfahrungen teilnehmen und die Verhaltensmuster erproben, die einmal zu einem reifen, persönlich zu vertretenden Glauben führen. Das Kind solle sich durch anfängliches Imitationslernen in der frühen Kindheit und später durch Eingewöhnung in vorgegebene Verhaltensmuster in eine religiöse Rolle eingewöhnen.[202]

Hans-Jürgen Fraas weist darauf hin, dass religiöse Sozialisation mit bestimmten Handlungen und deren Vermittlung beginne, zu denen affektive (gefühlsmäßige) und kognitive (sprachliche) Komponenten hinzukämen.[203] Im Religionsunterricht gehe es deshalb vor allem darum, das Kind in einfache Handlungen, Symbole und Riten einzuführen, die gefühlsmäßig erlebt und besprochen werden sollten.[204]

Letztlich seien es familiäre Gegebenheiten, das soziale Umfeld (Kindergarten, Schule, Sonntagsschule usw.), kulturelle Faktoren, die das religiöse Sein eines Menschen bestimmen. Interaktionsmechanismen im Prozess der Sozialisation würden ihm helfen, sich seine religiöse Rolle anzueignen.[205]

Auch Ulrich Hemel ist davon überzeugt, dass die Religion durch den Prozess der Sozialisation an die nachwachsende Generation vermittelt wird. Weil er die Möglichkeit der symbolischen Interaktionen anerkennt, kann er sich vorstellen, dass es im Verlauf der religiösen Sozialisation im Leben von Heranwachsenden zur Ablehnung der vermittelten Religion kommen kann.[206]

Wolf-Dietrich Bukow glaubt ebenfalls, dass Religion grundsätzlich sozial vermittelt wird.[207] H. Reiser geht noch weiter, wenn er be-

202 Frör, K., Grundriss der Religionspädagogik, S. 58-59

203 Fraas, H.-J., Schüler und Schülerin: Religiöse Sozialisation – Religiöse Entwicklung – Religiöse Erziehung, in: Religionspädagogisches Kompendium, hg. v. G. Adam; R. Lachmann, Göttingen 19975, S. 154-157

204 Ott, R., Sozialisation, in: Handbuch religionspädagogischer Grundbegriffe, Bd. 1, S. 62

205 vgl. Schweitzer, F., Lebensgeschichte und Religion. Religiöse Entwicklung und Erziehung im Kindes- und Jugendalter, München 1987, S. 181

206 Hemel, U., Ziele religiöser Erziehung, S. 550-552

207 Bukow, W.-D., Religiöse Sozialisation, in: Jahrbuch der Religionspädagogik, hg. v. P. Biehl; Ch. Bizer; H.-G. Heimbrock; F. Rikers, Bd. 2, Neukirchen-Vluyn 1986, S. 41

hauptet, der Sozialisationsvorgang selbst bringe dann Religiosität hervor, wenn sich die erworbenen Einstellungen und Deutungsmuster auf den unbedingten Sinn des Lebens beziehen.[208]

Eine durch Sozialisation vermittelte Religiosität kann aber dem Jugendlichen nicht helfen, seine Alltagsprobleme zu bewältigen. Sie bleibt letztlich etwas Fremdes in seinem Leben, dies zeigt sich in seiner Sprachlosigkeit im Hinblick auf religiöse Fragen.[209]

Der wahre biblische Glaube an Jesus Christus ist ein Akt menschlicher Freiheit, der als solcher nicht einfach als unmittelbare Folge sozialer, kultureller Gegebenheiten und Ausformungen verstanden werden kann.

3.2.4 Anfragen an die Sozialisationstheorien

Zunächst gilt es festzustellen, dass die Sozialisationstheorien nur diffuse Vorstellungen darüber vermitteln, wie Umwelteinflüsse zu verhaltensrelevanten Auswirkungen im Leben der Heranwachsenden führen können.[210]

Des Weiteren ist zu befürchten, dass der Mensch, der jederzeit seiner Rolle gerecht wird, der »homo sociologicus« – wie Ralf Dahrendorf ganz richtig bemerkt –, keine Persönlichkeit mehr ist.[211] Ihm fehlt jegliche Würde und er ist aller Freiheit beraubt. Dies löst in ihm ein Gefühl der Hilflosigkeit, der Ohnmacht aus. Er hat kein Gegenüber mehr, weil er Gott nicht mehr kennt.[212]

Alle Überlegungen zur Sozialisation gehen davon aus, dass der einzelne Mensch vom gesellschaftlichen Gesamtzusammenhang abhängig ist und dadurch geformt wird. Diesen Vorgang stellt man sich als Vergesellschaftung vor. Hermann Veith zeigt in seinem Buch »Theorien der Sozialisation«, dass es eine Vielzahl verschiedener

208 Ritter, W. H., Religion in nachchristlicher Zeit, S. 54
209 Neuberger, T. M., Lebensorientierung und religiöse Deutungssysteme, Frankfurt a. M.; Bern; New York; Paris 1989, S. 120
210 Veith, H., Theorien der Sozialisation, S. 528
211 Lück, I., Alarm um die Schule, S. 34-35
212 Huntemann, G., Autorität oder Chaos, Wuppertal 1971, S. 60-61

Konzeptionen gibt, die diesen Vorgang der Vergesellschaftung wissenschaftlich zu erklären versuchen. Bemerkenswert erscheint mir, dass die Unterschiede, ja Widersprüche zwischen diesen Konzepten so groß sind, dass eine Integration dieser verschiedenen Ansätze zu einer gemeinsamen Theorie undenkbar ist.[213] Es gibt also letztlich keine Sozialisationstheorie, sondern verschiedene, sich teilweise widersprechende Vorstellungen über Sozialisation. Man hofft, sich in den Sozialisationsvorstellungen in den nächsten Jahren näher zu kommen.

Ich bin davon überzeugt, dass es nie gelingen wird, den Vorgang der Sozialisation aufzuklären, da von zwei falschen Grundannahmen ausgegangen wird:

1. Die Sozialisationsvorstellungen gehen davon aus, dass die Gesellschaft den Menschen durch vielschichtige Prozesse zu einem angepassten Subjekt, zu einer Persönlichkeit formt. Diese Vorstellungen führen, wie Doris Bühler-Niederberger aufzeigt, zu einer Geringschätzung der Kindheit.[214] Von der Bibel herkommend wissen wir aber, dass der Mensch gleich von Geburt an als Geschöpf Gottes eine einzigartige Persönlichkeit ist. Er ist gleich von Anfang an in der Lage, auf Umwelteinflüsse zu reagieren. Die soziokulturellen Gegebenheiten haben demzufolge nur einen beschränkten Einfluss auf das heranwachsende Kind und können es nicht determinieren (siehe 6.2.2).
   Der Einfluss Gottes auf das Leben eines Kindes wird in den sozialisationstheoretischen Ausführungen nirgends berücksichtigt. Wenn ein heranwachsender Mensch Jesus im Glauben als persönlichen Retter annimmt, verändert sich sein Verhalten und Handeln ganz entscheidend (Apg 9,1-31). Diese Veränderungen wirken sich auch verändernd auf die ihn umgebende Gesellschaft aus (Mt 5,13).
2. Unter Sozialisation versteht man die dynamische Anpassungsfunktion an die bestehende Gesellschaft. Es wird völlig verkannt,

213 Veith, H., Theorien der Sozialisation, S. 533-572
214 Bühler-Niederberger, D., Teure Kinder – Ökonomie und Emotionen im Wandel der Zeit, in: Kinder als Außenseiter?, S. 113

dass nicht die Gesellschaft den Menschen, sondern der Mensch die Gesellschaft formt. Lutz von Padberg schreibt dazu:

»Denn nicht gesellschaftliche Prozesse bilden den Schlüssel zur Erkenntnis historischer Abläufe, so das soziologische Dogma, sondern das Verhalten des die Gesellschaft formenden Menschen.«[215]

3.2.5 Der systemtheoretische Ansatz

Die Ausführungen über Sozialisation und symbolische Interaktion tragen der Komplexität der gesellschaftlichen Prozesse zu wenig Rechnung. Man versuchte deshalb von der Soziologie und der Psychologie herkommend mit systemtheoretischen Konzepten diese komplexen Prozesse zu erhellen.[216] Ich gehe hier nur kurz auf die systemtheoretischen Überlegungen von Gregory Bateson (1904-1980) ein, die Paul Watzlawick systematisch zusammengefasst hat.

G. Bateson und P. Watzlawick definierten die Personen grundsätzlich als Elemente eines sozialen Systems.

Sie gingen zudem von **folgenden Annahmen** aus:

- Jede Person eines sozialen Systems macht sich ein Bild von der Wirklichkeit (Konstruktivismus[217]). P. Watzlawick weist darauf hin, dass jedes Verhalten in einer sozialen Situation, ob verbal oder nonverbal, gedeutet wird. Es wird sowohl im Blick auf den Inhalt als auch auf die Beziehung, die die Personen zueinander haben, gedeutet.
- Das Verhalten sozialer Systeme ist von expliziten und impliziten Regeln bestimmt. Dass wir z. B. bestimmte Handlungen als »Spiel« und nicht als »Ernst« deuten, ergibt sich aus bestimmten

215 zit. nach von Padberg, L., Die Bibel. Grundlage für Glauben, Denken und Erkennen, S. 114

216 Zu erwähnen sind die Allgemeine Systemtheorie von Ludwig von Bertalanffy (1901-1972) und Frederik Vester (geb. 1925) und die Soziologische Systemtheorie von Talcott Parsons (1902-1979) und Niklas Luhmann (geb. 1927). Vgl. König, E.; Zedler, P., Theorien der Erziehungswissenschaft, S. 169-189

217 Siehe Anm. 75

Regeln, die festlegen, was noch »Spiel« und was schon »Ernst« ist.

- Durch die subjektiven Deutungen und Regeln ergeben sich in sozialen Systemen zirkuläre Interaktionsstrukturen (Regelkreise). Zirkuläre Interaktionsstrukturen entstehen dadurch, dass sich Verhaltensweisen wechselseitig verstärken. Das wird am klassischen Nörgel-Rückzug-Beispiel verdeutlicht.

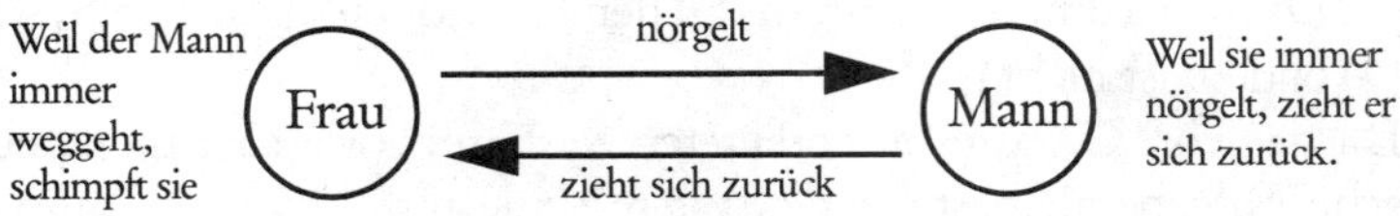

Mann und Frau deuten diese Situation anders.

- Soziale Systeme sind durch eine Systemgrenze von der Umwelt abgegrenzt.
  So kann sich das soziale System einer Partei mehr oder weniger von der Umwelt abgrenzen. Auch das System Familie grenzt sich der Umwelt gegenüber ab.
- Soziale Systeme haben eine Geschichte, die durch Ausgangspunkt, Entwicklung und Endpunkt charakterisiert ist. Unter Endpunkt versteht man die Auflösung des sozialen Systems.[218]

Anwendung der Systemtheorie

Anhand dieser Theorie können die Probleme innerhalb eines sozialen Systems teilweise erfasst werden. Dazu werden die qualitativen und quantitativen Forschungsmethoden (siehe 7.13.2) angewandt.

Diese Systemtheorie wird vor allem im Bereich **der Familientherapie** angewandt. Man geht davon aus, dass wenn ein Kind Probleme hat, es keineswegs nur an ihm liegt, sondern dass dies etwas mit dem gesamten sozialen System der Familie zu tun hat. Möglicherweise gibt es zwischen den Eltern Probleme, die von ihnen nicht auf-

[218] ebd., S. 192-199

gearbeitet, sondern auf das Kind verlagert werden. Das zweite Anwendungsgebiet ist die **systemische Organisationsberatung**. Sie kann z. B. bei Problemen in einem Team, in der Schule oder einer Firma angewandt werden.[219]

Anfragen an diese eben entfaltete Systemtheorie:

- Es wird nirgends aufgezeigt, wie die Regeln, welche das soziale System prägen, entstehen. Demzufolge ist es auch nicht möglich zu zeigen, wie diese helfend verändert werden können.
- Das Verhältnis des Systems zu den Individuen, die dieses System bilden, ist nicht geklärt.

Da der von G. Bateson entfalteten Systemtheorie eine therapeutische Aufgabe für bestehende Systeme zukommt, trägt sie kaum etwas für die Bewältigung der großen erzieherischen Herausforderungen innerhalb der Familie und in der Gesellschaft bei. Dies hat vor allem zwei Gründe:

- Es wird in der Systemtheorie nirgends auf die Frage eingegangen, wie ein solches soziales System bestimmte Ziele erreichen kann. Es entsteht der Eindruck, als bestehe ein System nur um seiner selbst willen.
- Da das Verhältnis des Systems zu den Individuen, aus welchen es besteht, nicht geklärt ist, können in dieser Theorie keine erzieherischen Hilfen herausgearbeitet werden.

Aus den eben genannten Gründen gehe ich in meinen weiteren Ausführungen nicht näher auf die Systemtheorie ein, außer im Bereich der Familientherapie (siehe 4.4.4.2/8.).

[219] ebd., S. 201-203

3.3 Die Auswirkungen der Erziehungsziele Emanzipation, Sozialisation und symbolische Interaktion auf die heutige Gesellschaft

Die Erziehungsziele **Emanzipation, Sozialisation und symbolische Interaktionen** führten zu einer **pluralistischen Gesellschaft,** in welcher es immer mehr zum Zerfall der Grundwerte und -normen kommt. Dieser Zerfall zieht eine beängstigende Unübersichtlichkeit in den verschiedenen Lebensbereichen (Ehe, Familie, Beruf, Politik usw.) nach sich.

Man nimmt an, dass die Grundwerte und -normen in der Gesellschaft einerseits durch überragende Persönlichkeiten und andererseits durch gesellschaftliche Entwicklungsprozesse hervorgebracht wurden. Man geht also davon aus, dass der Mensch oder die Gesellschaft die Werte und Normen hervorgebracht haben und dass sie deshalb einem ständigen Wandel unterworfen seien.

Wolfgang Brezinka macht aber in seinem Aufsatz »Gewalt, Staat und Erziehung« darauf aufmerksam, dass in Europa der christliche Glaube, d.h. die Bibel, die tragenden Normen in der Gesellschaft gesetzt hat. Er schreibt dann weiter:

> »Die folgenreichste Veränderung für die normative Kultur aber war das Absterben des christlichen Glaubens, der »Tod Gottes« im Bewusstsein der meisten Menschen. Damit ist die stärkste Quelle für Geborgenheit und Grundvertrauen, für moralische Anstrengungsbereitschaft und für sicheres Rechts- und Unrechtsbewusstsein versiegt.« [220]

Elisabeth Noelle-Neumann weist in ihrem Buch »Werden wir alle Proletarier? – Wertewandel in unserer Gesellschaft« (Zürich 1979[2]) auf Grund von Umfragen den Zerfall der Werte und Normen in der Gesellschaft nach.

---

[220] Brezinka, W., Gewalt, Staat und Erziehung, in: Pädagogische Rundschau, Frankfurt a. M. Nr. 1/1995, S. 10-11

Man weiß, dass der Zerfall gültiger Normen, welche die Mehrheit der Gesellschaft respektiert, den freiheitlich-demokratischen Rechtsstaat zerstört. Deshalb ringt man heute mit der Frage, welches das notwendige Mindestmaß an normativen Orientierungsgütern in unserer pluralistischen Gesellschaft bleiben müsse, damit sie überleben könne.

Wolfgang Brezinka bedauert in seinem Aufsatz »Werterziehung« die Tatsache, dass der normative Grundkonsens immer mehr abnimmt, doch kann er nicht aufzeigen, wie dieser normative Grundkonsens gefunden werden kann und wie seine Rückläufigkeit aufgehalten werden könnte.[221] Er hofft aber, dass der Glaube an den Wert der Demokratie und an den Mythos der Nation einen weiteren Zerfall aufhalten könne.[222] Eckard König weist in seinem Aufsatz »Werte und Normen in der Erziehung« darauf hin, dass es bis heute noch nicht gelungen ist, Normen und Werte zu begründen. Auch die Konsensverfahren und die rationalen Ziel-Mittel-Argumentationen, die man zur Begründung von Normen und Werten in den letzten Jahren heranzog, helfen nicht weiter.[223] Der Hinweis von Theo Dietrich, dass es Urnormen gebe, die auch dann bestehen bleiben, wenn gegenwärtige Normen ihre Überzeugungskraft verlieren, hilft im Ringen um einen normativen Grundkonsens in unserer Gesellschaft nicht weiter, da nicht aufgezeigt werden kann, welches diese Urnormen sind.[224]

Hans Hermann Groothoff fordert im Blick auf die Zukunft eine positive leitende moralisch-politische Idee, ebenso für den Umgang mit uns selbst wie mit der Natur, um einer Selbst- und Weltzerstörung zu entgehen. Vergeblich suchen wir aber in seinem Aufsatz »Humanis-

---

221 Brezinka, W., Werterziehung? Problematik und Möglichkeiten, in: Pädagogische Rundschau, Frankfurt a. M.; Bern; New York; Paris Nr. 4/1990, S. 392

222 Brezinka, W., Gewalt, Staat und Erziehung, S. 14-15

223 König, E., Werte und Normen in der Erziehung, in: Pädagogik. Handbuch für Studium und Praxis, hg. v. L. Roth, München 1991, S. 224-225

224 Dietrich, Th., Zeit- und Grundfragen der Pädagogik. Eine Einführung in pädagogisches Denken, Bad Heilbrunn 1992^7, S. 83-84

mus gestern und heute« nach einer Darlegung, wie diese moralisch-politische Grundidee gefunden werden könnte.[225]

Erich Weber meint, dass man wenigstens an den Menschenrechten sowie am demokratischen Ethos festhalten sollte, weil diese beiden Dinge für das Gelingen eines menschenwürdigen Lebens und Zusammenlebens nötig seien.[226]

Wir sehen, dass die **pluralistische Gesellschaft**, in der wir heute leben, **nicht mehr in der Lage ist aufzuzeigen, welches ihre verbindlichen Grundwerte und -normen sind**. Der Einzelne ist im Blick auf die Norm- und Wertsetzung auf sich selbst zurückgeworfen. Damit ist das Setzen von Werten und Normen subjektiv und beliebig geworden.[227] Deshalb sind an die Stelle von Wertsetzungen Nützlichkeitserwägungen getreten. Jeder tut das, was ihm Freude macht (Erlebnisgesellschaft). Jeder will sein eigener Herr sein. Diese egoistische Ausrichtung des Einzelnen führt innerhalb der Gesellschaft zu Auflösungstendenzen, da die durch die Gesellschaft wahrgenommene Kontrolle durch die Willkür des Einzelnen abgelöst wird.[228] Wie dies ganz konkret aussieht, beschreibt Kurt Quadflieg. Er schreibt:

> »Im Jahr 1993 wurde in Deutschland die Rekordzahl von 6,7 Millionen Delikten registriert. ... Das Verbrechen hat also Hochkonjunktur, und wenn man weiß, dass zum Beispiel im Jahre 1972

---

225 Groothoff, H. H., Humanismus gestern und heute. Zu Kants konstruktivem und Heideggers kritischem Beitrag zur humanistischen Ethik, Politik und Pädagogik, in: Pädagogische Rundschau, Frankfurt a. M.; Bern; New York; Paris Nr. 5/1990, S. 550-554

226 Weber, E., Pädagogik. Eine Einführung. Grundfragen und Grundbegriffe. Pädagogische Anthropologie, Bd. 1/Teil 1, S. 228

227 Es ist ein Irrtum zu meinen, dass der Mensch, der sich als autonomes Subjekt versteht, aus sich heraus Werte bilden kann, wie dies die transzendentalkritische Pädagogik lehrt. Vgl. Fees, K., Zur Notwendigkeit und Möglichkeit von Werterziehung im Unterricht, in: Grundfragen des Unterrichts. Bildung und Erziehung in der Schule der Zukunft, hg. v. J. Rekus, Weinheim; München 1998, S. 122-125

228 Rehfus, W. D., Die spätmoderne Dämmerung. Zur Gründungsnot in den Zeiten transzendenter und transzendentaler Obdachlosigkeit, in: Der Taumel der Moderne, hg. v. W. D. Rehfus, Langenfeld 1992, S. 76

> »nur« etwa 2,6 Millionen Verbrechen gemeldet wurden, ist unschwer zu erkennen, dass hier eine Lawine auf uns zurollt, die auch noch die letzten Bastionen unseres rechtsstaatlichen Gefüges zum Einsturz bringt.«[229]

Diese Auflösungstendenzen sind für unsere Gesellschaft gefährlich, deshalb sucht man verzweifelt **nach neuen Grundwerten**.

Das **materielle Interesse und der Wohlstand** werden heute zu Grundwerten hochstilisiert. Diese können jedoch nicht tragen, da dem Materialismus die letzte Sinnhaftigkeit fehlt und der Wohlstand nie zu befriedigen vermag. Es bleibt der Schmerz der inneren Leere. Die westliche Wohlstandsgesellschaft droht deshalb allmählich in der Sinnleere zu versinken.[230]

Die **New-Age-Bewegung** weist auf neue transzendent begründete Ordnungen hin, die von einer Elite mit Hilfe eines Netzwerkes auf der ganzen Erde herbeigeführt werden sollen. Von diesen neuen Grundordnungen her sei eine demokratische Weltgesellschaft möglich, in welcher die alten Werte Freiheit, Nächstenliebe, Brüderlichkeit, Treue, Mitleidensfähigkeit, Bescheidenheit, Dienstbereitschaft gültig seien. F. Capra spricht von einer fröhlichen und willigen Einordnung des Individuums in ein ihm vorgegebenes höheres Ganzes.[231] Diese von der New-Age-Bewegung angebotenen letztgültigen Ordnungen gehen aber nicht von dem Gott der Bibel[232], sondern von einem undefinierbaren »Höchsten Geist« aus, den man »Atman«, »Buddha-Wesen«, »Tao« oder »Gott« nennt.[233] Letztlich bindet man sich, wie die Bibel deutlich aufzeigt, an satanische Mächte (Eph 6,12). Wie stark diese Abwendung vom Gott der Bibel hin zum Satanismus, Spiritismus, Hinduismus usw. in Europa

---

[229] zit. nach Quadflieg, K., Im Schatten der Gesetzlosigkeit. Matthäus 24, Vers 12, Hamburg 1995, S. 130

[230] Ernst, H., Psychotrends. Das Ich im 21. Jahrhundert, München; Zürich 1998, S. 188

[231] Hüllen, J., Ethik und Menschenbild der Moderne, S. 213-216

[232] 54% der Jugendlichen glauben an Gott, doch nur 8% an den Gott der Bibel. Vgl. Faix, T., Die WA(H)RE Jugend. Jugendliche besser verstehen, Neuhausen-Stuttgart 1997, S. 155

[233] Hüllen, J., Ethik und Menschenbild der Moderne, S. 217-218

schon vorangeschritten ist, zeigt Friedrich-Wilhelm Haack in seinem Buch »Europas neue Religion«.[234] Es kommt zur Wiederbelebung heidnischer und animistischer Denkvorstellungen.[235] Diese Abwendung von Gott macht sich zudem darin bemerkbar, dass heute in vielen Schulen so genannte Fantasiereisen durchgeführt werden, in welchen die Kinder, ohne es zu wissen, eine Einführung in den Bereich des Okkulten erfahren. Sie werden in diesen Fantasiereisen angeleitet, mit unsichtbaren dämonischen Wesen und Mächten Kontakt aufzunehmen.[236] Diese Kontakte mit der dämonischen Welt können im Leben des Kindes zu gesundheitlichen und seelischen Schäden führen.[237] Zudem besteht die Gefahr, dass die Kinder durch diese Praktiken in die Magie, Hexerei und Zauberei eingeführt werden.[238] Diese Einführung in den Bereich der Magie und Zauberei wird ebenfalls durch die von J. K. Rowling verfassten Harry-Potter-Bücher unterstützt.[239]

Wir **Evangelikale** sind darüber stark beunruhigt, dass unsere pluralistische und relativistische Gesellschaft ihre Grundwerte nicht mehr aufzeigen kann und immer mehr ins Okkulte hineingezogen wird. Grundsätzlich gehen wir von der Überzeugung aus, dass nicht Menschen oder gesellschaftliche Prozesse Normen und Werte hervorgebracht haben, sondern dass Gott sie in seiner Offenbarung, der Bibel, – vor allem in den Zehn Geboten – gegeben hat. Deshalb betrachten wir es als unsere Aufgabe, alle uns zur Verfügung stehenden Kräfte dafür einzusetzen, dass unsere Gesellschaft wieder von den göttlichen Grundnormen – den Zehn Geboten – geprägt wird. Wir

---

234 Haack, F.-W., Europas neue Religion. Sekten-Gurus-Satanskult, Zürich; Wiesbaden 1991

235 Thiede, W., Religion als Esoterik, in: Ein jedes Herz in seiner Sprache ... Religiöse Individualisierung als Herausforderung für die Kirchen. Kommentare zur Studie »Jede(r) ein Sonderfall? Religion in der Schweiz«, hg. v. M. Krüggeler; F. Stolz, Bd. 1, Zürich; Basel 1996, S. 265

236 Franzke, R., Stilleübungen und Fantasiereisen. Moderne Wege der Pädagogik? Ein Plädoyer für okkultfreie Schulen, Hannover 1997, S. 27

237 ebd., S. 61

238 ebd., S. 28

239 Berger, K. R., Harry Potter – Zauberlehrling des 21. Jahrhunderts, Wuppertal 2000, S. 120

sind davon überzeugt, dass nur auf dieser Basis ein wirklich freiheitliches Zusammenleben in unserer Gesellschaft weiter möglich ist.

Um dieses Ziel zu erreichen, suchen wir die Bevölkerung mit der Botschaft des Evangeliums zu erreichen. Dazu sind von den einzelnen biblischen Gemeinden große **evangelistische Anstrengungen** nötig.[240] Unser Ziel ist es, die von Gott durch Sünde entfremdeten Menschen, zu Jesus ihrem Retter hinzuführen. Um die Menschen, die Jesus als Retter angenommen haben, im Glauben weiterzuführen, sodass sie den Grundordnungen Gottes entsprechend leben lernen, haben wir sie in bestehende biblische Gemeinden einzubinden, da in ihnen die biblischen Werte und Normen ernst genommen werden. Zugleich sollten **viele neue Gemeinden gegründet werden**. Am Wort Gottes orientierte Gemeinden bilden nämlich eine Gegenkraft zum Pluralismus mit seinen gesellschaftsauflösenden Tendenzen.[241]

Neben diesen evangelistischen Anstrengungen suchen wir auch **Freie christliche Schulen** zu gründen, da diese in der Gesellschaft eine große Ausstrahlungskraft haben.[242]

Wichtig ist ferner, dass wir uns bemühen, mit Hilfe der **Massenmedien** (Fernsehen, Radio, Internet, Zeitung) unsere Gesellschaft mit der Botschaft des Evangeliums bekannt zu machen. Heute werden wichtige Meinungen in den Massenmedien mitgeteilt, diskutiert und ausgetauscht. Was in den Massenmedien nicht oder nur am Rande vorkommt, scheint nicht wichtig zu sein. Natürlich muss die Botschaft dem jeweiligen Medium angepasst weitergegeben werden.[243]

Wir sind uns aber sehr wohl bewusst, dass man in unserer pluralistischen Gesellschaft diesen evangelistischen Bemühungen mit Opposition begegnet, da man uns Intoleranz vorwirft.[244]

---

240 Schnabel, E. J., Sind Evangelikale Fundamentalisten?, Wuppertal; Zürich 1995, S. 50

241 Printz, M., Grundlinien einer bibelorientierten Gemeindepädagogik. Pädagogische und praktisch-theologische Überlegungen, Wuppertal; Zürich 1996, S. 296

242 Kaufmann, H. B., Die Christen und die Schule in staatlicher und in freier Trägerschaft, Neukirchen-Vluyn 1989, S. 23

243 Betz, G., Massenmedien, in: Handbuch religionspädagogischer Grundbegriffe, hg. v. G. Bitter, G. Miller, Bd. 1, München 1986, S. 249-250

244 McDowell, J.; Hostetler, B., Die neue Toleranz, S. 53

Die Evangelikalen bemühen sich auch, **in der Politik** ihren Einfluss geltend zu machen. Einerseits knüpfen sie an den christlichen Restbeständen unserer Gesellschaft an und andererseits suchen sie helfende politische Konzepte von der Bibel, insbesondere von den Zehn Geboten her, zu entfalten. Dies stößt in unserer pluralistischen Gesellschaft auch auf Widerstand und Ablehnung.[245]

Auf diese Weise können wir einen wichtigen Beitrag **zur Erhaltung unserer freiheitlich-demokratischen Gesellschaft und dadurch zum Erhalt eines Freiraums für eine von der Bibel geprägten Erziehung leisten.**

[245] von Padberg, L., 1968-1998: Bilanz nach 30 Jahren Emanzipation, in: Bibel und Gemeinde. Zeitschrift des Bibelbundes, Reiskirchen Nr. 1/1999, S. 65

3.3.1 Die geistesgeschichtliche Situation Europas

Die Menschen kehren zum Gott der Bibel zurück

- Der Mensch wird wieder als Geschöpf Gottes gesehen.
- Man akzeptiert wieder die Werte und Normen Gottes (Nächstenliebe, Treue, Rücksichtnahme, Bescheidenheit, Dienstbereitschaft)

Freiheit

Die Menschen suchen Hilfe bei sich selbst und okkulten Kräften
New-Age-Bewegung
(Esoterik, Spiritismus, Hinduismus usw.)

- Der Mensch ist durch Evolution entstanden.
- Man akzeptiert den, der einleuchtende letzte Ordnungen setzt, die nicht einengen, sondern den Individualismus und Hedonismus bestätigen.

Scheinfreiheit (Diktatur)

Die Menschen können sich selber nicht mehr helfen
Sie können sich entscheiden.

Postmoderne:
Die Vernunft stellt das »Ich« in Frage
⇒ Alles wird sinnlos
⇒ **Zerfall der Auffassungen über den Menschen.**
Durch den Pluralismus wird die freiheitlich-demokratische Gesellschaft in Frage gestellt
⇒ Zerfall der Gesellschaft und dadurch der Freiheit.

Moderne:
Emanzipation:
Ich bedient sich selbständig der Vernunft
⇒ **absoluter Subjektivismus**
Sozialisation:
Die Gesellschaft setzt das Ich
⇒ **Integration und Veränderung**
} Pluralismus
Die Grundnormen im Staat beginnen zu zerfallen

Neuzeit:
Autonomes Ich
bedient sich selbständig der Vernunft
⇒ allgemeiner Subjektivismus
Es gibt noch einen geordneten Staat

Der Mensch löst sich von Gott
(Empirismus, Absolutsetzung der Vernunft)

Alles ist metaphysich in Gott verankert – Der Mensch ist Geschöpf Gottes – Gott hat Werte und Normen gesetzt

3.4 Die Erziehungsziele, welche sich vom biblischen Menschenbild her ergeben

Ich gehe in meiner Begründung der Erziehungsziele vom geoffenbarten Wort Gottes aus. Dies ist nicht unwissenschaftlich, da alles wissenschaftliche Denken, selbst die empirische Wissenschaft, von wissenschaftsexternen Wertmustern ausgeht.[246] Ulrich Hemel weist nach, dass die meisten wissenschaftsexternen Wertmuster entweder der Philosophie oder der Psychologie entstammen.[247] Deshalb muss es ebenfalls erlaubt sein, die Wertmuster der Offenbarung Gottes, der Bibel, zu berücksichtigen.

Ulrich Hemel betont,

> »... dass religiös motivierte Globalziele von Erziehung in wissenschaftlicher Hinsicht den gleichen Rang wie nicht-religiöse Erziehungsziele beanspruchen können, weil es keinen Grund gibt, sie gegenüber soziokulturell-partizipativen oder weltanschaulichen Weltdeutungen und Erziehungszielen abzuwerten.« [248]

Die in der Bibel vorgegebenen Erziehungsziele bilden zunächst die Grundlage für das pädagogische Handeln der Erzieher. Zugleich gilt es zu beachten, dass die Erzieher nur dann, wenn sie diesen Zielen entsprechend leben, die heranwachsenden Kinder zu diesen Zielen hinführen können.[249]

Beim Festlegen der Erziehungsziele gehe ich davon aus, dass dem Menschen, da er ein Geschöpf Gottes ist, eine besondere Würde zukommt.

Wir sahen, dass die Erziehungsziele, die von einer philosophischen oder psychologischen Mensch- und Weltdeutung ausgehen (wie Emanzipation, Mündigkeit, Chancengleichheit, Sozialisation), der

---

[246] Hemel, U., Ziele religiöser Erziehung, S. 71-72; vgl., Lehner, H., Einführung in die empirisch-analytische Erziehungswissenschaft, S. 58

[247] Hemel, U., Ziele religiöser Erziehung, S. 73-76

[248] zit. nach ebd., S. 310

[249] Printz, M., Grundlinien einer bibelorientierten Gemeindepädagogik, S. 77

Würde des Menschen nicht genügend gerecht werden. Dies kommt daher, weil sein Geschöpf-Gottes-Sein nicht beachtet wird.

3.4.1 Die Hinführung des Kindes zu Jesus

Von der Bibel her gilt es ernst zu nehmen, dass Kinder als Sünder von Gott getrennt sind und deshalb einerseits nicht in der Lage sind, ihrer eigentlichen Lebensbestimmung nachzukommen, und andererseits nach ihrem Tod ewig von Gott getrennt weiterleben. Deshalb muss es das Hauptziel aller pädagogischen Bemühungen sein, das Kind zu seinem Retter, Jesus Christus, hinzuführen (Mk 10,13-16).[250]

Übrigens war dies schon im Pietismus und später in der Erweckungsbewegung das Hauptanliegen aller erzieherischen Bemühungen.

- **August Hermann Francke** (1663-1727), ein bedeutender Vertreter des Pietismus, ging in seinen pädagogischen Überlegungen davon aus, dass die Kinder von Natur aus Sünder sind. Er betrachtete es als die wichtigste Aufgabe, das Kind zur »wahren Gottseligkeit« hinzuführen. Zu diesem Zweck müsse dem Kind gezeigt werden, dass es allein durch das Erlösungswerk Jesu zur Vergebung der Sünden gelangen und selig werden könne.[251]
- **Christian Heinrich Zeller** (1779-1860), Leiter der »Armen-Schullehrer-Anstalt« in Beuggen, ein Vertreter **der Erweckungsbewegung**, ging davon aus, dass der Mensch von Natur aus ein Sünder und als Sünder gänzlich verdorben ist.[252] Wichtigste Aufgabe sei es deshalb, die Kinder anzuleiten, das, was Jesus in seinem Erlösungswerk errungen hat, im Glauben anzunehmen, denn allein in Christus habe ein Mensch Gerechtigkeit, Heiligung

---

[250] Für mich ist die Rettung des Menschen durch das Erlösungswerk Jesu nicht nur ein Teilziel, wie dies Markus Printz vorschlägt (vgl. ebd., S. 86), sondern es ist das Ziel, das allen anderen biblischen Zielen vorgeordnet ist.

[251] Francke, A. H., Kurzer und einfältiger Unterricht, wie die Kinder zur wahren Gottseligkeit und christlichen Klugheit anzuführen sind, in: August Hermann Francke. Werke in Auswahl, hg. v. E. Peschke, Berlin 1969, S. 124-128

[252] Ho, H-Ch., Christian Heinrich Zellers Erziehungsdenken als Grundlage seiner Tätigkeit an der »freiwilligen Armen-Schullehrer-Anstalt« in Beuggen, Frankfurt a. M. 1989, S. 60

und Erlösung. Letztlich kann nach Zeller nur Jesus einen Menschen richtig erziehen, da nur der ihn in den Himmel führen könne.[253] Zeller schreibt:

> »Die rettende und heilsame Gnade Gottes (ist es), welche uns erzieht. Sie erziehet, wo menschliche Erziehung nicht zureichet; ... wo menschliche Erziehung aufhört ... Sie erziehet durch freudige und leidige Ereignisse ...«[254]

Im Blick auf die Hinführung der Kinder zu Jesus, bemühen sich an Christus glaubende **Eltern und Lehrer**, zunächst ein Leben mit Jesus vorbildlich vorzuleben. Dieses Leben mit Jesus wird für das Kind vor allem darin sichtbar, dass sie ihm mit Liebe begegnen. Diese Liebe zeigt sich darin, dass sich das Kind von ihnen angenommen fühlt. Genau dieses Angenommensein macht das Kind offen für das, was den Erziehern wichtig erscheint.

Eltern und Erzieher suchen dem Kind, seinem Alter entsprechend, zu erklären, wie es die ihm in Christus angebotene Rettung im Glauben annehmen kann.

- Sie ermutigen das Kind, Jesus, der stellvertretend für sie am Kreuz gestorben ist, seine Sünden in Reue zu bekennen (1. Joh 1,9). Sie erklären ihm auch, wie es das ganz praktisch machen kann.
- Sie haben ihm zudem von der Bibel her klar zu machen, dass es Jesus, der am dritten Tag auferstanden ist und heute lebt, als Herr in sein Leben aufnehmen soll (Joh 1,12; Offb 3,20). Auch hier ist die Erklärung des »Wie« unerlässlich.

Weil ihnen die Annahme der in Jesus Christus angebotenen Rettung durch die Kinder von größter Wichtigkeit ist, beten sie immer wieder dafür, dass die Kinder bereit werden, diese Rettung anzunehmen.[255]

---

253 ebd., S. 62

254 zit. nach ebd., S. 62

255 Wilhelm Faix hat in einer empirischen Studie nachgewiesen, dass die Hinführung der Kinder zum Glauben an Jesus das wichtigste Anliegen evangelikaler Eltern ist. Vgl. Faix, W., Die christliche Familie heute. Ergebnisse einer Umfrage unter evangelikalen Familien über ihr Glaubens- und Familienleben und ihre Erziehungspraxis, Bonn 2000, S. 67-69

Wichtig ist, dass das Kind aus sich heraus, in einer persönlichen Entscheidung, Jesus als Retter annimmt. Wir dürfen also im Blick auf die Entscheidung eines Kindes keinen Druck ausüben.

Entwicklungspsychologisch gesehen kann ein Kind ab dem Zeitpunkt, da es zwischen Gut und Böse unterscheiden kann, also weiß, was Sünde ist, die ihm von Jesus angebotene Rettung durchaus annehmen. Dies ist etwa ab fünf bis sieben Jahren der Fall (siehe 6.9.2). Es ist klar, dass das Kind in diesem Alter nicht umfassend versteht, was Sünde alles mit einschließt. Dies ist aber im Blick auf die Annahme der Rettung, die Jesus ihm anbietet, auch nicht nötig.

Aufgrund des entwicklungspsychologischen Stufenmodells des Glaubens von John Westerhoff vertritt Francis Bridger die Ansicht, dass erst Jugendliche sich wirklich für Jesus entscheiden können, da erst ab diesem Alter die Voraussetzungen für einen persönlichen Glauben gegeben seien.[256] Diese Auffassung kann ich nicht teilen. Ich bin nach wie vor davon überzeugt, dass bei Kindern, welche Sündenerkenntnis haben, die Voraussetzungen zu einer persönlichen Glaubensentscheidung gegeben sind. Übrigens zeigt auch eine empirische Untersuchung von Jörg Stolz unter Bekehrten der deutschsprachigen Schweiz, dass sich etwa 30% vor dem 16. Lebensjahr für Jesus entschieden haben.[257]

Hat ein Kind die ihm von Jesus angebotene Rettung angenommen, ist es ein Gotteskind, ein neuer Mensch (2. Kor 5,17). Jesus ist nun die höchste Autorität seines Lebens. In der Bindung an ihn kann sich sein Leben frei zu dem entfalten, wozu es Gott eigentlich geschaffen hat. Ein solches Leben gipfelt nach dem Tod in der ewigen Gemeinschaft mit Gott (Joh 17,24). Es gelangt zu seinem eigentlichen Ziel (Phil 3,14). Ein solches Leben hat seinen letzten Sinn gefunden. Es ist herausgerissen aus der Anonymität unserer Zeit.

Dieses Wissen um die Gotteskindschaft gibt dem Kind und später dem Erwachsenen eine tragende Geborgenheit in seinem Leben. Diese hier angesprochene Geborgenheit kann einem Kind auch nicht

---

256 Bridger, F., Wie Kinder glauben, Wuppertal; Kassel 1990, S. 153-160

257 Stolz, J., Evangelikalismus und Bekehrung in der deutschen Schweiz. Eine theoretische und quantitativ-empirische Untersuchung, Zürich 1993, S. 94-95

durch die liebende Zuwendung einer Mutter in den ersten Lebensjahren umfassend vermittelt werden, wie Christa Meves meint.[258] Sicherlich ist die liebende Zuwendung der Mutter und des Vaters überaus wichtig, wie wir noch sehen werden, doch kommt der Mensch erst dann innerlich zur Ruhe, wenn er sich von Gott angenommen weiß (Mt 11,28).

3.4.2 Unterstützung des Umgestaltungsprozesses ins Bild Gottes

Das Ziel Gottes mit einem Kind, das an Jesus als persönlichen Retter glaubt, ist die Umgestaltung ins Bild Jesu (Kol 3,8-10). Jesus ist es, der mit Hilfe des Heiligen Geistes diese Umgestaltung vollzieht (2. Kor 3,18). Dabei ist Gott einerseits das Bild und andererseits der Bildende.

Die gläubigen Eltern, Lehrer, ja die Gemeinde als Ganzes, haben den Auftrag, im Leben der Kinder und der Erwachsenen, die zur Gotteskindschaft gelangt sind, diese Umgestaltung ins Bild Gottes zu unterstützen (Eph 4,11-13). Es ist also nicht so, dass die an Christus glaubenden Eltern, Lehrer und die Verantwortlichen der Gemeinde die Hände in den Schoß legen dürfen, wenn ein Kind ein Gotteskind geworden ist, da ja Jesus nun in diesem Kind die Umgestaltung ins Bild Gottes bewirkt. Vielmehr ist es ihre Aufgabe das, was Jesus durch den Heiligen Geist in ihm wirkt, von außen zu unterstützen, als solche, in welchen der Heilige Geist ebenfalls am Wirken ist. Dieses unterstützende Handeln kann als **Erziehung**, aber auch als **Bildung** verstanden werden, da es darum geht, das bildende Handeln Gottes mitzutragen.[259] Das Kind hat zu lernen, Jesus als höchste Autorität in seinem Leben anzuerkennen. Aus dieser Anerkennung wächst die

---

258 Meves, Ch., Es geht um unsere Kinder. Erfahrungen und Einsichten aus der Beratungspraxis, Gießen 1988, S. 65

259 Hermann Röhrs hat den deutschen Bildungsbegriff ausführlich entfaltet. Er hat aufgezeigt, dass nach und nach anstelle der zurücktretenden biblischen Inhalte immanente Bildungsziele in den Vordergrund gerückt wurden, u. a. die sittliche Bildung (J. H. Pestalozzi), die Bildung als Sorge um die Selbstvollendung (W. v. Humboldt) und Bildung als Entkulturationsprozess, bei welchem es um die Einführung in die kulturellen Inhalte gehe (H. Röhrs). Vgl. Röhrs, H., Allgemeine

Bereitschaft, Gott zu gehorchen. Das Kind muss aber trotzdem **zum Gehorsam angeleitet werden.** Dies ist für ein gläubiges Kind deshalb keine Überforderung, weil *»Gott es ist, der in euch wirkt sowohl das Wollen als auch das Wirken zu seinem Wohlgefallen.«* (Phil 2,13)

Zielsetzung aller pädagogischen Bemühungen hat es zu sein, **den Menschen in seiner Ganzheit zu fördern**, das heißt in allen Bereichen, welche zur Gottesbildlichkeit gehören. Diese ganzheitliche Erziehung oder Bildung ist bei einem gläubigen Kind deshalb möglich, weil durch den Heiligen Geist **Erkennen und Tun**, Gnosis und Praxis miteinander verbunden sind.[260] Unser Leben ist durch den innewohnenden Christus eine Einheit, die aber ständig angefochten ist, da wir noch in einem gefallenen Leib leben (Gal 5,16.17).

Jetzt entfalte ich die **pädagogischen Ziele**, welche Eltern und Erzieher anzustreben haben, wenn sie die Gottesbildlichkeit des Kindes ernst nehmen. Wie diese Ziele, die ich entfalten werde, im Einzelnen zu erreichen sind, zeige ich in Kapitel 4. Doch werde ich schon bei der Darlegung der Ziele da und dort das »Wie« kurz ansprechen.

3.4.2.1 Gemeinschaftsfähigkeit (Der geistliche und soziale Bereich)

Letztlich fußt alle Gemeinschaft im zwischenmenschlichen Bereich in der Gemeinschaft mit Gott. Zuerst gilt es also, ein Kind in die Gemeinschaft mit Gott zu führen (siehe 3.4.1).

Ein Mensch, der die ihm in Christus angebotene Rettung angenommen hat, ist durch den innewohnenden Christus befähigt, **den Nächsten zu lieben** (Gal 5,22). Wir weisen hier die absurde Behauptung von Dorothee Sölle, dass der Theismus die gute Tat für den Nächsten unmöglich mache, mit aller Entschiedenheit zurück.[261] Um diese merkwürdige Behauptung zu verstehen, haben wir zu beachten, dass die

---

Erziehungswissenschaft, S. 151-155.162; vgl. Preul, R., Bildung, in: Handbuch religionspädagogischer Grundbegriffe, Bd. 1, S. 69

260 Seiß, R., Identität und Beziehung. Ein zentraler Aspekt verstehender Entwicklungspsychologie, Neuhausen-Stuttgart 1986, S. 329

261 Bockmühl, K., Atheismus in der Christenheit, S. 125

»dialektische Theologie« die Kluft zwischen Theorie und Praxis nicht zu überwinden, sondern theologisch zu rechtfertigen suchte. Es war eine falsch verstandene Rechtfertigungslehre, welche ethisches Handeln blockierte. Klaus Bockmühl schreibt dazu:

> »Weil die Rechtfertigung ohne Werke, allein aus Glauben, durch das Handeln des Menschen gefährdet werden könnte, wird alles Handeln, wird die Praxis dauernd beargwöhnt und zurückgedrängt. Der Rechtfertigungshorizont schlägt alles Tun im vorläufigen, im zwischenmenschlichen Bereich tot.«[262]

Karl Barth wies darauf hin, dass schon die Nachfrage, wie der Glaube zum Leben werden könnte, falsch und bereits ein Zeichen menschlichen Übermutes sei.[263]

Dieser Ansatz der »dialektischen Theologie« widerspricht dem Zeugnis des NT. Bedenken wir nur was in Mt 7,24; Lk 6,46; Joh 7,17 und Jak 2,17.18 steht. Theismus und Nächstenliebe schließen sich, wenn man die biblische Lehre nicht durch ein theologisches Gedankengebäude verfremdet, nicht aus, vielmehr gehören sie untrennbar zusammen (Mt 22,37-40).[264] Gerade im Ausleben der Nächstenliebe erfüllen wir die uns im Wort Gottes gegebenen Anordnungen (Röm 13,8). Grundlage der Nächstenliebe, welche eine harmonische Gemeinschaft unter den Menschen ermöglicht, ist die Gemeinschaft mit Gott. Jesus befähigt den Menschen, den anderen anzunehmen, ihm zu vergeben.

Hilfen für die Erziehung zur Gemeinschaftsfähigkeit

- Ein wichtiger Teil der Gemeinschaft ist **das Gespräch**. Aus diesem Grund ist Erziehung zur Gemeinschaftsfähigkeit auch Spracherziehung. Wir gehen davon aus, dass das Kind, weil es Geschöpf Gottes ist, die Fähigkeit der Sprachlichkeit, also eine Sprachveranlagung, in sich trägt. Wir helfen ihm beim Erlernen der Sprache. Wir suchen seine Ausdrucksfähigkeit zu fördern.

---

262 zit. nach Bockmühl, K., Theologie und Lebensführung, S. 76
263 ebd, S. 73
264 Bockmühl, K., Atheismus in der Christenheit, S. 127

Im Mittelpunkt der Spracherziehung steht das Gebet, das Reden mit Gott, da uns die Sprache letztlich dazu geschenkt worden ist. Diese ist uns zudem im zwischenmenschlichen Bereich zur Verständigung gegeben. Mit Hilfe der Sprache können wir ermutigen, trösten, zusammenführen und aufbauen oder aber verletzen, entzweien und zerstören. Unsere Hauptaufgabe im Bereich der Sprache besteht darin, dem Kind zu helfen, so zu reden, dass die Gemeinschaft gefördert wird. Es muss lernen, wann man spricht, wie man redet und was man sagt (Jak 3,2-12). Das vorbildliche Reden der Eltern ist in diesem Zusammenhang sehr wichtig.

- Wie reden Vater und Mutter miteinander?
- Wie reden die Eltern mit den Kindern?

- Unsere Aufgabe besteht weiter darin, Kinder **zur Gleichwertigkeit** zu erziehen. Gleichwertigkeit hat nichts mit Gleichmacherei zu tun. Man kann Gleichwertigkeit mit den folgenden beiden Bildern veranschaulichen.[265]
  - Der Körper (1. Kor 12,11-18)
    Die Glieder eines Körpers sind nicht alle gleich, sondern sind sehr verschieden. Jedes ist aber gleichwertig. Man braucht jedes Glied in seiner Art, damit der Körper richtig funktioniert.
  - Das Orchester
    Auch die Instrumente eines Orchesters sind nicht gleich, sondern sehr verschieden. Jedes steht aber, damit das Musikstück richtig klingt, gleichwertig neben dem anderen.

Diese Erziehung zur Gleichwertigkeit ist bei einem Kind nur dann möglich, wenn es sich von Eltern und Erziehern in seinem So-Sein angenommen fühlt. Wir haben aber zu beachten, dass der Mensch zur Herrschaft über andere Menschen neigt. Dies wird in der heutigen Konkurrenzgesellschaft sichtbar. Überall werden die Kinder angehalten, andere zu übertrumpfen. Kinder, welche die gewünschten Leistungen nicht erbringen können, werden verachtet, ausgelacht und aus der Klassengemeinschaft ausgestoßen. Auf Konkurrenz ausgerichtete Erziehung kann in den Kindern Eifersucht und Neid wecken. Ein eifersüchtiges Kind neigt zu aggressivem Verhalten,

---

[265] Ruthe, R., Elternbuch, Wuppertal 1986, S. 36-37

Stottern, Pflichtvergessenheit, Schmollen und Wutausbrüchen. Diese Verhaltensweisen zerstören Gemeinschaft.[266]

Ist ein Kind nicht in der Lage, sich in der Familie oder Gruppe eine bestimmte Stellung zu erarbeiten, sucht es sich auf destruktive Art eine wichtige Position zu schaffen. Es zwingt Eltern und Lehrer, es ernst zu nehmen. Die wohl am meisten von Kindern gebrauchte Waffe ist Willensschwäche, welche als Strategie für die Durchsetzung eigener Interessen eingesetzt wird. Die Willensschwäche gezielt angewandt, entmachtet den stärksten Erzieher.[267]

Es darf für Kinder nie der Eindruck entstehen, es gebe wertvollere und weniger wertvolle, um nicht zu sagen, wertlose Kinder. Dies ist gerade in unserer Zeit überaus wichtig, in welcher man wagt, im Blick auf werdendes Leben zwischen wertvoll und wertlos zu unterscheiden, indem so genannt wertloses Leben abgetrieben, getötet werden darf.

- Wir haben den Kindern weiter Hilfen zu geben, **Konflikte zu bewältigen**. In jeder Gemeinschaft kommt es zu Spannungen, die gelöst werden müssen. Ein Kind erlebt dies schon sehr früh im Umgang mit Eltern und Geschwistern.

  Um Konflikte in rechter Weise bewältigen zu können, sollte Folgendes gelernt werden:
  - Das Kind sollte zunächst lernen, Rücksicht zu nehmen. Egoistische Selbstbehauptung zerstört Gemeinschaft. Klare Ordnungen in Familie und Schule können hier eine große Hilfe sein.[268]
  - Es braucht zudem Anleitung, wie es mit Schwächen seiner Geschwister und Mitschüler richtig umgehen soll. Es ist nicht richtig, wenn es eines seiner Geschwister oder einen Mitschüler wegen einer Schwäche auslacht oder verspottet,[269] sondern es hat ihnen mit Verständnis und Hilfsbereitschaft zu begegnen.[270]

266 Ruthe, R., Faulheit ist heilbar. Ein Elternratgeber, Wuppertal 1983, S. 107

267 Ruthe, R., Elternbuch, S. 153

268 Naujokat, G., Können wir unsere Kinder zum Glauben erziehen?, Neuhausen-Stuttgart 1986, S. 52

269 Bennack, J., erziehen heute! Ratgeber für Eltern und Pädagogen, Hohengehren 1996, S. 117

270 Dobson, J., Endlich ... ich werde erwachsen! Ein Ratgeber für Teenager und ihre Eltern!, Kehl 1997, S. 34

- Nach und nach muss ein Kind lernen, für die Position des anderen Verständnis aufzubringen.
- Der in ihm wohnende Christus befähigt es zu einer versöhnlichen Haltung. Deshalb kann es, wenn es durch sein Verhalten die Eltern, Geschwister, Mitschüler usw. gekränkt hat, ihnen sagen: »Es tut mir Leid, bitte vergib mir«.

Eigentlich ist nur der in der Lage, Konflikte zu bewältigen, der Jesus und nicht das Ego in den Mittelpunkt seines Lebens stellt.

- Das Kind braucht Hilfen, wie es mit **dem anderen Geschlecht umgehen soll**.
  Zu Beginn der Pubertät fühlt sich ein Teenager zum anderen Geschlecht hingezogen. Wir als Eltern oder Lehrer haben ihm Hilfen zu geben, mit diesem Hingezogensein richtig umzugehen. Eine zu baldige enge Freundschaft kann die Persönlichkeitsentwicklung hemmen, weil der Kontakt zu Gleichaltrigen des eigenen Geschlechts zu sehr vernachlässigt wird. Andererseits ist es aber auch nicht wünschenswert, wenn Jugendliche überhaupt keine Beziehung zum anderen Geschlecht haben. Grundsätzlich ist es nötig, dass der Teenager lernt, höflich und respektvoll mit dem anderen Geschlecht umzugehen.
- Das Kind muss lernen, mit den **Erwachsenen umzugehen**.
  Kinder sollten angeleitet werden, ihre Eltern und Erzieher zu achten und zu respektieren (2. Mo 20,12). Achtung fördert eine Atmosphäre des gegenseitigen Vertrauens.[271]
  Sie findet im Alltag ihren Ausdruck in der Dankbarkeit. Gerade in unserer Zeit, in welcher Kinder fast alles haben können, was sie wünschen, ist das Lernen von Dankbarkeit besonders wichtig. Achtung zeigt sich zudem in einem höflichen Umgang. Auch in diesem Bereich braucht ein Kind Hilfe. Schließlich erwächst aus der Achtung vor den Eltern die Bereitschaft, ihnen zu gehorchen.
  Gerade im Umgang mit den Eltern übt ein Kind seinen späteren Umgang mit erwachsenen Menschen in der Gesellschaft ein.

[271] McDowell, J.; Hostetler, B., Glaube ohne Werte – Jugend am Abgrund, Bielefeld 1997, S. 244-245

- Das Kind braucht konkrete Hilfen, wie es mit **Ausländern umgehen soll.**
  Wir leben heute in einer multikulturellen Gesellschaft, in welcher die Kinder mit ausländischen Kindern die Schule besuchen. Wir haben ihnen zu helfen, freundschaftliche Beziehungen zu diesen Kindern aufzubauen.

Erziehung zur Gemeinschaftsfähigkeit wirkt sich später in verschiedenen Lebensbereichen aus:

- Jugendliche, welche von der Bibel her zur Gemeinschaftsfähigkeit erzogen werden, sind später in der Lage, sich am Arbeitsplatz einzuordnen. Sie sind fähig, eine gute zwischenmenschliche Beziehung zu ihren Mitarbeitern aufzubauen. Wenn sie Führungsaufgaben wahrnehmen, ist ihnen die Pflege eines guten Verhältnisses zu ihren Mitarbeitern wichtig.
- Sie sind weiter fähig, eine **harmonische Ehe** aufzubauen, weil sie den Ehepartner immer wieder neu in seiner Art annehmen können und die Kraft haben, ihm zu vergeben. Aus einer solchen Ehe wächst ein Familienleben, das von einer wohltuenden Atmosphäre geprägt ist, in welcher sich die heranwachsenden Kinder geliebt und angenommen fühlen.
- Die gemeinschaftsfähigen Jugendlichen sind auch bereit, in der christlichen Gemeinde, am Arbeitsplatz und in der Gesellschaft zu helfen, die vielen Aufgaben im zwischenmenschlichen Bereich zu bewältigen. Sie bemühen sich, Mitmenschen aus ihrer Isolation und Einsamkeit herauszuhelfen.

Sie sehen die Lösung der Probleme im zwischenmenschlichen Bereich nicht im Umkrempeln vorgegebener Strukturen, sondern in einer konstruktiven Mithilfe. Sie helfen später als Lehrer, Krankenpfleger, Ärzte, Richter, Polizisten und Politiker in Gesellschaft und Staat, die vielfältigen Herausforderungen im täglichen Zusammenleben zu bewältigen.[272]

---

[272] Hauschildt, I., Die feministische Versuchung und die Antwort der christlichen Frau, S. 66-67

3.4.2.2 Verantwortlichkeit (Der moralische Bereich)

Gott ist es, der dem Menschen **moralische und verwalterische Verantwortung** übergab. Damit der Mensch in der Lage ist, diese Verantwortung wahrzunehmen, gab ihm Gott bestimmte Maßstäbe. Damit wir heute von Gott her verantwortlich handeln können, müssen wir nach diesen ewig gültigen Maßstäben leben. Es ist aber das Wesen des gottlosen Menschen, **sich selber zum Maß aller Dinge** zu machen. I. Kant und seine Anhänger betrachten die Vernunft als den Ausgangspunkt für moralisch verantwortliches Handeln.[273] Der Mensch wird in seinem Handeln nur sich selbst gegenüber verantwortlich gesehen.[274] Der von Gott losgelöste Mensch kennt nur die individuelle Verantwortungsübernahme. Angelika Knubbertz hat dies so formuliert:

> »Die Verantwortung vor sich selbst und für sich selbst aber bleibt das Zentrum des Verantwortungsgedankens: sich selbst gegenüber stehen in der Einsamkeit der eigenen Existenz ... das ist der Preis für die Freiheit des Menschen ...« [275]

Dies führt zwangsläufig, wie Lutz von Padberg in seinem Aufsatz »Ethik im Spannungsfeld von Selbstverwirklichung und Gottesorientierung« ganz richtig aufzeigt, zum ethischen Pluralismus.[276] Die Ethik der Pflicht steht neben der Ethik des Utilitarismus, der Selbstverwirklichung und des Relativismus. Dies mündet zwangsläufig in die Situationsethik aus. Hans-Lutz Poetsch sagt treffend:

> »Eine Moral, die von der Meinung der Gesellschaft abhängig gemacht wird, artet zu einer zerstörenden Unmoral aus.«[277]

---

273 Knubbertz, A., Pädagogik aus Verantwortung, S. 100-109

274 Hans-Ulrich Ahlborn spricht davon, dass das moralisch Gute individuozentrisch geworden ist. Vgl. Ahlborn, H.-U., Werteerziehung durch Vorbildlernen. Tugenden in moderner Sicht, Frankfurt a. M. 1996, S. 65

275 zit. nach Knubbertz, A., Pädagogik aus Verantwortung, S. 121

276 von Padberg, L., Ethik im Spannungsfeld von Selbstverwirklichung und Gottesorientierung, in: Das Fundament, hg. v. DCTB, Korntal-M, Nr. 7/1988, S. 16/17

277 zit. nach ebd., S. 17

Dieser ethische Pluralismus verunmöglicht eine Unterscheidung von Gutem und Bösem. Wenn diese Unterscheidung nicht mehr möglich ist, fallen die Maßstäbe für »recht« und »unrecht« weg.[278] Diese Auflösung ethischer Grundnormen in der Gesellschaft führt zu einer Verrechtlichung des Alltags. Das verursacht Rechtsunsicherheiten, weil niemand mehr die Flut der Rechtsbestimmungen kennt. Und dies führt schließlich zur Aushöhlung des Rechtsbewusstseins. Genau dies erleben wir heute.[279] So besteht zum Beispiel eine große Unsicherheit in der Beurteilung krimineller Taten von Jugendlichen.[280]

Wir gehen in der Erziehung zur Verantwortlichkeit von **letztgültigen göttlichen Normen, die uns in der Bibel, dem Wort Gottes,** vorgegeben sind – vor allem von den Zehn Geboten – aus, die keiner Anpassung an die jeweilige Zeit bedürfen. Allerdings ist es aber so, dass kein Mensch in der Lage ist, von Natur aus diese von Gott gesetzten Normen einzuhalten (Röm 3,10-20), weil er ein Sünder ist. Nur der ist in der Lage, die Normen des Gesetzes Gottes zu erfüllen, der Jesus Christus als Retter angenommen hat. Mit Hilfe des in ihm wohnenden Heiligen Geistes *»werden die gerechten Forderungen des Gesetzes«* in seinem Leben *»erfüllt«* (Röm 8,4). Derjenige Mensch ist also befähigt, verantwortlich zu handeln, der Gott kennt, sich ihm freiwillig unterordnet und mit seiner Hilfe seine Anweisungen erfüllt.

Die Hinführung der Kinder zu verantwortlichem Handeln beginnt mit der Anleitung, die Normen Gottes einzuhalten.

- Von den Anordnungen Gottes herkommend gibt es im Leben der Kinder **richtiges und falsches Verhalten**. Weil dies so ist, gehören Lob und Zurechtweisung zur Erziehung. Fehlverhalten sollte Konsequenzen haben.

  Es geht hier zunächst um die **Formung des Gewissens**, das Gott in einen jeden Menschen hineingelegt hat (Röm 2,15). Leider

[278] Hüllen, J., Ethik und Menschenbild der Moderne, S. 108
[279] Rehfus, W. D., Die Vernunft frisst ihre Kinder, S. 122-128
[280] Giesecke, H., Einführung in die Pädagogik, S. 164-165

kann das Gewissen auch verformt werden, sodass ein Mensch die Ordnungen Gottes übertreten kann, ohne ein schlechtes Gewissen zu haben (1. Tim 4,2). Gerade durch die emanzipatorische Erziehung kann es zu einer solchen Verformung kommen. Durch die Vermittlung biblischer Werte wie Nächstenliebe, Ehrlichkeit, Treue usw., wird das Gewissen geformt.

- Durch die Mithilfe in Haus und Garten können die Kinder zu verantwortlichem Handeln angeleitet werden.[281]
- Zum verantwortlichen Handeln gehört auch, dass sie begonnene Arbeiten zu Ende zu führen, sei es in der Küche oder beim Erledigen der Hausaufgaben.[282]
- Als Eltern und Erzieher haben wir den Kindern in der Beurteilung von Alltagsfragen behilflich zu sein.
  - Musik: Welche Musik lässt sich vor Gott verantworten, welche nicht?
  - Mode: Welche Kleidung lässt sich vor Gott verantworten?
- Wir haben den Kindern zu helfen, verantwortlich mit ihrem Körper umzugehen.
- Wir haben sie zudem anzuleiten, den **anderen gegenüber verantwortlich zu handeln.**
  - Verantwortliches Handeln zeigt sich zunächst in der Zuverlässigkeit. Die Kinder halten sich an Abmachungen, erfüllen gemachte Versprechen usw.
  - Dann ist es einem Kind möglich, den Geschwistern, den Schulkameraden gegenüber verantwortlich zu handeln, wenn es sie annehmen kann. Dies bedingt aber, dass es sich von den Eltern angenommen weiß. Dieses verantwortliche Handeln kommt im Spiel, aber auch im konkreten Helfen zum Ausdruck.
  - Später darf ein Teenager in der Jungschar, in der Sonntagsschule in begrenztem Maß für andere Verantwortung tragen. Nur dann können wir unseren heranwachsenden Jugendli-

281 Lewis, P., Alles, was Ihr Kind braucht. Das 1• 1 für starke und selbstbewusste Kinder, Moers 1998, S. 74-77

282 Smith, T., Starke Eltern – starke Kids. So gewinnen Sie die Mitarbeit Ihrer Kinder, Marburg a. d. Lahn 1999, S. 169

chen diese Verantwortung übergeben, wenn wir ihnen Vertrauen auf Vorschuss schenken.

- Wir haben die Teenager auch anzuleiten, **verantwortlich mit der Sexualität umzugehen**. Es gibt in der Bibel letztgültige Maßstäbe, wie mit Sexualität umzugehen ist. Die Bibel zeigt uns ganz klar, dass Gott die sexuelle Gemeinschaft ausschließlich für das Leben in der Ehe bestimmt hat (Eph 5,31).
  - Es gilt also im sexuellen Bereich zu warten bis zur Ehe. Die Bibel bezeichnet den vorehelichen Geschlechtsverkehr als Unzucht und Unreinheit (2. Mose 22,15.16; Kol 3,5). Vorehelicher Geschlechtsverkehr kann zur Ansteckung mit einer Geschlechtskrankheit, zu ungewollter Schwangerschaft und zu seelischen Verletzungen führen.[283] Die Bibel hat auch ein deutliches Nein zum Konkubinat.
  - Sie lehnt Homosexualität und Lesbismus ab (3. Mose 20,13; Röm 1,26-27; 1. Kor 6,9-10).
- Wir haben den Kindern zu zeigen, wie sie verantwortlich **mit Besitz** und **mit der Schöpfung umzugehen haben.**
  - Das Kind soll lernen, mit seinem Taschengeld, später mit seinem Lehrlingslohn verantwortungsvoll umzugehen. Von der Bibel her sind Eigentum und Besitz positiv zu bewerten, doch sind wir nur Verwalter, weil ja Gott der Eigentümer aller Dinge ist. Was der Jugendliche nicht für seinen Unterhalt und die spätere Gründung einer Ehe braucht, soll er für die Missionierung der Menschheit einsetzen. Zu viele materielle Güter können unser Verhältnis zu Jesus und damit zu seinem Auftrag stören (1. Tim 6,6-10, Hebr 13,5).[284]
  - Der heranwachsende Jugendliche soll ferner angeleitet werden, richtig mit der Schöpfung umzugehen. Er hat sie als Gottes Schöpfung zu verstehen. Hieraus hat ein verantwortlicher Umgang mit ihr zu erwachsen, welcher alle Formen von Zer-

[283] Dobson, J., Endlich ... ich werde erwachsen!, S. 95-98
[284] Bockmühl, K., Theologie und Lebensführung, S. 125-129

störung und Ausbeutung verabscheut.[285] Es muss schon dem Kind gezeigt werden, dass Menschen, Tiere und Pflanzen aufeinander und auf die Erhaltung ihrer Lebensgrundlagen (Boden, Wasser, Luft) angewiesen sind. Durch ein vorbildliches Verhalten haben wir dem Kind in der Familie zu zeigen, wie es umweltbewusst leben kann. Zugleich haben wir ihm klar zu machen, warum wir uns von der »grünen Bewegung«, obwohl sie auch dieses Anliegen vertritt, distanzieren. Der Grund liegt darin, dass die »Grünen« ihren ganzen Einsatz von einer Ideologie bzw. einer Naturreligion her begründen. Wir handeln **umweltbewusst in der Verantwortung vor Gott** und nicht, weil wir Versöhnung mit der Gottheit Natur anstreben.[286]

Das Endziel der Erziehung zur Verantwortlichkeit

- Ein heranwachsender Jugendlicher soll später anhand der göttlichen Maßstäbe lernen, sich und den anderen gegenüber verantwortlich zu leben. Das kann er letztlich nur mit Hilfe des in ihm wohnenden Christus. Dieses verantwortliche Handeln, das geprägt ist von Liebe, Gerechtigkeit, Vergebungsbereitschaft und Rücksichtnahme, kommt im Umgang mit dem Ehepartner, den Kindern, den anderen Gläubigen in der christlichen Gemeinde, den Nachbarn und mit den Mitarbeitern am Arbeitsplatz zum Tragen.
- Er wird auch in Gesellschaft und Staat Verantwortung wahrnehmen, indem er sich für das Beachten der biblischen Grundnormen und Werte einsetzt, vor allem im Bereich der Gesetzgebung.
- Er geht auch verantwortlich mit seinem Besitz und mit der Schöpfung um.

285 Horn, H., Existenz – Erziehung – Evangelium. Pädagogik im Dialog mit Philosophie und Theologie. Dortmunder Beiträge zur Pädagogik, hg. v. U. von der Burg; U. Freyhoff; D. Höltershinken; G. Pätzold, Bochum 1991, S. 29

286 Gassmann, L., Öko: Auf der Suche nach der heilen Welt. Erfahrungen eines Umweltschützers, Neuhausen-Stuttgart 1988², S. 81-89

- Zugleich ist das Leben nach den Maßstäben Gottes für ihn ein Schutz vor destruktiven und chaotischen Tendenzen in der Gesellschaft.[287]

Wichtig bleibt zu beachten, dass die Gotteserkenntnis die Grundlage ist, um verantwortlich handeln zu können.

3.4.2.3 Denkvermögen (Der intellektuelle und geistige Bereich)

Der Ausbildung des Denkvermögens wird heute ein großer Wert beigemessen. Der Besuch der Schulen, Weiterbildung und später Erwachsenenbildung sollen das Denken noch weiter entfalten helfen. Lernen, lernen und noch einmal lernen lautet heute die Devise.

Was sucht man mit Hilfe der Entfaltung des Denkvermögens zu erreichen?

- Die Wissenschaft soll dem Menschen helfen, sich aus allen Verstrickungen, in welche er sich begeben hat – sei es im politischen, wirtschaftlichen, ökologischen Bereich – zu befreien. Mit Hilfe des Denkens versucht der Mensch, sich selbst zu helfen.
- Das letzte Ziel aller wissenschaftlichen Bemühungen ist es, auf dieser Erde das Paradies zu schaffen, wo der Tod endlich durch das medizinische Können überwunden wird. Friede und Gerechtigkeit sollen das Zusammenleben der Menschen prägen. Eine heile Umwelt soll den Menschen umgeben.

Man erwartet vom Denken des Menschen das, was letztlich nur Gott tun kann. Das Denken sucht das göttliche Handeln zu ersetzen.

Das Grundprinzip dieses Denkens ist die Kritik. Man wagt alles in Frage zu stellen, selbst Gott. Dies resultiert aus der Überschätzung der Möglichkeiten des Denkens, welche ihrerseits der Überheblichkeit des Menschen entspringt.[288] Gerade weil das Denken alles in

[287] Beck, H. W., Emanzipatorisches und biblisch-christliches Menschenbild, in: Menschenwürde und Emanzipation, hg. v. E. Düsing; H. W., Neuhausen-Stuttgart 1981, S. 119

[288] Michel, K.-H., Immanuel Kant und die Frage der Erkennbarkeit Gottes, Wuppertal 1987, S. 240

Frage zu stellen wagt, bleibt ihm nichts anderes übrig, als auch sich selbst in Frage zu stellen. Das Denken muss sich vor sich selbst verantworten. Dies führt, wie W. D. Rehfus ganz richtig aufzeigt, zur Selbstzerstörung. Das Denken löst sich selbst auf. Es kommt zum Pluralismus.[289] Nicht das Paradies, sondern das göttliche Gericht steht am Ende dieses Weges.

Diesem autonomen, menschlichen Denken stellen wir das von Gott gewollte Denken entgegen, welches sich uns in Christus eröffnet. Wir lesen in Kolosser 2,3 das interessante Wort: *»In ihm (Jesus Christus) sind alle Schätze der Weisheit und der Erkenntnis verborgen.«* Weil alle Erkenntnis allein durch Jesus Christus möglich ist, ordnen wir den Glauben an ihn der Erkenntnis vor. Diese Überzeugung legen wir allem wissenschaftlichen Denken zugrunde, indem wir »jeden Gedanken gefangen nehmen unter den Gehorsam Christi.« (2. Kor 10,5) Dies bedeutet, dass wir unser Denken bewusst der uns von Gott in seinem Wort vorgegebenen Offenbarung unterordnen. Gott hat uns in seiner Offenbarung, die uns in sprachlicher Form in der Bibel vorliegt, **die Wahrheit über sich selbst, die Menschen, die Geschichte und die Welt mitgeteilt**. Nur wer in den Natur-, Human- oder Geisteswissenschaften von der Grundlage der Bibel ausgeht, und sich durch den innewohnenden Christus erleuchten lässt, kommt zu Aussagen, die der Wahrheit, der Wirklichkeit entsprechen. Das Ziel einer vom Verhältnis zu Jesus und zur Bibel geprägten wissenschaftlichen Forschung, **dient schließlich zum Lobpreis Gottes**.

Es muss bei der Formung und Entfaltung des Denkvermögens ernst genommen werden, dass Erkenntnis nur unter den von Gott gesetzten Voraussetzungen möglich ist. Das Denkvermögen kann nur aus einer persönlichen Beziehung zu Jesus und vom Wort Gottes her,[290] in rechter Weise entfaltet werden, weil darin berichtet

---

[289] Rehfus, W. D., Die Vernunft frisst ihre Kinder, S. 86-89

[290] von Padberg, L., Die Bibel. Grundlage für Glauben, Denken, Erkennen, S. 86-98

wird, wie Gott wahrnehmbar in die Geschichte eingegriffen und in ihr gehandelt und gesprochen hat.[291]

Die Bibel weist aber ganz deutlich darauf hin, dass auch der Erkenntnisradius des an Gott gläubigen Menschen begrenzt bleibt, weil er ein begrenztes und endliches Wesen ist (1. Kor 13,12).

Damit das Denkvermögen eines Menschen gefördert werden kann, muss ferner *»die Verfinsterung seines Verstandes«* beseitigt werden (Eph 4,18). Zu dieser Verfinsterung kam es durch den Sündenfall. Diese wird dann entfernt, wenn ein Mensch Jesus im Glauben als persönlichen Retter annimmt. Als Geretteter hat er die Stellung der Gotteskindschaft (Joh 1,12). Als Gotteskind empfindet er tiefe Ehrfurcht vor Gott, seinem Vater, gerade deshalb, weil er ihn zutiefst liebt. Diese **Gottesfurcht** ist die Grundlage, um in rechter Weise denken zu können (Spr 1,7). Im Umgang mit Gott und seinem Wort wird **unser Denken ständig erneuert**, sodass wir in der Lage sind zu erkennen, was Gott von uns will (Röm 12,2). Aus der Verantwortung heraus, die wir Gott gegenüber empfinden, sind wir auch bereit, das Erkannte zu tun.

Um das Denkvermögen eines Kindes zu fördern, haben wir es zur Gottesfurcht hinzuführen (Spr 9,10).
Es soll lernen, mit Ehrfurcht auf das zu hören, was die Bibel, das Wort Gottes, sagt. Es muss ihm klar gemacht werden, dass ihm das Wort Gottes nur die Wahrheit sagt. Es soll zudem angeleitet werden, sein Denken, das immer wieder von den Einflüssen seiner Zeit beeinflusst wird, dem Wort Gottes gehorsam unterzuordnen.

- Um das Denkvermögen der heranwachsenden Kinder zu schulen, müssen wir ihnen nicht nur Wissen, sondern **eine biblische Lebensschau vermitteln.**
  - Wir haben den Kindern deutlich zu zeigen, dass sie Geschöpfe Gottes sind. Sie sind keine Zufallsprodukte, sondern von Gott gewollt.
  - Sie haben dann zum eigentlichen Sinn des Lebens gefunden, wenn sie Jesus als persönlichen Retter angenommen haben

291 Michel, K.-H., Immanuel Kant und die Frage der Erkennbarkeit Gottes, S. 245

und unter seiner Herrschaft ihr Leben gestalten. Jesus gibt ihrem Leben den letzten Sinn und nicht materieller Besitz oder Ansehen.[292]

- Alles in dieser Schöpfung ist der Vergänglichkeit unterworfen, deshalb werden auch unsere Kinder einmal sterben. In Jesus ist ihnen aber, wenn sie sterben, der Zugang zum ewigen Leben, zur ewigen sichtbaren Gemeinschaft mit Gott geschenkt (Offb 21,1-7).

Diese biblische Lebenssicht hilft dem Teenager, ideologisches und utopisches Gedankengut seiner Zeit zu durchschauen.

- Ein Kind sollte vor allem mit dem Inhalt der biblischen Botschaft und mit Hilfen, wie sie praktisch umgesetzt werden kann, vertraut gemacht werden, denn alles Denken ist von Inhalten geprägt.
- Im Blick auf die Förderung des Denkvermögens ist **das emotionale Umfeld** wichtig. Da ein Kind die Dinge eher emotional als kognitiv aufnimmt, ist das mit der Wissensvermittlung verbundene Erleben entscheidend wichtig.
  - Eine harmonische Atmosphäre in der Familie ist die beste Voraussetzung dafür, dass das Kind im kognitiven Bereich gefördert werden kann.[293]
  - Ein Kind, das sich von den Eltern geliebt und angenommen fühlt, ist bereit, ihren Wortschatz und Sprachstil zu übernehmen.
  - Die Denkfähigkeit wird auch durch die **ermutigende Unterstützung** der Eltern gefördert.[294] Das Ausüben von Druck, wenn es um das Erledigen der Hausaufgaben geht, verbunden mit Vorwürfen und Nörgeleien, hemmen die Entfaltung der Denkfähigkeit. Durch ermutigendes Zureden kann den Kin-

---

292 Barnes, R. G., Wir schaffen's auch allein! Tips für Alleinerziehende, Asslar 1991, S. 70-71

293 Die Studien von R. Spitz über die Ursachen des Hospitalismus haben gezeigt, dass die Kinder eine Atmosphäre der Geborgenheit brauchen, um entdeckendlernend das Leben zu gestalten. Vgl. Weber, E., Pädagogik. Eine Einführung. Grundfragen und Grundbegriffe, Bd. 1/Teil 2, S. 229-230

294 Giesekus, U., Fähigkeiten entdecken und entwickeln, in: Ratgeber Erziehung, S. 143-144

dern geholfen werden, ihre Hausaufgaben nach und nach selbständig zu erledigen. Die Eltern sind jederzeit bei Rückfragen bereit, dem Kind freundlich zu helfen.
    - In den ersten Schuljahren ist die Atmosphäre im Schulzimmer von großer Bedeutung. Ist das Lernerlebnis etwas Erfreuliches, ist das Kind gern bereit, sich das vorgetragene Wissen anzueignen.
- Ferner regt der Umgang mit altersgemäßen Spielsachen, Farbstiften, Malzeug, Musikinstrumenten usw. das Denken des Kindes an.
- Um das Denkvermögen zu fördern, müssen auch **die Begriffe** richtig gefüllt werden. Die Bibel gibt uns die Inhalte vieler entscheidend wichtiger Begriffe wie Gott, Liebe, Sünde usw. Durch geeignete Anschauungsmittel und mit Hilfe guter, den Kindern angepassten Erklärungen, können wir ihnen zu den jeweiligen Begriffen die richtige Vorstellung vermitteln. Klare Begriffe erleichtern das Denken wesentlich.[295]
- Das Denkvermögen kann unterstützt werden, indem wir das Kind zur **Konzentrationsfähigkeit** erziehen. Konzentration ist die Möglichkeit, sich mit einer Aufgabe oder Sache über einen längeren Zeitraum auseinander zu setzen. Konzentration umfasst Geduld, Merkfähigkeit und konsequente Arbeitshaltung (Fleiß).
    - Um die Konzentrationsfähigkeit eines kleinen Kindes zu stärken, spielt das tägliche freundliche Gespräch mit ihm und das Eingehen auf seine vielen Fragen eine bedeutende Rolle, da so befriedigend auf seinen Wissensdrang eingegangen wird.[296]
    - Hilfen für die Bildung der Konzentrationsfähigkeit sind das Auswendiglernen von Liedern und Bibelversen.
    - Ein **geordneter Tagesablauf** ist für die Entfaltung der Konzentrationsfähigkeit ebenfalls nötig. Gut geordnete gemeinsame Mahlzeiten und der damit verbundene Austausch im

---

295 Schmitz, E.; Stiksrud, A., Erziehung, Entfaltung und Entwicklung. Ein Lern- und Lehrbuch für den Unterricht in Psychologie und Erziehungslehre an weiterführenden Schulen, Heidelberg 1990, S. 158-160

296 Giesekus, U., Fähigkeiten entdecken und entwickeln, in: Ratgeber Erziehung, S. 134-137

Kreis der Familie sind besonders förderlich. Ein Kind braucht weiter im Tagesablauf Zeiten der Arbeit und der Entspannung.[297] Viele Kinder leiden heute wegen Terminüberlastungen unter Zeitdruck. Sie hetzen von einem Termin zum andern: Schule, Musikschule, Reiten, Ballett usw. Darum sind innerhalb der Freizeit auch Zeiten nötig, in denen sie sich entspannen können.[298]

- Wichtig ist, dass das Kind **genügend schläft**. Im Blick auf einen guten Schlaf leistet das Gebet einen guten Dienst. Vor dem Gebet kann alles, was der Tag gebracht hat, in aller Ruhe durchgangen werden. Für das Schöne soll das Kind Jesus danken. Versagen und Schuld kann es Jesus im Gebet abgeben. Ganz unbelastet kann es einschlafen und den neuen Tag beginnen. Dies ist deshalb so wichtig, weil Konzentration nur auf dem Boden angstloser Entspanntheit gedeiht.[299]
- Beim **Unterrichten** - in welchem es ja um die Vermittlung von Wissen und Können geht – **gilt es zwei Dinge zu beachten:**
  Lehrer und Lehrerinnen unterstützen die Konzentrationsfähigkeit, wenn sie sich nach der Darbietung genügend Zeit für die **gemeinsame Vertiefung** nehmen. Dem Kind wird Zeit zum Mitreden und Mitschreiben gegeben.
  Wichtig ist zudem, dass **auf die Fragen der Kinder eingegangen wird**, selbst wenn sie kritisch sind. Kinder, welche spüren, dass man nicht bereit ist, auf ihre Fragen - auf das, was sie bewegt – einzugehen, werden immer passiver.
- Oft besteht die Förderung der Konzentrationsfähigkeit auch darin, dass wir bestimmte **Dinge von unseren Kindern fernhalten**. Wir haben darauf zu achten, dass sie nicht einer ständigen Berieselung durch Radio, CD-Player oder Kassettengerät ausgesetzt sind. Auch müssen wir die Fülle optischer Reize, sei es durch Bilder, Werbung, Zeitschriften, Fernsehen,

297 Ruthe, R., Faulheit ist heilbar, S. 81-82
298 Schaude, O., Kind und Schule, in: Ratgeber Erziehung, S. 190
299 Meves, Ch., Es geht um unsere Kinder, S. 67

Videokassetten usw. beschränken. Ein Zuviel an akustischen und optischen Einflüssen schwächt die Konzentrationsfähigkeit. Besonders durch langes und unkontrolliertes Fernsehen wird im Leben eines Kindes eine nervliche Labilität vorprogrammiert.[300] Es kann unter Umständen sogar der Bezug zur Wirklichkeit auf Dauer gestört werden, weil der Fernseher Wirklichkeit und Fiktion miteinander vermischt. Die hochgradige Passivität beim Filmkonsum – auf die Ulrich Skambraks hinweist – führt zur Möglichkeit der Manipulation und Suggestion. Die in das Unterbewusstsein eingedrungenen Bilder und Informationen wirken, ohne dass wir es merken, auf unser Denken ein, beeinflussen die Gefühle und prägen somit unser Handeln.[301] Dies gilt es deshalb sehr ernst zu nehmen, weil in Rundfunk- und Fernsehprogrammen der Anteil von Porno- und Sexdarstellungen immer größer wird[302] und weil verschiedene Videokassetten zudem stark von satanischen, okkulten, sexuellen und pornographischen Inhalten geprägt sind. Auch der Krieg mit all seinen Brutalitäten wird in bestimmten Videokassetten verherrlicht. Es gibt auch Kassetten mit abscheulichen Horrorinhalten.[303] All diese Dinge prägen vom Unterbewusstsein her das Verhalten unserer heranwachsenden Jugend. Dies führt, wie Werner Glogauer anhand verschiedener Gerichtsuntersuchungen (Gutachten, Täteraussagen, Berichte der Polizei, der Jugendämter, Zeugenaussagen ...) nachweist, zur **Kriminalisierung von Kindern und Jugendlichen**. Viele Tötungsversuche, Tötungsdelikte, Sexualdelikte, Verkehrsdelikte und Diebstähle sind modellhafte Nachahmungen von Gewalt in den Medien.[304] Die Gewaltszenen in den Medien wirken, wie die vielen Untersuchungen zeigen, als Impulse,

---

300 Naujokat, G., Können wir Kinder zum Glauben erziehen?, S. 39

301 Ledermann, K.; Skambraks, U., Der Griff nach unseren Kindern. Einblicke in ein (un)-heimliches Erziehungsprogramm, Asslar 1988, S. 128-129

302 Glogauer, W., Kriminalisierung von Kindern und Jugendlichen durch Medien, Baden-Baden 1991, S. 11

303 ebd., S. 10.16-22.58-61

304 ebd., S. 76-108

Motivierung und vor allem als Modelle bei der Ausübung von Straftaten.[305]

Um dieser Tatsache willen wäre es, wie Werner Glogauer vorschlägt, unsere Aufgabe, eine Vereinigung ins Leben zu rufen, welche die Öffentlichkeit über die verschiedenen Arten von Mediengewalt aufklärt und auf die damit verbundenen Konsequenzen für die heranwachsende Jugend hinweist. Neben dieser Aufklärung der Öffentlichkeit sollte das Anliegen dieser Vereinigung sein, gegenüber dem Medienkonsum der Heranwachsenden ein Verantwortungsbewusstsein bei den Erwachsenen zu entwickeln. Nicht nur die Eltern, sondern auch die Produzenten und Vertreiber von Medien, Journalisten, Lehrer u. a. sollten verantwortlicher handeln lernen.[306]

In Deutschland gibt es heute verschiedene Vereinigungen, die mit Protesten, Petitionen, Strafanzeigen und Beschwerden gegen Gewalt und Pornographie in den Medien vorgehen.[307]

In Filmen für Kinder werden manchmal sogar Brücken zu außerirdischen Wesen geschlagen, sodass Kinder heute laut Umfragen eher bereit sind, an außerirdische Wesen zu glauben, als an Jesus.[308]

Durch die Medien wird die Denk- und Konzentrationsfähigkeit des Kindes stark beeinträchtigt. Eltern und Erzieher sind deshalb aufgefordert, den Kindern zu helfen, mit ihnen überlegt und kritisch umzugehen.[309]

– **Das Lesen fördert die Konzentrationsfähigkeit**.

Es ist die Aufgabe der Eltern, den Kindern zu helfen, ihrem Alter entsprechende Bücher zu lesen. Besonders schön ist für das Kind, wenn es über das Gelesene mit den Eltern ins Gespräch kommen kann. Heute finden sich viele gute Bücher auf dem christlichen Büchermarkt. Das Kind muss aber ange-

---

305 ebd., S. 116

306 ebd., S. 133.140

307 Aanderud, C., Die Gesellschaft verstößt ihre Kinder, S. 198-199

308 Glogauer, W., Kriminalisierung von Kindern und Jugendlichen durch Medien, S. 150-157

309 Kron, F. W., Grundwissen Didaktik, S. 331

halten werden, immer wieder treu die Bibel in altersentsprechenden Ausgaben zu lesen.[310] Als intensiver Leser/Leserin gelangt es zu einer aktiveren Grundhaltung, als wenn es nur Medien konsumiert oder Comics anschaut.[311]

- Auch dann kann es im Leben der Kinder zu Konzentrationsstörungen kommen, wenn Eltern in unserer stark intellektualistischen Zeit **ihre Kinder überfordern**. Oft kommt es dazu, weil die Eltern möchten, dass ihr Kind eine möglichst hohe Schulbildung erreicht (Matura/Abitur), da dies in der heutigen Gesellschaft viel zählt. Der Bildungsweg des Kindes wird zur Prestigefrage für die Familie. Die Kinder wehren sich meist dagegen mit Faulheit oder mit der Flucht in eine Fantasiewelt.[312]

- Konzentrationsstörungen können aber auch auf **hirnorganischen Symptomen** beruhen. Diese können von einer frühkindlichen Hirnschädigung herrühren. Doch sollten Eltern und Lehrer nicht zu schnell ein Kind als hirngeschädigt und damit beschränkt aufnahmefähig einstufen.[313]

Ziele des von der Bibel her ausgebildeten Denkvermögens:

- Das Denken gelangt in der Auseinandersetzung mit den vorgegebenen Inhalten zu Einstellungen und Überzeugungen.[314]
- Der Jugendliche ist mit Hilfe des von der Bibel her geprägten Denkens in der Lage, den Willen Gottes für sein Leben, für die spätere Ehe- und Familiengestaltung zu erkennen.
- Dieses Denken hilft ihm auch zu erkennen, wie die Gemeinde Jesu noch besser, effektiver gebaut werden könnte.
- Es ermöglicht ihm auch, gesellschaftliche Probleme vom Wort Gottes her zu durchschauen. Der junge Mensch vermag mit Hilfe seines Denkens, Lösungen für verschiedene anstehende

[310] Wetter, E., Spaß an Büchern, in: Ratgeber Erziehung, S. 106-110
[311] Naujokat, G., Können wir unsere Kinder zum Glauben erziehen?, S. 37
[312] Ruthe, R., Elternbuch, S. 152-155
[313] ebd., S. 156-157
[314] Brezinka, W., Glaube, Moral und Erziehung, München; Basel 1992, S. 127

Probleme aufzuzeigen. Auch Umweltprobleme kann er mit seinem Denken erfassen und zum Teil beheben.
- Das von der Bibel her geprägte Denken geht in allen Wissenschaftsbereichen von dem aus, was die Bibel lehrt, wissend, dass es nur so die Wirklichkeit erfassen kann. Wissenschaftliches Arbeiten wird so zur konkreten Hilfe für unsere Gesellschaft.

Letztlich wird durch ein von der Bibel geprägtes Denken **Gott verherrlicht**.

3.4.2.4 Kreativität (Der schöpferische Bereich)

Gott handelt grundsätzlich kreativ. Er hat alles aus dem Nichts ins Dasein gerufen und erhält es in seiner schöpferischen Kraft (Kol 1,16). In den Menschen, die Jesus durch den Glauben als Retter angenommen haben, wohnt er (Gal 2,20). Durch diesen innewohnenden Christus haben sie Anteil an der Kreativität Gottes. Da Christus Ausgangspunkt der Kreativität ist, dient sie zur Verherrlichung Gottes.

Heute sucht das Konsumverhalten die Kreativität zu unterdrücken. Es gilt deshalb in der Erziehung, die Kreativität zu fördern.

Anregungen zur Förderung der Kreativität
- Gerade im **schulischen Unterricht** kann im Bereich der Vertiefung dessen, was im Unterricht gelehrt wurde, die Kreativität des Kindes gefördert werden.
  - Das Gehörte kann dem Alter entsprechend aufgeführt werden.
  - Es ist auch möglich, es bildhaft darzustellen (Zeichnung, Collage).
  - Größere Kinder können die Lektion journalistisch nachgestalten (Interview mit der Hauptperson usw.)
  - Man kann versuchen, mit Hilfe eines Liedes den Inhalt der Stunde zusammenzufassen.
- Das **Spielen eines Instruments** (Flöte, Geige, Klavier, Gitarre usw.) kann die Kreativität eines Kindes besonders zur Entfaltung bringen.

- Das Mitsingen in einem Kinderchor kann die Kreativität ebenfalls fördern.
- Auch durch das Zeichnen, Malen, bildnerische Gestalten kann sich die Kreativität entfalten.
- Auch **lustige Familienspiele** können sich kreativ auswirken.
- Der Besuch von Museen, Kunstgalerien, Theateraufführungen und Konzerten trägt zur Entfaltung der Kreativität bei.[315]

Sicherlich ist es in unserer Zeit Aufgabe der Eltern und Erzieher, den Kindern Hilfen zu geben, wie sie ihre besonderen Begabungen (Musik, sprachliche Möglichkeiten, bildnerisches Gestalten usw.) fördern können.

Falsche Auffassungen darüber, wie sich Kreativität entfalten kann

U. Beer und W. Erl sind der Überzeugung, dass Kreativität sich nur dann entfalten kann, wenn das Verhalten der Erzieher nicht autoritär ist und wenn das Ergebnis des kreativen Handelns nicht bewertet wird. Ferner meinen sie, dass sich besonders Unzufriedenheit mit dem Bestehenden kreativ auswirkt.[316]

Dem halte ich entgegen, dass ein Kind vor allem dann, wenn es zu einem inneren Gleichgewicht gefunden hat, kreativ tätig sein kann.[317]

Walter Wanner behauptet zudem, dass Kreativität ohne den Vorgang der Sublimierung nicht denkbar ist. Bei der Sublimierung gehe es um die völlige Umformung der Triebimpulse. Er sucht dann aufzuzeigen, dass künstlerische Werke, musische Schöpfungen, literarische Höhenflüge, Ergebnisse der Sublimierung seien.[318]

Ich bin davon überzeugt, dass eine lebendige Gottesbeziehung mehr kreative Kräfte freisetzt, als dies durch Sublimierung möglich ist. Übrigens hat ein Gotteskind seine Triebe nicht zu sublimieren,

---

315 Lewis, P., Alles, was Ihr Kind braucht, S. 91

316 Beer, U.; Erl, W., Entfaltung der Kreativität, Tübingen 1972, S. 45-57

317 Ruthe, R., Faulheit ist heilbar, S. 115

318 Wanner, W., Wer bin ich – wer bist Du? Handbuch Jugendpsychologie, Gießen; Basel 1984[3], S. 75-77

sondern dankend anzunehmen. Durch Jesus ist es befähigt, in rechter Weise mit ihnen umzugehen (Gal 5,16.17).

Wieder andere meinen, dass ein Mensch vor allem dann kreativ sein könne, wenn er in der Kreativität seine Selbstbestätigung suche.

Dem hält Ellis Potter entgegen, dass wir erst dann, wenn wir unsere Identität von Gott her bejahen, schöpferisch tätig sein können.[319]

Ziel der Kreativität:
Weil das Ziel aller Kreativität im Leben der Gläubigen die **Verherrlichung Gottes** ist, sollte sie einen stark evangelistischen Akzent haben. Auf diesen wichtigen Umstand weist Ellis Potter in seinem Aufsatz »Der biblische Auftrag zur Kreativität« hin.[320]

Gerade dieses Ziel – Verherrlichung Gottes mit evangelistischer Akzentsetzung – kann große kreative Impulse auslösen, die mit Hilfe von Jesus in die Tat umgesetzt werden können. In der Malerei, im Bereich der Musik, in der Literatur und in der Architektur können gewaltige Kunstwerke geschaffen werden, welche auf Gott, unseren Schöpfer und Retter, hinweisen und Menschen dadurch evangelistisch ansprechen.

3.4.2.5 Personhaftigkeit – Körperlichkeit (Der körperliche Bereich)

Grundsätzlich hat Gott den Menschen, da er ihn in seinem Bild gemacht hat, als ein denkendes, redendes, handelndes, mitfühlendes und wollendes Wesen erschaffen. Zudem hat er seinen Körper geformt. Er hat jeden Menschen als geistig-seelisch-leibliche Einheit geschaffen (siehe 6.1) und hat ihm seine Art, seine Fähigkeiten und Grenzen gegeben.

---

319 Potter, E., Der biblische Auftrag zur Kreativität, in: Fundamentum. Zeitschrift der Freien Evangelisch-Theologischen Akademie Basel, Riehen Nr. 4/1992, S. 76

320 ebd., S. 77-86

Wenn ein Mensch Jesus als Retter annimmt, wird sein Leib *»ein Tempel des Heiligen Geistes«* (1. Kor 3,17). Durch den Heiligen Geist wohnt Jesus in seinem Körper. Und doch ist es gerade der Körper, der dem Menschen immer wieder zum Seufzen Anlass gibt (Röm 8,23). Dies kommt daher, weil er von *»Schwachheiten«* geprägt ist (1. Kor 15,43). Mit diesen Schwachheiten können vorerst einmal Leiden (Schlafstörungen, schwache Nerven usw.), Gebrechen, Behinderungen und Krankheiten gemeint sein. Mit diesen Schwachheiten ist aber auch die Versuchlichkeit zur Sünde gemeint. Unser »gefallener Körper« bleibt, obwohl Jesus in ihm wohnt, zu allem Bösen geneigt.

Wir müssen lernen, uns diesem Hingezogensein zum Bösen »für gestorben« zu halten (Röm 6,11). Der in uns wohnende Christus ist unser Sieg über die Sünde (Röm 8,13). Schließlich wird unser Körper sterben müssen. Diese Tatsache macht uns deutlich, dass uns nur eine begrenzte Zeit zur Verfügung steht, unser Leben zu gestalten.

Obwohl unser Körper uns noch zu schaffen macht, findet sich keine Körperfeindlichkeit in der Bibel. Vielmehr ist es die Aufgabe eines jeden Gläubigen, gerade diesen von Schwachheiten geprägten Körper Jesus **ganz zur Verfügung** stellen (Röm 12,1.2), damit er eben gerade durch diesen ein Gott wohlgefälliges Leben wirken kann. Denken wir hier nur an die Frucht des Geistes (Gal 5,22) und an die guten Werke (1. Tim 5,25). Andererseits aber sehnen wir uns nach der *»Erlösung unseres Leibes«* (Röm 8,23). Wichtig ist zu beachten, dass wir nicht eine Erlösung vom Körper, sondern eine Erlösung des Körpers ersehnen. Gerade diese Tatsache zeigt uns, wie wertvoll Gott unser Körper ist. Er wird ihn zu seiner Zeit in die Erlösung mit einbeziehen. Unser jetziger Leib ist der Same des neuen Leibes (1. Kor 15,42-49).

Wie helfen wir dem Kind, seine Personhaftigkeit und Körperlichkeit richtig zu entfalten?

- Zuerst haben wir dem Kind zu helfen, **sich selber anzunehmen**. Hier ist vorauszuschicken, dass ein Kind sich nur dann annehmen kann, wenn es sich von den Eltern und später von Gott angenommen weiß.
  - Zunächst hat das heranwachsende Kind zu lernen, mit seinen ihm von Gott geschenkten Stärken richtig umzugehen. Es

darf sich an seinen Gaben und Fähigkeiten freuen, soll aber damit nicht prahlen oder wichtig tun.

- Ferner sollte es lernen, seine Grenzen und Schwächen anzunehmen und zu ertragen. Hier braucht es von Seiten der Eltern Verständnis, Ermutigung und Zuspruch. Grenzen sind kein Grund zur Resignation. Schwächen, Krankheiten und Leiden haben wir aus der Hand Gottes anzunehmen (Röm 8,28).
- Die Teenager, vor allem die Mädchen, müssen angeleitet werden, ihr Aussehen, ihre Figur und ihr Gewicht anzunehmen. Der heutige Schönheitskult erschwert den heranwachsenden Teenies oft die Selbstannahme in diesem Bereich.
- Dazu kommt die Annahme der Geschlechtlichkeit. Ein Mädchen soll sich als Mädchen und ein Junge als Junge annehmen. Die heutige Gleichmacherei erschwert immer mehr die Erziehung zur Annahme der Geschlechtlichkeit. Es ist nicht wahr, was im Feminismus behauptet wird, dass der androgyne Mensch das von Gott gewollte Idealbild ist.[321]

Die Selbstannahme ist im Blick auf die spätere Bewältigung des Lebens von großer Bedeutung. Neid und Eifersucht sind große Feinde der Selbstannahme.

D. Baacke weist nach, dass auch ein starker Medienkonsum die Selbstannahme erschweren und oft sogar verhindern kann.[322]

- Ein Kind muss außerdem lernen, richtig **mit den Wünschen des Körpers umzugehen**.
  - Es sollte nicht einfach, wenn es ein Hungergefühl empfindet, in die Küche gehen und sich satt essen. Stattdessen sollte es lernen, auf die festgesetzten Mahlzeiten zu warten.
  - In einem Warenhaus darf es auch nicht einfach alles, was ihm gefällt, in den Kaufwagen packen.
  - Es ist auch nicht möglich, immer dann fernzusehen, wenn es dazu Lust empfindet.

321 Hauschildt, I., Die feministische Versuchung und die Antwort der christlichen Frau, S. 62; vgl. Rehfus, W. D., Die Vernunft frisst ihre Kinder, S. 140-141

322 Kron, F. W., Grundwissen Didaktik, S. 352

  - Im sexuellen Bereich muss der Jugendliche lernen, mit der sexuellen Spannung richtig umzugehen. Selbstbefriedigung ist nicht die Lösung.[323] Dem Alter entsprechende Aufklärung kann dem Kind eine große Hilfe sein.

Ein Mensch, der meint, mittels Befriedigung der Triebe zu einer tieferen Befriedung zu kommen, wird enttäuscht werden. Ohne grundsätzlichen Frieden mit Gott, ohne eine letzte Geborgenheit gibt es keine Befriedung, auch wenn man alle Lüste zu befriedigen sucht. In diesem Bereich befindet sich die emanzipatorische Erziehung auf dem Holzweg.

- Ein Kind braucht Anleitung, wie es **zu seinem Körper Sorge tragen kann.**
  - Neben der generellen Anleitung zur Körperpflege sollte dem Kind gezeigt werden, wie es sich gesund ernähren kann.
  - Es sollte ihm geholfen werden, alle **Suchtverhalten zu meiden**. Gerade in diesem Bereich ist das Vorbild der Eltern von entscheidender Bedeutung. Wir dürfen nicht vergessen, dass das Einstiegsalter für die »Alkohol-Karriere« bei elf Jahren liegt und dass mehr als drei Prozent der zehn Jahre alten Schüler sich als »regelmäßige Raucher« bezeichnen. Nicht Opposition oder Trotz, sondern Nachahmung der Eltern ist oft das Motiv zu diesem Verhalten.[324] Den heranwachsenden Kindern sollte zudem geholfen werden, allen Drogen mit einem klaren Nein zu begegnen.[325]
- Der Körper braucht, um gesund zu bleiben, **die Bewegung.**
  - Die sportliche Ertüchtigung ist für ein Kind außerordentlich wichtig. Es braucht neben dem vielen Sitzen die Bewegung.
  - Kinder brauchen Hilfe, damit sie bereit sind, auch das sportlich schwache Kind in die Gruppe zu integrieren.
  - Wir haben auch vor einer Vergötterung des Sports zu warnen. Der Sport soll unserem Körper dienen, aber nicht wir

[323] Seiß, R. Identität und Beziehung, S. 144-145
[324] Naujokat, G., Können wir unsere Kinder zum Glauben erziehen?, S. 41-42
[325] Dobson, J., Endlich ... ich werde erwachsen!, S. 140

dem Sport. Es ist oft schwer, Kindern in unserer sportfanatischen Zeit die Grenzen klar aufzuzeigen.

- Wir leben nur begrenzte Zeit auf dieser Erde.
  Dem Kind sollte klar gemacht werden, dass die Zeit, die ihm Gott anvertraut, nur dann erfüllte Zeit ist, wenn Jesus seinen Leib als Werkzeug gebrauchen kann, um seine Ziele in dieser Welt zu verwirklichen. Zeit, welche der Mensch aus sich heraus zu füllen sucht, ist im Blick auf die Ewigkeit vertane Zeit. Sie bringt für die Ewigkeit nichts. Leider hat man bis heute, wie Rudolf Lassahn ganz richtig bemerkt, die Zeitlichkeit des Menschen in der Pädagogik kaum beachtet.[326]

Ziel der Erziehung zur Personhaftigkeit und Körperlichkeit
Das Ziel ist es, dass der junge Mensch mit seinem Körper Jesus Christus zur Verfügung steht. Dazu sind Selbstannahme, Körperpflege, sportliche Ertüchtigung und das Meiden von Suchtverhalten nötig. Er braucht auch die Einsicht, dass er auf dieser Erde nur begrenzte Zeit mit seinem Leib Jesus dienen kann.

3.4.2.6 Emotionalität (Der Bereich der Gefühle)

Zu einer ausgeglichenen, das Leben tragenden Emotionalität kommt es dann, wenn ein Mensch sich in seinem So-Sein geliebt und angenommen fühlt. Weiter muss er in seinem Leben die Frage des Todes geklärt haben (Hebr 2,15). Dann, wenn ein Mensch an Jesus als Retter glaubt, sind die Grundvoraussetzungen für eine emotionale Ausgeglichenheit gegeben. Er weiß sich in jeder Situation des Lebens **von Gott geliebt**, weil er ja ein Gotteskind ist. Nichts und niemand kann ihn von dieser Liebe trennen (Röm 8,35-39). Zudem weiß er, dass er in der sichtbaren Gemeinschaft mit Jesus leben darf, wenn er stirbt (Joh 17,24; 2. Kor 5,1-2). Sein Leben kommt im Sterben zur Vollendung.

---

[326] Lassahn, R., Grundriss einer Allgemeinen Pädagogik, S. 94

Grundvoraussetzungen, um im Leben eines Kindes eine gesunde Emotionalität zu fördern.

- Damit sich die Emotionalität im Leben eines Kindes richtig entfalten kann, haben ihm die Eltern und Erzieher **mit Liebe zu begegnen.** Diese Liebe zeigt sich darin, dass sie das Kind ernst nehmen, ihm mit Verständnis begegnen und ihm immer wieder Zeit schenken. Diese Liebe wird auch im äußeren Verhalten sichtbar (Blickkontakt, dem Alter entsprechenden Körperkontakt). Sie findet außerdem in einer ausgewogenen Disziplinierung ihren Ausdruck und hat nichts mit Verwöhnung zu tun.
- Die Erzieher haben den Kindern zu helfen, **mit der Emotionalität richtig umzugehen.**
  - Ein Teenager braucht unbedingt Anleitung, wie er mit Gefühlen der Niedergeschlagenheit, der Trauer und der Angst fertig werden kann. Es gibt bekannte, aber auch unbekannte Gründe, welche ein solches Gefühl auslösen. Wichtig ist zunächst einmal, dass er mit seinen Eltern über diese beklemmenden Gefühle reden kann.

    Sie haben ihm zu zeigen, wie er all dies, was ihn bedrückt, Jesus sagen kann. Jesus hilft, diese bedrückenden Gefühle zu ertragen, und nimmt sie zu seiner Zeit wieder weg.
  - Das pubertierende Kind braucht Hilfe, wie es mit seiner **Launenhaftigkeit** umgehen soll. Manchmal ist es freundlich und zuvorkommend, dann wieder benimmt es sich frustriert und ärgerlich.

    Vor allem im Blick auf die Emotionalität, die immer wieder mit ihm durchbrennt, muss dem Kind geholfen werden, Selbstbeherrschung zu lernen.

  Im Blick auf die eben entfalteten Gefühle gelten folgende Grundregeln:
  - Die Kinder sollen über ihre Gefühle reden. Dies ist aber nur dann möglich, wenn sie sich von den Eltern verstanden wissen.
  - Wenn sie die Gefühle aussprechen, dürfen sie keine verletzenden Ausdrücke und schmutzigen Schimpfworte gebrauchen.

- Schließlich sollten sie aufgestauten Ärger nicht an Unschuldigen (kleinere Geschwister, Mutter) in der Familie auslassen.[327]
- Es geht aber nicht nur darum, dass die Kinder ihre eigenen Gefühle mitteilen können, sondern nach und nach die Gefühle anderer Menschen (Eltern, Geschwister, Kameraden) einschätzen und nachempfinden lernen. Sie haben sich schließlich den Gefühlsempfindungen der anderen angepasst zu verhalten,[328] sich also empathisch zu verhalten.[329]
- Der Pubertierende muss auch lernen mit seinen **»Liebesgefühlen«**, die zum Teil hormonell bedingt sind, richtig umzugehen. Eine altersentsprechende Aufklärung und helfende Gespräche können eine Hilfe sein.

Ziel der Erziehung der Emotionalität

Das Ziel ist, dass der Jugendliche später mit Hilfe von Jesus möglichst ausgeglichen leben kann und so in der Lage ist, seinen Mitmenschen in Liebe zu begegnen.

- Er muss im Leben mit Freude richtig umgehen können. Jesus soll in der Freude die Mitte bleiben.
- Er muss auch lernen, Niedergeschlagenheit, Trauer, Angst und Enttäuschungen zu ertragen. In all diesen beklemmenden Situationen des Lebens darf er sich von Jesus getragen wissen.

Nur wer es gelernt hat, mit Hilfe von Jesus mit seiner Emotionalität richtig umzugehen, kann seinen Mitmenschen helfend begegnen.

3.4.2.7 Integriertheit (Bereich der Harmonie)

Zur inneren Harmonie zwischen Geist, Seele und Leib gelangt ein Mensch erst durch eine persönliche Beziehung zu Jesus, die dann

---

327 Mühlan, E.; Schröter, A., Total fertig oder voll gut drauf? Helfen Sie Ihrem Kind, mit seinen Gefühlen klarzukommen, Asslar 1996, S. 40-43

328 Hänze, M., Denken und Gefühl. Wechselwirkung von Emotion und Kognition im Unterricht, Neuwied; Kriftel; Berlin 1998, S. 116

329 Garz, D., Moral, Erziehung und Gesellschaft, S. 45

möglich ist, wenn er Jesus als persönlichen Retter angenommen hat. In seinem natürlichen, sündigen Zustand ist jeder Mensch geistlich tot und dadurch innerlich zerrissen (Eph 2,1).

Dann entfaltet sich diese gottgeschenkte Harmonie und wirkt sich in allen Bereichen unseres Lebens aus, wenn wir Jesus das Herrschaftsrecht über unser Leben einräumen (Gal 2,20). Der in uns lebende Christus befähigt uns zur **Gemeinschaft** und **Verantwortlichkeit**. Er fördert unser **Denkvermögen**, unsere **Kreativität**. Er hilft uns, uns selbst, so wie wir sind, anzunehmen und mit **unserem Körper** richtig umzugehen. Er gibt uns eine **ausgeglichene Emotionalität**. In der Bindung an Jesus und das Wort Gottes gelangen wir immer wieder neu zu einer **ausgewogenen Identität**.

Ein großes Wissen, Ansehen, genügend Geld und der Genuss verschiedenster Vergnügen können eine solche innere Harmonie nie hervorbringen.

Unser Beitrag in der Kindererziehung zur Förderung der Integriertheit

Wir müssen uns immer wieder vor Augen halten, dass es unsere Aufgabe ist, den bei der Wiedergeburt im Leben des Kindes eingeleiteten Umgestaltungsprozess zu unterstützen. Unser Auftrag ist es, das Kind anzuleiten, mit Hilfe von Jesus anhand der Bibel sein Leben zu gestalten. Dieser Vorgang kann auch Bildung genannt werden.

- Wenn wir fortwährend an den Willen des Kindes appellieren, fühlt es sich ständig überfordert. Es kann so unmöglich zur inneren Harmonie gelangen.
- Weisen wir andererseits immer wieder darauf hin, dass Jesus in seinem Leben alles tun wird, wird das Kind passiv. Auch so gelangt es nicht zur inneren Harmonie.

Es muss angewiesen werden, das, was die Bibel lehrt, mit Hilfe von Jesus zu wollen und zu tun. Nur wer aus der Fülle des in ihm wohnenden Christus leben lernt, kann sich ganzheitlich, harmonisch entfalten, weil er trotz seiner Schwächen und Grenzen das, wozu ihn das Wort Gottes beauftragt, ausleben kann (Phil 4,13).

Gerade bei dieser Erziehung zur Ganzheitlichkeit haben wir uns **vor dem Perfektionismus** zu hüten. Wir erziehen ein Kind dann zum Perfektionismus, wenn wir es ständig auffordern, fleißiger und gründlicher zu arbeiten. Im Bereich des Glaubens fordern wir ein besseres Benehmen, ein treueres Gebetsleben, mehr Einsatz in der Jungschararbeit usw. Ein so erzogenes Kind kann später innerlich nie zur Ruhe kommen. Alles, was es macht, könnte noch besser sein. Die Harmonie bleibt in einem solchen Leben gestört.

Ziel der Erziehung zur Ganzheitlichkeit

Das Kind soll durch die Bindung an Jesus und sein Wort zu einer **selbständigen Persönlichkeit heranwachsen**. Gerade dadurch, dass Jesus sein Leben bestimmen darf, ist es frei von sich selbst und der Bindung an die Sünde. Durch die Anerkennung der Autorität der Heiligen Schrift lebt das Kind nach den biblischen Normen und Werten. Von der Bibel her hinterfragt es die utopischen Ziele der heutigen Ideologien. Es bleibt in der Bindung an das Wort Gottes Realist. Es wird später nicht zu einem Menschen, der sich von den ständig wechselnden Meinungen der Gesellschaft manipulieren lässt, wie dies beim **Sozialisationsverständnis** der Fall sein kann. Es kann durchaus der Auffassung der Gesellschaft widersprechen, wenn sich diese nicht an den biblischen Normen orientiert.

Des Weiteren wird dem Kind gezeigt, wie es **für Jesus** und **die anderen Menschen leben kann**, so wie es Jesus in Mt 22,37-40 ausgeführt hat. Es sucht dann später in der Kraft und im Auftrag Jesu, den Mitmenschen äußerlich und innerlich zu helfen. Es bemüht sich einerseits soziale Not zu lindern und andererseits Menschen zu Jesus, ihrem Retter, hinzuführen.

Es wird nicht zu einem Menschen, der in der Suche nach der völligen Freiheit und dem Glück den Konflikt mit der jetzigen Gesellschaftsordnung sucht, wie dies das Ziel der emanzipatorischen Erziehung ist. Es weiß von der Bibel her um die Utopie dieser Ziele. Sein innerstes Anliegen ist es, Menschen ganzheitlich zu helfen. Dafür setzt es sich später in Ehe, Familie, in der Gemeinde Jesu, der Gesellschaft und, wenn nötig, sogar in der Politik ein.

3.4.3 Die Hinführung der Kinder in eine Gemeinde

Wenn ein Kind eine Wiedergeburt[330] erlebt, wird es durch den Heiligen Geist ein Glied des Leibes Jesu, der Gemeinde (1. Kor 12,13). Dem Kind muss aber noch geholfen werden, den äußeren Zugang zur Gemeinde zu finden.

Warum ist die Gemeinde so wichtig?

- Grundsätzlich ist die Gemeinde eine göttliche Einrichtung (Kol 1,18.24-26). Hier wird der Gläubige vom Wort Gottes her, das man in all seinen Aussagen - auch im Bereich der Werte und Normen - ernst nimmt, angesprochen und im Glauben weitergeführt (Röm 10,17).[331]
- In der Gemeinde werden die im Wort Gottes vorgegebenen **ethischen Normen** im sexuellen Bereich, in der Gestaltung der Ehe, im Zusammenleben in der Familie, im Umgang mit dem Geld usw.[332] ins alltägliche Leben umgesetzt. Dieses vom Wort Gottes her geprägte Gemeindeleben ist den heranwachsenden Jugendlichen in den Verführungen und Verwirrungen unserer Zeit eine Orientierungshilfe. Sie sehen in der Gemeinde, was gut und böse ist.
- In der Gemeinde fühlt sich ein Kind **ernst genommen**. Es empfindet in der harmonischen Atmosphäre, welche das Zusammenkommen der Gläubigen prägt, eine tiefe Geborgenheit. In dieser Geborgenheit sollte das Kind geistlich reifen dürfen.
- Hier in der Gemeinde wird das gelehrte Wort Gottes auch praktiziert. In der Gemeinde werden **einerseits evangelistische** und **andererseits sozial-diakonische Schwerpunkte** gesetzt. Das heranwachsende Kind erlebt mit, wie man Ausländern mit Liebe begegnet, suchtgefährdeten Menschen hilft, für Kranke betet

---

330 siehe 3.4.1

331 Schritte zu den Kindern. Arbeitsbuch Gnadauerkongress 1987, hg. v. D. Velten, Dillenburg 1987, S. 65

332 Das Buch von McDowell, J. und Hostetler, B. »Glaube ohne Werte – Jugend am Abgrund«, Bielefeld 1997, gibt wertvolle Hilfen für die praktische Umsetzung biblischer Normen im Gemeindealltag.

usw. Es lernt in der Gemeinde, wie praktische Nächstenliebe aussieht.

- Es erlebt auch, wie **Missionare in andere Länder ausgesandt werden**, um dort das Evangelium zu verkündigen und sozial-diakonisch auszuleben.
- Die Gemeinde geht **hoffnungsvoll in die Zukunft**, dem kommenden Christus entgegen. In unserer Zeit wird die Zukunftshoffnung im Leben vieler heranwachsender Jugendlicher durch erschreckende Prognosen erstickt.[333] Ängste aller Art, unbewältigte Probleme in der näheren Umgebung usw. rauben den Kindern diese Zukunftshoffnung. Die Gemeinde weiß, dass Gott der Herr der Geschichte ist. Ihm ist diese Welt nicht entglitten. Jesus wird wiederkommen und ein 1000-jähriges Friedensreich auf dieser Erde errichten. Diese freudige, zukunftsorientierte Art hilft den Jugendlichen, hoffnungsvoll in die Zukunft zu gehen.[334]

Siegfried Uhl zeigt, dass die Gemeinde als Gesinnungsgemeinschaft eine gute Grundlage für die erfreuliche Entfaltung der Persönlichkeit eines Kindes bildet, weil in ihr klare Wertmaßstäbe und Ordnungen gegeben sind, die die Lebensführung von Kindern und Erwachsenen bestimmen.[335]

Was gilt es besonders zu beachten, damit die Kinder den Weg in die Gemeinde finden?

- Die beste Voraussetzung ist durch die Eltern gegeben, die treu die Gemeinde besuchen und das Gemeindeleben verbindlich mitgestalten. Sie führen durch ihr **vorbildliches Verhalten** die Kinder in das Gemeindeleben ein. Eigentlich sollten alle gläubigen Eltern von der Notwendigkeit einer verbindlichen Teilnahme am Gemeindeleben und einer begabungsmäßigen Mithilfe überzeugt sein. Diese Einstellung prägt die heranwachsenden Kinder.

---

333 Rehfus, W. D., Die Vernunft frisst ihre Kinder, S. 20-44

334 Schritte zu den Kindern, S. 164-65; vgl. Dieterich, M., Psychologie contra Seelsorge. Hilfestellung für die christliche Gemeinde, Neuhausen-Stuttgart 1985², S. 62

335 Uhl, S., Die Mittel der Moralerziehung und ihre Wirksamkeit, Bad Heilbrunn 1996, S. 287

Interessant ist in diesem Zusammenhang zu beachten, was Piet van der Ploeg in der Studie »Familie und religiöse Sozialisation Jugendlicher« herausgearbeitet hat. Er kommt zum Schluss, dass die meisten Kinder im Jugendalter der Gemeinde dann den Rücken zukehren, wenn sich treuer Gemeindebesuch bei Eltern nur auf Gewohnheit und Sitte stützt, ohne dass der Glaube ihren Alltag prägt. Was bringt den Kindern eine Religiosität ohne Glaubenserleben und Alltagsrelevanz? Nur dort finden Jugendliche zur Gemeinde, wo der Glaube im Alltagsleben der Eltern eine für das Kind sichtbare, prägende Rolle spielte, die sich auf sein Leben positiv auswirkte.[336]

- Die Gottesdienste der Gemeinde sollten so gestaltet sein, dass sich Kinder ab 11 Jahren, Teenager und Jugendliche wohl fühlen. Dies ist vor allem dann der Fall, wenn sich der Verkündiger in jeder Predigt bemüht, in die Lebenswelt der heranwachsenden Jugendlichen hineinzusprechen.
  Michael Dieterich macht noch auf eine interessante Beobachtung aufmerksam. Gerade an Christus gläubige Jugendliche haben in der Zeit der Pubertät Mühe, sich in den institutionalisierten Religionsgebräuchen der Landeskirche (z.B. Liturgie) wohl zu fühlen.[337]
- Ferner hat die Gemeinde eine attraktive Kinder-, Teenager- und Jugendarbeit anzubieten. Alle, welche in diesen verschiedenen Bereichen mitarbeiten, sollten motiviert ihre Aufgabe wahrnehmen, sodass die heranwachsenden Jugendlichen gerne die verschiedenen Anlässe besuchen. Zugleich sollten alle Mitarbeiter und Mitarbeiterinnen vorbildlich am Gemeindeleben teilnehmen. Besonders haben sie sich um die Integration der Kinder zu bemühen. Dies braucht viele helfende und verständnisvolle Gespräche. Außerdem haben sie die Kinder zur Mitarbeit zu animieren.

[336] van der Ploeg, P., Familie und religiöse Sozialisation Jugendlicher, in: Jahrbuch der Religionspädagogik, hg.v. P. Biehl; Ch. Bizer; H. G. Heimbrock; F. Rickers, Bd. 4, Neukirchen-Vluyn 1988, S. 236-237

[337] Dieterich, M., Frühe Kindheitserfahrungen und mögliche Folgen für das Glaubensleben, in: Wenn der Glaube krank macht. Psychische Störungen und religiöse Ursachen, hg. v. M. Dieterich, Wuppertal; Zürich 1991, S. 70

Was im Einzelnen zu beachten ist, damit Kinder, Teenager und Jugendliche den Weg in die Gemeinde finden, habe ich in Kapitel 5 im Bereich der Gemeindepädagogik ausgeführt.

3.4.4 Wenn wir diese Ziele in der Erziehung nicht erreichen?

Was im Einzelnen zu beachten ist, um diese eben entfalteten Ziele zu erreichen, werde ich in Kapitel 4 ausführen.

An dieser Stelle geht es nur darum, darauf hinzuweisen, dass wir im Blick auf das Erreichen dieser Ziele auf die Hilfe Gottes angewiesen sind, da das zu erziehende Kind als Persönlichkeit aktiv am Erziehungsgeschehen beteiligt ist. Dieses aktive Mitwirken des heranwachsenden Kindes am Erziehungsprozess schließt die Möglichkeit mit ein, dass die oben entfalteten Ziele nicht erreicht werden. Es kann sein, dass das Kind sich innerlich gegen diese Ziele sträubt oder sogar dagegen rebelliert und seine eigenen Wege gehen will. Wenn eine solche Situation eintritt, haben sich die Eltern oder Erzieher zu fragen, wie sie sich zu verhalten haben. Ich gehe im folgenden Kapitel auf diese wichtige Frage ein. Hier ist nur so viel zu sagen, dass es bei den Eltern zu einer tiefen Erschütterung kommen kann. Sie halten sich zumeist für Versager. In diesem Zusammenhang haben sie sich mit der Frage auseinander zu setzen: Wie weit geht unsere Verantwortung? Es gibt verschiedene Bücher, die sich mit dieser Problematik beschäftigen, u.a. das lesenswerte Buch von J. P. Gage »Wenn Kinder rebellieren. Wie weit geht die Verantwortung der Eltern?«[338] und das Buch von A. Pfeifer »Mütter sind nicht immer schuld. Von Selbstvorwürfen zur Gelassenheit.«[339] Allen Eltern oder Erziehern, welche die biblischen Ziele in ihrer Erziehung anstreben und nun erleben, dass die Kinder ganz andere Wege gehen, empfehle ich, diese beiden Bücher zu lesen.

---

338 Gage, J. P., Wenn Kinder rebellieren. Wie weit geht die Verantwortung der Eltern?, Neuhausen-Stuttgart 1990

339 Pfeifer, A., Mütter sind nicht immer schuld. Von Selbstvorwürfen zur Gelassenheit, Wuppertal; Zürich 1995

4 Die pädagogischen Prinzipien

Um die in der Pädagogik festgelegten Ziele zu erreichen, hat man bestimmte pädagogische Grundprinzipien, so genannte Erziehungsprinzipien zu beachten.

Nach F. W. Kron darf man heute Erziehung nicht mehr mit Bildern wie »ziehen, führen, regieren« umschreiben, da diese Bilder von vorgegebenen Wert- und Normvorstellungen in der Gesellschaft ausgehen. Im Zusammenhang mit diesen Bildern bestehe kein Freiraum zu Änderungen der vorgegebenen Regeln und Normen sowie für neue Vereinbarungen.[1]

Erziehung muss nach F. W. Kron als sozialer Prozess verstanden werden, in welchem es vor allem um symbolische Interaktion gehe.

H. Giesecke ist der Auffassung, dass mit Erziehung immer nur das gemeint sein kann, was bewusst und planvoll zur optimalen Entwicklung von Kindern geschieht.[2]

Eine solche Vorstellung von Erziehung lässt keinen Raum für das helfende und verändernde Eingreifen Gottes im Erziehungsprozess. Die von F. W. Kron vorgetragene Erziehungsvorstellung, welche Gott ausklammert, überlässt den Menschen dem Menschen, das heißt der Gesellschaft. Der Mensch formt sich letztlich selbst durch verschiedene Sozialisationsprozesse; er wird sich selbst zu Gott. Er übernimmt und verändert Regeln, Normen und Werte wie er will. Wenn der Mensch zum Ausgangspunkt der Erziehung wird, werden Theorie und Praxis sehr oft auseinander fallen, da der Mensch sich selbst nicht gerecht werden kann.

Erziehung ist nach biblischer Auffassung die Wahrnehmung eines göttlichen Auftrags, der nur in einer personalen Beziehung – vor allem von den Eltern – erfüllt werden kann.[3] Mit Gottes Hilfe bemühen sich

---

1 Kron, F. W., Grundwissen Pädagogik, München; Basel 1989², S. 189-191
2 Giesecke, H., Einführung in die Pädagogik, Weinheim; München 1990, S. 70
3 Horn, H., Existenz-Erziehung-Evangelium. Pädagogik im Dialog mit Philosophie und Theologie, Dortmunder Beiträge zur Pädagogik, hg. v. U. von der Burg; U. Freyhoff; D. Höltershinken; G. Pätzold, Bochum 1991, S. 151

die Eltern, das Kind innerhalb den von Gott vorgegebenen Regeln, Normen und Werten zu einer selbständigen Persönlichkeit hinzuführen, die sich freiwillig der Autorität Gottes unterstellt. Dazu statten sie das Kind in den Bereichen des Denkens und Handelns mit Hilfen aus. Das Kind wirkt als eine im Bild Gottes geschaffene Persönlichkeit aktiv am Erziehungsgeschehen mit. Im Erziehungsprozess, in welchem die in der Bibel aufgezählten Erziehungsmittel wie Belehrung, Lob, Ermutigung, Zurechtweisung usw. mit berücksichtigt werden, rechnet man sowohl auf Seiten der Eltern, als auch auf Seiten des Kindes mit dem helfenden und verändernden Eingreifen Gottes. Dieser Erziehungsvorgang kann sehr wohl mit Bildern wie »ziehen« und »führen« umschrieben werden.

In der von der Bibel geforderten Erziehung stehen die einzelnen Erzieher, vor allem die Eltern, im Vordergrund des erzieherischen Handelns. Das Kind wird durch das face-to-face Verhältnis mit den Eltern und Erziehern geformt.[4] Sie bemühen sich, das Kind zu verstehen und sind auch für sein körperliches Wohlbefinden da. Vor allem suchen sie, die geistig-seelische Entwicklung bis hin zur selbständigen Lebensbewältigung zu fördern. Sie tragen vor Gott die Verantwortung für ihr erzieherisches Handeln.

Der Staat hat im Blick auf die Erziehung und Schulung der Kinder nur eine unterstützende Aufgabe.

4.1 Das Grundprinzip der emanzipatorischen Erziehung

Das Grundprinzip der emanzipatorischen Erziehung heißt »wachsen lassen«, da man den Menschen als aus sich heraus gut ansieht. Man ist zutiefst davon überzeugt, dass das Kind zum Selbsttätigsein drängt und dass deshalb Zwang, Einordnung und einschränkende

4 Kron, F. W., Grundwissen Pädagogik, S. 199-205

Verpflichtungen nur die Spontaneität des Kindes einengen.[5] Gerade die Pluralität der Lernfaktoren (Familie, Kindergarten, Schule, Massenmedien, Freizeit- und Konsumsystem, Jugendarbeit) mache, dass die Erziehungsmonopole der Eltern und der Schule wegfallen. Diese Pluralität ermögliche es den heranwachsenden Menschen, schon sehr früh selbständige Urteile zu bilden. Dieses mündige Verhalten solle durch die emanzipatorische Erziehung noch gefördert werden.[6]

Um die These, dass der Mensch gut ist und immer richtig handelt, jederzeit aufrecht erhalten zu können, kommt es zu einer Projektion nach außen, wenn Probleme aufbrechen. Die Erwachsenen, die Gesellschaft und ihre Verhältnisse sind und machen böse.[7]

Damit sich das Kind richtig entfalten könne, müssten sich die Erwachsenen ihm gegenüber richtig verhalten. Genügend Liebe bringe das angemessene Verhalten hervor. Benehme sich das Kind rebellisch, sei dies nur ein Hinweis darauf, dass sich die Eltern noch zu autoritär verhielten. Thomas Gordon vertritt in seinem Buch »Familienkonferenz« die Meinung, dass wir dann auf jede Art von Bestrafung verzichten könnten, wenn wir es lernen würden »aktiv zuzuhören«. Rudolf Dreikurs behauptet, dass im Leben eines Kindes kein Zwang zum Gehorsam nötig sei, wenn wir das Kind richtig anleiten. Die Eltern müssten in unserer demokratischen Gesellschaft lernen, die Kinder zum richtigen Benehmen »anzuregen«.[8]

Ferner sollten die Wünsche, Interessen und Bedürfnisse der Kinder nicht durch fremde Wünsche und Forderungen überlagert werden. Schon J.-J. Rousseau sagte:

> »Haltet eurem Zögling keine weisen Reden, er muss durch Erfahrung klug werden. Züchtigt ihn nicht, denn er weiß nicht, was unrecht tun ist. Lasst ihn niemals um Verzeihung bitten, denn er kann

---

5 Merkens, H., Wissenschaftstheorie, in: Pädagogik. Handbuch für Studium und Praxis, hg. v. L. Roth, München 1991, S. 20

6 Giesecke, H., Einführung in die Pädagogik, S. 142

7 Seiß, R., Identität und Beziehung. Ein zentraler Aspekt verstehender Entwicklungspsychologie, Neuhausen-Stuttgart 1986, S. 303

8 Mühlan, E. u. C., Menschenskinder! Kindererziehung aus biblischer Sicht, Asslar 1987[6], S. 99-101

> euch nicht beleidigen. Da er seinen Handlungen keinerlei Moralbegriffe unterlegen kann, kann er auch nichts moralisch Unrechtes tun, das eine Züchtigung oder einen Verweis verdienen würde.«[9]

Die bekannte Antipädagogin Alice Miller schlägt in die gleiche Kerbe, wenn sie sagt:

> »Meine pädagogische Haltung wendet sich nicht gegen eine bestimmte Art der Erziehung, sondern gegen Erziehung überhaupt, auch gegen die antiautoritäre.«[10]

Die Erziehung, welche das »Wachsen-Lassen« ins Zentrum ihrer Bemühungen stellt, ist von der **»antiautoritären Erziehung«** beeinflusst. A. S. Neill schreibt in seinem Buch »Summerhill«, dass die Erwachsenen kein Recht hätten, darauf zu bestehen, dass ihnen ihre Kinder gehorchten. Versuche, Kinder zum Gehorsam zu zwingen, seien nur dazu da, den Wunsch der Erwachsenen nach Macht zu befriedigen. Es sei nicht zu entschuldigen, wenn Eltern ihre Wünsche bei ihren Kindern durchsetzten. Die Kinder müssten frei sein. Die beste Familiensituation zeige sich dort, wo Eltern und Kinder vollkommen gleichberechtigt seien. Man dürfe nichts von einem Kind verlangen, bis es von sich aus dazu bereit sei. Kinder sollen nach Neill auch keinerlei Aufträge erfüllen müssen.[11]

Der emanzipatorische Erziehungsstil erwartet von den Eltern, dass sie die Interessen und Bedürfnisse ihrer Kinder völlig befriedigen und ja keinen Druck auf die Kinder ausüben.[12] Sie sollen ihnen auch möglichst keine Grenzen setzen. Man hofft, dass durch diesen Erziehungsstil die Durchsetzungsfähigkeit der Kinder und ihre Entwicklung zur Selbständigkeit gefördert werden.[13]

---

9 zit. nach Rousseau, J.-J., Emile oder Über die Erziehung, hg. v. M. Rang, Stuttgart 1986, S. 210
10 zit. nach Miller, A., Am Anfang war Erziehung, Frankfurt a. M. 1980, S. 118
11 Dobson, J., Unsere Kinder sind unmöglich, Kehl 1982, S. 103-104
12 Aanderud, C., Die Gesellschaft verstößt ihre Kinder. Werteverlust und Erziehung, Hamburg 1995, S. 122-123
13 ebd., S. 130

Dieser, der emanzipatorischen Zielsetzung angepasste Unterrichtsstil sieht in den Schulen so aus: Einerseits fordert man den **Abbau der Autorität des Lehrers**, da sich Erziehung in eine Vielzahl von pluralistischen Einwirkungen aufgelöst habe.[14] Andererseits erwartet man von den Schülern ein **Maximum an aktiver Mitgestaltung**. Diskussionen, Gruppenarbeiten, Statements usw. sollen den Unterricht prägen.[15]
Mit zunehmendem Alter des Schülers wird es immer schwieriger, dessen objektive und subjektive Begrenztheiten zu beseitigen, weil man von ihm nicht mehr ernst genommen wird, da er ja zur Mündigkeit gelangt. Man erreicht also nie das angestrebte Erziehungsziel, weil der Erziehungsstil dies verunmöglicht. Letztlich ist die emanzipatorische Erziehung, wie Rudolf Seiß richtig bemerkt, eine **Erziehung zum Ungehorsam**.[16]

Der emanzipatorischen Erziehung fehlt eine letzte Orientierung. Die heranwachsenden Kinder werden zwar in verschiedene Wertsysteme und in ein plurales Denken eingeführt. Doch sind sie nicht in der Lage, mit dieser Pluralität umzugehen. Sie sind überfordert und haben Mühe, zu einer klaren Identität zu finden. Man redet heute in diesem Zusammenhang von einer »patchwork«-Identität, davon ausgehend, dass sich die Jugendlichen irgendwie eine Identität zusammenflicken.[17] Deshalb suchen sie krampfhaft nach einem Brennpunkt, nach einer letzten Mitte in ihrem Leben.[18]

Interessant ist zu beachten, dass sich emanzipatorisch erzogene Kinder gegenseitig tyrannisieren, ungesellig und lustlos sind. Sie neigen zum Stehlen, zur Zerstörung von Gegenständen, benehmen sich rüpelhaft und frech. Es herrschen chaotische und anarchistische Zustände und keineswegs die gewünschte Humani-

---

14 Giesecke, H., Einführung in die Pädagogik, S. 76

15 Schmidt, H., Religionsdidaktik. Ziele, Inhalte und Methoden religiöser Erziehung, in: Schule und Unterricht, Bd. 1, Stuttgart; Berlin; Köln; Mainz 1982, S. 208

16 Seiß, R., Identität und Beziehung, S. 181.308

17 Ahlborn, H.-U., Werteerziehung durch Vorbildlernen. Tugenden in moderner Sicht, Frankfurt a. M. 1996, S. 86

18 Flämig, K.; Kress, G.; Wenzler, E. G., Jugendarbeit mit Pfiff, Kassel 1994, S. 62-63

sierung.[19] Sie gelangen eben gerade nicht, wie dies die Kinderpsychologen P. H. Mussen, J. J. Conger und J. Kagan behaupten, zu Selbständigkeit, Spontaneität, Meisterschaft und Leistung.[20] Die antiautoritär erzogene Ariane Menzel (30) schreibt:

> »Meine Mutter wollte bei uns alles besser machen, ... Sie selbst ist ziemlich autoritär erzogen worden. Wir dagegen durften eigentlich alles. Wenn sie doch einmal nein sagte, haben wir solange gebockt, bis sie nachgegeben hat. Die Konsequenz war, dass ich mich eigentlich nie geliebt gefühlt habe, denn es war ja völlig egal, was ich machte.«[21]

W. Brezinka weist in seinem Buch »Erziehung und Kulturrevolution« darauf hin, dass niemand die Fähigkeit zur Selbständigkeit und Selbstbestimmung gewinnen kann, ohne eine längere Zeit der Autoritätsanerkennung durchlaufen zu haben.[22] Zudem ist zu beachten, dass antiautoritär erzogene Kinder keine Vergebung mehr empfangen, da sie ja immer richtig handeln. Deshalb sind sie auch nicht in der Lage zu vergeben.[23] Mit solchen Menschen zusammenzuleben ist schwierig. In letzter Konsequenz ist eine solche Erziehung, wie G. Huntemann richtig sagt,

> »gleichzeitig gott- und menschenfeindlich.«[24]

Es ist überaus schwierig, antiautoritär erzogene Menschen mit dem Evangelium zu erreichen. Der Grund liegt darin, dass Gott vom Menschen Gehorsam erwartet.[25]

---

19 von Padberg, L., Freiheit und Autorität, Wuppertal 1984, S. 65
20 Mussen, P. H.; Conger, J. J.; Kagan, J., Lehrbuch der Kinderpsychologie, Stuttgart 1981[3], S. 376
21 zit. nach Aanderud, C., Die Gesellschaft verstößt ihre Kinder, S. 139
22 Brezinka, W., Erziehung und Kulturrevolution. Die Pädagogik der Neuen Linken, München 1974, S. 169
23 Huntemann, G., Autorität oder Chaos, Wuppertal 1971, S. 47
24 zit. nach ebd., S. 44
25 Campbell, R., Kinder sind Persönlichkeiten. Hilfen zur geistlichen Reife, Marburg a. d. Lahn 1989, S. 17

4.2 Die Grundprinzipien, die sich von der Sozialisationsvorstellung her ergeben

Das Grundprinzip der Sozialisation ist die **dynamische Anpassung.**[26] Damit im Leben eines Menschen diese Anpassung später voll zum Tragen komme, brauche es zunächst die **primäre Sozialisation** in der Familie (das frühe Lernen des Kindes). Das Kind lerne in dieser Phase durch Imitation und Identifikation von Vorbildern (Eltern). Es reproduziere Handlungen, Einstellungen, Verhaltensweisen und emotionale Reaktionen. Dabei handle es sich um so genanntes sozial-kognitives Modelllernen.[27]

Es lerne weiter durch Strafe und Belohnung (operante Konditionierung). Unter Belohnung versteht man einen spontanen Verstärkungsprozess bei »angepasstem« Verhalten.[28] Dies kann ein Umarmen oder ein spontanes Lob sein. Die Förderung des angepassten und die Verhinderung von unerwünschtem Verhalten werden als durchaus möglich betrachtet, wenn nur die richtigen Methoden angewandt werden.[29]

Das Kind lerne auch durch sprachliche Kommunikation. G. H. Mead hält Sprache für dasjenige gesellschaftliche Medium, durch welches Kinder ihre Rollen und Interpretationen lernen.[30] Wichtig sind in dieser Kommunikation die Beziehungsdefinitionen der am Erziehungsprozess Beteiligten und die Inhalte, die sie vermitteln.

In der **primären Sozialisation** gehe es unter anderem um den Erwerb der Geschlechter- und Generationenrolle. Nur mit der Aneignung dieser Rollen werde das Kind in die Lage versetzt, die

---

[26] Lück, I., Alarm um die Schule. Kritische Auseinandersetzung mit der gegenwärtigen Erziehungssituation. Die neomarxistische Unterwanderung, Neuhausen-Stuttgart 1980², S. 27

[27] Trautner, H. M., Lehrbuch der Entwicklungspsychologie, Bd. 1, Göttingen; Toronto; Zürich 1978, S. 101-111; vgl. Schenk-Danzinger, L., Entwicklung, Sozialisation, Erziehung. Von der Geburt bis zur Schulfähigkeit, Stuttgart; Wien 1994², S. 116-117

[28] Gagné, R. M., Die Bedingungen des menschlichen Lernens, Hannover 1980⁵

[29] Skowronek, H., Lernen und Lerntheorien, in: Pädagogik. Handbuch für Studium und Praxis, hg. v. L. Roth, München 1991, S. 185

[30] Kron, F. W., Grundwissen Pädagogik, S. 248

ihm unter den Familienmitgliedern zukommende Rolle auszufüllen.[31] Damit schon für ein Kleinkind die symbolische Interaktion innerhalb der Familie möglich sei, fordert man die Aufhebung der geschlechtsspezifischen Arbeitsteilung. Familienstrukturen sollen den gewandelten Verhältnissen angepasst werden. Die älteren Charakterisierungsmuster von Männlichkeit und Weiblichkeit sollten wegfallen. Es wird behauptet, dass das Kind nur so in die Lage versetzt werde, später selbst seine Lebensform wählen und revidieren zu können.[32]

Dieser Phase folgt die **sekundäre Sozialisation**, in der es dann um organisierte Lernprozesse geht. Dies geschieht vor allem in der Schule. Das Kind werde durch Vorbilder, Anweisungen, Lob, Tadel, durch Kontrolle und Verstärkung usw. geformt. Das Ziel ist, dass im Leben des Kindes später ein reibungsloser Ablauf seiner Lebensgestaltung innerhalb der vorgegebenen Gesellschaftsstrukturen stattfindet. Da die Gesellschaft sich in einem ständigen Wandel befindet, versteht sich von selbst, dass man von den Kindern nicht eine statische, sondern eine **dynamische Anpassung** erwartet. Dies geschieht nach Auffassung von G. H. Mead und H. Blumer durch symbolische Interaktion.

Damit es in der Schule zu symbolischen Interaktionen kommen könne, betrachtet man vom Modelllernen (Imitation) herkommend das Rollenspiel als eine geeignete Unterrichtsform. Weiter ermögliche der Rollentausch die Einsicht in die Komplementarität der Rollen.[33]

Zudem sieht man im Unterricht in kleinen Lerngruppen, in denen der Interaktionsprozess stark zum Tragen kommt, eine gute Unterrichtsart, um das oben genannte Ziel zu erreichen.

Auch der gruppendynamische Unterricht wird als geeignet betrachtet, da er den symbolischen Interaktionsprozess fördere.[34] In dieser Unterrichtsform wird das Kind stark von der Gruppennorm

---

31 Kron, F. W., Grundwissen Pädagogik, S. 158

32 Gudjons, H., Pädagogisches Grundwissen, Bad Heilbrunn 1993, S. 158

33 Kron, F. W., Grundwissen Pädagogik, S. 222-224

34 Wegenast, K., Religionsdidaktik Grundschule, Stuttgart, Berlin; Köln; Mainz 1983, S. 68

geprägt. Man erwartet von ihm eine Integration in das »Wir-Gefühl« der Gruppe. Das bedeutet, dass ihm ein angepasstes Verhalten aufgezwungen wird. Es muss die Gruppenentscheidungen, die im freien Diskurs erarbeitet werden, mittragen helfen. Durch Gruppen- und Selbstklassifizierung wird das Kind in eine bestimmte Rolle gedrängt. Statt dass es in seinen Entfaltungsmöglichkeiten gefördert würde, wird es stark eingeengt. Es muss oft jemand sein, der es gar nicht ist.[35] Trägt es die Ziele der Gruppe nicht mit, wird es zum Außenseiter, den man unter Druck setzt, bis er sich wieder angepasst verhält. Das Kind kann meines Erachtens in dieser Unterrichtsform seelisch vergewaltigt werden! G. Meskemper schreibt dazu:

> »Diese Methoden zu verwenden ist zutiefst unmenschlich, obwohl sie doch im Namen der Humanität entwickelt wurden!«[36]

Diese gruppendynamische Unterrichtsform fand seit Ende der sechziger Jahre mancherorts Eingang in der Religionspädagogik.[37]

Hier ist zunächst Dieter Stoodt zu erwähnen. Er empfiehlt für den Religionsunterricht die gruppendynamische Form. Das Ziel seines Unterrichts ist, die Sozialisationsschäden, welche sich die Schüler im Kindesalter aufgrund psychologischer und sozialer Bedingungen erworben haben, zu therapieren.

In seinem Buch »Emanzipation – Wovon? Wozu?« setzt sich auch Eberhard Kerp für den gruppendynamischen Religionsunterricht ein. Er ist der Überzeugung, dass nur auf diese Weise der Sprung von der kognitiv verharrenden Reflexion (Theorie) zu der jetzt zu realisierenden Handlung und Verhaltensweise (Praxis) geschafft werden kann. Damit im gruppendynamischen Prozess wirklich das richtige Handeln und Verhalten erreicht werden kann, setzt er sich für die von R. Cohn entwickelte themenzen-

35 Malcher, J., nicht ohne. Gruppendynamische Übungen, Methoden und Techniken, Köln 1971, S. 14-15

36 zit. nach Meskemper, G., Jesus, der Lehrer. Sein Vorbild für die Vorbilder der Gegenwart, Neuhausen-Stuttgart 1988, S. 10

37 Heimbrock, H.-G., Lern-Wege religiöser Erziehung, Göttingen 1984, S. 111

trierte interaktionelle Methode ein. Er wendet sich gegen die Auffassung von Stoodt, dass die Schüler in einer Gruppe zu therapierende Patienten seien. Er ist davon überzeugt, dass die Kinder in der Gruppe mit Hilfe der von ihm vorgeschlagenen Methode das richtige Handeln und Verhalten einüben können. Er verlangt in seinen Ausführungen die Gruppenbildung anhand des Soziogramms, damit der Einzelne ins Wir der Gruppe integriert werden kann. Richtiges Handeln und Verhalten ergeben sich nach diesem Konzept aus der Anpassung und sind nicht Ausdruck von Freiheit.[38] Die sich durch den Diskurs emanzipierende Gruppe weist dem Kind die jeweilige Rolle zu.[39]

In dem von Stoodt und Kerp geforderten gruppendynamischen Religionsunterricht geht es letztlich um ein von der Gruppe hervorgebrachtes angepasstes Verhalten. Das Individuum geht im Kollektivismus der Gruppe unter. Es kommt im Kind zu einer Selbstentfremdung anstatt zu einer Selbstannahme.

Francis Schaeffer weist in seinem Buch »Die große Anpassung« darauf hin, wie stark dieses Grundprinzip der Sozialisation die an Christus glaubenden Menschen geprägt hat. Er zeigt, dass sich viele evangelikale Theologen in der Bibelfrage der historisch-kritischen Bibelbetrachtungsweise angepasst haben.[40] Er weist dann auf die Anpassung in den sozialen, ökumenischen und feministischen Fragen hin.[41] Liegt der Grund für diesen Trend nicht darin, dass die heranwachsenden Evangelikalen zu diesem Verhalten erzogen worden sind? Haben möglicherweise zu viele evangelikale Pädagogen die Grundprinzipien der Menschenbilder der Psychologie in ihren Erziehungskonzepten übernommen?

In neuerer Zeit hat im evangelikalen Raum vor allem Ulrich Giesekus seine Vorstellungen von Erziehung vom behavioristischen Menschenbild her entfaltet. Er betrachtet Erziehung als einen Lern-

---

38 Kerp, E., Emanzipation – Wovon? Wozu? Eine kritische Anfrage an die neuere Religionspädagogik, Bern; Frankfurt a. M. 1976, S. 129-138

39 von Padberg, L., Freiheit und Autorität, S. 70

40 Schaeffer, F. A., Die große Anpassung. Der Zeitgeist und die Evangelikalen, Asslar 1988, S. 125-129

41 ebd., S. 141. 153. 164

prozess, in welchem es um klassische und operante Konditionierung und um Lernen am Modell gehe. Erwünschtes Verhalten soll im Leben des Kindes verstärkt, unerwünschtes abgebaut und alternatives eingeführt werden.[42]

4.3 Grundprinzipien der »empirischen Erziehungswissenschaft«

Welches sind nun die Erziehungsprinzipien der »empirischen Erziehungswissenschaft«? Vom Positivismus, vor allem vom »Neopositivismus« herkommend, wurde Rudolf Locher zum Vorkämpfer der empirisch begründeten Erziehungswissenschaft.[43] Neben Lutz Rössner ist heute Wolfgang Brezinka wohl ihr bedeutendster Vertreter.

Die »empirische Erziehungswissenschaft« ist der Überzeugung, dass sie zu wahren Aussagen über die Wirklichkeit gelangt, indem sie den Realismus als »ontologische« Grundlage voraussetzt.[44]

Von diesen Grundüberzeugungen herkommend, schreibt W. Brezinka in seinem Buch »Grundbegriffe der Erziehungswissenschaft, Analyse, Kritik, Vorschläge«:

> »Die sozialen Handlungen, die als ›Erziehung‹ bezeichnet werden, zielen darauf ab, in anderen Menschen psychische Dispositionen zu schaffen, vorhandene Dispositionen zu ändern oder (unter bestimmten Umständen) zu erhalten und den Erwerb unerwünschter Dispositionen zu verhüten.«[45]

---

42 Giesekus, U., Familien-Leben. Spielregeln für Eltern und Kinder, Wuppertal; Zürich 1994, S. 47-63

43 Brezinka, W., Aufklärung über Erziehungstheorien. Beiträge zur Kritik der Pädagogik, München; Basel 1989, S. 62-76

44 Lehner, H., Einführung in die empirisch-analytische Erziehungswissenschaft. Wissenschaftsbegriff, Aufgaben und Werturteilsproblematik, Bad Heilbrunn 1994, S. 31.38-39

45 zit. nach Brezinka, W., Grundbegriffe der Erziehungswissenschaft. Analyse, Kritik, Vorschläge, München; Basel 1974, S. 84

Er führt weiter aus:

> »Der Zweck der Erziehung besteht in erster Linie darin, das Dispositionengefüge der Educanden in mehr oder weniger großem Umfang zu ändern. Damit kann folgendes gemeint sein:
>
> a) Vorhandene (angeborene oder erworbene) Dispositionen sollen ausgebaut, verstärkt, stabilisiert oder differenziert werden. Das gilt für jene Dispositionen, die als wertvoll beurteilt werden;
> b) neue Dispositionen sollen – auf der Grundlage der vorhandenen allgemeinen (zum Beispiel Lernfähigkeit) oder spezifischen Dispositionen – geschaffen werden. Auch bei diesen neuen Dispositionen handelt es sich um solche, die als wertvoll angesehen werden;
> c) vorhandene Dispositionen sollen beseitigt, abgebaut, ausgeschaltet, geschwächt oder in ihrer Wirksamkeit eingeschränkt werden. Das gilt für jene Dispositionen, die als schädlich gewertet werden.«[46]

W. Brezinka ist davon überzeugt, dass Erziehung die gewünschten Verhaltensänderungen bewirken kann. Deshalb beschäftigt sich die »empirische Erziehungswissenschaft« vor allem mit den Wirkungszusammenhängen, die in den Erziehungsfeldern bestehen,

> »insbesonders (mit den) Beziehungen zwischen zu erziehenden Menschen, den für sie gesetzten Erziehungszielen, den Bedingungen ihrer Erreichung, den Erziehern und ihren erzieherischen Handlungen als Mittel und seinen Ergebnissen.«[47]

Erziehungsabläufe werden als multifaktorielle Kausalvorgänge verstanden.[48] Man glaubt, dass man mit Hilfe geeigneter technologi-

---

46 zit. nach ebd., S. 84. Wie schwer oder beinahe unmöglich die Beseitigung negativer Dispositionen im Leben eines Menschen sind, haben Bemühungen mit Gewalttätern gezeigt. Vgl. Uhl, S., Die Mittel der Moralerziehung und ihre Wirksamkeit, Bad Heilbrunn 1996, S. 267

47 zit. nach Brezinka, W., Aufklärung über Erziehungstheorien, S. 331

48 Lehner, H., Einführung in die empirisch-analytische Erziehungswissenschaft, S. 61

scher Mittel (Verfahren, Methoden, Techniken) den Erziehungsvorgang beeinflussen könne, wenn man in der Lage wäre, diese Kausalzusammenhänge zu erklären.

Es wird dann aufgezeigt, wie man zu geeigneten Mitteln gelangt, und wie diese in die Praxis umgesetzt werden sollen, damit es im Leben des Kindes zur gewünschten Verhaltensänderung kommt. Im Blick auf die Anwendung in der Praxis wird heute aber eingestanden, dass nachgewiesenermaßen effektive Erziehungstechniken nur für relativ eng umgrenzte Phänomene und Aufgaben konstruiert werden können.[49]

W. Brezinka meint jedoch, dass man mit Hilfe gründlicher wissenschaftlicher Arbeit schließlich so weit gelangen könnte, dass der Mensch begrenzt machbar wäre. Man ist davon überzeugt, dass man nach und nach die dem Menschen angepassten Mittel herausfindet, weil man meint in der Lage zu sein, die Wirklichkeit so zu erkennen, wie sie ist.[50] Man beachtet einerseits zu wenig die Grenzen des menschlichen Verstandes – und damit die Grenzen der empirischen Wissenschaft und der sich daraus ergebenden Mittel – und andererseits wird man dem zu erziehenden Menschen nicht gerecht, da die analytisch-empirische Wissenschaft die Vielschichtigkeit des Menschen zu wenig ernst nimmt.

Interessant ist, was Siegfried Uhl im Blick auf die empirische Herausarbeitung von geeigneten Erziehungsmitteln schreibt:

> »Je mehr empirische Studien es über ein Erziehungsmittel gibt und je strengere methodische Qualitätsmaßstäbe angelegt werden, desto mehr Anlass gibt es zu Zweifeln an seiner Wirksamkeit.«[51]

Die analytisch-empirische Erziehungswissenschaft sieht Erziehung zu stark deterministisch. Ihre Vertreter sind wie die Behavioristen der Meinung, dass man als Erziehungswissenschaftler »Determinist« sein müsse.[52] Dies kommt daher, dass die analytisch-empirische Er-

---

49 ebd., S. 101-111
50 ebd., S. 90
51 zit. nach Uhl, S., Die Mittel der Moralerziehung und ihre Wirksamkeit, S. 266
52 Brezinka, W., Aufklärung über Erziehungstheorien, S. 178

ziehungswissenschaft, wie Dietrich Benner ganz richtig erkannt hat, zur Normierung des zu erklärenden Objekts führt.[53]

Wo bleibt in der analytisch-empirischen Erziehungswissenschaft die Persönlichkeit des Educanden? Wo bleibt die Persönlichkeit des Pädagogen, der diese wissenschaftlichen Mittel einsetzt? Die Komponenten der Emotionen und der Beziehungen werden hier zu stark vernachlässigt.[54]

Es ist zu fragen, ob in der analytisch-empirischen Erziehungswissenschaft nicht ein gefährlicher Machtmissbrauch durch den Menschen geschieht. Er eignet sich mit Hilfe psychologischer Forschung scheinbar empirisches Wissen über den Menschen an. Mit Hilfe dieses Wissens sucht er dann den heranwachsenden Menschen mit Anreizen, Verstärkungen, Kontrollen usw. zu formen. Maßt sich hier der Mensch nicht etwas an, das ihm gar nicht zusteht? Michel Foucault hat, wie Thomas Coelen aufzeigt, auf die Gefahren dieses Machtmissbrauchs durch den Menschen hingewiesen.[55]

Da man die erziehungswissenschaftlichen Ausführungen nicht weltanschaulich begrenzen möchte, bleiben die Werte und Normen, welche jede Erziehung prägen, auf der Strecke.[56] Es besteht deshalb die Gefahr, dass die Erziehungswissenschaft für irgendwelche Ziele missbraucht werden kann.[57]

---

53 Benner, D., Studien zur Theorie der Erziehungswissenschaft. Pädagogik als Wissenschaft, Handlungstheorie und Reformpraxis, Bd. 1, Weinheim; München 1994, S. 210

54 Koring, B., Perspektiven für die Bearbeitung des Theorie-Praxis-Problems in der Pädagogik, in: Pädagogische Rundschau, Frankfurt a. M.; Berlin; Bern; New York; Paris; Wien Nr. 6/1992, S. 713; Vgl. Braun, W., Pädagogik – eine Wissenschaft!? Aufstieg, Verfall, Neubegründung, Weinheim 1992, S. 83

55 Coelen, Th., Pädagogik als »Geständniswissenschaft«? Zum Ort der Erziehung bei Foucault, Frankfurt a. M. 1996, S. 72-75

56 Lehner, H., Einführung in die empirisch-analytische Erziehungswissenschaft, S. 83

57 ebd., S. 167

4.4 Die Grundprinzipien der Erziehung, die vom biblischen Menschenbild ausgehen

Wir gehen in unseren Überlegungen davon aus, dass Gott den Menschen in seinem Bild geschaffen hat. Er nahm sich selbst zum Vorbild, als er den Menschen machte. Gott, der Schöpfer, geht mit seinen Geschöpfen auch vorbildlich um, da er sie kennt. Zunächst wird aus der Art und Weise, wie Gott mit dem Menschen umgeht, ersichtlich, dass er ihn als Persönlichkeit mit freier Entscheidungsmöglichkeit ernst nimmt. Gott macht ihn verantwortlich für seine Entscheidungen und lässt ihn die Konsequenzen für dieselben tragen (1. Mose 2,15-17; 3,1-19).

Weil wir den Menschen als Persönlichkeit respektieren, können wir das erzieherische Handeln nicht als Konditionierung verstehen. In der Vorstellung einer klassischen oder operanten Konditionierung wird die Eigenständigkeit des heranwachsenden Kindes zu wenig ernst genommen. Nach meiner Überzeugung erfordert der Erziehungsprozess vom Kind ständig neue Entscheidungen. In der Erziehung geht es darum, dem Kind zu helfen, die von Gott gewollten Entscheidungen zu treffen. Wenn wir ferner wissen wollen, welche Schwerpunkte wir in der Erziehung zu setzen haben, haben wir zu beachten, wie Gott mit uns Menschen, seinen Geschöpfen, umgeht. Sein Verhalten und Handeln uns Menschen gegenüber lehrt uns, wie wir uns unseren Kindern gegenüber zu verhalten haben.

Gegen diesen Ansatz wendet W. Brezinka ein, dass man in einer wissenschaftlichen Pädagogik nur von empirisch überprüfbaren Forschungsergebnissen ausgehen dürfe. Es sei in der wissenschaftlichen Pädagogik somit unzulässig, nicht-wissenschaftlichen Erkenntnisquellen eine zentrale Bedeutung zu geben. Genau dies also, was wir machen, nämlich dass wir von der Bibel, dem Wort Gottes, einer nicht hinterfragbaren Autorität ausgehen, hält er für unwissenschaftlich.[58]

Ich möchte an dieser Stelle W. Brezinka fragen: Wie kommt er denn zu solch überprüfbaren Forschungsergebnissen? Durch eine

[58] Brezinka, W., Aufklärung über Erziehungstheorien, S. 334

kritische Wertung quantitativer und qualitativer Analysen.[59] Grundlage dieser Forschungsergebnisse ist die kritische Vernunft, welche vom Realismus als ontologischer Grundlage ausgeht. W. Brezinka betrachtet die kritische Vernunft, die auf der Grundlage des Realismus alles hinterfragt, beurteilt, einordnet, als die Grundlage der Pädagogik. Dadurch wird der Mensch in seinem begrenzten Erkennen und Wissen Ausgangspunkt der pädagogischen Überlegungen. W. Brezinka fordert also, dass Pädagogik nur dann wissenschaftlich genannt werden dürfe, wenn ihre Grundlage die begrenzte, kritische Vernunft sei.

Wird hier nicht in ebenso unzulässiger Weise einer nicht-wissenschaftlichen Erkenntnisquelle, nämlich der kritischen Vernunft und dem damit verbundenen Realismus, eine zentrale Bedeutung beigemessen? Gerade in den Humanwissenschaften gibt man heute ehrlich zu, dass die Forschungsergebnisse von Vorverständnissen, Kernannahmen und von der Wahl der Datenerhebung und Auswertungsstrategien bestimmt sind. Die kritische Vernunft bestimmt subjektiv, was gefragt, gesehen, untersucht und wie interpretiert wird, da sie nie unvoreingenommen ist. Es gibt somit in den Humanwissenschaften keine wissenschaftlich objektiven Ergebnisse.[60]

Übrigens gesteht man heute selbst in der empirischen Erziehungswissenschaft ein, dass jede wissenschaftstheoretische Position auf Voraussetzungen beruht, die letztlich metaphysischer Natur und grundsätzlich nicht widerlegbar sind.[61] Es wird also heute als wissenschaftlich durchaus legitim angesehen, wenn ich in meinen Überlegungen im Blick auf die Grundprinzipien der Erziehung von der nicht hinterfragbaren Offenbarung – der Bibel – ausgehe. Sie zeigt uns, welche Erziehungsprinzipien wir zu beachten haben und welche Erziehungsmittel angewandt werden sollten.

Auch W. Brezinka misst Glaubensüberzeugungen im Blick auf die Erziehung eine große Bedeutung bei. Er sucht diese über den Prag-

59 ebd., S. 26-35

60 Kaufmann, H. B., Die Christen und die Schule in staatlicher und freier Trägerschaft, Neukirchen-Vluyn 1989, S. 88-89

61 Lehner, H., Einführung in die empirisch-analytische Erziehungswissenschaft, S. 58

matismus gegen die Einwände des kritischen Rationalismus, für den Erziehungsprozess nutzbar zu machen. Von William James übernimmt er die Auffassung, dass man aus pragmatischer Sicht keine Hypothese verwerfen dürfe, wenn sich aus ihr nützliche Konsequenzen ergeben.[62] Er schreibt:

> »Demnach kann unter dem Gesichtspunkt des Nutzens eine Glaubensüberzeugung auch dann positiv bewertet werden, wenn sie unter dem Gesichtspunkt der logisch-empirischen Erkenntniswahrheit entweder unbeweisbar oder falsch ist.«[63]

Diesen pragmatischen Ansatz von W. Brezinka kann ich deshalb nicht teilen, weil die Inhalte dieser Glaubensüberzeugungen, von welchen er spricht, von Menschen geschaffene Ideen, Erfindungen, Mythen, Fiktionen oder Illusionen sein können.[64]

In meinem eben vorgestellten Ansatz ist der Inhalt von Gott in seiner Offenbarung als objektive Wahrheit vorgegeben.

Um den Menschen in rechter Weise erziehen zu können, brauchen wir nicht sich ständig wandelnde, vom Menschen ausgehende Forschungsergebnisse. Vielmehr benötigen wir **vom Schöpfer des Menschen ausgehende letztgültige Erziehungsprinzipien**, die keinem ständigen Wandel unterworfen sind und die dem eigentlichen Wesen des Menschen auch gerecht werden. Diese sind uns in der Bibel, dem Wort Gottes, vorgegeben.

---

62 Brezinka, W., Glaube, Moral und Erziehung, München; Basel 1992, S. 60-62
63 zit. nach ebd., S. 62
64 ebd., S. 87

4.4.1 Liebe und Anleitung zum Gehorsam sind die Grundprinzipien aller erzieherischen Bemühungen

4.4.1.1 Liebe

Gott begegnet allen Menschen grundsätzlich mit seiner Liebe (Röm 5,8). Diese Liebe hat er darin bewiesen, dass er seinen Sohn Jesus Christus in die Welt gesandt hat, um den Menschen den Zugang in seine Gemeinschaft, welcher durch den Sündenfall verhindert wurde, wieder zu ermöglichen (Joh 3,16). Durch die ihnen in Christus zugewandte Liebe Gottes können die Menschen die Stellung der Gotteskindschaft erlangen, wenn sie diese Liebe im Glauben annehmen (1. Joh 3,1). Gott, der Schöpfer aller Dinge, ist nun ihr Vater (Röm 8,15), der sie nie verlässt noch versäumt (Hebr 13,5). Er umgibt sie ständig von allen Seiten (Ps 139,5). Er sorgt für sie und ist selbst in den schwersten Lebensabschnitten bei ihnen (Ps 23,4.5). Ja, **Gott liebt uns Menschen!** Diese Liebe zeigt sich in der Bereitschaft, uns im Alltag alles zu schenken, was wir nötig haben (Röm 8,32). Was uns in Jesus alles geschenkt ist, zeigt u. a. Galater 5,22. Er ist auch bereit, uns in seiner Liebe immer wieder zu vergeben (1. Joh 1,9).

Genauso wie Gott uns Menschen liebt, sollen Eltern und Erzieher den Kindern mit Liebe begegnen. Es geht hier um eine selbstlose, vorbehaltlose Liebe. Um sich den Kindern liebevoll zuwenden zu können, brauchen Eltern und Erzieher die Hilfe Gottes. Diese gottgeschenkte Liebe zeigt sich in wohlwollendem Verhalten, im Einfühlungsvermögen, in Geduld, in Hilfsbereitschaft, Festigkeit usw.[65] Diese Liebe wird uns in 1. Korinther 13,4-7 so beschrieben: *»Die Liebe ist langmütig, die Liebe ist gütig, sie neidet nicht; die Liebe tut nicht groß, sie bläht sich nicht auf, sie benimmt sich nicht unanständig, sie sucht nicht das Ihre, sie lässt sich nicht erbittern, sie rechnet das Böse nicht zu, sie freut sich nicht über die Ungerechtigkeit,*

---

65 Printz, M., Grundlinien einer bibelorientierten Gemeindepädagogik. Pädagogische und praktisch-theologische Überlegungen, Wuppertal; Zürich 1996, S. 150

sondern sie freut sich über die Wahrheit, sie erträgt alles, sie glaubt alles, sie hofft alles, sie erduldet alles.«

Diese Liebe ist nicht mit irgendwelchen Forderungen oder Ansprüchen auf Gegenleistung verknüpft. Sie kennt auch keine geheimen Berechnungen,[66] wie z. B.: Wenn ich mein Kind liebe, wird es ein erfolgreicher Schüler.

Diese Liebe sucht das heranwachsende Kind im körperlichen, seelischen und geistlichen Bereich zu fördern. Sie kümmert sich um sein Wohlergehen und schützt es.

4.4.1.2 Gehorsam

Zugleich erwartet Gott, die höchste Autorität des Himmels und der Erde (Mt 28,18), dass ihm die Menschen, seine Geschöpfe, gehorchen. Dieser uns liebende Gott zeigt uns in seinem Wort ganz deutlich, was er von uns Menschen erwartet.

- Zunächst einmal erwartet er von uns, dass wir Jesus im Glauben als persönlichen Retter annehmen (2. Kor 5,18-20).
- Gott hat uns auch wohlüberlegte Gebote gegeben, die unseren Umgang mit ihm, aber auch mit unseren Mitmenschen auf die bestmögliche Weise regeln. Gott, der uns diese Gebote gab, hilft uns sie zu erfüllen, wenn er in uns lebt (Röm 8,4).
- Er ist es auch, der uns den Weg zeigt, den wir in diesem Leben zu gehen haben (Ps 32,8).
- Sein Wille ist es, dass wir unseren Gaben entsprechend in der Gemeinde bestimmte Aufgaben erfüllen (1. Petr 4,10).

Es ist ganz selbstverständlich unser Auftrag, diesen Anweisungen Gottes **zu gehorchen**, weil er die höchste Autorität Himmels und der Erde ist. Wenn wir Gott gehorchen, erfahren wir seine Hilfe, seinen Schutz und den Segen, die mit diesen Anordnungen verbunden sind.[67] Sollten wir den Anweisungen Gottes nicht gehorchen, hat

---

66 Bennack, J., erziehen heute! Ratgeber für Eltern und Pädagogen, Hohengehren 1996, S. 66

67 McDowell, J.; Hostetler, B., Glaube ohne Werte – Jugend am Abgrund, Bielefeld 1997, S. 125

dies negative Konsequenzen für unser Leben, gerade weil Gott uns liebt. Manchmal wird er uns sogar züchtigen (2. Sam 7,14; Hebr 12,6-11). Es ist jedoch falsch, wenn wir dem Kind jedes Mal, wenn es uns Schwierigkeiten macht, sagen, dass Gott dies gesehen habe und es bestrafen werde. Auf diese Weise wird ständig »mit Gott gedroht«. So entsteht im Leben des Kindes ein ganz falsches Gottesbild.[68]

Tut uns unser Ungehorsam gegenüber Gott leid, sodass wir Jesus unsere Schuld in Reue bekennen, wird er uns vergeben (1. Joh 1,9).

Jeder, der Jesus Christus als höchste Autorität und Retter ablehnt, ihm also mit Ungehorsam begegnet, geht schließlich verloren (Offb 20,11-15).

Sogar Jesus selbst hat in der Zeit seines Menschseins Gehorsam gelernt (Hebr 5,8). Was mir bei dieser Bibelstelle besonders auffällt, ist das Wort »lernen«. J. J. Toews schreibt dazu in seinem Buch »Glückliche Familie«: Erst suchte Jesus den Willen des Vaters (Joh 5,30). Dann führte er den Willen des Vaters aus (Joh 6,38).

> »Am Schluss seines Lebens hat Jesus in Gethsemane gebetet: ›Nicht mein Wille, sondern dein Wille geschehe!‹«[69]

Diese Einstellung Jesu wird von Paulus in Philipper 2,8 so zusammengefasst: *»Er erniedrigte sich selbst und wurde gehorsam bis zum Tode, ja zum Tode am Kreuz.«* Diese Ergebenheit in Gottes Willen ergab sich nicht automatisch im Leben Jesu, sondern musste von ihm gelernt werden.

»Gehorchen« ist nicht etwas, das wir Menschen einfach können, sondern wir haben es zu lernen, auch dann, wenn wir Jesus als persönlichen Retter angenommen haben. Sogar Jesus musste dies lernen. Wie viel mehr wir! Gehorsam fällt uns deshalb oft so schwer,

---

[68] Campbell, R., Kinder sind Persönlichkeiten, S. 116; Pfeifer, A., Wir erziehen unsere Kinder anders, Neuhausen-Stuttgart 1989, S. 26; vgl. auch Schweitzer, F., Lebensgeschichte und Religion. Religiöse Entwicklung und Erziehung im Kindes- und Jugendalter, München 1987, S. 234

[69] zit. nach Toews, J. J., Glückliche Familie – nach Gottes Plan, Neuwied 1982^2, S. 67

weil er meist mit Verzicht, mit dem Opfer des Eigenwillens und mit Selbstüberwindung verbunden ist.

A. H. Francke, der schon oben erwähnte pietistische Pädagoge, schrieb in seiner Schrift »Unterricht zur Gottseligkeit und Klugheit« (1702):

> »Gehorsam ist die eigentliche Tugend / welche denen Kindern in heiliger Schrifft mit hinzugesetzter Verheißung anbefohlen.«[70]

Auch in der Erweckungsbewegung war die Hinführung der Kinder zum Gehorsam von großer Bedeutung. Christian Heinrich Zeller, der Leiter der »freiwilligen Armen-Schullehrer-Anstalt« in Beuggen, ermahnte die Lehrer, die Kinder zum Gehorsam anzuleiten. Er wies aber darauf hin, dass aller Gehorsam im Gehorsam gegen Gott begründet sein müsse.

Dieser Gehorsam »kann nur durch Wort und Geist Gottes, und Gebet, Zucht und Vermahnung zum Herrn geweckt, gepflanzt und gepflegt werden.«[71]

Er schreibt weiter:

> »Der Weg zum Gehorsam führt über die Liebe. Andererseits aber führt der Weg zu dieser Liebe über den Gehorsam ...«[72]

Das eigentliche Ziel ist, dass Liebe und Gehorsam den Eltern gegenüber zu Liebe und Gehorsam Gott gegenüber führen.[73]

Hier noch zwei Stimmen aus unserer Zeit:

- J. J. Toews schreibt:

---

70 zit. nach Francke, A. H., Von der Erziehung der Jugend. Vorrede 1698, in: August Hermann Francke, Werke in Auswahl, hg. v. E. Peschke, Berlin 1969, S. 138

71 zit. nach Ho, H.-Ch., Christian Heinrich Zellers Erziehungsdenken als Grundlage an der »freiwilligen Armen-Schullehrer-Anstalt« in Beuggen, Frankfurt a. M. 1989, S. 75-76

72 zit. nach ebd., S. 77

73 ebd., S. 89

> »Die Lektion des Gehorsams sollte gleich von Anfang an (in der Erziehung) ein Hauptprinzip sein. In den meisten Fällen sollte das Kind schon wissen, was Gehorsam bedeutet, ehe es überhaupt sprechen kann.«

Er führt weiter aus:

> »Es geht also beim Gehorsam vorrangig nicht darum zu tun, was die Eltern befehlen, sondern die Kinder auf den Gehorsam gegenüber Gott vorzubereiten.«[74]

Larry Christenson sagt dazu:

> »Gehorsam und zwar der willige Gehorsam ... ist nicht eine Tugend, es ist die Tugend des Kindes, der Inbegriff alles Guten, das vom Kinde zu fordern und zu erwarten ist.«[75]

Dies ist deshalb so, weil Gottes Auftrag an die Kinder lautet: *»Ihr Kinder, gehorcht euren Eltern in allem, denn dies ist wohlgefällig im Herrn«* (Kol 3,20; vgl. Eph 6,1).

Einige werden an dieser Stelle einwenden: Wird nicht gerade bei einer Erziehung, in der die Anleitung zum Gehorsam so stark in den Mittelpunkt gerückt wird, die Selbstentfaltung des Kindes behindert, sodass es ständig von ihm übergeordneten Autoritäten abhängig bleibt und von diesen manipuliert werden kann?

Dazu möchte ich folgende Antwort geben:

Im Zentrum einer biblischen Gehorsamserziehung steht die Autorität Gottes, die uns in seinem uneingeschränkten Herrsein, in seinem Sohn Jesus Christus und in seinem geoffenbarten Wort begegnet und nicht die unberechenbare Autorität des Menschen. Anleitung zum Gehorsam durch die Eltern und Erzieher sollte immer das Ziel haben, zum Gehorsam gegenüber Gott anzuleiten. Die

---

74 zit. nach Toews, J. J., Glückliche Familie – nach Gottes Plan, S. 134
75 zit. nach Christenson, L., Die christliche Familie, Marburg a. d. Lahn 19732, S. 67

Grundlage für die Erreichung dieses Zieles ist die Hinführung des Kindes zum Retter Jesus Christus. Denn nur, wenn es diese ihm in Christus angebotene Rettung im Glauben angenommen hat, ist es in der Lage, Gott als letztgültige Autorität in seinem Leben zu akzeptieren und ihr zu gehorchen. Gerade in der Bindung an die Autorität Gottes ist es in der Lage Autoritäten, welche die Normen Gottes umkehren oder außer Kraft setzen, infrage zu stellen und ihnen den Gehorsam zu verweigern.[76] Es hält sich in diesem Fall an das Wort: *»Man muss Gott mehr gehorchen als Menschen«* (Apg 5,29).

Walter Wanner weist darauf hin, dass unser Ich nicht aufgelöst oder zerstört wird, wenn wir uns als heranwachsende Menschen der Autorität Jesu unterordnen. Vielmehr wird es durch die Bindung an Jesus Christus frei. Es wird frei vom Machtanspruch Satans und damit frei von der Herrschaft der Sünde, des Gesetzes und des Todes (Röm 8,2). Das Ich wird durch die Unterordnung unter die Autorität Jesu, die sich im Gehorsam zeigt, frei, um sich in gottgewollter Weise entfalten zu können. Wir werden also dann, wenn wir freiwillig die Herrschaft Jesu über unser Leben anerkennen und ihm gehorchen, zu selbständigen Persönlichkeiten.[77]

Wir haben noch zu beachten, dass die Entscheidung, die uns in Christus angebotene Rettung anzunehmen, ein Gehorsamsschritt ist. Deshalb sollen auch die Kinder, die noch nicht an Jesus glauben, zum Gehorsam angeleitet werden. Es muss uns aber bewusst sein, dass es dem nicht wiedergeborenen Kind oft sehr schwer fällt, zu gehorchen, weil es von Satan ständig zum Ungehorsam angestachelt wird. Das Hauptziel der Gehorsamserziehung ist deshalb, das Kind zu Jesus hinzuführen. Sicherlich muss auch das an Christus glaubende Kind gehorchen lernen, doch ist ihm in diesem Prozess der in ihm wirkende Heilige Geist eine große Hilfe.

Die Grundprinzipien der Erziehung, die vom biblischen Menschenbild ausgehen, sind: Sowohl ungläubige als auch gläubige Kinder sollen geliebt und zum Gehorsam angeleitet werden. Ge-

---

76 von Padberg, L., Freiheit und Autorität, S. 92

77 Wanner, W., Wer bin ich – wer bist Du? Handbuch Jugendpsychologie, Gießen; Basel 1984^3, S. 213-214

horsamserziehung geht von der letzten Autorität eines liebenden Gottes aus und ist deshalb genau das Gegenteil der emanzipatorischen Erziehung, die ja von der Autonomie des Menschen ausgeht. Anleitung zum Gehorsam ist und bleibt für die Erziehung auf biblischer Grundlage immer mit Spannungen verbunden, denn die Aufforderung zum Gehorsam fordert ein Kind jedes Mal neu zu einer Willensentscheidung heraus. Demzufolge ist Hinführung zum Gehorsam das Gegenteil von dem, was man durch Sozialisation zu erreichen sucht, nämlich dynamische Anpassung.

Erziehung, welche das Kind anleitet, Gott, der höchsten Autorität, zu gehorchen, ist erstaunlicherweise **Erziehung zur Freiheit**, denn nur in der Bindung an Jesus ist der Mensch frei. Gott schafft und erhält in seiner Autorität dem Glaubenden diese Freiheit. Der Glaubende anerkennt Gottes Werte und Normen in seinem persönlichen Leben, in Ehe und Familie, in der christlichen Gemeinde und in der Gesellschaft. In Freiheit trägt er in Gesellschaft und Gemeinde innerhalb der vorgegebenen Ordnungen Verantwortung und findet so seine Identität. Er wird eine selbständige Persönlichkeit.[78]

4.4.2 Biblische Erziehungsmittel

Bei der Anwendung dieser eben entfalteten Erziehungsprinzipien ist es wichtig, die in der Bibel aufgezeigten Erziehungshilfen mit zu berücksichtigen. Die Bibel weist auf Hilfen hin, die getragen von den Grundprinzipien helfen, die angestrebten Ziele zu erreichen.

In der heutigen Pädagogik spricht man in diesem Zusammenhang von Erziehungsmitteln.[79] Beim Wort Erziehungsmittel schwingt unweigerlich der Gedanke nach der technologischen Machbarkeit und Formung des heranwachsenden Menschen mit, die oft nichts anderes ist als Manipulation. Ich möchte deshalb in meinen Ausführungen die Erziehungsmittel als von Gott gegebene Hilfen verstanden wissen. Die Wirkungen dieser Erziehungsmittel sollten mit Hilfe quantitati-

[78] von Padberg, L., Freiheit und Autorität, S. 91
[79] Printz, M., Grundlinien einer bibelorientierten Gemeindepädagogik, S. 119-123

ver und qualitativer Forschungsmethoden (siehe 7.13.2) aufgearbeitet werden. Siegfried Uhl hat in seinem Buch »Die Mittel der Moralerziehung und ihre Wirksamkeit«[80] viele Forschungsergebnisse aus dem Bereich der Zweck-Mittel-Forschung zusammengetragen, die ich in meinen Ausführungen teilweise berücksichtigt habe.[81]

4.4.2.1 Das Vorbild

Jesus ist das eigentliche Vorbild. Er hat uns ein »Beispiel, Vorbild« → ὑπογραμμός, hypogrammos,[82] gegeben (1. Petr 2,21-23). Paulus verstand sich als Nachahmer Jesu (1. Kor 11,1). Dies war nur möglich, weil er Jesus als Retter angenommen hatte. Der innewohnende Christus (Gal 2,20) befähigte ihn, sich dem Vorbild Christus entsprechend zu verhalten. Er forderte seine Mitarbeiter Timotheus und Titus auf, im Blick auf ihren Dienst in der Gemeinde, Vorbilder zu sein.

Er sagte ihnen sogar, in welchen Bereichen sie sich vorbildlich verhalten sollten, nämlich *»im Wort, im Wandel, in der Liebe, im Glauben, in der Keuschheit«* (1. Tim 4,12), ja überhaupt *»in allen Lebensbereichen«* (Tit 2,7). Ferner forderten die Apostel die Verantwortlichen der Gemeinden auf, durch ihr Vorbild zu leiten (1. Petr 5,3).

Wir sehen, dass die Bibel im Blick auf Führung und innere Entfaltung von Menschen dem Vorbild eine entscheidende Bedeutung beimisst.

Daraus leite ich ab, dass auch in der Erziehung, in der es wohl um die stärkste Beeinflussung und Führung von Menschen geht, das Vorbild eine ganz entscheidende Rolle spielt.

Das Vorbild ist die Grundlage aller erzieherischen Bemühungen. Die Eltern und Erzieher sind in der Art, wie sie den Kindern begegnen, in ihrem Verhalten und im Gespräch mit ihnen Vorbilder. Als

---

80 Uhl, S., Die Mittel der Moralerziehung und ihre Wirksamkeit, Bad Heilbrunn 1996

81 Es fehlt aber bis heute eine Auswertung der verschiedenen Forschungsergebnisse aus evangelikaler Sicht

82 Bauer, W., Wörterbuch zum Neuen Testament, Berlin; New York 1971^5, Sp.1669

Vorbilder sind sie zunächst einmal **Beispiel**. Dadurch kann es im Leben der Kinder zu einem **Beobachtungs- und Nachahmungslernen kommen.**[83] Durch diese Art von Lernen werden Wissen, Verhaltensweisen und Wertüberzeugungen vermittelt.[84]

Ein vorbildliches Leben ist prinzipiell echt, weil es alle Bereiche des Lebens, das Reden, das Benehmen, das Verhalten im Alltag, sei es in Ehe, Familie, am Arbeitsplatz und die gelebte Beziehung zu Gott umfasst. Heuchelei wird sofort erkannt.

Das vorbildliche Verhalten der Eltern und Erzieher ist für das Kind, das erzogen wird, auch ein **helfender Ansporn**, das zu tun, was sie von ihm erwarten. Doch reicht das Vorbildsein nicht aus. Es braucht von den Eltern noch motivierende Maßnahmen wie Ermutigung, Lob, helfende Zurechtweisung, damit das Kind dasselbe tut. Weil jeder Mensch von Natur aus ein sündiges Wesen ist, ist die Wirkung schlechter Vorbilder auf ihn oft stärker als die von guten.[85]

Eltern und Erzieher, die vorbildlich leben, wecken in den Kindern ihnen gegenüber **Anerkennung und Achtung** und haben dadurch Autorität.

Damit aber Eltern und Erzieher ein vorbildliches Leben führen können, brauchen sie die Hilfe Jesu. Im Leben derer, die Jesus im Glauben als Retter angenommen haben, kann der Heilige Geist ein vorbildliches Verhalten bewirken, das sich an den biblischen Werten und Normen orientiert (Gal 5,22).

Wichtig ist zu beachten, dass in einem vorbildlichen Leben Fehler und Versagen sichtbar werden, weil man sie eben gerade nicht zu verbergen sucht. Ein auf Christus ausgerichteter Mensch wird dieses falsche Verhalten bereuen und Jesus bekennen. Dankend nimmt er die ihm von Jesus angebotene Vergebung an (1. Joh 1,9). Zugleich wird er sich bei denen, an denen er schuldig geworden ist – vielleicht

---

83 Uhl, S., Die Mittel der Moralerziehung und ihre Wirksamkeit, S. 144

84 ebd., S. 145

85 ebd., S. 158. Diesen Aspekt hat Hans-Ulrich Ahlborn in seinen Ausführungen zu einer Vorbildpädagogik ganz außer Acht gelassen. Es ist eben leider oft nicht der Fall, dass die Vorbilderfahrung in ein Ich-Ideal hinein wiedergespiegelt werden kann, wie sich das H.-U. Ahlborn wünscht. Vgl. Ahlborn, H.-U., Werteerziehung durch Vorbildlernen, S. 114

ist es ein Kind oder der Ehepartner – entschuldigen. Das Vorbild behält dadurch eine menschliche Nähe und spornt zur Nachahmung[86] und Auseinandersetzung mit ihm an.[87]

4.4.2.2 Die Belehrung

In Mt 28,19.20 fordert Jesus seine Jünger im Blick auf ihre wichtigste Aufgabe auf, Menschen *»zu Jüngern zu machen«*, sie zu *»belehren, lehren«* → διδάσκω, didaskō.[88] Der Apostel Paulus erwartete von denen, die zur Gemeinde in Kolossä gehörten, dass sie sich *»gegenseitig lehren und ermahnen«* (Kol 3,16).

Im Begriff *»lehren«* findet sich zunächst der Aspekt der **Informationsvermittlung.** Der Mensch soll durch das Lehren mit dem Inhalt des Wortes Gottes in allen Lebensbereichen vertraut gemacht werden. Ein zentraler Aspekt ist der Hinweis, dass wir allein durch Jesus gerettet werden können. In der Lehre geht es auch darum aufzuzeigen, wie ein Leben mit Jesus im Alltag ganz praktisch gestaltet werden soll. Die Lehre gibt also Hilfen für eine von Christus geprägte Lebensgestaltung.[89]

Aus der Aufforderung Jesu, alle Menschen zu lehren, leite ich ab, dass der Belehrung heranwachsender Kinder eine besondere Bedeutung zukommt (Ps 34,12). Belehrung ist ein wichtiger Teil der Erziehung im Blick auf das Erreichen der biblischen Ziele.

Im Alltag haben zuerst **die Eltern**, dann **die Verantwortlichen der Gemeinde** und schließlich **die Lehrer/Lehrerinnen in der Schule** in Rücksprache mit den Eltern, die Kinder zu lehren. Alles Lehren sollte vom Wort Gottes begründet sein. Von Seiten des Kindes braucht es bei der Belehrung die Bereitschaft des Hörens, des Verstehens und des Tuns.

- Durch die Belehrung werden zunächst Hilfen für das alltägliche Leben vermittelt. Wie räumt man z. B. das Zimmer auf? Wie be-

---

86 Printz, M., Grundlinien einer bibelorientierten Gemeindepädagogik, S. 146-147
87 Ahlborn, H.-U., Werteerziehung durch Vorbildlernen, S. 45
88 Bauer, W., Wörterbuch zum Neuen Testament, Sp. 381
89 Printz, M., Grundlinien einer bibelorientierten Gemeindepädagogik, S. 161

nimmt man sich bei Tisch? Wie geht man über die Straße? Das Kind benötigt ganz praktische Anleitungen durch Vorzeigen und Vormachen.
Später werden den Kindern Hilfen für die Lebensbewältigung in der Schule und in der Gesellschaft mitgegeben. Es werden ihm Erklärungen und Begründungen gegeben. Oft mündet die Belehrung in ein helfendes Lehrgespräch aus.[90]

- Ein wichtiger Schwerpunkt der Belehrung ist die Hinführung des Kindes zu Jesus.
- In der Belehrung geht es schließlich darum, dem Kind zu helfen, wie es mit Hilfe des innewohnenden Christus das, was die Bibel lehrt, praktisch umsetzen kann.

Die Belehrung erwartet vom Kind zunächst Gehorsam. Nach und nach soll es aber lernen, bestimmte Aufgaben selbständig zu erfüllen. Der Gehorsam ermöglicht **das Üben** des Gelehrten. Zu diesem Üben gehört das **helfende Begleiten**. Dem Kind werden erklärende und helfende Anweisungen gegeben. Durch das Üben entstehen in verschiedenen Lebensbereichen dauerhafte und helfende **Gewohnheiten** wie Fleiß, Ehrlichkeit, Achtung, Hilfsbereitschaft, Rücksichtnahme usw.[91]

Damit ein Kind Belehrung wohlwollend annimmt, muss ihm der Lehrende (die Eltern, die Lehrperson) das, was er lehrt, vorleben. Lehre und Leben müssen eine Einheit bilden. Die Grundlage der Belehrung ist deshalb das Vorbild.

An dieser Stelle ist es interessant, auf das Ergebnis der Erziehungsstilforschung hinzuweisen, dass die Belehrung dann von den Kindern positiv aufgenommen wird, wenn die Eltern den Kindern mit Wärme und Herzlichkeit (Liebe) begegnen und das Gelehrte mit Bestimmtheit durchsetzen (Autorität, Erwartung von Gehorsam). Zahn-Waxler, Radke-Yarrow und King haben durch Untersuchungen in Alltagssituationen festgestellt, dass nüchterne, rein sachliche Belehrung wenig ausrichtet. Im Unterschied dazu erweisen sich gefühlsgeladene, eindringliche Belehrungen, bei denen die Mütter ihre

---

90 ebd., S. 172-173
91 ebd., S. 181-184

Autorität geltend machen und auf Einhaltung ihrer Anweisungen bestehen, als viel erfolgreicher. Es wird also empirisch nachgewiesen, dass Belehrung von den Grundprinzipien Liebe und Gehorsamserwartung getragen sein muss.[92] Genau das lehrt die Bibel.

4.4.2.3 Die Ermutigung

Zu der vom Vorbild unterstützten Belehrung gehört auch die Ermutigung (Röm 12,1; 1. Tim 4,13). Das Wort, welches in den erwähnten Bibelstellen gebraucht wird, heißt παρακαλέω, parakaleō, und kann mit »auffordern, ermahnen, ermutigen, zusprechen, trösten« übersetzt werden.[93]

Durch die Ermutigung wird in einem Menschen die Bereitschaft geweckt, das, wozu er befähigt und beauftragt worden ist, auch zu tun. Es werden also seine inneren Kräfte, besonders der Wille, gestärkt.

Gerade Kinder haben die helfende Ermutigung im Alltag immer wieder nötig. Sie brauchen sie, um die Bequemlichkeit, persönliche Schwächen und Hindernisse zu überwinden. Die biblische Ermutigung geht davon aus, dass der Mensch, der ermutigt wird, Jesus als Retter angenommen hat (Röm 12,1). Er ist deshalb durch Christus befähigt, das zu tun, wozu er ermutigt wird.

Ermutigung fördert den Eifer, den Fleiß und die Ausdauer im Leben eines Kindes.[94] Das Kind fühlt sich von Eltern, die es immer wieder ermutigen, ernst genommen.

Wie sieht Ermutigung konkret aus?[95]

- Ermutigung zeigt sich in anerkennenden und lobenden Worten.
- Die Ermutigung knüpft im Leben des Kindes bei dem an, was es schon zu leisten vermag. Die Eltern sprechen dem Kind im Blick auf eine neu zu bewältigende Aufgabe Mut zu.

---

92 Uhl, S., Die Mittel der Moralerziehung und ihre Wirksamkeit, S. 46-47
93 Bauer, W., Wörterbuch zum Neuen Testament, Sp. 1223-1224
94 Printz, M., Grundlinien einer bibelorientierten Gemeindepädagogik, S. 198
95 ebd., S. 198-201

- Bei älteren Kindern kann Ermutigung durch das Übertragen von Verantwortung zum Ausdruck gebracht werden.

Ermutigung fördert die Bereitschaft, das Gelernte auch in die Tat umzusetzen und hilft den Kindern, Enttäuschungen zu überwinden und nicht zu resignieren.

4.4.2.4 Die Zurechtweisung

Nicht nur die Ermutigung gehört zur Belehrung, sondern auch die Zurechtweisung (Kol 3,16; 1. Thess 5,12). In den genannten Bibelstellen wird das griechische Wort νουθετέω, noutheteō, gebraucht, das mit *»ermahnen, warnen, zurechtweisen«* übersetzt werden kann.[96]

Gerade Kinder brauchen in der Hinführung zu den biblischen Zielen die Zurechtweisung. Dies bringt vor allem Epheser 6,4 zum Ausdruck: *»Ihr Väter, reizt eure Kinder nicht zum Zorn, sondern zieht sie auf in der Zucht und Ermahnung des Herrn.«*

Beim Umsetzen dessen, wozu sie in der Belehrung angehalten werden, bricht bei den Kindern oft der Eigenwille und die bewusste Ablehnung durch. In solchen Situationen ist die Zurechtweisung nötig, in welcher sie auf die festgelegten Regeln und Grenzen hingewiesen werden. Deshalb geht der Zurechtweisung das Besprechen und Festlegen von klaren Grenzen voraus.

In der Zurechtweisung wird das falsche Verhalten aufgezeigt. In besonders schwierigen Situationen kann in der Zurechtweisung auch Empörung zum Ausdruck gebracht werden. Zugleich sucht man aber dem Kind zu helfen, es richtig zu machen. Dies bringt natürlich nur dann etwas, wenn die Erzieher das, was sie bei den Kindern tadeln, nicht ständig selbst tun. Es kann sein, dass Eltern ihre Kinder zurechtweisen, weil sie z. B. unnötig herumschreien, zugleich aber schreien sie selbst ihre Kinder immer wieder an.[97]

---

[96] Bauer, W., Wörterbuch zum Neuen Testament, Sp. 1077

[97] Ketterman, G., Du bist nicht allein, mein Kind! Ein Begleiter in Erziehungsfragen, Marburg a. d. Lahn 1998, S. 26

Formen der Zurechtweisung sind die kurze, knappe Aufforderung, z.B. »Nein, das machst du nicht!«,[98] das ernste Gespräch unter vier Augen und der Tadel im Familienkreis.[99]

Die Ermutigung ist der Zurechtweisung vorgeordnet. Ständige, oft unnötige Zurechtweisung, macht die Kinder mutlos. Und genau vor dem warnt die Bibel (Kol 3,21). Mutlose Kinder bringen nicht die Kraft auf, den Belehrungen nachzukommen. Es hat in ihren Augen keinen Sinn.

4.4.2.5 Die Strafe

Wenn ein Mensch nicht auf die Zurechtweisung eingeht, folgt die Strafe. Dies ist bei Gott selbst so. Wenn ein Mensch, der Jesus als Retter angenommen hat, sodass Gott nun »sein Vater« ist, seinen Belehrungen nicht gehorcht, züchtigt er ihn (Hebr 12,4-7). Das in Hebräer 12,6 gebrauchte Wort heißt μαστιγόω, mastigoō, und kann mit *»peitschen, strafen, züchtigen«* übersetzt werden.[100] Die Grundlage dieser Strafe ist die göttliche, zurechtbringende Liebe (Hebr 12,6). Das Ziel der Züchtigung ist, dass wir mit Gott weiterhin Gemeinschaft haben können, weil wir durch die Züchtigung zur Buße und dadurch wieder zur Reinheit gelangen (Hebr 12,10).

Wenn die Kinder die Belehrung der Eltern, die für sie Hilfe und Schutz bedeutet, bewusst und protzig ablehnen, sollen sie bestraft werden.

Nur dann bewirkt Strafe im Leben des Kindes das, was Gott will, wenn sie aus der Liebe heraus und nicht aus der Wut, der Überforderung, der Verärgerung und dem persönlichem Gekränktsein geschieht. Strafe will dem Kind zunächst einmal helfen, sein schuldhaftes Verhalten einzusehen. Sie will in ihm Reue wecken und ein Umdenken hervorrufen. Zugleich soll sie das Kind bewegen, wieder

---

98 Empirische Untersuchungen haben bestätigt, dass knappe Aufforderungen, Ermahnungen im Alltag recht wirkungsvoll sind. Vgl. Uhl, S., Die Mittel der Moralerziehung und ihre Wirksamkeit, S. 221-222

99 Printz, M., Grundlinien einer bibelorientierten Gemeindepädagogik, S. 213-214

100 Bauer, W., Wörterbuch zum Neuen Testament, Sp. 978

der Belehrung entsprechend zu leben. Die Strafe will dem Kind helfen, unerwünschte Handlungsweisen zu meiden.[101]

Nur wenn Kinder die Belehrungen der Eltern, denen, wenn nötig, durch Zurechtweisung und Strafen Nachachtung verschafft wird, beachten, ist eine harmonische Gemeinschaft möglich. Auf die **Strafarten** und das **Strafmaß** gehe ich weiter unten ein.

Jede Strafe sollte mit einer kurzen Erklärung und Begründung verbunden sein, denn nur so kommt es beim Kind zur Einsicht ihrer Berechtigung. Versuche und Erhebungen in der natürlichen Erziehungssituation haben übereinstimmend gezeigt, dass die Wirksamkeit der Strafen durch Erklärungen und Begründungen beträchtlich vergrößert wird.[102] Das Ziel der Strafe ist, dass das Kind bereit wird, wieder der Belehrung entsprechend zu leben.

Nachdem wir die wichtigsten **biblischen Erziehungsmittel** etwas näher betrachtet haben, gilt es jetzt aufzuzeigen, wie diese im Erziehungsprozess, der von den beiden **Grundprinzipien Liebe und Gehorsam** getragen wird, angewandt werden sollen. Beim Einsatz der Erziehungsmittel haben wir auch das Alter der Kinder zu berücksichtigen.

Es geht mir auf den folgenden Seiten darum zu zeigen, wie die eben entfalteten Grundgedanken bis in die alltägliche Erziehungspraxis weitergezogen werden können.

Zugleich habe ich versucht, die Anregungen und Hilfen vieler Erziehungsbücher den entfalteten Grundprinzipien entsprechend zu ordnen und sie mit den biblischen Erziehungsmitteln in Verbindung zu bringen.

Vieles von dem, was ich entfalten werde, ist überhaupt nicht oder nur spärlich erforscht. Hier hat die evangelikale Pädagogik noch eine große Arbeit zu leisten. Einen erfreulichen Anfang hat Wilhelm Faix mit einer Umfrage unter evangelikalen Eltern in Deutschland gemacht.[103]

---

101 Uhl, S., Die Mittel der Moralerziehung und ihre Wirksamkeit, S. 208

102 ebd., S. 219-220

103 Faix, W., Die christliche Familie heute. Ergebnisse einer Umfrage unter evangelikalen Familien über ihr Glaubens- und Familienleben und ihre Erziehungspraxis, Bonn 2000

Ich verstehe meine Ausführungen in erster Linie als Hilfen für die Eltern, da sie durch ihr erzieherisches Handeln die heranwachsenden Kinder am stärksten prägen. Zugleich können sie aber auch eine Hilfe sein für Kleinkindererzieherinnen, Kindergärtnerinnen, Lehrer/Lehrerinnen und für alle die, welche in einer christlichen Gemeinde Kinder betreuen oder unterrichten.

Schema 1: **Darstellung, wie im Erziehungsprozess die erzieherischen Grundprinzipien und die Erziehungsmittel im Blick auf das Erreichen der Erziehungsziele zusammenwirken.**

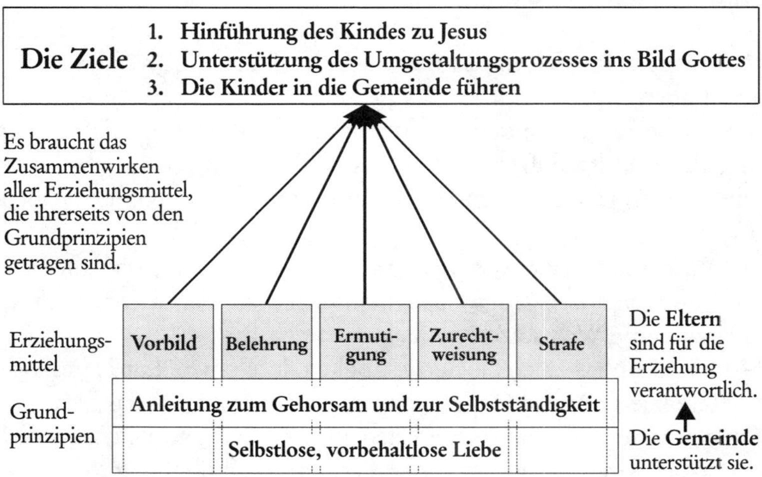

4.4.3 Wie sieht eine von Liebe getragene Gehorsamserziehung beim Kind (bis 12-jährig) unter Berücksichtigung der biblischen Erziehungsmittel aus?

4.4.3.1 Die Erzieher haben den Kindern mit Liebe zu begegnen (Die Dimension der Emotionen)

Weil Gott Liebe ist, haben Eltern und Erzieher den Kindern grundsätzlich mit Liebe zu begegnen.

1. Liebe zeigt sich in der Bereitschaft, überhaupt Kinder zu haben

Die Liebe zu den Kindern beginnt in unserer kinderfeindlichen Zeit mit **der Bereitschaft, überhaupt Kinder zu haben**. Es gibt heute viele verschiedene Gründe, warum man keine Kinder haben möchte.

- Viele Eltern sind von der Friedens- und Ökologiepolitik herkommend überzeugt, dass man keine Kinder mehr in diese schlimme Welt setzen dürfe.
- Ein Grund ist auch die Berufstätigkeit der Frauen. Lange und differenzierte Ausbildungszeiten und später Eintritt in das Berufsleben lassen bei Ehepartnern den Wunsch aufkommen, dass erst später Kinder geboren werden sollten, wenn überhaupt.
- Der Lebensstandard ist ebenfalls ein Grund. Kinder werden oft als Räuber dessen empfunden, was man sich erarbeitet hat.[104]
- Zu erwähnen sind weiter die vom Feminismus getragenen Gedanken vom »Recht auf den eigenen Bauch«. Die Frau will selbst darüber entscheiden, welche Kinder leben dürfen und welche abgetrieben werden sollen. Oft brechen nach einer Abtreibung große Schuldgefühle auf. [105]

---

[104] Hauschildt, I., Die feministische Versuchung und die Antwort der christlichen Frau, Wuppertal; Zürich 1989, S. 18-19

[105] Meves, Ch., Ohne Liebe geht es nicht. Mütterprobleme ernst genommen – mit Christa Meves im Gespräch, Neuhausen-Stuttgart 1997, S. 48-53

Man fordert auch sexuelle Freiheit. Die Form der Ehe und Familie soll durch andere Formen wie Gruppenehe usw. abgelöst werden.[106]

- Dazu kommt, dass in unserer, auf Selbstverwirklichung ausgerichteten Zeit, immer weniger junge Erwachsene bereit sind, die dauerhafte Bindung einer Ehe einzugehen und die Einschränkungen, welche Kinder mit sich bringen, auf sich zu nehmen.[107] Kinder werden als Last, statt als Chance gesehen.[108]

Die an Christus glaubenden Menschen haben sich als Anwälte der Kinder und der heilen Familien an der öffentlichen Meinungs- und Willensbildung zu beteiligen, wenn es um Fragen der Partnerschaft, des werdenden Lebens und der Familienpolitik geht. Sie haben u.a. um der Kinder willen der Legalisierung eines freien Partnerverhältnisses entgegenzutreten.[109]

2. Liebe zum Kind beginnt mit der Liebe zum Ehepartner

Die Liebe der Eltern zu ihren Kindern wird zunächst **im Verhalten von Vater und Mutter zueinander sichtbar**. Die Liebe der Ehepartner zueinander wurzelt in der Treue und bleibt auch dann erhalten, wenn sie über den anderen enttäuscht sind. Es gilt den Ehepartner in seinem So-Sein, also mit seinen Stärken und Schwächen, zu akzeptieren. Jesus hat ihn uns geschenkt. Jesus in uns hilft uns, ihn bedingungslos zu lieben. Diese Liebe sagt: »Ich liebe meine Frau, ganz gleich, was kommt, ganz gleich, was sie tut, wie sie aussieht oder was sie sagt; ich werde sie immer lieben.«[110]

---

106 Hauschildt, I., Die feministische Versuchung und die Antwort der christlichen Frau, S. 28-29

107 Miegel, M.; Wahl, S., Das Ende des Individualismus. Die Kultur des Westens zerstört sich selbst, Bonn 1994², S. 62-63

108 Dumont, G.-F., Europa stirbt vor sich hin ... Bevölkerungspolitik vor dem Bankrott. Wege aus der Krise, Aachen 1997, S. 159

109 Schritte zu den Kindern. Arbeitsbuch Gnadauerkongress 1987, Dillenburg 1987, S. 30

110 zit. nach Campbell, R., Kinder sind wie ein Spiegel, Marburg a. d. Lahn 1984⁵, S. 24

- Diese Liebe zeigt sich in einem freundlichen Umgangston zwischen Vater und Mutter. Dieser wirkt sich auf den Umgangston der Kinder untereinander aus.[111]
- Der Vater gibt der Mutter vor den Kindern immer wieder anerkennende Worte für die vielfältigen Liebesleistungen.[112]
- Eine lebendige und aufrichtige Beziehung der Ehepartner zueinander wird durch die Bereitschaft vertieft, Konflikte zu lösen (Eph 4,32). Kommt es ungewollt zu einem Streit der Ehepartner vor den Kindern, haben sie sich hinterher bei den Kindern zu entschuldigen. Wichtig ist, dass sie darauf hinweisen, dass sie sich wieder versöhnt haben.[113]
- Vater und Mutter sind bereit, sich im Gespräch gegenseitig zu öffnen. Jeder gewährt dem anderen Einblick in die innersten Gedanken und Gefühle. Auf diese Weise bringen sie ihr gegenseitiges Vertrauen zum Ausdruck. Zugleich machen sie sich so auch verletzbar.[114] Ferner sind sie bereit, über alles – über persönliche Begebenheiten, über die Kindererziehung, den Berufsalltag, über Probleme – miteinander zu reden.[115] Ein gemeinsamer Eheabend und ein täglicher Austausch sind dazu sehr hilfreich.[116]
- Sie lernen nach und nach die unterschiedliche Art des anderen zu akzeptieren und können sich immer besser als Ergänzung verstehen.[117] In einer solchen Ehe ist die Möglichkeit zur hilfreichen und taktvollen Korrektur gegeben.[118]

Fühlt sich eine Frau von ihrem Mann geliebt, strahlt sie diese Liebe auf ihn und die Kinder zurück. So entsteht eine wohltuende Atmos-

---

111 Mühlan, E. u. C., Menschenskinder!, S. 45
112 ebd., S. 47-48
113 Mühlan, C. u. E., Is' was, Mama? Kinder-Erziehung von der Vorschule bis zur Vorpubertät, Asslar 1991, S. 72-74
114 Horie, M. u. H., Familie als System. Kleine Hilfen für Eltern und Kinder, Wuppertal; Zürich 1994, S. 25
115 Drescher, J. M., Acht Dinge, die Ihre Familie braucht, Asslar 1997, S. 40-41
116 Mühlan, C. u. E., Das große Familien-Handbuch. Erziehungstips für alle Entwicklungsphasen Ihres Kindes, Asslar 1996, S. 40
117 Boyd, Ch., Was für Eltern braucht mein Kind? Wege zu einer typgemäßen Erziehung, Wuppertal 1997, S. 191
118 Knöppel, K. H., So gut kann Familie sein. Grundlinien für Ehe, Familie und Erziehung, Neuhausen-Stuttgart 1998, S. 34

phäre, welche für die Kinder von entscheidender Bedeutung ist. Rudolf Dreikurs sagt dazu:

> »Je besser die Atmosphäre zu Hause ist, desto größer ist die Wahrscheinlichkeit für eine erfreuliche Entwicklung des Kindes.«[119]

Die Atmosphäre in einer Familie übt einen dauernden Einfluss auf den Charakter, das Temperament und auf die Denkweise des noch zu formenden Kindes aus.[120]

Dieses Idealbild der Ehe wird leider vom Gedankengut des Feminismus grundsätzlich in Frage gestellt. Die Ehe wird als ein einengendes Gefängnis gesehen, das jegliche Selbstverwirklichung der Frau verunmöglicht.[121] Die Frauen werden ermutigt, aus der Ehe auszubrechen und sich auf Kosten von Liebe und Treue selbst zu verwirklichen. Die vielen Partnerverbindungen ohne Trauschein legen davon ein beredtes Zeugnis ab.[122] Selbst die evangelische Kirche steht partnerschaftlichen Lebensverbindungen als Alternativen zur Ehe nicht ablehnend gegenüber.[123]

Es ist zu beachten, dass die Ehe eine Schöpfungsordnung Gottes ist, aus welcher die Familie wächst. Kinder sollen nicht in einem leeren Raum aufwachsen, sondern Vater und Mutter haben. **Sie brauchen den Schutzraum, das warme Nest, die liebende Atmosphäre der Eltern.** Umgekehrt vertieft sich die Ehe durch die Elternschaft, wie wir noch sehen werden.[124] Eine harmonische Ehe bildet das **ideale Erziehungsumfeld.**

Diese harmonische, wohltuende Atmosphäre wird dann erhalten, wenn die Ehepartner zusammen eine persönliche Beziehung mit Je-

---

119 zit. nach Dreikurs, R.; Blumenthal, E., Eltern und Kinder – Freunde oder Feinde?, Stuttgart 1973, S. 134

120 ebd., S. 136

121 Hauschildt, I., Die feministische Versuchung und die Antwort der christlichen Frau, S. 31

122 ebd., S. 63

123 Mette, N., Familie, in: Handbuch religionspädagogischer Grundbegriffe, hg. v. G. Bitter; G. Miller, Bd. 1, München 1986, S. 126

124 Hauschildt, I., Die feministische Versuchung und die Antwort der christlichen Frau, S. 64

sus pflegen. Zu dieser Beziehung mit Jesus gehören geregelte Gebetszeiten mit dem Ehepartner,[125] der Austausch über Glaubensfragen, die Ausrichtung auf die Prinzipien der Bibel, die Bereitschaft, der Sünde keinen Raum zu geben und die Annahme von Belehrung und Korrektur in einer biblischen Gemeinde.[126]

Die Eltern müssen weiter um ihr körperliches Wohlbefinden besorgt sein, um ihren Kindern im Alltag ausgeglichen begegnen zu können. Sie brauchen ein ausgewogenes Maß an Schlaf, regelmäßige körperliche Übungen und eine ausgewogene, gesunde Ernährung.[127]

Dazu gehört auch, dass Vater und Mutter die ihnen von Gott zugewiesene Stellung annehmen. Die Frau ist für den Mann ein wichtiges Gegenüber (1. Mose 2,18) und der Mann ist bereit, in der Ehe und Familie die letzte Verantwortung auch im geistlichen Bereich wahrzunehmen (Eph 5,21-24). Leider wird heute in vielen Ehen zuviel Kraft in die Auseinandersetzung um die Vermännlichung der Frau und um die Verweiblichung des Mannes eingesetzt, Kraft, die den Frauen und Männern für wichtigere Dinge nicht mehr zur Verfügung steht.[128] Ein grundlegendes Problem vieler Ehen ist die Selbstsucht. Jeder sucht nur sich selbst. In der Ehe gilt es zu lernen, die Bedürfnisse des Ehepartners und der Kinder über die eigenen Wünsche zu stellen. Die Ehepartner werden so nicht zu kurz kommen. Jesus selbst wird ihre Bedürfnisse erfüllen.[129]

Auch dann, wenn in einer Ehe all das eben Ausgeführte beachtet wird, gibt es im Leben einer Mutter Phasen, in denen sie sich ausgebrannt, leer und überfordert fühlt. Solche Phasen können durch Hormone, Veränderungen und Arbeitsüberlastung ausgelöst wer-

---

125 Wilhelm Faix weist auf Grund einer Umfrage unter evangelikalen Familien in Deutschland nach, dass das regelmäßige Gebet bei den meisten Ehepaaren ein Problem ist. Vgl. Faix, W., Die christliche Familie heute, S. 29

126 Mühlan, E. u. C., Menschenskinder!, S. 37; vgl. Chapman, G., So stell' ich mir Familie vor. Fünf Anregungen für ein glückliches Zusammenleben, Marburg a. d. Lahn 1998, S. 51-53

127 Mühlan, C. u. E., Is' was, Mama?, S. 104-106

128 Meves, Ch., Es geht um unsere Kinder. Erfahrungen und Einsichten aus der Beratungspraxis, Gießen 1988, S. 51

129 Campbell, R., Kinder sind Persönlichkeiten, S. 33

den. In solchen Situationen ist es tröstlich zu wissen, dass Jesus helfend zur Seite steht (2. Kor 12,9.10).[130]

3. Alleinerziehende Eltern

Leider ist es so, dass die Zahl der Ehen, die aus irgendeinem Grund zerbrechen, heute stark zunimmt. Es gibt immer mehr alleinerziehende Eltern, vor allem Mütter.

- Geschiedene müssen zunächst lernen, mit ihrem Gefühl des Abgelehnt-Seins, der Einsamkeit, des Versagens und der mangelnden Selbstachtung fertig zu werden. Eine persönliche Gottesbeziehung, der Austausch und das Gebet mit jemandem, der eine solche Situation versteht, können eine große Hilfe sein.[131] Vor allem haben sie dem Ehepartner, der sie so tief verletzt hat, zu vergeben. Dies ist mit einem inneren Kampf verbunden, weil immer wieder Hass und Groll die Oberhand gewinnen wollen.[132]
- Dazu kommt, dass Geschiedene in der Regel berufstätig sein müssen, weil sonst das Geld nicht ausreichen würde.
- Sie sind in vielen alltäglichen Fragen, aber oft auch kräftemäßig, überfordert.
- Ihnen fehlt im Alltag in vielen Dingen die Anerkennung.[133]
- Sie müssen auch mit der sexuellen Enthaltsamkeit fertig werden, weil die Bibel den Geschlechtsverkehr nur innerhalb der Ehe erlaubt.
- Des Weiteren müssen die Spannungen mit dem anderen Elternteil immer wieder verkraftet werden wie z.B. vergessene Geburtstage der Kinder, abgesagte Besuche usw.[134] Wichtig ist, dass der eine Elternteil vor den Kindern nicht negativ über den anderen spricht.

---

130 Pfeifer, A., Mütter sind nicht immer schuld. Von Selbstvorwürfen zur Gelassenheit, Wuppertal; Zürich 1995, S. 51

131 Barnes, R. G., Wir schaffen's auch allein. Tips für Alleinerziehende, Asslar 1991, S. 26

132 Hart, A., Damit die Wunden heilen. So werden Kinder mit der Scheidung ihrer Eltern fertig, Marburg a. d. Lahn 1998, S. 51

133 Chisholm, G., Halbe Eltern – ganze Familie. Als Alleinerziehende zwischen Frust und Freude, Wuppertal o. J., S. 53

134 Giesekus, U., Familien-Leben, S. 18

Geschieht dies trotzdem, bewirken die vereinbarten Besuche besonders tiefe Verletzungen im Leben des Kindes.[135]

Trotz all dieser Schwierigkeiten haben Alleinerziehende zu lernen, sich von sich selbst – den eigenen Verletzungen, Problemen, Spannungen – abzuwenden und sich den Kindern zuzuwenden. Sie müssen die Tatsache, dass sie die Kinder allein zu erziehen haben, akzeptieren. Dies ist oft sehr schwer. Wenn aber die Erziehung gelingen soll, ist dies unerlässlich. Angesichts dieser großen Herausforderung ist es besonders nötig, mit den Kindern eine gute, tragfähige Beziehung aufzubauen.[136] Dazu kommt noch, dass die Kinder durch die Scheidung der Eltern tief verletzt worden sind. Archibald Hart ist der Überzeugung, dass die Scheidung für die Kinder nicht weniger dramatisch ist als der Tod eines Ehepartners.[137] Sie leiden unter Schuldgefühlen, Trauer, Zorn, Angst (Trennungsängste, Angst vor dem Unbekannten) und Verunsicherungen. Es kann in ihrem Leben sogar zu einer Depression kommen. Diese äußert sich meistens in Antriebsschwäche, Interesselosigkeit und tiefer Traurigkeit.[138] Deshalb brauchen die Kinder gerade in dieser Zeit in besonderer Weise die verständnisvolle und liebende Zuwendung.[139] Es muss aber darauf geachtet werden, dass die Kinder nicht zum Partnerersatz werden, denn dadurch werden sie ständig überfordert.[140]

Deshalb gelten die folgenden Ausführungen auch für Alleinerziehende, auch wenn dies für sie eine große Herausforderung ist. Wie diese ganz praktisch bewältigt werden kann, beschreibt Gloria Chisholm in ihrem Buch »Halbe Eltern – ganze Familie«.[141] Auch Archi-

---

135 Barnes, R. G., Wir schaffen's auch allein, S. 204-205. Claudia und Eberhard Mühlan geben den »Gastvätern« für solche Besuche der Kinder hilfreiche Ratschläge. Vgl. Mühlan, C. u. E., Das große Familien-Handbuch, S. 98-100

136 Chisholm, G., Halbe Eltern – ganze Familie, S. 20

137 Hart, A., Damit die Wunden heilen, S. 140

138 ebd., S. 133-134

139 Chapman, G.; Campbell, R., Die fünf Sprachen der Liebe für Kinder. Wie Kinder Liebe ausdrücken und empfangen, Marburg a. d. Lahn 1998[3], S. 131-133

140 Bennack, J., erziehen heute!, S. 147

141 Chisholm, G., Halbe Eltern – ganze Familie. Als Alleinerziehende zwischen Frust und Freude, Wuppertal o. J.

bald Hart gibt in seinem Buch »Damit die Wunden heilen« wertvolle Ratschläge.[142]

Es ist gut, wenn Angehörige, vor allem die Großeltern oder eine intakte Familie, einer alleinerziehenden Mutter helfen, diese große Arbeit zu bewältigen, indem sie z.B. die Kinder an bestimmten Tagen an ihrem Familienleben teilhaben lassen. Diese helfende Unterstützung kann besonders gut in christlichen Gemeinden praktiziert werden. Aus diesem Grund sollten alleinerziehende Mütter den Kontakt zu einer Gemeinde suchen (siehe 5.5).

Archibald Hart hat in seiner Therapiearbeit immer wieder erlebt, dass Familien mit nur einem Elternteil durchaus funktionieren können. Es ist deshalb im Blick auf die Erziehung der Kinder nicht nötig, wieder zu heiraten. Es kann sogar sein, dass eine zweite Ehe so viele Probleme mit sich bringt, dass die Nachteile größer sind als die Vorteile.[143] Eines der größten Probleme ist, dass sich die Kinder innerlich gegen die Erziehung durch die Stiefmutter oder den Stiefvater wehren.[144]

4. Liebe trotz Versagen

Es gibt für ein Kind nichts Schöneres, als in einer wohltuenden Atmosphäre zu erleben, wie es von den Eltern auch dann geliebt wird, wenn es in der Schule ab und zu versagt. Dies ist für die Eltern überaus schwer, weil sie meistens Angst haben, dass ihr Kind später auch im Leben versagen wird. Jesus ist es, der Eltern befähigt, ihre Kinder selbstlos, einfach so wie sie sind, zu lieben. Sie lieben sie auch dann, wenn sie ihrer äußeren Erscheinung nach nicht dem heutigen Schönheitsideal entsprechen und im Vergleich mit anderen nicht so gut abschneiden.[145] Sie können dies deshalb, weil sie die Kinder als gute Gabe Gottes annehmen (Ps 127,3).

---

142 Hart, A., Damit die Wunden heilen. So werden Kinder mit der Scheidung ihrer Eltern fertig, Marburg a.d. Lahn 1998

143 ebd., S. 168

144 ebd., S. 189

145 Dobson, J., Anti-Frust-Buch. Für Eltern von willigen und eigenwilligen Kindern, Kehl 1991, S. 62-63

5. Wie sieht diese dem Kind geschenkte Liebe ganz praktisch aus?

Liebe zeigt sich zunächst darin, dass die Eltern, sobald dies möglich ist, das Gespräch mit ihren Kindern suchen. In diesen Gesprächen versuchen sie ihnen immer wieder zu sagen, dass sie in ihren Augen wertvoll sind, und dass sie sie lieb haben. Zu diesen sich zwangslos ergebenden Gesprächen gehört das gute Zuhören und das Stellen von Fragen, die einen tieferen Einblick in das, was das Kind bewegt, ermöglichen, sei es, wenn die Kinder von der Schule heimkommen, sei es während der Mahlzeiten, im Auto, beim Verrichten gemeinsamer Arbeiten, beim Zu-Bett-Gehen usw.

Weitere Möglichkeiten, wie wir dem Kind unsere Liebe zeigen können:

- Der **Augenkontakt** ist eines der wichtigsten Mittel, unsere Kinder die Liebe zu ihnen spüren zu lassen. Ross Campbell ist der Überzeugung, dass das Kind desto zufriedener ist, je häufiger Eltern ihre Liebe durch Blickkontakt ausdrücken. Es ist eine schlechte Gewohnheit der Eltern, dass sie mit ihrem Kind meist nur dann in Blickkontakt treten, wenn sie ihm etwas energisch sagen wollen.[146] Wann können wir denn mit den Kindern den Augenkontakt pflegen? Wenn wir mit ihnen reden, bei den Mahlzeiten, bei Körperspielen usw.
- Auch durch den **körperlichen Kontakt** können Vater und Mutter den Kindern ihre Liebe zum Ausdruck bringen. Es ist hier ans Umarmen, Küssen, Streicheln, durch die Haare fahren, die Hand auf die Schulter legen usw. zu denken. Auch die Jungen brauchen diesen Körperkontakt. Natürlich muss der körperliche Kontakt dem Alter angepasst werden.[147] Leider ist es oft so, dass gerade Väter Mühe haben, mit ihren Kindern zärtlich zu sein.
- Schließlich können wir dem Kind durch **konzentrierte Aufmerksamkeit** zeigen, dass wir es lieben. Gerade diese ganze Zuwendung dem Kind gegenüber erfordert von den Eltern große Opfer. Sie müssen für das Kind das Allerwichtigste, was sie ha-

---

[146] Campbell, R., Kinder sind wie ein Spiegel, S. 34
[147] ebd., S. 41

ben einsetzen, nämlich Zeit.[148] Wie viele Familienväter haben in ihrem Alltag ein schlechtes Gewissen, wenn sie sich ab und zu »nur« für ihre Kinder Zeit nehmen. Es gäbe ja noch so viele wichtigere Dinge zu tun, z.B. in der christlichen Gemeinde. Um für die Kinder Zeit zu haben, ist es nötig, dass die Eltern Prioritäten setzen. Gerade weil sie davon überzeugt sind, dass der Umgang mit den Kindern wichtig ist, planen sie für sie bestimmte Zeiten ein.[149] Zum Beispiel planen sie ab und zu einen Spielabend. Sie nehmen sich Zeit, mit den Kindern Karten-, Brettspiele usw. zu machen. Schön ist an einem solchen Abend auch das gemeinsame Musizieren. Besonders im Familienurlaub haben Eltern die Möglichkeit, auf die Kinder einzugehen.[150] Übrigens wächst dadurch ein Familienzusammengehörigkeitsgefühl, das dem Kind im Alltag Halt und Sicherheit gibt.[151]

Durch konzentrierte Aufmerksamkeit der Eltern wächst im Kind die Überzeugung, dass es für Vater und Mutter der wichtigste Mensch der Welt ist. Ungeteilte Aufmerksamkeit ist für die normale Entfaltung eines Kindes notwendig. Christa Meves schreibt dazu:

> »Aber gerade dieses ist es, was sie so nötig brauchen wie das tägliche Brot: ... – die ganz ungeteilte, die von niemandem gleichzeitig beanspruchte Hingabe des Erwachsenen an das Kind, das Absolutum der Exklusivität.«[152]

Sie weist zudem darauf hin, dass gerade das Kleinkind in besonderer Weise die Zuwendung der Eltern braucht. Deshalb sollte ein Kleinkind nie längere Zeit allein gelassen werden.[153] Es ist deshalb barba-

---

148 ebd., S. 49-51

149 Mühlan, E., Kinder in der Zerreißprobe. Der anti-christliche Angriff auf die Familie, Asslar 1986², S. 157

150 Mühlan, C. u. E., Is' was, Mama?, S. 45.53-56

151 Drescher, J. M., Sieben Dinge, die Ihr Kind braucht, Asslar 1995⁵, S. 37

152 zit. nach Meves, Ch., Wer einem Kinde begegnet ... Beiträge zu aktuellen Erziehungsfragen, Kassel 1979, S. 13

153 Claudia und Eberhard Mühlan zeigen, wie Eltern ganz praktisch Kleinkindern liebende Zuwendung schenken können. Vgl. Mühlan, C. u. E., Das große Familien-Handbuch, S. 10-23

risch, zwei- und dreijährige Kinder in einer Tageskrippe abzuliefern, wie dies in der ehemaligen DDR bei über 80 Prozent der Kinder geschah. Diese kinderfeindliche Kinderbetreuung suchen die Sozialisten heute überall in Europa zu fördern. Es wird zu wenig beachtet, dass sich Versäumtes im Leben eines Kindes nie mehr nachholen lässt. Lotte Schenk-Danzinger weist darauf hin, dass es im Leben von Kindern, die immer wieder von der Mutter getrennt werden (»Trennungstragödie«) zu einer Frühverwahrlosung kommen kann, die sich negativ auf die weitere Entwicklung des Kindes auswirkt.[154]

Konzentrierte Aufmerksamkeit fördert den Austausch zwischen Eltern und Kindern. Sie bildet auch die Grundlage dafür, dass die Eltern auf die verschiedenen Gemütsstimmungen ihrer Kinder eingehen können. Sie versetzt sie sogar in die Lage, den Kindern zu helfen, ihre Gefühle richtig zu benennen und auszudrücken. Eine besondere Hilfe ist es, wenn Kinder ihre Gefühle – Schmerz, Trauer, Furcht und Ärger – im Gebet Gott sagen dürfen und dann inneren Frieden in Anspruch nehmen können.[155] Eltern, die ihren Kindern konzentrierte Aufmerksamkeit schenken, werden keine Probleme haben, das Kind, wenn es schulreif geworden ist, auf die Schule vorzubereiten. Ja, sie können im Kind sogar eine Vorfreude wecken.[156]

Viele sind heute der irrigen Meinung, zuviel Liebe zwischen Mutter und Tochter, Vater und Sohn könnte zu lesbischer Liebe oder Homosexualität führen. Genau das Gegenteil ist der Fall. R. Campbell schreibt dazu:

> »Während der Jahre meines Studiums und der praktischen Tätigkeit habe ich nie einen sexuell fehl-orientierten Menschen kennengelernt, der einen warmherzigen, liebevollen Vater hatte.«[157]

---

[154] Schenk-Danzinger, L., Entwicklung, Sozialisation, Erziehung. Von der Geburt bis zur Schulfähigkeit, Bd. 1, Stuttgart; Wien 1994², S. 49-50.263-265

[155] Mühlan, E.; Schröter, A., Total fertig oder voll gut drauf? Helfen Sie Ihrem Kind, mit seinen Gefühlen klarzukommen, Asslar 1996, S. 16-40

[156] Schaude, O., Kind und Schule, in: Ratgeber Erziehung, hg. v. O. Schaude; D. Velten, Wuppertal; Zürich 1991, S. 166-167

[157] zit. nach Campbell, R., Kinder sind wie ein Spiegel, S. 64

Leider gibt es in unserer Zeit viele **passive, unbeteiligte Väter**, die ihren Kindern kaum Zuwendung schenken. Dies ist leider auch in evangelikalen Familien so.[158] Abgespannt von der anstrengenden Arbeit, stoßen sie die Kinder oft sogar von sich. Diese fehlende Vater-Kind-Beziehung beeinträchtigt die Persönlichkeitsentwicklung,[159] insbesondere die der Jungen. Jungen brauchen das männliche Gegenüber im Vater.[160] Sie wollen ihn bewundern, mit ihm zusammensein und ihm nacheifern.[161]

Der Vater soll der Begleiter und der Beschützer der heranwachsenden Kinder sein.[162] Durch die liebe und feste Art des Vaters kann verhindert werden, dass sich Kinder zu Sorgenkindern entwickeln.[163] Wilhelm Faix schreibt:

> »Der Status des Vaters innerhalb der Familie beeinflusst die Kinder in der Übernahme der Geschlechterrolle und ihrer Bereitwilligkeit, Verantwortung und Führerschaft anzustreben.«[164]

Väter, die sich in Liebe ihren Kindern zuwenden, werden durch sie auch beschenkt. Es ist für sie großartig zu erleben, wie Kinder bei ihnen Trost und Hilfe suchen. Sie erleben, dass sie für sie wichtig sind. Dies ist eine befriedigende und erfüllende Erfahrung.[165]

6. Liebe befähigt zur Annahme der Kinder

Die Liebe wird in der **Annahme des Kindes** sichtbar. Nur die Eltern können ihre Kinder in ihrem So-Sein annehmen, die wissen, dass Gott, ihr persönlicher Herr, ihnen diese Kinder gegeben hat. Deshalb können sie ihre besondere Art, ihre intellektuellen Möglichkeiten und Grenzen, ihre Geschlechtlichkeit und ihre äußere

---

158 Faix, W., Die christliche Familie heute, S. 38
159 McDowell, J., Werden, wie Gott mich meint, Kehl 1989², S. 87-88
160 Mühlan, C.u. E., Is' was, Mama?, S. 63
161 Mühlan, E., Bleib cool Papa! Guter Rat für gestresste Väter, Asslar 1994, S. 43
162 Mühlan, C.u. E., Das große Familien-Handbuch, S. 103
163 Ketterman, G., Du bist nicht allein, mein Kind!, S. 175
164 zit. nach Faix, W., Die christliche Familie heute, S. 98
165 Schnabel, N., Starke Väter – schwache Nerven. Warum der Vater wichtig ist. Lahr 1998, S. 23

Erscheinung bejahen.[166] Gerade Väter können die heranwachsenden Mädchen in besonderer Weise prägen. Geben sie den Mädchen zu verstehen, dass sie in ihren Augen schön und wertvoll sind, werden sie später kaum Mühe haben, sich selber anzunehmen. Weil Väter die Mädchen für den Rest des Lebens entscheidend prägen, haben sie ihnen mit Ritterlichkeit und Reinheit zu begegnen.[167] Je reiner und aufrichtiger ein Vater lebt, desto unbefangener und warmherziger kann er dem heranwachsenden Mädchen begegnen.[168] Leider gibt es heute Väter oder Ersatzväter, welche die heranwachsenden Mädchen sexuell missbrauchen.[169] Diese sexuelle Ausbeutung wirkt sich deshalb besonders traumatisch aus, weil das Mädchen nicht verstehen kann, warum der Mensch, den es doch liebt, es schamlos benutzt, um seine Bedürfnisse zu befriedigen.[170] Im Buch »Ich habe es überlebt« wird ausgeführt, welche Ängste, Spannungen, inneren Empörungen und Schuldgefühle der sexuelle Missbrauch im Leben der Kinder auslöst. Es wird auch aufgezeigt, wie diesen tief verletzten Kindern ganz praktisch und seelsorgerlich geholfen werden kann.[171]

Mütter prägen ihrerseits in ganz besonderer Weise die heranwachsenden Knaben. An ihnen liegt es, ihnen vorzuleben, was Frausein tatsächlich bedeutet. Sie haben in ihnen vor allem Respekt und Achtung vor Frauen zu wecken. Mütter sollten ihre Buben nicht zu sehr bemuttern, sondern der Hinführung zur Selbständigkeit Gewicht beimessen.[172]

---

166 Cuthbertson, D., Hilfe, ich erziehe! Entweder wir erziehen unsere Kinder oder sie uns, Marburg a. d. Lahn 1988, S. 72

167 Mühlan, C. u. E., Is' was, Mama?, S. 66

168 Mühlan, E., Bleib cool Papa!, S. 70

169 Meves, Ch., Es geht um unsere Kinder, S. 8

170 Pfeifer, A., Wenn Kinder aus der Reihe tanzen. Problemkinder verstehen und begleiten, Wuppertal 1999, S. 184-185

171 Westmeier, A.; v. Aesch, E.; Glöckl, P., Ich habe es überlebt. Das dunkle Geheimnis: sexueller Mißbrauch, Wuppertal; Bern 1997

172 Mühlan, C. u. E., Das große Familien-Handbuch, S. 108

7. Liebe nimmt Kinder ernst

Die Liebe wird auch darin sichtbar, dass Eltern ihre Kinder **ernst nehmen und sie achten**. Kein Kind wird dem anderen vorgezogen. Diese Achtung zeigt sich darin, dass die Eltern mit ihren Kindern freundlich, beherrscht und zuvorkommend reden, einfach so, wie sie wünschen, dass sie mit ihnen reden. Sie achten beim Reden auf ihren Wortschatz und verwenden nur Worte, die auch die Kinder brauchen dürfen.

Das Ernstgenommensein bildet im Leben des Kindes die Grundlage, um wiederum seine Eltern und Erzieher ernst nehmen zu können. Es wächst im Leben des Kindes **Achtung** vor den Eltern, die es ernst nehmen. Wichtig ist zu beachten, dass vor allem die Eltern ihre Kinder ernst nehmen können, die sich selbst mit Hilfe des in ihnen wohnenden Christus annehmen können. Es ist tragisch, wenn Eltern ihre Kinder brauchen, um mit anderen Eltern zu konkurrieren, um ihren Eigenwert zu erhöhen und ihre Selbstachtung zu vergrößern. Eltern, die sich so verhalten, werden ihren Kindern nie gerecht.[173]

Kinder sollten auch in ihrer **Geschwisterkonstellation** ernst genommen werden. Die Erstgeborenen dürfen nicht überfordert werden. Die mittleren Kinder haben es nicht gern, wenn sie ständig mit den ältesten verglichen werden. Sie sind selbst besondere Persönlichkeiten. Die jüngsten stehen meist im Schatten ihrer Geschwister. Eltern neigen dazu, die jüngsten auch ein wenig zu verwöhnen. Jüngsten sollte man helfen, etwas Besonderes zu sein.[174]

Eltern sind auch beauftragt, die Kinder in **ihrer Art** ernst zu nehmen. Stella Chess und Alexander Thomas unterscheiden auf Grund einer Langzeitstudie drei unterschiedliche Typen: das »einfache Kind«, das »schwierig zu handhabende Kind« und das »langsam zu erwärmende Kind«.[175] Das »schwierig zu handhabende Kind« erfordert von den Eltern viel Geduld und Durchhaltevermögen. Das »langsam zu erwärmende Kind« benötigt viel Einfühlungsvermögen

---

173 Ruthe, R., Faulheit ist heilbar. Ein Elternratgeber, Wuppertal 1983, S. 89-90
174 Mühlan, C. u. E., Das große Familien-Handbuch, S. 58-63
175 Chess, St.; Thomas, A., Know your Child, New York 1989, S. 32

und Ermutigung. Es ist also nicht richtig, jedes Kind genau gleich zu erziehen. Liebende Erziehung nimmt jedes Kind seiner Art entsprechend ernst und sucht es dieser Art entsprechend zu fördern.[176]

8. Liebe kann Vertrauen schenken und vergeben

Eltern und Lehrer/Lehrerinnen sind beauftragt, gerade wenn sie die Kinder lieben, ihnen immer wieder **ihr ganzes Vertrauen zu schenken**, selbst dann, wenn sie von ihnen oft enttäuscht oder angelogen werden. In solchen schwierigen Situationen braucht es den gründlichen Austausch.

Wir als Eltern haben dem Kind zu zeigen, warum wir es nicht dulden, dass es uns **anlügt**. Es soll lernen, zur Wahrheit zu stehen, auch wenn dies manchmal unbequem ist. Nach solchen Gesprächen haben wir unserem Kind wieder das ganze Vertrauen zu schenken. Es ist falsch, wenn wir ständig fragen: Sagst du mir jetzt die Wahrheit? Gerade dieses geschenkte Vertrauen weckt im Kind den Wunsch, ehrlich zu sein.

Die Erzieher, seien es Eltern oder Lehrer/Lehrerinnen, haben Kindern **immer wieder irgendetwas**, das sie falsch gemacht haben, **zu vergeben**. Den Kindern sollte nach und nach bewusst gemacht werden, dass durch die Vergebung der Kontakt zwischen den Eltern und ihnen wieder in ungetrübter Weise hergestellt wird. Es ist falsch, in der Erziehung einfach über begangene Schuld hinwegzugehen. Das Kind sollte merken, dass ihm in der Vergebung unverdiente Liebe geschenkt wird. Über Dinge, die wir vergeben haben, sollte anschließend nicht mehr gesprochen werden. Was vergeben ist, ist und bleibt vergeben. So lernt das Kind das Wesen der göttlichen Vergebung kennen.

Ein Kind, das sich geliebt fühlt, wird ohne große Schwierigkeiten die Werte und Normen, welche die Eltern belehrend und durch ein vorbildliches Leben weitergeben, **annehmen und in sein**

---

[176] Charles Boyd sucht aufzuzeigen, wie man in der Erziehung der Art eines Kindes gerecht werden kann (Vgl. Boyd, Ch., Was für Eltern braucht mein Kind?, S. 114-130). Er gibt viele hilfreiche Anregungen, doch erscheinen mir seine Ausführungen zu detailliert und z. T. zu kompliziert, um in der Hektik des Alltags angewandt werden zu können.

Leben integrieren. Durch die liebende Zuwendung zum Kind sind nämlich die emotionalen und motivationalen Grundlagen für die Internalisierung (Verinnerlichung) der Wertüberzeugungen vorhanden.[177]

9. Was geschieht, wenn sich ein Kind nicht geliebt fühlt?

Ein Kind, das sich nicht geliebt fühlt, wird auf die elterliche Führung mit Ärger, Ablehnung und Feindseligkeit reagieren. Es bäumt sich erst gegen die elterliche und später gegen die göttliche Autorität auf.

Hier möchte ich einige Gründe aufzählen, warum sich Kinder ungeliebt fühlen können:

- Es kann sein, dass die Eltern das Kind wirklich ablehnen. Vielleicht ist es ein unerwünschtes Kind oder es hat in seinem Verhalten oder in seiner äußeren Erscheinung Ähnlichkeiten zu Menschen, mit denen die Eltern Mühe haben.[178]
- Auch dann fühlt sich ein Kind ungeliebt, wenn es von den Eltern vernachlässigt wird. Obwohl die Eltern anwesend sind, hören sie nicht auf das Kind und beachten es kaum.[179]
- Es kann aber auch sein, dass sich das Kind nur ungeliebt fühlt, obwohl es die Eltern lieb haben. Dies ist vor allem dann der Fall, wenn Eltern ihr Kind verwöhnen.
- Auch dann kann sich ein Kind ungeliebt fühlen, wenn Eltern vor allem den Liebesentzug als Strafe für falsches Verhalten des Kindes einsetzen. Sie weigern sich einige Zeit, mit dem Kind zu sprechen. Das Kind fühlt sich von den Eltern zurückgestoßen und hat den Eindruck, niemand habe es lieb.[180]
- Weiter fühlt sich ein Kind ungeliebt, wenn Vater und Mutter sich ständig streiten oder sich sogar scheiden lassen. Viele Kinder geraten zunächst in Panik. Andere entwickeln Schuldgefühle oder versinken in einen Zustand tiefen Kummers.[181] Viele leiden ihr

---

177 Uhl, S., Die Mittel der Moralerziehung und ihre Wirksamkeit., S. 49
178 Dreikurs, R.; Blumenthal, E., Eltern und Kinder – Freunde oder Feinde?, S. 301-302
179 Smalley, G., Der Schlüssel zum Herzen unseres Kindes, Kehl 1988, S. 43
180 Dreikurs, R; Blumenthal, E., Eltern und Kinder – Freunde oder Feinde?, S. 306
181 Mühlan, E., Kinder in der Zerreißprobe, S. 25-26

Leben lang unter Verlustängsten[182] und Unsicherheit.[183] Obwohl eine Scheidung gerade für Kinder schwerwiegende Folgen hat im Blick auf ihre Entwicklung und ihr Verhalten in der Zukunft, rollt die Scheidungswelle immer größer werdend über die westliche Zivilisation. Es gibt immer mehr so genannte Scheidungswaisen.[184]

10. Jesus Christus ist die Quelle der Liebe (Joh 15,9.10; 1. Joh 4,8)

Dadurch, dass Eltern mit Hilfe des in ihnen lebenden Christus ihren Kindern Liebe schenken, lernen diese durch ihr Verhalten **die Liebe Gottes kennen**. Die elterliche Liebe macht den Kindern auch deutlich, dass Gott **sie liebt**, dass er **sie ernst nimmt**, sodass sie ihm **ihr ganzes Vertrauen schenken** können. Ja dieser Gott, den sie durch das vorbildliche Leben ihrer Eltern kennen lernen, ist immer wieder bereit **zu vergeben.**

Dieser Gott, den die Kinder durch das Verhalten der Eltern kennen lernen, muss ihnen **durch die Weitergabe des göttlichen Wortes wissensmäßig nahe gebracht werden (Belehrung)**. Dies ist eine der wichtigsten Aufgaben der Eltern (5. Mose 6,6-8; Ps 78,1-8). Kindern muss klar gemacht werden, dass die Bibel Gottes Offenbarung an uns Menschen ist.

- Zunächst einmal gilt es, weil Gott unsichtbar ist, viele grundsätzliche Fragen, welche das Kind bewegen, zu klären, wie zum Beispiel: »Wo ist Gott?«, »Warum kann man Gott nicht sehen?«, »Warum redet Gott nicht direkt zu uns?«[185]
- Dem Kind sollte von der Bibel her gezeigt werden, dass Gott **der Schöpfer aller Dinge, auch sein Schöpfer ist**, und dass er es deshalb sehr gut kennt und sich um es kümmert.

---

182 Hübner, U. u. M., Praxisbuch Familie und Gemeinde. Familie im Brennpunkt. Gemeinsam geht's besser. Familienfeste in der Gemeinde. Familien-Gottesdienste. Eltern-Kinder-Tag, Neuhausen-Stuttgart 1994, S. 65

183 Drescher, J. M., Sieben Dinge, die Ihr Kind braucht, S. 29

184 Meves, Ch., Es geht um unsere Kinder, S. 7; vgl. König, M., Lasst die Kinder Kinder sein, Gießen 1989, S. 100

185 Naujokat, G., Können wir unsere Kinder zum Glauben erziehen?, Neuhausen-Stuttgart 1986, S. 18-20

- Unbedingt haben wir auf den **Sündenfall** und seine Folgen hinzuweisen. Jeder Mensch lebt seit dem Sündenfall getrennt von Gott in dieser Welt und kann nicht anders, als Gott durch sein sündiges Verhalten zu beleidigen.
- Gott liebt uns aber trotzdem. Deshalb **sandte er seinen Sohn, Jesus Christus**, auf diese Erde. Nach einem sündlosen Leben war Jesus bereit, alle Sünden der Menschen auf sich zu nehmen. Deshalb musste er am Kreuz sterben (Jes 53,5). Aus Liebe starb er für uns. Er kann uns nun die **Sündenvergebung anbieten** (Eph 1,7). Diese haben wir aber noch anzunehmen. Dem Kind muss gezeigt werden, wie es dies ganz praktisch machen kann (1. Joh 1,9).
- Jesus ist auferstanden, er **lebt heute**. Wir können nun mit ihm, obwohl er vierzig Tage nach Ostern in den Himmel auffuhr, Gemeinschaft haben, weil er an Pfingsten **den Heiligen Geist auf diese Erde gesandt hat.** Ja, wir können Jesus sogar einladen, in unserem Herzen Wohnung zu nehmen. Es wird dem Kind erklärt, wie das ganz praktisch gemacht wird (Offb 3,20). Jesus hilft uns, ein Gott wohlgefälliges Leben zu leben (Phil 2,13). Wenn Jesus in unser Leben einkehrt, beginnt das geistliche Wachstum.
- Die Eltern haben dem Kind auch die in der Bibel vorgegebenen **Grundordnungen Gottes**, die Zehn Gebote, zu erläutern. Dies ist deshalb notwendig, weil das Kind dadurch lernt, was Gott, sein Schöpfer und Retter, von ihm erwartet. Sie haben dem Kind zu zeigen, dass Jesus ihm beim Umsetzten dieser Forderungen in die Tat hilft.
- Ferner lehren die Eltern ihre Kinder **beten**. Sie erklären ihnen, dass Beten Reden mit Gott ist. Sie zeigen ihnen auch, dass Gott bereit ist, auf uns Menschen zu hören und uns zu antworten (Ps 4,2; 91,15; 138,3). Die beste Anleitung zum Gebet ist das Tisch- und das Familiengebet.
- Schließlich weisen wir als Eltern die Kinder darauf hin, dass **Jesus wiederkommen wird**, um uns zu sich in den Himmel zu holen (1. Thess 4,13-18). Dann wird er auch aller Not auf dieser Erde ein Ende machen (Jes 2,2-4).

Wir haben dem Alter der Kinder angepasst die biblische Botschaft weiterzugeben. Wie kann dies gemacht werden?

- Sicherlich einmal dann, wenn die Kinder ins Bett gehen müssen. Anhand guter Bilderbücher kann ihnen der Vater oder die Mutter biblische Geschichten erzählen. Es ist nicht richtig, wenn dies der Vater ganz der Mutter überlässt, denn so entsteht vor allem bei Knaben die Ansicht: Religiöse Dinge sind Frauensache.
- Ferner kann nach einer Mahlzeit (Mittagessen oder Abendessen) ein kurzer Abschnitt aus Gottes Wort vorgelesen werden.
- Die wohl beste Möglichkeit ist die **Familienandacht.**[186] In diesen Andachten geht es darum, den Kindern die Liebe zu Gott in ihre Herzen zu pflanzen.[187]

  Praktische Ratschläge für die Andachten:
  - Die wohl beste Form der Weitergabe der biblischen Botschaft ist die Erzählung. Der Vater oder die Mutter erzählen eine biblische Geschichte. Die Kinder können in die Erzählung mit einbezogen werden. Von der Erzählung kann zu einem Familiengespräch übergeleitet werden.[188]
  - Bei etwas älteren Kindern können die Geschichten aus einer geeigneten Kinderbibel vorgelesen werden.[189] Kinder, die schon lesen können, dürfen kürzere Abschnitte selbst vorlesen. Durch gezielte Fragen kann das Vorgelesene mit den Kindern vertieft werden.
  - Mit Kindern, die über zehn Jahre alt sind, können ab und zu kleine Bibelarbeiten gemacht werden.[190]
  - In den Andachten sollten vor allem drei Bereiche angesprochen werden:

---

186 Es ist doch eher überraschend, dass ein knappes Viertel der evangelikalen Eltern nicht wissen, wie sie eine Andacht gestalten sollten. Vgl. Faix, W., Die christliche Familie heute, S. 19

187 Mühlan, E., Früh übt sich ...! Christlicher Lebensstil und Andachten in der Familie, Asslar 1989, S. 35

188 ebd., S. 38-39

189 ebd., S. 37

190 Wie dies ganz praktisch aussehen kann, führt Eberhard Mühlan aus in ebd., S. 58-63

1. Die Alltagsprobleme in Familie und Schule. Wie Gespräche über diese Problemfelder aussehen können, hat Jens Kaldewey in seinem Buch »So macht Familie richtig Spaß« ausgeführt. Dieser offene Austausch der ganzen Familie führt zu einem größeren Verständnis füreinander und dadurch zu Erleichterungen im Zusammenleben.[191]
2. Die unbiblischen Lehren, mit denen Kinder im Unterricht, insbesondere im Religionsunterricht konfrontiert werden.[192]
3. Schließlich sollen Kinder angeleitet werden, das, was die Bibel lehrt oder fordert, im Familienalltag und in der Schule auch zu praktizieren. Bibelstudium darf nicht Theorie bleiben, sondern muss in die Praxis führen.[193]

Solche Familienandachten können ein- bis zweimal wöchentlich durchgeführt werden. Besonders gut eignet sich dazu der Sonntagabend, weil an diesem Abend jeglicher Zeitdruck wegfällt.[194]

- An den **großen Feiertagen Weihnachten, Karfreitag, Ostern, Himmelfahrt und Pfingsten** können die einzelnen Schwerpunkte des Erlösungswerkes Jesu besonders ausführlich entfaltet werden. Es gilt von der Bibel her zu zeigen, welche märchenhaft-mythischen Überlagerungen sich in unserer Zeit eingebürgert haben, die mit dem eigentlichen Inhalt dieses Festes nichts zu tun haben. In der Bibel steht im Zusammenhang mit Weihnachten z.B. nichts vom St. Nikolaus und dem Christkind.[195] Das Kind soll in die tiefen Wahrheiten von Karfreitag und Ostern eingeführt werden. Die Suche nach dem Osternest, in welchem sich Osterhasen und Eier befinden, darf nicht im Mittelpunkt stehen.[196] An Pfingsten kann man dem Alter angepasste Bibelarbei-

191 Kaldewey, J., So macht Familie richtig Spaß. Wir lösen unsere Konflikte im Familienrat, Asslar 1995, S. 24-33
192 Mühlan, E., Früh übt sich ...!, S. 54
193 ebd., S. 54
194 Kaldewey, J., So macht Familie richtig Spaß, S. 77-78
195 Mühlan, E., Früh übt sich ...!, S. 67-72
196 ebd., S. 79-83

ten über den Heiligen Geist machen, weil es den Kindern schwer fällt, sich etwas darunter vorzustellen.[197]

Im Blick auf die eben gemachten Ausführungen wenden Eltern oft ein, dass auf diese Weise Kinder zu stark religiös beeinflusst werden. »Wir möchten aber, dass sie ihre Entscheidung und ihre Wahl im Blick auf Religion später selbst treffen, deshalb sehen wir von einer zu starken religiösen Beeinflussung ab.« Wenn wir sie aber nicht beeinflussen, werden es die Presse, das Fernsehen, die Nachbarn und die Schule tun.[198]

Die Gemeinde, welche von der Familie besucht wird, unterstützt deren Bemühungen in der Sonntagsschule und später in der Jungschar, die Kinder mit der biblischen Botschaft vertraut zu machen (siehe 5.2.1 und 5.3.2).

Wichtig ist, dass das, was dem Kind **wissensmässig von Gott mitgeteilt wird**, mit dem übereinstimmt, was es durch das Verhalten der Erzieher **von Gott erfährt** (5. Mose 6,4-7). Wenn **Erfahrung und Wissen im Leben eines Kindes im Blick auf Gott übereinstimmen, ist die Grundvoraussetzung zum Glauben an das Erlösungswerk Jesu gegeben.** Das Kind ist zumeist bereit, in eine persönliche Gottesbeziehung einzutreten. Wo Erfahrung und Wissen auseinanderklaffen, kann der Glaube nur schlecht aufsprossen. **Es kommt kaum zu einer tragfähigen Gottesbeziehung.**

11. Auswirkungen der Liebe oder der mangelnden Liebe auf die innere Entwicklung eines Kindes

Die Liebe, welche Eltern einem Kind schenken, hat auch entscheidende Auswirkungen auf seine **innere Entwicklung** (psychische Entfaltung).

In einem Kind, das sich geliebt und angenommen weiß, **stabilisiert sich das Selbstwertgefühl.** Aus diesem Gefühl baut sich **eine gesunde Selbstannahme** auf, aus welcher u.a. die **Leistungsmotivation** entspringt. Dies sind beides Dinge, die für die normale Entfaltung eines Kindes von größter Bedeutung sind.[199]

---

197 ebd., S. 84-87

198 ebd., S. 108

199 Wanner, W., Seelische Krisen erkennen, verstehen, bewältigen, Gießen; Basel 1985², S. 60

Im Leben der Kinder, die sich nicht angenommen fühlen, **können Angst und Pessimismus das Leben prägen.**

Welches sind die Auswirkungen?

- Im Leben dieser Kinder kann es zu **Angst- und Zwangsneurosen** kommen. Das Kind hat Angst vor der Schule, Angst vor der Nacht, vor den Träumen usw.[200] Reinhold Ruthe sagt in diesem Zusammenhang: »Angst macht dumm.«[201]
- Es kann sich auch eine nervöse Unrast entwickeln. Das Kind ist kaum in der Lage stillzusitzen. In der Pubertät kann sich das auf einmal schlagartig ändern; das Kind kann geradezu apathisch werden.[202]
- Solche Kinder sind meist schüchtern und bedrückt. Sie ziehen sich gerne in ein »Schneckenhaus« zurück. Es kann aber andererseits zu plötzlichen Aggressionsausbrüchen kommen, die nach kurzer Zeit wieder in Schüchternheit umschlagen. Ältere Kinder verstecken ihre Schüchternheit hinter einer Fassade der Frechheit und Ironie. Bei Mädchen ist oft die zur Schau getragene Eitelkeit die Maske.[203]
- Weil Kinder, welche zu wenig Liebe empfangen, den Eindruck haben, es fehle ihnen etwas, neigen sie ab und zu zum Stehlen.[204]
- Kinder, die sich ungeliebt fühlen, verlieren manchmal sogar die Freude am Leben. Sie beschäftigen sich mit Selbstmordgedanken.[205]

Im Leben eines Kindes, dem die Eltern immer wieder neu ihre Liebe und ihr Vertrauen schenken, können **die Minderwertigkeitsgefühle nicht dominieren.** Das Kind kann sich frei entfalten.

Kinder, denen man ständig mit Misstrauen begegnet und von denen man schon weiß, dass sie zu dumm sind, gute Leistungen zu erbringen, werden von **Minderwertigkeitsgefühlen bedrängt**. Sie können sich nicht frei entfalten.

---

200 Wanner, W., Wer bin ich – wer bist Du?, S. 197
201 zit. nach Ruthe, R., Faulheit ist heilbar, S. 80
202 Wanner, W., Wer bin ich – wer bist Du?, S. 199
203 ebd., S. 193-194
204 ebd., S. 188-189
205 Janssen, H., Kinder wollen Klarheit. Regeln finden – Grenzen setzen, Zürich 1991, S. 31

4.4.3.2 Die Kinder werden zum Gehorsam angeleitet (Die Dimension der Lenkung)

Ein Kind muss lernen, den Eltern und Erziehern zu gehorchen, damit es später Gott gehorchen kann (Kol 3,20). Während Erzieher die Kinder zum Gehorsam anleiten, lernen sie selbst Gott gehorchen. Sie sind also in der Anleitung zum Gehorsam sowohl Lernende als auch Lehrende.[206] Gerade diese Bereitschaft Gott zu gehorchen, gibt dem Erzieher **Autorität** und zwar eine Autorität, die er nicht selbst herzustellen braucht. Er hat Autorität, weil er in der Autorität Gottes lebt.[207] Diese Autorität hat nichts mit Herrschaftsdünkel und Anmaßung zu tun. Gott autorisiert ihn zur Kindererziehung, die er mit aller Demut und Verantwortung ausübt.[208] Beschenkt von der göttlichen Autorität verbreitet er für die Kinder eine vertrauensvolle Atmosphäre, in der sie sich geborgen und ernst genommen fühlen.[209] Wir sehen: Vor allem der Erzieher kann Kinder zum Gehorsam anleiten, der selbst bereit ist, Gott zu gehorchen.

Oft scheint es, als hätten Eltern vergessen, dass Kinder Gehorsam lernen müssen, und dass dies wohl das Schwierigste ist, was ein Mensch in seinem Leben zu lernen hat. Weil horchen und gehorchen zusammengehören, muss ein Kind lernen, **erst zu hören und dann das Gehörte auszuführen**. Das Kind muss grundsätzlich zum Gehorsam angehalten werden. Hat es noch keine persönliche Gottesbeziehung, wird es ihm schwer fallen, zu gehorchen, da es vom Satan ständig zum Ungehorsam aufgestachelt wird. Und doch muss es lernen zu gehorchen, weil die Annahme des Heils in Christus ein Gehorsamsschritt ist (Apg 2,37-41). Wichtig ist zu beachten, dass auch das Kind, welches an Jesus als seinen persönlichen Retter glaubt, **Gehorsam lernen muss**, denn auch bei ihm ist vom »Fleisch« her eine Abneigung gegen alle göttlichen Forderungen und festen Ordnungen vorhanden (Gal 5,16.17). Diese Abneigung kann

---

206 Mühlan, E. u. C., Menschenskinder!, S. 24
207 Huntemann, G., Autorität oder Chaos, S. 54
208 König, M., Lasst die Kinder Kinder sein, S. 132
209 Dietrich, T., Zeit- und Grundfragen der Pädagogik, Bad Heilbrunn 1992^7, S. 103

aber durch die Bereitschaft, Jesus zu dienen, überwunden werden. James Dobson schreibt dazu:

> »Es kann über Jahre dauern, bis es soweit ist, dass sich ein eigenwilliges Kind relativ gehorsam und kooperationsbereit in die Familie einfügt.«[210]

Durch die Anleitung zum Gehorsam wird der eigenständige Wille eines Kindes geformt.[211] Es lernt, seinen Willen dem Willen der Eltern zu unterordnen, so wie die Eltern ihren Willen Jesus unterordnen. Es ist gefährlich, ja oft unverantwortlich, wenn eigenwillige Eltern willkürlich den Willen ihrer Kinder formen.

Es gilt zu beachten, dass es bestimmte Kinder von ihrer Persönlichkeitsstruktur her einfacher haben zu gehorchen als andere. Es gibt Kinder, die sich von ihrer Art her gern führen lassen, während andere sich immer eigenwillig durchzusetzen suchen.[212]

Christa Meves sagt im Blick auf die Erziehung zum Gehorsam:

> »Das Maß in der Erziehung finden wir, wenn wir uns nicht als die Machenden, sondern als die Horchenden, die Gott Gehorchenden, verstehen.«[213]

Durch die Gehorsamserziehung soll letztlich der Plan, den Gott mit dem Leben eines Kindes hat, zur Entfaltung kommen.[214]

1. Anleitung zum Gehorsam prägt das Gewissen

Gehorsamserziehung wirkt sich **gewissensbildend** aus. Es ist für das Kind klar, dass das, was die Eltern von ihm verlangen, gut ist. Weil dies so ist, sollten die Forderungen der Eltern, die in **klaren Regeln und Grenzen** ihren Ausdruck finden, mit den biblischen Werten und Normen übereinstimmen. Kinder sollten nicht wegen Dingen,

---

210 zit. nach Dobson, J., Das eigenwillige Kind, Kehl 1984, S. 23
211 Cuthbertson, D., Hilfe, ich erziehe!, S. 129
212 Campbell, R., Kinder sind Persönlichkeiten, S. 40-42
213 zit. nach Meves, Ch., Wer einem Kinde begegnet ..., S. 33
214 Mühlan, E., Früh übt sich ...!, S. 99

die gar nicht Sünde sind, ein schlechtes Gewissen bekommen. Andererseits sollte ihr Gewissen dort reagieren, wo es sich wirklich um Sünde handelt. Kinder sollten sich auf ihr Gewissen, das später natürlich anhand des göttlichen Wortes noch besser ausgeformt werden muss, verlassen können.[215] Kinder mit einem schwach ausgebildeten Gewissen sind eine Belastung für alle, die mit ihnen zusammenleben müssen. Kinder mit einem zu strengen Gewissen sind dagegen eine Belastung für sich selbst.[216]

Gehorsam, der sich an klaren Regeln und Grenzen orientiert, wirkt sich für das Kleinkind zunächst wie ein Schutzwall im gefährlichen Leben des Alltags aus.[217]

2. Das Vorbild – die wichtigste Grundlage der Gehorsamserziehung

Aller Anleitung zum Gehorsam geht **das Vorbild voran.** Wir dürfen nicht vergessen, dass wir in erster Linie durch unser Sein, erst in zweiter Linie durch unser Tun und erst in dritter Linie durch unser Wort erziehen.[218] Damit aber Eltern Vorbilder sein können, müssen sie **für das Kind da sein.** Wenn Vater und Mutter den ganzen Tag arbeiten, können sie für das Kind kaum Vorbilder sein. Das Kind lebt in der Familie in einer lähmenden Isolierung. Dies führt zwangsläufig zur **Vorherrschaft der verbalen Autorität.**[219]

Das heute in die Gesellschaft einfließende emanzipatorische Gedankengut macht es den Frauen schwer, »nur« für die Kinder da zu sein. Es kommt immer mehr zur Herabsetzung der nur im Hause arbeitenden Mutter. Hinzu kommt noch, dass die »neue Linke« fordert, Kinder so früh wie möglich »familienergänzenden« Einrichtungen zuzuführen. Die Bindung der Kinder an ihre Eltern sollte so weit wie möglich abgebaut werden.[220] Es ist angesichts dieser Tendenzen un-

215 Cuthbertson, D., Hilfe, ich erziehe!, S. 121-122
216 Zindel, H., Im Spannungsfeld der Generationen leben. Hilfestellung im Umgang miteinander, Neuhausen-Stuttgart 1992, S. 101
217 Pfeifer, A., Wir erziehen unsere Kinder anders, S. 36
218 Schaude, O., Konzentration – mangelhaft?! in: Erziehen macht Schule, hg. v. H. Bader; R. Schweikle, Bad Liebenzell 1985, S. 15
219 Seiss, R., Identität und Beziehung, S. 307
220 Mühlan, E., Kinder in der Zerreißprobe, S. 19-24

sere Aufgabe, uns dafür einzusetzen, dass die jungen Mütter so lange im Hauptberuf Hausfrauen sind, bis ihre Kinder nicht nur körperlich, sondern vor allem seelisch selbständig sind.[221] Damit dieses Ziel erreicht werden kann, ist es nötig, die anstrengende und oft zermürbende Erziehungsarbeit der Mütter öffentlich - wenn möglich auch in den Medien - zu würdigen.[222] Diese öffentliche Anerkennung der mütterlichen Arbeit ist mehr als berechtigt, da Mütter die eminent wichtige Aufgabe wahrnehmen, die künftige Generation zu formen.[223]

Weil sich die Tätigkeit der Mütter aber nicht nur auf Haushalt und Kindererziehung beschränken sollte, gilt es, kleinere Teilzeitarbeitsmöglichkeiten außerhalb des Hauses zu prüfen.[224] Teilzeitliche berufliche Tätigkeiten sind aber nicht die einzige Möglichkeit. Man könnte sich auch in der Kinderarbeit, in der Frauenarbeit oder im diakonischen Bereich einer christlichen Gemeinde einsetzen.[225]

Jede Hausfrau braucht mitten im Alltagsstress ab und zu **Zeiten der Entspannung**, in welchen sie etwas lesen, basteln, einkaufen usw. kann. Bei einer guten Zusammenarbeit mit dem Mann oder mit Freundinnen, sollte dies durchaus möglich sein.[226]

Christa Meves betrachtet die Frau als den eigentlichen Motor für die Zukunft der Gesellschaft. Gerade die mütterliche Hausfrau mul-

---

221 Meves, Ch., Es geht um unsere Kinder, S. 45. Erich Weber weist darauf hin, dass die Verhaltensbiologen und Kindermediziner immer noch überwiegend und vorrangig die Betreuung und Erziehung der Kleinkinder durch nicht erwerbstätige Mütter fordern. Vgl. Weber, E., Pädagogik. Eine Einführung. Grundfragen und Grundbegriffe. Ontogenetische Voraussetzungen der Erziehung - Notwendigkeit und Möglichkeit der Erziehung, Bd. 1/Teil 2, Donauwörth 1996[8], S. 233

222 Pfeifer, A., Mütter sind nicht immer schuld, S. 47

223 Aanderud, C., Die Gesellschaft verstößt ihre Kinder, S. 261

224 Eine Umfrage des Instituts für Demoskopie Allensbach in den 90er Jahren hat gezeigt, dass 51% der Frauen »Mutter und Teilzeitbeschäftigung« eine attraktive Lebensform finden und nur 16% für eine volle Berufstätigkeit plädieren. Vgl. Faix, W., Familie im Wandel. Gesellschaftliche Bedingungen heutigen Familienlebens als Herausforderung für die christliche Familie, in: Theologische Wahrheit und die Postmoderne. Bericht von der 11. Theologischen Studienkonferenz des Arbeitskreises für evangelikale Theologie (AfeT) am 5.-8. September 1999 in Bad Blankenburg, hg. v. H. H. Klement, Wuppertal; Gießen; Basel 2000, S. 401-402

225 Mühlan, C.u. E., Is' was, Mama?, S. 69-70

226 Mühlan, C., Du schaffst es! Überlebenstraining für Mütter, Asslar 1993, S. 58-62

tipliziert durch ihren Einsatz die Zahl der verantwortungsbewussten jungen Erwachsenen.[227] Diese mütterlichen Hausfrauen sind aber keine Übermenschen, sondern normale Frauen mit ihren Möglichkeiten und Grenzen, Stärken und Schwächen, die ihre Kinder, die sie lieben, nach bestem Wissen und Gewissen erziehen.[228]

Eines der größten Probleme sind heute **die sich selbst überlassenen Kinder**. Viele Eltern haben für alles Zeit, nur nicht dafür, ihre Kinder zu erziehen. Verwahrlosung ist die Folge.[229]

Claudia und Eberhard Mühlan sagen in diesem Zusammenhang ganz richtig:

> »Mütter tun einen größeren Dienst, wenn ihre Kinder später aufgrund der Erziehung eine Aufgabe im Reich Gottes wahrnehmen, als wenn sie vorher überall dabei sind und ihre Familie vernachlässigen.«[230]

Um den Kindern Vorbilder sein zu können, müssen anwesende Eltern da sein für die Kinder. Es ist nicht richtig, wenn sie sich mehr Zeit nehmen, Fernsehsendungen anzuschauen, als für die Kinder.[231]

3. Eltern können Kinder nur gemeinsam zum Gehorsam anleiten

Eltern, die für Kinder als Vorbilder dienen sollen, müssen es lernen, in der Kindererziehung **am selben Strick zu ziehen**. Ein Gegeneinander oder mangelndes Miteinander verunmöglichen eine Erziehung zum Gehorsam, da die Kinder ihre Eltern gegeneinander ausspielen. Dazu gehört natürlich auch, dass sich der Vater bewusst hinter die Anordnungen der Mutter stellt. Wenn er die Anweisungen der Mutter vor den Kindern in Frage stellt, untergräbt er ihre Autori-

---

227 Meves, Ch., Es geht um unsere Kinder, S. 47

228 Pfeifer, A., Mütter sind nicht immer schuld, S. 29

229 Zulliger, H., Das Strafen in der Erziehung. Seelenkundliche und erzieherische Betrachtungen, Schriftenreihe der Schweizerischen Vereinigung Schule und Elternhaus, Meiringen Nr. 20/1981[3], S. 31

230 zit. nach E. u. C. Mühlan, Menschenskinder!, S. 71

231 Smalley, G., Der Schlüssel zum Herzen unseres Kindes, S. 44

tät.[232] Es gilt weiter zu beachten, dass nur die Mutter bei den Kindern den Respekt vor dem Vater in rechter Weise aufbauen kann. Sie ermöglicht die innige Beziehung vom Kind zum Vater.[233]

Oft haben Frauen den Eindruck, Männer seien mit den Kindern zu streng, zu hart. Männer ihrerseits werfen den Frauen vor, in der Erziehung inkonsequent zu sein. Beide meinen oft, das Fehlverhalten des anderen wieder gutmachen zu müssen. Deshalb kommt es dazu, dass sich Eltern vor den Kindern gegenseitig bloßstellen und verletzen.[234] Eine Folge davon kann sein, dass Männer die Erziehung in unverantwortlicher Weise ihren Frauen überlassen.

Um am gleichen Strick ziehen zu können, sind immer wieder der intensive Austausch und die Bereitschaft, aufeinander einzugehen, nötig. Viele Mütter stöhnen:

> »Ich erwarte ja gar nicht, dass mein Mann immer präsent ist. Aber wenn wir wenigstens die Erziehungsfragen durchsprechen könnten, wenn er nur mitdenken würde, dann wäre ich schon zufrieden.«[235]

Um Kinder gemeinsam erziehen zu können, ist auch der **Umgang der Ehepartner miteinander** vor den Kindern sehr bedeutsam. Sie lernen, wie man miteinander spricht, Probleme löst, Zärtlichkeit austauscht und nach Spannungen wieder zusammenfindet.[236] Dieser vorbildliche Umgang der Ehepartner ist nur dann möglich, wenn der Vater bewusst Zeit für die Familie einplant. Wenn er an seinem Arbeitsplatz zu viel leistet, ist er zu Hause so stark abgespannt, dass er nicht in der Lage ist, seine Frau in der großen Aufgabe der Kindererziehung zu unterstützen. Dies ruft bei der Mutter Selbstmitleid hervor. In einer solchen Situation sind Spannungen, gegenseitiges

232 Cuthbertson, D., Hilfe, ich erziehe!, S. 46-47
233 Dobson, J., Anti-Frust-Buch, S. 118-119
234 Giesekus, U., Familien-Leben, S. 93
235 zit. nach Mühlan, C. u. E., Is' was, Mama?, S. 75
236 Mühlan, E. u. C., Menschenskinder!, S. 39

Anbrüllen vorprogrammiert.[237] Catharina Aanderud weist ferner darauf hin, dass die mangelnde Mithilfe der Väter in der Kindererziehung bei den heranwachsenden Knaben zu Selbstunsicherheit führen kann. Es fehlt ihnen die Identifikationsmöglichkeit mit ihren Vätern.[238]

Eltern können von Kindern nur das fordern, was sie ihnen selbst vorbildhaft vorleben. Erziehung ist demzufolge immer auch **Selbsterziehung.**[239] Das, was wir vom Kind fordern, muss mit unserem Leben übereinstimmen, sonst wecken wir nur Rebellion, Verwirrung und Abneigung gegen den christlichen Glauben.[240]

Interessant ist noch zu beachten, dass Eltern mit persönlicher Autorität von Kindern stärker nachgeahmt werden, als Eltern, welchen diese fehlt.[241]

4. Festigkeit, Bestimmtheit, Beharrlichkeit

Erziehung zum Gehorsam erfordert von den Eltern neben einem vorbildlichen Verhalten die Formulierung klarer, dem Alter angepasster Anweisungen und Regeln. Klare Aufforderungen und Regeln geben den Kindern einen festen Halt, da sie diese u. a. vor Gefahren schützen. Zudem wollen die Eltern ihnen durch sie ihre Werte und Normen nahe bringen. Diese Anweisungen helfen ihnen auch, mit ihren eigenen Sachen sorgsam umzugehen.[242] Die Eltern haben das Geforderte mit Festigkeit und Beharrlichkeit zu verlangen.

Unsere Kinder müssen merken, dass wir als Eltern die Ausführung dessen, wozu wir sie beauftragen, auch wirklich erwarten. Wenn wir ein Kind z.B. bitten, das Zimmer aufzuräumen, dann wollen wir auch, dass es das Zimmer aufräumt. Wir erwarten, dass die Kinder unseren Anordnungen nachkommen. Eine Grundvoraussetzung,

---

237 Corrodi, G., Erziehung – neu entdeckt. Stufen einer gesunden Entwicklung, Basel; Gießen 1990, S. 60-61
238 Aanderud, C., Die Gesellschaft verstößt ihre Kinder, S. 101-102
239 Mühlan, E. u. C., Menschenskinder!, S. 77
240 Campbell, R., Kinder sind Persönlichkeiten, S. 34
241 Uhl, S., Die Mittel der Moralerziehung und ihre Wirksamkeit, S. 162
242 Chapman, G., So stell' ich mir Familie vor, S. 178

dass sie dies tun können, ist, dass wir nicht planlos verschiedenste Aufforderungen aneinander reihen. Ein Bereich, in welchem es besonders Beharrlichkeit braucht, ist **die Zimmerordnung**. Sicherlich benötigt das Kind Anleitung, wo es die Spielsachen hinräumen soll, wie es die Kleider in den Schrank zu legen hat usw. Bis das Kind etwa sechs Jahre alt ist, räumt die Mutter mit ihm zusammen das Zimmer auf. Dann aber muss es lernen, das Zimmer den Anleitungen der Mutter entsprechend selbständig aufzuräumen.[243]

Weiter ist **das Schlafengehen** zu erwähnen. Kinder finden immer Gründe, warum sie gerade jetzt noch nicht ins Bett gehen wollen. Wenn sie endlich im Bett sind, kommt ihnen immer noch etwas in den Sinn, warum sie aufstehen müssen. Damit sie eine gute Schlafgewohnheit entwickeln, kann ein Schlafengehritual – eine biblische Geschichte erzählen oder vorlesen, ein bisschen kuscheln und dann beten – eine große Hilfe sein.[244] Wenn das Kind nach der »Zu-Bett-Geh-Zeremonie« wieder aufsteht, hat der Vater oder die Mutter es mit fester Hand, ohne Worte, in das Zimmer zurückzuführen.

Auch das **Verhalten bei Tisch** ist zu erwähnen. Es ist grundsätzlich eine Hilfe für die Tischsitten, wenn das Essen gemeinsam begonnen und beendet wird.[245]

Ein weiterer Bereich, in welchem die Beharrlichkeit beim heranwachsenden Kind eine wichtige Rolle spielt, sind **die Hausaufgaben**. Dem Kind muss geholfen werden, diese oft unbeliebten Arbeiten zu erledigen.[246] Kinder, die Probleme haben, die Hausaufgaben zu erledigen, können nicht durch Nörgelei, Antreiben, Drohen oder sogar Strafen dazu gebracht werden, ihre Aufgaben normal zu erledigen. Auf diese Weise machen sich die Eltern selbst fertig und rufen im Kind nur Wut hervor. Zunächst braucht ein Kind, das Mühe hat, die Hausaufgaben zu erledigen, viel Verständnis von Seiten der Eltern für dieses Verhalten. Aus diesem Verständnis wächst eine freundliche und zugleich beharrliche Mithilfe, die neben dem ermu-

243 Mühlan, C. u. E., Is' was, Mama?, S. 154
244 Mühlan, C. u. E., Das große Familien-Handbuch, S. 154-155
245 Mühlan, E. u. C., Menschenskinder!, S. 85-86
246 Dobson, J., Anti-Frust-Buch, S. 86-87

tigenden Zuspruch auch mal von einer klaren Zurechtweisung begleitet sein kann.[247]

Ein großes Problem in unserer Zeit ist, dass viele Eltern gar nicht mehr die Spannkraft aufbringen, etwas bestimmt und beharrlich durchzuziehen. Sie wagen nicht, wenn das Kind die Auseinandersetzung sucht – und dies ist sehr oft der Fall – diese durch liebende Festigkeit für sich zu entscheiden.[248]

Wichtig im Zusammenhang mit Bestimmtheit und Beharrlichkeit ist es, unter allen Umständen die Worte und den Ton unter Kontrolle zu behalten, und das ist schwierig, sehr schwierig. Nur zu oft fangen Eltern an, lauter zu reden, wenn ein Kind nicht gehorcht. Dies führt schließlich dazu, dass sie nicht selten ihre Kinder anschreien. Gerade Mütter neigen dazu. Pat Holt und Grace Ketterman zählen einige Gründe auf, warum Mütter ihre Kinder anschreien. Sie meinen, durch Schreien eine größere Aufmerksamkeit, eine bessere Aufnahme ihres Anliegens und eine größere Bereitschaft zum Gehorsam zu erreichen. Schreien gibt manchen in schwierigen Situationen das Gefühl der Stärke. Übrigens wurden die meisten dieser Mütter von ihren Müttern ebenfalls angeschrien.[249] Beharrlichkeit erfordert von den Eltern, insbesondere von den Müttern, **Selbstbeherrschung**. In belastenden Situationen darf nicht einfach unkontrolliert losgeschrien werden. Ein selbstbeherrschtes, konsequentes Benehmen weckt bei den Kindern Vertrauen und Respekt.[250]

- Festigkeit und Beharrlichkeit hat also **nichts mit unfreundlicher Schreierei** zu tun. Das Kind muss Liebe und Festigkeit miteinander erfahren. Fest bedeutet nicht, dass man nicht auch zärtlich ist, und Zärtlichkeit schwächt die Festigkeit nicht ab.[251] Liebe und Beharrlichkeit sind eine unschlagbare Kombination.[252]

---

247 ebd., S. 143-145
248 Dobson, J., Das eigenwillige Kind, S. 51
249 Holt, P.; Ketterman, G., Mama, warum schreist du so? Hilfen für genervte Mütter, Marburg a. d. Lahn 1997², S. 21-31
250 ebd., S. 66-67
251 Campbell, R., Kinder sind wie ein Spiegel, S. 95
252 Dobson, J., Das eigenwillige Kind, S. 80

- Bestimmtheit darf **nie in Nörgelei ausarten**. Nörgelei zerstört die Freudigkeit zu gehorchen, weil sie gar nicht den Gehorsam zum Ziel hat. Vielmehr sucht man das Kind zu verändern, weil man Mühe hat, es so anzunehmen, wie es ist.[253] Nörgelei ruft beim Kind nach und nach Gleichgültigkeit gegenüber den Aufforderungen hervor. In seinen Augen ist es sinnlos zu gehorchen.[254]
- Beharrlichkeit hat nichts mit einer **lieblosen Prinzipienreiterei** zu tun: »Wenn du das nicht machst, dann ...!« Dies ist im Letzten Dressur und nicht Erziehung. Sie nimmt das Kind in seinem So-sein und in seiner jeweiligen Situation überhaupt nicht ernst.

James Dobson sagt zur Beharrlichkeit:

> »Wenn Sie ein fünfjähriges Kind nicht dazu bringen können, sein Spielzeug aufzuräumen, so ist es unwahrscheinlich, dass Sie während der Pubertät, der trotzigsten Zeit des Lebens, spürbare Autorität über den Jugendlichen haben werden.«[255]

Erzieher, die im Bereich der Festigkeit und Beharrlichkeit inkonsequent sind, verwirren das Kind. Es weiß nicht mehr, wie es sich verhalten soll. Es hilft nichts, wenn Eltern zu Tränen und Wehklagen Zuflucht nehmen. Sie müssen die Herausforderung der Kinder annehmen. Ein Kind, dessen Eltern fest bleiben, wird glücklich und zufrieden sein.

In der Beharrlichkeit wird sichtbar, **dass Autorität und Liebe zusammengehören**. Wird die Autorität beachtet, führt dies zu Anerkennung und Lob. Wird sie herausgefordert oder missachtet, führt dies zu Zurechtweisung und Tadel. Gott selbst steht hinter diesem Prinzip (Spr 3,12).

---

253 Dreikurs, R.; Blumenthal, E., Eltern und Kinder – Freunde oder Feinde?, S. 325
254 Ketterman, G., Du bist nicht allein, mein Kind!, S. 102-103
255 zit. nach Dobson, J., Unsere Kinder sind unmöglich, S. 30

5. Anerkennung, Lob, Belohnung und Ermutigung

Anerkennung und Lob fördern die Bereitschaft zum Gehorsam. Für jeden erfüllten Auftrag braucht das Kind Anerkennung und Lob. Das spontane, aufrichtig ausgesprochene Lob ist die **größte Motivation**, sich wieder so zu verhalten, denn Lob tut dem Kind wohl.[256] Es fördert sein Selbstwertgefühl. Übrigens ist dieses Lob nichts weiter als Ausdruck der Liebe zum Kind. Wichtig ist aber, dass **die einzelne Tat und nicht der Charakter des Kindes gelobt wird**. Wenn Eltern den Charakter loben, müssen sie ziemlich sicher zwei Stunden später alles widerrufen.

Oft vergessen wir das Kind zu loben, tadeln es aber, sobald es sich unangemessen benimmt.

Eine versprochene Belohnung kann ein erwünschtes Verhalten des Kindes positiv beeinflussen, doch muss damit vorsichtig umgegangen werden. Die Belohnung darf nicht zur Selbstverständlichkeit werden, sondern soll immer eine außergewöhnliche Anerkennung für bestimmte Dinge bleiben.[257] Sie wird also nicht für die Erfüllung täglicher Routinearbeiten gegeben.

Wie Belohnung aussehen kann, beschreibt Annemarie Pfeifer im Buch »Wir erziehen unsere Kinder anders«:

> »Belohnen Sie Ihr Kind auf verschiedene Arten:
> *Besondere Privilegien:* den besten Freund über Nacht einladen, einen Nachmittag ganz allein mit Papa verbringen, einen Tag von allen Pflichten befreit sein ...
> *Beliebte Aktivitäten:* ins Hallenbad gehen, einen Ausflug in die Berge unternehmen, einen Spielabend zu Hause organisieren ...
> *Regelmäßiges Taschengeld:* Es soll den Einsatz der Kinder belohnen und verstärken, gleichzeitig aber auch den verantwortungsbewussten Umgang mit Geld einüben.
> *Einmalige Geschenke:* Süßigkeiten, Spielsachen, kleine Überraschungen ...«[258]

---

256 Ruthe, R., Elternbuch, Wuppertal 1986, S. 55
257 Cuthbertson, D., Hilfe, ich erziehe!, S. 39
258 zit. nach Pfeifer, A., Wir erziehen unsere Kinder anders, S. 52

Hat ein Kind zu wenig Anerkennung, erzwingt es sich diese mit Hilfe eines destruktiven Verhaltens. Es benimmt sich vor allem willensschwach, denn Willensschwäche gezielt eingesetzt, entmachtet die stärksten Erzieher, seien es Eltern oder Lehrer/Lehrerinnen.[259] Auf diese Weise erzwingt das Kind, dass man sich mit ihm abgeben muss.

Es gibt aber Eltern, die ihre Kinder für Nichtigkeiten oder sogar für Fehler loben. Ein solches Verhalten zeigt, dass sie ihre Kinder überhaupt nicht ernst nehmen.[260]

Ist einem Kind eine Arbeit, obwohl es doch gehorsam war, nicht gelungen, braucht es **Zuspruch, Ermutigung und Hilfe**. Vielleicht müssen wir ihm noch einmal alles sorgfältig erklären. Rudolf Dreikurs hält fehlende Ermutigung für die grundlegende Ursache vieler Fehlverhalten. Viel zu oft entmutigen wir unsere Kinder durch den Tonfall und durch unser Verhalten. Wir lassen sie wissen und fühlen, dass wir sie für dieses oder jenes für unfähig halten. In Kolosser 3,21 warnt Paulus Eltern davor, ihre Kinder mutlos zu machen.[261] Das Besondere an der Ermutigung ist, dass statt der Unzulänglichkeiten die Möglichkeiten des Kindes hervorgehoben werden, wenn auch die Ansätze noch so bescheiden sind.[262] Damit also echte Ermutigung möglich ist, sollten Eltern die Fähigkeiten und Begabungen, aber auch die Schwächen ihrer Kinder kennen.

Oft wird ein Kind entmutigt, weil es spürt, dass es nicht in der Lage ist, die unausgesprochenen Erwartungen der Eltern oder des Lehrers/der Lehrerin zu erfüllen. In ihm entsteht der Eindruck, dass die anderen Kinder schneller, tüchtiger, intelligenter, liebenswürdiger und mutiger sind. Hieraus wachsen Minderwertigkeitsgefühle.[263]

Auch der Ansporn zum Konkurrenzstreben kann sich im Kind entmutigend auswirken. Das Kind, das nicht die Kraft hat, sich unter die Spitzenreiter der Klasse hervorzuarbeiten, fühlt sich unterlegen. Es verliert die Freude am Lernen. Es kann doch nie so gut

---

259 Ruthe, R., Elternbuch, S. 152-153
260 Bennack, J., erziehen heute!, S. 27
261 Wright, N., Tips für Eltern. Kindererziehung heute, Bad Liebenzell 1980, S. 31
262 Zindel, H., Im Spannungsfeld der Generationen leben, S. 79
263 Ruthe, R., Elternbuch, S. 57

werden wie die anderen.[264] Zum Versagen in der Schule kommt zumeist noch das belastende Verhalten der Schulkameraden. Sie lachen es aus, machen Witze über es und schließen es oft sogar aus der Gruppe aus. Zu den Misserfolgen im Lernen kommen noch die zwischenmenschlichen Belastungen. In einer solchen Situation haben Tadel, Vorwürfe oder sogar Schläge von Seiten der Eltern verheerende Auswirkungen. Das Selbstbewusstsein des Kindes wird zerstört.[265] Die Eltern haben einem solchen Kind vielmehr zuzusprechen und es immer wieder zu ermutigen.

Claudia und Eberhard Mühlan schreiben:

> »Besonders, wenn du siehst, dass sich ein Kind in der Schule schwer tut, musst du dir sagen: Eine ausgeglichene, lebensbejahende Persönlichkeit ist wichtiger als ein gehobener Schulabschluss, der mit einer verkorksten Persönlichkeit bezahlt wird!«[266]

Ein entmutigtes Kind bringt die Kraft nicht mehr auf, den Eltern zu gehorchen. Es endet doch alles nur im Versagen. Es macht deshalb sowohl den Eltern als auch den Lehrern große Schwierigkeiten. Es benimmt sich entweder aggressiv oder extrem passiv (Faulheit). Die Eltern haben vielleicht, ohne zu wollen, die Seele, den zerbrechlichsten Teil des Menschen, verletzt. Sie haben sein Selbstwertgefühl mit Füßen getreten.[267] James Dobson sagt in diesem Zusammenhang:

> »Darüber hinaus kann ich jedoch nicht genug betonen, dass zuhause gute Noten nicht so wichtig sein sollten!«[268]

---

264 Ruthe, R., Faulheit ist heilbar, S. 122

265 Schmitz, E.; Stiksrud, A., Erziehung, Entfaltung und Entwicklung. Ein Lern- und Lehrbuch für den Unterricht in Psychologie und Erziehungslehre an weiterführenden Schulen, Heidelberg 1990, S. 166

266 zit. nach Mühlan, C. u. E., Is' was, Mama?, S. 163

267 Dobson, J., Das eigenwillige Kind, S. 74

268 zit. nach ebd., S. 149

Wert und menschliche Würde können bei der Benotung der geistigen und körperlichen Fähigkeiten nicht mitberücksichtigt werden. Dessen sollten wir uns vielmehr bewusst sein.[269]

6. Die Zurechtweisung

Wie ist es nun, wenn ein Kind das, wozu es beauftragt worden ist, nicht ausgeführt hat?

Ist dies aus Nachlässigkeit geschehen, braucht es ein **ernsthaftes Gespräch**. Zunächst haben wir die Frage abzuklären, ob das Kind mit seinem Verhalten nicht nur die Aufmerksamkeit, die vielleicht in den vergangenen Tagen zu wünschen übrig ließ, auf sich lenken wollte. Ferner haben wir noch abzuklären, ob ein physisches Problem vorliegt, das diese Ungezogenheit ausgelöst hat. Vielleicht ist das Kind übermüdet, krank oder es tut ihm etwas weh. Es kann auch sein, dass wir das Kind überfordert haben.[270]

Die Eltern haben den Kindern die Grenzen, bei deren Überschreiten mit Strafen gerechnet werden muss, klar zu machen. Sie haben ihnen auch zu sagen, mit welchen Strafen sie rechnen müssen. Dies ist für Kinder eine Quelle der Sicherheit.[271]

James Dobson weist darauf hin, dass sich die Eltern-Kind-Beziehung verändert, da das Kind beginnt, **seine Eltern zu verachten**, wenn Eltern die Herausforderung durch den Ungehorsam nicht annehmen.[272] Besonders ausgeprägt suchen eigenwillige Kinder die Eltern durch trotzigen Ungehorsam herauszufordern.[273] Ein Kind wird immer und immer wieder schauen, ob die Eltern wirklich bei dem bleiben, was sie gesagt haben.[274]

Zurechtweisung ist nötig, damit das Kind seine Eltern achten kann.[275] Wichtig ist aber, dass wir die schönen Kinder nicht weniger

---

269 ebd., S. 151
270 Campbell, R., Kinder sind wie ein Spiegel, S. 82-83
271 Dobson, J., Das eigenwillige Kind, S. 105
272 ebd., S. 17
273 ebd., S. 23
274 ebd., S. 102
275 ebd., S. 107

streng behandeln als die, welche uns in ihrer Erscheinung unsympathischer sind.[276]

Eltern haben sich, wenn sie ein Kind zurechtweisen, vor Schimpfkanonaden zu hüten. Zu diesen kommt es meist, wenn sie einfach gefühlsmäßig reagieren, statt zu fragen: »Was hat sich ereignet?« Das Gefühl darf nicht unser Benehmen dem Kind gegenüber bestimmen.[277]

Es ist auch falsch, wenn wir Eltern unseren Unmut an den Kindern abreagieren. **Wutausbrüche** zerstören die Bereitschaft zu gehorchen. Kam es trotzdem vor, dass wir das Kind in unkontrollierter Wut angeschrieen haben, haben wir davon auszugehen, dass wir es zutiefst verletzt haben. Es verschließt sich innerlich. Unsere Aufgabe ist es, dem Kind zu helfen, sich wieder zu öffnen.[278] Wir haben es zu bitten, uns zu vergeben, dass wir es innerlich verletzt haben. Schön ist, wenn wir uns, nachdem alles bereinigt ist, wieder umarmen können. Oft braucht das Kind Zeit, sich durchzuringen, demjenigen, der es verletzt hat, zu vergeben.[279]

Mit **Wutausbrüchen** verletzt man die Seele des Kindes, statt seinen Willen zu formen. Oft werden von den Eltern sehr verletzende Worte gebraucht. Man gibt dem Kind manchmal sogar zu verstehen, dass man froh wäre, wenn es nicht mehr da wäre. Interessant ist noch zu beachten, dass zumeist die Eltern zu Wutausbrüchen neigen, die Konflikte und Zusammenstöße mit dem Kind zu vermeiden suchen, dem Kind gegenüber also keine Festigkeit zeigen.[280] Dies kommt daher, dass Kinder, wenn sie einmal wissen, in welcher Situation mit einer Bestrafung zu rechnen ist, ihre Eltern bis an diese Grenze reizen. Sie suchen aber höchst selten darüber hinauszugehen.[281] Bei Eltern, die den Kindern nicht mit Festigkeit begegnen, zieht sich der Machtkampf Eltern-Kind, bis er zu der vom Kind gewünschten Grenze kommt, oft über Stunden hin. Die Eltern sind nach dieser Zeit einfach fertig. Sie

---

276 Dobson, J., Minderwertigkeitsgefühle – eine Epidemie, Kehl 1987², S. 25-26
277 Cuthbertson, D., Hilfe, ich erziehe!, S. 126-127
278 Naujokat, G., Können wir unsere Kinder zum Glauben erziehen?, S. 52
279 Smalley, G., Der Schlüssel zum Herzen unseres Kindes, S. 20-27
280 Dobson, J., Das eigenwillige Kind, S. 96
281 ebd., S. 103

können nur noch explodieren. Gerade bei nachgiebigen Eltern werden solche unliebsame Zwischenfälle zur Regel.

Hier ein Beispiel:

> »Earl sagte: »Wenn mein Vater sehr wütend wird, so benutzt er einige wirklich böse Worte, über die Du nur staunen könntest.« (Er zählte drei oder vier beeindruckende Beispiele aus der Vergangenheit auf.)
> Ich antwortete: »Das glaub' ich Dir nicht!«
> Herr Walker war ein sehr großer, ruhiger Mann, der jeder Situation gewachsen zu sein schien. Ich konnte mir einfach nicht vorstellen, dass er die Worte gesagt haben sollte, die Earl zitiert hatte.
> »Soll ich's Dir beweisen?«, fragte Earl übermütig. »Wir brauchen nur weiter zu lachen und zu reden, anstatt zu schlafen. Mein Vater wird immer wieder hereinkommen und uns sagen, wir sollten ruhig sein und schlafen. Mit jedem Mal, das er uns zurechtweisen muss, wird er wütender werden. Dann kannst Du ihn fluchen hören. Warte es nur ab.«
> Mir war bei diesem Plan nicht ganz wohl, aber ich wollte doch einmal erleben, wie der würdige Herr Walker die Nerven verlor. Also brachten Earl und ich seinen Vater dazu, eine Stunde lang hin und her zu rennen wie ein Jo-Jo. Wie Earl prophezeit hatte, reagierte er von Mal zu Mal heftiger und feindseliger, wenn er in unser Zimmer kam. Mir wurde sehr ungemütlich, und ich hätte die Vorführung abgebrochen, aber Earl kannte das alles schon. Er sagte immer wieder: »Jetzt dauert es nicht mehr lange.«
> Schließlich, ungefähr um Mitternacht, war es dann soweit. Herrn Walker riss der Geduldsfaden. Er polterte durch das Wohnzimmer auf das Kinderzimmer zu. Das ganze Haus schien zu wanken, als er mit seinen Füssen auf den Boden donnerte. Er brach durch die Tür, stürzte auf Earls Bett zu und schlug auf seinen Sohn ein, der sich sicherheitshalber unter drei oder vier Schichten von Decken vergraben hatte. Dann entströmte seinem Mund ein Wortschwall von Ausdrücken, wie sie noch selten an meine zarten Ohren gedrungen waren. Ich war erschüttert, Earl aber war entzückt.

Sogar als sein Vater die Decken noch mit seinen Händen durchknetete und seine Flüche ausstieß, stand Earl auf und rief zu mir herüber: »Haste das gehört? Hä? Hab ich Dir's nicht gesagt? Hab' Dir doch erzählt, dass er so 'was schreit!« Es ist ein Wunder, dass Herr Walker seinen Sohn in diesem Augenblick nicht umgebracht hat!«[282]

Die Stärke der Zurechtweisung muss dem Kind angepasst werden.

- Es gibt Kinder, die schon auf den Tonfall reagieren.
- Andere brauchen eine klare und deutliche Zurechtweisung.

Bei einem Kind, das Schuldbewusstsein und die Bereitschaft zur Besserung zum Ausdruck bringt, kann die Strafe erlassen werden.

7. Die Strafe

Wenn das Kind in **schwerwiegender Weise ungehorsam war**, etwas Unerlaubtes getan hat, in ganz besonderer Weise aber, **wenn es trotzt, rebellisch und protzig aufbegehrt**, kann **die Körperstrafe als Erziehungsmittel eingesetzt werden**, so wie es Sprüche 13,24 und 19,18 lehren. Gott selbst kennt die Züchtigung im Leben der Gläubigen als Erziehungsmittel (Hebr 12,6.7). Er setzt sie aber erst dann ein, wenn sie sich nicht mehr durch seine Augen (Ps 32,8) oder durch sein Wort (Ps 119,105) leiten lassen.

Die Körperstrafe sollte erst dann als Erziehungsmittel eingesetzt werden, wenn alle anderen Erziehungsmittel wie Zurechtweisung, ernsthaftes Gespräch, logische Konsequenzen usw. immer wieder versagen. Wichtig ist noch zu beachten, dass wir absichtlichen Ungehorsam, Auflehnung gegen die Autorität der Eltern und **nicht kindliche Unwissenheit, Ungeschicklichkeit oder Unvermögen beim Lernen bestrafen.**[283]

Hier noch ein Wort zu den logischen Konsequenzen. Die logischen Konsequenzen beruhen meist auf vorher mit den Kindern getroffenen Vereinbarungen. Wenn ein Kind etwas bewusst kaputt

[282] zit. nach ebd., S. 106-107
[283] Pfeifer, A., Wir erziehen unsere Kinder anders, S. 55

gemacht hat, soll es dies entweder selber ersetzen oder dabei mithelfen. Sachen, die ein Kind herumliegen lässt wie Badehosen, Handschuhe, Puppensachen usw. müssen bei der Mutter für einen bestimmten Geldbetrag oder eine besondere Arbeit wieder eingelöst werden.[284]

Bevor wir aber ein ungehorsames oder rebellisches Kind körperlich bestrafen, haben wir uns zu fragen, ob wir es nicht überfordert haben.

- Wichtig erscheint mir, dass Eltern ihre Kinder nicht im Zorn schlagen (Jak 1,20). Das **unbeherrschte Schlagen** weckt Angst und Ratlosigkeit. Wenn dies immer und immer wieder geschieht, bemüht sich das Kind, durch Lügen oder durch Scheinverhalten der Strafe auszuweichen.[285]
- Das Kind muss wissen, warum es geschlagen wird, denn die Schläge sollen ja in seinem Leben eine Veränderung bewirken. Deshalb muss jeder Strafe eine kurze **Erklärung und Begründung** vorangehen, in welchen auf die festgelegten Grenzen und Abmachungen hingewiesen wird. Zugleich muss dem Kind deutlich gemacht werden, dass wir sein Benehmen, nicht aber es selbst ablehnen.[286]
- Gerade bei der Körperstrafe ist die **Dosierung wichtig**. Ein Klaps auf die Hand, ein Zupfen am Haar oder eine klar abgemachte Anzahl Schläge auf den Hintern genügen. Die Kinder sollen Schmerz verspüren. Der Grund ist einfach: Sie werden sich sonst über ihre weichen Eltern lustig machen und nicht die kleinste Veränderung zeigen.[287]

  Nach den Schlägen umarmt der Vater oder die Mutter das Kind, nachdem es sich ausgeweint hat, und sagen ihm, dass jetzt alles wieder in Ordnung ist, und dass sie nicht mehr von dem, was

---

284 Mühlan, E. u. C., Menschenskinder!, S. 116; vgl. Pfeifer, A., Wir erziehen unsere Kinder anders, S. 54

285 Ruthe, R., Elternbuch, S. 48

286 Es ist empirisch nachgewiesen, dass die Wirkung von Strafen beträchtlich vergrößert wird, wenn sie mit einer kurzen Erklärung und Begründung verbunden sind. Vgl. Uhl, S., Die Mittel der Moralerziehung und ihre Wirksamkeit, S. 219-221

287 Pfeifer, A., Wir erziehen unsere Kinder anders, S. 55-56

vorgefallen ist, reden werden. Manchmal ergeben sich in solchen Situationen ganz gute Gespräche.[288]

- Ich finde es falsch, wenn der Vater am Abend aufgrund dessen, was ihm die Mutter sagt, das Kind schlägt. Die Mutter sollte dann, wenn es nötig ist, das Kind selbst schlagen. Wenn nur der Vater das Kind schlägt, entsteht beim Kind ein falsches Vaterbild.[289]

Die Schläge, die der Vater oder die Mutter dem Kind geben, müssen sie innerlich bewegen, da sie ihr Kind lieben.

Ein Kind empfindet Strafe in gewissen Situationen auch als **eine Art Wiedergutmachung**. Es gibt Dinge, welche ein Kind in seinem Gewissen schwer belasten, nachdem es sie gemacht hat. Dies kann ein Diebstahl, eine Lüge usw. sein. Niemand weiß etwas davon. Der Gewissensdruck wird für das Kind immer größer. Es beginnt andere dumme Sachen anzustellen, damit es endlich mit den Eltern über seine innere Spannung reden kann und durch eine angemessene Strafe alles wieder in Ordnung kommt. Es sehnt sich in einer solchen Situation nach Strafe und Zurechtweisung.[290]

Strafen, die wir von der Bibel her nicht rechtfertigen können, sind Blamieren und Demütigen. Es ist nicht richtig, wenn wir Kinder am Familientisch aufgrund eines bestimmten Verhaltens vor den andern bloßstellen. Es ist auch nicht richtig, wenn ein Kind vor Gästen lieblos zurechtgewiesen wird.

Der **Liebesentzug** ist als Strafe ebenfalls nicht erlaubt. Gerade der Liebesentzug zeigt dem Kind in erschreckender Weise seine Ohnmacht. Aus dieser Situation heraus starten Kinder oft Gegenangriffe, welche die Eltern zwingen sollen, ihnen Liebe zu zeigen. Ein solcher Gegenangriff können Angstzustände vor der Nacht sein.[291]

Auch der **Freiheitsentzug** darf nicht als Strafe eingesetzt werden. Ein Kind darf nicht in den Keller, auf den Dachboden oder in sein Zimmer eingesperrt werden. Gerade bei ängstlichen Kindern kann dies zu starken seelischen Schädigungen führen. Aus solchen Strafen

[288] Barnes, R. G., Wir schaffen's auch allein!, S. 168-169
[289] Zulliger, H., Die Strafen in der Erziehung, S. 22
[290] ebd., S. 68-69
[291] Dreikurs, R; Blumenthal, E., Eltern und Kinder – Freunde oder Feinde?, S. 305

kann sich die Platzangst entwickeln. Sicherlich ist es manchmal richtig, wenn wir das Kind, nachdem es sich z.B. am Tisch unmöglich verhalten hat, in sein Zimmer schicken, damit es über das, was es getan hat, nachdenken kann. Doch dürfen wir niemals das Zimmer abschließen. Etwa nach einer Viertelstunde suchen wir das Gespräch mit dem Kind.[292]

Weiter ist es nicht richtig, das **Aussetzen gemachter Versprechen** als Strafmittel einzusetzen. Auf diese Weise könnten fast alle gemachten Versprechen aufgelöst werden.[293]

Es ist überaus gefährlich, **Spott, Ironie und Sarkasmus** als Strafen einzusetzen. Diese Dinge wirken sich verheerend auf das Seelenleben des Kindes aus. Das Kind verliert so jeglichen Antrieb zum Gehorsam.[294]

Schließlich sind an dieser Stelle noch die **Kindsmisshandlungen** zu erwähnen. Es gibt Eltern, die durch solche Misshandlungen ihren Kindern unsägliches äußeres und inneres Leid zufügen.[295] Vielfach sind es diejenigen Eltern, welche die Körperstrafe als Erziehungsmittel ablehnen, die ihre Kinder misshandeln, weil diese sie durch ihr Verhalten oft bis zur Weißglut bringen.

All diese unerlaubten Strafen zerstören das Verhältnis Erzieher-Kind, denn sie verletzen die Seele des Kindes, statt den Willen zu formen.

Viele Pädagogen wenden sich heute generell gegen die Körperstrafe.[296]

In der Pädagogik herrscht die Ansicht vor, dass Strafen unwirksam, schädlich, unmoralisch und überflüssig sind.[297]

Rudolf Dreikurs und Erik Blumenthal schreiben dazu:

---

292 Zulliger, H., Die Strafen in der Erziehung, S. 53
293 ebd., S. 57
294 Ruthe, R., Faulheit ist heilbar, S. 120
295 Dobson, J., Das eigenwillige Kind, S. 70-71
296 Es gilt an dieser Stelle zu beachten, dass in den Staaten, welche die UNO-Kinderrechtskonvention unterzeichnet haben, die körperliche Strafe verboten ist.
297 Uhl, S., Die Mittel der Moralerziehung und ihre Wirksamkeit, S. 204-205

> »Und doch wird die Methode der körperlichen Bestrafung immer noch angewandt, obgleich ihre Nutzlosigkeit, Sinnlosigkeit und Schädlichkeit jedermann klar sein sollte.«[298]

Es sind vor allem vier Gründe, die man gegen die körperliche Strafe ins Feld führt.[299]

1. Die körperliche Züchtigung mache aus dem Kind einen brutalen Menschen, der seinen Ärger für erhaltene Prügel an anderen auslasse.
2. Körperliche Züchtigung sei ein billiger Ausweg, der dann benutzt werde, wenn die Erzieher nicht mehr weiter wüssten.
3. Körperliche Strafe bringe sehr wenig. Dies wird von Rattenversuchen abgeleitet.
4. Die körperliche Strafe verletze die Würde und das Selbstwertgefühl des Menschen.

Ich möchte an dieser Stelle auch einige Stimmen aus dem evangelikalen Lager zu Worte kommen lassen:

Reinhold Ruthe hält es mit Sokrates, welcher nach seiner Meinung die körperliche Strafe richtig einschätzt, wenn er sagt:

> »Wenn das Wort nicht schlägt, dann wird der Stock auch nicht schlagen.«[300]

A. Stückelberger schreibt, als Strafmittel seien uns der Blick, das Wort und das Schweigen gegeben. Er fügt weiter hinzu:

> »Die Körperstrafe wird immer auf der untersten Stufe aller Strafmaßnahmen bleiben, und ich wünschte, sie würde völlig aus der Reihe der Strafen verschwinden.«[301]

---

298 zit. nach Dreikurs, R.; Blumenthal, E., Eltern und Kinder – Freunde oder Feinde?, S. 340

299 Dobson, J., Das eigenwillige Kind, S. 33-37

300 zit. nach Ruthe, R., Elternbuch, S. 48

301 zit. nach Stückelberger, A. E., Grundlagen und Bausteine christlicher Erziehung, Zürich 1946, S. 75

Ross Campbell ist ebenfalls der Überzeugung, dass die Körperstrafe mehr Schaden als Nutzen bringe.[302]

Die Ablehnung der Körperstrafe selbst von solchen, die sich einer christlichen Erziehung verpflichtet wissen, mahnt uns, sorgfältig damit umzugehen. Annemarie Pfeifer formuliert dies treffend so:

> »Schläge sollten nicht in der Regel, sondern nur in Ausnahmefällen benützt werden.«[303]

Übrigens ist dies auch die Überzeugung der meisten evangelikalen Eltern. Sie betonen, dass die körperliche Strafe »selten und nur sehr überlegt eingesetzt werden« sollte.[304]

8. Erziehung zum Gehorsam ist Erziehung zur Verantwortlichkeit

Die Kinder sollen zur Verantwortlichkeit erzogen werden. Der ideale Rahmen dazu bildet die **Mitarbeit in der Familie**. Jedes Kind trägt seinem Alter entsprechend einen Teil der Verantwortung im Familienleben. Eltern sind ja nicht die Dienstboten der Kinder. Die Kinder helfen mit in der Küche. Sie machen verschiedene Aufgaben, die immer wieder wechseln. Sie decken den Tisch und räumen ihn ab. Das schmutzige Geschirr spülen sie und das saubere ordnen sie in in die Schränke ein. Sie putzen selbst ihre Schuhe und haben an ihrem Garderobenplatz Ordnung. Darüber hinaus gibt es noch einige andere regelmäßige Arbeiten zu verrichten. Die Mutter oder der Vater sollten bei diesen verschiedenen Arbeiten mithelfen, denn die Zusammenarbeit mit den Kindern fördert das Zusammengehörigkeitsgefühl in der Familie und macht erst noch Freude.[305]

Eine große Hilfe in der Erziehung zur Verantwortlichkeit kann der **Umgang mit Tieren** sein. Ein Tier braucht regelmäßige Betreuung: Wasser geben, füttern, misten usw.[306] Auch der Umgang

---

302 Campbell, R., Kinder sind wie ein Spiegel, S. 74
303 zit. nach Pfeifer, A., Wir erziehen unsere Kinder anders, S. 56
304 Faix, W., Die christliche Familie heute, S. 76
305 Mühlan, C. u. E., Das große Familien-Handbuch, S. 184-185
306 Mühlan, E., Kinder in der Zerreißprobe, S. 161

mit Pflanzen fördert die Verantwortlichkeit. Eine Pflanze braucht Betreuung unabhängig vom Wetter oder der Laune des Kindes. Kinder lernen im Umgang mit Tieren und Pflanzen sich selbst überwinden und verantwortlich zu handeln.[307]

Wir sollten es nicht gelten lassen, wenn ein Kind für unerledigte Arbeiten die Schuld ständig den Geschwistern zuschiebt. Es braucht hier das helfende Gespräch der Eltern.

Zur Erziehung zur Verantwortlichkeit gehört auch, dass wir Anleitung geben, wie unsere Kinder mit Geld umgehen sollen. Damit wir einem Kind zeigen können, wie es das in rechter Weise tun kann, haben wir ihm ab Schuleintritt ein dem Alter angepasstes Taschengeld zu geben. Dieses Geld sollte zunächst wöchentlich ausbezahlt werden. Später kann die Auszahlung vierzehntägig vorgenommen werden.[308] Es kann dem Kind eine Hilfe sein, wenn es ein Ausgabenbuch führt. Auf diese Weise sieht es, wo sein Geld hinkommt. Damit Kinder das Taschengeld richtig einteilen lernen, haben die Eltern mit Vorschüssen sehr zurückhaltend zu sein.[309]

Es ist nicht richtig, wenn gute Schulleistungen mit Geld belohnt werden, da man auf diese Weise dem Einsatz der Kinder in der Schule überhaupt nicht gerecht wird. Begabte Kinder, die sich kaum anstrengen, werden belohnt, während Kinder, die sich wirklich abmühen, aber nur mittelmäßige Noten erreichen, keine Belohnung erhalten.[310]

Zum verantwortlichen Umgang mit Geld gehört es, dass auch Kinder schon bereit sind, den Zehnten ihres Taschengeldes für den Bau der Gemeinde Jesu zu geben. Die Eltern haben die Kinder in der Frage, wie sie den Zehnten einsetzen können, helfend zu beraten.[311]

Verwöhnung verunmöglicht die Erziehung zur Verantwortlichkeit. Der Kernpunkt der Verwöhnung ist ja, dem Kind möglichst alle unangenehmen Erfahrungen zu ersparen. Man umgibt das

---

307 Mühlan, E. u. C., Menschenskinder!, S. 56-57

308 Mühlan, E., Papa, rück' die Scheine raus! Kinder lernen mit Geld umzugehen, Asslar 1990, S. 18-26

309 ebd., S. 32-36

310 ebd., S. 73-74

311 ebd., S. 87

Kind mit einer schützenden Schicht von Zärtlichkeit und Zuneigung. Mitleid und Nachsicht behüten es vor allen unangenehmen Folgen, wenn es bestimmte, ihm zugewiesene Aufgaben nicht erfüllt hat. Das Kind braucht mit keinen Unannehmlichkeiten fertig zu werden. Alles wird ihm aus dem Weg geräumt.[312]

Besonders Einzelkinder, aber auch die jüngsten werden oft verwöhnt, ebenso auch zarte und kränkliche Kinder; auch Kinder, die in frühem Alter ihre Eltern verloren haben oder sonst irgendwie benachteiligt, vielleicht sogar körperlich behindert sind. Oft führen auch der Tod eines vorangehenden Kindes oder eine schwierige Schwangerschaft zu Verwöhnung.[313]

Das verwöhnte Kind wird nicht in der Lage sein, Verantwortung zu tragen, wenn es älter wird. Es kommt zu harten Konflikten. Die Kinder werden nicht verstehen, warum die Eltern auf einmal Dinge von ihnen verlangen, die sie ihnen früher abgenommen haben. Sie bekommen den Eindruck, ihre Eltern seien lieblos, unfreundlich und barbarisch.[314]

Auch die vernachlässigten Kinder sind nicht in der Lage, Verantwortung zu tragen. Niemand hat sie dazu angeleitet. Sie konnten sich selber überlassen tun, was sie wollten.

9. Durch den Gehorsam lernt ein Kind, sich einzuordnen und zu verzichten

Die Anweisungen der Eltern helfen dem Kind auch, **sich einordnen zu können**. Die Bereitschaft, Anweisungen gehorsam zu erfüllen, hilft dem Kind, sich in der Familie seiner Stellung entsprechend einzuordnen. Diese Einordnung verhindert mühsame Rivalitäten. Gehorsam befähigt das Kind, **Verzicht auf sich zu nehmen**. Eigene Pläne werden durch die Aufträge der Eltern durchkreuzt. Es gilt dem oft aufbegehrenden Kind in dieser Situation zu helfen. Die Möglichkeit verzichten zu können, ist im Blick auf das spätere Leben überaus wichtig.

---

312 Dreikurs, R.; Blumenthal E., Eltern und Kinder – Freunde oder Feinde?, S. 299
313 ebd., S. 296
314 ebd., S. 300

Sie ist auch ein **Grundelement der Sexualerziehung.** Zu dieser gehört natürlich auch, dass die Eltern das sich beim Kind entwickelnde Schamgefühl ernst nehmen und sich deshalb den Kindern nicht nackt zeigen. Sie hüten sich auch davor, ihre Kinder erotisch zu stimulieren. Sie klären das Kind seiner Entwicklungsstufe entsprechend auf. Sie geben ihm auf seine Fragen – z. B. nach den Geschlechtsunterschieden, wie wurde es geboren, wie wurde es gezeugt, wo kommen die Babys her – unbefangene und saubere Antworten, ohne auszuweichen. Die Eltern abonnieren auch keine sexualisierenden Zeitschriften. Ihre Kinder dürfen auch nicht wahllos sehen, was im Fernseher kommt und sie vermeiden den Gebrauch fragwürdiger Videofilme. Wenn die Eltern ihre Intimbeziehung pflegen, achten sie darauf, dass die Kinder nicht anwesend sind.[315]

10. Gestaltung der Freizeit

Kinder benötigen auch **Freizeit**, in der sie spielen, basteln oder etwas kreativ gestalten dürfen. Dazu gehören **gute Spielsachen**, **Lesestoff** oder **Kassetten**. Es gibt heute viele gute Kassetten für Kinder bis 12 Jahren auf dem christlichen Kassettenmarkt.

Spielsachen und Medien, die von der New-Age-Bewegung beeinflusst antichristliches Gedankengut verbreiten, sollten wir aufgrund unserer christlichen Lebenseinstellung nicht in unserer Familie dulden. Da sind die Masters of the Universe, die lieben Außerirdischen wie ET oder Alf, die Ewaks, die Hexen und Vampire, aber auch die niedlichen Glücks-Bärchis, Regina Regenbogen, »Mein kleines Pony« u. a. zu erwähnen.[316]

Das Musizieren sollte ebenfalls zur Freizeitbeschäftigung der Kinder gehören. Beim Erlernen eines bestimmten Musikinstruments braucht es meist in der ersten Zeit die hartnäckige Unterstützung der Eltern, damit die Kinder nicht aus Bequemlichkeit oder weil der Erfolg sich nicht gleich einstellt, aufgeben.[317]

---

315 Meves, Ch., Es geht um unsere Kinder, S. 35-37

316 Weitere Ausführungen dazu siehe Ledermann, K.; Skambraks, U., Der Griff nach unseren Kindern. Einblicke in ein (un)heimliches Erziehungsprogramm, Asslar 1988

317 Mühlan, C. u. E., Das große Familien-Handbuch, S. 195

Wichtig ist aber, dass das Kind in seiner Freizeit **nicht unkontrolliert fernsieht**. Sicher darf es ab und zu **eine gute Videokassette anschauen**. Durch unkontrolliertes Fernsehen wird beim Kind die Trennlinie zwischen Erwachsenen- und Kinderwelt verwischt. Das Kind wird mit Dingen konfrontiert, die es nicht verkraften kann wie Aggressionen, Sexualität, Verzweiflung usw. Verheerend wirkt sich besonders die Darstellung von Gewalt auf das Kind aus.

Kinder, die gerne lesen, musizieren, basteln und spielen, haben wenig Bedürfnis, vor der Mattscheibe zu sitzen.

Schön ist, wenn Kinder in den Ferien Kinderfreizeiten besuchen. Hier ergeben sich gute Gelegenheiten, Freundschaften zu knüpfen, die zu Brieffreundschaften führen können.[318]

Eltern haben darauf zu achten, dass die Freizeit der Kinder nicht zu stark verplant wird mit Schwimmkursen, Flötenunterricht, Ballett, Reiten usw.[319]

11. Ungehorsam – nicht Ungeschicklichkeit und fehlende Fertigkeit – ist Sünde

Als Erzieher haben wir dem Kind deutlich zu machen, dass **Ungehorsam Sünde ist**.

> »Eine Tasse, die aus der Hand rutscht und am Boden zerschellt, eine umgestürzte Kerze, die ein Loch ins Tischtuch brennt, ein großer Kaffeefleck im Sonntagskleid sind keine Sünde, sondern Ungeschicklichkeiten ... Wenn in der Handwerkerecke des Vaters der Bohrer abbricht und das Sägeblatt reißt, dann ist das ebenfalls nicht Schuld, sondern fehlende Fertigkeit.«[320]

Oft setzen Erzieher Ungeschicklichkeiten und fehlende Fertigkeiten aufgrund ihrer oft ungewollten Reaktionen einem sündigen Verhalten gleich. Dies ist deshalb gefährlich, weil auf diese Weise im Leben des Kindes ein unklarer Sündenbegriff entsteht.

---

318 Mühlan, C. u. E., Is' was, Mama?, S. 165-177

319 Aanderud, C., Die Gesellschaft verstößt ihre Kinder, S. 34-35

320 zit. nach Naujokat, G., Können wir unsere Kinder zum Glauben erziehen?, S. 59

Wir haben dem Kind zu zeigen, dass Ungehorsam Sünde ist, und dass es diese vor Gott und Menschen immer wieder in Ordnung zu bringen hat (Spr 28,13). Ich gehe davon aus, dass die Eltern von ihren Kindern nicht zuviel erwarten und sie dadurch überfordern.

- Zunächst hat das Kind, wenn es ungehorsam war, sein Fehlverhalten Jesus zu bekennen. Dankend darf es dann, da Jesus alle Sünden stellvertretend getragen hat, die Vergebung in Empfang nehmen (1. Joh 1,9).
- Zudem hat es sich noch bei den Eltern für seinen Ungehorsam zu entschuldigen. Genau dies fällt einem Kind oft sehr schwer. Die Eltern haben dem Kind in einer solchen Situation helfend zur Seite zu stehen. An dieser Stelle möchte ich auf das Wort in Sprüche 22,6 hinweisen. Hier steht: »Wie man einen Knaben gewöhnt, so lässt er nicht davon, wenn er alt ist.«

Genau dies, was ich eben ausgeführt habe, haben die Eltern dem Kind vorzuleben. Sind sie in irgendeiner Weise an den Kindern schuldig geworden, haben auch sie dies vor Gott und vor den Kindern wieder in Ordnung zu bringen.

Übrigens macht gerade dieses Um-Verzeihung-Bitten den Kindern deutlich, dass die Eltern nicht fehlerlos sind. Dadurch wächst in ihnen das Zutrauen zu ihren Eltern, weil sie spüren, dass sie nicht erhaben über allem stehen. Zugleich sehen die Kinder, wie sie selbst ihre Verfehlungen ganz praktisch bereinigen können.

12. Die Bibel zeigt die Wichtigkeit des Gehorsams

Die Wichtigkeit des Gehorsams muss von den Eltern erziehungsbegleitend **anhand biblischer Gestalten gezeigt werden.**

Beim Erzählen von Lebensbildern sollte dem Kind deutlich gemacht werden, wie schwer es diesen Menschen oft fiel, Gott zu gehorchen (Noah, Abraham, Daniel). Ja, auch diese Menschen haben ab und zu sogar versagt (Mose, David usw.). Durch den Gehorsam und durch den Glauben Gott gegenüber und eben nicht durch besondere religiöse Leistungen, wurden sie zu den überragenden Gestalten, von welchen wir heute noch reden.

Vater, Mutter, Lehrer/Lehrerin usw. setzen beim Erzählen dieser Lebensbilder im Blick auf die Kinder entsprechende Schwerpunkte.

Sie haben sich aber davor zu hüten, in ein falsches Moralisieren abzugleiten. Es muss den Kindern klar gemacht werden, dass sie nur mit Hilfe von Jesus so handeln können wie diese biblischen Gestalten. Dazu ist aber eine persönliche Beziehung zu Jesus unerlässlich.

13. Kinder sind eigenständige Persönlichkeiten

Gerade wenn wir die Kinder zum Gehorsam anleiten, haben wir ernst zu nehmen, dass sie **eigenständige Persönlichkeiten mit einem eigenen Willen sind und bleiben**. Gerade weil wir von der Eigenständigkeit der Kinder ausgehen, können wir als Erzieher nicht anders, als immer wieder das **gemeinsame Gebet** mit den Kindern zu suchen. Im Gebet stellen sich Erzieher und die zu erziehenden Kinder unter die gemeinsame Autorität, Jesus Christus. Diese Autorität ruft die Eltern zu verantwortlichem Handeln in der Erziehung auf. Kinder gehören letztlich nicht den Eltern, sondern Gott. In seinem Auftrag bemühen sie sich, ihnen die biblischen Werte und Normen zu vermitteln und statten sie im Bereich des Denkens und Handelns mit Hilfen aus, sodass sie zu einer **selbständigen Lebensbewältigung** gelangen können. Erzieher können also nie über Kinder verfügen, sondern haben ihnen immer in Achtung zu begegnen. Dieselbe Autorität, welche die Eltern zur Verantwortung ruft, beauftragt die Kinder, auf die Eltern zu hören, obwohl diese ab und zu Fehler machen. Jesus ist es, der ihnen hilft, ihren Eltern mit Achtung zu begegnen. Wenn Kinder vor den Eltern keinen Respekt haben, wird es ihnen später schwer fallen, andere Personen zu respektieren.[321]

Im gemeinsamen Gebet in der Familie spüren die Kinder, dass ihre Eltern in der Erziehung von Jesus abhängig sind. Im Gebet zeigt auch das Kind, dass es in seinem Verhalten den Erziehern gegenüber von der Hilfe Jesu abhängig ist.

Gerade, weil wir wissen, dass Kinder lernen müssen, sich nach und nach selbständig der Autorität Jesu Christi unterzuordnen, begleiten wir sie in unserer Fürbitte. Uns ist bewusst, dass das Erziehen eigenständiger Persönlichkeiten nur mit Hilfe des Gebets möglich ist,

---

321 Mühlan, E. u. C., Menschenskinder!, S. 124

da unsere Einflussnahme auf die Entwicklung des Kindes begrenzt bleibt.[322]

4.4.3.3 Die Gehorsamserziehung wirkt sich positiv auf das Zusammenleben der Geschwister aus

Was vielen Eltern in der Erziehung zu schaffen macht, sind die Streitereien und Rivalitäten unter ihren Kindern.[323] Es konnte empirisch nachgewiesen werden, dass Kinder, die recht strenge Eltern haben, die von ihnen Gehorsam erwarten, mehr Mitgefühl, Rücksicht und prosoziale Handlungen zeigen, als andere.[324] Im Blick auf das Zusammenleben der Kinder haben die Eltern vor allem zwei Dinge zu beachten:

1. Damit Kinder in rechter Weise miteinander umgehen können, **brauchen sie feste Ordnungen.**
   Solche Ordnungen können etwa so aussehen:
   - Das größere Kind darf das kleinere nicht quälen.
   - Das kleinere Kind darf das größere nicht reizen und ärgern.
   - Die Kinder müssen nicht miteinander spielen, wenn sie lieber alleine sind.
   - Keiner darf dem anderen weh tun.
   - In jedem echten Konflikt greifen die Eltern so bald wie möglich ein. Alle Beteiligten werden zurechtgewiesen oder bestraft. Keiner hat einen Nutzen davon.
   - Kein Kind darf sich jemals über eine Schwäche des anderen lustig machen.
   - Kinder müssen teilen lernen.

   Weil heute leider oft beide Elternteile arbeiten, können sie ihren Kindern in Auseinandersetzungen keine Hilfe sein. Es kommt vor, dass sie sich gegenseitig richtig fertig machen.

---

322 ebd., S. 112

323 Dobson, J., Das eigenwillige Kind, S. 122-130

324 Uhl, S., Die Mittel der Moralerziehung und ihre Wirksamkeit, S. 135-136

Natürlich gibt es auch Situationen, in welchen Kinder eine Sache selber auszukämpfen haben.
Es ist auch wichtig für Eltern zu wissen, dass Kinder sich oft nur deshalb streiten, um die Aufmerksamkeit der Eltern auf sich zu lenken.

2. Eltern und Lehrer/Lehrerinnen haben **alles zu meiden, was die Eifersucht der Kinder untereinander verstärken könnte**.
   - Kinder, besonders Mädchen, sind sehr empfindlich, was ihre **äußere Erscheinung** betrifft. Es ist deshalb falsch, die Schönheit bestimmter Kinder hervorzuheben. Gerade Mädchen haben bald einmal den Eindruck: »Aha, ich bin hässlicher als meine Schwester oder Freundin.« Hieraus kann es zur Ablehnung eines geliebten Menschen kommen, weil man ihn für schöner hält, denn gutes Aussehen ist ein wichtiger Faktor für das Selbstwertgefühl bei Kindern in der westlichen Welt.
   - Auch im **Problembereich Intelligenz** ist bei allen Äußerungen äußerste Vorsicht geboten. Nicht selten sagen Eltern den Kindern ganz offen: »Dein Bruder oder deine Schwester ist gescheiter als du.« Eine solche Wertung kann ein Kind sehr hart treffen. Das Kind empfindet auf einmal dem klügeren Bruder gegenüber Eifersuchtsgefühle, die in unerklärliche Streitereien ausmünden.
   - Bei Kindern herrscht weiter im Hinblick **auf ihre sportlichen Leistungen** ein starkes Konkurrenzdenken. Auch in diesem Bereich können unüberlegte Äußerungen schwere Folgen haben.

Das Kind muss spüren, dass es in den Augen der Eltern, was sein Aussehen, die Intelligenz und seine körperlichen Fähigkeiten angeht, genau so geachtet und wertgeschätzt ist wie seine Geschwister. Auch dann kommt es unter Geschwistern zu Rivalitäten, wenn sie spüren, dass der Vater oder die Mutter ein Kind bevorzugen. Jedes Kind braucht die gleiche Wertschätzung und Bestätigung. Um allen Kindern in Liebe begegnen zu können, brauchen wir die Hilfe von Jesus, gleichgültig ob sie sich leicht lenken lassen oder eigenwillig sind.[325]

[325] Mühlan, C. u. E., Is' was, Mama?, S. 84

4.4.4 Wie sieht eine von Liebe getragene Gehorsamserziehung beim Teenager (bis 16/17-jährig) unter Berücksichtigung der biblischen Erziehungsmittel aus?

Im Alter von 12 bis 15 Jahren beginnt für das Kind die Pubertätszeit. Es ist für die heranwachsenden Jugendlichen ein Alter notwendiger Selbstfindung. Gerade auf der Suche nach sich selbst wird dem an Jesus Christus glaubenden Jugendlichen klar, dass letztlich nur der, der ihn geschaffen hat, ihm die Fragen nach dem Wesen seines Seins und seiner Bestimmung klären kann (Ps 139,14-16; Jer 1,5). Die Suche nach sich selbst macht einen Jugendlichen oft unzufrieden und mürrisch.[326]

Ferner streben die Jugendlichen in diesem Alter nach mehr Unabhängigkeit. Sie wollen einerseits die familiäre Geborgenheit, andererseits aber möchten sie schon volle Freiheit. Diese Ablösung von den familiären Bindungen geht nicht ohne Schmerzen und Krisen vonstatten.[327]

In dieser Zeit der Ablösung beginnen die Jugendlichen, die ihnen in der Erziehung vermittelten Werte und Normen zu hinterfragen. Dieses Hinterfragen weitet sich natürlich auch auf den Bereich des Glaubens aus. Gerade Kinder, die sich schon einmal für Jesus entschieden haben, werden manchmal von Zweifeln geplagt. Sie haben deshalb Mühe, weil sie vieles mit ihrem Verstand nicht recht ergründen können. Einige kommen in Glaubensnöte.[328]

Ausgelöst wird diese Zeit durch besondere hormonelle Funktionen.[329]

- Vorerst kommt es zu **raschen und starken Wachstumsschüben**. Diese lösen im Leben der Teenager Unlustgefühle, Müdigkeit, Zerstreutheit, Antriebsschwäche, Schlafstörungen,

326 Wanner, W., Seelische Krisen erkennen, verstehen, bewältigen, S. 62
327 Ruthe, R., Elternbuch, S. 257
328 Wanner, W., Seelische Krisen erkennen, verstehen, bewältigen, S. 26-27
329 Wie die hormonelle Umstellung genau vor sich geht, beschreibt Tim LaHaye. Vgl. LaHaye, T., Aufklären – aber wie? Ein Ratgeber für Eltern, Asslar 1986, S. 75-76

Gliederschmerzen usw. aus.[330] Gerade im Blick auf diese Wachstumsschübe ist die Ernährung wichtig. In diesem Alter fangen Mädchen an, auf ihr Gewicht zu achten. Viele pendeln dann zwischen »Fressen« und »Hungern« hin und her. Es ist darauf zu achten, dass sich Teenager ausgewogen ernähren, um gesund zu bleiben. Zuviel Koffein ist ungesund, da es den Körper stimuliert, nervös und reizbar macht.[331]

- Es kommt zur **Ausbildung der Geschlechtsorgane**. Durch den Einbruch der Triebimpulse und das Erwachen der Sexualität verstärkt sich Unsicherheit und Unruhe. Es kommt zu einer Angst vor der Stärke der Triebe.[332] Im Innern finden starke Auseinandersetzungen zwischen Wille und Trieb statt.[333]
- Auch gefühlsmäßige Schwankungen machen den heranwachsenden Kindern zu schaffen. Hormonelle Schübe bewirken im Leben der Teenager diese Stimmungsschwankungen und die damit verbundenen Unsicherheitsgefühle.[334]

Diese Zeit des pubertären Umbruchs ist geprägt von einer nicht zu beschreibenden Angst. Es ist die Angst, im Leben allein auf sich selbst geworfen zu versagen.

Der pubertäre Entwicklungsschub verändert die Positionen von Eltern und Kind. Die Eltern sprechen noch zum selben Kind in der gleichen Sprache mit dem selben Vorverständnis. Das Kind aber hört nicht mehr mit denselben Ohren, argumentiert nicht mehr mit derselben Sprache und reagiert nicht mehr gleich. Mündigkeit und Eigenständigkeit haben sich auf Seiten des Kindes vertieft.

Gerade in dieser nicht einfachen Lebensphase ist es Aufgabe der Eltern, dem Kind zu helfen, eine persönliche Gottesbeziehung aufzubauen. Vermehrte Selbständigkeit sollte zu einer engeren Bindung an Jesus führen.

---

330 Mühlan, C. u. E., Vergiss es, Mama! Tips für (angehende) Teenager-Eltern, Asslar 1992, S. 29
331 Kettermann, G. H. u. H. L., Unser Kind, Wuppertal 1983, S. 326-327
332 Wanner, W., Seelische Krisen erkennen, verstehen, bewältigen, S. 26
333 ebd., S. 28
334 Mühlan, C. u. E., Das große Familien-Handbuch, S. 119

4.4.4.1 Die Teenager brauchen die liebende Zuwendung der Eltern (Die Dimension der Emotionen)

Damit Teenager die Liebe der Eltern erfahren können, müssen diese für die Kinder da sein. Die Mütter pubertierender Kinder sollten Zeit für sie haben. Eine berufstätige Mutter ist in all den Aufregungen, für welche pubertierende Kinder sorgen, vielfach überfordert. Aber auch der Vater sollte sich immer wieder Zeit für die Teenies nehmen.

Grundsätzlich haben wir unsere Kinder so zu lieben, dass sie ihr Leben nach Gottes Plan ausrichten dürfen und nicht nach unseren eigenen, engherzigen Vorstellungen handeln müssen.[335] Denn jedes unserer Kinder ist, wenn es Jesus als Retter angenommen hat, eine besondere Gabe Gottes für die Menschheit mit einem ganz bestimmten Auftrag.[336]

1. Der persönliche Austausch mit den Teenagern

In diesem Alter ist wichtig, dass Vater und Mutter die Kinder **an ihrem persönlichen Ergehen und Erleben Anteil haben lassen**, und Interesse zeigen an dem, was diese beschäftigt.[337] Auf diese Weise entsteht eine tragfähige Beziehung Eltern-Teenager, die sehr hilfreich ist.[338]

Viele Eltern finden oft keine Zeit zum Gespräch mit ihren Kindern. Karriere, Fortbildung, Auto und tausenderlei Anschaffungen, die man für notwendig hält, füllen das Leben. Die Kinder aber fühlen sich abgeschoben und gehen ihren eigenen Weg.[339]

Andere Eltern leiden darunter, dass ihre Kinder im Jugendalter ihnen gegenüber schweigen. Sie möchten doch miterleben, was diese bewegt. Eltern interessiert das Ergehen der Kinder deshalb, weil sie spüren, dass man sich sonst auseinanderlebt. Dieses Schweigen kommt allerdings meist daher, dass die Eltern, ohne es

[335] Campbell, R., Kinder sind wie ein Spiegel, S. 65
[336] McDowell, J., Werden, wie Gott mich meint, S. 171
[337] Kesler, J., Hilfe Teenies! Überlebenstraining für Teenagereltern, Asslar 1990, S. 118-120
[338] Arp, C. u. D., Und plötzlich sind sie dreizehn oder die Kunst, einen Kaktus zu umarmen. So begleiten Sie Ihr Kind durch die Teeagerzeit, Gießen; Basel 1996, S. 14
[339] Ruthe, R., Frl. Tochter und Herr Sohn, Wuppertal 1980, S. 15

zu merken, ihre Kinder an ihrem eigenen Ergehen nicht haben Anteil nehmen lassen.[340]

Wie können wir denn unseren Kindern an unserem Erleben Anteil geben?

- Dies geschieht in erster Linie **im persönlichen Gespräch**. Die Eltern gewähren ihren Kindern auf ganz natürliche Art und Weise Einblick in ihr persönliches und berufliches Leben, indem sie mit ihnen über das reden, was ihnen Freude macht oder was sie bedrückt. Wir dürfen nicht vergessen, dass das Gespräch die intensivste Art ist, sich dem Kind innerlich mitzuteilen. Solche Gespräche können sich ganz ungezwungen während der Mahlzeiten ergeben, an einem gemeinsamen Abend, der in der Woche einmal stattfindet, oder wenn die Familie Ferien macht. In diesen Gesprächen können die Kinder auch offen über ihre Probleme und Schwierigkeiten sprechen. Wenn die Teenager sich öffnen, haben die Eltern gut zuzuhören. Durch solche Gespräche können die inneren Veränderungen eines Teenagers miterlebt werden.
- Auch in der Hausandacht können die Eltern ihren Kindern Einblick in ihr Leben gewähren. Sie können ihnen erzählen, was sie selbst mit Jesus als Kinder, als Jugendliche erlebt haben und heute erleben.[341] Dies ermutigt die Kinder, auch über ihr Erleben mit Jesus zu sprechen.
- Das Familiengebet bekommt gerade in dieser Zeit einen ganz besonderen Stellenwert. Das Kind erlebt sehr intensiv, wer Jesus für die Eltern ist. Andererseits merken auch die Eltern, welche Beziehung ihr Kind zu Jesus hat. Zudem hört der Teenager, wie die Eltern um die Erfüllung seiner besonderen Bedürfnisse beten.[342]

In vielen Familien ist der Fernseher schuld, dass die Eltern keine Zeit finden, ihre Kinder an ihrem alltäglichen Erleben Anteil zu geben. Die ganze Familie schaut in den Kasten und es kommt zu keinen Gesprächen zwischen Eltern und Kindern.[343]

---

340 Naujokat, G., Können wir Kinder zum Glauben erziehen?, S. 57

341 Nipkow, K. E., Erwachsenwerden ohne Gott? Gotteserfahrung im Lebenslauf, München 1987, S. 75

342 Mühlan, E., Kinder in der Zerreißprobe, S. 195

343 Schritte zu den Kindern, S. 30-32

Zu diesem ungezwungenen Austauschen gehört auch das gemeinsame Singen und Musizieren.

Dadurch, dass Vater und Mutter das Kind an ihrem alltäglichen Leben und an ihrem Erleben mit Jesus Anteil haben lassen, lernt das Kind Gott besser und tiefer kennen. Aus diesem Miterleben, wie der Umgang mit Jesus ganz praktisch aussieht, ergeben sich in seinem Leben die ersten eigenen kleinen Erfahrungen mit Jesus. Im Grunde genommen **sehnen sich die meisten Teenager nach ganz praktischen Gotteserfahrungen.** Sie sehnen sich danach, im Alltag Gottes Wirken kennen zu lernen. Echte Erfahrungen und Erlebnisse mit Gott, dies muss immer wieder deutlich gemacht werden, ergeben sich nur aus der Beziehung zu Jesus.[344]

Im Blick auf diese praktische Gotteserfahrung sollte noch die Lehre über Gott von der Bibel her vertieft werden. Diese Lehre hat sich aber für das Kind mit dem zu decken, was es im Umgang mit den Eltern erlebt.

Dem Kind kann anhand biblischer Gestalten, aber auch aufgrund bestimmter Aussagen, klar gemacht werden, dass es von Gott, seinem Schöpfer und Erlöser, geliebt wird. Das Sterben Jesu am Kreuz von Golgatha ist der tiefste Beweis dieser Liebe (Röm 5,8.9).

Diese Liebe kann sich ein Teenager durchaus vorstellen, wenn er von seinen Eltern **geliebt** wird.

2. Liebe zum Ehepartner

Um dem heranwachsenden Kind Liebe weiterschenken zu können, ist die Liebe der Ehepartner zueinander von entscheidender Bedeutung. Probleme in der ehelichen Beziehung führen zu Schwierigkeiten im Umgang mit den Jugendlichen.[345] Es ist eine besondere Tragik, wenn ein Elternteil die Spannungen, die er mit dem anderen hat, einem Teenager anvertraut und von ihm Hilfe und Unterstützung erwartet. Ein heranwachsendes Kind ist in einer solchen Situation völlig überfordert. Es kann deshalb in seinem Leben zu Verhaltensauffälligkeiten, zu vermehrten Schwierigkeiten in der Schule und zu

[344] Nipkow, K. E., Erwachsenwerden ohne Gott?, S. 53
[345] Kesler, J., Hilfe Teenies!, S. 84

Essstörungen kommen. Das Kind identifiziert sich völlig mit dem in seinen Augen benachteiligten Elternteil, kann dies aber nicht verarbeiten und wird innerlich krank.[346]

3. Bejahen der Teenager

Um dem heranwachsenden Kind in rechter Weise begegnen zu können, haben es die Erzieher **bedingungslos zu lieben**. Sie sollten es lieben, gleichgültig wie es aussieht, welche Vorzüge oder Nachteile es hat und wie es sich benimmt. Es gibt Kinder, die sich ihrem Wesen nach leichter einer Autorität unterstellen, weil sie in allem Lob und Anerkennung suchen. Sie sind bereit, Ratschläge und Hilfen anzunehmen. Es ist nicht schwierig, solchen Kindern in Liebe zu begegnen.[347] Es gibt aber auch Kinder, die fast vom ersten Lebenstag an ihre eigenen Wege zu gehen suchen. Sie wollen selbständig entscheiden. Sie brausen sofort auf, wenn man ihnen sagen will, wie sie sich zu verhalten haben. Sie reiben sich ständig mit den Eltern. Es fällt oft schwer, solche Kinder bedingungslos zu lieben[348] und ihnen immer wieder das volle Vertrauen entgegenzubringen.

4. Gezielte Aufmerksamkeit

Die Eltern haben den Teenagern immer wieder **gezielte Aufmerksamkeit** zu schenken. Gezielte Aufmerksamkeit besteht darin, dass die Eltern ganz allein für den Teenager und seine Fragen und Probleme Zeit haben.[349] Wenn ein Teenager dies möchte, wird er entsprechende Andeutungen machen.[350]

- Vielleicht fängt er damit an, die Mutter oder den Vater etwas über seine Hausaufgaben zu fragen.
- Oder er fragt die Eltern, ob sie einen guten Tag gehabt haben.

---

346 Horie, M. u. H., Familie als System, S. 79
347 Campbell, R., Kinder sind Persönlichkeiten, S. 41-42
348 ebd., S. 50
349 Campbell, R., Teenager brauchen mehr Liebe. Ein Handbuch für Eltern, die ihre Teenager richtig lieben wollen, Marburg a. d. Lahn 1985[3], S. 31
350 ebd., S. 35

- Es kann auch sein, dass der Teenager, wenn er ins Bett geht, in das Schlafzimmer der Eltern kommt und versucht, mit ihnen ins Gespräch zu kommen.

Eltern müssen solche indirekten Bitten eines Teenagers um gezielte Aufmerksamkeit erkennen lernen und auf sie eingehen.[351]

Denken wir daran, **unsere Kinder sind immer wichtiger als das, was wir eben tun**. Einigen Eltern ist leider der Film, den sie soeben am Fernseher anschauen, die Zeitung, das Hobby oder das Auto wichtiger als die Kinder.[352]

Je älter das pubertierende Kind ist, umso länger muss die Zeit der Aufmerksamkeit sein. Es muss innerlich warm werden, um seine inneren Widerstände abbauen zu können, damit es das sagen kann, was es bewegt.[353] Solche Zeiten sind am Abend vor dem Einschlafen, auf längeren Reisen, im Urlaub usw. gegeben.[354]

Es wird überaus dankbar sein, wenn es die innersten Gedanken mitteilen darf, besonders diejenigen, die es bedrücken. Wichtig ist, dass wir die Probleme, welche uns das Kind anvertraut, ernst nehmen. Wir sollten auch bereit sein, mit ihm im Gespräch Lösungen zu suchen, indem wir zuerst nach seinen Lösungsvorschlägen fragen.[355]

Es sind vor allem vier Problembereiche, die einem Teenager besonders zu schaffen machen: Neid, Schuldgefühle, Ärger und Niedergeschlagenheit.

Ich entfalte diese Bereiche kurz:

- **Neid**

  Teenager beneiden die, welche besser aussehen, sportlicher, intelligenter sind, mehr Geld zur Verfügung haben usw. Wenn Teenager Neid empfinden, ist es wichtig, ihnen aufzuzeigen, dass die Wurzel des Neides das Vergleichen ist. Ihre Aufgabe ist es zu lernen, ihr Leben mit den Möglichkeiten

---

[351] Francis, P., Wenn du dein Kind nicht mehr verstehst. Ein Crashkurs für Eltern von Teenagern, Basel; Gießen 1999, S. 53

[352] Smalley, G., Der Schlüssel zum Herzen unseres Kindes, S. 56

[353] Cambell, R., Teenager brauchen mehr Liebe, S. 32-33

[354] Smith, T., Starke Eltern – starke Kids. So gewinnen Sie die Mitarbeit Ihrer Kinder, Marburg a. d. Lahn 1999, S. 155

[355] ebd., S. 37.99

und Grenzen, die sie haben, mit Hilfe von Jesus zu akzeptieren und das Beste daraus zu machen.[356] Diese Erziehung zur Zufriedenheit hilft Neid überwinden.[357]

- **Schuldgefühle**

  Es geht mir hier nicht um die Schuld vor Gott und den Mitmenschen, die bereut und bekannt werden muss. Es geht hier um die in einem Kind von anderen erzeugten Schuldgefühle. Beispiel:

  > »Das Verfahren ist relativ einfach. Der Manipulierende findet Mittel und Wege, damit der Manipulierte sich schuldig fühlt, wenn er nicht tut, was der Manipulierende von ihm verlangt. Das klassische Beispiel hierfür – und eines der folgenschwersten – ist der Junge, der versucht, ein Mädchen dazu zu bringen, mit ihm Geschlechtsverkehr aufzunehmen, indem er sie mit solchen Bemerkungen traktiert, wie ›Wenn du mich wirklich lieben würdest, dann würdest du es tun.‹«[358]

  Eltern haben aufzupassen, dass sie in ihren Kindern nicht falsche Schuldgefühle wecken, um sie manipulieren zu können. Es ist falsch, in einem Kind Schuldgefühle wegen schlechten Noten zu wecken, nur damit es sich in der Schule mehr anstrengt. Das Problem der schlechten Noten sollte anders gelöst werden. Ein Kind, das Eltern mit Hilfe von Schuldgefühlen manipulieren, wird sich später von anderen manipulieren lassen. Auf diese Weise könnte es z.B. zum vorehelichen Geschlechtsverkehr, zum Diebstahl in einem Geschäft oder zu anderen falschen Dingen verführt werden.[359]

---

356 Dobson, J., Nimm dein Leben in deine Hand. Tips für junge Menschen, Kehl 1996, S. 85-86

357 Kögler, T., Neid – ein unnützes Gefühl. Wie man erzieherisch mit Neidgefühlen der Kinder umgehen kann, in: Erziehung konkret. Beiträge zu grundlegenden und praktischen Fragen der christlichen Erziehung, hg. v. T. Kögler; D. Velten, Lahr 1999, S. 90-91

358 zit. nach Campbell, R., Teenager brauchen mehr Liebe, S. 39-40

359 ebd., S. 41

- **Ärger**

  Jedes Kind wird sich ab und zu tüchtig ärgern.[360] Das Kind wird dem Ärger auf verschiedene Art und Weise Luft machen: unangenehmes und lautes Verhalten, mit Gegenständen um sich werfen, verbale oder körperliche Angriffe usw.[361] Wir Eltern haben dem Kind zu zeigen, wie es mit Hilfe des in ihm wohnenden Christus mit Ärger umgehen kann. Zunächst soll der Teenager lernen zu sagen, warum er sich ärgert.[362] Er soll dann versuchen, seinen Ärger in Worte zu fassen, ohne verletzende Ausdrücke oder schmutzige Schimpfwörter zu brauchen.[363] Kann er das, haben wir ihn zu loben. Gelang ihm dies nicht, sollten wir ihm zeigen, wie er dies das nächste Mal besser machen kann. Es ist falsch, ein Kind aufzufordern, seine Wut zu unterdrücken. Das Ergebnis wird das passiv-aggressive Verhalten sein.[364] Dieses Verhalten zeigt sich beim Teenager im Trödeln, Hinausschieben, Herumgammeln, Trotz, in absichtlich schlechten Leistungen und »Vergesslichkeit«. Der unbewusste Zweck des passiv-aggressiven Verhaltens ist, die Eltern oder andere Bezugspersonen zu treffen und sie ärgerlich zu machen.[365]

- **Niedergeschlagenheit**

  Jeder Teenager neigt, wie wir sahen, zu Niedergeschlagenheit. Er fühlt sich irgendwie als Versager oder wertlos, ohne zu wissen, warum das so ist.[366] Aufgabe der Eltern ist es, ihm zu zeigen, dass alle Teenager diese negativen Gefühle kennen, dass sie zu dieser Lebensphase gehören und dass er lernen muss, damit umzugehen. Wirkliche Hilfe im Umgang mit diesen belastenden Gefühlen empfängt er im Gespräch mit den Eltern und im Gebet, denn Gott versteht ihn in diesen be-

---

360 ebd., S. 58
361 ebd., S. 65
362 Campbell, R., Kinder sind Persönlichkeiten, S. 59-60
363 Mühlan, E., Schröter, A., Total fertig oder voll gut drauf?, S. 41
364 Campbell, R., Teenager brauchen mehr Liebe, S. 68-69
365 ebd., S. 58
366 Dobson, J., Endlich ... ich werde erwachsen! Ein Ratgeber für Teenager und ihre Eltern!, Kehl 1997, S. 17

drückenden Situationen seines Lebens. Leider flüchten sich viele Jugendliche in Phasen der Niedergeschlagenheit in den ekstatischen Rausch der überlauten Musik, des Alkohols, der Sexualität und oft sogar der Drogen. Sie versuchen so die bedrückenden Gefühle zu verdrängen.[367]
Aus verschiedenen Gründen kann sich Niedergeschlagenheit bis zur Depression verstärken. Hier einige Gründe: ein Todesfall in der Familie, eine große Enttäuschung, Umzug der Familie an einen unerwünschten Ort, starke Konflikte zwischen Vater und Mutter, von Zuhause das erste Mal längere Zeit weg sein usw.[368]
Kennzeichen einer Depression bei Teenagern sind: Konzentrationsschwäche, Tagträume, nach und nach absinkende Noten in der Schule, über mehrere Tage anhaltende Langeweile, Schmerzen im Unterleib oder starke Kopfschmerzen.[369] Viele Teenager wissen gar nicht, dass sie unter einer Depression leiden. Sie brauchen unsere Hilfe. Gezielt eingesetzte Medikamente können ihnen Erleichterung schaffen.

Gerade in einer Zeit der Depression brauchen Teenager besonders die liebende Zuwendung der Eltern.

5. Durch den Augen- und Körperkontakt wird Liebe zum Ausdruck gebracht

Teenager brauchen **den Augenkontakt**. Sie sind aber nicht immer gleich fähig, Augenkontakt herzustellen. Es gibt Tage, da sie ihn eifrig suchen. Es gibt aber auch Zeiten, in welchen sie dem Augenkontakt ausweichen.[370] Campbell schreibt dazu:

> »Lassen Sie sich von der gelegentlichen Neigung Ihres Kindes, den Augenkontakt zu verweigern, nicht irritieren.«[371]

---

367 Huntemann, G., Vom Überlebenskampf des Christentums in Deutschland, Herford 1990, S. 94-95
368 Campbell, R., Teenager brauchen mehr Liebe, S. 91-92
369 ebd., S. 87-89
370 Campbell, R., Teenager brauchen mehr Liebe, S. 43
371 zit. nach ebd., S. 45

Das pubertierende Kind kennt Phasen, in welchen es sich innerlich zurückzieht und sowohl das Gespräch als auch den Augenkontakt verweigert. Unsere Aufgabe ist es, für den Augenblick offen zu sein, in welchem das Kind den Augenkontakt wieder sucht.

Auch durch **den Körperkontakt** können die Eltern dem Teenager zeigen, dass sie ihn lieben. Der Körperkontakt kann vor allem dann wirksam eingesetzt werden, wenn der Teenager verschlossen, übellaunig oder widerspenstig ist.

- Die Eltern können z.B. den Teenager, wenn er Aufgaben macht, kurz an seiner Schulter berühren.
  Durch den Körperkontakt empfindet der Teenager, dass ihn Vater und Mutter auch dann lieben und ernst nehmen, wenn es ihm schwer fällt, sich ihnen zuzuwenden.
- In bestimmten Situationen ist es gut, wenn wir den Teenager an uns drücken und küssen. Möglichkeiten: wenn wir auf eine Reise gehen oder zurückkommen, wenn der Teenager eine Prüfung bestanden oder einen Preis gewonnen hat.

6. Die Sinnfrage, das Vertrauen in Gott (Theodizeeproblematik) und der Zweifel

Die konkret erfahrene Liebe der Eltern, die in der Liebe zu Jesus verankert ist, hilft dem Kind, sich der Liebe Jesu zu öffnen. Dem noch in Sünde lebenden Kind hilft die spürbare Liebe der Eltern, Jesus als persönlichen Retter im Glauben anzunehmen. Das gläubige Kind ist fähig, sich an der Liebe Jesu zu freuen. Dies zeigt sich darin, dass es bewusst den persönlichen Umgang mit Jesus im Lesen der Bibel und Gebet pflegt. Aus dieser Verbindung mit Jesus wird im Leben eines heranwachsenden Jugendlichen auch **die Sinnfrage** des Lebens geklärt.[372] Karl Ernst Nipkow schreibt:

> »An sich könnte die in der Jugendzeit potentiell aufbrechende Sinnfrage, jetzt nicht mehr bezogen auf einzelnes, sondern auf das Ganze des Lebens, die zweite große Gelegenheit nach der Kindheit werden, Gott kennenzulernen. Untersuchungen über die Um-

[372] Wanner, W., Seelische Krisen erkennen, verstehen, bewältigen, S. 62-63

stände und den Zeitpunkt religiöser Bekehrungen haben diese Tatsache schon seit langem nachgewiesen.«[373]

Der Sinn des Lebens besteht einerseits darin, mit Jesus, unserem Schöpfer und Herrn, Gemeinschaft zu haben und andererseits im Alltag für ihn zu leben.

Jeder Teenager sehnt sich im tiefsten Grund nach dieser persönlichen Beziehung zu Gott. Er möchte ihn in seinem Alltag erleben und erfahren.[374] Wenn Jesus der letzte Sinn seines Lebens geworden ist, sucht er ihn nicht in den Drogen, dem alternativen Lebensstil oder im Geschlechtsverkehr.[375]

Wenn der Teenager sich von Jesus geliebt weiß, wächst von seiner Seite **Vertrauen in Gott. Dieses Vertrauen wird aber gerade in der Pubertät immer wieder erschüttert**. Da sind die **Misserfolge in der Schule**, obwohl man betet und tüchtig arbeitet. Andere, die nicht beten und oft weniger arbeiten, haben Erfolg. Da sind weiter die **schweren Lebensführungen** im Leben anderer, da ist all **die Not auf der Erde**: Hunger, Krieg usw. Wir kommen nicht darum herum, auf diese Probleme einzugehen. Voreilige »Damit-Antworten« helfen nicht weiter. Wir dürfen ruhig sagen, dass wir auch nicht alles verstehen, aber dass wir wissen, dass Gott keine Fehler macht.[376] Die beste Antwort auf diese **Theodizeeproblematik**, welche wohl die tiefsten Fragen im Leben auslöst, ist sicherlich der Einblick in das Leben der gläubigen Eltern. Hier kann das Kind im Alltag miterleben, wie man mit Lebensschwierigkeiten fertig werden kann.

- Es sieht z.B., wie sein Vater damit umgeht, dass er die Arbeitsstelle verloren hat.
- Es erlebt vielleicht, wie die Mutter eine schwere Krankheit und die damit verbundene Operation verkraftet.

Eltern haben den Teenagern die Wahrheit von Römer 8,28 vorzuleben. Es muss den Teenies gerade im Umgang mit ihnen klar werden, dass die Frage »Warum« vielfach nicht beantwortet werden kann.

[373] zit. nach Nipkow, K. E., Erwachsenwerden ohne Gott?, S. 49
[374] ebd., S. 53-54
[375] Ruthe, R., Frl. Tochter und Herr Sohn, S. 16
[376] Naujokat, G., Können wir unsere Kinder zum Glauben erziehen?, S. 21

Das Kind kann aber miterleben, dass sich die Eltern auch in größten Schwierigkeiten des Lebens auf Gott verlassen und ihm ihr ganzes Vertrauen schenken, indem sie an seinen Zusagen in seinem Wort festhalten (Jes 41,10; Jer 29,11).

Dieses für den Teenie **sichtbare Vertrauen der Eltern in Gott ermutigt ihn**, ebenfalls **im Vertrauen auf Gott Hindernisse zu überwinden, Niederlagen zu verkraften, Schwierigkeiten zu ertragen** usw. Dazu ist natürlich das persönliche Gebet unerlässlich. Er darf im Gebet alle Ängste, Sorgen und Probleme Jesus abgeben.

Oft muss das pubertierende Kind auch lernen, **mit Trauer fertig zu werden**. Vielleicht ist der Vater oder die Mutter gestorben. Zunächst sind Erinnerungen an den Verstorbenen recht schmerzhaft. Ein Teenager braucht in dieser Zeit Zuspruch und Trost.[377] Glaubte der oder die Verstorbene an Jesus Christus als persönlichen Retter, darf man darauf hinweisen, dass er oder sie nun im Himmel bei Jesus ist (Joh 17,24; 2. Kor 5,8). Überhaupt beschäftigen sich Teenager viel mit der **Frage nach dem Tod.**[378] Deshalb ist das Gespräch über den Tod wichtig. Wir haben darzulegen, was beim Sterben geschieht und wie es nach dem Tod weitergeht.

Gerade deshalb, weil ein Teenager immer wieder neue schwierige Situationen zu bewältigen hat, kann ihm die Begegnung mit **gläubigen behinderten Menschen** eine große Hilfe sein. Vielleicht kann ihm gerade das Buch »Joni« zur Hilfe werden, Schwierigkeiten im Leben zu ertragen.[379]

Ferner merkt das heranwachsende Kind, dass es das fehlerlose Leben, das es sich ersehnt hat, gar nicht gibt.

Schön ist es, wenn ein Teenager lernt, begangene Sünde immer wieder Jesus zu bekennen und, wenn nötig, im zwischenmenschlichen Bereich zu bereinigen und dann dankend die Vergebung in Anspruch nimmt (1. Joh 1,9). Vergebung wirkt sich in seinem Leben entkrampfend aus. Es ist nichts da, das ihn bedrückt, belastet oder

377 Kettermann, G. H. u. H. L., Unser Kind, S. 352
378 Nipkow, K. E., Erwachsenwerden ohne Gott?, S. 64
379 Eareckson, J.; Musser, J., Joni. Der erschütternde Bericht über Kampf und Sieg einer durch Unfall gelähmten jungen Frau, Wetzlar 1978[4]

anklagt. Wichtig ist natürlich, dass auch die Eltern dem Teenager immer wieder vergeben.

Gerade diese **ständige Erfahrbarkeit der Barmherzigkeit Gottes vertieft das Vertrauen zu ihm.**

Oft brechen in diesem Alter **Zweifel an der Kindheitsbekehrung** auf, weil das Kind einerseits Mühe hat, dem Wort Gottes sein ganzes Vertrauen zu schenken und andererseits, weil es sein Ja zu Jesus jetzt als immer selbständiger werdender Mensch neu bestätigen muss. Die Zweifel an den Aussagen der Bibel kommen meist daher, dass die Kinder in der Schule mit Argumenten konfrontiert werden, die scheinbar wissenschaftlich das Wort Gottes in seinem Absolutheitsanspruch in Frage stellen. Die Eltern haben sich Zeit zu nehmen, diese Argumente mit den Kindern gründlich zu betrachten. Es wird sich dann bald zeigen, dass es sich nur um Hypothesen handelt, die ihrerseits absolut gesetzt werden. Der Mensch will letztlich bestimmen, was Offenbarung sein kann und was nicht. Durch diese Erklärungen sollte dem Kind deutlich werden, dass es wirklich **keinen Grund gibt, warum es dem Wort Gottes nicht sein ganzes Vertrauen schenken kann.**[380] Wenn es bereit ist, dem Wort Gottes erneut sein ganzes Vertrauen zu schenken, sollte es von diesem Wort her den **in der Kindheit vollzogenen Schritt zu Jesus noch einmal bestätigen**. Dieses bestätigende Ja zu Jesus als Herrn seines Lebens ist in den Teenagerjahren wichtig, weil so vermieden wird, dass es nur ein Mitläufer wird.

Ein Kind gelangt gerade in diesen Jahren zu einer **tieferen Gotteserkenntnis**. Diese hat ihren Ursprung zunächst im wachsenden Verständnis für das, was die Bibel über Gott lehrt, weiter in dem, was es im Leben der Eltern sieht und mit ihnen erlebt und schließlich in ersten kleinen Erfahrungen, die es selbst mit Jesus macht. Diese tiefere Gotteserkenntnis ist dem Kind in den Jahren der inneren Ablösung von den Eltern eine wichtige Stütze. Auf diese Weise wird es im Alter größter innerer Spannungen vor Fehlentwicklungen bewahrt. Zugleich wächst aus dieser wachsenden Gotteserkenntnis das

---

[380] Collins, G., Vom Kind zum Erwachsenen. Psychologie der persönlichen Entwicklung, Witten 1980, S. 100

Verlangen, den Willen Gottes für das eigene Leben zu erfahren.[381] Der göttliche Wille wird durch das Gebet (Mt 7,7), durch das alltägliche Lesen der Bibel und durch das Gespräch mit gläubigen Eltern oder anderen Christen nach und nach erkennbar.[382]

Der gemeinsame Gottesdienstbesuch mit anschließendem Austausch kann die Beziehung zu Jesus und die Bereitschaft, seinen Willen zu tun, ebenfalls stärken. Wichtig ist aber, dass der Gottesdienstbesuch nicht zum Zankapfel wird. Wenn uns Teenager im Blick auf den Gottesdienstbesuch Schwierigkeiten machen, gilt es, die Beweggründe herauszufinden, um richtig reagieren zu können.[383]

7. Vorbereitungsgespräche im Blick auf die Pubertät

Die Liebe zu den Kindern zeigt sich auch darin, dass die Eltern sie in **Grundsatzgesprächen auf die Pubertät vorbereiten.**[384] Es wäre gut, wenn der Vater mit dem Sohn und die Mutter mit der Tochter diese Gespräche führen würden. Es ist auch möglich, dass die Eltern gemeinsam mit den Kindern reden.[385]

In diesen Gesprächen haben wir besonders drei Schwerpunkte zu setzen.

1. **Hinweis auf körperliche Veränderungen**
   Der Körper bereitet sich auf die Aufgabe der Elternschaft vor. Es wird eine Zeit lang zu einem schnellen Wachstum kommen. Bei einem Jungen wird die Stimme tiefer werden. Die Geschlechtsorgane werden größer, weil er die Geschlechtsreife erlangt. Es ist gut, wenn wir ihn auf den ersten Samenerguss vorbereiten und ihm erklären, wie es dazu kommt. Es kann auch zu Hautproblemen (Akne-Pickel) kommen. Zugleich beginnen die Barthaare zu wachsen.

---

[381] Dobson, J., Nimm dein Leben in deine Hand, S. 78
[382] ebd., S. 93
[383] Mühlan, C.u. E., Vergiss es, Mama!, S. 133-137
[384] Dobson, J., Das eigenwillige Kind, S. 194
[385] Mühlan, E., Kinder in der Zerreißprobe, S. 183-188

Bei einem Mädchen wird die Menstruation einsetzen. Es muss ihm erklärt werden, was bei der Menstruation eigentlich geschieht. Ferner werden sich die Brüste entwickeln.[386]
Diese körperlichen Veränderungen lösen oft eine große Müdigkeit aus. Eine gesunde Ernährung und genügend Schlaf sind wichtig. Schlafstudien haben ergeben, dass pubertierende Kinder etwa zehn Stunden Schlaf benötigen, um fit zu sein.[387]

2. **Hinweis auf seelische Veränderung**
   So wie sich der Körper umstellt, muss sich auch das seelische Empfinden auf das Erwachsenwerden einstellen. Die Pubertät wird eine Zeit der gefühlsmäßigen Höhen und Tiefen sein. Oft kommt man sich lächerlich, wertlos und minderwertig vor. Einige Zeit später ist man wieder fröhlich, ja überglücklich.
   Die Pubertät wird auch eine **Zeit des Zweifelns** sein. Vieles, was man von den Eltern übernommen hat, wird man kritisch hinterfragen, so auch deren Wertvorstellungen.
   Es werden **viele Verführungen an das Kind herantreten**: Zigaretten, Alkohol, Drogen, Schmusereien, Diebstahl.
   Den Kindern sollten die negativen Folgen des Rauchens vor Augen geführt werden. Doch ist und bleibt es die beste Hilfe, wenn die Eltern nicht rauchen.[388] Wenn Kinder und Jugendliche Alkohol konsumieren, sind zumeist die Eltern mitschuldig. Sie ermutigen sie bei Familienfesten zum Mittrinken. Bald wagen dann die Jugendlichen auf Parties, Klassenfesten usw. ebenfalls Alkohol zu trinken. Der Alkohol ist deshalb so gefährlich, weil er hilft, Gefühle der Niedergeschlagenheit zu beseitigen. Mit Hilfe des Alkohols kann man aus der oft harten Wirklichkeit fliehen.[389]

---

386 Mühlan, C. u. E., Vergiss es, Mama!, S. 21-24.32-33; vgl. Hübner, M. u. U.; Lobenwein, W. u. P., Wenn alles anders wird, in: Alles Sex oder was?, hg. v. J. Höppner; M. Hübner; K. Nieland, Asslar 1996, S. 34-42

387 Mühlan, C. u. E., Das große Familien-Handbuch, S. 206

388 Abeln, R., Ehe sie erwachsen werden. Probleme mit Jugendlichen in der Reifezeit, Ostfildern 1980, S. 32-37

389 ebd., S. 38-42

Der Drogengenuss ist überaus gefährlich, da man leicht abhängig wird. Überall bieten Dealer Rauschgift an. Dazu schreibt Paul Francis:

»In einer durchschnittlichen Schule mit 1000 Schülerinnen und Schülern werden 700 jungen Leuten irgendwann einmal Drogen angeboten werden: 90 werden Ecstasy versuchen; 200 werden Amphetamine nehmen; 300 werden Cannabis probieren.«[390]

Eigentlich sollten die Teenager jedem Drogenangebot mit einem klaren Nein begegnen.[391] Aufgabe der Eltern ist es, über die Folgen und Gefahren des Rauschgiftgebrauchs zu sprechen.[392]

Sie haben zu zeigen:

»Wer einmal zu bestimmten Drogen gegriffen hat, kommt meistens nicht mehr davon los. Eine Umkehr ist in sehr vielen Fällen nicht einmal mit Hilfe von kostspieligen und qualvollen Entziehungskuren möglich. Sucht bedeutet immer Versklavung, innere wie äußere.«[393]

Solches Suchtverhalten behindert oder macht eine normale Entwicklung im Leben des heranwachsenden Kindes unmöglich.[394] Wir haben den Kindern deshalb zu zeigen, dass wir kein Verständnis für die gesetzliche Freigabe bestimmter Drogen haben und dass wir die Argumente, die dafür sprechen sollten, nicht tei-

---

390 zit. nach Francis, P., Wenn du dein Kind nicht mehr verstehst, S. 98
391 Abeln, R., Ehe sie erwachsen werden, S. 43-48
392 ebd., S. 47
393 zit. nach ebd., S. 48
394 Schmitz, E.; Stiksrud, A., Erziehung, Entfaltung und Entwicklung, S. 239

len können.[395] Peggy Mann zeigt in ihrem Buch »Hasch – Zerstörung einer Legende« auf, wie unglaublich negativ sich das Rauchen von Haschisch auf den ganzen Körper eines Jugendlichen auswirkt.[396]
Wir müssen das Kind ermutigen, mit Hilfe des innewohnenden Christus zu all diesen Verführungen nein zu sagen. Das Kind muss den Mut haben, anders zu sein!

3. **Hinweis auf die Verantwortung im sexuellen Bereich**
Hier sollte unbedingt das schöne Gefühl des **Hingezogenseins zum anderen Geschlecht** angesprochen werden, das Gott in uns hineingelegt hat, damit wir später in der Lage sind, eine Ehe aufzubauen. Es kann sein, dass der Teenager sich so richtig in ein Mädchen oder in einen Jungen verliebt. Die Eltern haben den Jugendlichen zu zeigen, wie sie diese schönen Gefühle auffangen können.[397] Zugleich haben sie mit ihnen darüber zu reden, wie sie mit dem sexuellen Verlangen, das ebenfalls aufbricht, umzugehen haben. Ein Geschlechtsverkehr mit der Person, die man so stürmisch liebt, ist vor der Heirat in den Augen Gottes Unzucht, Hurerei und somit schuldhaftes Verhalten (Gal 5,19-21). Auch Intimitäten, wie über die Brüste oder durch die Scheide fahren, sind bei zwei verliebten Teenagern nicht richtig. **Der Geschlechtsverkehr gehört nach biblischer Lehre grundsätzlich in die Ehe.** Diese beginnt mit dem öffentlichen Eheversprechen.

---

395 Felten, M., Auf Drogen hereinfallen? Mein Kind nicht! Wie Eltern Heranwachsende unterstützen können, Wuppertal; Bern 1996, S.72-73

396 Sie zeigt in diesem Buch, wie sich Hasch negativ auf das Gehirn auswirkt. Beim Rauchen von Hasch werden viele wichtige Hirnzellen geschädigt, getötet, und die Hirntätigkeit wird stark beeinträchtigt (Vgl. Mann, P., Hasch – Zerstörung einer Legende, Frankfurt a. M. 1987, S. 44-47). Dies führt beim Haschischraucher nach und nach zu Apathie, Angstgefühlen und Verfolgungswahn (ebd. S. 67-70). Haschischkonsum wirkt sich auch sehr schädigend auf die Lunge aus (ebd., S. 81). Es besteht schon nach recht kurzer Zeit die Gefahr von Lungenkrebs (ebd., S. 99). Auch das Herz wird durch das Rauchen von Haschisch stark in Mitleidenschaft gezogen (ebd., S. 104-105). Zudem wird das Immunsystem erheblich geschwächt (ebd., S. 139-140), und es kommt zu Zellschädigungen im Körper (ebd., S. 150-159)

397 Naujokat, G., Junge Menschen – erste Liebe. Begegnung der Gefühle, Neuhausen-Stuttgart 1995[4], S. 12-13

In ihr ist man vor schuldhaftem Verhalten vor Gott, vor ungewollten Schwangerschaften, vor geschlechtlich übertragbaren Krankheiten (Syphilis, Gonorrhöe, AIDS) und vor emotionalen Komplikationen im sexuellen Bereich geschützt. In der festen Beziehung der Ehe kann man Sex angstfrei und vertrauensvoll genießen.[398] Die Eltern suchen deshalb dem Teenager klar zu machen, dass es nicht richtig ist, vor der Ehe eine sexuelle Beziehung einzugehen obwohl in unserer säkularisierten Zeit fast 90% den vorehelichen Geschlechtsverkehr bejahen.[399]
Weiter sollte die **Problematik der Selbstbefriedigung** angesprochen werden, weil viele Jungen und Mädchen während ihrer Teenagerzeit darin verstrickt sind. Infolge der Produktion und Aufspeicherung der Samenzellen sind Jungen meistens anfälliger für Selbstreizung als Mädchen. Normalerweise geschieht beim Jungen von Zeit zu Zeit im Schlaf ein Samenerguss von selbst. Oftmals ist es mit schönen Gefühlen verbunden, die man in der Selbstbefriedigung selbst herbeiführen möchte. Es ist aber so, dass man sich letztlich nicht wirklich selbst befriedigen kann, da der Selbstbefriedigung der personale Bezug, das gegengeschlechtliche Du, fehlt. Selbstbefriedigung ist Ausdruck von Ich-Liebe, die im Reifungsprozess, der von den Eltern unterstützt werden muss, von der Du-Liebe abgelöst werden sollte.[400] Selbstbefriedigung ist eine Verfehlung der von Gott gesetzten Ordnungen im sexuellen Bereich und somit Sünde.[401] Der Jugendliche darf aber wissen, dass Jesus Sünden vergibt und ihm hilft, mit der Sexualität in angemessener Weise umzugehen.
Auch über **die Homosexualität und lesbische Liebe** sollten wir einige Gedanken sagen.[402] Grundsätzlich verurteilt die Bibel Homosexualität und Lesbismus als Sünde, weil der Mensch auf diese Weise seine Geschlechtlichkeit missbraucht (3. Mose 20,13; Röm

---

398 Das erste Mal, hg. v. J. Höppner; M. Hübner, Asslar 1999, S. 14
399 Fend, H., Entwicklungspsychologie des Jugendalters, Opladen 2000, S. 257
400 Ruthe, R., Was meine Eltern über Sex wissen sollten, Wuppertal; Zürich 1989, S. 26-27
401 Mühlan, C. u. E., Vergiss es, Mama!, S. 34
402 Kettermann, G. H. u. H. L., Unser Kind, S. 344-345

1,26-27; 1. Kor 6,9-10; 1. Tim 1,8-10). Es ist sicherlich richtig, wenn die Eltern aufzeigen, dass Homosexualität und Lesbismus nicht angeboren sind.[403] Homosexuelle Gefühle entwickeln sich bei einem heranwachsen Jugendlichen vor allem dann, wenn er die Beziehung zu seinem Vater als schlecht oder belastend erlebt hat. Er ist nicht in der Lage, sich als Mann anzunehmen und sucht doch gerne die Nähe der Männer. Er bewundert die richtigen Männer und aus dieser Bewunderung wachsen schließlich erotische Gefühle. Lesbische Gefühle entwickeln sich bei einem Mädchen, wenn das Verhältnis zur Mutter stark gestört ist. Ein homosexuell oder lesbisch veranlagter Jugendlicher kann dadurch, dass er seinem Vater oder der Mutter vergibt und seinen Körper bewusst bejaht, durch einen längeren Erneuerungsprozess frei werden (1. Kor 6,9-11).[404] Es sollte in diesem Zusammenhang noch darauf hingewiesen werden, dass es nicht richtig ist, wenn man sich von einem anderen Jungen, beziehungsweise Mädchen, verleiten lässt, sich gegenseitig zu streicheln und sexuell zu erregen, erst recht nicht von einem Erwachsenen.[405]

Es muss den Kindern weiter die **schädigende Wirkung** von sexualisierenden Magazinen, Pornoheften, Gewalt-, Sex- und Pornofilmen aufgezeigt werden. All diese Dinge verunreinigen die Fantasie und erschweren es, später eine tragfähige Beziehung aufzubauen.

Kinder, die sich zu Hause ausgesprochen wohl fühlen, werden die Sexualität seltener als Ersatz für bestimmte Entbehrungen gebrauchen.

Die Eltern sollten auch einige grundsätzliche Gedanken über das **Thema Freundschaft** sagen. Mit fünfzehn, sechzehn oder sieb-

---

403 James Dobson zählt verschiedene einleuchtende Gründe auf, warum Homosexualität nicht angeboren sein kann. Vgl. Dobson, J., Nimm dein Leben in deine Hand, S. 247-248

404 Werner, R., Anders als die anderen?, in: Alles Sex oder was?, S. 53-60

405 Meves, Ch., Kindgerechte Sexualerziehung. Bilanz und Neuanfang, Vollmar-Kassel 1992, S. 46; vgl. Hauschildt, I., Die feministische Versuchung und die Antwort der christlichen Frau, S. 94

zehn ist man für eine ernst zu nehmende Wahl im Blick auf eine Freundschaft zu jung.

»Geschmack, Liebe und Gefühl sind noch nicht ausgereift. Vieles ist noch im Wandel begriffen. Die Vorstellungen ändern sich von Tag zu Tag. Die Urteilskraft steht noch auf wackligen Beinen. Es ist die hohe Zeit des Schwärmens. Alles und nichts können hinreißend sein. Busen, Po, Beine und Haare bestimmen die Wahl stärker als Fragen nach der Freundschaftsfähigkeit, Toleranz, Konfliktfähigkeit, Vertrauenswürdigkeit und Vergebungsbereitschaft. Äußerliches fasziniert, Inneres ist noch wenig gefragt.«[406]

Es sollte dem Teenager gezeigt werden, dass er später – ca. ab 20 Jahren – nur mit einem gläubigen Partner eine tiefere Freundschaft aufbauen sollte, da der Glaube das Zentrum, ja die Energiequelle der Liebesbeziehung sein sollte. Die Freundschaft dient ferner dazu, zu prüfen, ob man von Gott her füreinander bestimmt ist.
Ganz gründlich sollten **die negativen Folgen des Konkubinats** besprochen werden.[407] Ehe auf Probe kann es nicht geben. Durch die Unverbindlichkeit innerhalb des Konkubinats wird vor allem die Frau mehr belastet als befreit. Es kommt zu Konflikten, da die Frau im Stillen immer Angst hat, der Mann könnte sie verlassen. Das Bedürfnis nach einem bergenden Zuhause wird nicht gestillt.[408] Wer im Konkubinat zusammenlebt, beachtet zu wenig, dass erst die Treue der Liebe ihren Wert gibt.[409] Gerade die Bereitschaft, sich verbindlich zu binden und sich gegenseitig treu zu sein, muss von den Eltern vorgelebt werden.
Das Gespräch über die Verantwortung im sexuellen Bereich ist heute deshalb von größter Wichtigkeit, weil **die Medien eine ganz andere Wert- und Normvorstellung im sexuellen Be-**

406 zit. nach Ruthe, R., Was meine Eltern über Sex wissen sollten, S. 71
407 Corrodi, G., Erziehung – neu entdeckt, S. 90
408 Naujokat, G., Junge Menschen – erste Liebe, S. 53-55
409 ebd., S. 73

reich vermitteln. Kinder erleben leider heute kein allmähliches Hineinwachsen in die sexuelle Reife, sondern werden brutal in ein aggressives sexuelles Klima gedrängt, in welchem der personale Bezug weitgehend ausgeklammert wird.[410]

Viele vertreten heute die Meinung – von Freud herkommend –, dass **der Sexualtrieb befriedigt und gesättigt werden müsse**, wenn es nicht zu Verklemmungen, Neurosen und Komplexen kommen solle.[411] Genau das Gegenteil ist aber wahr. Falsch ausgelebte Sexualität macht die Menschen an Leib und Seele kaputt. Das Lustprinzip kann niemals Grundlage des Zusammenlebens sein. Es gibt nach biblischem Verständnis keine unverbindlichen sexuellen Körperkontakte. Jeder Mensch sehnt sich insgeheim nach Treue und Verlässlichkeit.[412]

Gerade die Krankheit AIDS müsste im sexuellen Bereich zu einem Umdenken führen. G. Huntemann ist der Überzeugung, dass die Krankheit AIDS ein Gericht Gottes für die hemmungslose Übertretung seiner Gebote ist.[413]

4.4.4.2 An die Stelle des geforderten Gehorsams tritt ein ständig wachsender Freiraum, der selbständiges Handeln ermöglicht (Die Dimension der Lenkung)

1. Das Vorbild der Eltern

Auch heranwachsende Jugendliche werden in erster Linie **durch das Vorbild der Eltern** erzogen,[414] denn was sie ihnen vorleben, wird

[410] Ruthe, R., Frl. Tochter und Herr Sohn, S. 31-32; vgl. Glogauer, W., Kriminalisierung von Kindern und Jugendlichen durch Medien. Wirkungen gewalttätiger, sexueller, pornographischer und satanischer Darstellungen, Baden-Baden 1994[4], S. 34-48

[411] ebd., S. 35

[412] Hauschildt, I., Die feministische Versuchung und die Antwort der christlichen Frau, S. 88

[413] Huntemann, G., Vom Überlebenskampf des Christentums in Deutschland, S. 111-114

[414] Ruthe, R., Frl. Tochter und Herr Sohn, S. 42

ihnen später zur Richtschnur.[415] Deshalb ist gerade in dieser Zeit die Pflege der ehelichen Beziehung sehr wichtig. Gemeinsame Unternehmungen, aufrichtige Gespräche, humorvolle Entspannung sowie gemeinsames Gebet und Bibellesen erhalten eine Ehe auf Dauer lebendig und frisch.[416] Das Vorbild wird vom Pubertierenden befragt, hinterfragt, imitiert und getestet. Eine Frage bewegt den Pubertierenden: Ist das Leben meiner Eltern echt? Echt sind die Eltern, die zu Schwächen stehen, die sich auch bei ihren Teenagern entschuldigen können und bereit sind, sich zu ändern; auch die, welche sich etwas sagen lassen und nicht gleich aufbrausen.[417] Die, welche sich als unfehlbar aufspielen wollen, betrachtet das Kind als unecht. Erst dann, wenn sich Eltern so verhalten, wie Gott es von ihnen erwartet, können sie die Versprechen Gottes für ihre Kinder im Glauben in Anspruch nehmen, so z.B. Apg 16,31.[418]

Besonders lehnen Teenager auch das im Leben ihrer Eltern ab, was ihnen wichtiger ist als sie, z.B. Geldverdienen, Hobby usw.[419]

2. Gewährung eines wachsenden Freiraums

Statt dass die Eltern vom 12-15-jährigen Kind in allen Lebensbereichen unbedingten Gehorsam verlangen, gewähren sie ihm **einen immer größer werdenden Freiraum**. Dieser Freiraum muss aber dem Alter und dem Wesen des Kindes angepasst werden. Kinder brauchen diesen Freiraum, um eigene Entscheidungen treffen zu können. Auf diese Weise lernen sie die Konsequenzen ihrer Entscheidungen zu tragen. Die Eltern müssen im Gespräch mit den Kindern Richtlinien für diesen Freiraum festlegen, die immer wieder neu den Kindern angepasst werden sollten. Zu diesen Richtlinien gehören unter anderem:[420]

---

415 Kesler, J., Hilfe Teenies!, S. 45

416 Englische Studien haben darauf hingewiesen, dass die Lebens- und die Ehezufriedenheit nie niedriger ist, als in der Zeitspanne, in welcher sich die Kinder in der Pubertät befinden. Vgl. Fend, H., Entwicklungspsychologie des Jugendalters, S. 297

417 Kaldewey, J., So macht Familie richtig Spaß, S. 83

418 Campbell, R., Teenager brauchen mehr Liebe, S. 101-102

419 Kettermann, G. H. u. H. L., Unser Kind, S. 339

420 Cuthbertson, D., Hilfe, ich erziehe!, S. 57

- Teenager müssen für alle Unternehmungen die Erlaubnis der Eltern einholen.
- Die Ausgehzeiten werden festgelegt.
- Jeder ist beauftragt, im Haushalt mitzuarbeiten.
- Fernsehregeln müssen ausgearbeitet werden. Im Blick auf diese Regeln ist das Vorbild der Eltern wichtig.
- Auch über die Benutzung des Telefons muss gesprochen werden.
- Letzte Autorität bleiben Vater und Mutter, da sie die Verantwortung tragen.

Außerdem gilt es, die Grenzen des Freiraums aufzuzeigen und zu begründen. Die Eltern besprechen mit den Teenagern auch, mit welchen Konsequenzen beim Übertreten des gewährten Freiraums gerechnet werden muss (siehe unter Strafe). Schließlich legen sie noch fest, was sie absolut nicht dulden. Die Teenager dürfen z.B. auf keinen Fall Rauschgift nehmen usw.

Manchmal kommt es zwischen Eltern und Kindern zu großen Spannungen, weil die jungen Menschen von den Eltern oft größere Unabhängigkeit fordern, als diese bereit sind, ihnen zu gewähren. In diesen Auseinandersetzungen haben Eltern ihren Kindern Verständnis entgegenzubringen. Zugleich haben sie aber zu begründen, warum sie bei den abgemachten Richtlinien bleiben.[421] Interessant ist zu beobachten, dass Kinder gerade in diesen Auseinandersetzungen mit ihren Eltern, es nicht gern haben, **wenn sich diese zu stark an sie anpassen**. Sie suchen ja in ihnen einen letzten Maßstab. Die Auseinandersetzungen mit diesem elterlichen Maßstab sind nötig für die Identitätsfindung des Heranwachsenden.[422]

Überängstliche Eltern tun sich schwer, dem Kind **den nötigen Freiraum zu gewähren**. Aus Angst, die Kinder könnten etwas Falsches machen oder sich in schwierigen Situationen falsch entscheiden, beginnen sie, diese zu kontrollieren. Eine solche Kontrolle wird aber nach und nach die Beziehung zwischen Eltern und Teenager zerstören.[423]

---

421 Mühlan, C. u. E., Vergiss es, Mama!, S. 145-147
422 Collins, G., Vom Kind zum Erwachsenen, S. 73.78
423 Schreur, J. u. J., So werden Eltern Sorgen los. Wie wir lernen, die Ängste um unsere Kinder zu überwinden, Asslar 1997, S. 31

Wenn Eltern das göttliche Recht des Kindes, allmählich selbständig zu werden, nicht anerkennen, können zwei Dinge geschehen:[424]

- Entweder wird das Kind ganz abhängig und gefügig und lernt leider nicht, wie es mit den Schwierigkeiten seines Lebens fertig werden kann. Dieses Kind sucht später immer eine feste Führung und ist deshalb gefährdet für Verführungen.
- Oder es kann, wenn das Kind älter wird, zwischen ihm und den Eltern zu einer Entfremdung kommen. Es lehnt die elterliche Führung ganz ab.

Überängstliche Eltern machen ihre Kinder in bester Absicht auf alle möglichen Gefahren aufmerksam. **Dabei machen sie ihnen**, ohne es zu merken, **ständig Angst**. Diese ständigen Einschüchterungen verwirren die Kinder. Entweder werden sie selbst ängstliche Menschen, die jegliches Risiko scheuen, oder sie rebellieren gegen diese einengende Erziehung. Es gilt hier das Sprichwort: Wer Angst sät, wird Kummer ernten.[425]

Ängstliche Eltern sind auch deshalb nicht in der Lage, ihre Kinder zur nötigen Selbständigkeit zu führen, weil sie sich davor fürchten, dass die Kinder durch ein falsches Verhalten oder eine falsche Entscheidung **Schande über die Familie bringen könnten.**[426]

Auch **übertriebene Fürsorge kann das Kind lebensuntüchtig machen.** Überbehütete Kinder neigen später zu **Narzissmus**, zum Verliebtsein in sich selbst. Zumeist führt dies zu einem hartnäckigen Neinsagen, da sich das Kind ständig überfordert fühlt. Es ist nicht stark genug, selbständig die Lage zu beurteilen. Es wählt, ohne weiter nachzudenken, den Weg des Neinsagens. Oft verfallen solche Kinder später inneren Zwängen und Süchten und können sich nicht helfen.[427]

Nur wer seine Kinder **echt liebt**, kann ihnen wirklich einen wachsenden Freiraum gewähren. Wahre Liebe kann das Kind loslassen. Die Aufgabe gläubiger Eltern ist es ja, **das Kind von sich weg, zu**

---

424 Campbell, R., Kinder sind wie ein Spiegel, S. 60

425 Dreikurs, R.; Blumenthal, E., Eltern und Kinder – Freunde oder Feinde?, S. 309-310

426 Schreur, J. u. J., So werden Eltern Sorgen los, S. 49-50

427 Ruthe, R., Frl. Tochter und Herr Sohn, S. 60-61

Jesus hin zu erziehen. Sie müssen deshalb, bildlich gesprochen, die Leine von Jahr zu Jahr lockerer lassen, um die Selbständigkeit der heranwachsenden Jugendlichen zu ermöglichen. Diese sollen eigene Entscheidungen treffen dürfen. Das schließt natürlich das Zugeständnis mit ein, dass sie auch Fehler machen dürfen, mit deren Folgen sie fertig werden müssen.[428] Selbst Gott hat uns ja die Möglichkeit der freien Entscheidung gegeben, gerade weil er uns Menschen liebt.

Mütter neigen dazu, **das jüngste Kind besonders an sich zu binden**. Eine gesunde Ablösung wird auch dann gehemmt, wenn das Kind zum Partnerersatz wird. Dies kann z.B. nach dem Tod des Ehepartners eintreten oder nach einer Scheidung.[429] Solche Eltern neigen dazu, die »besten Freunde« ihrer heranwachsenden Kinder zu sein, anstatt eine normale Eltern-Kind-Beziehung zu pflegen. Manchmal vertrauen sie den Jugendlichen auch intime, persönliche Angelegenheiten an, welche diese überfordern, da ihnen die nötige Reife fehlt.[430]

Bis jetzt sprachen wir immer nur von den Eltern, welche die Kinder zu stark an sich binden. Weit häufiger sind aber heute die Eltern, welche **ihre Kinder vernachlässigen**. Es ist ihnen egal, wo sich ihre Kinder nach der Schule noch herumtreiben.[431] Solche Kinder wissen nicht, was sie mit ihrer Freiheit anfangen sollen. Sie halten sich oft auf den Straßen auf und machen schlechte Streiche. Sie kennen kein gesundes Selbstwertgefühl.[432]

3. Voraussetzungen, um mit dem Freiraum selbständig umgehen zu können

Die Kinder müssen lernen, mit Hilfe von Christus **in dieser Welt zu leben**. In einer Welt, in der es eine steigende Zahl von Arbeitslosen, schwindelerregende Verschuldung vieler Länder, Weltwirtschaftskrisen, Unregierbarkeit von Völkern, Terror, Atomschreck, Um-

---

[428] Schreur, J. u. J., So werden Eltern Sorgen los, S. 75
[429] Ruthe, R., Frl. Tochter und Herr Sohn, S. 72
[430] Campbell, R., Teenager brauchen mehr Liebe, S. 20
[431] Ruthe, R., Frl. Tochter und Herr Sohn, S. 71
[432] Smalley, G., Der Schlüssel zum Herzen unseres Kindes, S. 42-46

weltkatastrophen, Ökologiekrisen usw. gibt. Wir können als Eltern diese Gegebenheiten nicht ändern. Wir haben aber dem Kind klar zu machen, dass Gott diese Schöpfung nicht entglitten ist. **Jesus wird wiederkommen, um uns zu sich zu holen** (1. Thess 4,13-18). Wir Gläubige warten auf Jesus und brauchen deshalb nicht pessimistisch in die Zukunft zu blicken. Leider gibt es heute aber viele Christen, welche die pessimistische Zukunftsschau unserer Zeit teilen. Ihren Kindern fehlt im Blick auf die Zukunft eine tiefe innere Hoffnung, welche sie trägt. Deshalb wenden sie sich oft enttäuscht vom Glauben ihrer Eltern ab.[433]

Wer die Ausrichtung auf den wiederkommenden Christus nicht kennt, hat nur eine dunkle Zukunft vor sich. Man lebt im Jetzt und sucht dieses, so gut es geht, zu genießen. Viele Jugendliche schrecken heute davor zurück, feste Verpflichtungen und Bindungen wie Ehe, Elternschaft und Besitz zu übernehmen. Verzweifelt versuchen sie, eine Art Gegenkultur aufzubauen.[434]

Damit pubertierende Kinder den ihnen **gewährten Freiraum** mit Hilfe des in ihnen wohnenden Christus **verantwortungsvoll ausfüllen können**, müssen in ihren Leben **folgende Voraussetzungen** erfüllt sein:

- Es ist nötig, dass sie **einen bewussten Umgang mit Jesus Christus pflegen**. Dazu gehört das Bibellesen und das Gebet. Der innere Mensch der Kinder kommt im Umgang mit Jesus zur Entfaltung. Weil das Wort Gottes für diesen inneren Menschen Nahrung ist, werden die heranwachsenden Kinder durch die Beschäftigung mit dem Wort Gottes innerlich gestärkt (Jer 15,16). Das Wort Gottes wirkt sich auch heilend auf den inneren Menschen aus (Ps 107,20). Die Teenies sollten bereit sein das, was Jesus ihnen durch sein Wort sagt, auch zu tun (Jak 1,22). Der in ihnen wohnende Christus gibt ihnen die Kraft dafür.[435]
  Ferner gehört **der Gemeindebesuch** dazu. Die Gemeinde unterstützt als größere Gemeinschaft die Werte und Normen der an

---

433 Campbell, R., Teenager brauchen mehr Liebe, S. 105

434 Dieterich, M., Psychologie contra Seelsorge? Hilfestellung für die christliche Gemeinde, Neuhausen-Stuttgart 1985^2, S. 54-57

435 Mühlan, E. u. C., Menschenskinder!, S. 28

Christus glaubenden Eltern und bildet deshalb für die heranwachsenden Kinder, welche in eine pluralistische Gesellschaft hineinwachsen, einen wichtigen Rückhalt. Der Besuch der Gemeinde fällt einem pubertierenden Kind dann nicht schwer, wenn es jeden Sonntag mit seinen Eltern treu den Gottesdienst besucht hat. War dies aber nicht der Fall, wird das Kind später mehr oder weniger nach Lust und Laune die Gemeindeanlässe besuchen.[436]

- Das heranwachsende Kind muss weiter lernen, **sich selbst anzunehmen**. Es muss zu sich, zu seinem So-Sein, ein Ja finden (Ps 139,14).[437] Grundlage der Selbstannahme ist das Angenommensein durch die Eltern und durch Jesus Christus (Röm 15,7).

»Wenn Gott zu uns Ja gesagt hat, haben wir dann noch einen Grund, an unserem Selbstwert zu zweifeln?«,

fragt Walter Wanner.[438] Josh McDowell sagt:

»Die Tatsache, dass Gott uns annimmt, sollte für uns eine Motivation zur Selbstannahme sein.«[439]

Jesus sagt nicht Ja zu unseren Sünden, sondern er sagt Ja zu unserer Wesensart, zu unserem So-Sein. In unserem Ja zu Jesus finden wir das Ja zu unserem sich ins Bild Jesu wandelnden Selbst. Wir nehmen ernst, dass wir in Gottes Augen überaus wertvoll sind. Zu dieser **Selbstbejahung** gehört auch, dass sich ein Jugendlicher als Junge oder Mädchen in seiner geschlechtlichen Eigenart bejahen lernt. Eine richtige Identifikation mit dem eigenen Geschlecht hängt weitgehend vom Vorbild von Vater und Mutter ab.[440] Damit diese Bejahung der Geschlechtlichkeit sich voll entfalten kann, gilt es, das sich entwickelnde Schamgefühl

---

436 ebd., S. 67
437 Ruthe, R., Elternbuch, Wuppertal 1986, S. 245
438 zit. nach Wanner, W., Mach mehr aus Dir. Schritte zur Erweiterung und Vertiefung der Persönlichkeit. Wege zur Ganzheit, Gießen 1984^2, S. 77
439 zit. nach McDowell, J., Werden, wie Gott mich meint, S. 124
440 Mühlan, E., Kinder in der Zerreißprobe, S. 170

des Pubertierenden sorgfältig zu fördern. Dies ist in unserer Zeit besonders wichtig, weil man in unserer Gesellschaft bemüht ist, diesen Schamschutz abzubauen.[441]
Zur Selbstannahme gehört auch das Ja zum Aussehen und zum Gewicht. Interessant ist, dass Mädchen ihr Aussehen negativer beurteilen als Jungen.[442] Claudia und Eberhard Mühlan schreiben dazu:

»Genau betrachtet hängt es sehr stark von dir selbst ab, ob dein Teenager ›sich annimmt‹. Wenn du unzufrieden mit deinem Aussehen oder deinem Gewicht bist, kann sich diese Haltung schnell auf dein Kind übertragen. Wenn du dich selbst kritisierst, kritisierst du im Grunde Gott, denn ›er hat uns gemacht und nicht wir selbst‹ (Psalm 100,3). Aber wenn dein Selbstwertgefühl gesund ist und auf biblischen Werten basiert, fällt es auch deinem Kind leichter, mit sich und seinem Aussehen zufrieden zu sein.«[443]

Die Selbstannahme ist nötig, um die gegebene Zeit richtig ausnutzen zu können, denn mangelnde Selbstannahme macht unzufrieden, depressiv oder aggressiv und führt zu Selbstmitleid.[444]
Selbstmitleid macht einsam. Wer Selbstmitleid hat, dreht sich ständig um sich selbst und ist blockiert, die alltäglichen Aufgaben zu bewältigen. Nur die Ausrichtung auf Jesus vermag von Selbstmitleid zu befreien. Ein Jugendlicher, der es gelernt hat, sich selbst anzunehmen, wird treu seine alltäglichen Arbeiten erledigen.
Aus einer gesunden Selbstannahme wächst das Einfühlungsvermögen in das Leben anderer und die Bereitschaft, ihnen zu helfen. Gleichaltrige werden bei jungen Menschen, die es gelernt haben, sich selber anzunehmen, sogar Halt finden.[445]
Denken wir daran: Die Beziehung zu liebenden und verständnisvollen Eltern in den ersten Lebensjahren und später zu Jesus sind die

---

441 ebd., S. 180
442 Fend, H., Entwicklungspsychologie des Jugendalters, S. 237
443 zit. nach Mühlan, C. u. E., Vergiss es, Mama!, S. 102
444 McDowell, J., Werden, wie Gott mich meint, S. 47-48
445 Mussen, P. H.; Conger, J. J.; Kagan, J., Lehrbuch der Kinderpsychologie, S. 597

Grundlage für alle Vorgänge der Verselbständigung und bilden die Grundlage, sich in Liebe dem Nächsten zuwenden zu können.[446]

4. Wie geht ein pubertierendes Kind selbständig mit dem ihm gewährten Freiraum um?

Das Kind muss lernen, **gewisse alltägliche Dinge selbständig auszuführen**.

- Die **Schulaufgaben** sollte ein Kind ab 12 Jahren selbständig machen. Nur dort, wo es nicht klarkommt, sollten die Eltern helfen. Selbst gemachte Aufgaben geben dem Kind ein für dieses Alter wichtiges Erfolgserlebnis. Dieses spornt zu erneuter Lernbereitschaft an. Das Erledigen der Aufgaben soll zu Leistungen führen, die dem Kind angepasst sind und nicht zu Spitzenleistungen. Oft üben Eltern gerade im Bereich der Hausaufgaben lange Zeit einen starken Druck aus, weil sie Angst haben, das Kind lerne zu wenig, um den weiteren Lebensweg erfolgreich gestalten zu können. Dieser unnötig starke Druck führt meistens nur zu einer gereizten Stimmung zwischen Eltern und Kind.[447]
- Es sollte auch lernen, bestimmte **Arbeiten im Haushalt** ohne Aufforderung zu verrichten.
  - Es ist für das eigene Zimmer verantwortlich: Bett machen, Kleider wegräumen, aufräumen und staubsaugen.
  - Helfen beim Geschirrspülen nach dem Essen.
  - Die Schuhe selber putzen.
- **Den Teenagerclub der Gemeinde besucht es freiwillig.**
- Das Kind muss aber auch lernen, **mit der Freizeit sinnvoll umzugehen.** Es kann in der Freizeit musizieren, Schachspielen, sich sportlich betätigen. Eine sinnvolle Freizeitbeschäftigung ist auch das Lesen guter Bücher.[448] Wenn ein Teenager deshalb nichts mit seiner Freizeit anzufangen weiß, weil er einfach zu nichts Lust hat, darf er ruhig ein wenig unter Druck gesetzt werden, bis er zu einer sinnvollen Freizeitbeschäftigung gefunden hat.

---

446 Uhl, S., Die Mittel der Moralerziehung und ihre Wirksamkeit, S. 128-129
447 Campbell, R., Kinder sind Persönlichkeiten, S. 99
448 Wetter, E., Spaß an Büchern, in: Ratgeber Erziehung, S. 95

Gerade Teenager, **die mit der Freizeit nicht richtig umgehen können, sind oft gefährdet**, da sie ihre Freizeit vor dem Fernseher, dem Videorecorder und mit dem Hören von Musik füllen. Durch das Schauen der verschiedenen Fernsehsendungen und Videokassetten werden sie stark **von sexuellen, pornographischen, satanischen und okkulten Inhalten beeinflusst**. Auch Horrorszenen aus bestimmten Videokassetten können auf sie einen starken Einfluss ausüben. Beim Hören von Hardrock (Heavy Metal, Black Metal, Speed Metal, Death Metal usw.) setzen sie sich der uneingeschränkten Proklamation von Gewalt, Satanismus, sexuellen und pornographischen Ausschweifungen aus.[449] Heute kommt das Hören von Techno dazu. An Techno-Partys suchen die Teilnehmer mit Hilfe dieser Musik und einem extremen Tanzstil in Trance zu kommen. Viele brauchen dazu auch synthetische Drogen, bekannt unter dem Namen »Ecstasy«.[450] All das bleibt natürlich nicht ohne Folgen auf die Entwicklung des heranwachsenden Jugendlichen.

Es kann im Leben des Teenagers zu emotionalen Störungen, zu übermäßig aggressivem Verhalten und zu einem abartigen Sexualverhalten kommen. Ja, es kann, wie Werner Glogauer in seiner Studie »Kriminalisierung von Kindern und Jugendlichen durch Medien« aufzeigt, sogar zu kriminellen Handlungen führen.[451] Deshalb müssen Eltern ihre heranwachsenden Kinder unbedingt lehren, mit den Medien in rechter Weise umzugehen. Ziel einer überlegten Medienerziehung in der Familie ist, dass der junge Mensch aus eigener Verantwortung und aus eigenem Antrieb Fernsehfilme, Videofilme und Musik meidet, die ihm schaden

[449] Glogauer, W., Kriminalisierung von Kindern und Jugendlichen durch Medien, S. 48-61

[450] Faix, T., Die WA(H)RE Jugend. Jugendliche besser verstehen, Neuhausen-Stuttgart 1997, S. 97-110

[451] Glogauer, W., Kriminalisierung von Kindern und Jugendlichen durch Medien, S. 72-108. Welche negativen Folgen Pornographie im Leben eines Menschen haben kann, wird aus dem Interview, das James Dobson mit Ted Bundy gemacht hat, deutlich. Vgl. Dobson, J., Nimm dein Leben in deine Hand, S. 216-222

oder ihn negativ beeinflussen könnten.[452] Diese Medienerziehung gelingt vor allem dann, wenn die Eltern selbst vorbildlich mit den Medien umgehen.[453]
Ferner sind **Computerspiele** zu erwähnen, die Teenager und Jugendliche stark süchtig machen. Oft ist ihre Freizeit fast nur noch mit diesen Spielen ausgefüllt.[454]
Zudem müssen heute viele Jugendliche mit den vielfältigen Eindrücken aus dem **Internet** fertig werden.[455]
Hilfreich ist es, wenn Kinder zumindest eine Freizeitbeschäftigung haben, in welcher sie erfolgreich sind, sei es im sportlichen oder musikalischen Bereich. Dies fördert das Selbstwertgefühl des Kindes.[456] Es gibt heute aber auch Teenager, die mit einem überladenen Terminkalender leben. Mit ihnen haben die Eltern über Prioritäten und Zeiteinteilung zu reden. Sicherlich haben sie sich für das Erledigen der Schulaufgaben, für das Engagement in der christlichen Gemeinde, sei es im Teenieclub, in der Musikgruppe, für die Familie, das persönliche Hobby usw., Zeit zu nehmen. Daneben brauchen sie aber auch Zeit zum Entspannen und Verarbeiten der vielen Eindrücke.[457]

5. Größere Selbständigkeit der pubertierenden Kinder als Herausforderung für die Eltern

Der gewährte Freiraum gibt dem Kind eine **ständig wachsende Intimsphäre**. Es macht ganz persönliche Eintragungen ins Tagebuch, schreibt Freundinnen und Freunden vertrauliche Briefe. Eltern, vor allem Mütter, müssen sich überwinden, um nicht in dieser Intimsphäre herumzuschnüffeln.[458]

---

452 Günther, K.; Kögler, T., Die neue Sucht. Videofilme und Videospiele – Fakten, Gefahren, Hilfen, Dillenburg 1986, S. 43
453 Francis, P., Wenn du dein Kind nicht mehr verstehst, S. 68
454 Flämig, K.; Kress, G.; Wenzler, E. G., Jugendarbeit mit Pfiff, S. 35
455 Kuhn, M., Der Einfluss der Medien auf unsere Kinder. Vier Thesen zu einem immer aktuellen Thema, in: Erziehung konkret, S. 27-29
456 Smalley, G., Der Schlüssel zum Herzen unseres Kindes, S. 125
457 Mühlan, C. u. E., Das große Familien-Handbuch, S. 216-217
458 Abeln, R., Ehe sie erwachsen werden, S. 27-31; vgl. Kesler, J., Hilfe Teenies!, S. 110

Das zur Selbständigkeit angehaltene Kind **denkt, plant, handelt und entscheidet in der Familie immer mehr mit**. Eltern haben zu lernen, die Beiträge ihrer Kinder positiv aufzunehmen und nicht energisch zurückzuweisen.

6. Anerkennung, Lob, Ermutigung

Um die Eigenverantwortlichkeit des Kindes zu fördern, treten an die Stelle der Befehle immer mehr die **Beratung und die helfende Begleitung.**[459]

Gerade in dieser Phase des Selbständigwerdens braucht das heranwachsende Kind in ganz besonderer Weise **Anerkennung und Lob**. Mit Lob verstärken die Eltern die richtigen Verhaltensweisen. Sie fördern das Positive im Leben des Teenagers und stärken sein Selbstwertgefühl. Besonderes Lob verdient ein Teenie dann, wenn er sich positiv eingesetzt hat, obwohl er dazu gar nicht aufgefordert wurde. Schön ist es auch, wenn Eltern ihn vor anderen loben. Dies wirkt sich enorm positiv aus.

Das Kind, welches Dinge selbständig zu erledigen und selbständig gesetzte Ziele zu erreichen sucht, stößt ständig an Grenzen. Es kommt einfach nicht mehr weiter. Dies bewirkt Enttäuschungen und Frustrationen. Deshalb braucht es immer wieder neu und dringend notwendig **Ermutigung**. Ermutigung findet auch statt, wenn die Eltern dem Kind erzählen, wo sie in dessen Alter versagt haben oder eine tiefe Enttäuschung erlebten, und wie Gott ihnen geholfen hat. Mit viel Liebe und Einfühlungsvermögen haben sie ihm zu helfen, bestimmte Grenzen zu überwinden, um seine Ziele zu erreichen.[460] Es muss dem Kind klar werden, dass dies mit Jesu Hilfe möglich ist. Es steht in Philipper 4,13: *»Alles vermag ich in dem, der mich kräftigt.«*

Übrigens sollten Eltern ihre Kinder dazu ermutigen, sich in der Schule, im Musikunterricht, in der christlichen Gemeinde, im Sport bestimmte **Ziele zu setzen**. Wichtig ist aber, dass diese ihre eigenen Ziele und nicht die der Eltern sind.

---

459 Abeln, R., Ehe sie erwachsen werden, S. 10
460 Ruthe, R., Frl. Tochter und Herr Sohn, S. 34-35

Dazu kommt im Leben eines Teenagers, dass er Zeiten der Trägheit und Faulheit hat, welche von solchen abgelöst werden, in denen er fast übereifrig ist. Oftmals ist er sogar gestresst. Weil dies so ist, haben wir ihm zu helfen, seine **Zeit richtig einzuteilen**, indem wir ihm helfen, Prioritäten zu setzen.[461]

7. Zurechtweisung und Strafe

Das Verhalten des pubertierenden Kindes gibt uns sehr oft zu berechtigtem Tadel Anlass. Da sind all die vorprogrammierten Spannungsfelder wie Fragen der **Kleidung, der Frisur und der Musik**. Sicherlich haben wir in diesen drei Bereichen mit unseren Kindern im Gespräch zu bleiben. Wenn Eltern der Kleidung und der Frisur nicht übermäßig viel Gewicht beimessen, wird das Kind eher bereit sein, auf sie zu hören und nach ihrer Meinung zu fragen.[462] Wenn wir Eltern unser Kind zurechtweisen, weil es sich vielleicht nicht an Abmachungen gehalten hat oder frech war, sollten wir uns darum bemühen, dies aus der Liebe heraus zu tun. Wir sind es dem Kind auch schuldig, **unsere Zurechtweisung zu begründen.**

R. Campbell sagt im Blick auf den Tadel:

> »Je freundlicher Sie im Umgang mit ihrem Kind sind, umso strikter können Sie sein, wenn Sie ihm Grenzen setzen und Disziplin fordern. Gleichermaßen gilt, je unfreundlicher Sie mit ihrem Kind sind, umso weniger können Sie es sich leisten, streng zu sein, umso weniger wird es Sie dann respektieren und wird eher dazu neigen, entgegen Ihren Wünschen zu handeln.«[463]

Wir haben uns als Eltern davor zu hüten, an unseren Kindern **herumzunörgeln**, obwohl es tatsächlich sehr vieles zu kritisieren gäbe. Nörgelei zerstört das Gespräch zwischen Eltern und Kind. Vielmehr ist es unsere Aufgabe, uns darum zu bemühen, unser pubertierendes Kind in seinem Benehmen zu verstehen. Oft müssen wir uns fragen,

[461] Mühlan, C. u. E., Vergiss es, Mama!, S. 75-76
[462] Arp, C. u. D., Und plötzlich sind sie dreizehn, S. 106
[463] zit. nach Campbell, R., Teenager brauchen mehr Liebe, S. 53

was es mit diesem oder jenem Verhalten signalisieren will.[464] Manchmal will das Kind durch sein Verhalten nur die **Aufmerksamkeit auf sich lenken**. Es will jemand sein. Ab und zu will es mit seinem Benehmen aber auch seine **Macht demonstrieren.**[465] R. Dreikurs, B. B. Grünewald und F. C. Pepper schreiben dazu:

> »Jeder Erwachsene, der sich in einen Machtkampf mit einem Kind hineinziehen lässt, ist verloren.«[466]

In der Zeit der Pubertät kommt es oft **zwischen Müttern und Töchtern zu Spannungen**. Sie reiben sich aus unerklärlichen Gründen. Wie gut, wenn sich dann die Väter als Friedensstifter und Vermittler einsetzen.[467]

Kinder, die sich von den Eltern zurückgesetzt und vernachlässigt fühlen, verlieren nach und nach den Glauben an sich selbst. Sie beginnen teilweise unbewusst gegen ihre überstarken oder gleichgültigen Eltern zu kämpfen. Sie versuchen, sie **durch ihr Verhalten zu verletzen**, weil sie ja jahrelang von ihnen verletzt worden sind. Sie machen dies z.B., indem sie sich **passiv-aggressiv verhalten**. Campbell schreibt dazu:

> »Passiv-aggressives Verhalten ist schlimm genug bei jüngeren Kindern, aber passiv-aggressives Verhalten bei Teenagern kann katastrophal sein. Ich habe miterlebt, wie diese ungesunde Art, mit Wut umzugehen, Teenager in den Strudel des Abgrundes getrieben hat – angefangen von schlechten Noten in der Schule, über Drogen, Schwangerschaft, Kriminalität bis hin zum Selbstmordversuch.«[468]

Wenn wir das Verhalten eines Kindes verstehen wollen, ist es ratsam, sorgfältig Rückfragen zu stellen. **Behauptungen helfen** hier

---

464 Ruthe, R., Frl. Tochter und Herr Sohn, S. 39-40
465 ebd., S. 45
466 zit. nach ebd., S. 46
467 Dobson, J., Anti-Frust-Buch, S. 120
468 zit. nach Campbell, R., Teenager brauchen mehr Liebe, S. 59

überhaupt **nicht weiter**. Es hilft nichts, dem Kind an den Kopf zu schleudern: »Ich weiß, dass du mich ärgern willst! Mir ist klar, dass du mich fertig machen willst!«[469]

Auch **»Du-Botschaften« helfen nicht** weiter: »Du verhältst dich einfach unmöglich, du tyrannisierst die ganze Familie!« Diese Aussagen verletzen das Kind und kränken es zutiefst.[470] Es ist auch nicht richtig, wenn wir den Teenagern einfach sagen: »Halt's Maul!« oder »Hau doch ab!«

Viel zu oft sagen Eltern **den pubertierenden Kindern nur deren Fehler**. Aufgrund dieser Fehler verurteilen sie dann das Kind und machen es innerlich buchstäblich fertig.[471] Solche Kinder neigen dann dazu auszureißen.[472]

Wenn sich ein Kind »unmöglich« verhält, ist es **sinnlos, es anzubrüllen**. Dies macht nur deutlich, dass der Erzieher die Kontrolle in dieser Situation verloren hat.

Eltern brüllen die Teenager oft deshalb an, weil sie nicht die Kraft haben, sich selbst zu beherrschen. Um dem Teenager auch in spannungsgeladenen Situationen in rechter Weise begegnen zu können, brauchen sie die Kraft Jesu. Diese Kraft haben sie nur, wenn sie den persönlichen Umgang mit Jesus im Gebet und Bibellesen pflegen. Auch körperliche Überspanntheit und falsche Ernährung tragen zur Überreiztheit bei. Genügend Schlaf, körperliche Ertüchtigung und eine gute Ernährung sind wichtig. Zudem haben Eltern darauf zu achten, dass sie nicht verdrängten Ärger an den Kindern auslassen.[473] Da sich pubertierende Kinder innerlich meist einsam fühlen, weckt das Angebrülltwerden in ihnen Hilflosigkeit und Einsamkeit. Haben Erzieher ein Kind angebrüllt, bleibt ihnen nur die **Entschuldigung**. Diese ist dann besonders wirksam, wenn eine Erklärung für

469 Ruthe, R., Frl. Tochter und Herr Sohn, S. 51
470 ebd., S. 77
471 ebd., S. 58
472 Kettermann, G. H. u. H. L., Unser Kind, S. 339-341
473 Campbell, R., Teenager brachen mehr Liebe, S. 54-55

das falsche Verhalten gegeben wird.[474] Die Entschuldigung öffnet den Eltern wieder das Herz des Kindes.[475]

Um nicht unbeherrscht aufzubrausen, brauchen Eltern in schwierigen Situationen erst eine Zeit der Stille vor Gott. Es gilt, sich zunächst einmal zurückzuziehen. Aus der Stille heraus und getragen von einer tiefen Liebe zum Kind, kann dann über das Vorgefallene gesprochen werden. Wenn wir Eltern mit dem Kind solche schwierigen Gespräche führen, sei es, weil es etwas gestohlen oder vielleicht ein Pornoheft gekauft hat, müssen wir ihm die Gelegenheit geben, uns zu sagen, warum es das gemacht hat. Erst dann haben wir auf das, was das Kind falsch gemacht hat, einzugehen und die Konsequenzen festzulegen.[476]

Die körperliche Strafe sollte meines Erachtens ab 13 oder 14 Jahren nicht mehr angewandt werden, weil sie nicht helfen kann, die inneren Konflikte eines Teenagers zu lösen.

Angemessene **Strafen** könnten z. B. **Einschränkungen von Freiheiten und Privilegien** sein.[477] Diese Einschränkungen müssen aber vorher mit dem Einverständnis des Teenagers festgelegt werden.

Sinnvoll können ferner **zusätzliche Arbeiten, Taschengeldkürzungen**[478] oder das **Wiedergutmachen des Vorgefallenen sein.**[479] **Kollektivstrafen sollten vermieden werden**. Mit Recht werden diese von den Unschuldigen als ungerecht empfunden.[480]

Wenn Eltern angedrohte Strafen nicht durchziehen, verlieren sie von Seiten der Teenager den Respekt. Jugendliche legen das Verhalten der Eltern als Schwäche aus.

Wir sehen, dass den Eltern in der Teenagerzeit nicht mehr viele Strafmöglichkeiten zur Verfügung stehen. An die Stelle der Strafe tritt vor allem das **ernsthafte Gespräch**.

---

474 Kesler, J., Hilfe Teenies!, S. 59
475 Smalley, G., Der Schlüssel zum Herzen unseres Kindes, S. 59-60; vgl. Kesler, J., Hilfe Teenies!, S. 57-60; vgl. Dobson, J., Anti-Frust-Buch, S. 114
476 Mühlan, C. u. E., Das große Familien-Handbuch, S. 264-265
477 Campbell, R., Teenager brauchen mehr Liebe, S. 82
478 Kettermann, G. H. u. H. L., Unser Kind, S. 337
479 Zulliger, H., Das Strafen in der Erziehung, S. 49-51
480 ebd., S. 52

Manchmal ist es die Aufgabe der Eltern, die pubertierenden Kinder **mit ganzer Festigkeit vor schweren Fehlern zu bewahren**, an deren Folgen sie ein Leben lang zu tragen hätten.[481] Diese Festigkeit bringt aber nichts, wenn sie in dieser schwierigen Situation das erste Mal eingesetzt wird. Hat das Kind aber in all den Jahren gelernt, sich der Festigkeit der Eltern zu beugen, kann ihm dies jetzt eine große Hilfe sein. Es kann so vor Drogenmissbrauch, frühem Geschlechtsverkehr, Schwangerschaft, Alkoholismus, Homosexualität usw. bewahrt werden. Wir dürfen nicht vergessen, dass viele Teenager, die nur eine einzige Dosis einer Droge nahmen, nie mehr folgerichtig oder logisch denken konnten. Diese Störung im Denken zerstörte dann auch ihre weitere Entfaltung.[482]

8. Besondere Probleme mit Teenagern

- Oft bringen Teenager uns Eltern **wortlosen Widerstand** entgegen. Sie halten in protziger Position die Arme verschränkt, schlagen die Tür zu.[483]
  In dieser Phase haben wir dem Kind unsere Liebe und unser Vertrauen zu zeigen. Wir haben ihm aber auch deutlich zu machen, dass der provokative Ungehorsam aufhören muss und dass wir an den gemeinsamen Abmachungen festhalten. Grace Ketterman schreibt:

  »Wenn Sie Ihrem rebellischen Kind einmal erfolgreich widerstanden haben, wird der Umgang mit ihm in Zukunft leichter.«[484]

- Wenn wir einem Teenager in der Phase des wortlosen Widerstandes nicht helfen können, kommt es zum **verbalen Widerstand**. Der Teenager widerspricht uns, ist frech gegen uns, macht uns heftige Vorhaltungen. Wichtig ist, dass wir als Eltern nicht mit Worten zurückschlagen, sondern ihn mit seinen Vorwürfen ins Leere laufen lassen. Doch haben wir ihm deutlich zu machen,

---

481 Dobson, J., Das eigenwillige Kind, S. 191-192
482 Campbell, R., Teenager brauchen mehr Liebe, S. 94
483 Cuthbertson, D., Hilfe, ich erziehe!, S. 60-64
484 zit. nach Ketterman, G., Du bist nicht allein, mein Kind!, S. 122

dass wir an den gemeinsamen Abmachungen festhalten. Nachgiebigkeit hilft nicht weiter. Oft wissen wir aber nicht, wie dies praktisch geschehen soll. In solchen Situationen trösten uns die Worte aus Jakobus 1,5: *»Wenn aber jemand von euch Weisheit mangelt, so bitte er Gott, der allen willig gibt und keine Vorwürfe macht, und sie wird ihm gegeben werden.«*

- Wenn wir aber mit Worten zurückschlagen, kommt es zum **Widerstand des Willens**. Der Teenager macht willentlich das Gegenteil von dem, was wir Eltern von ihm fordern. Er greift zu Alkohol, Drogen, wird magersüchtig usw.
  In einer solchen Phase muss die fachliche Beratung eines Arztes, Jugendberaters oder Seelsorgers zur Hilfe für die Familie herangezogen werden. Meist ist es so, dass das Beziehungssystem in der Familie krank ist, deshalb muss sich nicht nur etwas im Leben dieses rebellischen Teenagers ändern, sondern in der ganzen Familie, weil die Eltern am Verhalten des Teenagers mitschuldig sind (siehe 3.2.5). Vielleicht waren ihre erzieherischen Bemühungen zu einengend oder zu streng. Es kann aber auch sein, dass sie dem Kind zu nachgiebig begegnet sind und zuviel haben durchgehen lassen.[485] Ohne fachliche Hilfe, ohne Gebetsbeistand und ohne Gottes heilendes Eingreifen können solche Familienbeziehungen kaum wieder heil werden.[486]

Meist kommt es zu diesen besonderen Problemen, wenn pubertierende Kinder einerseits nicht frei über das, was sie innerlich bewegt, reden können und sie sich andererseits nicht ernst genommen fühlen. Damit sich Kinder ihren Eltern gegenüber immer wieder öffnen können, müssen sie spüren, dass sie von ihnen trotz allem **geliebt werden**, und dass man auf ihre Probleme helfend eingeht. Gerade in diesem Alter sollten Eltern **die richtigen Zeitpunkte zu Gesprächen ausnutzen.**[487] Wenn sie am Abend auf dem Bettrand des Teenagers sitzen, kann er vielleicht über seine Probleme sprechen, die ihn innerlich umtreiben und die sein unmögliches Verhalten in

[485] ebd., S. 126-129
[486] Mühlan, C. u. E., Vergiss es, Mama!, S. 165
[487] Ruthe, R., Elternbuch, S. 147

den letzten Tagen ausgelöst haben. Eltern müssen lernen, für die Sorgen und Probleme ihrer pubertierender Kinder Interesse und Verständnis aufzubringen.[488] Dies erfordert Zeit, deshalb ist es undenkbar, dass Mütter von Kindern in diesem Alter berufstätig sein können.

9. Hilfen im Blick auf die Berufswahl

In diese Zeit fällt noch die **Entscheidung der Berufswahl**. Viele Jugendliche sind gerade hier hoffnungslos überfordert. Es braucht von Seiten der Eltern viel Einfühlungsvermögen und eine helfende Beratung. Jugendliche lassen sich interessanterweise gerade im Blick auf die Berufswahl stark von ihren Eltern beeinflussen. Wichtig ist, dass das Kind in seinem zukünftigen Beruf nicht überfordert, aber auch nicht unterfordert ist. Deshalb haben die Eltern die Neigungen, Fähigkeiten und die Möglichkeiten bei helfenden Gesprächen gleichermaßen zu berücksichtigen. Vor allem hat der Beruf des Vaters eine große Bedeutung für die Söhne, weniger für die Töchter.[489] Bei der Berufswahl der Mädchen sollte das Wesen der Frau mitberücksichtigt werden.

Vielleicht kann das Aufsuchen der Berufsberatung eine Hilfe sein. Wir sollten als Eltern unseren Kindern erzählen, wie wir in dieser Frage Gottes Führung erleben durften.[490] Wenn Eltern und Kinder davon überzeugt sind, dass Gott auch darin Klarheit schenken will, werden sie zusammen dafür beten. Eltern haben aber darauf zu achten, dass sie ihre Kinder nicht drängen, einen bestimmten Beruf zu erlernen. Dies könnte im Leben der heranwachsenden Jugendlichen zu Identitätskrisen führen.[491]

10. Wachsende Verantwortung des Teenagers

Dem heranwachsenden Kind muss mit der Gewährung eines größeren Freiraums auch mehr **Verantwortung** abgegeben werden. Es muss die Möglichkeit haben, selbständige Entscheidungen zu fällen.

---

488 Wanner, W., Seelische Krisen erkennen, verstehen, bewältigen, S. 21
489 Mussen, P. H.; Conger, J. J.; Kagan, J., Lehrbuch für Kinderpsychologie, S. 605
490 Kettermann, G. H. u. H. L., Unser Kind, S. 334
491 Schmitz, E.; Stiksrud, A., Erziehung, Entfaltung und Entwicklung, S. 222

Diese Entscheidungen hat es in der Verantwortung vor Gott zu treffen. Das Kind braucht dazu aber die helfende Begleitung der Erzieher, weil ihm ja die Erfahrung fehlt. Walter Wanner sagt dazu:

> »Ohne Verantwortungsbereitschaft und ohne Übernahme von Aufgaben gibt es keine Selbstentfaltung und kein echtes Reifen.«[492]

In der Familie, im Schulunterricht, im biblischen Unterricht und in der Jungschar sollten die Teenager angeleitet werden, bestimmte Aufgaben, die sie selbst wählen dürfen, selbständig zu erfüllen. Es muss ihnen klar werden, dass diese Übernahme von Aufgaben Verantwortung nach sich zieht, die sie wahrnehmen müssen.

Wer verantwortlich handeln lernt, wird befähigt, nach und nach Verantwortung für andere zu tragen. Dem 15- bis 16-jährigen Kind sollte man in der Familie oder z.B. in der Jungschar die Möglichkeit geben, für andere, jüngere Kinder Verantwortung zu tragen.[493] So kann man ihm helfen, aus der Ich-Drehung, aus dem Sich-Treiben-Lassen herauszukommen. Dass diese bewusste Übernahme von Verantwortung für andere im Leben der heranwachsenden Kinder positive Auswirkungen hat, wurde empirisch nachgewiesen. Gerade bei schwierigen Kindern (leistungsschwach, unmotiviert) konnte eine Wendung zum Besseren festgestellt werden.[494] Aber dieses Anvertrauen von Verantwortung macht den Erziehern oft große Mühe, weil sich der pubertierende Jugendliche nicht immer angemessen verhält. Nur wer Vertrauen auf Vorschuss schenken kann, kann Teenagern auch Verantwortung übergeben.[495]

Zum verantwortlichen Handeln gehört auch, dass sich der Teenager nicht selbst in Gefahr begibt. Er hat Bars und Techno-Partys zu meiden, da gerade an solchen Orten die von Jesus geschenkte Widerstandskraft gebrochen werden kann.[496]

---

492 zit. nach Wanner, W., Seelische Krisen erkennen, verstehen, bewältigen, S. 85
493 Wanner, W., Wer bin ich – wer bist Du?, S. 55
494 Uhl, S., Die Mittel der Moralerziehung und ihre Wirksamkeit, S. 189
495 Collins, G., Vom Kind zum Erwachsenen, S. 74
496 Campbell, R., Teenager brauchen mehr Liebe, S. 77

Es kommt vor, dass Teenager uns Eltern bitten, **Veranstaltungen** zu besuchen, bei denen uns einfach nicht wohl ist. Wir können durchaus darlegen, welche Bedenken wir haben, doch überlassen wir die Entscheidung in dieser Angelegenheit dem Teenager. Im Leben der Teenager ändern sich Ereignisse und Situationen so schnell, dass sich solche Probleme vielfach von selbst erledigen.[497]

Auch der **richtige Umgang mit Geld** gehört zum verantwortlichen Handeln.

Dem Teenager sollte das Taschengeld monatlich ausbezahlt werden, damit er lernt, es einzuteilen. Die Höhe des Taschengeldes hängt natürlich davon ab, was er mit diesem Geld alles bestreiten soll.[498] Ältere Teenager können ihren Finanzhaushalt im Blick auf besondere Anschaffungen erheblich aufbessern, wenn sie Ferienjobs annehmen. Wichtig ist aber, dass wir als Eltern darauf achten, dass sie sich noch genügend entspannen können. Der Job darf ihnen nicht zur Überforderung werden.[499]

Auch der Lehrlingslohn muss verwaltet werden, und ich meine, dass der Jugendliche einen dem Lohn angemessenen Teil an die Haushaltkosten beitragen sollte. Die Höhe des Beitrags muss gemeinsam errechnet werden. Dazu gehören der Anteil an die Miete, Strom und Heizung, die Kosten für das Essen, Benutzung des Telefons usw. Hat der Jugendliche zuviel Geld, wird er später in der Ehe Schwierigkeiten haben, mit dem ihm dann zur Verfügung stehenden Geld auszukommen. Er wird auch wenig Verständnis zeigen für die vielen Ausgaben, die in einer Familie notwendig sind.

Studierenden Kindern soll finanziell in angemessener Form geholfen werden. Aber auch sie sollten ihren Beitrag an die Studienkosten leisten, indem sie in den Semesterferien arbeiten. Wichtig ist, dass schon Kinder und Jugendliche lernen, den zehnten Teil Gott zur Verfügung zu stellen (Mal 3,10). Das Ziel unserer Bemühungen im Blick auf den Umgang mit Geld ist, dass der heranwachsende Tee-

[497] ebd., S. 78
[498] Mühlan, E. u. C., Menschenskinder!, S. 97-98
[499] Mühlan, E., Papa, rück die Scheine raus!, S. 67-69

nager zwischen Geiz und Verschwendung unterscheiden kann und seinen Lebensstil zwischen diesen beiden Extremen ansiedelt.[500]

11. Freunde der Teenager

Die Freunde, die ein Teenager aussucht, werden mitbestimmen, wie seine Teenagerjahre verlaufen. Eltern haben gläubigen Teenagern zu zeigen, dass Freunde, mit denen man auch über die Bibel reden und beten kann, unter echten Christen zu finden sind. Ideal ist, wenn sich ungezwungene Freundschaften mit Gleichaltrigen in der Gemeinde ergeben. Natürlich können auch Beziehungen zu Nichtchristen im Sinne der Freundschaftsevangelisation sehr wertvoll sein.

Eltern haben Interesse an den Freunden und Freundinnen ihrer Teenager zu zeigen.[501] Sie sollen **den Freunden ihrer Teenager** höflich und freundlich **begegnen**. Die Teenager werden sich nämlich automatisch auf die Seite des schlecht behandelten Kameraden schlagen, gleichgültig welches die Umstände sind.

Sind wir zu den Freunden unseres Teenagers freundlich, wird er uns bereitwillig auf die Frage Antwort geben, was er von ihnen halte. Ja, er wird sogar nach und nach unsere Meinung über seine Freunde kennen lernen wollen.[502] Zugleich haben wir als Eltern durch unser Benehmen die Möglichkeit, einen positiven Einfluss auf die Freunde unserer Kinder auszuüben.[503]

12. Rücksichtnahme

Teenager sind **grundsätzlich ich-orientiert**. Sie betrachten alles aus ihrer Sicht. Sie hören laute Musik, weil ihnen eben laute Musik gefällt. Dass sie damit andere stören könnten, kommt ihnen zunächst gar nicht in den Sinn. Deshalb müssen sie in diesem Alter lernen, **Rücksicht zu nehmen**. Es muss ihnen gezeigt werden, dass gegenseitige Rücksichtnahme eine unabdingbare Voraussetzung für das Zusammenleben innerhalb einer Familie, einer Gemeinschaft ist.[504]

---

500 ebd., S. 79
501 Mühlan, C. u. E., Vergiss es, Mama!, S. 109-112
502 Campbell, R., Teenager brauchen mehr Liebe, S. 83
503 Kesler, J., Hilfe Teenies!, S. 138
504 Abeln, R., Ehe sie erwachsen werden, S. 16

Sie müssen weiter lernen, um der anderen willen **verzichten zu können**. Auf diese Weise lernen sie, genügsam zu sein.

Teenager müssen auch lernen, sich **an ein gegebenes Versprechen zu halten**. Wenn sie den Eltern zum Beispiel versprochen haben, ihnen zu helfen, haben sie dieses Versprechen einzulösen.[505]

13. Der wachsende Freiraum ist ein Wagnis

Die Ablösung vom Gehorsam gegenüber den Eltern zum Gehorsam gegenüber Gott muss von Seiten der Erzieher mit viel Gebet begleitet werden. **Der gewährte Freiraum ist ein Wagnis**. Zugleich ist er aber die Möglichkeit für den jungen Menschen, sich freiwillig an Jesus, seinen Retter und Herrn, zu binden. Die Eltern müssen das Kind loslassen, denn nur so kann es frei die Herrschaft Gottes in seinem Leben bejahen. Gerade pflichtbewusste Eltern tun sich mit dem Loslassen ihrer Kinder schwer.[506] Jack und Jerry Schreur schreiben dazu:

> »Das ist einer der Gründe, weshalb der Glaube vieler Teenager und junger Erwachsener auf so schwachen Füßen steht. Sie haben nie den Freiraum erhalten, ihren Glauben zu ihrem eigenen zu machen.«[507]

Leider kann das Kind **diesen gewährten Freiraum** – selbst nach einer vorbildlichen Erziehung – **missbrauchen**. Es kann Gott den Rücken zuwenden. Es kann in die Welt der Jugendlokale und sogar in die Drogenszene abgleiten. Wenn das geschieht, sind gerade **gläubige Eltern** tief erschüttert. Sie nehmen die ganze Verantwortung auf sich, **halten sich für Versager** und geraten möglicherweise in eine depressive Phase.[508] Die Ehe wird meist einer großen Belastungsprobe ausgesetzt, und selbst die Beziehung zu Gott und zur Gemeinde sind vorübergehend gestört. Es sollte aber darauf geachtet werden, dass das ausbrechende Kind nicht sein Zuhause kaputt

---

505 ebd., S. 16
506 Dobson, J., Anti-Frust-Buch, S. 155-164
507 zit. nach Schreur, J. u. J., So werden Eltern Sorgen los, S. 125
508 Gage, J. P., Wenn Kinder rebellieren. Wie weit geht die Verantwortung der Eltern?, Neuhausen-Suttgart 1990, S. 26-27

macht.[509] Vielmehr braucht es, wenn ihm überhaupt noch geholfen werden soll, ein gefestigtes Zuhause, wohin es wieder zurückkehren kann. Dafür müssen sich die Ehepartner neu finden und an ihrer Ehe arbeiten.

Wenn Eltern durch ein rebellierendes Kind innerlich aufs Tiefste gekränkt worden sind, haben sie darauf zu achten, dass ihr Leben nicht mit Bitterkeit erfüllt wird. Damit dies nicht der Fall ist, brauchen sie eine tragende persönliche Beziehung zu Gott, in der sie die große Last mit ihrem Kind immer wieder vor ihm im Gebet ausbreiten, wissend, dass Jesus auch in dieser großen Not bei ihnen ist (Ps 91,15).[510] Schön ist, wenn Freunde der Familie helfen mitzubeten. Nur Jesus kann ein solches Kind wieder in seine Gegenwart führen.[511] Mit Worten vermögen Eltern bei einem rebellierenden Kind nichts zu erreichen.[512] Sie können ihm aber immer wieder zu verstehen geben, dass sie es trotz allem noch lieben, ohne aber seinen jetzigen Weg zu billigen.[513]

Die freiwillige Bindung des Kindes an Gott ist die Grundlage des Umgestaltungsprozesses ins Bild Gottes. Diese Bindung an Gott ist letztlich ein Gebundensein an sein Wort. Der Jugendliche ist bereit, sein Leben nach dem Wort Gottes zu leben. Gerade in diesem Ringen, das Wort Gottes zu praktizieren, haben wir ihm nicht noch **den Ballast** aufzulegen, welcher **aus der frommen Tradition** kommt.

14. Der Stellenwert der Gleichaltrigen

In diesem Alter ist **das Hineingenommensein in eine Gruppe von Gleichaltrigen** wichtig. Ich finde es besonders positiv, wenn der Teenager den Zugang in den Teenagerclub und später in die Jugendgruppe einer Gemeinde findet.

Im Teenagerclub und in der Jugendgruppe hat der junge Mensch die Möglichkeit, den Umgang mit anderen Jugendlichen zu lernen und zu üben. Hier wird er **in Verhaltensregeln eingebunden**, die

509 ebd., S. 76
510 ebd., S. 97-98
511 Dobson, J., Anti-Frust-Buch, S. 56-58
512 Gage, J. P., Wenn Kinder rebellieren, S. 38
513 ebd., S. 111.124-128

von biblischen Wertmaßstäben geprägt sind, während er sich gleichzeitig gegen eine zu enge Bindung an Eltern und Erwachsene auflehnt. Hier in der Gruppe hat er **ein gewisses Ansehen**. Er braucht das Angenommensein dieser Gleichaltrigen. Hier geschieht auch **der nötige Meinungsaustausch** mit den anderen. Es ergeben sich genügend Identifikationsmöglichkeiten, die nötig sind, um sich selbst zu werden. Er lernt auch, sich verantwortlich in die Gruppe einzubringen.[514]

Gut ist, wenn Eltern den Kontakt zur Jugendgruppe pflegen. Sie könnten zum Beispiel die Jugendlichen einmal im Sommer in den Garten zum Grillen einladen.

Im Teenagerclub und in der Jugendgruppe findet der Teenager auch die für sein Alter dringend nötigen **Vorbilder** in den Leitern.

Integriert sich der Jugendliche nicht in eine Gruppe innerhalb der christlichen Gemeinde, wird vermutlich die Klasse seiner Schule einen großen Druck auf ihn ausüben. Kleidung, Frisur, Interessen, Freizeitbeschäftigung, sexuelles Verhalten werden ihm von der Gruppe aufgezwungen, da in ihr in der Regel ein großer Anpassungsdruck besteht.[515] Es besteht die Gefahr auf Partys, die von der Klasse veranstaltet werden, mit Drogen in Kontakt zu kommen.

Deshalb wird eine weitsichtige Gemeinde um eine gute Jungschar-, Teenager- und Jugendarbeit besorgt sein, um die Eltern in ihren Bemühungen in der Kindererziehung zu unterstützen.[516]

Interessant ist, dass Jugendliche, die eine gute Beziehung zu den Eltern haben, auch gute Beziehungen zu Kameraden und Freunden aufbauen können. Sie zeigen sich hilfsbereit und verantwortlich, da sie ein kompetentes Verständnis für verschiedene soziale Situationen mitbringen.[517]

In der Jugendgruppe kann auch der **höfliche, respektvolle Umgang mit dem anderen Geschlecht gelernt werden**. Später aber kann in der Jugendgruppe durchaus nach einem an Christus glau-

---

514 Fend, H., Entwicklungspsychologie des Jugendalters, S. 309

515 Dobson, J., Erwachsen werden – Bescheid wissen. Besonders für Zwölf- bis Zwanzigjährige, Kreuzlingen 1987, S. 42-44

516 Campbell, R., Kinder sind Persönlichkeiten, S. 76

517 Fend, H., Entwicklungspsychologie des Jugendalters, S. 326

benden Ehepartner Ausschau gehalten werden. Während der **Zeit der Freundschaft** gilt es, im sexuellen Bereich zu warten bis zur Ehe. Das Warten bis zur Ehe bringt große innere Spannungen mit sich. Diese fördern aber die Persönlichkeitsreifung. Walter Wanner schreibt dazu:

> »Die Dynamik für das Weiterentwickeln wird durch das Ertragen der Spannungen gewonnen, die dann entstehen, wenn sich Wünsche melden, die nicht sofort befriedigt werden. Das Durchhalten solcher Spannungen erzeugt die Kraft, die zum Weiterreifen drängt und es bewirkt.«[518]

Reifen hat auch etwas mit dem Umgestaltungsprozess ins Bild Jesu zu tun und geschieht im Leben eines Menschen immer dann, wenn er dem Wort Gottes gehorcht.

Wir haben den heranwachsenden Jugendlichen auch zu sagen, worauf sie bei der Wahl eines zukünftigen Ehepartners zu achten haben. Wenn man sich nur durch oberflächliche Liebesgefühle binden lässt, kann dies katastrophale Folgen haben. Zunächst ist sicherlich das Gebet im Blick auf die Wahl des Ehepartners wichtig. Zudem ist es hilfreich, wenn die Jugendlichen auf folgende Dinge achten:

- Wie behandelt ein Junge oder ein Mädchen Menschen, die er oder sie nicht unbedingt rücksichtsvoll behandeln muss, zum Beispiel ältere oder unangenehme Menschen?
- Wie geht er oder sie mit Kindern um?
- Wie geht diese Person mit seinen Eltern, Brüdern, Schwestern, Großeltern, Freunden um?
- Welche Charaktereigenschaften hat dieser junge Mann oder das Mädchen?[519]
- Wie lebt er oder sie ihren Glauben an Jesus und sein Wort?

Die Partnerwahl sollte wirklich eine Wahl sein. Liebe und Verstand gehören ergänzend zusammen. Damit eine Wahl möglich ist,

---

518 zit. nach Wanner, W., Mach mehr aus Dir, S. 106
519 Naujokat, G., Junge Menschen – erste Liebe, S. 45-46

braucht es eine längere Zeit des Kennenlernens.[520] Ernst Gerhard Fitsch schreibt dazu:

> »Ob der andere wirklich zu mir passt und ob die Basis für ein gemeinsames Leben ausreicht, kann ich nur richtig erkennen, wenn ich im Prüfungsstadium noch nicht intim mit ihm verkehre. Denn dieser Bereich kann den Blick in manchem verschleiern.«[521]

Sexueller Verkehr vor der Ehe kann die freundschaftliche Beziehung sogar zerstören, weil Männer Mühe haben, nachgiebige Frauen zu respektieren, und weil Frauen Schwierigkeiten haben, Achtung für die Männer aufzubringen, die ihre Geschlechtlichkeit nicht im Griff haben.[522]

15. Eltern brauchen in der Erziehung die Hilfe Gottes

Nach all diesen Ausführungen sollte uns eines klar geworden sein: **Die Hinführung** eines Kindes **zu einer Entscheidung für Jesus und zum Gehorsam gegenüber Gott** überfordert die Möglichkeiten von uns Eltern. Wir können nicht anders, als Gott um Hilfe bitten.[523] Jesus muss uns und unseren Kindern beistehen. Wir dürfen ihm im Gebet unsere Ängste, unser Versagen und unsere Enttäuschungen bekennen und abgeben, wissend, dass er helfen kann.

Natürlich ersetzt das Gebet nicht alles, was ich bis jetzt ausgeführt habe, sondern schließt es mit ein. Wie dankbar bin ich, dass ein Kind, welches Jesus im Glauben als Retter annimmt, erlebt, dass es einen sorgenden Vater im Himmel hat, der nie einen Fehler macht, der selbst in hoffnungslosen Situationen helfend eingreifen kann und alle pädagogischen und psychologischen Gegebenheiten außer Kraft zu setzen vermag. **Ja, bei Gott ist kein Ding unmöglich** (1. Mose 18,14).[524]

---

520 ebd., S. 49
521 zit. nach Fitsch, E. G., Was sagt die Bibel zum vorehelichen Geschlechtsverkehr?, in: Warum bis zur Ehe warten? Eine medizinisch-seelsorgerliche Antwort, hg. v. W. Furch, Wuppertal; Zürich 1990^2, S. 46-47
522 Dobson, J., Nimm dein Leben in deine Hand, S. 141
523 Mühlan, E., Kinder in der Zerreißprobe, S. 220
524 ebd., S. 222

Leider ist es heute so, dass die Kinder vieler Eltern, die an Christus glauben, die Botschaft von der Rettung in Christus ablehnen, weil ihnen zu wenig Liebe, Verständnis und Ermutigung entgegengebracht wurde. Alle evangelistischen Bemühungen können diese inneren Verletzungen enttäuschter Kinder nicht wettmachen. Und doch gibt es dann, wenn Eltern ihre Schuld anerkennen und Jesus um Vergebung bitten und sich bei ihren Kindern entschuldigen, Hoffnung auf Veränderung, denn Gott ist immer größer als jede noch so tiefe Verletzung.[525]

16. Später Dank

Oft kommt **der Dank für eine gute, aufopfernde Erziehung** erst, wenn die Kinder selbst in der eigenen Ehe den Problemen begegnen, welche ihre Eltern vorbildhaft gemeistert haben. Dank für alles, was Eltern in der Erziehung auf sich genommen haben, soll nicht zu früh erwartet werden. Wenn es zu Auseinandersetzungen kommt, darf den heranwachsenden Menschen, die um ihren Platz in der Gesellschaft, am Arbeitsplatz und in der Gemeinde ringen, nicht ständig Undankbarkeit vorgeworfen werden.[526]

525 Pfeifer, A., Ich hab' es doch so gut gemeint. Mütter zwischen Ideal und Wirklichkeit, Lahr 1997, S. 63-64

526 Abeln, R., Ehe sie erwachsen werden, S. 93-97

Schema 2:
Darstellung der Erziehung, die von selbstloser Liebe geprägt ist und zum Gehorsam und zur Selbständigkeit anleitet

Von der Liebe getragene Erziehung, die zum Gehorsam anleitet bis etwa 11-12 Jahre[527]

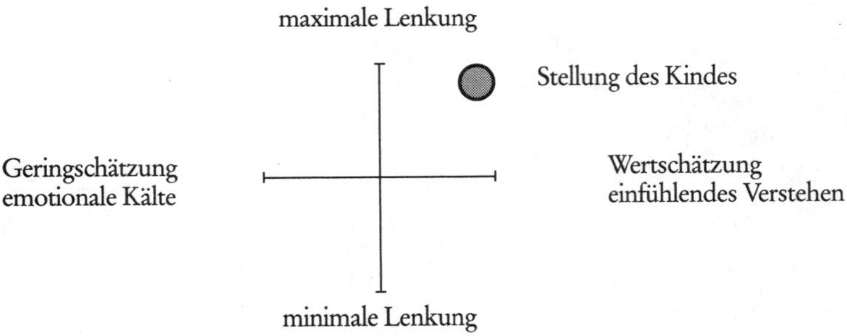

Von der Liebe getragene Erziehung, die zur Selbständigkeit anleitet ab etwa 12 bis 16/17 Jahre

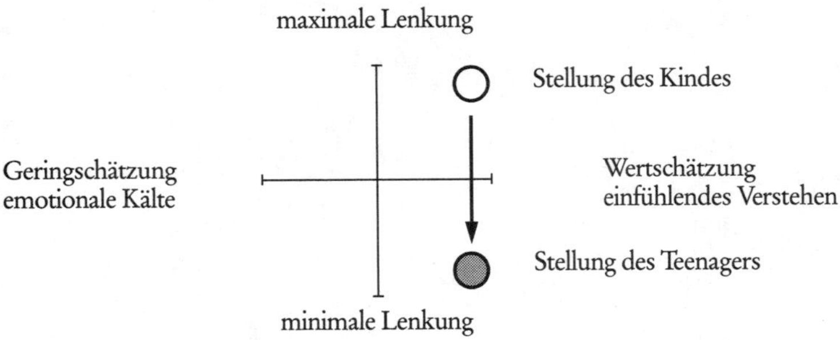

527 Das Diagramm habe ich von Michael Dieterich übernommen. Vgl. Dieterich, M., Psychologie contra Seelsorge?, S. 66

5 Gemeindepädagogik – Der Beitrag der Gemeinde im Blick auf die Erziehung der Kinder, Teenager und Jugendlichen

In Kapitel 4 wurde ausgeführt, worauf Eltern bei der Erziehung der Kinder und Teenager zu achten haben, wenn sie die von der Bibel vorgegebenen Erziehungsziele ernst nehmen.

Es wurde aber schon im Abschnitt 1.4.1 darauf hingewiesen, dass sich **die Gemeinde als Ganzes** um eine biblische Unterweisung und Erziehung der heranwachsenden Kinder zu bemühen hat. Heute spricht man in diesem Zusammenhang von **Gemeindepädagogik.**[1]

Die Gemeindepädagogik entstand etwa um 1970.[2] Ihr Anliegen war es, die fortschreitende Entkirchlichung und Verweltlichung der Gesellschaft aufzuhalten. Es ging also der Gemeindepädagogik zunächst darum, Bestehendes zu festigen.[3] Später traten an die Stelle der normativen Glaubensvermittlung dialogische Modelle, da die Gemeinden als Experimentierräume für alternative Lebensentwürfe verstanden wurden. Kinder, Jugendliche und Erwachsene dürfen heute als gleichberechtigte Partner im Blick auf ihre innerkirchliche Bildung mitbestimmen.[4]

Ich verstehe unter Gemeindepädagogik die Wahrnehmung des von Jesus gegebenen **Erziehungs- und Lehrauftrages** durch die christliche Gemeinde. Diese hat zunächst den Eltern, die zu ihr ge-

---

1 Adam, G.; Lachmann, R., Was ist Gemeindepädagogik?, in: Gemeindepädagogisches Kompendium, hg. v. G. Adam; R. Lachmann, Göttingen 1987, S. 43-47

2 Die Entstehung und Entfaltung der Gemeindepädagogik wird von Gottfried Adam und Rainer Lachmann ausführlich beschrieben. Vgl. ebd., S. 13-14

3 Wegenast, K.; Lämmermann, G., Gemeindepädagogik. Kirchliche Bildungsarbeit als Herausforderung, Stuttgart; Berlin; Köln 1994, S. 32-33

4 ebd., S. 44

hören, **in ihren erzieherischen Bemühungen helfend zur Seite zu stehen** (Eph 6,4; Kol 3,21), indem sie ihnen anhand der Bibel zeigt, welche Ziele sie in der Erziehung anzustreben haben (siehe 3.4) und welche Grundprinzipien und Erziehungsmittel dabei zu beachten sind (siehe 4.4). Zugleich hat sie auch im Einverständnis mit den Eltern die Kinder im Wort Gottes zu unterrichten und sie erziehend zu begleiten (Eph 6,2.3; Kol 3,20). Die Erfüllung dieses pädagogisch-didaktischen Auftrags ist in unserer Zeit deshalb besonders wichtig, weil die Gesellschaft, in der die Kinder aufwachsen, von Pluralismus und Wertezerfall geprägt ist (siehe 3.3).

Diesen erzieherisch-didaktischen Auftrag nimmt die Gemeinde **in der Kinderarbeit, der Jungschar- und Teenagerarbeit, im innergemeindlichen biblischen Unterricht (Konfirmandenunterricht), an den Schulen und in der Jugendarbeit wahr.** Wie die Gemeinde diesen Auftrag im Einzelnen erfüllen kann, werde ich in diesem Kapitel entfalten. In meinen Vorschlägen gehe ich vor allem auf die freikirchliche Praxis ein, doch kann das Ausgeführte mit einigen Anpassungen auch im landeskirchlichen Bereich umgesetzt werden.

Die meisten gemeindepädagogischen Entwürfe zählen weiter noch Erwachsenenbildung und Altenarbeit zum Auftrag der Gemeindepädagogik.[5]

– **Zur Erwachsenenbildung[6]:**
  Es fällt mir schwer, die helfende Beeinflussung und gegenseitige Bildung selbständiger Persönlichkeiten als Erziehungsprozess zu

---

5 Wegenast, K., Evangelische Erwachsenenbildung, in: Gemeindepädagogisches Kompendium, hg. v. G. Adam; R. Lachmann, Göttingen 1987, S. 379-430; Printz, M., Grundlinien einer bibelorientierten Gemeindepädagogik. Pädagogische und praktisch-theologische Überlegungen, Wuppertal; Zürich 1996, S. 242-307; Wegenast, K.; Lämmermann, G., Gemeindepädagogik, S. 133-179

6 Frank Zils zeigt, wie sich die Erwachsenenbildung entfaltet hat. Ab 1850 redete man von »Volksbildung«, wobei man vor allem an die Bildung der unteren Volksschichten (Arbeiterschicht) dachte. Nach 1945 setzte sich zunehmend die Bezeichnung »Erwachsenenbildung« durch. Der Deutsche Bildungsrat versuchte 1970 das Wort »Erwachsenenbildung« durch »Weiterbildung« zu ersetzen. Heute redet man wieder von »Erwachsenenbildung«, da man den Begriff »Weiterbildung« als ungeeignet betrachtet, das Gemeinte auszudrücken. Vgl. Zils, F., Kirche und Erwachsenenbildung, Frankfurt a. M. 1997, S. 44-47

verstehen. Sicherlich handelt es sich hier um einen didaktischen Lernprozess, aber nicht um Erziehung im eigentlichen Sinn, denn Erziehung ist mit der erreichten Selbständigkeit des heranwachsenden Kindes abgeschlossen.[7] Übrigens versucht man diesem Umstand mit dem Begriff **Andragogik**[8] Rechnung zu tragen. Es geht bei der Erwachsenenbildung nicht um einen gemeindepädagogischen Vorgang, sondern um von der Gemeinde wahrgenommene Andragogik, die eigentlich in den Fachbereich Gemeindebau gehörte. Trotz dieser Einwände habe ich die Erwachsenenbildung als letzten Punkt (5.9) meiner gemeindepädagogischen Ausführungen entfaltet.

- **Die Altenarbeit:**
  Die Altenarbeit gehört eindeutig in den Fachbereich des Gemeindebaus. Dort kommt ihr im Bereich der sozialen **Diakonie** eine besondere Bedeutung zu. Natürlich geht es in der Altenarbeit nicht nur um Betreuung, sondern um eine konkrete Unterstützung und Förderung der alten Menschen. Weitere Details zur Altenarbeit müssen im Bereich der sozialen Diakonie ausgeführt werden. Im Rahmen der Gemeindepädagogik gehe ich deshalb nicht weiter auf die Altenarbeit ein.

Gerade im Blick auf die Erfüllung des pädagogisch-didaktischen Auftrags durch die Gemeinde sind alle bis jetzt gemachten Ausführungen grundlegend wichtig.

Das in Kapitel 1 dargelegte **Bibelverständnis** und die sich daraus ergebenden **hermeneutischen Überlegungen** bilden die Grundlage für die Entfaltung der gemeindepädagogischen Gedanken. Ferner ist das **biblische Menschenbild**, das ich in Kapitel 2 ausgeführt habe, von grundlegender Bedeutung. Auch die in Kapitel 3 aufgezeigten **Erziehungsziele** und die **Erziehungsprinzipien, verbunden mit den verschiedenen Erziehungsmitteln**, die ich in Kapitel 4 entfaltet habe, sind tragende Elemente der Gemeindepädagogik.

---

7 ebd., S. 30

8 Andragogik ist die Wissenschaft von der Bildung Erwachsener

Andererseits spielen auch **didaktische Überlegungen** in der Gemeindepädagogik eine bedeutende Rolle. Deshalb sind die Ausführungen in Kapitel 7, in welchem ich eine **bibelorientierte Didaktik** entfalte, für die Gemeindepädagogik wichtig.[9] Da es ferner darum geht, die Kinder und Jugendlichen dem jeweiligen Alter entsprechend erzieherisch zu begleiten und zu unterrichten, müssen auch die **entwicklungspsychologischen Ausführungen** in Kapitel 6 und die katechetischen Hilfen in Kapitel 8 beachtet werden.

Schema 1:
Grundlagen der Gemeindepädagogik

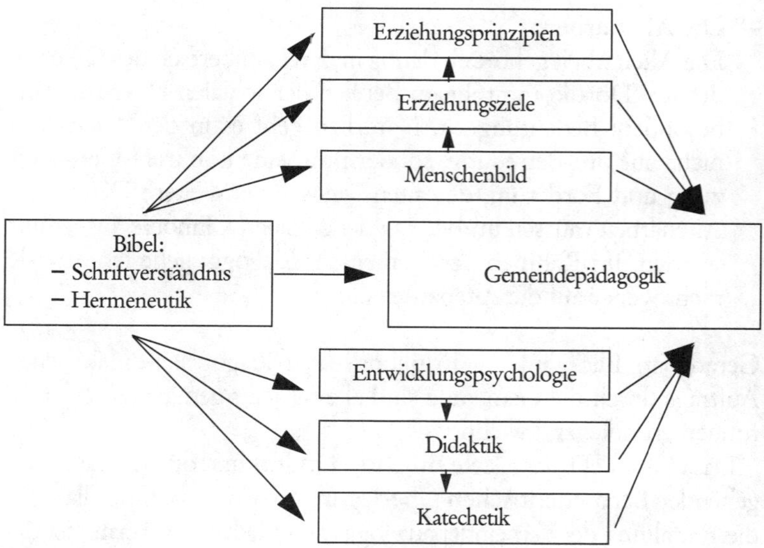

[9] G. Adam und R. Lachmann halten die von W. Klafki entfaltete »kritisch-konstruktive Didaktik«, deren Theorieelemente emanzipatorisch orientiert sind (siehe 7.4.1), für geeignet als Grundlage für die Gemeindepädagogik (Vgl. Adam, G.; Lachmann, R., Was ist Gemeindepädagogik?, in: Gemeindepädagogisches Kompendium, S. 48-49). Diese Auffassung kann ich nicht teilen (siehe 7.5)

Die Gemeindepädagogik kennt grundsätzlich **zwei Schwerpunkte**.

1. Sie **unterstützt die Eltern, die die Gemeinde besuchen**, in ihren von der Bibel her geprägten Erziehungsanstrengungen (Eph 6,1-4). Sie nimmt ernst, dass die Familie die Primärzelle aller erzieherischen Bemühungen ist. Diese Mitverantwortung der Gemeinde sollte vor allem bei der **Kindersegnung** deutlich gemacht werden (Mk 10,13-16).
   Sicherlich wird das Kind zunächst aus Dankbarkeit gegenüber Gott, der die Eltern so überaus reich beschenkt hat, vor der ganzen Gemeinde dem Segen Gottes anbefohlen. Der Kernpunkt der Segnung besteht aber darin, dass man darum bittet, dass dieses Kind möglichst bald Jesus im Glauben als persönlichen Retter annimmt. Zugleich betet man auch für die Eltern, dass sie dieses Kind seinem Wesen entsprechend den biblischen Maßstäben gemäß erziehen. Schließlich wird die ganze Gemeinde aufgefordert, treu für das Kind und seine Eltern zu beten. Die Gemeinde wird also **beim Akt der Kindersegnung bewusst in die Mitverantwortung für dieses Kind einbezogen.**
   Zugleich sucht die Gemeinde diese Kinder im Einverständnis der Eltern auch ein Stück weit erzieherisch und unterrichtend zu begleiten. Wie das im Einzelnen geschieht, werde ich in den weiteren Ausführungen entfalten.
2. Die Gemeinde sieht sich zudem beauftragt, **alle Kinder, Teenager und Jugendlichen in der Region, in der sie wirkt, zu Jesus, ihrem Retter, hinzuführen** (Mk 10,14).
   Es gibt so viele Kinder, die die Botschaft von der Rettung durch Jesus Christus nicht kennen. Weder Eltern noch Schule noch Kirche sagen ihnen diese Botschaft. Darum ist es mehr denn je die Aufgabe der Gemeinde Jesu, den Kindern diese allerwichtigste Botschaft nahe zu bringen. Jesus, der Herr der Gemeinde, gibt ihr dazu den Auftrag![10] Zugleich leiden viele Kinder an der kinderfeindlichen Einstellung unserer Gesellschaft. Viele werden misshandelt oder sexuell missbraucht. Andere sind betroffen von

---

10 Schritte zu den Kindern. Arbeitsbuch Gnadauerkongress 1987, Dillenburg 1987, S. 113

der Scheidung ihrer Eltern. Sie alle brauchen Jesus, um später ihr Leben bewältigen zu können.[11]

Es sollte uns immer wieder bewusst sein, dass die Arbeit an den Kindern die Arbeit an den Familien, aus denen sie kommen, mit einschließt. Wenn sich nämlich Kinder mit Glaubensfragen zu beschäftigen beginnen, sind viele Eltern bereit, sich ebenfalls mit diesen Fragen auseinander zu setzen. Sie wünschen mit der Person, die ihr Kind mit diesen Glaubensinhalten konfrontiert, ein offenes und helfendes Gespräch. Deshalb sollte jeder, der heranwachsenden Kindern das Evangelium weitersagt, bewusst den Kontakt zu den Eltern suchen.[12]

Welche Möglichkeiten eine Gemeinde hat, diesen evangelistischen Auftrag an der heranwachsenden Jugend und ihren Eltern zu erfüllen, gilt es in diesem Kapitel zu entfalten.

5.1 Ekklesiologische Überlegungen

Damit wir den erzieherisch-didaktischen Auftrag der Gemeinde an den heranwachsenden Jugendlichen in rechter Weise entfalten können, müssen wir erst klären, was wir unter Gemeinde verstehen.

5.1.1 Was verstehen wir unter Gemeinde?

Die meisten gemeindepädagogischen Entwürfe suchen Gemeinde als Ort des Lernens (Nipkow) und als didaktischen Ort (Adam) zu definieren.[13] Sie betrachten die Gemeinde als Lebens- und Lernge-

---

11 Praxisbuch Jungschararbeit. So wird's gemacht! Programm-Ideen, Mitarbeitergewinnung, Umgang mit Jungscharlern, Familien- und Elternarbeit, Gestaltung der Jungscharstunde, Spielvorschläge, Minimodelle, hg. v. M. Hübner; K. D. Grumbach, Neuhausen-Stuttgart 1990, S. 114

12 Failing, W.-E., Religiöse Erziehung in der Familie, in: Gemeindepädagogisches Kompendium, S. 204

13 Printz, M., Grundlinien einer bibelorientierten Gemeindepädagogik, S. 16

meinschaft. Sie konnten aber bis heute noch nicht aufzeigen, wie das pädagogische Verhältnis in der Gemeinde aussehen sollte.[14] Diese rein pädagogische Bestimmung der Gemeinde macht sie zu einem didaktischen Ort neben anderen didaktischen Orten (Kindergarten, Schule usw.) und wird ihr so nicht gerecht.

Gemeinde muss meiner Überzeugung nach auch in der Gemeindepädagogik **theologisch**, also **von der Bibel her entfaltet werden.**

Nicht Menschen, sondern Gott selbst hat die Gemeinde ins Dasein gerufen. Das Erlösungswerk Jesu Christi – sein Leiden, Sterben, Auferstehen und seine Himmelfahrt – bildet die Grundlage dafür, dass Gemeinde überhaupt werden konnte. Durch die Sendung des Heiligen Geistes durch den Vater und den Sohn (Joh 14,16.26; Apg 1,4.5) wurde die Gemeinde vor bald 2000 Jahren am Pfingsttag ins Dasein gerufen (Apg 2). Zur Gemeinde gehören Menschen aus Juden und Heiden (Gal 3,28.29), die sich aus ihrem sündigen Zustand – in welchem ja alle Menschen seit dem Sündenfall von Adam und Eva leben (Röm 3,23) – haben herausrufen lassen, indem sie das ihnen in Christus angebotene Heil im Glauben angenommen haben. Wer nämlich Jesus als persönlichen Retter annimmt, empfängt den Heiligen Geist und dieser Geist fügt ihn in die Gemeinde Jesu ein (Apg 2,38-41; 1. Kor 12,13). Weder ein gläubiges Elternhaus noch die Säuglingstaufe noch ein Glaubensbekenntnis machen einen Menschen zum Glied der Gemeinde Jesu. Nur der Mensch, der Jesus im Glauben als persönlichen Retter angenommen hat und dadurch den Heiligen Geist empfing, ist ein Glied der Gemeinde Jesu. Die Gemeinde ist als Leib Jesu einerseits universell und überzeitlich; sie umfasst alle an Christus glaubenden Menschen seit Pfingsten aus allen ethnischen Gruppierungen und Staaten der Welt (Eph 1,22.23; Kol 1,18.24; Offb 7,9). Andererseits ist die Gemeinde auf dieser Erde örtlich und zeitlich gebunden. Die an Christus glaubenden Menschen einer bestimmten geographischen Region und einer bestimmten Zeit bilden, wenn sie zusammenkommen, die örtliche Gemeinde Jesu (Röm 1,7; 1. Kor 1,2; Gal 1,2).[15]

---

14 Wegenast, K.; Lämmermann, G., Gemeindepädagogik, S. 21

15 Kuen, A., Gemeinde nach Gottes Bauplan, Frutigen 1975, S. 48-49

Um das Wesen der Gemeinde besser beschreiben zu können, haben Jesus und die Apostel Bilder gebraucht. Diese verschiedenen Bilder ergänzen sich, da jedes wichtige Aspekte der Gemeinde verdeutlicht.

Einige Bilder:

- Hirt und Herde (Mt 18,12-14; Lk 12,32; Joh 10,1-30)
- Weinstock und Rebe (Joh 15,1-17)
- Die Gemeinde als Haus oder Tempel (1. Kor 3,9.16.17; 2. Kor 6,16; Eph 2,20-22; 1. Petr 2,5)
- Die Gemeinde als Braut und Gattin (Joh 3,29; 2. Kor 11,2; Eph 5,22-32; Offb 19,7.8)
- Die Gemeinde als Leib und Christus als Haupt (Röm 12,5; Eph 1,22.23; 4,4.12.15-16; Kol 1,18.24; 2,19)[16]

Beim Betrachten dieser Bilder bemerken wir, dass **Jesus Christus immer im Mittelpunkt** steht. Die Gemeinde hat ihren Ursprung in ihm und lebt aus der ständigen lebendigen Verbindung mit ihm. **Jesus ermöglicht, erhält und bewahrt die Gemeinde.**

Die Bilder machen deutlich, dass Jesus die Gemeinde zuerst zu einer freiwilligen Hingabe an ihn führt. Die Gemeinde ist dann beauftragt, seinen Willen zu tun. Er will durch sie in dieser Welt seine Ziele verwirklichen.

Zudem wird in diesen Bildern auch das Verhältnis der Gemeindeglieder zueinander verdeutlicht. In der Ausrichtung auf Jesus bilden sie eine Einheit (Herde, Leib). Jedes Gemeindeglied hält sich treu zur Gemeinde, sodass ein harmonisches Gemeindeleben möglich ist. Es weiß sich von den anderen geliebt und angenommen (Röm 15,7). Man hilft und ermutigt sich gegenseitig. Jedes setzt sich seinen Gaben entsprechend in der Gemeinde ein (1. Petr 4,10).

---

16 ebd., S. 82-86; Lukasse, J., Gemeindebau im nachchristlichen Europa, Greng-Murten 1994, S. 159-163; Mauerhofer, A., Bilder der Gemeinde Jesu, Frutigen 1979

Die Gemeinde lebt nach den Werten und Normen der Bibel. Sie trennt sich vom sündhaften Lebensstil ihrer Umwelt, lebt also ethisch unangepasst.[17]

Sie tauft die, welche zum Glauben an Jesus gekommen sind, so wie es Jesus befohlen hat (Mt 28,19.20; Mk 16,15.16). Sie feiert immer wieder das Abendmahl (1. Kor 11,23-26). Die einzelnen Gemeindeglieder erinnern sich während dieses Mahles an das stellvertretende Leiden und Sterben Jesu, aufgrund dessen sie zur Vergebung der Sünden und zur Erlösung gelangten (Eph 1,7). In diesem Mahl bringen sie auch die Gemeinschaft mit Jesus und den anderen, die an ihn glauben, zum Ausdruck (1. Kor 10,16.17).

Grundzellen der Gemeinde sind die Familien. In diesen Familien soll die von Gott geschenkte Gemeinschaft – sei es im Umgang mit dem Ehepartner oder mit den Kindern – gelebt werden (Eph 5,22-6,4; Kol 3,18-21). Die Eltern sollten im Familienalltag ganz normal über ihre persönliche Beziehung zu Jesus reden, so wie sie über andere Dinge reden. Das gemeinsame Gebet, das Erzählen biblischer Geschichten und später das Lesen eines Abschnitts aus der Bibel sollten ganz selbstverständlich zum Familienalltag gehören. Diese bewusste Ausrichtung auf Jesus, den Retter und Helfer, und auf die Gemeinde haben das Familienleben zu prägen. Es scheint mir wichtig, dass die heranwachsenden Kinder den Glauben ihrer Eltern, dessen Auswirkungen sie ja ständig erleben, kennen lernen. In unserer Zeit, da der Glaube in der Gesellschaft zu einem Tabu-Thema geworden ist, ist es für gläubige Eltern nicht leicht, ein auf Jesus und seine Gemeinde ausgerichtetes Familienleben zu gestalten. Sie brauchen dazu die helfende Unterstützung durch die Gemeinde, sei es in der Predigt, in den Bibelstunden, Hauskreisen, in Kursen usw. Diese sollte ihnen zudem eine positive Perspektive für morgen vermitteln, denn die Familie hat als göttliche Ordnung Zukunft.[18]

---

17 Stadelmann, H., Gemeindeaufbau nach dem Neuen Testament als Ziel der Mission, in: Werdet meine Zeugen. Weltmission im Horizont von Theologie und Geschichte, hg. v. H. Kasdorf; F. Walldorf, Neuhausen-Stuttgart 1996, S. 138

18 Faix, W., Die christliche Familie heute. Ergebnisse einer Umfrage unter evangelikalen Familien über ihr Glaubens- und Familienleben und ihre Erziehungspraxis, Bonn 2000, S. 123

Die Bibel, das von Gott inspirierte Wort (2. Tim 3,16), **bildet die Grundlage für alle Bereiche einer Gemeinde** (siehe 1.3).

In diesem Wort, der Bibel, sind **die Ziele** vorgegeben, die eine Gemeinde anzustreben hat.

- **Ziele nach innen:**
  Jeder einzelne Gläubige soll immer mehr in das Bild Jesu umgestaltet werden (Eph 4,11-13). Gerade im Leben der gläubigen Kinder ist eine Unterstützung dieses durch den Heiligen Geist gewirkten Umgestaltungsprozesses sehr wichtig. Deshalb sollte den Eltern gläubiger Kinder und auch den Mitarbeitern der Gemeinde, die sich in besonderer Weise um sie kümmern, gezeigt werden, wie sie diesen Umgestaltungsprozess ganz praktisch unterstützen können (siehe dazu 3.4.2).
  Ferner soll jeder seinen Gaben entsprechend in der Gemeinde mithelfen. Der Einsatz von Gaben ist ein Dienen (1. Petr 4,10). Es gibt Gemeindeglieder, die in besonderer Weise die Gabe haben, mit Kindern, Teenagern und Jugendlichen umzugehen. Diesen Mitarbeitern muss in Schulungen gezeigt werden, wie sie ihre Gaben so einsetzen können, dass sie die heranwachsenden Kinder erzieherisch verantwortungsvoll begleiten können (siehe 5.9).
- **Ziele nach außen:**
  Jedes Gemeindeglied ist beauftragt, verlorene Menschen zu Jesus ihrem Retter hinzuführen (Mt 28,18-20). Jesus erwartet, dass wir uns in ganz besonderer Weise um die verlorenen Kinder bemühen, wenn er sagt: *»Lasst die Kinder zu mir kommen! Wehrt ihnen nicht! Denn solchen gehört das Reich Gottes«* (Mk 10,14). Er ist sogar davon überzeugt, dass Kinder es einfacher haben, ihn als Retter anzunehmen, als Erwachsene, denn er sagt weiter: *»Wahrlich, ich sage euch: Wer das Reich Gottes nicht aufnimmt wie ein Kind, wird dort nicht hineinkommen«* (Mk 10,15).
  Zudem soll sich die Gemeinde darum bemühen, neue Gemeinden ins Leben zu rufen. Schließlich soll sie Missionare in die verschiedenen Länder der ganzen Erde aussenden, damit allen Menschen das Evangelium verkündigt werden kann.

Die neutestamentliche Gemeinde wird von Ältesten geleitet, zu denen auch die Verkündiger gehören (Apg 20,17.28; Phil 1,1; 1. Tim

3,1-7; Tit 1,5-9).[19] Verkündiger haben keine Sonderstellung, wie dies in den Landeskirchen oft der Fall ist.[20] Maßstab für die Leitung ist das Wort Gottes. Die Ältesten führen die Gemeinde vor allem durch ihr Vorbild, sei es im persönlichen Leben, in der Ehe, Familie, am Arbeitsplatz oder in der Gemeinde (1. Tim 4,12; 1. Petr 5,2.3).

Diakone und Diakoninnen unterstützen die Ältesten in ihrer großen Aufgabe, indem sie in den verschiedenen Aufgabenbereichen der Gemeinde die Hauptverantwortung tragen (1. Tim 3,8-13).[21]

- Sie sind zunächst um das geistliche und leibliche Wohl der einzelnen Gemeindeglieder besorgt. Dies geschieht durch eine gut ausgebaute Hauskreisarbeit. Diakone und Diakoninnen, die Hauskreisleiter oder -leiterinnen genannt werden, setzen sich für die einzelnen Gemeindeglieder ein.
- Andere Diakone und Diakoninnen leiten innerhalb der Gemeinde verschiedenste Arbeitsgruppen. Meist nehmen sie die Aufgaben in ihrem Arbeitsbereich zusammen mit einem Team wahr. Die letzte Verantwortung tragen die Ältesten. Solche Arbeitsgruppen kümmern sich um die Kinder- und Sonntagsschularbeit, um die Jungschar- und Teenagerarbeit und um die Jugendgruppe. Weiter bemühen sich solche Gruppen um die Missionsarbeit, diakonische Dienste, schwere Seelsorgefälle, Ausländer usw.

Die Ältesten versuchen mit Hilfe der Diakone und Diakoninnen, die von Gott vorgegebenen Ziele zu erreichen. Dies ist nur dann möglich, wenn alle Gemeindeglieder ihren Gaben entsprechend in der Gemeinde mithelfen, wenn also das allgemeine Priestertum in der Gemeinde gelebt wird. Gerade in diesem Bemühen um die Erreichung der biblischen Ziele kommt der Unterstützung der Eltern in ihren erzieherischen Anstrengungen eine große Bedeutung zu. Auch

---

19 Mauerhofer, A., Gemeindebau nach biblischem Vorbild, Neuhausen-Stuttgart 1998, S. 86-122

20 Karl Foitzik weist darauf hin, dass die Kirchenordnungen dem Pfarrer die Letztverantwortlichkeit zuschreiben. Vgl. Foitzik, K., Die Mitarbeiter in den gemeindepädagogischen Handlungsfeldern, in: Gemeindepädagogisches Kompendium, S. 195

21 Mauerhofer, A., Gemeindebau nach biblischem Vorbild, S. 122-140

dem direkten Erziehungsauftrag der Gemeinde wird besondere Beachtung geschenkt (1. Joh 2,12-14). Das Ziel dieses Erziehungsauftrags besteht darin, die heranwachsenden Jugendlichen zu Jesus und in die Gemeinde, die ja sein Leib ist, zu führen.

Dieses Gemeindeverständnis prägt die pädagogisch-didaktischen Bemühungen, die ich nun entfalten werde.

5.1.2 Voraussetzungen, um den pädagogischen Auftrag in der Gemeinde zu erfüllen

Damit eine Gemeinde ihren Auftrag an Kindern, Teenagern und Jugendlichen in umfassender Weise wahrnehmen kann, müssen die **Gemeindeleitung** (die Ältesten) und **die Verkündiger** (Pfarrer, Pastor, Prediger) von der Wichtigkeit dieser Arbeit überzeugt sein. Dies ist dann der Fall, wenn sie den Auftrag Jesu, sich gerade um die Kinder zu bemühen, ernst nehmen und eine große Liebe zu den Kindern haben. Es muss ihnen klar sein, dass Kinder nicht weniger wert sind als Erwachsene. Sie sind ja die Zukunft der Gemeinde. Zunächst suchen sie **die Eltern** in Predigten und Bibelstunden, durch Vorträge und Schulungen in ihren erzieherischen Bemühungen zu unterstützen. Zudem sorgen sie dafür, dass **die heranwachsenden Kinder** im Gemeindealltag **erzieherisch begleitet werden und dass ihnen das Evangelium altersgemäß weitergegeben** wird. Sie achten darauf, dass **die ganze Gemeinde** dieses wichtige Anliegen mitträgt; sicherlich zunächst einmal im Gebet, dann aber auch in der Bereitschaft **zur Mitarbeit**. Für diese Arbeit braucht es viele ehrenamtliche Mitarbeiterinnen und Mitarbeiter.

Ganz praktisch hat die Gemeinde für die Arbeit unter Kindern, Teenagern und Jugendlichen **die nötigen Räumlichkeiten** zur Verfügung zu stellen. Zugleich muss sie einsehen, dass wenn die Gemeinde eine bestimmte Größe erreicht hat (120-150 Gottesdienstbesucher), eine gründliche Erfüllung des Auftrags an der Jugend nur dann möglich ist, wenn der Verkündiger diese Arbeit mit einer **vollzeitlichen Mitarbeiterin oder einem Mitarbeiter,** die oder der für diese Aufgabe ausgebildet wurde, wahrnehmen kann.[22] Diese Mitarbeiterin/dieser Mitarbeiter kostet natürlich Geld. Eine Gemeinde ist dann bereit, diese Mehrkosten zu tragen, wenn sie ein Herz für die Kinder- und Jugendarbeit hat und wenn sie verstanden hat: Wir brauchen für die Kinder- und Jugendarbeit die besten Kräfte. Diese vollzeitliche Mitarbeiterin/dieser Mitarbeiter hat vor allem die Aufgabe, mit dem Verkündiger zusammen die vielen Mitarbeiterinnen und Mitarbeiter zu schulen, damit diese ihre pädagogisch-didaktische Aufgabe verantwortungsvoll wahrnehmen können (siehe 5.9.4).

Das Anliegen, die Kinder-, Jungschar-, Teenager- und Jugendarbeit im Gebet, mit Geld, aber auch im persönlichen Mithelfen mitzutragen, bleibt in einer Gemeinde dann erhalten, wenn sie über **die Aktivitäten, Freuden und Probleme in diesen Arbeitsbereichen gründlich informiert wird**. Dies kann in den Gebetsstunden geschehen. Auch im Gemeindebrief sollte dieser wichtigen Arbeit genügend Raum gegeben werden. Weiter kann durch besondere Gemeindeanlässe, welche Kinder, Teenager oder Jugendliche mitgestalten helfen, das Anliegen für diese Arbeit in der Gemeinde wach gehalten werden.

5.2 Kinderarbeit

5.2.1 Der erzieherische Beitrag der Gemeinde bei den gemeindeeigenen Kindern

Wie groß der Beitrag einer Gemeinde in der Unterstützung der erzieherischen Bemühungen ihrer Eltern sein kann, hängt stark von der Einstellung der Eltern zur Gemeinde ab.

---

22 Leider wird die Ausbildung, wie man pädagogisch-didaktisch mit heranwachsenden Kindern umgehen sollte, an Bibelschulen, Predigerseminaren und bibeltreuen theologischen Hochschulen stark vernachlässigt. Deshalb fehlen den Gemeinden qualifizierte Mitarbeiter und Mitarbeiterinnen, welche kompetente Schulungen durchführen können.

- Wenn Eltern eine **unverbindliche Beziehung** zur Gemeinde haben, weil sie vieles in ihr zu bemängeln haben und deshalb nur ab und zu, nach Lust und Laune, die Gemeindeanlässe besuchen, wird der Beitrag recht gering ausfallen.
- Halten sich Eltern aber **treu zur Gemeinde**, indem sie ihr mit Wertschätzung und Liebe begegnen, da sie doch der Leib Christi ist, kann der erzieherische Beitrag recht groß sein.[23]

Eltern helfen also ihren Kindern durch ihr vorbildliches Verhalten, den Weg in die Gemeinde zu finden. Zugleich reden sie mit ihnen über die Gemeinde. Sie zeigen ihnen, dass Jesus will, dass sie sich in dieser Welt zu seinem Volk – zur Gemeinde – halten (1. Petr 2,9-10). Damit sie aber wirklich zu seinem Volk gehören, ist es nötig, dass sie Jesus als persönlichen Retter annehmen und bereit sind, ihm nachzufolgen. Sie weisen die Kinder außerdem darauf hin, dass sie mit Verachtung zu rechnen haben, wenn sie sich treu zur Gemeinde halten (2. Tim 3,12).

Zunächst geht es darum, dass die Kleinkinder der Eltern, welche den Gottesdienst besuchen, während dieser Zeit gut betreut werden.

Die Kleinkinderbetreuung kann in drei Stufen eingeteilt werden:

5.2.1.1 Säuglingsbetreuung (2 Monate – 1/2 Jahr)

Mütter betreuen abwechslungsweise diese kleinen Kinder. In einem schön eingerichteten Betreuungsraum können die Mütter die Predigt mithören. In neueren Gemeindezentren ist dieser Raum nur durch eine Scheibe vom Gottesdienstraum getrennt, sodass die Mütter den Gottesdienst miterleben können.

23 Velten, D., Das Kind und die Gemeinde, in: Ratgeber Erziehung, hg. v. O. Schaude; D. Velten, Wuppertal; Zürich 1991, S. 217-219

5.2.1.2 Kleinkinderbetreuung (1/2 – 4 Jahre)

Den kleinen Kindern sollte ein extra zu diesem Zweck eingerichtetes Zimmer mit vielen verschiedenen Spielsachen zur Verfügung stehen. Wichtig ist, dass die Kinder sich während der Zeit der Predigt wohl fühlen. Von entscheidender Bedeutung ist eine gute Atmosphäre, die dann möglich ist, wenn die Betreuer den Kindern mit Ruhe und einer gewissen Gelassenheit begegnen.

5.2.1.3 Kindergarten (4 – 5 Jahre)

In diesem Alter werden den Kindern leicht verständliche biblische Geschichten mit Hilfe von Flanellbildern oder Bilderbüchern erzählt. Anschließend kann zum Gehörten etwas Passendes gebastelt werden. Die Geschichten können aber auch mit den Kindern gespielt werden. Hier geht man auch auf die Fragen und Probleme der Kinder ein. Die Kinder sollen sich im Kindergarten geborgen und angenommen fühlen.

In der Zeit, in welcher von Seiten der Gemeinde vor allem die Betreuung der Kinder im Vordergrund steht, soll sich **das Kind einfach wohl fühlen** können. Dadurch prägt sich ihm der Gedanke ein: **Die Gemeinde ist ein Ort, wo ich mich wohl fühle.**[24]

Später geht es dann darum, den Kindern während des Gottesdienstes die **biblische Botschaft** nahe zu bringen. Dies geschieht in der Sonntagsschule.

5.2.1.4 Sonntagsschule (6 – 11 Jahre)

Die Sonntagsschule hat ihre Wurzeln in England. Die erste wurde von Robert Raiker 1783 gegründet. Er suchte mit Hilfe dieser Einrichtung verwahrlosten Kindern, die während der Woche arbeiten

---

24 Graystone, P., Platz für Kinder. Auch in der Kirche?, Wuppertal; Kassel 1990, S. 10

mussten, zu helfen. 1825 wurde die erste deutsche Sonntagsschule in Hamburg von Pfarrer Johann Wilhelm Rautenberg ins Leben gerufen. Johann Hinrich Wichern (1808-1881) trug sehr viel zur Gründung weiterer Sonntagsschulen in Deutschland bei.[25] Hier entwickelte sich innerhalb der Kirche aus der Sonntagsschule der Kindergottesdienst. In diesem spielte, anders als in der Sonntagsschule, die Liturgie eine gewisse Rolle. Für die in der damaligen Erweckungsbewegung neu gegründeten Freikirchen, darunter auch die Freien Evangelischen Gemeinden in der Schweiz, hatte die Sonntagsschularbeit einen großen Stellenwert.[26] Dies ist bis heute so geblieben.
Ab etwa 1995 erhielt die Sonntagsschularbeit in Europa neue Impulse von der Kinderarbeit der Willow Creek Community Church aus Chicago, die dort Promiseland (verheißenes Land) genannt wird.[27]

Die Kinder, welche die Sonntagsschule besuchen, sollen, wenn irgend möglich, in **Altersgruppen** aufgeteilt werden. Es wäre gut, die 6- bis 8-jährigen und die 9- bis 11-jährigen Kinder zusammenzunehmen. Bei einer großen Sonntagsschule können die Kinder auch in drei oder vier Altersgruppen aufgeteilt werden.

In der Sonntagsschule geht es darum, dass die Kinder **mit der Botschaft der Bibel bekannt gemacht werden**. Dies geschieht vor allem mit Hilfe von biblischen Geschichten, da Geschichten der Denkweise dieser Altersgruppe angepasst sind. Die Sonntagsschulleiter haben darauf zu achten, dass möglichst viele verschiedene biblische Geschichten während der Zeit, da die Kinder die Sonntagsschule besuchen, berücksichtigt werden. Dies erfordert natürlich eine gründliche Planung. Mit Hilfe der Bücher »Mit Kindern die Bibel entdecken« ist es einfach, einen solchen Plan zu erstellen.[28]

---

[25] Adam, G., Kindergottesdienst, in: Gemeindepädagogisches Kompendium, S. 284-286

[26] Mauerhofer, A., Eine Erweckungsbewegung im 19. Jahrhundert. Karl von Rodt und die Entstehung der Freien Evangelischen Gemeinden in der Schweiz, Gießen; Basel 1987, S. 220

[27] Vgl. Barz, P.; Rens, R.; Witte, E., Promiseland – Wie Kinder Gott erleben. Neue Ideen für die Arbeit mit Kindern, Asslar 2000

[28] Jaeger, H., Mit Kindern die Bibel entdecken. Die gute biblische Unterrichtshilfe für die Kinderarbeit, Bd. 1, Dillenburg 1992[3]; bis jetzt sind die Bände 2-4 erschienen

Die Sonntagsschule ist der Ort, wo dem Kind geholfen wird, sich für Jesus zu entscheiden. Dem gläubigen Kind wird gezeigt, wie es den Umgang mit Jesus pflegen und mit seiner Hilfe sein Leben gestalten kann. Die Unterstützung der Eltern besteht darin, dass man die Kinder anleitet, ihnen zu gehorchen, auch dann, wenn es manchmal schwer fällt. Im Weiteren wird auch über den Umgang mit den Geschwistern, den Kameraden und Kameradinnen im Kindergarten und in der Schule gesprochen.[29]

Die Sonntagsschule soll ein **Ort der Freude** sein. Dies sollte zunächst in der Gestaltung des Raumes zum Ausdruck kommen. Es gilt darauf zu achten, dass sich die Kinder in den Sonntagsschulräumen wohl fühlen (Bestuhlung, Bilder usw.). Es wird viel gesungen, Geburtstage werden gefeiert, Erlebnisse ausgetauscht, es wird viel gelacht und gebetet. Hier findet das Kind von der Bibel her Ermutigung für seinen oft nicht leichten Alltag. Es wird auf die Ängste, Sorgen und Probleme der Kinder eingegangen. Auf diese Weise werden die Eltern in ihren erzieherischen Bemühungen unterstützt. Die biblischen Geschichten werden mit helfenden Anwendungen für den Alltag zu Hause und in der Schule erzählt.

In der Sonntagsschule sollten ab und zu Feste gefeiert werden, sei es am Muttertag, am Erntedank, im Advent usw. Johannes Osberghaus hat in seinem Buch »Praxisbuch Feste feiern« viele gute Ideen dazu zusammengetragen.[30]

Diejenigen Mitarbeiterinnen und Mitarbeiter, welche gemeinsam eine Sonntagsschulgruppe betreuen, sollten zu Beginn eines Jahres der jeweiligen Gruppe angepasste **Ziele formulieren**, die am Ende des Jahres überprüft werden. So kann zum Beispiel festgelegt werden, dass den Kindern in diesem Jahr Hilfen zum Beten weitergege-

---

29 Theobald, D. u. V., Gott liebt nicht nur große Leute. Handbuch für Kinderarbeit, Gießen 1984[5], S. 24-29

30 Osberghaus, J., Praxisbuch Feste feiern. Mit vielen frohen Festen durch das Jahr: Geburtstag, Muttertag, Erntedank, Advent, Weihnachten und andere Gemeindefeste mit Spielen, Sketchen, Geschichten, Andachten und vielen erprobten Ideen, Neuhausen-Stuttgart 1989[3]

ben werden sollen. In einem anderen Jahr kann die Anleitung zum Bibellesen im Vordergrund stehen.[31]

Für die Mitarbeiterinnen und Mitarbeiter der Sonntagsschule werden vom Verkündiger oder einem vollzeitlichen Mitarbeiter regelmäßig Schulungen durchgeführt. In diesen wird ihnen gezeigt, wie sie biblische Geschichten mit Hilfe guter Anschauungshilfen interessant erzählen und für den Alltag der Kinder anwenden können (siehe 8.4). Es werden auch Ideen vermittelt, wie das Ausgeführte vertieft werden kann, sei es durch Zeichnungen, Bastelarbeiten, Rollenspiele, gewöhnliche Spiele[32] usw. An diesen Schulungen sollte das Gelernte auch ausprobiert werden können.

Wichtig ist, das sich die einzelnen Mitarbeiterinnen und Mitarbeiter ihren Gaben entsprechend einbringen können, sei es, dass sie mit den Kindern singen, die biblische Geschichte erzählen oder den kreativen Teil gestalten.

Die Sonntagsschule ist überdies auch der Ort, wo sich Kinder **mit gleichaltrigen Freunden** treffen. Da ja fast alle Kinder aus einem gläubigen Elternhaus kommen, finden sie guten Kontakt zueinander. Diese Begegnung mit Freunden macht die Sonntagsschule zu einem schönen Erlebnis. Das Kind freut sich jeden Sonntag, wieder mit seinen Freunden zusammen zu sein.

Damit die Sonntagsschullehrer und -lehrerinnen die Gottesdienste der Gemeinde auch besuchen können, sollten sie nur jeden zweiten oder dritten Sonntag die Sonntagsschule halten. Ein noch größerer Wechsel ist deshalb nicht gut, weil die Kinder dann nur schwer in der Lage sind, ein Vertrauensverhältnis zu den Sonntagsschullehrern und -lehrerinnen aufzubauen.

Diese persönliche, emotionale Beziehung der Kinder zu den Sonntagsschullehrern und -lehrerinnen gehört zu den Grundlagen einer guten Sonntagsschule.[33]

---

31 Graystone, P., Platz für Kinder. Auch in der Kirche?, S. 43-46

32 Michael Jahnke gibt viele Ideen für Vertiefungsspiele. Vgl. Jahnke, M., Kinderarbeit kreaktiv, Neukirchen-Vluyn 1998, S. 34-69

33 Barz, P.; Rens, R.; Witte, E., Promiseland – Wie Kinder Gott erleben, S. 49-51

Im Blick auf eine gute Sonntagsschularbeit spielt die Atmosphäre und das gegenseitige Ernstnehmen im Mitarbeiterteam eine entscheidende Rolle. Die Grundlage dazu bildet ein regelmäßiger Austausch.

Um den Bezug der Sonntagsschule zur Gesamtgemeinde herzustellen, nehmen die Kinder ab und zu am Vorprogramm eines Gottesdienstes und natürlich an speziellen Familiengottesdiensten teil. An den Familiengottesdiensten gestalten sie jeweils selbst einen Teil des Programms. In der Predigt sollten auch die Kinder mit angesprochen werden. Dies ist dann möglich, wenn der Verkündiger eine biblische Geschichte spannend erzählt und sowohl für die Kinder als auch für die Erwachsenen anwendet.

Ab zwölf Jahren besuchen die Kinder den Gottesdienst. Diesem Umstand sollte in der Gottesdienstgestaltung und in den Ausführungen der Predigten Rechnung getragen werden.

5.2.2 Die evangelistische Kinderarbeit

In der evangelistischen Kinderarbeit geht es darum, Kinder, die weder zu Hause[34] noch in der Schule die Botschaft des Evangeliums zu hören bekommen, mit dieser allerwichtigsten Botschaft zu erreichen. Jesus hat ja gesagt: *»Lasst die Kinder zu mir kommen! Wehrt ihnen nicht, denn solchen gehört das Reich Gottes«* (Mk 10,14).

Einige Möglichkeiten, diesen göttlichen Auftrag ernst zu nehmen:

[34] Anton A. Bucher weist darauf hin, dass in der Schweiz eine zunehmende Zahl von Kindern keine gezielte religiöse Erziehung erfahren. Sie hören nicht, wie die Eltern beten. Ihnen werden keine biblischen Geschichten erzählt. Vgl. Bucher, A. A., Familie und religiöse Sozialisation, in: Ein jedes Herz in seiner Sprache ... Religiöse Individualisierung als Herausforderung für die Kirchen. Kommentare zur Studie »Jede(r) ein Sonderfall? Religion in der Schweiz«, hg. v. M. Krüggeler; F. Stolz, Zürich; Bd. 1, Basel 1996, S. 132

5.2.2.1 Spielgruppe (3 – 6 Jahre)

Die Spielgruppe stößt nicht nur bei den Kindern, sondern auch bei den Eltern auf dankbares Interesse. Am besten eignet sich der Freitagnachmittag zwischen 14 und 17 Uhr für eine solche Spielgruppe. Die Mütter können in der Zeit, in der die Kinder weg sind, ungestört den Hausputz erledigen, Einkäufe tätigen oder einfach einen kinderfreien Nachmittag genießen.

Zur Durchführung einer solchen Spielgruppe braucht man eine ausreichende Menge an verschiedenen Spielen. Die Spiele können durch die Erzählung biblischer Geschichten unterbrochen werden. Wertvolle Hilfen zur Gestaltung solcher Spielgruppen bietet das »Praxisbuch Kleinkinder-Kreis«.[35]

5.2.2.2 Hauskinderstunden (4 1/2 – 9 Jahre)

Hausfrauen, die zumeist selber kleinere Kinder haben, laden nach Rücksprache mit den Eltern die Kinder aus der Nachbarschaft ein, in ihrer Wohnung **biblische Geschichten** zu hören. Wichtig ist, dass man einen für alle Kinder und die Eltern geeigneten Zeitpunkt findet (Umfrage bei den Eltern). Das Ziel einer solchen Kinderstunde ist es, die Kinder mit den wichtigsten biblischen Inhalten bekannt zu machen. Im Mittelpunkt aller Ausführungen hat Jesus Christus zu stehen. Dem Kind sollte immer wieder gezeigt werden, dass Jesus es liebt und auch sein persönlicher Retter und Helfer werden möchte.

Den gläubigen Kindern soll wie in der Sonntagsschule aufgezeigt werden, wie sie mit Hilfe von Jesus im Alltag leben können. Gerade für Kinder aus Elternhäusern, in welchen nicht gebetet und die Bibel nicht gelesen wird, wird eine solche Kinderstunde bald einmal **zum Ort der Geborgenheit**. Sie empfangen hier Trost und Neuausrichtung. Sie können ihre Fragen, Ängste und Probleme

---

35 Praxisbuch Kleinkinder-Kreis. So wird's gemacht!, Kinderstunden im Vorschulalter – Mutter-Kind-Kreis – Puppenspielgeschichten – Bastelanleitungen – Kopiervorlagen – Rezepte – Liedvorschläge – Spielkreisarbeit – Frauengesprächsgruppen – Programmideen für zwei Jahre, hg. v. G. Kröger, Neuhausen-Stuttgart 1990

loswerden. Hier werden sie ermutigt und gestärkt für das Leben im Alltag. Eine Hauskinderstunde ist für Kinder das, was für Erwachsene der Hausbibelkreis ist.

Gut ist, wenn **zwei Frauen eine solche Hauskinderstunde leiten**. Eine Frau allein wird vermutlich überfordert sein.

Um eine solche Kinderstunde halten zu können, muss die Lektion vorbereitet, die Lieder ausgesucht und der Raum hergerichtet werden.

Der Verkündiger oder ein begabter Ältester hat mit einer vollzeitlichen Mitarbeiterin oder einem Mitarbeiter zusammen die Frauen, welche diese wichtige Aufgabe an den Kindern erfüllen, **in Lehrstunden anzuleiten**, wie sie diese Kinderstunden ansprechend gestalten können. Diese Schulungen können mit denjenigen für die Sonntagsschulhelfer zusammen durchgeführt werden, da kein großer Unterschied zur Sonntagsschularbeit besteht.

Eine solche Lehrstunde hat zumeist vier Schwerpunkte:

1. **Austausch der Anliegen aus den einzelnen Kinderstunden**, für welche anschließend gezielt gebetet wird.
2. Einüben von neuen **Kinderliedern**.
3. Vermittlung von **didaktischen und methodischen Hilfen**. Dinge, die sich in einzelnen Kinderstunden bewährt haben, werden vorgetragen (siehe 7.6 bis 7.9).
4. Vorstellung der **biblischen Lektionen**, welche in den nächsten Wochen in den Kinderstunden gehalten werden.
   - Es werden verschiedene **Einstiegsmöglichkeiten** dargelegt.
   - Die **Gliederung der Stunde** und **die Anwendungen** werden ausgeführt.
   - Schließlich werden **Gedanken zur Vertiefung** weitergegeben. (Hilfen dazu siehe 8.4)

Nach der Lehrstunde kann jede Frau die Ausführungen über die einzelnen Lektionen und das dazugehörende Material (Bilder, Bibelverse usw.) mitnehmen. Alle diese Dinge werden durch die **vollzeitlichen Mitarbeiterinnen oder Mitarbeiter der Gemeinde sorgfältig vorbereitet**. Auf diese Weise wird der im Alltag stark geforderten Hausfrau viel Vorbereitungsarbeit abgenommen. So wird diese Arbeit unter den Kindern für sie überhaupt erst möglich.

Das Zusammengehörigkeitsgefühl der Kinder einer Hauskinderstunde kann durch einen **gemeinsamen Einsatz** bei alten Menschen gefördert werden. In einer Alterssiedlung oder einem Altersheim können die Kinder einige Lieder singen, Bibelverse aufsagen usw. Der Verkündiger der Gemeinde kann eine Kurzbotschaft geben.

Ab und zu ist es sicherlich richtig, mit den Kindern **ein Fest** zu feiern. Besonders gut eignet sich dazu die letzte Kinderstunde vor den Sommerferien und vor Weihnachten. Dazu können auch die Eltern eingeladen werden.[36]

Da Kinder in eine Familie eingebettet sind, sollte sich aus der Arbeit mit ihnen der **Kontakt zu den Eltern entwickeln**.[37]

Zumindest einmal im Jahr sollten die Eltern aller Kinder, welche die Hauskinderstunde besuchen, zu einem **Elternabend** eingeladen werden. An diesem Abend wird es darum gehen, die Eltern über das Anliegen der Kinderarbeit zu informieren und in ihnen das Interesse dafür zu wecken. Damit gemeindefremde Eltern diesen Abend überhaupt besuchen, sollte natürlich über ein Thema gesprochen werden, das sie interessiert. Zum Beispiel werden Hilfen im Bereich der Kindererziehung gerne angenommen, denn viele Eltern sind hier oft hilflos und auf sich allein gestellt.

Themenvorschläge für einen solchen Elternabend:
- Aufklären, wie und wann?
- Die Strafen in der Erziehung
- Wie zeige ich dem Kind, dass ich es lieb habe?
- Basteln mit Kindern[38]

Viele Eltern brauchen in unserer Zeit auch Hilfen zur Gestaltung ihrer Ehe. Die Themen zu diesem Bereich könnten etwa so lauten:
- Hilfen zur Gestaltung einer harmonischen Ehe
- Ehe und Familie in der Zerreißprobe

Zugleich haben wir an diesen Elternabenden Verständnis für das zu wecken, was in den Kindern aufgrund dessen, was sie in den Kinder-

36 Theobald, D. u. V., Handbuch für Kinderarbeit, S. 179.196-206
37 Hübner, U. u. M., Praxisbuch Familie und Gemeinde. Familie im Brennpunkt, Gemeinsam geht's besser, Familienfeste in der Gemeinde, Familien-Gottesdienst, Eltern-Kinder-Tag, Neuhausen-Stuttgart 1994, S. 14
38 Theobald, D. u. V., Handbuch für Kinderarbeit, S. 177-184

stunden hören, aufkeimt. Es ist deshalb nötig, dass wir auch den Eltern die Botschaft des Evangeliums zu erklären suchen.[39]

Es wäre gut, wenn für die Kinder und ihre Familien, welche die Hauskinderstunden besuchen, in der Gemeinde **Gebetspaten** gefunden würden.[40]

Den älteren Kindern der verschiedenen Kinderstunden sollte geholfen werden, **den Zugang in die Jungschar zu finden**. Damit dies gelingt, könnte die Jungschar z.B. für all diese Kinder einen Schnuppernachmittag durchführen.

5.2.2.3 Kinder- oder Schülerwochen

Es sollte in jeder Gemeinde zur Selbstverständlichkeit werden, dass einmal im Jahr eine **Kinderwoche** durchgeführt wird. Es geht in einer solchen Woche darum, Kinder, die dem Glauben an Jesus noch fern stehen, mit dem Evangelium zu erreichen. Gläubige Kinder erhalten durch eine solche Woche die Möglichkeit, Kinder aus der Nachbarschaft und diejenigen, welche mit ihnen den Kindergarten oder die Schule besuchen, einzuladen. Übrigens kann eine solche Woche die Arbeit der Kinderstunden stark beleben.

Damit eine solche Woche wirklich gelingt, sind zwei Dinge nötig:

1. Die Gemeinde, die **diese Woche im Gebet mitträgt**.
2. Ein **Mitarbeiterteam, das diese Woche gründlich vorbereitet**. Worauf hat dieses Team zu achten?
   - Ein geeigneter Termin muss gefunden werden (Rücksprache mit den Eltern).
   - Es braucht die Absprache mit der Gemeindeleitung, wenn eine solche Woche in den Gemeinderäumlichkeiten stattfindet.
   - Damit die Arbeit für eine solche Woche für die Hausfrauen tragbar wird, sollte ein vollzeitlicher Kindermissionar oder eine Kindermissionarin die Verkündigung übernehmen. Hat die

---

[39] Hübner, U. u. M., Praxisbuch Familie und Gemeinde, S. 66-67
[40] Schritte zu den Kindern, S. 123

Gemeinde eine Person für die Kinderarbeit angestellt, so wird diese die Botschaften halten.

- Die Werbung für eine solche Woche muss gut überdacht werden.
- Das Rahmen- und Detailprogramm muss zusammengestellt werden.
- Auch die Nacharbeit muss gründlich vorbereitet werden.

Es hat sich gezeigt, dass der Wirkungsgrad einer Kinder- oder Schülerwoche in der Regel weit tiefer ist, als der von regelmäßig durchgeführten Kinderstunden.[41]

Michael Jahnke zeigt im Buch »Kinderarbeit kreaktiv«, wie eine solche Woche als Kinderspielwoche gestaltet werden kann.[42]

5.2.2.4 Kinderfreizeiten

Die Kinderfreizeiten bieten eine ganz besondere Gelegenheit, Kinder eine Woche lang mit dem Wort Gottes vertraut zu machen. Leiter und Kinder spielen zusammen, nehmen gemeinsam die Mahlzeiten ein und unternehmen miteinander Wanderungen. Es wird gemeinsam gesungen, gebetet und auf das Wort Gottes gehört. Die Atmosphäre, welche eine solche im Gebet vorbereitete Freizeit prägt, erleichtert es dem Kind, den entscheidenden Schritt zu Jesus zu tun. Das gläubige Kind wird in einer solchen Freizeit erneut ganz auf Jesus ausgerichtet. Darüber hinaus werden die Kinder ganz praktisch angeleitet, wie sie ihre persönliche Bibellese und das Gebet gestalten sollen. Gerade Freizeiten können das Leben eines Kindes tief greifend verändern.[43]

41 Theobald, D. u. V., Handbuch für Kinderarbeit, S. 207-219
42 Jahnke, M., Kinderarbeit kreaktiv, S. 155-183
43 Frey, R., Arbeit unter Kindern. Eine praktische und methodische Anleitung zur Durchführung von Kindergottesdiensten, Sonntagsschulen und Kinderstunden im eigenen Heim, Duisburg-Ruhrort 1969³, S. 136

5.2.2.5 Die Gründung von Kindergärten auf biblischer Basis

Eine besondere Möglichkeit, Kinder mit der biblischen Botschaft zu erreichen, besteht darin, dass Gemeinden in dicht besiedelten Gebieten oder in Städten öffentliche Kindergärten gründen. Meist geschieht dies im Zusammenhang mit der Gründung von Schulen auf biblischer Grundlage. In diesen Kindergärten können die Kinder unserer säkular-pluralistischen Gesellschaft ganzheitlich mit den Schwerpunkten der biblischen Lehre vertraut gemacht werden, weil das soziale Lernen und Erleben im Vordergrund steht.

Die Gründung der ersten Kindergärten geht auf Theodor Fliedner (1800-1864) zurück. Er setzte sich, angeregt durch Erfahrungen in England, für die Kindergartenarbeit in Deutschland ein. Er gründete sogar ein Kindergärtnerinnenseminar.[44] F. Fröbel prägte 1840 den Begriff »Kindergarten« und gab ihm ein pädagogisches Profil. Unter Johann Hinrich Wichern wurde die Kindergartenarbeit im Zusammenhang mit seinem Ausbau der Inneren Mission als Anstalt für alle Kinder gefördert.[45]

Die Kindergartenarbeit wird als verlängerter Arm der pädagogisch-didaktischen Bemühungen der Gemeinde betrachtet. Ganz praktisch zeigt sich das darin, dass die Gemeinde bereit ist, gut ausgebildete Kindergärtnerinnen, die an Jesus als ihren persönlichen Retter glauben, finanziell für diese Arbeit zu unterstützen und sie im Gebet zu begleiten. Zudem steht ihnen der Verkündiger unterstützend zur Seite. Diese von einer oder mehreren Gemeinden getragenen Kindergärten sollten für alle Kinder offen sein.

In den Kindergärten geht es ganz stark um die Unterstützung der erzieherischen Bemühungen der Eltern. Dazu ist ein immer besseres

---

[44] Hauss, F., Väter der Christenheit, neu hg. v. S. Spahr, Wuppertal; Zürich 1991, S. 434. Wilhelm Faix weist darauf hin, dass Johann Friedrich Oberlin (1740-1826) schon früher eine Kleinkinderschule im Steintal eingeführt hat, die ebenfalls als Vorläuferin des Kindergartens betrachtet werden kann. Vgl. Faix, W., Familie im gesellschaftlichen Wandel. Der Beitrag des Pietismus. Eine sozialgeschichtliche Studie, Gießen; Basel 1997, S. 72

[45] Wegenast, K.; Lämmermann, G., Gemeindepädagogik, S. 60

Verständnis der Kinder erforderlich.[46] Deshalb suchen die Kindergärtnerinnen immer wieder den Austausch mit den Eltern. So wächst von Seiten der Eltern nach und nach Vertrauen zu ihnen. Schön wäre ferner, wenn Eltern ab und zu im Kindergarten mithelfen könnten, sei es bei Geburtstagsfeiern, bei der Gestaltung von Festen, bei Ausflügen usw.[47] Durch diese Begegnungen und Gespräche werden Brücken vom Kindergarten zur Gemeinde geschlagen. Zudem kann die Gemeinde für die Eltern, deren Kinder den Kindergarten besuchen, einen Gesprächskreis anbieten, in welchen ihnen Hilfen für eine »christliche Erziehung« gegeben werden. Dieser Gesprächskreis sollte von den Kindergärtnerinnen und vom Verkündiger geleitet werden. Durch diese helfenden Gespräche können Eltern zu Jesus und in die Gemeinde geführt werden.[48]

Ab und zu führen die Kindergärtnerinnen auch Elternabende durch, an welchen sie Hilfen für den Umgang mit den Kindern geben. Bei Gesprächen in besonders schwierigen Situationen sollten beide Elternteile - Vater und Mutter - eingeladen werden. Damit bringen die Kindergärtnerinnen zum Ausdruck, dass die Eltern gemeinsam für die Erziehung des Kindes verantwortlich sind.[49]

Das Kind wird durch verschiedene Spiel-, Beobachtungs- und Betätigungsmöglichkeiten auf die Schule vorbereitet. Auch allgemeine Sprachförderungsübungen gehören dazu.[50] Auf diese Weise übt das Kind Ausdauer und Konzentration, die eine gute Arbeitshaltung ermöglichen. Diese wiederum wirkt sich nachgewiesenermaßen positiv auf die schulischen Leistungen aus.[51]

---

46 Utz, K., Wenn Familien Probleme haben. Chancen und Grenzen der Familienarbeit im Kindergarten, Freiburg; Basel; Wien 1997, S. 55

47 Hofmann, K., Familienbezogene Elternarbeit in meiner Gruppe, in: Kindergarten - wohin? Erfahrungen, Denkanstöße, Orientierungshilfen, hg. v. H. B. Kaufmann, Neukirchen-Vluyn 1992, S. 37

48 Grawert, G., Ergänzung: Elternarbeit in der Großstadt, in: Kindergarten - wohin?, S. 45-48

49 Utz, K., Wenn Familien Probleme haben, S. 77

50 Schenk-Danzinger, L., Entwicklung, Sozialisation, Erziehung, Bd. 1, Stuttgart; Wien 1994[2], S. 271-272

51 ebd., S. 281-282

In den Kindergärten geht es darum, den Kindern Gott als Schöpfer und Erhalter aller Dinge bekannt zu machen. Es soll in ihnen Ehrfurcht vor Gott geweckt werden. Zugleich sollen die Kinder Jesus als Retter und Helfer kennen lernen. Ziel ist es, dass in ihnen ein tiefes Vertrauen zu Jesus heranreift, das in eine Glaubensentscheidung für ihn einmünden kann. Kinder sollten bewusst zu dieser Glaubensentscheidung geführt werden. Die Entscheidung selbst muss aber Gott bewirken.

Damit im Kind eine Vertrauensbeziehung zu Jesus entstehen kann, ist eine gute Beziehung zu der an Christus glaubenden Kindergärtnerin nötig. Diese ist dann gegeben, wenn die Kindergärtnerin dem Kind mit Liebe begegnet, sodass es sich von ihr angenommen fühlt, und wenn sie für das Kind ein Vorbild ist (4.4.2). Damit diese liebende Beziehung zum Kind jederzeit möglich ist, sollte die Kindergärtnerin regelmäßig für das Kind beten.

Zugleich sollen die Kinder mit den biblischen Normen und Werten vertraut gemacht werden. Sie lernen diese vor allem im Umgang mit der Kindergärtnerin kennen. Sie ist es ja, die das Kind lobt und ihm Anerkennung gibt. Sie ist es aber auch, die bestimmte Grenzen setzt und das Kind zurechtweist, wenn es diese nicht beachtet. Klare Richtlinien sind für das Kind einerseits Schutz und Halt; andererseits helfen sie ihm, sich in der Gruppe einordnen zu können. Auf diese Weise wird ein wichtiger Beitrag zur Sozialerziehung geleistet.

Gerade kleine Kinder leiden oft unter familiären Problemen. Dies kann zu auffälligem Verhalten führen. In solchen Situationen sollte die Kindergärtnerin mit dem Kind über diese familiären Probleme, die in ihm Wut, Trauer, Angst, Protest oder sozialen Rückzug auslösen, ins Gespräch kommen.[52] Es gibt auch Kinder, die sich einsam fühlen, weil niemand Zeit hat, mit ihnen über das zu reden, was sie beschäftigt. Viele unverarbeitete Fernsehsendungen haben in ihnen vielleicht unerklärliche Ängste erzeugt. Diese verschiedenen belastenden Dinge können teilweise aufgefangen werden, wenn die Kindergärtnerin bereit ist, mit den Kindern darüber zu reden und ihnen zeigt, dass sie all dies im Gebet Jesus sagen können, weil er ihnen hel-

[52] Utz, K., Wenn Familien Probleme haben, S. 19-20

fend zur Seite stehen will (Ps 50,15; 139,5). Damit die Kinder aber wissen, wie sie mit Jesus reden können, sollte die Kindergärtnerin mit ihnen beten und sie zum Gebet anleiten. Beten ist eine tiefere und umfassendere Hilfe als das spielerische oder malerische Verarbeiten, weil Gott eine Realität ist und Geborgenheit schenken kann.

Es geht im Kindergarten eben gerade nicht darum, Kinder nur mit religiösen Gedanken vertraut zu machen – vor allem durch die Symboldidaktik – wie dies von der kirchlichen Gemeindepädagogik empfohlen wird,[53] sondern sie sollen Jesus, den in die Welt gekommenen Sohn Gottes, als Retter und Helfer kennen lernen. Jesus wird ihnen so zu einem persönlichen Gegenüber, mit dem sie jederzeit über alles reden können. Diese persönliche Ausrichtung auf Jesus kann dadurch, dass man an Weihnachten und Ostern ein besonderes Fest feiert, vertieft werden.[54] An Weihnachten ist die Möglichkeit gegeben, auf das Kommen Jesu auf diese Erde einzugehen, an Ostern auf das Leiden, Sterben und Auferstehen Jesu und die Bedeutung für uns.[55] Dies muss natürlich dem Alter der Kinder entsprechend geschehen.

Kindliche Wahrnehmungen, Erlebnisse und Probleme können als Brückenköpfe für die Erzählung einer biblischen Geschichte dienen. Die Geschichte wird dann so angewandt, dass sie in die Situationen hineinspricht, in denen sich die Kinder gerade befinden. Durch Spiele, bildliche Äußerungen und Gesang kann die biblische Geschichte noch verinnerlicht werden.

Bei gemeindeeigenen Kindergärten wäre es wünschenswert, wenn die Kinder in Absprache mit den Eltern zweimal im Jahr einen Gottesdienst mitgestalten könnten.

Damit die Arbeit im Kindergarten gelingt, braucht es unter den Kindergärtnerinnen den gegenseitigen Austausch, das Hören auf das

---

53 Lachmann, R., Evangelische Erziehung im Kindergarten, in: Gemeindepädagogisches Kompendium, S. 266-268

54 Wie man aus biblischer Sicht mit dem märchenhaften Christkind, dem Weihnachtsmann und mit den Osterhasen, welche diese Feste begleiten, im Kindergarten umgehen soll, zeigt Uta Herforth. Vgl. Herforth, U., Christliche Feste – mit Weihnachtsmann und Osterhase?, in: Kindergarten – wohin?, S. 56-63

55 Lachmann, R., Evangelische Erziehung im Kindergarten, in: Gemeindepädagogisches Kompendium, S. 262-263

Wort Gottes (z.B. Losungen) und das gemeinsame Gebet. Dadurch entsteht eine tragende Gemeinschaft, in welcher aufbrechende Konflikte geklärt werden können. Jede akzeptiert die andere mit ihren Fähigkeiten und Grenzen.[56]

5.3 Teenagerarbeit

5.3.1 Biblischer Unterricht (Konfirmandenunterricht)

Auch in der Teenagerarbeit geht es zunächst darum, die Kinder der Eltern, welche die Gemeinde besuchen, tiefer in die Wahrheiten und Gedankengänge der Heiligen Schrift einzuführen. Dies geschieht im biblischen Unterricht. Dieser Unterricht trat in den Freikirchen und landeskirchlichen Gemeinschaften an die Stelle des in der Landeskirche erteilten Konfirmandenunterrichts.[57] In den meisten freikirchlichen Gemeinden wird er heute »Gemeindeunterricht« oder »Biblischer Unterricht« genannt.[58]

5.3.1.1 Die Ziele des biblischen Unterrichts

- Die Kinder sollen die biblischen Inhalte in größeren dogmatischen Zusammenhängen erfassen. Sie sollen zum Beispiel einen guten **Überblick über die Heilsgeschichte** erhalten. Vor allem soll ihnen die zentrale Stellung der Person und des Erlösungswerkes Jesu deutlich gemacht werden. Alles im Alten Testament weist auf Jesus hin. Im Neuen Testament wird uns aufgezeigt, dass Jesus auf Grund seines Erlösungswerkes zur Grundlage der

---

56 Herforth, U., Im Team arbeiten, in: Kindergarten – wohin?, S. 91-92

57 Rösler, K., Gemeinde ohne Konfirmation, in: idea Spektrum. Nachrichten und Meinungen aus der evangelischen Welt, hg. v. Informationsdienst der Evangelischen Allianz, Wetzlar Nr. 15/1997, S. 22

58 Wieske, G., Gemeindepädagogik für die Praxis, Bornheim; Bonn 1998, S. 12

Gemeinde geworden ist (1. Kor 3,11) und dass er später das Millennium ermöglicht (Offb 19,11-20,3). Auf Grund seines Sieges am Kreuz von Golgatha wird er einen neuen Himmel und eine neue Erde ins Dasein rufen (Offb 21,1-8).

- Wichtig ist aber, dass all das, **was das Wort Gottes lehrt**, im Leben der Kinder zur Erfahrbarkeit Gottes und zu Veränderungen führt. Den Teenagern soll geholfen werden, das, was die Bibel lehrt, im Alltag in die Tat umzusetzen. Damit dies möglich wird, muss der Teenager Jesus im Glauben als Retter annehmen. Erst durch den innewohnenden Christus kommt es in seinem Leben zur Erfahrbarkeit Gottes, die dann zu Veränderungen führt. Erst dadurch, dass Jesus in ihm wohnt, kann er das, wozu ihn Gott in seinem Wort auffordert, auch tun. Von seiner Seite braucht dies immer wieder die Bereitschaft, auf das Wort Gottes zu hören und ihm zu gehorchen. Die Vertiefung in das Wort Gottes, also das **bewusste Lernen** dessen, was die Bibel lehrt und **der Glaube**, das ist die Bereitschaft das, was dieses Wort lehrt, anzunehmen und auszuführen, gehören zusammen (2. Tim 3,10). Deshalb ist ein gründlicher biblischer Unterricht durchaus berechtigt. Doch gilt es zu beachten, dass gründliches Lernen biblischer Wahrheiten den Glauben nicht hervorbringt. Der Glaube ist vom Wirken des Heiligen Geistes an einem Menschen abhängig (Gal 3,2.3).
- Im heranwachsenden Jugendlichen soll durch den Unterricht Verständnis und Liebe für die Gemeinde Jesu geweckt werden, sodass er den Zugang zu ihr findet. Dieser kann während der Unterrichtszeit dadurch gefördert werden, dass der Verkündiger darauf achtet, dass die Teenager den Gottesdienst gerne besuchen. Dies ist dann der Fall, wenn er ihre Lebenswelt und ihre Probleme in den Predigten zur Sprache bringt und wenn die Gottesdienste ansprechend gestaltet werden. Zugleich sollte darauf geachtet werden, dass die Teenager, welche das letzte Unterrichtsjahr besuchen, entweder im Teenagerclub oder in der Jugendgruppe einen guten Anschluss finden. In dieser Zeit sollte in ihnen auch der Wunsch geweckt werden, in irgendeinem Aufgabenbereich in der Gemeinde mitzuhelfen.

5.3.1.2 Inhalte, die berücksichtigt werden müssen, um diese Ziele zu erreichen

Zunächst geht es darum, den Kindern aufzuzeigen, dass **die Bibel das Wort von Gott** an uns Menschen ist. Er redet durch dieses Wort zu uns. In der Glaubenslehre sollen sie den **dreieinen Gott** kennen lernen. Dieser Gott ist der **Schöpfer und Erhalter** aller Dinge. In Jesus ist er zu uns auf die Erde gekommen. Er ist Mensch geworden, ohne sein Gottsein zu verlieren. Jesus hat **durch sein Erlösungswerk** alles in die Wege geleitet, dass die Menschen gerettet werden können. Jeder Mensch muss sich entscheiden, ob er diese Rettung annehmen will oder nicht. Die Annahme oder Ablehnung dieser Rettung hat ewige Konsequenzen. Entweder ist ein Mensch ewig gerettet oder ewig verloren. Dann gilt es auszuführen, wie das **Leben eines Menschen**, der Jesus als Retter angenommen hat, aussieht (ethisches Verhalten). Alle die, welche durch den Glauben an Jesus gerettet sind, bilden **die Gemeinde**. Zur Gemeindelehre gehört, dass man den Kindern die wesentlichen Dinge über die Taufe und das Abendmahl sagt. Die Gemeinde gibt es nun schon bald 2000 Jahre. Einige Streiflichter aus ihrer Geschichte helfen, die Situation der heutigen Gemeinde besser zu verstehen. Zugleich sollte in den Teenagern das Anliegen für Evangelisation und Mission geweckt werden.[59] Diese Inhalte habe ich unter 8.5.1 breiter ausgeführt.

5.3.1.3 Die Gestaltung des Unterrichts

Die Gedanken dazu habe ich unter 8.5.2 entfaltet. An dieser Stelle möchte ich nur betonen, dass bei jeder **Entfaltung einer biblischen Wahrheit eine Brücke in das alltägliche Leben der Teenager** geschlagen werden muss. Das Wort Gottes soll in die Ängste, Fragen und Sorgen der heranwachsenden Kinder hineinsprechen. Die Aus-

[59] Ein guter Überblick über den Inhalt findet sich in: Biblische Lehre für junge Leute. Das Arbeitsbuch für Bibelunterricht, Teenykreis, Schule und Familie, hg. v. H. Jaeger; J. Pletsch, Dillenburg 1994

führungen über das Wort Gottes sind für sie in unserer pluralistischen Gesellschaft ein fester Halt, weil die Bibel klare Normen und Werte vermittelt.

Die Bibel ist grundsätzlich ein Lehr- und Lebensbuch. Immer wieder besteht die Gefahr, dass wir eine Seite überbetonen.[60] Es muss aber beachtet werden, dass die Jugendlichen das, was die Bibel lehrt, nur mit Hilfe von Jesus erfahren und in die Tat umsetzen können. Deshalb ist im Unterricht eine christozentrische Ausrichtung unerlässlich.

Da dem Unterricht der gemeindeeigenen Kinder eine große Bedeutung zukommt, sollte ihn **der Verkündiger selbst erteilen**. So wächst zwischen ihm und der heranwachsenden Jugend der Gemeinde ein Vertrauensverhältnis.

Damit die Kinder gerne den Unterricht besuchen, sind verschiedene Dinge wichtig:

- Pünktlichkeit von Lehrer und Schülern
- Anteilnahme des Verkündigers am Ergehen der Kinder
- Ein ansprechender und lebensnaher Unterricht, in welchem die Lehr- und Lernaktivitäten ständig miteinander abwechseln. Ein ansprechender Unterricht ist dialogisch und arbeitsteilig. In ihm spielt auch die Veranschaulichung eine bedeutende Rolle (siehe 7.6.3).
- Klare Führung der Unterrichtsklasse (Disziplin)

Besonders positiv ist es, wenn der Verkündiger durch sein Verhalten und Unterrichten für die Kinder **zum Vorbild** wird. Und wenn er ein Vorbild ist, hat der Unterricht entscheidende Auswirkungen auf das Leben der Teenager.

Zum Unterricht gehören ab und zu **praktisch-diakonische Einsätze**. Die Unterrichtskinder können im Krankenhaus auf der Kinderabteilung singen und anschließend die kranken Kinder besuchen oder sie können die kranken und alten Gemeindeglieder besuchen. Sie können auch während eines Gottesdienstes in der Kinderbetreuung oder in der Sonntagsschule mithelfen usw.

---

60 Schritte zu den Kindern, S. 60-62

Während der Zeit des Unterrichts sollte der Verkündiger **den Kontakt zu den Eltern** suchen, da sie die eigentliche Verantwortung für die Glaubenserziehung ihrer Kinder tragen. Diesen Kontakt zu den Eltern kann er durch Besuche oder durch Elternabende herstellen. Dadurch können die Eltern dem Verkündiger Anregungen für seinen Unterricht geben, während er die Möglichkeit hat, ihnen Hilfen für die Glaubenserziehung ihrer Kinder zu geben.

5.3.1.4 Dauer des biblischen Unterrichts

Um das Kind gründlich in die wichtigsten biblischen Themen einzuführen, sollte sich der biblische Unterricht zumindest über **drei Jahre** erstrecken (von 12 bis 15 Jahren). Diese drei Jahre erfordern natürlich eine saubere Gesamtplanung. Einen gut gelungenen Vorschlag finden wir in der »Jugend-Lehre« der Vereinigung Freier Missionsgemeinden.[61] Nähere Ausführungen dazu gebe ich in Kapitel 8.7.

Der biblische Unterricht wird heute meist mit einer besonderen **Feier** in der Gemeinde beendet. Diese Feier fällt oft mit der Beendigung der öffentlichen Schulzeit zusammen. Sie wird von denen, die den Unterricht besucht haben, durch Lieder, Musikstücke und Kurzberichte mitgestaltet. In den meisten Gemeinden wird den Jugendlichen eine Urkunde mit einem schön geschriebenen Bibelwort übergeben, das sie auf dem weiteren Lebensweg begleiten soll.

Mit dieser Feier will man vor allem zum Ausdruck bringen, dass diejenigen von der Unterrichtsklasse, die an Jesus glauben, ab jetzt ihren Gaben entsprechend in der Gemeinde mithelfen dürfen. Im Blick auf dieses Mitdienen werden sie unter den Segen Gottes gestellt. Es geht bei der Segnung aber auch um die Bitte, dass die Jugendlichen Jesus, ihrem Retter und Herrn, ihr ganzes Leben lang treu nachfolgen. Der Verkündiger erbittet also den Segen für das Leben der Jugendlichen, damit sie als treue Nachfolger Jesu von ihm gebraucht werden, sodass sich durch ihre Mitarbeit die Gemeinde Jesu entfalten kann.

---

61 Jugend-Lehre, Vereinigung Freier Missionsgemeinden, Wabern o. J.

5.3.1.5 Der Zeitpunkt des Unterrichts

Die Teenies besuchen während der Schulzeit einmal in der Woche eine Unterrichtsstunde. Der Zeitpunkt muss immer wieder neu den Stundenplänen der Kinder angepasst werden. Wenn irgend möglich sollte der Unterricht nicht während des Gottesdienstes stattfinden, denn die Kinder sollten in diesem Alter den Gottesdienst besuchen.

5.3.1.6 Die Unterrichtsfreizeit

Die Bemühungen des biblischen Unterrichts können durch eine Unterrichtsfreizeit vertieft werden. In einer solchen Freizeit rücken Lehre und Leben ganz ungezwungen zusammen. Biblische Lehre, Austausch, gemeinsames Gebet und das Zusammenleben in der Gruppe gehören zusammen. Dies führt zu einem vertieften Erleben und Aufnehmen der biblischen Botschaft. Das gemeinsame Ausgerichtetsein auf Jesus führt wiederum zu ungezwungenen seelsorgerlichen Gesprächen.

5.3.2 Jungschar- und Teenagerarbeit (8-16 Jahre)

Die Jungschar- und Teenagerarbeit fällt in die Zeit, in der die Kinder von vielen Vereinen umworben werden. Wenn wir als Gemeinde nichts tun, verlieren wir unsere Kinder und Teenager an Sportclubs, Musikvereine usw. Das Eingebundensein in diese Vereine wird die heranwachsenden Kinder immer mehr der Gemeinde entfremden, da ihre Anlässe meistens an Sonntagen stattfinden.

Die beste Werbung für die Jungschar und den Teenieclub sind die Jungscharler und Teenager, die begeistert andere Kinder/Teenager zu den Anlässen einladen. Doch sollten auch die Jungschar- und Teenieleiter selbst Kinder persönlich einladen, indem sie von Haustür zu Haustür gehen.[62]

[62] Praxisbuch Jungschararbeit, S. 117

Damit sich die Jungschar- und Teenagerarbeit gut entfalten kann, brauchen die Jungscharler, insbesondere die Teenager, ihre eigenen Räumlichkeiten, die sie selbst einrichten und gestalten können.

5.3.2.1 Ziele und Schwerpunkte der Jungschar- und Teenagerarbeit

Die Jungschar- und Teenagerarbeit braucht einen **evangelistischen Akzent**. Es geht darum, Kinder und Teenager aus Familien, die der Gemeinde fern stehen, mit der Botschaft des Evangeliums zu erreichen. Die gemeindeeigenen Kinder werden ebenfalls in dieses Programm einbezogen, indem ihnen **weiterführende Hilfen im Glauben** vermittelt werden.

- Das Ziel der Jungschar- und Teenagerarbeit ist, dass Kinder Jesus kennen lernen und ihn als persönlichen Retter im Glauben annehmen. Diese Hinführung zu Jesus sollte in eine liebende und begleitende Zuwendung zu den Kindern/Teenagern eingebettet sein. Dazu gehört aber, dass die Kinder auch zu dieser Entscheidung für Jesus aufgefordert werden. Diese Aufforderung kann in Bibelarbeiten eingebaut oder in einem persönlichen Gespräch zum Ausdruck gebracht werden. Gut wäre auch, wenn in der Jungschar- und Teenagerarbeit evangelistische Veranstaltungen eingeplant würden. Die Kinder/Teenager sind in diesem Alter bereit, eine Entscheidung für Jesus zu treffen, da sie gerade jetzt in besonderer Weise nach dem Sinn des Lebens suchen.
- Ferner sollte man bemüht sein, in der Jungschar und im Teenieclub die Kinder **in allen Bereichen, die zur Gottesbildlichkeit gehören**, zu fördern.

  Zunächst unterstützt man die **Gemeinschaftsfähigkeit** der Kinder. Die Kinder müssen lernen, sich in ihrer Verschiedenartigkeit anzunehmen und sich gegenseitig zu ermutigen. Wichtig ist dabei, dass man sie dem Alter entsprechend **in Gruppen aufteilt**. In der Gruppe lernt das Kind sich einzuordnen und Rücksicht zu nehmen. Es muss lernen, sich mitzuteilen. Sprachhemmungen, welche durch Fernseh- und Videokonsum entstehen, können abgebaut werden. Zugleich lernt das Kind in der Gruppe, Konflikte auszuhalten und zu lösen. Die Gemeinschaftsfähigkeit kann besonders auch an Wochenenden und in Freizeiten gefördert werden. Später sucht ein Teenager in der Gruppe Freunde, mit denen er alles besprechen kann. Zugleich strebt er nach einem gewissen Ansehen und Beliebtheit.[63]

Jedes Kind und jeder Teenager sollte in seiner Gruppe für eine bestimmte Aufgabe **Verantwortung übernehmen**, um auf diese Weise zu einem verantwortlichen Verhalten angeleitet zu werden.

Die Kreativität wird so gefördert, dass man in der Gruppe die biblischen Ausführungen in ganz unterschiedlicher Weise vertieft (Hefteintrag, Zeichnung, Rollenspiel, Pantomime usw.).

Der **Personhaftigkeit und Körperlichkeit** schließlich wird im Spiel und in sportlichen Betätigungen Rechnung getragen.

Um diese eben ausgeführten Ziele erreichen zu können, setzt man in der Jungschar- und Teeniearbeit bewusst **drei Schwerpunkte**:

1. Man gibt den Jungscharlern und Teenagern **die biblische Botschaft dem Alter entsprechend weiter**. Biblische Gestalten des AT und NT stehen stark im Vordergrund. Ab und zu ist es sicherlich angebracht, interessante Themen aufzugreifen. Der Teenager beschäftigt sich vor allem mit der Sinnfrage. Er lebt in der Auseinandersetzung mit seiner Umwelt, mit den Eltern, der Schule, den Geschwistern usw. Aus diesen Gegebenheiten ergeben sich die Themen. Diese werden selbstverständlich von der Bibel her entfaltet. Auch auf die Themen **Sexualität und Freundschaft** sollte eingegangen werden.[64] Heute muss auch der **Problemkreis des Okkulten** angesprochen werden, da die Teenies in der Schule sowie durch Fernsehsendungen damit konfrontiert werden. Zudem sollte die ganze **Suchtproblematik** dem Alter entsprechend ausgeführt werden. Es muss auf die Gefährlich-

63 Faix, T., Teeniearbeit kreaktiv, Neukirchen-Vluyn 1999, S. 16

64 Folgende Literatur könnte zu dieser Thematik berücksichtigt werden: Alles Sex oder was? hg. v. J. Höppner; M. Hübner; K. Nieland, Asslar 1996; Naujokat, G., Junge Menschen – erste Liebe. Begegnung der Gefühle, Neuhausen-Stuttgart 1995[4]; Warum bis zur Ehe warten? Eine medizinisch-seelsorgerliche Antwort, hg. v. W. Furch, Wuppertal; Zürich 1990[2]

keit des Alkoholmissbrauchs, des Rauchens und der Drogeneinnahme hingewiesen werden.[65] Ferner sollte über den rechten **Umgang mit den Medien**, dem Fernseher, den Videokassetten, den Computerspielen und dem Internet gesprochen werden, da die Medien einen großen Einfluss auf die heranwachsenden Teenies ausüben.[66]

2. Es gilt von der Bibel her, **besonders das Anliegen der Mission** hervorzuheben. Zunächst soll in den Jungscharlern und Teenies die Liebe zu den verlorenen Menschen geweckt werden. Es muss ihnen auch bewusst gemacht werden, dass die Menschen einzig und allein durch Jesus gerettet werden können (Joh 14,6). Es soll ihnen klar gemacht werden, dass Jesus gerade sie brauchen will, um andere Kinder und Teenager, mit denen sie ja befreundet sind, zu retten. Wie sie andere zu Jesus führen können, kann man ihnen gründlich erklären.
   Ebenso wichtig ist, dass in den Kindern und Teenagern ein Anliegen für die **weltweite Mission** geweckt wird.
   - Lebensbilder einzelner Missionare können ihnen eine Schau für die Missionierung der Welt geben.
   - Aktuelle Missionsberichte aus verschiedenen Ländern vermögen ebenfalls, das Anliegen für die weltweite Mission zu wecken. Besonders ansprechend ist, wenn ab und zu Missionare, die man kennt und durch Briefkontakte begleitet, in einer Jungscharstunde oder im Teenieclub aus ihrer Arbeit berichten.

   Den Jungscharlern und Teenagern sollte aufgezeigt werden, dass sie die Missionare mit ihren Gebeten und mit Geld unterstützen können. Zugleich sollten sie angeregt werden, sich zu fragen, ob sie bereit wären, sich selbst von Jesus in den missionarischen Dienst rufen zu lassen.[67]
3. Es werden den Jungscharlern und Teenies auch **ganz praktische Kenntnisse vermittelt**.

---

65 Felten, M., Auf Drogen hereinfallen? Mein Kind nicht! Wie Eltern Heranwachsende unterstützen können, Wuppertal; Bern 1996

66 Faix, T., Teeniearbeit kreaktiv, S. 25-30

67 Praxisbuch Jungschararbeit, S. 141-147

- Zunächst sucht man in ihnen eine Liebe zur Schöpfung zu wecken. Es werden Ausführungen über den Wald, das Leben im Wasser und in der Luft usw. gemacht.
- Sie erhalten Anleitungen für die Erste Hilfe.
- Es gibt eine kleine Seil- und Knotenkunde.
- Die Jungscharler werden ins Lesen von Landkarten eingeführt und lernen mit dem Kompass umgehen.

Durch die Vermittlung dieser praktischen Kenntnisse wird dem heranwachsenden Kind deutlich gemacht, dass alltägliches Leben und Glauben zusammengehören.[68] Der Glaube hat sich mitten im Alltag zu bewähren.

Damit es für das einzelne Kind während der Jungscharzeit und im Teenieclub in den drei eben genannten Schwerpunkten nicht zu Wiederholungen kommt, sollte für die sechs oder sieben Jahre Jungschar und Teenagerclub ein Gesamtplan erstellt werden (siehe 8.7).

An **gemeinsamen Wochenenden und in Freizeiten (Zeltlager)** werden die Bemühungen im Bereich dieser drei Schwerpunkte vertieft. Dies ist aber nur dann möglich, wenn diese Zeiten des besonders intensiven Zusammenseins gut vorbereitet werden.

5.3.2.2 Die Leitung der Jungschar und des Teenieclubs

Die Jungschararbeit und der Teenieclub sind der Gemeindeleitung unterstellt. Ein Ältester trägt die Hauptverantwortung für diese Arbeit.

Ein Team leitet die Jungschar- und Teeniearbeit. Zu diesem Team gehören alle die, welche in der Jungschar und im Teenieclub eine Gruppe leiten. Die Gruppenleiterinnen oder Gruppenleiter werden in Absprache mit dem Ältestenkreis in ihre Aufgabe berufen. Bevor sie in ihren Dienst in der Gruppe eingesetzt werden, führen sie ein Gespräch mit der Gemeindeleitung. Wenn dieses positiv verläuft, werden sie offiziell vom Ältestenkreis für diesen Dienst bestätigt.

---

[68] De Funke, hg. v. Bund Evangelikaler Schweizer Jungscharen, Fällanden 1985, S. 26-176

Am Sonntag nach der offiziellen Bestätigung werden die neuen Leiterinnen und Leiter der Gemeinde vorgestellt.

Ein Hauptleiter führt das Team. Bei ihm laufen alle Fäden zusammen. Die Autorität des Hauptleiters ist begründet in seinem vorbildlichen, vom Wort Gottes her geprägten Verhalten und in seiner Führungsfähigkeit, die seinem Wissen und seiner Begabung entsprechend freundlich und bestimmt sein soll.[69] Er ist es, der die Gruppenleiterinnen und -leiter seelsorgerlich begleitet. Er ermutigt sie durch spontanes Lob und anerkennende Worte. Er gibt ihnen auch helfende Korrekturen weiter.[70] Ihm kommt die Aufgabe zu, begabte und berufene Leiter/Leiterinnen zu fördern, die zunächst mit ihm die Hauptverantwortung tragen und ihn dann später ablösen können. Da ihm durch diesen Dienst in der Gemeinde eine wichtige Funktion zukommt, sollte er öffentlich während eines Gottesdienstes zu diesem Dienst eingesegnet werden.

Dem Hauptleiter steht jemand zur Seite, der für den **biblischen Teil die Hauptverantwortung trägt**. Dies kann entweder ein begabter Gruppenleiter oder ein vollzeitlich angestellter Gemeindehelfer bzw. eine Gemeindehelferin sein. Jemand anderes trägt mit dem Hauptleiter zusammen **die Verantwortung für den praktisch-spielerischen Teil**. Dies ist meist ein Gruppenleiter oder eine Gruppenleiterin, der oder die für die Gestaltung des praktischen Teils gute Ideen hat. Er oder sie hat auch die passenden Spiele zu wählen.[71] Seine oder ihre Aufgabe besteht darin, die Ausführungen des biblischen Teils erlebnisorientiert zu vertiefen.

Immer zwei Gruppenleiter oder Gruppenleiterinnen tragen für eine Gruppe die Verantwortung, solange die Gruppen in Mädchen und Knaben aufgeteilt sind. Ab etwa 12 Jahren sind die Gruppen meist gemischt und werden von zwei bis drei Gruppenleitern/–leiterinnen geführt.

---

69 Praxisbuch Jungschararbeit, S. 20

70 Ott, C., Das Trainingsprogramm für Mitarbeiter. Biblische Grundsätze, Didaktische Hinweise, Praktische Modelle, Gießen; Basel 1996, S. 130

71 Ideen für solche Spiele finden sich in: Jahnke, M.; Depuhl, P., Jugendarbeit kreaktiv. Neukirchen-Vluyn 1995, S. 55-84

Diesen Gruppenleitern und -leiterinnen stehen **Minileiter**, wie sie in der Schweiz häufig genannt werden, zur Seite, die in die Arbeit eingeführt werden. Indem die Minileiter den Gruppenleitern/-leiterinnen helfen, lernen sie die verschiedenen Aufgaben in einer Jungschar- oder Teeniegruppe kennen und sehen gleich, wie sie ausgeführt werden. Es geht um ein »Learning by doing«, wie es schon Jesus und die Apostel praktiziert haben (Lk 9,1-6).

Schema 2:
Mögliche Leitungsstruktur einer Jungschar- und Teenagerarbeit

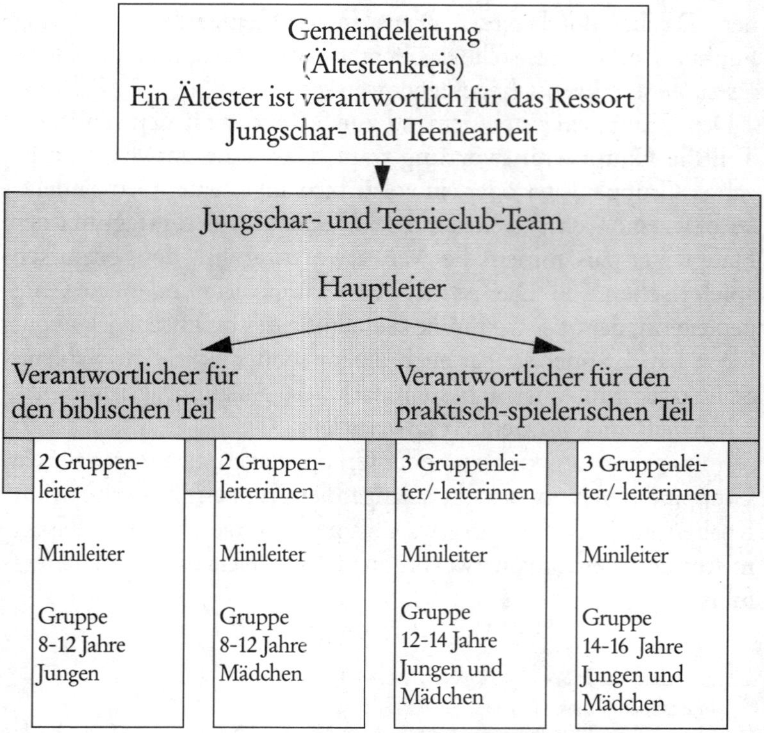

Neben der Jungschar gibt es einen Teenagerclub. Zu ihm gehören die Kinder ab 12 Jahren.

Das Leiterteam trifft sich, um die Nachmittage vorzubereiten.
Die Jungscharler und Teenager kommen jede zweite Woche an einem Samstagnachmittag zusammen. An den Sitzungen des Leiterteams wird vor allem über die Gestaltung dieser Nachmittage ausgetauscht. Zunächst werden die Elemente des vorangegangenen Nachmittags besprochen, die gut waren. Dann kommt auch das, was nicht gelungen ist, zur Sprache. Dabei gilt es sorgfältig herauszuarbeiten, warum diese Programmpunkte nicht gelungen sind. Die Auswertungen sollen helfen, die Jungschar- und Teenagerarbeit noch besser zu gestalten.[72] Anschließend wird der kommende Nachmittag geplant. Bei der Planung sollten die Wünsche und Fragen der Kinder und Teenager berücksichtigt werden.

- Die Bibelarbeit wird von dem, der dafür verantwortlich ist, vorgestellt. Er gibt für eine altersgemäße Darbietung noch einige Tipps. Zugleich zeigt er, wie die ausgeführten Gedanken von den Kindern und Teenagern im Alltag mit Hilfe von Jesus ganz praktisch umgesetzt werden können. Er gibt auch Anregungen für den Einstieg und stellt Ideen vor, wie die Vertiefung gestaltet werden könnte (z.B. Collagen basteln, einen Sketch darüber aufführen usw.).[73]
- Der praktisch-spielerische Teil des Nachmittags wird von dem, der dafür die Verantwortung trägt, vorgestellt. Es geht darum, das eben Ausgeführte erlebnisorientiert zu vertiefen. Spiele im Gruppenraum, Geländespiele, gewöhnliche Ballspiele usw. eignen sich gut dafür.[74]
- Die Lieder werden noch ausgewählt und wenn nötig geübt.
- Für das gemeinsame Gebet in den Gruppen sollte genügend Zeit eingeplant werden.

Natürlich tauscht man an diesen Sitzungen auch die Anliegen der Mitarbeiter/Mitarbeiterinnen aus. Zudem bespricht man Sorgen

---

72 ebd., S. 231

73 Tobias Faix gibt viele gute Ideen für erlebnisorientierte Einstiege und Vertiefungen. Vgl. Faix, T., Teeniearbeit kreaktiv, S. 94-119

74 Rudolf Horn gibt viele gute Anregungen zur Gestaltung von Jungscharnachmittagen. Vgl. Horn, R., Jungschar: Das Einsteigerbuch. Ideen, Tips, Erfahrungen und Entwürfe, Moers 1997

und Probleme aus den Gruppen und betet dafür. **Der Planung** kommt ein großer Stellenwert zu. Anhand eines Siebenjahresplanes werden Jahrespläne und Vierteljahrespläne ausgearbeitet. Wichtig ist, dass immer wieder Höhepunkte eingeplant werden.

Damit das Leiterteam gut zusammenfindet und den vorgegebenen Situationen in der Jungschar und im Teenagerclub noch besser gerecht werden kann, sollte es zumindest einmal im Jahr eine mehrtägige, gut vorbereitete Retraite durchführen.[75]

5.3.2.3 Welche Voraussetzungen haben die Gruppenleiter/-leiterinnen mitzubringen?

Geistliche Voraussetzungen:

- Sie müssen bekehrt und wiedergeboren sein.
- Gottes Wort muss ihnen vertraut sein. Sie sollten täglich dieses Wort lesen und lernen, nach diesem Wort zu leben.
- Zum Gebet sollten sie immer wieder die nötige Zeit finden.
- Sie sollten persönliche Krisen und Zweifel durchgestanden und überwunden haben. Gerade weil Kinder und Teenager in ihrem Gefühls- und Glaubensleben oft schwankend sind, sollten die Leiter standfest sein.[76]
- Um von den Jungscharlern und Teenagern überhaupt akzeptiert zu werden, sollten sie zumindest drei Jahre älter sein als der älteste Jungscharler oder Teenager.

Die Gruppenleiter/-leiterinnen – Vorbilder

Die Jungschar- und Teeniearbeit lebt von der Beziehung zwischen den Leitern/Leiterinnen und den Kindern/Teenagern. Deshalb kommt ihrem Vorbildsein eine große Bedeutung zu.[77]

- Ihre Gewohnheiten, Kleidung, Frisur und Hobbys prägen die Kinder/Teenager.

---

75 Praxisbuch Jungschararbeit, S. 39

76 Laub, P.; Frey, R.; Georg, J.; Trommer, F., Handbuch für Teenagerarbeit. Grundlagen, Ideen, Programme, Gießen 1990, S. 28

77 Faix, T., Teeniearbeit kreaktiv, S. 35

- Ihre Treue, Pünktlichkeit, ihre Opferbereitschaft beeinflussen sie.
- Ihre Beziehung zur Gemeinde wirkt sich auf das Verhalten der Kinder/Teenager der Gemeinde gegenüber aus.
- Auch die Art, wie sie mit dem anderen Geschlecht umgehen, soll vorbildlich sein.

Bereitschaft zur Zusammenarbeit
- Die Gruppenleiter/-leiterinnen müssen die anderen Leiter annehmen und bereit sein, mit ihnen zusammenzuarbeiten. Neid, Eifersucht und Überheblichkeit gilt es mit Hilfe von Jesus abzulegen.
- Gemeinsam werden die Aufgaben der Einzelnen innerhalb des Teams festgelegt.
- Sie haben für die Jungscharler und Teenager, für ihre Fragen, Probleme usw. Zeit. Sie spornen in ihrer Gruppe die Kinder und Teenager zum Mitdenken und zur Mitarbeit an.

Sie müssen Korrektur annehmen können
- Wenn der Hauptleiter, die Ältesten oder der Verkündiger sie zurechtweisen, haben sie dies anzunehmen.

Sie haben sich für diese Aufgabe schulen zu lassen
- Sie haben die Kurse, wie sie zum Beispiel der »Bund Evangelikaler Schweizer Jungscharen« (BESJ) oder der »Christliche Verein Junger Männer und Frauen« (CVJM) anbietet, zu besuchen.

Den Kindern mit Liebe begegnen
Das Allerwichtigste ist aber, dass die Gruppenleiter/-leiterinnen die Kinder/Teenager lieben, die sie betreuen. Nur die Liebe gewinnt den anderen und erreicht ihn. Dies ist aber oft sehr schwierig, vor allem dann, wenn sich die Kinder oder Teenager von ihrer frechsten und kratzigsten Seite zeigen.[78] Die Liebe gibt den Leiterinnen und Leitern auch die nötige Autorität. Diese Liebe ist zugleich die Grundlage einer tragenden Beziehung. Diese ihrerseits hilft mit, dass die Kinder und Teenager in die Gemeinde integriert werden können.

---

78 Laub, P.; Frey, R.; Georg, J.; Trommer, F., Handbuch für Teenagerarbeit, S. 32

Zur Integration gehört aber auch, dass vom Teenieclub eine Brücke zur Jugendgruppe geschlagen wird. Die Teenager und Jugendlichen könnten ab und zu gemeinsame Aktionen planen, sodass die Teenager die Jugendlichen kennen lernen und somit der Schritt vom Teenagerclub in die Jugendgruppe nicht mehr schwer fällt.[79]

5.3.2.4 Was sollten Gruppenleiter/-leiterinnen wissen?

- Sie müssen sich zunächst ihrer Verantwortung bewusst sein, die sie den Kindern und Teenagern, aber auch den Eltern und der Gemeindeleitung gegenüber haben.
- Sie sollten zudem in der Lage sein, eine gute Bibelarbeit für die Jungschar oder den Teenagerkreis auszuarbeiten. Damit die Bibelarbeit anspricht, muss sie anschaulich und dem Alter entsprechend erfahr- und anwendbar vorgetragen werden (siehe dazu 8.4 und 8.5). Der Bezug zum Alltag kann ab und zu auch so hergestellt werden, dass Gemeindeglieder mit Berufen wie Polizist, Arzt, Lehrer oder Landwirt einen wichtigen Beitrag in einer bestimmten thematischen Bibelarbeit leisten. Übrigens würde auf diese Weise auch die Verbindung zwischen der Gemeinde und der Jungschar bzw. den Teenagerclub gefördert.[80]
- Sie sollten aus der Entwicklungspsychologie etwas über das Teenageralter wissen.
- Alle Gruppenleiter müssen auch wissen, wie sie mit disziplinarischen Schwierigkeiten fertig werden können, da heute in jeder Jungschar- und Teeniearbeit vermehrt solche Probleme aufbrechen. Die Leiterinnen und Leiter haben für Kinder und Teenager, die ihnen in der Gruppe im disziplinarischen Bereich besonders Mühe machen, zu beten. Sie haben mit ihnen auch das Gespräch zu suchen mit dem Ziel, ihnen zu zeigen, dass sie sie lieben. Disziplinarische Schwierigkeiten ergeben sich oft auch aus einer langweiligen Art, die Bibelarbeit vorzutragen. Es sollte den

---

79 Faix, T., Teeniearbeit kreaktiv, S. 154
80 Praxisbuch Jungschararbeit, S. 174-175

Leitern und Leiterinnen gelingen, die Kinder/Teenager durch die Gestaltungsweise der Bibelarbeit zu motivieren.[81]

- Sie sollten fähig sein, Teenager seelsorgerlich zu begleiten. In der Seelsorge geht es vor allem darum, dass Sünde aufgedeckt und bereinigt wird und dass dem Seelsorgesuchenden gezeigt wird, wie er in seiner Situation im Glauben wachsen kann.[82] Wichtig ist, dass der Leiter oder die Leiterin die Kinder oder Teenager nicht an sich bindet, sondern immer wieder zu Jesus führt. Die seelsorgerliche Begleitung braucht Zeit und Geduld.
- Sie haben auch darauf zu achten, dass das Liedgut dem Alter angepasst ist. Schön ist, wenn Teenager die Lieder begleiten können.
- Sie müssen ernst nehmen, dass das treue Gebet für das Kind oder den Teenager allem Reden und Arbeiten an ihm vorangeht.

5.3.2.5 Die Beziehung zu den Eltern

Es gilt die Arbeit an den älteren Kindern und Teenagern immer wieder den Eltern, aber auch der Gemeinde bekannt zu machen.

Möglichkeiten:

- **Informationsbriefe**
  Die Eltern werden durch kurze Informationsbriefe über bevorstehende wichtige Anlässe aus der Jungschar- und Teenagerarbeit informiert, damit sie entsprechend planen können.[83]
- **Elternbesuche**
  Um die Eltern für das Anliegen der Jungschar- und Teeniearbeit zu gewinnen, sollten die Gruppenleiter/-leiterinnen einmal im Jahr **alle Eltern ihrer Jungschar- oder Teeniegruppe besuchen**. Besonders wichtig sind diese Besuche bei den Eltern, die nicht zur Gemeinde gehören. Bei solchen Besuchen haben die Gruppenleiter/-leiterinnen freundlich auf Fragen, Anschuldigungen und Kor-

---

81 ebd., S. 48-58

82 ebd., S. 30

83 Fields, D., Jugendarbeit mit Vision. 9 Schritte zu einer lebendigen Jugendarbeit, Asslar 2000, S. 245-248

rekturen der Eltern einzugehen. Oft können Anschuldigungen über das, was gelehrt wird, hilflose Versuche sein, über den Glauben in ein tieferes Gespräch zu kommen.
Durch diese Besuche kann zwischen Eltern und Leitern/Leiterinnen ein Vertrauensverhältnis aufgebaut werden.[84]

- **Tag der offenen Tür**
  Die Eltern werden eingeladen, einen Jungschar- oder Teenienachmittag zu besuchen.
- **Elternabend**
  Einmal im Jahr werden alle Eltern zu einem Abend eingeladen. Der Hauptleiter begrüßt die Eltern und gibt einen kurzen Einblick in die Arbeit und sucht so das Interesse für diese zu wecken. Um auch außenstehende Eltern für einen solchen Abend zu gewinnen, zeigt man Dias oder einen Film von der letzten Jungschar- und Teeniefreizeit[85] oder geht auf aktuelle Fragen ein, welche die Eltern im Zusammenleben mit Teenagern bewegen. Eltern ringen oft mit ihren Teenagern zusammen nach dem Sinn des Lebens. Sie sind deshalb offen für die Botschaft von der Erlösung durch Jesus Christus.

Das Ziel der Elternarbeit ist, dass sie den Weg zu Jesus und dann in die Gemeinde finden. Schön wäre, wenn die Eltern mit ihren Kindern schließlich treu die Gemeinde besuchen.

---

84 ebd., S. 180-185

85 Jungschararbeit, wie macht man das? Handbuch zur Praxis, hg. v. CVJM-Gesamtverband in Deutschland e.V., Wuppertal 1982³, S. 148

Schema 3:
Graphische Darstellung der Kinder- und Teenagerarbeit in der Gemeinde

Programm für gemeindeeigene Kinder

0			
1	**X**		Säuglingsbetreuung
2	**X**		
3	**X**		Kleinkinderbetreuung
4	**X**		
5	**X**		Kindergarten
6	**X**		
7	**X**		1. Sonntagsschulklasse
8	**X**		
9	**X**	O	
10	**X**	O	2. Sonntagsschulklasse
11	**X**	O	
12	**X**	O	
13	**X**	O	Unterricht
14	**X**	O	
15	**X**	O	

Programm für fernstehende Kinder

0			
1			
2			
3	**O**		
4	**O**	X	Spielgruppen
5	**O**	X	
6	**O**	X	
7	**O**	X	Hauskinderstunden
8	**O**	X	
9	**O**	**X**	
10	**O**	**X**	
11	**O**	**X**	
12	**O**	**X**	Jungschar- und Teenagerarbeit
13	**O**	**X**	
14	**O**	**X**	
15	**O**	**X**	

Ab 11-12 Jahren besuchen die Kinder den Gottesdienst
Erklärung: X gemeindeeigene Kinder (**X** – vorwiegend gemeindeeigene Kinder)
O fern stehende Kinder (**O** – vorwiegend fernstehende Kinder)

5.4 Integration der Kinder in die Gemeinde

Wir dürfen nicht vergessen, dass Kinder, welche Jesus treu nachfolgen, in unserer Gesellschaft mehr und mehr zu Außenseitern werden.

In unserer Welt herrscht in vielen Bereichen eine große Orientierungslosigkeit. Unsere Kinder brauchen aber klare Orientierungshilfen. In einer Gemeinde sind solche vom Wort Gottes her gegeben. Die Gemeinde unterstützt als größere Gemeinschaft die Werte und

Normen der an Christus glaubenden Familien und bildet dadurch für die heranwachsenden Kinder in ihrer pluralistischen Umwelt einen wichtigen Rückhalt.[86]

Teenager brauchen weiter Wärme und Geborgenheit. Genau dies vermag eine biblische Gemeinde zu geben.[87] Sie ist eine tragende und **helfende Lebensgemeinschaft**, die mit dem Wort »koinonia« sehr schön zum Ausdruck gebracht wird. Das griechische Wort κοινωνία, koinonia, heißt nämlich »Gemeinschaft, innige Beziehung, Anteilhaben, Teilnahme«.[88] In der vertrauensvollen Atmosphäre der Gemeinde erleben die Kinder gelebte Nächstenliebe, die sich in gegenseitiger Duldsamkeit, Ehrerbietung, Vergebungsbereitschaft usw. zeigt.[89] Sie fühlen sich von den Erwachsenen an- und ernst genommen. Dieses positive Eingebundensein ermutigt die heranwachsenden Kinder, ihr Leben im Alltag bewusst mit der Hilfe von Jesus zu leben.

Wir sehen, dass die Integration der an Christus glaubenden Kinder in die Gemeinde in unserer Zeit sehr wichtig ist. Damit dies gut gelingt, muss Raum geschaffen werden, dass sich **die Kinder aktiv am Gemeindeleben beteiligen können**. Es ist zu wenig, wenn eine Gemeinde Kinder nur toleriert.

Möglichkeiten, wie Kinder aktiv in der Gemeinde mithelfen können:

- Ab und zu sollten die Sonntagsschule, die Jungschar oder die Unterrichtskinder den **Gottesdienst mitgestalten** dürfen.
- Die Kinder können im musikalischen Bereich mit eingesetzt werden.
- Ab zehn Jahren sollten sie in der Musikgruppe, welche die Anbetungslieder begleitet, mitspielen dürfen.
- Schön wäre, wenn die Gemeinde einen **Kinderchor** hätte. Durch das Singen mit den Kindern könnte sie Eltern, die ihr noch fern stehen, erreichen. Die Eltern werden dem Wunsch ih-

---

[86] Printz, M., Grundlinien einer bibelorientierten Gemeindepädagogik, S. 236
[87] Schritte zu den Kindern, S. 65
[88] Bauer, W., Wörterbuch zum Neuen Testament, Berlin; New York 1971[5], Sp. 867-868
[89] Printz, M., Grundlinien einer bibelorientierten Gemeindepädagogik, S. 261

rer Kinder nachgeben, doch zu einem Gottesdienst zu kommen, in welchem sie singen.[90]

- Es ist ferner möglich, dass Kinder nach Freizeiten **einen Erlebnisbericht weitergeben.**
- Man kann auch mit den Kindern zusammen **Feste feiern:** Muttertag, Erntedankfest, Weihnachten. An diesen Festen können Kinder, Teenager und Jugendliche einen Beitrag leisten. Die an solchen Anlässen gehaltenen Predigten sollten den Kindern angepasst sein. Der Verkündiger hat sich zu bemühen, so zu sprechen, dass ihn auch die Kinder verstehen. Er hat anschaulich und packend zu predigen. Gut ist, wenn er die Gedanken der Predigt mit Bildern oder Illustrationen unterstützt. Zugleich hat er die von der Bibel her entfalteten Gedanken sowohl für die Kinder als auch für die Erwachsenen anzuwenden. Wenn er so predigt, werden die anwesenden Kinder von der Predigt angesprochen.[91]

Wenn Kinder den Gottesdienst mitgestalten helfen, freuen sich die Eltern besonders darüber. Diese Freude der Eltern überträgt sich auf die ganze Gemeinde. Außenstehende Eltern werden von dieser Freude angesteckt und werden so offen für die Botschaft des Evangeliums. Offene Eltern sollten in einen Hauskreis, später in eine Familienfreizeit eingeladen werden, wo sie zu einer Glaubensentscheidung geführt werden können. Es gilt dann noch, diese Eltern in die Gemeinde zu integrieren und zu aktiven Mitarbeitern heranzuziehen.

Die Apostel gingen in ihren Briefen davon aus, dass die Kinder in den Gottesdiensten anwesend waren. So richtete sich Paulus in Epheser 6,1 und Kolosser 3,20 direkt an die anwesenden Kinder.[92] Wenn also die Kinder im Gottesdienst anwesend sind, hat der Verkündiger ihnen besondere Aufmerksamkeit zu schenken, indem er die Lebenswelt, in der sie sich befinden, zur Sprache bringt.

---

90 Schritte zu den Kindern, S. 84

91 Hübner, U. u. M., Praxisbuch Familie und Gemeinde, S. 47-49

92 ebd., S. 46

Damit Kinder sich aktiv am Gemeindeleben beteiligen dürfen, ist es nötig, dass die Verantwortlichen einer Gemeinde und der Verkündiger davon überzeugt sind, dass Gott Erwachsene auch durch Kinder ansprechen kann. Samuel und Daniel sind Beispiele dafür, dass Gott dies tatsächlich tut. Jesus selbst stellt uns da und dort die Kinder als Vorbilder vor Augen (Mt 18,3). Erwachsene und Kinder sollen merken, dass die Gemeinde eigentlich eine große Familie Gottes ist, in welcher alle, Erwachsene und besonders auch Kinder, ihren Platz haben.

Wenn Kinder das Jugendalter erreicht haben, bleiben sie oft der Gemeinde fern oder besuchen sie nur noch unregelmäßig. Die am meisten von ihnen genannten Gründe sind:

- Die Auslegung der Bibel ist lebensfremd.
- Die Gemeinde kümmert sich nicht um persönliche Probleme.
- Wir dürfen in der Gemeinde keine Verantwortung übernehmen.
- Wir sehen im Leben der Gemeindeglieder Widersprüche zwischen Lehre und Leben.

Diese Gründe machen deutlich, dass es viele junge Menschen gibt, die sich nicht in die Gemeinde integriert fühlen.[93] Dies ist sehr tragisch, wenn wir bedenken, dass sie dieses Eingebundensein dringend brauchen, um in unserer vom Wertezerfall geprägten Zeit bestehen zu können. Sie benötigen die wichtige Stützfunktion der Gemeinde.[94] Integration der Kinder ins Gemeindeleben ist nur dort möglich, wo die Gemeinde die Arbeit an den Kindern und den Familien, aus welchen sie kommen, wirklich ernst nimmt und in ihrer Fürbitte treu begleitet.[95]

Die Kinder, Teenager, Jugendlichen und ihre Eltern müssen spüren, dass man sie liebt und ihnen in der Gemeinde Beachtung schenkt.

Dieter Velten schreibt:

---

93 Collins, G., Vom Kind zum Erwachsenen. Psychologie der persönlichen Entwicklung, Witten 1980, S. 95

94 Printz, M., Grundlinien einer bibelorientierten Gemeindepädagogik, S. 289-290

95 Theobald, D. u. V., Handbuch für Kinderarbeit, S. 119

»Unsere Gemeinden werden kinderfreundlicher, wenn wir uns auf die Liebe Jesu einlassen und sie im Blick auf die Kinder in der Gestaltung des Gemeindelebens konkretisieren.«[96]

Jörg Stolz zeigt anhand einer empirischen Umfrage unter Evangelikalen der deutschsprachigen Schweiz, dass rund 30 % der Befragten sich vor dem Erreichen des 16. Altersjahres bekehrt haben. Die Gemeinde von morgen besteht, wie wir sehen, zu einem Drittel aus Gliedern, die sich als Kinder bekehrt haben.[97] Mein Wunsch ist, dass dieser Anteil in Zukunft noch zunimmt.

5.5 Hilfen für alleinerziehende Mütter und Väter in der Gemeinde

Die Alleinerziehenden stellen für die Gemeinde Jesu eine große seelsorgerliche Herausforderung dar. Immer mehr geschiedene Frauen, welche in ihrer großen Not zu Jesus gefunden haben, besuchen mit ihren Kindern die Gemeinde.[98]

Solche Alleinerziehende haben es schwer. Sie müssen in der Regel berufstätig sein. Dadurch sind ihre Kinder viel sich selber überlassen.[99]

Für Alleinerziehende reichen die sonntäglichen Gottesdienste und dann vielleicht noch die Gebets- und Bibelstunden und der Hauskreis – wenn der Besuch wegen der Kinder überhaupt möglich ist – nicht aus. Ideal wäre, wenn jeder Alleinerziehende in seiner Gemeinde **eine Patenfamilie finden könnte**. Diese könnte bei vielen praktischen Fragen helfend zur Seite stehen. Oft könnten die Kinder des Alleinerziehenden in der Patenfamilie sein, wo sie dann ein nor-

---

96 zit. nach Velten, D., Das Kind und die Gemeinde, in: Ratgeber Erziehung, S. 230

97 Stolz, J., Evangelikalismus und Bekehrung in der deutschen Schweiz. Eine theoretische und quantitativ-empirische Untersuchung, Zürich 1993, S. 109

98 Mühlan, E., Kinder in der Zerreißprobe, Der anti-christliche Angriff auf die Familie, Asslar 1986^2, S. 28-29

99 Hauschildt, I., Die feministische Versuchung und die Antwort der christlichen Frau, Wuppertal; Zürich 1989, S. 93

males Familienleben erleben. Dies erfordert von der Patenfamilie große Opfer. Aber ist es nicht gerade die Bibel, die uns auffordert, uns um die Waisen und Witwen zu kümmern, auch wenn es in diesem Fall Scheidungswaisen und -witwen sind (Jak 1,27)?

Ältere Glieder einer Gemeinde könnten zu Kindern von Alleinerziehenden durch regelmäßige Kontakte ein Großeltern-Verhältnis aufbauen. Sie sind als »Ersatz-Oma« und »-Opa« ab und zu bereit, die Kinder längere Zeit bei sich zu haben. So können die alleinerziehenden Mütter oder Väter und die Patenfamilien entlastet werden. Alleinerziehende Mütter oder Väter brauchen in ihrem Dauerstress ab und zu Zeiten, in welchen sie sich erholen können.[100]

Schön ist auch, wenn gerade die Kinder von Alleinerziehenden von Familien, mit deren Kindern sie die Sonntagsschule besuchen, eingeladen werden. Auf diese Weise kann ihnen gezeigt werden, dass sie in der Gemeinde keine Außenseiter sind, sondern dass man sie schätzt und liebt.

5.6 Jugendarbeit (16-24 Jahre)

Die Jugendlichen, welche wir in der Jugendarbeit erreichen, befinden sich zunächst in der Pubertät und wechseln nach und nach in die Adoleszenzphase. Wie sich die Pubertät im Leben eines Jugendlichen auswirken kann, habe ich in der Entwicklungspsychologie breiter ausgeführt (siehe 6.5.3). In der Adoleszenz beginnt der Jugendliche Wertmaßstäbe aufzubauen, an welchen er sich in seinem späteren Leben orientieren kann. Er legt sich innerlich nach und nach fest, da er zur Ich-Identität gelangt. Er ringt um einen Platz in der Gesellschaft. Er wird vom Jugendlichen zum Erwachsenen. In diese Zeit fällt die Aufnahme einer beruflichen Tätigkeit und die Familiengründung.[101]

---

100 Chisholm, G., Halbe Eltern – ganze Familie. Als Alleinerziehende zwischen Frust und Freude, Wuppertal o. J., S. 170-172

101 Wegenast, K.; Lämmermann, G., Gemeindepädagogik, S. 113

5.6.1 Die gemeindebezogene Jugendarbeit

5.6.1.1 Die Wichtigkeit der Jugendarbeit

Jugendarbeit ist ein Teilbereich des Gemeindebaus und muss deshalb auf den Bau der Gesamtgemeinde ausgerichtet sein. Sie hat in enger Zusammenarbeit mit den anderen Arbeitsbereichen wie Kinder-, Jungschar- und Teenagerarbeit zu geschehen. Damit dies möglich ist, braucht es eine klare Gesamtkonzeption für die Gemeindearbeit. Das Ziel der Jugendarbeit ist es ja, dass sich die Jugendlichen, die an Jesus Christus glauben, treu zur Gemeinde halten lernen, deren Glieder sie ja durch den Heiligen Geist geworden sind (1. Kor 12,13). Sie haben zu lernen, treu die Predigten, Bibel- und Gebetsstunden zu besuchen.[102]

> »Ich würde notfalls um meiner Kinder willen sogar die Gemeinde wechseln. Eine Gemeinde mit einem guten Jugendleiter ist ein absolutes Muss für Teenager,«[103]

schreibt Ross Campbell.

Die Gemeindeleitung hat sich deshalb für eine gute Jugendarbeit in der Gemeinde einzusetzen. Sie hat zunächst dafür besorgt zu sein, dass den Jugendlichen Räumlichkeiten zur Verfügung stehen, die sie nach ihrem Geschmack und ihren Vorstellungen einrichten können, damit sie sich wohl fühlen.[104]

---

102 Praxisbuch Jugendarbeit. So wird's gemacht!, Jugendliche in der Gemeinde – Gestaltung der Jugendarbeit – Leitung und Mitarbeit – Jugendevangelisation – Seelsorge – Programmideen – Minimodelle – Tips und Hilfen, hg. v. R. Zelewske, Neuhausen-Stuttgart 1991, S. 28-33

103 zit. nach Campbell, R., Kinder sind Persönlichkeiten. Hilfen zur geistlichen Reife, Marburg a. d. Lahn, 1989, S. 141

104 Faix, T., Die WA(H)RE Jugend. Jugendliche besser verstehen, Neuhausen-Stuttgart 1997, S. 210

5.6.1.2 Beziehungen der Jugendlichen untereinander

Da sich der pubertierende Jugendliche von der Familie löst, sucht er in einer Gruppe von Gleichaltrigen Halt. Schön ist, wenn der Jugendliche Zugang zur gemeindeeigenen Jugendgruppe findet, die von den biblischen Grundwerten und Normen geprägt ist. In dieser Gruppe gibt man sich gegenseitig zu verstehen, dass man gleich empfindet und die gleichen Probleme wälzt. Diese Solidarisierung bekräftigt das Gefühl der Nähe.[105]

Wichtig ist, dass die Teenager den Weg in die Jugendgruppe finden. Damit dies möglich ist, müssen zwischen dem Teenagerclub und der Jugendgruppe Brücken gebaut werden. Die Jugendgruppe könnte die Teenager z.B. zu einem festlich gestalteten »Schnupperabend« einladen.

In der Jugendgruppe ist die Möglichkeit des Sich-Mitteilens in jeder nur denkbaren Beziehung gegeben. Neuberger zeigt in seiner Studie »Lebensorientierung und religiöse Deutungssysteme«, dass Jugendliche vor allem beim Freund, der Freundin, Gleichaltrigen und Schulkameraden Bestätigung suchen. Deren Urteil messen sie einen großen Wert bei.[106]

Es geht also in der Jugendgruppe um:
- Austausch von Erfahrungen aus dem persönlichen Bereich (Schwierigkeiten, Probleme, Erfolge, Glaubensfragen),
- gemeinsame Orientierung am Wort Gottes, Gebet
- und darum, miteinander besondere Dinge zu erleben.

Eine gut funktionierende Gruppe ist der Ort, wo dem Einzelnen neue Energien erschlossen werden. Die gegenseitige Beeinflussung fördert die innere Reifung.

Die Kommunikation kann durch entgegengesetzte Interessen stark beeinträchtigt werden. Gerade heute, wo die Jugendlichen, beeinflusst durch den Individualisierungsprozess, derart verschiedene Interessen haben, ist es fast unmöglich, allen Jugendlichen einer

[105] Wanner, W., Wer bin ich – wer bist Du? Handbuch Jugendpsychologie, Gießen; Basel 1984^3, S. 167

[106] Neuberger, T. M., Lebensorientierung und religiöse Deutungssysteme, Frankfurt a. M.; Bern; New York; Paris 1989, S. 123

Gruppe gerecht zu werden. Selbst wenn man möglichst viele Interessen zu berücksichtigen sucht, finden einige die Anlässe mühsam und unattraktiv. Dazu kommt noch, dass viele Jugendliche wünschen, dass sie durch die Jugendabende emotional aufgebaut werden. Da dies oft nicht der Fall ist, finden sie die Jugendgruppe prinzipiell langweilig.

Eine Jugendgruppe ist ein überaus ideales Gebilde, weil in ihr Freiheit gegeben ist. Sie bietet **Raum für Eigeninitiativen** und doch ist sie gleichzeitig in eine feste Ordnung eingebunden.

In einer Jugendgruppe finden wir die **Führer, Verantwortlichen, Mitarbeiter**, aber auch die **Mitläufer und Konsumenten**. Gerade den beiden letzten Gruppen haben wir uns besonders zuzuwenden, weil sie ihre Rolle in der Gruppe noch nicht gefunden haben. Es muss ihnen geholfen werden, vom Konsumverhalten wegzukommen. Sie sollen die Möglichkeit haben, ihre Gaben und Fähigkeiten zu entdecken, welche sie unter Anleitung verantwortlich einsetzen können.[107]

Eine zu straffe, aber auch eine zu large (großzügige) Führung bewirken die Bildung von Untergruppen, in denen mehr los ist als in der ganzen Gruppe.

Ein Jugendlicher wird dann besonders geprägt, wenn die Jugendgruppe neben den ordentlichen Veranstaltungen auch **ein Stück Lebensgemeinschaft anbietet**. Diese Lebensgemeinschaft ist auf Fahrten, Freizeiten und während Wochenenden gegeben. Hier werden Spannungen beseitigt, Hemmungen gelöst, Konflikte friedlich ausgetragen. Dies alles soll in einer klaren Ausrichtung auf Jesus geschehen. Der Pubertierende lernt dabei, die eigenen Ansprüche in Rücksicht auf die ganze Freizeitgemeinschaft zurückstellen. Zugleich lernt er exemplarisch, wie er mit Freizeit umgehen sollte.

Das verbindliche Eingebundensein in einer auf Jesus ausgerichteten Jugendgruppe trägt viel zur Reifung der Persönlichkeit des Jugendlichen bei.

Besonders wertvoll ist es, wenn Leiter oder Leiterinnen den Jugendlichen aufzeigen, dass Jesus ihnen Gaben geschenkt hat, um

[107] Praxisbuch Jugendarbeit, S. 13

durch ihr Leben im Reich Gottes Großartiges zu bewirken. Dies wirkt sich ermutigend auf ihr Leben aus und sie werden bereit, sich ganz für die Sache Jesu einzusetzen.

5.6.1.3 Schwerpunkte oder Ziele der Jugendarbeit

Nicht die Umwelt, in welcher die Jugendlichen leben – sei es die Gesellschaft, die Medien oder das Selbstverständnis der Jugend – dürfen die Schwerpunkte oder Ziele der Jugendarbeit bestimmen. Vielmehr ist es unsere Aufgabe, vom Wort Gottes her auf die Einflüsse, denen die Jugendlichen ausgesetzt sind, einzugehen. Zudem müssen bei der Entfaltung der biblischen Wahrheiten die Bedürfnisse und Anliegen der Jugendlichen mit berücksichtigt werden.[108]

Hier die von der Bibel her gesetzten Schwerpunkte oder Ziele:

- **Die Jugendarbeit muss christusorientiert sein**
  In der Jugendarbeit geht es in erster Linie um den Ruf in die Nachfolge Jesu, der für alle Menschen am Kreuz von Golgatha gestorben ist, heute zur Rechten Gottes thront und bald wiederkommen wird. Junge Menschen sollen durch den Glauben an Jesus zur Vergebung der Sünden und zu einer Wiedergeburt geführt werden.
  - Wer Jesus als Retter angenommen hat, verschenkt Jesus immer wieder neu sein ganzes Leben (Hingabe). Durch das Bibellesen wird er davon fasziniert, wer Jesus eigentlich ist. Er staunt über das, was Jesus für ihn getan hat und täglich tut.[109]
  - Er folgt Jesus in seinem Alltag treu nach und bekennt sich offen zu ihm in Wort und Tat.
  - Jesus Christus ist sein Leben; Jesus prägt seine ganze Lebensgestaltung. Dies zeigt sich in seinem lieben, hilfsbereiten Verhalten anderen Menschen gegenüber. Zugleich hat er ein

108 ebd., S. 82-83
109 Bamberger, R., Jugendarbeit zwischen Wachstum und Stillstand, Wetzikon 1989, S. 3

brennendes Herz für die Gemeinde, da er verstanden hat, dass sie der Leib Jesu ist.

Die Orientierung an Christus wird die ganze Jugendarbeit prägen.

- Man sucht in der Planung und in allen Aktionen den Willen Gottes zu erfüllen.
- Man rechnet in allem Tun mit dem Wirken Jesu. Dies wird im treuen Gebet deutlich.
- Die Verherrlichung Jesu steht im Mittelpunkt.[110]

Eine Jugendarbeit, die fest in Jesus und in dem, was er für uns getan hat, verankert ist, ist nahe bei den Anliegen, Bedürfnissen, Fragen und Problemen der Jugendlichen.

- **Sie muss bibelorientiert sein**

Der Ruf zu Jesus und Hilfen für die Nachfolge können nur aus dem Wort Gottes vermittelt werden.

Da Gott selbst durch dieses Wort zu uns spricht, ist die Ausrichtung auf dieses Wort gerade für junge Menschen sehr wichtig. Die Jugendlichen sollen dahin geführt werden, dass sie es lernen, sich direkt vom Wort Gottes her ansprechen zu lassen.

Die Ausrichtung der ganzen Jugendarbeit auf die Bibel zeigt sich darin, dass die Bibelarbeit ein wichtiger Bestandteil des Programms bildet; ferner, dass alles in der Jugendgruppe, sei es die Verkündigung, die Gespräche, die Aktionen, von der Bibel her geprägt ist.[111] Wenn die Bibel in der Jugendarbeit ihre zentrale Stellung verliert, drängt sich irgendetwas anderes in den Mittelpunkt.

Es sollte den Jugendlichen aufgezeigt werden, wie das, was die Bibel lehrt, für sie erfahrbar und lebbar ist. Die Bibel vermittelt den Jugendlichen letzte Normen und Werte als die absolute Wahrheit, entsprechend denen sie mit Hilfe von Jesus leben sollen.[112] Auf diese Weise werden alle Lebensbereiche immer mehr vom Wort Gottes her geprägt.

---

110 Liedholz, M., Unterwegs mit jungen Menschen. Handbuch für Jugendarbeit, Gießen 1987^4, S. 83

111 ebd., S. 83.84

112 Praxisbuch Jugendarbeit, S. 18-19

- **Sie muss gemeinde- und gemeinschaftsorientiert sein**
  Jugendarbeit muss immer Teil der Gemeindearbeit sein. Sie darf keine selbständige, isolierte Größe werden. Die Jugendlichen sollten in die Gemeinde integriert werden.
  Eine Jugendgruppe, die es nicht schafft, ihre Jugendlichen in die Gemeinde zu führen, lebt an ihrem Ziel vorbei. **Der Verkündiger sollte einmal im Monat oder alle zwei Monate eine Jugendgruppen-Stunde gestalten, damit eine persönliche Beziehung zu ihm aufgebaut werden kann.** Er sollte die Jugendlichen ermutigen, die Predigten zu besuchen. Zugleich geht er in seinen Predigten ganz bewusst auch auf die Anliegen der jungen Menschen ein. Die jungen Menschen sind dann bereit, sich in die Gemeinde zu integrieren, wenn sie sich von der Gemeinde ernst genommen fühlen und merken, dass sie ein gemeinsames Ziel mit der ganzen Gemeinde verbindet, nämlich das Ziel, Menschen zu Jüngern zu machen.[113]
  Die Gemeinde sollte den Jugendlichen in der Frage des **Liedguts** entgegenkommen.
  Zumindest einmal im Jahr dürfen die **Jugendlichen den Gottesdienst gestalten.** Die Jugendarbeit hat die Gemeinschaft der Jugendlichen untereinander zu fördern. Durch die von Jesus geschenkte Gemeinschaft wächst der Jugendkreis zu einer Mannschaft zusammen, die als Dienstgemeinschaft wirken kann. Einer steht zum anderen und ist für den anderen da. Jeder nimmt Anteil am Leben der anderen.[114] Damit dies wirklich so sein kann, ist von den einzelnen Teilnehmern der Jugendgruppe Verbindlichkeit notwendig. Genau diese Verbindlichkeit lässt oft zu wünschen übrig.
  Wenn die Jugendgruppe über dreißig Teilnehmer hat, sollte sie – damit die Gemeinschaft unter den Jugendlichen erhalten bleibt – **in Kleingruppen von etwa zehn Teilnehmern aufgeteilt werden.** Die Leitung einer solchen Gruppe sollten ein geistlich reifes Mädchen und ein geistlich reifer Junge übernehmen. Das ist besonders im Blick auf die Entstehung wünschenswerter seel-

113 Flämig, K.; Kress, G.; Wenzler, E. G., Jugendarbeit mit Pfiff, Kassel 1994, S. 99
114 Liedholz, M., Unterwegs mit jungen Menschen, S. 84

sorgerlicher Beziehungen wichtig. Die Zuteilung der Einzelnen in eine solche Kleingruppe geschieht durch das Leiterteam. Mindestens einmal im Monat sollten sich die Jugendlichen – anstelle eines Jugendabends – in diesen Kleingruppen in Privatwohnungen treffen. Schwerpunkte der Zusammenkünfte in diesen Gruppen sind Gemeinschaft, Bibel und Gebet.[115] Ebenfalls wirkt sich in diesen Kleingruppen das gemeinsame Essen gemeinschaftsfördernd aus.[116]
Diese Kleingruppen sind nötig, um der Selbstbezogenheit vieler Jugendlicher in rechter Weise begegnen zu können. Hier lernt der Jugendliche in seiner säkularen Umwelt, die alle Glaubensfragen für tabu erklärt, über seinen Glauben und über seine Probleme in der persönlichen Jesusbeziehung zu reden.
Durch die wachsende Beziehung und das offene Austauschen kann es zur Heilung von inneren Verletzungen kommen.[117]
Entscheidend ist, dass die Leiter und Leiterinnen der Gruppe begabte Jugendliche nachziehen und ihnen helfen, ebenfalls Leitung wahrzunehmen.[118]
Es gilt aber, darüber zu wachen, dass die Jugendgruppe nicht zum Gemeindeersatz wird.[119]

- **Sie muss dienstorientiert sein**
  Der Dienst für Gott ist das Ziel unserer Bekehrung. Jesus beauftragt uns, in verschiedenen Bereichen zu dienen.
  1. Es bleibt die wichtigste Aufgabe aller Gemeinde- und Jugendarbeit, Menschen zu der in Jesus vollbrachten Errettung hinzuführen, weil der Mensch von Natur aus verloren ist.
  2. Die Jugendgruppe ist weiter beauftragt, diakonische Aufgaben zu erfüllen.
     - Dienst an Alten in der Gemeinde,
     - Dienst an Kranken
     - Dienst an Kindern und Teenagern.[120]

---

115 Bamberger, R., Jugendarbeit zwischen Wachstum und Stillstand, S. 11
116 Jahnke, M.; Depuhl, P., Jugendarbeit kreaktiv, S. 196
117 Zander, D.; Celek, T., Wen(n) Kirche nicht mehr zieht. Die MTV-Generation – was sie fühlen, was sie glauben, Wiesbaden 1997, S. 133
118 ebd., S. 144
119 Velten, D., Das Kind und die Gemeinde, in: Ratgeber Erziehung, S. 228

3. Die Jugendlichen sollen sich zunächst einmal ihren Gaben entsprechend in irgendeinem Bereich innerhalb der Jugendgruppe einsetzen, sei es in der Musikgruppe, in einem Arbeitsteam, das mithilft, die evangelistischen Jugendgottesdienste zu gestalten oder in einem Freizeitteam. Daneben können sie aber auch in den verschiedenen Aufgabenbereichen der Gemeinde mitarbeiten. Ich denke hier an die Aufgaben in der Kinder-, Jungschar- und Teenagerarbeit, im Bereich der Gottesdienstgestaltung, im Missionsteam usw.
4. Die Jugendlichen haben auch in unserer Gesellschaft Verantwortung wahrzunehmen. Insbesondere geschieht dies durch das Vorleben der ethischen Maßstäbe des Evangeliums in der Schule, am Arbeitsplatz usw.[121] Sie haben sich zudem für die Ungeborenen einzusetzen. Ihr an Christus orientiertes Leben wird zur Orientierung für die sie umgebende Gesellschaft.

   Dienst fordert Einsatz und Opfer an Kraft, Zeit und Geld.

   Es muss aber auch darauf hingewiesen werden, dass die Jugendgruppe kein Therapieplatz für geschädigte junge Menschen ist (Alkoholiker, Drogensüchtige, Magersüchtige, Depressive usw.). Sicherlich sollen diese jungen Menschen in der Jugendgruppe liebevoll betreut werden, doch muss der Leiter der Jugendgruppe sie mit Seelsorgeeinrichtungen in Kontakt bringen, die ihnen wirklich helfen können.[122]

- **Sie hat das missionarische Anliegen zu wecken**

Durch Berichte und Informationen sollten die Jugendlichen die geistliche Situation ihres Landes und Europas kennen lernen. Es sollte in ihnen das Verlangen geweckt werden, sich missionarisch einzusetzen.[123] Missionare aus verschiedenen Ländern der Erde sollten ihnen einen Einblick in ihre missionarische Arbeit geben. Die Missionare, die eingeladen werden, sollten einen guten Draht zu den Jugendlichen von heute haben. Die jungen Menschen soll-

---

[120] Weitere Ideen finden sich in: Bamberger, R., Leben das Kreise zieht. Praxis-Handbuch für missionarisches und diakonisches Engagement, Wetzikon 1995

[121] Liedholz, M., Unterwegs mit jungen Menschen, S. 86

[122] Praxisbuch Jugendarbeit, S. 25

[123] Flämig, K.; Kress, G.; Wenzler, E. G., Jugendarbeit mit Pfiff, S. 100

ten durch die Vorträge herausgefordert werden, Gott zu fragen, ob er sie nicht in einen missionarischen Dienst berufen möchte.[124]
Vor allem durch missionarische Kurzeinsätze können junge Menschen die Arbeit der Missionare kennen und lieben lernen. Solche Einsätze können die Bereitschaft wecken, in die Mission zu gehen, da sie ein einschneidendes Erlebnis sind.[125]

5.6.1.4 Gestaltungsmöglichkeiten einer Jugendstunde

Eine gute Gestaltung der Jugendstunden setzt grundsätzlich eine gute Planung der Jugendarbeit voraus.

> »Mangel an Planung wäre Gedankenlosigkeit und Verantwortungslosigkeit«,

schreibt Johannes Schilling im Blick auf Jugendarbeit.[126] Planung schließt Spontaneität und Kreativität nicht aus. Vielmehr steckt sie den Rahmen ab, in welchem sie möglich sind.[127] Die Jugendabende sollten zumindest drei Monate im Voraus geplant werden. Bei dieser Planung sollten die eben ausgeführten Schwerpunkte in ausgewogener Weise berücksichtigt werden.

Wie wir gesehen haben, ist die Bibelarbeit in der Jugendgruppe wichtig.
Man kann
- einen Bibelabschnitt auslegen,
- Lebensbilder aus der Bibel erarbeiten
- oder biblische Themen besprechen.[128]

---

124 Praktische Hilfen wie dies gemacht werden kann in: Bamberger, R., Go. 16 pfannenfertige JG-Abende zum Thema »Mission«, Wetzikon 1995
125 Zander, D.; Celek, T., Wen(n) Kirche nicht mehr zieht, S. 138-139
126 zit. nach Schilling, J., Kursbuch Jugendarbeit: informieren – planen – handeln, München 1983, S. 25
127 ebd., S. 35
128 Liedholz, M., Unterwegs mit jungen Menschen, S. 89

Von der Bibel her sollte m. E. auch auf wichtige Themen eingegangen werden, welche die Jugendlichen beschäftigen. Hier einige wichtige Themen:

- **Wer bin ich?**
  Jeder Jugendliche kennt Phasen in seinem Leben, in denen er Mühe hat, sich selbst anzunehmen. Es muss ihm immer wieder die großartige Tatsache klar gemacht werden, dass Jesus ihn so, wie er ist, gemacht hat und ihn deshalb annimmt.[129] Wenn er Jesus als persönlichen Retter angenommen hat, hat Gott mit ihm einen Plan. Er will durch ihn die Welt verändern, indem er ihn braucht, seine Gemeinde zu bauen.
- **Zweifel – was nun?**
  Jeder Jugendliche wird die von den Eltern übernommenen Werte, manchmal sogar den Glauben an Jesus, zweifelnd hinterfragen. Dies kann bei dem einen oder anderen zu schweren **Glaubenskrisen** führen. Dem Jugendlichen muss gezeigt werden, warum es zu diesen Zweifeln kommt und wie er mit ihnen umzugehen hat. Eines muss ihm immer wieder deutlich gemacht werden, dass das Wort Gottes, die Bibel, absolut vertrauenswürdig ist. Es gibt nichts Besseres, als wenn in all diesen Zweifeln das Wort Gottes sein fester Halt bleibt.
- **Identität und Ordnung**
  Es wird aufgezeigt, wie man als heranwachsender Jugendlicher in unserer pluralistischen und individualistischen Zeit durch eine persönliche Beziehung zu Jesus zur Identität gelangt.
  Zugleich entfaltet man von der Bibel her die letztgültigen Normen – vor allem die Zehn Gebote – und Werte wie Nächstenliebe, Rücksichtnahme, Opferbereitschaft, Treue, Ehrlichkeit usw., welche die Jugendlichen in unserer orientierungslosen Gesellschaft mit Hilfe von Jesus in die Tat umsetzen sollten.[130]

---

129 Praxisbuch Jugendarbeit, S. 121
130 Faix, T., Die WA(H)RE Jugend, S. 188-189

- **Sexualität – Liebe – Freundschaft – Ehe**
Da die sexuelle Reifung im Leben der heranwachsenden Jugendlichen unbekannte Triebe und Bedürfnisse hervorruft, die den Wunsch nach sexueller Befriedigung mit sich bringen, ist der Bereich Sexualität und wie mit ihm umzugehen ist, ein überaus wichtiges Thema. Dies umso mehr, als in unserer Gesellschaft ein freizügiger, normloser Umgang mit der Sexualität angepriesen wird.
Es muss den Jugendlichen gezeigt werden, dass eine zu frühe Freundschaft die eigene Entwicklung, die viel Zeit braucht, hemmt. Eine Freundschaft sollte zur Ehe führen können. Ein Christ wird viel für seinen zukünftigen Ehepartner beten. Es sollte ihm klar sein, dass nur ein gläubiger Ehepartner in Frage kommt (2. Kor 6,14).
Wir haben den Jugendlichen zu zeigen, dass die Bibel zum **vorehelichen Geschlechtsverkehr** ein klares Nein hat. Dies ist deshalb nötig, weil selbst Jugendliche, die in gläubigen Elternhäusern aufgewachsen sind, das nicht wissen, da die Eltern nicht mit ihnen darüber reden.[131] Es wird ihnen nicht deutlich genug gesagt, dass die Bibel den vorehelichen Geschlechtsverkehr für Unzucht und Hurerei hält (1. Thess 4,2-5). Das Vermeiden des vorehelichen Geschlechtsverkehrs schützt vor allem vor schuldhaftem Verhalten Gott gegenüber, aber auch vor ungewollten Schwangerschaften, vor geschlechtlich übertragbaren Krankheiten, vor sexueller Unsicherheit und vor emotionalen Komplikationen im sexuellen Bereich.[132] Weil auch die Selbstbefriedigung kein Ausweg aus den sexuellen Spannungen ist, die sich in einer Freundschaft ergeben, haben wir den jungen Menschen zu helfen, mit dem sexuellen Druck im Wartestand richtig umzugehen. Sexualität gehört nur in die Ehe, weil hier die bestmöglichen Bedingungen gegeben sind, nämlich das Ja Gottes, dann das nötige Vertrauen zueinander und schließlich eine letzte Geborgenheit, die in dem Willen zur gegenseitigen Treue verankert ist. Zur Konstituierung einer

[131] McDowell, J.; Hostetler, B., Glaube ohne Werte – Jugend am Abgrund, Bielefeld 1997, S. 64
[132] ebd., S. 169-174

Ehe braucht es zwei Elemente: **Ein öffentlich-rechtliches** – die Eheschließung auf dem Standesamt und die Trauung in der Gemeinde, wo man die Ehe bewusst unter den Segen Gottes stellt – und **ein seelisch-leiblich-geschlechtliches**. Dabei ist die Reihenfolge wichtig (Mt 19,5).
Den Jugendlichen sollte zudem gezeigt werden, wie sie ihre Freundschaft gestalten können. (Nähere Ausführungen dazu unter 4.4.4)[133]

- **Das Okkulte im Angriff**
  Wir haben den Jugendlichen zuerst zu erklären, worum es im okkulten Bereich geht. Dazu ist es nötig, dass wir sie über die Bereiche Aberglauben, Spiritismus, Astrologie, Heiler und New Age informieren. Wir haben ihnen von der Bibel her zu zeigen, warum sie mit diesen Dingen nichts zu tun haben sollten (Offb 21,8). Selbst Fernsehsendungen, in welchen okkulte Dinge gezeigt werden, sollten gemieden werden. Die Jugendlichen finden dann die Kraft, all diese Dinge zu meiden, wenn sie ernst nehmen, dass ihr Leben und ihre Zukunft in der Hand Gottes, ihres Vaters, ist (Ps 139,14-17).[134]
- **Suchtprobleme**
  Den Jugendlichen muss klar gemacht werden, dass es in ihrem Leben dann zu einem Suchtverhalten kommen kann, wenn sie es nicht gelernt haben, mit Enttäuschungen und seelischen Verwundungen umzugehen. Es muss ihnen überdies gezeigt werden, wie sie mit Hilfe von Jesus und von ihnen nahe stehenden Menschen mit den negativen Dingen des Lebens fertig werden können. Das Beste ist natürlich, wenn ihnen die Eltern dies vorbildlich vorgelebt haben.
  In der Jugendarbeit sollten die jungen Menschen über die verschiedenen Suchtmittel aufgeklärt werden, sei es über den Alkohol, Nikotin, Rockmusik oder Rauschgift (Haschisch, Marihuana, Kokain, Heroin, synthetische Drogen).[135]

---

133 Praxisbuch Jugendarbeit, S. 131-139
134 ebd., S. 139-144
135 Felten, M., Auf Drogen hereinfallen?, S. 30-35

Haben süchtige Jugendliche durch eine klare Hinwendung zu Jesus in die Jugendgruppe gefunden, brauchen sie eine liebevolle Aufnahme. Sie sollten aber möglichst bald eine therapeutische Wohngemeinschaft auf biblischer Basis aufsuchen, wo ihnen nach Leib, Seele und Geist geholfen wird. Die Jugendgruppe ist mit einer therapeutischen Begleitung überfordert.[136]

Sonstige Möglichkeiten der Gestaltung eines Abends:
- Basteln, Werken, Gestalten
- Zeugnisabend
- Buchbesprechung
- Frageabend
- Interviews mit Gästen (an Christus gläubige Sportler, Musiker, Politiker usw.)
- Quiz

Die Jugendstunde darf keinesfalls immer nach demselben Schema ablaufen, als sei sie ein Gottesdienst mit fester Liturgie. Wichtig ist, dass man nicht nur die Reihenfolge wechselt, sondern auch neue Formen der Stundengestaltung entdeckt.[137]

Fest mit zu einer Jugendstunde gehört **das Singen**. Es gibt heute viele jugendgemäße Lieder, die gesungen werden können. Schön ist, wenn die Lieder mit Instrumenten begleitet werden.[138] Grundsätzlich sollten die Jugendstunden mit **Gebet** begonnen und abgeschlossen werden, denn Jesus soll den Abend und seine Auswirkungen bestimmen dürfen. Überhaupt kommt dem Gebet in der Jugendarbeit eine große Bedeutung zu.

Jede Jugendstunde sollte so vorbereitet werden, dass sie eine hervorragende Qualität aufweist.[139]

---

136 Praxisbuch Jugendarbeit, S. 144-161

137 Liedholz, M., Unterwegs mit jungen Menschen, S. 89-95

138 Praxisbuch Jugendarbeit, S. 215-216

139 Boshers, B.; Anderson, K., Jugendarbeit im Jahr 2000X. Vom Kuschelclub zur dynamischen Gruppe, Asslar 1998, S. 43

5.6.1.5 Vorschlag zur Gestaltung einer Bibelarbeit oder eines bestimmten Themas

Meist ist das Thema für den Jugendabend vorgegeben.

- **Information**

  Der Leiter des Jugendabends hat sich die nötigen Informationen zum entsprechenden Thema anzueignen.
  - Er hat den Bibeltext oder die Bibeltexte gründlich durchzulesen. Er hat sich zu fragen: Welches ist der »rote Faden« des Textes? In welchen gedanklichen Schritten wird er entfaltet? Welches sind die Hauptaussagen?
  - Er hat Auslegungen oder andere zu diesem Thema gehörende Literatur zu lesen.
  - Ein Gespräch mit dem Verkündiger der Gemeinde kann hilfreich sein.

  Diese Fülle von Informationen hat er mit Hilfe des Gebets schwerpunktmäßig so zu ordnen, dass ein klarer gedanklicher Aufbau ersichtlich wird.
- **Konzeption**

  Jetzt geht es darum zu fragen, wie die Ausführungen des vorgegebenen Textes den anwesenden Jugendlichen entsprechend angewandt werden können. Dazu ist es nötig, die Situationen, in welchen sich die Jugendlichen befinden, und ihre Bedürfnisse zu kennen, denn es sollten ihnen vom biblischen Text her konkrete Ratschläge und Hilfen gegeben werden. Bei der Entfaltung der Anwendung hat sich der Leiter bewusst zu sein, dass das, was die Bibel lehrt, nur mit Hilfe von Jesus in den Alltag umgesetzt werden kann. Deshalb darf die **christozentrische Ausrichtung** nicht fehlen. Schließlich ist das Vorbild wichtig. Nur dann vermögen die Ausführungen im Leben der Jugendlichen etwas zu bewirken, wenn sie sich im Leben des Leiters verändernd auswirken.[140]

---

[140] Jahnke, M.; Depuhl, P., Jugendarbeit kreaktiv, S. 117

- **Methodische Überlegungen**
  Der Leiter hat sich als Nächstes zu fragen, wie er die ausgearbeiteten Gedanken entfalten will.
  - Macht er einen Vortrag oder legt er nur die grundlegenden Gedanken dar, die in einer Partner- oder Gruppenarbeit vertieft werden?
  - Macht er nur eine Gruppenarbeit? Dazu braucht es natürlich gut vorbereitete Gruppenleiter/-leiterinnen.

  Welche Medien will er einsetzen?
  - Will er mit Folien arbeiten, die er auf den Hellraumprojektor legt?
  - Braucht er einen Videofilm, um das Ausgeführte zu vertiefen?
  - Will er Dias einsetzen?
- **Einstieg ins Thema**
  Der Einstieg ins Thema sollte bei den Jugendlichen Interesse für die Thematik wecken. Es ist möglich, die Thematik kurz zu umreißen oder Fragen zu dieser Thematik aufzuwerfen. Man kann auch mit einem Erlebnisbericht oder mit einer Kurzgeschichte einsteigen. Auch ein guter Videofilm eignet sich als Einstieg.
- **Die Darbietung (Präsentation)**
  Das Ausgearbeitete sollte grundsätzlich in einer einfachen Sprache entfaltet werden. Die Gliederung muss klar sein. Der Gedankengang der Botschaft muss gut herausgearbeitet werden.
  Die Ausführungen müssen anschaulich und ansprechend sein. Die Botschaft sollte bei den Jugendlichen eine innere Betroffenheit auslösen. Dies ist nur dann möglich, wenn der Leiter von dem, was er sagt, selbst gepackt ist und deshalb engagiert spricht.
- **Vertiefung**
  Man kann am Schluss von einer Vertiefungs- oder Aneignungsphase sprechen.
  - Jeder hat sich in einer Zeit der Stille zu fragen, wie er das eben Gehörte in seinem Alltag ganz praktisch umsetzen kann.
  - Kurze Erlebnisberichte können das Gesagte vertiefen.
  - Das Ausgeführte kann in kleinen Gruppen besprochen werden.
  - Es könnte auch versucht werden, das Gesagte in einer Collage oder mit einem Rollenspiel darzustellen. Es könnte darüber

auch ein Zeitungsbericht geschrieben oder ein Lied komponiert werden.[141]

Möglicher Aufbau eines Jugendabends mit einer Bibelarbeit im Zentrum[142]

Phasen	**Beschreibung der Phasen**	**Methodik** (wie mach ich es?)
1. Abholen	Aufmerksamkeit gewinnen Erwartungshaltung hervorrufen Konzentration auf den Abend hin schaffen »Aufwärmen«	Entsprechende Begrüßung Singen Gebet Anbetungsteil
2. Thema vorstellen Motivation konkretes Interesse wecken	Zwischen den Teilnehmern und dem Thema eine Brücke schlagen.	Aktuelles Ereignis, Erlebnis, Erfahrung zum Thema schildern, zeigen, erzählen, vorlesen. Anspiel, Sketch, Videofilm, Fragen in den Raum stellen
3. Entfaltung des Themas mit Anwendungen für das persönliche Leben	Hören auf das, was das Wort Gottes zu diesem Thema zu sagen hat. Zugleich werden vom Wort Gottes her praktische Hilfen für den Alltag gegeben.	Bibelarbeit Vortrag oder Kurzbotschaft Partnerarbeit oder Gruppenarbeit
4. Vertiefung, Verdeutlichung der Anwendung	Das, was Gott den Teilnehmern durch sein Wort gesagt hat und die sich daraus ergebenden konkreten Auswirkungen sollen gefestigt werden.	Singen eines Liedes Persönliche Stille Erlebnisbericht Abschließende Gebetsgemeinschaft
5. Gemütlicher Teil	Freies Gespräch und Austausch Tee, Kaffee und Kuchen	

141 ebd., S. 135-136

142 Dazu eingesehen: Bamberger, R., Methodische Grundsätze zur Erarbeitung und Durchführung eines thematischen JG-Abends, Wetzikon 1994, S. 11-12

- **Reflexion**
  Der, welcher den Abend gestaltet hat, sollte sich zunächst auswertend fragen, ob er mit dem Abend das angestrebte Ziel erreicht hat. Waren die Methoden richtig gewählt? War der Abend langweilig, ansprechend oder ausgezeichnet?
  Er hat weiter auf das Feedback zu achten, welches ihm die Jugendlichen geben.
  - Zunächst gibt es **das nonverbale Feedback:**
    Jugendliche bringen durch Gesten ihre Freude, Enttäuschung, ihren Ärger usw. zum Ausdruck.
  - **Das verbale Feedback:**
    Dieses Feedback durch die Jugendlichen und das Team sollte zuerst positive Wahrnehmungen enthalten. Daneben darf in ihm ruhig auf Dinge hingewiesen werden, die besser gemacht werden sollten.

  Es gilt schließlich, **das Feedback anzunehmen**. Derjenige, welcher die Stunde gehalten hat, sollte ruhig zuhören, was man ihm über die Ausführung der Stunde sagt, ohne sich gleich zu verteidigen. Zu Hause hat er diese Informationen zu überprüfen. Er kann das, was wichtig ist, das nächste Mal bei der Gestaltung eines Jugendabends mit berücksichtigen.[143]

5.6.1.6 Der zeitliche Ablauf eines Jugendabends

Am besten eignen sich für die Zusammenkünfte der Jugendgruppe **die Samstagabende.**

Von 20.00 bis 21.30 Uhr spielen sich in der Regel die Hauptaktivitäten des Abends ab. Diese Zeit kann etwa so aufgeteilt werden:

- Phase 1:
  Abholen (20 Min)
  Begrüßung, Singen, Gebet, Bekanntmachungen, Anbetungsteil, Anspiel usw.

[143] Schilling, J., Kursbuch Jugendarbeit, S. 117-121

- Phase 2:
  Einstieg in die Thematik (5 Min)
- Phase 3:
  Entfaltung und Anwendung der vorbereiteten Thematik (40 Min)
- Phase 4:
  Vertiefung (15 Min)

In einem zweiten, gemütlichen Teil sollte Zeit für den Austausch und das Gespräch gegeben werden. Etwa um 23.30 Uhr sollten die letzten Jugendlichen nach Hause gehen.

5.6.1.7 Die Leitung der Jugendgruppe

Grundsätzlich ist die Jugendgruppe der Gemeindeleitung (dem Ältestenkreis) unterstellt. Der Älteste, welcher das Ressort Jugendarbeit betreut, nimmt in Absprache mit dem Hauptleiter ab und zu an den Sitzungen des JG-Teams teil. Er ermutigt den Hauptleiter und hilft ihm, die anstehenden Probleme zu lösen. Er gibt ihm zu spüren, dass er ihn schätzt und liebt. Dadurch wird der Leiter motiviert, seine Aufgabe noch besser wahrzunehmen. Diese Motivation zeigt sich in engagierter Eigeninitiative.

Der verantwortliche Älteste informiert die ganze Gemeindeleitung über die verschiedenen Tätigkeiten, Fragen und Probleme in der Jugendgruppe. Bei wichtigen Angelegenheiten lädt er den Leiter oder das ganze JG-Team zu einer Gemeindeleitungssitzung ein. Schön ist, wenn sich die Gemeindeleitung mit den besonderen Anlässen, welche die Jugendgruppe organisiert, identifizieren kann.

Natürlich sollte auch der Verkündiger hinter der Arbeit stehen, die in der Jugendgruppe geleistet wird. Man sollte seine Leidenschaft für die Jugendarbeit spüren.[144]

---

[144] Boshers, B.; Anderson, K., Jugendarbeit im Jahr 2000X, S. 55

Schema 4: **Leitungsmodelle einer Jugendgruppe:**

Modell 1

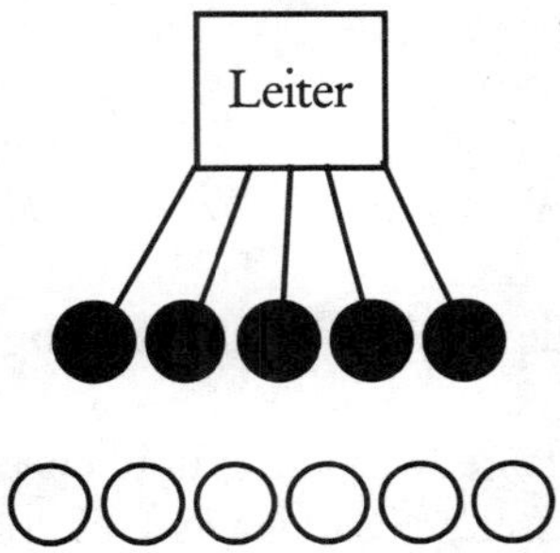

Leiter

Mitarbeiter

Gruppenglieder

Der Leiter hat ein Mitarbeiterteam und hält regelmäßig Mitarbeitersitzungen ab. Er übergibt den Mitarbeitern Teilverantwortung, trägt aber die letzte Verantwortung selbst.

Modell 2

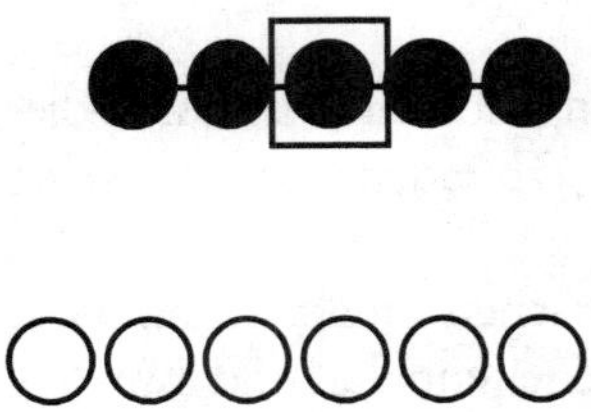

Leitungsteam

Gruppenglieder

Im Leitungsteam tritt einer als Erster unter Gleichen durch Sachautorität oder Beauftragung hervor. Er koordiniert die Teamarbeit und vertritt die Gruppe nach außen. Jedes Teammitglied hat einen bestimmten Aufgabenbereich zu leiten.

Modell 3

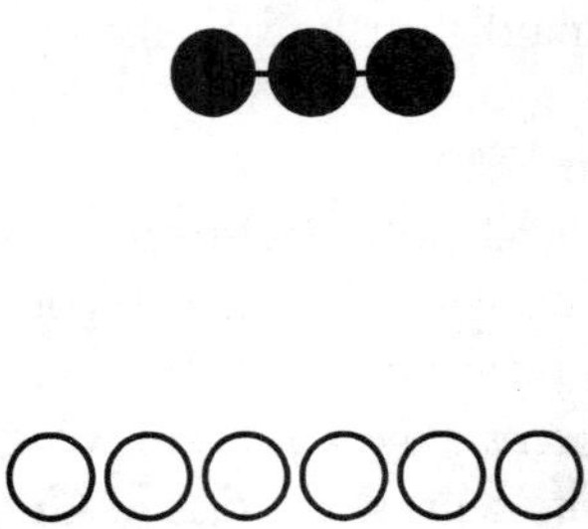

Leitungsteam

Gruppenglieder

Im Leitungsteam sind alle gleichberechtigt und gleich verantwortlich für ihren Bereich und das Ganze. Die Koordinierung und Außenvertretung geschieht gemeinsam bzw. wird im Einzelfall delegiert.[145]

---

145 zit. nach Liedholz, M., Unterwegs mit jungen Menschen, S. 192-193

Ich persönlich finde Modell 2 die beste Leitungsmöglichkeit einer Jugendgruppe.

5.6.1.8 Einige Gedanken zum Leiterteam

Teamarbeit ist modern und hat viele Vorteile.

- **Vorteile eines Leiterteams**
  - Mehrere Jugendliche werden in die direkte Verantwortung gezogen.
  - Bestimmte Situationen und Probleme werden gründlicher und vielseitiger durchdacht und besser gelöst, als wenn es einer allein machen würde.
  - Die Verbindung der Leitung zur Gruppe ist intensiver, weil sie über mehrere Personen geht.
  - Im Leitungsteam wird Solidarität eingeübt. Man ist durch dieselbe Aufgabe intensiv miteinander verbunden und gegenseitig verpflichtet.
  - Dadurch, dass mehrere junge Menschen direkt Verantwortung tragen, werden ihre Gaben reicher entfaltet und ihre Persönlichkeiten stärker entwickelt.
  - Bei dieser Art der Leitung ist der einzelne Leiter nicht überfordert.
  - Durch eine Teamleitung werden die Mitglieder der Jugendgruppe nicht auf einen Leiter oder eine Leiterin und dessen Meinung festgelegt. Die Gruppe wird durch mehrere Leiter und Leiterinnen zu größerer Selbständigkeit und Vielfalt geführt.
- **Wer darf im Leiterteam mitarbeiten?**
  - Es ist selbstverständlich, dass die, welche im Leiterteam mitarbeiten, bekehrt und wiedergeboren sein müssen. Als Wiedergeborene haben sie der Sünde bewusst zu widerstehen. Wenn sie aber in Sünde fallen, haben sie diese Jesus in Reue zu bekennen. Oft kann es eine Hilfe sein, wenn dies in Gegenwart eines Seelsorgers geschieht.
  - Sie haben auch treu die Gemeindeanlässe zu besuchen.

- Sie müssen es ferner gelernt haben, mit Jesus persönlichen Umgang zu pflegen durch Bibellesen und Gebet, und zudem sollten sie eine Leidenschaft für ihn haben.
- Ihr Leben hat aus der Gemeinschaft mit Jesus heraus echt zu sein, denn Jugendliche akzeptieren nur echte Leiter.[146]
- Sie müssen demütig sein. Sie dürfen den Dienst in der Jugendarbeit nicht für die eigene Anerkennung missbrauchen.
- Sie brauchen Führungsqualitäten.

Um im Leiterteam genügend Mitarbeiter zu haben, müssen gerade die, welche die Leitungsaufgaben wahrnehmen, langfristig planen. Jedes Teammitglied sollte den eben genannten Kriterien entsprechend 16-/17-jährige Jugendliche als Mitarbeiterinnen und Mitarbeiter heranziehen, die später in der Lage sind, im Team mitzuhelfen. Wenn ein Team keine Jugendlichen nachzieht, handelt es verantwortungslos kurzsichtig!

Die Namen für die neuen Mitarbeiter im Leiterteam werden der Gemeindeleitung unterbreitet. Die Gemeindeleitung beruft dann mit dem JG-Team zusammen die neuen Mitarbeiter. Die, welche die Berufung annehmen, werden zu einer Sitzung der Gemeindeleitung eingeladen. Nach einem Austausch werden sie offiziell in ihren Dienst eingesetzt. Am folgenden Sonntag werden sie der ganzen Gemeinde vorgestellt. Die neuen Hauptleiter sollten zu ihrem wichtigen Dienst eingesegnet werden.

5.6.1.9 Grundsätzliche Regeln für ein Leiterteam

- Die Mitglieder des Teams brauchen **Liebe zueinander**, denn jedes ist in seiner Persönlichkeitsstruktur anders. Einige sind spontan, aktiv, reden viel. Andere sind eher in sich gekehrt, gehemmt, still. Mit Hilfe der göttlichen Liebe können sich die einzelnen Teammitglieder als Ergänzung verstehen.[147] Zudem hat der Hauptleiter allen Mitarbeitern und Mitarbeiterinnen mit Wert-

[146] Boshers, B.; Anderson, K., Jugendarbeit im Jahr 2000X, S. 29
[147] Praxisbuch Jugendarbeit, S. 73-76

schätzung zu begegnen, indem er ihnen immer wieder für ihren Einsatz dankt und sie ermutigt.[148]
Alle Teammitglieder haben denen, welche die Jugendgruppe besuchen, mit Liebe und Verständnis zu begegnen. Sie haben ihnen zu verstehen zu geben, dass sie Freude haben, dass sie da sind und dass sie in ihren Augen wertvoll sind.[149]

- Eine gemeinsame **Grundrichtung und Zielsetzung** ist unerlässlich (siehe 5.6.1.3). Es ist hilfreich, Fernziele und Nahziele festzulegen. Es braucht auch klare Vorstellungen, wie diese Ziele zu erreichen sind. In diesem Zusammenhang könnte man von **Verwirklichungsschritten** sprechen. Damit die gemeinsame Grundausrichtung bleibt und man sich im Blick auf die Verwirklichung der Ziele immer wieder findet, ist es von Zeit zu Zeit nötig, dass sich das Team zu einer Retraite zurückzieht. Wichtig ist, dass die Ziele so gewählt werden, dass sie **erreichbar, kontrollierbar und zeitlich festlegbar** sind.[150] Dieses zielorientierte Arbeiten vermittelt den Jugendlichen in der Gruppe Geborgenheit.
- Das Team muss nach außen **die Einheit wahren**. Um Entscheidungen wird oft lange gerungen.
- Jeder vom Leiterteam muss mit Jugendlichen des anderen Geschlechts vorbildlich umgehen.
- Die einzelnen Teammitglieder haben, ihren Gaben und Neigungen entsprechend für einen bestimmten Aufgabenbereich die Verantwortung zu tragen (Singen, Kleingruppenarbeit, Jugendgottesdienste, Räumlichkeiten usw.). Es ist eine klare Abgrenzung dieser verschiedenen Aufgabenbereiche nötig.
- Es braucht gute Absprachen untereinander.
- Die ganze Jugendgruppe soll bei wichtigen Entscheidungen mit in den Entscheidungsprozess einbezogen werden.[151]
- Die **Teamsitzungen sollen klar strukturiert sein**. Neben einer kurzen Andacht und dem gemeinsamen Gebet braucht es eine

---

148 Boshers, B.; Anderson, K., Jugendarbeit im Jahr 2000X, S. 105
149 Jahnke, M.; Depuhl, P., Jugendarbeit kreaktiv, S. 31
150 Bamberger, R., Ziele stecken und erreichen in der Jugendgruppe, Wetzikon 1992
151 Liedholz, M., Unterwegs mit jungen Menschen, S. 193-196

Tagesordnung. Ein kurzes **Ergebnisprotokoll** schützt davor, bereits Besprochenes ständig wieder auf den Tisch zu bringen.

- Das Leiterteam ist beauftragt, **die einzelnen Teilnehmer der Jugendgruppe zu betreuen.** Ein Vorschlag wäre, die Leute der Jugendgruppe auf die Teammitglieder aufzuteilen, sodass jedes Teammitglied für einige JG-ler zuständig ist. Die Teammitglieder sollten zu den Jugendlichen, die ihnen zugeteilt wurden, eine tragende Beziehung aufbauen. Das geschieht durch die Fürbitte und dadurch, dass sie Zeit für sie haben.[152] Zugleich haben sie die ihnen zugeteilten Jugendlichen auch seelsorgerlich zu begleiten. In der Seelsorge geht es vor allem um den Zuspruch der Vergebung, um die Hinführung zu einem neuen, befreiten Leben, um Trost und Beistand in notvollen Lebenssituationen und um konkrete Lebenshilfe. In Krankheitssituationen darf um Heilung gebetet werden, denn Jesus ist größer als alle Krankheit (Jes 53,4-5). Es geht in der Seelsorge letztlich darum, dass wir den Jugendlichen zu Jesus, dem Retter, Helfer und Tröster hinführen.[153]
- Die einzelnen Leiter sind beauftragt, **die Jugendlichen zu motivieren**, sei es zum treuen Gemeindebesuch oder zum Besuch der evangelistischen Anlässe (siehe 5.6.2.1). Dies machen sie vor allem **durch ihr Vorbild** (Phil 4,9). Die Leiterinnen und Leiter der Kleingruppen haben sie helfend und unterstützend zu begleiten. Kommt es **zwischen dem Leiterteam und Jugendlichen zu Konflikten**, ist es wichtig, dass die Leiter denen zuhören, welche den Grund der Unzufriedenheit vortragen. Sie haben auch zu versuchen, ihre Argumente zu verstehen. Die Leiter haben während der ersten Phase des Gesprächs richtig mit ihren Emotionen umzugehen. Es kann dann gemeinsam nach einer Lösung gesucht werden.[154]
- Um die Jugendgruppe noch besser führen zu können, werden die Leiterinnen und Leiter vom Verkündiger oder von einem vollzeitlichen Mitarbeiter zwei- bis dreimal im Jahr geschult. In

---

152 Jahnke, M.; Depuhl, P., Jugendarbeit kreaktiv, S. 39
153 Praxisbuch Jugendarbeit, S. 161-176
154 ebd., S. 52-53

diesen Schulungen ist u.a. der offene Austausch wichtig. Die Leiter und Leiterinnen sollten wenn irgend möglich auch die Schulungskurse besuchen, welche der Gemeindeverband, zu welchem sie gehören, anbietet. Die Ideen aus diesen Kursen sollten in die Jugendarbeit einfließen.

5.6.1.10 Probleme eines Leiterteams

- Es braucht viel Zeit für Besprechungen. Gegenseitige Abstimmungen nehmen ebenfalls viel Zeit in Anspruch.
- Das Leitungsteam hat oft Mühe, Entscheidungen zu fällen.
- Das Team kann ein Eigenleben entwickeln.
- Es kann sich den Anliegen der Gruppe verschließen.
- Die Gruppe wird zu wenig beteiligt. Das Team macht alles selber.[155]

Probleme zwischen Team und Gruppe brechen oft dort auf, wo die Gruppe dem Team näherkommen möchte. Die Gruppe versucht, das Team, seine Entschlüsse und seinen Führungsstil besser zu verstehen. Hier braucht es vom Hauptleiter Sensibilität. Gespräche können weiterhelfen.[156]

5.6.2 Evangelistische Schwerpunkte der Jugendarbeit

Evangelistische Bemühungen unter Jugendlichen sind dringend notwendig, da die meisten von ihnen keine Beziehung zur Bibel und ihrer Botschaft haben. Dies hängt einerseits, wie T. M. Neuberger zeigt, mit der Entkirchlichung der Jugend zusammen,[157] andererseits aber auch damit, dass die Kirche selbst das Wort Gottes und dadurch das Evangelium nicht mehr ernst nimmt. Viele Jugendliche unserer Zeit werden von Hoffnungslosigkeit geplagt. Sie ringen mit **der**

---

155 Liedholz, M., Unterwegs mit jungen Menschen, S. 196
156 Schilling, J., Kursbuch Jugendarbeit, S. 111
157 Neuberger, T. M., Lebensorientierung und religiöse Deutungssysteme, S. 140

Frage nach dem letzten Sinn des Lebens. Einige werden von Langeweile gequält, die bis in die Apathie führen kann. Dazu leiden sie unter der Anonymität unserer Gesellschaft.[158] Ein großer Teil fühlt sich einsam[159] und verunsichert.[160] Niemand ist da, der ihnen zeigt, wie sie ein Leben führen können, das sich lohnt, gelebt zu werden.

Nach wie vor ist aber die Jugend offen für religiöse Deutungen. In den Städten Deutschlands leben etwa 20% und auf dem Land 40% der Jugendlichen, die Religiosität (z.B. regelmäßiges Beten) praktizieren. Interessant ist, dass das Bildungsniveau die Religiosität intensiviert.[161] Diese Suche nach einem Halt im religiösen Bereich führt bei vielen Jugendlichen (10% in Westdeutschland) dazu, dass sie in den esoterischen und okkulten Bereich abgleiten.[162] Es ist unsere Aufgabe, bei dieser religiösen Offenheit der Jugend mit unseren evangelistischen Bemühungen einzusetzen.

Wir haben auch die Grundfragen der Jugendlichen nach dem Ziel des Lebens, nach festen Werten und nach dem Selbstwert ernst zu nehmen.[163]

Für uns ist bemerkenswert, dass die von der Postmoderne geprägte Jugend sich auf der Beziehungs- und nicht auf der Argumentationsebene einer Wahrheit nähert.[164] Um sie also für Jesus zu gewinnen, haben wir uns darum zu bemühen, sie zu verstehen. Zudem haben wir ihnen aufrichtige Liebe zu schenken (Mt 22,39), indem wir uns Zeit nehmen auf ihre Fragen und Probleme einzugehen. Ferner haben wir ihnen ein echtes konsequentes Leben mit Jesus vorzuleben, in welchem die Wertmaßstäbe der Bibel sichtbar werden (1. Petr 2,12).[165]

Die evangelistische Ausrichtung eines Jugendkreises beginnt nicht erst mit besonderen Aktivitäten, sondern zeigt sich darin, dass man

---

158 Berg, H. K., Grundriss der Bibeldidaktik. Konzepte – Modelle – Methoden, München, Stuttgart 1993, S. 22
159 Wegenast, K.; Lämmermann, G., Gemeindepädagogik, S. 120
160 Faix, T., Die WA(H)RE Jugend, S. 161
161 Fend, H., Entwicklungspsychologie des Jugendalters, Opladen 2000, S. 386
162 Wegenast, K.; Lämmermann, G., Gemeindepädagogik, S. 122
163 Faix, T., Die WA(H)RE Jugend, S. 171
164 Zander, D.; Celek, T., Wen(n) Kirche nicht mehr zieht, S. 51
165 Faix, T., Die WA(H)RE Jugend, S. 179-181

neue Jugendliche mit in die Gemeinschaft der Jugendgruppe einbezieht und ihnen so das Christsein ganz selbstverständlich vorlebt, ohne sie zu überfahren. Weiter wird die evangelistische Ausrichtung darin sichtbar, dass man die nicht fallen lässt, welche nur ab und zu den Jugendkreis besuchen, sondern sich immer wieder um sie bemüht.[166]

Damit Außenstehende in unserer Jugendgruppe auf Jesus hingewiesen werden können, ist eine offene Atmosphäre, gelebte Liebe, natürliche Herzlichkeit und geistliche Eindeutigkeit nötig.[167]

Interessant ist zu beachten, dass es gläubigen Jugendlichen schwer fällt, ihre Freunde und Freundinnen in die Jugendgruppe und zum Glauben an Jesus zu führen.[168] Sicherlich wäre es gut, wenn der Jugendgruppenleiter die Jugendlichen fragen würde, warum sie ihre Freunde nicht mitbringen und was sich in der Gestaltung der Zusammenkünfte ändern müsste, damit sie dazu bereit wären.

Hier einige evangelistische Möglichkeiten:

5.6.2.1 Jugendgottesdienste oder Jugendevangelisationen

Es geht in diesen Zusammenkünften darum, kirchendistanzierte Jugendliche zu hingegebenen Nachfolgern Jesu zu machen.

Aus der Jugendgruppe wird ein Arbeitskreis gebildet, der die Vorbereitung dieser Jugendgottesdienste oder Evangelisationen[169] in Rücksprache mit der Gemeindeleitung vorbereitet. Die Jugendgottesdienste können jeden Monat oder alle zwei Monate durchgeführt werden, während die Jugendevangelisationen alle zwei Jahre stattfinden könnten. Es gilt unter denen, die in diesem Arbeitskreis mithelfen, die unten stehenden Aufgabenbereiche aufzuteilen. Es braucht zudem einen Leiter, bei dem alle Fäden zusammenlaufen

166 Praxisbuch Jugendarbeit, S. 195-196

167 Flämig, K.; Kress, G.; Wenzler, E. G., Jugendarbeit mit Pfiff, S. 107

168 idea-dossier. Jugendarbeit heute – Ideen, Trends, Modelle und Herausforderungen, Luzern Nr. 3/1996, S. 2-3

169 Staub, F., Jugendevangelisation. Eine praktische Anleitung, Berneck 1989

und der in der Lage ist, in Verbindung mit der Gemeindeleitung alles zu koordinieren.

- **Grundsatzabklärungen:**
  - **Termine festlegen:**
    - Das Gemeindeprogramm muss berücksichtigt werden.
    - Zugleich sollte der Tag und der Zeitpunkt der monatlichen Jugendgottesdienste oder die Daten der Jugendevangelisation festgelegt werden.
  - **Referenten:**
    Sie müssen begabt sein, junge Menschen mit dem Evangelium anzusprechen. Zudem muss die Gemeindeleitung mit ihnen einverstanden sein.
- **Aufgabenbereiche im Blick auf die Jugendgottesdienste oder Evangelisationen:**
  - **Werbung:**
    Bei den Einladungen hat man auf eine ansprechende Grafik zu achten.
    Es gilt, die verschiedenen Werbemöglichkeiten auszuschöpfen: Inserate, Artikel in Zeitungen, Plakate, Lokalradio usw. Doch bleibt der wichtigste Grundsatz der Werbung:

    »Es geht nichts über eine persönliche Einladung.«[170]

    Im Mitbringen kirchendistanzierter Jugendlicher sollten die Mitarbeiterinnen/Mitarbeiter vorbildlich vorangehen.[171]
    Auch Straßeneinsätze (Stand, Sketch) haben eine gute Wirkung. Ideen, wie diese gestaltet werden können, finden sich im Praxis-Buch »Leben das Kreise zieht«.[172]
  - **Raumgestaltung:**
    Der Raum, in welchem die Jugendgottesdienste oder die Evangelisationsabende stattfinden, sollte der jeweiligen Thematik entsprechend mit Hilfe von bunten Tüchern, Transparenten,

---

170 zit. nach Praxisbuch Jugendarbeit, S. 103

171 Fields, D., Jugendarbeit mit Vision. 9 Schritte zu einer lebendigen Jugendarbeit, Asslar 2000, S. 102

172 Bamberger, R., Leben das Kreise zieht, S. 46.49.60.75

Bildern usw. vorbereitet werden. Dazu ist ein Raumgestaltungsteam nötig.

- **Schulung von Seelsorgehelfern:**
  Jugendliche, die in der Lage sind, seelsorgerlich zu helfen, werden wenn möglich vom Verkündiger geschult. Zugleich muss in diesen Schulungen die Nacharbeit vorbereitet werden, denn es ist nötig, dass sich die Seelsorgehelfer intensiv um die Neubekehrten kümmern.
- **Programm der Abende:**
  Reiner Bamberger schlägt vor, die Abende jeweils in drei Teile aufzuteilen:
  - **Motivationsteil**:
    Musik, Singen, Sketch, Video, Interview, Lebensberichte, wie junge Menschen zu Jesus gefunden haben usw.
    - Um den Motivationsteil gut gestalten zu können, braucht es ein **Musikteam**. Der Musikstil sollte den Jugendlichen angepasst werden, die man mit dem Evangelium erreichen will. Zugleich müssen zum Thema passende Lieder gesungen werden.
    - Ferner benötigt man eine Gruppe, welche die Sketchs, Anspiele und die Interviews vorbereitet.
      Der Motivationsteil sollte die Jugendlichen ansprechen, und sie zur eigentlichen Thematik hinführen.
  - **Informationsteil**:
    Das Evangelium wird vom Referenten in ganzer Deutlichkeit verkündigt. Er knüpft in seiner Botschaft bei den Bedürfnissen der jungen Menschen an und führt sie dann zu Jesus, ihrem Helfer und Retter.[173] Damit aber die Botschaft ankommt, muss der Verkündiger echt sein. Er muss ganz er selbst sein. Er sollte den Jugendlichen zeigen, dass auch er mit Lebensfragen und Problemen ringt, dass Jesus ihm aber helfend zur Seite steht. Zudem müssen seine Ausführungen lebensnah sein. Er sollte von der Bibel her, welche die Grundlage seiner Ausführungen ist, die

---

[173] Boshers, B.; Anderson, K., Jugendarbeit im Jahr 2000X, S. 208

Brücke in das alltägliche Leben der Jugendlichen schlagen. Passende Lebensgeschichten oder eigene interessante Erlebnisse sprechen Jugendliche besonders an.[174] Das, was die jungen Menschen vor allem interessiert, ist die Frage, ob ihnen dieser Glaube an Jesus etwas bringt und wenn ja, wie sie Jesus als Retter annehmen können.[175] Deshalb sollte in jeder Botschaft auch verständlich aufgezeigt werden, wie man Jesus als persönlichen Retter annimmt. Zugleich sollten die Jugendlichen zu einer Entscheidung für Jesus aufgefordert werden.

- **Kommunikationsteil:**
  Die für den Seelsorgedienst geschulten Jugendlichen suchen, an die Botschaft anknüpfend, zu den Besuchern zunächst einmal eine Beziehung herzustellen, um sie dann zu Jesus zu führen.[176] Gut ist, wenn einige geistlich reife Erwachsene mithelfen.[177]

- **Technik:**
  Während des Gottesdienstes muss jemand die Mikrofone immer wieder richtig einstellen, die Beleuchtung bedienen, Video- oder Filmeinspielungen machen, Folien auf den Hellraumprojektor legen usw. Dies können junge Menschen, die technisch begabt sind, machen.
- **Ordnungsdienst**
- **Büchertisch**
  Es sollten zur jeweiligen Thematik gute Bücher verkauft werden können.
- **Tee-Ecke nach der Veranstaltung**

---

174 Bangert, M., Der Gottesdienst, in: Werkstatt Jugendgottesdienst. Ideen – Anregungen – Modelle, hg. v. M. Bangert; R. Schwarz; Ch. Tröger, Gütersloh 1998, S. 28

175 Zander, D.; Celek, T., Wen(n) Kirche nicht mehr zieht, S. 99-103

176 Bamberger, R., Planung und Durchführung einer missionarischen Jugendwoche, Wetzikon 1989, S. 5

177 Praxisbuch Jugendarbeit, S. 109

- **Finanzen**
  Schön wäre natürlich, wenn die Gemeinde die Finanzierung übernehmen würde als Zeichen dafür, dass sie die Bemühungen der Jugendlichen voll unterstützt.
- **Nacharbeit:**
  In der Nacharbeit bemüht man sich, die Neubekehrten in die Jugendgruppe und später in die Gemeinde zu integrieren.

Es gibt im Blick auf die Durchführung der Jugendgottesdienste oder von Evangelisationsabenden so viele Aufgaben zu erledigen, dass alle Jugendlichen ihren Gaben und Fähigkeiten entsprechend in irgendeinem Bereich mithelfen können. Sie brauchen aber, um freudig mitzuhelfen, Bestärkung und Ermutigung sowohl durch die Leiter der Jugendgruppe als auch durch den Pastor der Gemeinde,[178] da die Vorbereitungen manchmal mühsam und zeitaufwendig sind.[179]

Jeder Jugendgottesdienst, aber auch die Evangelisationsabende sollten nachbesprochen werden. Was ist gut gelaufen? Was ist nicht gelungen? Was muss beim nächsten Gottesdienst oder Evangelisationsabend unbedingt besser gemacht werden?

Nach wie vor ist **die Gebetsvorbereitung das Allerwichtigste.** Die jungen Menschen beten ganz gezielt für ihre Schulkameraden und -kameradinnen. Ferner wird die ganze Gemeinde motiviert, für die Jugendgottesdienste oder für die Evangelisationsabende zu beten.

5.6.2.2 Filmwoche – »Film-Festival«

Das »Film-Festival« muss in gleicher Weise vorbereitet werden wie die Jugendevangelisation. Der Verkündiger oder ein Mitarbeiter aus der Jugendgruppe sollte jeden Abend nach dem Film eine dem Inhalt des Films angepasste **evangelistische Kurzbotschaft** halten, in welcher die Jugendlichen zu einer Entscheidung aufgefordert werden. Bei einem »Film-Festival« ist die Gestaltung des Rahmenprogramms sehr wichtig.[180]

---

178 Boshers, B.; Anderson, K., Jugendarbeit im Jahr 2000X, S. 213-214
179 Bangert, M., Rückblick und Ausblick, in: Werkstatt Jugendgottesdienst, S. 89
180 Bamberger, R., Leben das Kreise zieht, S. 48

5.6.2.3 Musikabend

Zu einem solchen Abend können Musikgruppen oder einzelne Musiker eingeladen werden, die nicht sich selbst darstellen wollen, sondern ein evangelistisches Anliegen haben.

Einige Kriterien für einen solchen Abend:

- Der Text der Lieder sollte im Vordergrund stehen. In den Texten sollte das Fragen und Suchen der jungen Menschen thematisiert werden. In ihnen sollte ferner zum Ausdruck kommen, wer Jesus ist. Zugleich sollten die Jugendlichen erfahren, dass er sie liebt und retten will.
- Die Musik hat das, was gesungen wird, zu unterstreichen.
- Die Musiker müssen vor allem echt sein und auf einen aufwendigen Showeffekt verzichten.

Die Musik wird umrahmt von aussagekräftigen Zeugnissen. Der **Höhepunkt ist eine evangelistische Kurzbotschaft**, in welcher die Jugendlichen aufgefordert werden, sich für Jesus zu entscheiden.

5.6.2.4 Freizeiten

Es gilt Freizeiten anzubieten, die Jugendliche gerne besuchen. Besonders gefragt sind Skifreizeiten, Hochgebirgsfreizeiten, Badeferien am Meer usw. Neben einem attraktiven Programm sollten die Jugendlichen in evangelistischen Vorträgen zu einer Entscheidung für Jesus hingeführt werden.[181] Damit in einer Freizeit dieses Ziel erreicht werden kann, hat sie in festgesetzten Ordnungen zu verlaufen. Diese Ordnungen werden vom Mitarbeiterteam festgelegt und durchgezogen. Außerdem haben die Mitarbeiter das, was der geistliche Leiter weitergibt, vorbildlich vorzuleben. Das Wichtigste, damit eine Freizeit auch wirklich gelingt, sind somit gute Mitarbeiter.[182] Während der Freizeit haben sich die Mitarbeiter täglich zum Austausch und zum intensiven Gebet zu treffen.

---

181 Liedholz, M., Unterwegs mit jungen Menschen, S. 232-245

182 Praxisbuch Jugendarbeit, S. 232-237

In den folgenden Büchern wird auf weitere evangelistische Möglichkeiten hingewiesen:

- Bamberger, R., Leben das Kreise zieht. Praxis-Handbuch für missionarisches und diakonisches Engagement, Wetzikon 1995
- Flämig, K.; Kress, G.; Wenzler, E. G., Jugendarbeit mit Pfiff, Kassel 1994, S. 159-196
- Liedholz, M., Unterwegs mit jungen Menschen. Handbuch für Jugendarbeit, Gießen 1987[4], S. 246-293

5.7 Das Heranziehen von Mitarbeitern

Um diese eben aufgezeigten Aufgaben unter den Kindern, Teenagern und Jugendlichen wahrnehmen zu können, gilt es **viele Mitarbeiter/Mitarbeiterinnen heranzuziehen**. Es ist ganz klar, dass die Ältesten zusammen mit dem Verkündiger und den verschiedenen Hauptleitern diese überaus große Arbeit nicht bewältigen können.

5.7.1 Wie gewinnt man Mitarbeiterinnen und Mitarbeiter?

Das Gewinnen von Mitarbeiterinnen und Mitarbeitern beruht auf einem biblischen Prinzip. Jesus und später die Apostel hatten ihre Mitarbeiter (siehe 5.9.1). Durch nichts wächst ein wiedergeborener Mensch im Glauben schneller als durch eine gut angeleitete Mitarbeit. Er wird auf diese Weise zu einem aktiven Christen.

Mitarbeit ist eigentlich nichts anderes als Dank für die empfangene Erlösung. Jesus hat sich am Kreuz für uns dahingegeben, um uns zu erlösen. Deshalb können wir auch nicht anders, als unser Leben ganz für ihn und seine Sache einzusetzen (2. Kor 5,15).

Wichtig ist, dass die Ältesten und der Verkündiger mit Hilfe der Verantwortlichen der verschiedenen Aufgabenbereiche die einzelnen Gemeindeglieder ihren Begabungen entsprechend einsetzen.

Die, welche als Mitarbeiter angefragt werden, brauchen eine innere Motivation für die Aufgabe, die sie wahrnehmen sollten. Diese dringend nötige Motivation erwächst aus der persönlichen Beziehung zu Jesus. Er ist es, der weiß, welche Aufgaben sie auszuführen haben, und er schenkt ihnen alles, um diese auch gut erfüllen zu können.

Jeder neue Mitarbeiter muss wissen, was von ihm in seinem Aufgabenbereich erwartet wird. Da sind die verschiedenen Aufgaben in der Sonntagsschulklasse oder in der Jungschargruppe, im Teenagerclub oder in der Jugendgruppe, die er zu erfüllen hat. Dazu wird von ihm die Teilnahme an Sitzungen und Schulungen erwartet. Schließlich hat er vorbildlich an den Gemeindeanlässen (Gebets- und Bibelstunden, Predigten) teilzunehmen.

5.7.2 Die Einsetzung der Mitarbeiter/Mitarbeiterinnen

Wenn ein Gemeindeglied bereit ist, in der Kinder-, Jungschar-, Teenager- oder Jugendarbeit mitzuhelfen, wird es **von der Gemeindeleitung** in Absprache mit dem jeweiligen Team berufen. Wenn es zugesagt hat, wird es an einer Sitzung der Gemeindeleitung offiziell gewählt. Wichtig erscheint mir, dass eine halbjährige Probezeit möglich sein sollte.

Die gewählten Mitarbeiterinnen oder Mitarbeiter der Kinder-, Jungschar-, Teenager- und Jugendarbeit sollten **der Gemeinde in einem Gottesdienst vorgestellt werden**.

Die **hauptverantwortlichen Leiter** sollten sogar zu ihrem Dienst vor der ganzen Gemeinde in einem Gottesdienst **eingesegnet werden**. Während der eigentlichen Einsegnung, die unter Handauflegung geschieht, sollte die ganze Gemeinde aufstehen.

Durch das Vorstellen der Mitarbeiter/Mitarbeiterinnen und durch die Einsegnung der Hauptverantwortlichen wird die Gemeinde **zum Gebet für die Mitarbeiter/Mitarbeiterinnen angespornt**.

Alle Mitarbeiter/Mitarbeiterinnen, welche sich in der Kinder-, Jungschar-, Teenager- und Jugendarbeit einsetzen, sollten sich zumindest alle drei Monate **zum gegenseitigen Austausch und Gebet**

treffen. Hier empfangen sie die dringend nötige Ermutigung zu diesem verantwortungsvollen Dienst.

Die Mitarbeiter/Mitarbeiterinnen sollten loyal zu ihrem Hauptleiter, zur Gemeindeleitung und zum Verkündiger stehen. Ergeben sich mit dem Hauptleiter, der Gemeindeleitung oder mit dem Verkündiger Probleme, müssen diese im Gespräch und mit Gebet gelöst werden. Jammern und tratschen hinter dem Rücken anderer hilft niemandem. Es zerstört nur das harmonische Miteinander.[183]

5.7.3 Anleitung zur Mitarbeit

Es ist die Aufgabe der Gemeinde, die Mitarbeiter/Mitarbeiterinnen in ihre Aufgabe einzuführen und zu schulen.

- Die Hauptleiter haben den neuen Mitarbeitern/Mitarbeiterinnen einen Einblick in den ganzen Aufgabenbereich zu geben. Auf diese Weise lernen sie den Tätigkeitsbereich kennen.
  Ein Leiter oder eine Leiterin führt sie dann in ihre eigentliche Aufgabe ein. Der Leiter oder die Leiterin zeigt modellhaft, wie die Aufgabe bewältigt werden kann. Er oder sie gibt ihnen während des Vorzeigens praktische Anleitungen, wie auch sie diese Arbeit bewältigen können. Die Mitarbeiter/Mitarbeiterinnen eignen sich nach und nach immer mehr Grundkenntnisse und -fertigkeiten an und sollten deshalb zu immer größerer Selbständigkeit geführt werden. Sie brauchen in dieser Phase eine helfende und anregende Begleitung durch den Leiter oder die Leiterin.[184] Zugleich sollten ihnen helfende Schulungen angeboten werden, in welchen sie gelehrt werden, wie sie ihre Aufgabe noch besser erfüllen können (5.9.4). Diese Schulungen werden meist vom Verkündiger oder von einer vollzeitlichen Mitarbeiterin oder einem vollzeitlichen Mitarbeiter durchgeführt. Schließlich können sie ihre Arbeit selbständig erfüllen und das Gelernte sogar kreativ weiterentwickeln. Ihnen wird dann die Stellung ei-

[183] Graystone, P., Platz für Kinder. Auch in der Kirche?, S. 169-170
[184] Ott, C., Das Trainingsprogramm für Mitarbeiter, S. 109-112

ner Leiterin oder eines Leiters gegeben und sie sind nun ihrerseits befähigt, andere in den Dienst einzuführen.[185] Vielleicht können sie später sogar die Hauptverantwortung übernehmen.

- Jeder, der in der Gemeinde in den oben erwähnten Bereichen mitarbeitet, sollte neben den gemeindeinternen Schulungen ab und zu, seiner Aufgabe entsprechend, helfende Kurse besuchen. Es gibt freie Werke, welche in den Bereichen der Kinder-, Jungschar-, Teenager- und Jugendarbeit gute Kurse anbieten. Hier sind vor allem die von Irvin Overholtzer im Jahr 1937 ins Leben gerufene »Kinder-Evangelisationsbewegung« (KEB), der 1974 von Robert Rahm gegründete »Bund Evangelikaler Schweizer Jungscharen« (BESJ), der 1844 von George Williams ins Leben gerufene »Christliche Verein Junger Männer« (CVJM) und der »Deutsche Verband der Jugendbünde für entschiedenes Christentum – EC«, zu erwähnen.

Ständige Weiterbildung im pädagogisch-didaktischen Bereich ist für die Mitarbeiter/Mitarbeiterinnen unerlässlich.[186]

5.7.4 Die Ermutigung der Mitarbeiter/ Mitarbeiterinnen

Die Verantwortlichen einer Gemeinde und der Verkündiger haben den Einsatz der Mitarbeiter/Mitarbeiterinnen immer wieder zu würdigen. Ab und zu ist **ein ermutigendes Wort** nötig. Auch in der Verkündigung sollte die Dankbarkeit zum Ausdruck kommen. Zugleich sollten die Leiterinnen und Leiter denen, die sich in ihrem Aufgabenbereich einsetzen, ebenfalls ermutigend zur Seite stehen, indem sie ihnen zu verstehen geben, wie dankbar sie für ihre Mitarbeit sind.[187]

---

185 Bosch, R.; Jenni, H.; Kurth, R., Handbuch für Leitungsaufgaben in Gemeinde und Beruf, Buchs 1992², S. 46-47
186 Schilling, J., Kursbuch Jugendarbeit, S. 102
187 Rush, M., Management – der biblische Weg, Asslar 1988, S. 47-49

Immer wieder gibt es im Leben der Mitarbeiter/Mitarbeiterinnen **Phasen der Entmutigung:**

- Oft hat derjenige, welcher in der Gemeinde eine Aufgabe erfüllt, in seinem Alltag noch viele andere Verpflichtungen. Er hat manchmal den Eindruck, an den Rand seiner Kräfte zu kommen.[188]
- Gerade diejenigen Mitarbeiter/Mitarbeiterinnen, die alles ganz genau und gründlich machen wollen, sind immer wieder sehr entmutigt, da sie mit sich selbst nicht zufrieden sind.
- Immer wiederkehrende Sünde kann im Leben der Mitarbeiter/Mitarbeiterinnen Müdigkeit, Resignation und den Eindruck der Überforderung hervorrufen. Hier gilt es Buße zu tun und zu glauben, dass Jesus Sünden vergibt (1. Joh 1,9) und auch aus Bindungen an die Sünde befreit (Eph 1,7).[189]
- Auch Anfechtungen können Mitarbeiter/Mitarbeiterinnen mutlos machen. Probleme in Ehe und Familie oder am Arbeitsplatz hindern sie, den Dienst so zu tun, wie sie es gerne möchten. Oft vergessen Gläubige, dass Anfechtungen sie nur noch brauchbarer machen für den Dienst (1. Petr 1,6.7).[190]

Die Mitarbeiter/Mitarbeiterinnen brauchen das helfende Gespräch im Blick auf ihren Dienst. Es gilt immer wieder neu die Berufung, die Jesus gegeben hat, festzumachen.

Es ist auch wichtig, dass die Mitarbeiter/Mitarbeiterinnen **regelmäßig füreinander beten**.

Entscheidend ist auch, wie sie in den verschiedenen Mitarbeiterteams miteinander umgehen. Sie haben es zu lernen, **aufeinander zu hören, sich gegenseitig ernst zu nehmen und zu ermutigen**. Wenn einer dem anderen wegen irgendeiner Sache einen Vorwurf macht, hat ihn dieser ausreden zu lassen. Besonders lobenswert ist, wenn er diese vielleicht auch unsachlich vorgetragene Kritik annehmen kann, statt dass er aufbrausend oder verärgert reagiert. Die Mitarbeiter/Mitarbeiterinnen haben sich gegenseitig immer wieder zu vergeben. Es darf in

---

188 Pfeiffer, Ch., Freu Dich, Du bist erwählt! in: Damit alles besser läuft. Wege – Hilfen – Impulse, Kassel 1987, S. 22

189 ebd., S. 23

190 Pleik, I., Pass auf, Du bist angefochten! in: ebd., S. 38

den Sitzungen nicht geduldet werden, dass man über andere in unsachlicher Weise negative Bemerkungen macht.[191]

Mit Teammitgliedern, die sich an den Sitzungen ständig in den Vordergrund drängen, muss der Leiter das Gespräch suchen.

5.7.5 Vollzeitliche Mitarbeiter/Mitarbeiterinnen

Die Kinder-, Jungschar-, Teenager- und Jugendarbeit kann derart wachsen, dass es unumgänglich wird, **einen oder mehrere vollzeitliche Mitarbeiterinnen oder Mitarbeiter anzustellen**, die für diese Aufgabenbereiche besonders begabt und ausgebildet sind. Es ist aber nicht richtig, wenn die vollzeitlichen Mitarbeiter/Mitarbeiterinnen den nebenamtlichen Mitarbeitern die Arbeit abnehmen. Vielmehr ist es ihre Aufgabe, diese in ihrer Arbeit zu unterstützen, indem sie ihnen beratend zur Seite stehen und ihnen auch das nötige Material zur Verfügung stellen. Sie haben ihnen auch zu zeigen, wie sie diese oder jene Arbeit einfacher machen können. Sie führen ab und zu mit allen Mitarbeitern/Mitarbeiterinnen eines bestimmten Aufgabenbereichs, in Absprache mit dem Verkündiger, Schulungen durch. Besonders haben sie darauf zu achten, dass sie mit den Hauptverantwortlichen ihrer Aufgabenbereiche eine gute Zusammenarbeit haben.

Leider besteht bei neuangestellten vollzeitlichen Mitarbeiterinnen oder Mitarbeitern oft die Gefahr, dass sie ihren Mitarbeitern/Mitarbeiterinnen, die sie zu betreuen haben, gleich zu verstehen geben, dass sie vieles anders oder noch besser machen müssten. Dies wirkt sich demotivierend aus. Vollzeitliche Mitarbeiterinnen oder Mitarbeiter haben deshalb darauf zu achten, dass sie das, was die freiwilligen Mitarbeiter/Mitarbeiterinnen leisten, zunächst einmal anerkennen. Sicherlich könnte dieses oder jenes anders oder noch besser gemacht werden. Dazu haben sie ihnen aber die nötigen Hilfen zu geben.

---

191 Praxisbuch Jugendarbeit, S. 205-209

5.7.6 Austausch der Mitarbeiter/Mitarbeiterinnen untereinander

Zumindest einmal im Jahr sollten die Mitarbeiter/Mitarbeiterinnen der Sonntagsschule, der Kinder-, Jungschar-, Tennager- und Jugendarbeit über die Auswirkungen ihres Dienstes austauschen. Wurden die Ziele, die man sich gesetzt hat, erreicht? Konnte durch das, was gemacht wurde, die geistliche Entfaltung der Kinder gefördert werden? Kamen neue Kinder hinzu, sodass die Gruppen gewachsen sind? Haben Kinder Jesus als Retter angenommen?

Dieser gegenseitige Austausch ist im Blick auf eine **Standortbestimmung** sehr wichtig. Zugleich vermag dieses Austauschen auch neue Impulse zu geben. Die Schwerpunkte der Arbeit werden dann neu überdacht und festgesetzt.[192]

Wichtig ist, dass **die Übergänge von einer Gruppe in die andere**, z.B. von der Jungschar in den Teenagerclub oder vom Teenagerclub in die Jugendgruppe noch besser gelöst werden. Leider verlieren wir bei diesen Übergängen zu viele Kinder.

5.8 Der pädagogische Auftrag der Gemeinde an den Schulen

5.8.1 An den staatlichen Schulen

Da die staatlichen Schulen in Deutschland, Österreich und der Schweiz von der Verfassung her zur **weltanschaulich-religiösen Neutralität** verpflichtet sind, können sie sich nicht um das spirituelle Wohl der einzelnen Kinder bemühen. Dieses Prinzip der religiösen Neutralität wirkt sich in der Staatsschule praktisch **als Gleichgültigkeit gegenüber den christlichen Glaubensinhalten** aus, was für die spirituelle Erziehung der Kinder negativ ist. Das Toleranzgebot

[192] Graystone, P., Platz für Kinder. Auch in der Kirche?, S. 183-184

führt zu einer Schule mit einem **verweltlichten Kulturchristentum, macht aber ein Glaubenschristentum unmöglich**. Die Schule muss ja für alle weltanschaulichen und religiösen Inhalte und Werte offen sein.[193]

Wolfgang Brezinka sagt treffend:

> »Unter den Bedingungen des Pluralismus muss die öffentliche Schule ihren Schülern gerade das schuldig bleiben, was sie in der Pubertät am meisten suchen: religiös-weltanschauliche Orientierung, Lebenssinn, Halt an einem tragfähigen Glauben.«[194]

Es bleibt aber der Auftrag der biblischen Gemeinde, **an den staatlichen Schulen die Botschaft der Bibel** – trotz der geforderten Toleranz – in den verschiedenen Fachbereichen weiterzusagen. Die in die Gemeinde eingebundenen gläubigen Lehrkräfte haben diese wichtige Aufgabe wahrzunehmen. Wichtig ist, dass ihr Lebenswandel das, was sie sagen, bestätigt.

Oft werden die von der Bibel her entfalteten Ausführungen eines gläubigen Lehrers in den anderen Fächern in Frage gestellt. Und doch ist es seine Aufgabe, an den öffentlichen Schulen biblisch fundierten Unterricht zu erteilen. Die Lehrer, welche sich um die Weitergabe des göttlichen Wortes an den öffentlichen Schulen in ihrem Unterricht und durch ihr Leben bemühen, haben es oft schwer. Es wäre gut, wenn für die Lehrer Gebets- und Gesprächskreise organisiert würden, damit sie sich gegenseitig helfen und ermutigen könnten.

Schön ist natürlich auch, wenn sich **die gläubigen Schüler einer öffentlichen Schule in einem Schülerbibelkreis treffen.**[195] In diesen Schülerbibelkreisen geht es darum, auf das Wort Gottes zu hören

---

193 Brezinka, W., Erziehung heute – Elternhaus und Schule in gemeinsamer Verantwortung, in: Pädagogische Rundschau, Frankfurt a. M.; Bern; New York; Paris Nr. 4/1991, S. 378-379

194 zit. nach ebd., S. 384-385

195 Hilfen für den Aufbau und die Gestaltung solcher Schülerbibelkreise geben in der Schweiz die »Vereinigten Bibelgruppen in Schule, Universität und Beruf« (VBG). Vgl. Lindenmann, R., Christsein in der Schule. Als Mittelschüler glaubwürdig im Schulalltag leben, St. Gallen 1992, S. 28-30

und gemeinsam zu beten. Für die wiedergeborenen Schüler ist ein solcher Schülerbibelkreis eine großartige Gelegenheit, immer wieder von ihrem Glauben an Jesus Christus reden zu können. Natürlich sollte das persönliche Benehmen in der Klasse das, was sie über ihre Beziehung zu Jesus sagen, beglaubigen.[196] Zugleich ist die Teilnahme am Schülerbibelkreis für die gläubigen Schüler eine Stärkung und eine Hilfe, weil sie nicht allein als Christ in ihrer Klasse stehen müssen. In diesem Kreis können gemeinsame und persönliche Schulnöte besprochen und im Gebet vor Gott gebracht werden.[197] In diesem Bibelkreis wird auch für die Schulleitung und für die Lehrkräfte gebetet.[198] Die Zusammenkünfte des Schülerbibelkreises sollten auch dazu genutzt werden, Schüler, die Jesus noch nicht persönlich kennen, zu einer Entscheidung für Jesus zu führen.[199]

Der Schülerbibelkreis darf aber nicht zu einem Gemeindeersatz werden. Alle die, die diesen Kreis besuchen oder in ihm mitarbeiten, brauchen das Eingebundensein in eine Gemeinde.

Ich finde es besonders wertvoll, wenn kirchendistanzierte Jugendliche, welche ab und zu am Schülerbibelkreis teilnehmen, zu evangelistischen Jugendgottesdiensten, die eine Gemeinde durchführt, eingeladen werden können.

5.8.2 Die Gründung von Schulen auf biblischer Basis

Um als Gemeinden die Kinder noch besser mit der Botschaft der Bibel erreichen zu können, haben wir **Schulen auf biblischer Grundlage ins Leben zu rufen**. An diesen Schulen ist die Möglichkeit gegeben, die Kinder ganzheitlich von der Bibel her zu unterrichten.

Der Schule kommt im Leben eines Kindes, gerade im Bereich der Bildung, eine enorme Bedeutung zu, da sie das Kind sehr stark

[196] ebd., S. 11
[197] Schritte zu den Kindern, S. 117
[198] Lindenmann, R., Christsein in der Schule, S. 13-14
[199] Wie dies ganz konkret gemacht werden kann, zeigt Ewald Rieser. Vgl. Rieser, E., Die ABCD-Methode. Die »Brücken«-Methode, in: Eine evangelistische Bibelgesprächsgruppe leiten, hg. v. A.-L. Diserens, St. Gallen 1991, S. 27-29

prägt.[200] Peter Büchner zeigt in seinem Aufsatz »Das Kind als Schülerin oder Schüler«, dass das Denken und Handeln der Kinder auch außerhalb der Schule direkt und indirekt von schulischen Gegebenheiten und Abläufen beeinflusst wird. Die Schule beeinflusst fast die ganze Gestaltung des Lebensalltags der Kinder.[201]

5.8.2.1 Die Notwendigkeit der Gründung von Schulen auf biblischer Basis

Leider hat die Gemeinde Jesu die schulische Erziehung und Bildung lange Zeit und **in unverantwortlicher Weise dem Staat überlassen**. Herzog Ernst der Fromme leitete diese starke Verflechtung Staat-Schule ein. In seinem 1642 veröffentlichten »Schulmethodus« machte er klar, dass er den Schulausbau als Teil des Staatskonzeptes betrachtete. Für ihn stellte die Schule das Herz des Staatskörpers dar. In den folgenden Jahrhunderten blieb in den Staatsschulen diese enge Verbindung Staat-Schule beibehalten. Erst in der Aufklärung, aber auch in der Erweckungsbewegung, suchte man eine gewisse Unabhängigkeit vom staatlichen Einfluss zu erreichen.[202] In der Erweckungsbewegung begründete man den Auftrag zur Schulung der Kinder von der Bibel her.

Dazu kommt, dass an den heutigen Staatsschulen, da sie einer pluralistischen Gesellschaft gerecht werden müssen, die brennenden Fragen nach dem Sinn und Ziel von Bildung und Erziehung nicht mehr geklärt werden können. Dies führt, wie Angelika Knubbertz ganz richtig bemerkt, zu einer **Instabilität und Orientierungslo-**

---

200 Schweitzer, F., Lebensgeschichte und Religion. Religiöse Entwicklung und Erziehung im Kindes- und Jugendalter, München 1987, S. 168

201 Büchner, P., Das Kind als Schülerin oder Schüler, in: Kinder als Außenseiter? Umbrüche in der gesellschaftlichen Wahrnehmung von Kindern und Kindheit, hg. v. H. Zeiher; P. Büchner; J. Zinnekker, Weinheim; München 1996, S. 173-174

202 Helmer, K., Zur Elementarschule im 17. Jahrhundert. Hintergründe, Entwürfe, Realisierungen, in: Pädagogische Rundschau, Frankfurt a. M.; Bern; New York; Paris Nr. 6/1990, S. 682-686

sigkeit an den öffentlichen Schulen.[203] Klaus Wegenast weist darauf hin, dass der pluralistischen Schule die Kriterien fehlen, um die Fülle der auf sie einwirkenden Faktoren in angemessener Weise integrieren zu können. Sie ist zum Spielball verschiedener Interessen geworden.[204]

Wie sich dies an den öffentlichen Schulen auswirkt, zeigen Eberhard Mühlan im Buch »Kinder in der Zerreißprobe«[205] und Immanuel Lück im Buch »Alarm um die Schule«.[206] Sie weisen beide darauf hin, dass in der Schule **die emanzipatorische Erziehung und dadurch das neomarxistische Gedankengut** Eingang gefunden haben. In Schulbüchern wird Kritik an der Familie geübt. Überdies wird in den Schulbüchern die Arbeitswelt als Ort der Ausbeutung, der Überforderung, der Öde und Langeweile dargestellt. Alles ist durchdrungen von den Gedanken der »kritischen Erziehungswissenschaft« (siehe 3.1.2).[207]

Ein weiterer bedenklicher Punkt ist **die positive Geschlechtserziehung**. Im sexuellen Bereich wird alles gelehrt, was sich zum sexuellen Lustgewinn eignet: Selbstbefriedigung, vorehelicher Geschlechtsverkehr, Homosexualität, Lesbismus usw.

Leider wird meist verschwiegen, dass sexueller Kontakt mit häufig wechselnden Partnern (trotz Kondom) das Risiko für Geschlechtskrankheiten stark erhöht. Auch die Möglichkeit einer Schwangerschaft (trotz Pille), die oft zu einer Abtreibung führt, und die Gefahr der Sterilität werden zu wenig ernst genommen.[208]

---

203 Knubbertz, A., Pädagogik aus Verantwortung. Überlegungen zur Aktualität prinzipiengeleiteter Erziehung in den Schulen, Frankfurt a. M.; Bern; New York; Paris 1990, S. 128.133

204 Wegenast, K., Schule, in: Handbuch religionspädagogischer Grundbegriffe, hg. v. G. Bitter; G. Miller, Bd. 1, München 1986, S. 157

205 Mühlan, E., Kinder in der Zerreißprobe. Der anti-christliche Angriff auf die Familie, Asslar 1986[2]

206 Lück, I., Alarm um die Schule. Kritische Auseinandersetzung mit der gegenwärtigen Erziehungssituation. Die neomarxistische Unterwanderung, Neuhausen-Stuttgart 1980[2]

207 Lück, I., Alarm um die Schule, S. 205-270; Mühlan, E., Kinder in der Zerreißprobe, S. 63-70

208 Furch, W., Körperliche Auswirkungen verfrühten Geschlechtsverkehrs, in: Warum bis zur Ehe warten? Eine medizinisch-seelsorgerliche Antwort, hg. v. W. Furch, Wuppertal; Zürich 1990[2], S. 20

Wie es mit dem **Religionsunterricht** bestellt ist, habe ich unter 1.2.3 ausgeführt.

Die Kinder sind an den heutigen Schulen, **an welchen eine Vielfalt von Meinungen, Verhaltensmustern und Wertüberzeugungen gelehrt werden, hoffnungslos überfordert**. Es fehlt ihnen eine feste Grundlage, um eine Entscheidung treffen zu können.[209] Diese Überforderung zeigt sich u.a. darin, dass verunsicherte Kinder den Unterricht so stark stören, dass sich die anderen nicht mehr konzentrieren können.

Die Bibel, welche eigentlich diese Grundlage wäre, wird nicht mehr als die durch den Heiligen Geist inspirierte Offenbarung Gottes gesehen, sondern weitgehend als Menschenwort. Damit ist Jesus auch nicht mehr der einzige Weg, wie man zu Gott kommen kann. Das Christentum ist nur eine Möglichkeit der Gottesfindung neben all den anderen Weltreligionen. Deshalb ist an den öffentlichen Schulen eine Erziehung, die im Vertrauen auf das Wort Gottes und im Glauben an Jesus Christus begründet ist, in der Regel nicht mehr möglich.[210]

Aufgeschreckt durch diese Missstände an den öffentlichen Schulen, entschlossen sich vor allem christusgläubige Eltern, Schulen auf biblischer Basis zu gründen. Die Legitimation zu diesen Schulgründungen leiteten sie – wie einst in der Erweckungsbewegung – vom biblischen Auftrag ab, die Kinder zu lehren und erziehend zu begleiten. Dies ist rechtlich deshalb möglich, weil der Staat den Eltern das Recht zubilligt, Schulen mit einem bestimmten religiösen Gepräge zu gründen.[211]

---

209 Rauscher, E., Religion im Dialog. Fächerverbindung, Projektstruktur, Religionsunterricht, Frankfurt a. M.; Bern; New York; Paris 1991, S. 24

210 Abromeit, H. – J., Im Streit um die gute Schule. Der Beitrag der Christen, Neukirchen-Vluyn 1991, S. 100

211 Brezinka, W., Erziehung heute – Elternhaus und Schule in gemeinsamer Verantwortung, in: Pädagogische Rundschau, S. 377

5.8.2.2 Einblick in die Grundgedanken der Schulen auf biblischer Basis

Das Wort Gottes wird an diesen Schulen **als Grundlage für Erziehung und Unterricht ernst genommen.** Damit erteilen sie dem Pluralismus eine klare Absage.[212]

- Diese Schulen verstehen sich als **verlängerter Arm der Gemeinde Jesu,** der die Erziehung der Kinder in besonderer Weise aufgetragen ist. Ganz praktisch kann sich das darin zeigen, dass Gemeinden die Lehrkräfte dieser Schulen in ihrer Region im Gebet unterstützen und für einzelne Schüler beten.[213]
- Sie verstehen sich zudem **als »Hilfsanstalten« des Elternhauses,** denn Gott hat in erster Linie die Eltern beauftragt, die Kinder zu erziehen (Eph 6,1-4; Kol 3,20.21). Diese Schulen wollen den Eltern in der Aufgabe der Kindererziehung helfen. Im Blick auf dieses Ziel ist es aber nötig, dass die Lehrer immer wieder den Austausch mit den Eltern der Kinder suchen, wissend, dass diese die Kinder besser kennen. Die Lehrerschaft erwartet aber von den Eltern, dass sie hinter dem Anliegen der Schule stehen, indem sie Interesse an der Schule zeigen und je nach Begabung und Möglichkeiten in den Gremien der Schule mitarbeiten.[214] Auftretende Probleme besprechen die Eltern direkt mit den Lehrern und benutzen dazu nicht die Elternabende.

Angesichts der zunehmenden Schwäche der Familie, ja sogar ihres Zerfalls, kommt der Schule nicht nur die Aufgabe zu, Wissen zu vermitteln, sondern auch zu erziehen.[215] Es wird aber ernst genommen, dass die elterliche Erziehung in der Regel unersetzlich bleibt.

---

212 Schule auf biblischer Basis. Grundlagen und Ziele Evangelischer Bekenntnisschulen, hg. v. d. Arbeitsgemeinschaft Evangelischer Bekenntnisschulen (AEBS), Neuhausen-Stuttgart 1985, S. 20

213 Christsein – Lehrersein, Möglichkeiten und Grenzen für christliche Lehrerinnen und Lehrer an staatlichen Schulen, hg. v. W. Gasser, St. Gallen 1991, S. 39

214 Schaude, O., Kind und Schule, in: Ratgeber Erziehung, S. 173-174

215 Kaufmann, H. B., Die Christen und die Schule in staatlicher und in freier Trägerschaft, Neukirchen-Vluyn 1989, S. 19

5.8.2.3 Entfaltung der Grundprinzipien der Schulen auf biblischer Basis

Um die hoch gesteckten Ziele auch zu erreichen, werden an diesen Schulen folgende biblische Erziehungsprinzipien betont:[216]

- Es ist zu beachten, dass es der Bibel nicht primär um die Erziehung des Menschen, sondern **um seine Erlösung geht**. Doch hebt die Hinführung des Menschen zu Jesus seine Erziehung nicht auf. Auch der durch Gottes Geist wiedergeborene Mensch bedarf der erzieherischen Hilfe.[217] Zugleich sucht man das Kind in eine biblische Gemeinde zu integrieren, da die Schule auf biblischer Basis nicht zum Gemeindeersatz werden darf. Im Blick auf dieses Ziel müsste nach Möglichkeiten gesucht werden, wie eine Zusammenarbeit zwischen den Gemeinden, die diese Schulen mittragen, und der Schule praktisch aussehen könnte. Das Ziel wäre, dass die Kinder den Weg in die Jungschar, den Teenieclub oder in die Jugendgruppe dieser Gemeinden finden könnten. Dieser Zusammenarbeit zwischen Gemeinden und Schule kommt der Umstand entgegen, dass viele Eltern für Hinweise auf gute Freizeitangebote für ihre Kinder durch die Schulleitung dankbar sind.[218]
- Im Mittelpunkt des Unterrichts steht **das vorbildliche Leben der Lehrerinnen und Lehrer**, die aber nur dann Vorbilder sein können, wenn sie ihr Leben mit Hilfe von Jesus leben.[219] Ihr Vorbildsein wird für die Schüler unter anderem darin sichtbar, dass sie ihre Versprechen einlösen, pünktlich sind, Fehler zugeben, sich für falsches Verhalten beim Schüler entschuldigen und nach dem Unterricht auf Fragen, die die Schüler beschäftigen, eingehen.

---

216 Schule auf biblischer Basis, S. 74-88

217 ebd., S. 74

218 Anregungen für eine Zusammenarbeit von Schulen auf biblischer Basis mit Gemeinden finden sich im Buch: Jugendarbeit und Schule. Kooperation statt Rivalität um die Freizeit, hg. v. G. Brenner; M. Nörber, Weinheim; München 1992

219 Schule auf biblischer Basis, S. 80

Grundvoraussetzung für die Lehrerinnen und Lehrer ist also eine Bekehrung und Wiedergeburt, ein Leben in der Heiligung und die Mitarbeit in einer biblischen Gemeinde.[220]

Natürlich müssen sie auch das **Fachgebiet beherrschen**, das sie unterrichten. Sie müssen überdies das pädagogische Geschick haben, die Kinder so zu unterrichten, dass diese Freude daran haben und motiviert das Geforderte lernen.[221]

Erstrebenswert ist **eine gute Zusammenarbeit des ganzen Lehrerkollegiums**, sodass fachübergreifende Fragestellungen und Probleme gemeinsam in einem so genannten »Teamteaching« angegangen werden können.[222] Ein freundliches, anteilnehmendes Miteinander aller Lehrkräfte schafft zugleich eine Atmosphäre, die auch das Vertrauen zwischen Lehrern und Schülern fördert.[223]

- Die Lehrerinnen und Lehrer haben den Schülern gegenüber **Autorität**. Diese Autorität ist gepaart mit Liebe. Weil sie sich als Autoritäten verstehen, erwarten sie von den Schülern Gehorsam.
- Grundlage des Unterrichtens bildet die in Kapitel 7 entfaltete **»bibelorientierte Didaktik«**.
- Davon ausgehend, dass das Wort Gottes die Grundlage für alle Lebens- und Wissensbereiche ist, versucht man in allen Fächern die aufbrechenden Fragen von Gottes Wort her einzuordnen und begreiflich zu machen.[224] Dazu müsste aber noch entsprechendes Lehrmaterial geschaffen werden, da viele heutige Lehrmittel für einen solchen Unterricht unbrauchbar sind. **Das Wort Gottes gibt also dem ganzen Fächerspektrum eine sinnstiftende Mitte**. Diese Mitte ging an den staatlichen Schulen wegen des gesellschaftlichen Pluralismus verloren. Um einem weiteren Zerfall des Unterrichts in viele Einzelfächer, die

---

220 Meier, B., Schule – Die große Herausforderung, Rüti 1993, S. 39
221 Schule auf biblischer Basis, S. 81
222 Kaufmann, H. B., Die Christen und die Schule in staatlicher und in freier Trägerschaft, S. 99
223 Abromeit, H.-J., Im Streit um die gute Schule, S. 36
224 Meier, B., Merkmale Christlicher Bekenntnisschulen, in: Fundamentum. Zeitschrift der Freien Evangelisch-Theologischen Akademie Basel, Riehen Nr. 2/1989, S. 95

unverbunden nebeneinander stehen, entgegenzuwirken, sucht man heute mit Hilfe eines den fachlichen Unterricht ergänzenden überfachlichen Projekt-Unterrichts dem Kind eine Zusammenschau dessen, was es lernt, zu vermitteln.[225] Da der Projektunterricht nur in Randwochen praktiziert wird, vermag er den weiteren Zerfall jedoch nicht aufzuhalten.

- An diesen Schulen hat der biblische Unterricht, die Katechese, eine ganz besondere Bedeutung. Hier werden die biblischen Gedanken entfaltet und den Kindern nahe gebracht. Das Ziel ist, dass die Kinder Jesus als ihren persönlichen Retter im Glauben annehmen und lernen, mit seiner Hilfe das, was die Bibel lehrt, in ihrem Alltag in die Praxis umzusetzen, sei es in ihrem persönlichen Leben, in der Familie oder in der Schule.
- Ganz neu sucht man den Schwerpunkt auf **Lernen durch Tun** zu legen, damit der Praxisbezug gegeben ist.[226]
- Es geht darum, im Kind **ein letztes Vertrauen in Gott zu wecken**, aus welchem ihm dann die Kraft zufließt, das Schwere und Widrige im Leben zu ertragen.
- Jedes Kind soll in seiner **besonderen Eigenart** ernst genommen werden, sei es nun im Bereich seiner intellektuellen Fähigkeiten oder der Geschlechtlichkeit. Das Mädchen soll als Mädchen und der Junge als Junge erzogen werden.[227] Die leistungsschwachen Schüler sollen spüren, dass sie ebenso akzeptiert sind wie die leistungsstarken.[228] Aus diesem Grund sucht man auch behinderte und sozial geschädigte Kinder in den normalen Unterricht zu integrieren.[229] Es geht letztlich darum, die Schüler ihren Fähigkeiten und Begabungen entsprechend zu fördern.

---

225 Glöckel, H., Vom Unterricht. Lehrbuch der Allgemeinen Didaktik, Bad Heilbrunn 1990, S. 236-241

226 Schule auf biblischer Basis, S. 84-85

227 ebd., S. 86

228 Abromeit, H. – J., Im Streit um die gute Schule, S. 39-40

229 Die Matthias-Claudius-Schulen in Bochum versuchten im Schuljahr 1999/2000 bei einer Schülerzahl von 666 (Gesamtschule) und 184 (Grundschule) fast 140 behinderte Schüler zu integrieren. Vgl. Keine »heile Welt« – Fünf christliche Schulen im Vergleich, in: Family. Das christliche Magazin für Partnerschaft und Familie, Cuxhaven Nr. 1/2000, S. 58

- In den christlichen Schulen sollen die Kinder innerlich gefestigt werden, damit sie später befähigt sind, selbständig **die Auseinandersetzung mit den wissenschaftlichen Ergebnissen, Strömungen, Ideologien und Verführungen in dieser Welt zu führen**. Um dieses Ziel zu erreichen, müssen die Lehrerinnen und Lehrer sich selbst den geistigen Auseinandersetzungen unserer Zeit stellen. Nur so können sie von den biblischen Werten und Normen her den Kindern Orientierungshilfen weitergeben.[230] Nur dann, wenn sich die Kinder freiwillig an die Autorität Gottes binden, haben sie die Freiheit, den Autoritäten in dieser Welt in rechter Weise zu begegnen.
- Das Leben an diesen Schulen wird **geprägt vom Gebet.**
- Die Lehrerinnen und Lehrer beten für die Kinder ihrer Klasse und deren Eltern.
- Das Lehrerkollegium betet für alle Schüler der ganzen Schule.
- Es gibt Schüler, die für die Lehrer, die Mitschüler und die ganze Schule beten.[231]
- An diesen Schulen bemüht man sich auch darum, ausländische Kinder in die Klassengemeinschaft zu integrieren. Es werden ihnen in Rücksprache mit den Eltern in verschiedenen Fachbereichen besondere Hilfen angeboten. Zugleich sucht man die Kinder auch für eine eventuelle Rückkehr in ihre Heimat zu qualifizieren.[232]
- Wenn Gemeinden ihre Verantwortung für solche Schulen ernst nehmen, zeigt sich dies zunächst darin, dass sie **für die bestehenden Schulen und die verschiedenen Gründungsinitiativen beten**. Zudem sind sie bereit, ein solches Schulprojekt finanziell zu unterstützen. Es kann sein, dass sie in der Startsituation einer solchen Schule sogar tagsüber ihre ungenutzten Räume zur Verfügung stellen.[233]

---

230 Schule auf biblischer Basis, S. 86
231 ebd., S. 88
232 Lott, M., Wertewandel, Unterricht und Erziehung, Hamburg 1996, S. 26
233 Meier, B., Schule – die große Herausforderung, S. 48-50

Gerade im Blick auf die Auswirkungen, welche Schulen auf biblischer Basis auf die heranwachsenden Kinder haben, ist bemerkenswert, was Siegfried Uhl schreibt:

> »Moralisch gute junge Leute gehen aus Institutionen mit hohem Ethos, einer anspruchsvollen normativen Kultur (deren Normen auch für die Erwachsenen gelten) und dem Willen zur Weitergabe ihrer Wertüberzeugungen hervor.«[234]

5.8.2.4 *Auf dieser biblischen Grundlage sollten Gymnasien, Lehrerseminare und selbst Universitäten gegründet werden*

- Damit diese eben entfalteten Ziele in den Schulen auf biblischer Basis auch wirklich erreicht werden, hat man **bei der Lehrerausbildung einen besonderen Schwerpunkt zu setzen.**[235]
  - Es gilt neben Grundschulen zunächst **Gymnasien** auf der Grundlage der Bibel zu gründen, in denen zukünftige Lehrer unterrichtet werden können. Es hat mich überaus gefreut, dass 1989 die ersten Schülerinnen und Schüler an der »Freien Evangelischen Bekenntnisschule Bremen« (28 Schüler) und an der »August-Hermann-Francke-Schule in Gießen« (12 Schüler) ihr Abitur gemacht hatten.[236]
    Es ist aber nicht das Ziel, dass nun alle Kinder einen Gymnasialabschluss erreichen sollten. Längst nicht alle Kinder wären begabungsmäßig dazu in der Lage. Es gilt somit auch die Haupt- und Realschulen zu fördern. Es geht mir lediglich darum, dass die zukünftigen Lehrer/Lehrerinnen einen von der Bibel geprägten Unterricht besuchen können.

---

234 zit. nach Uhl, S., Mittel der Moralerziehung und ihre Wirksamkeit, Bad Heilbrunn 1996, S. 287

235 Abromeit, H. – J., Im Streit um die gute Schule, S. 24

236 idea-spektrum. Nachrichten und Meinungen aus der evangelischen Welt, hg. v. Informationsdienst der Evangelischen Allianz e.V., Wetzlar Nr. 23/1989, S. 24

- Zudem sollten **Lehrerausbildungstätten** (Pädagogische Hochschulen) aufgebaut werden.
- Lutz von Padberg weist nach, dass Denken und Erkennen nur dann zu wahren Aussagen gelangen, wenn sie von der Bibel als dem geoffenbarten Wort Gottes ausgehen. Er ist deshalb davon überzeugt, dass wir im deutschsprachigen Raum dringend eine freie, **bibeltreue Universität** benötigen, in der alle Disziplinen der Wissenschaft von der Bibel her entfaltet werden.[237] Eta Linnemann schlägt folgende Aufbauphasen für eine solche Universität vor:

»Erste Aufbaustufe: Einjähriges Grundstudium für Studierende aller Fachrichtungen, bei dem ein Teil der Studieninhalte allgemein, ein anderer Teil dagegen fachspezifisch ist.
Zweite Aufbaustufe: Zusätzlich zum Grundstudium eine theologische Ausbildung mit den Studienzielen Pastor, Evangelist, Missionar und Religionslehrer für Primar- und Sekundarbereich. Lehrerausbildung für den Primarbereich, Sozialpädagogik, Journalistik und gegebenenfalls auch eine kirchenmusikalische Grundausbildung.
Dritte Ausbaustufe: Lehrerausbildung für den Sekundarbereich in sämtlichen Fächern, Linguistik, Religionswissenschaft, Jura und Ökonomie.
Vierte Ausbaustufe: Weiterführung des Ausbaus in den Naturwissenschaften, Medizin und Pharmazie.«[238]

---

237 von Padberg, L., Die Bibel. Grundlage für Glauben, Denken und Erkennen, hg. v. d. Studiengemeinschaft Wort und Wissen, Bd. 17, Neuhausen-Stuttgart 1986, S. 117.118

238 zit. nach Linnemann, E., Wissenschaft oder Meinung? Anfragen und Alternativen, Nürnberg 1999^2, S. 38

5.8.2.5 Wo gibt es heute Schulen auf biblischer Basis?

In Deutschland:
1973 wurde die Freie Evangelische Schule Reutlingen gegründet. Es kam in den folgenden Jahren zu weiteren Schulgründungen.[239] Im Herbst 1991 gab es in Deutschland 29 evangelikale Schulen, an welchen 250 Lehrer unterrichteten.[240]

In »idea-spektrum« vom 27. Mai 1992 wurde darauf hingewiesen, dass personelle Engpässe viele evangelische Bekenntnisschulen in Deutschland vor große Probleme stellen. Man befürchtete sogar, dass die angespannte Personalsituation einen weiteren Ausbau dieser Privatschulen gefährden könnte.[241]

In der Ausgabe vom 17. August 1994 war in »idea-spektrum« zu lesen, dass es in Deutschland nun schon 32 Schulen auf biblischer Basis gibt, an welchen 260 Lehrer und Lehrerinnen 4100 Schüler unterrichten.[242] Am 25. September 1996 stand in »idea-spektrum«:

> »Das Interesse an freien christlichen Bekenntnisschulen ist ungebrochen stark. Seit Beginn des Schuljahres 1996/97 werden an den evangelikal ausgerichteten Grund- und Oberschulen in 37 deutschen Städten über 5000 Kinder von mehr als 280 Lehrern unterrichtet ... In den neuen Bundesländern gibt es derartige Privatschulen seit 1992 in Chemnitz und 1993 in Dresden.«[243]

1999 besuchten im neuen Schuljahr, laut einer idea-Umfrage, 15 459 Schüler die 54 evangelikalen Privatschulen, an denen 1 170 Lehrer den Unterricht erteilen.[244]

In Deutschland führten diese Schulgründungen zu öffentlicher kirchlicher Polemik. Die Evangelische Kirche im Rheinland schrieb in einem Memorandum (1987) unter anderem, dass es sich bei diesen

---

239 Schule auf biblischer Basis, S. 90-91
240 idea-spektrum, Nr. 36/1991, S. 14
241 idea-spektrum, Nr. 22/1992, S. 6
242 idea-spektrum, Nr. 33/1994, S. 8-9
243 zit. nach idea-spektrum, Nr. 39/1996, S. 12
244 idea-spektrum, Nr. 38/1999, S. 12

Schulen um ein in sich geschlossenes Schulkonzept handle, das nicht zu überzeugen vermöge. Es wurde ferner betont, dass Christen sich eben gerade nicht aus der Gemeinschaft mit anderen Menschen zurückziehen dürften, wie dies bei diesen Schulen der Fall sei; vielmehr sollten sie ihr Christsein inmitten der Welt ausleben. Diese grundsätzlich ablehnende Haltung diesen Schulen gegenüber teilte auch die Lippische Landeskirche.[245]

In der Schweiz:
Auch in der Schweiz kam es zur Gründung von Schulen auf biblischer Basis:
- 1987 in Meilen und Rüti
- 1988 in Zollikofen
- 1989 in Renens
- 1990 in Dietikon
- 1991 in Montcherand und Riehen
- 1994 in Yverdon-les-Bains
- 1996 in Kaltbrunn
- 1997 in Herisau, Liestal und Roggwil (BE)

Daneben bestehen weitere Schulgründungsinitiativgruppen.

5.9 Die Erwachsenenbildung

Wir haben gesehen, dass es in der Gemeindepädagogik darum geht, aufzuzeigen, wie die Gemeinde den erzieherischen Auftrag sowohl an den Kindern, deren Eltern zu ihr gehören, als auch an Kindern, denen niemand die Botschaft des Evangeliums weitersagt, in Rücksprache mit den Eltern, wahrnehmen soll. In allen Bemühungen um die heranwachsenden Kinder nimmt die Gemeinde wirklich einen pädagogisch-didaktischen Auftrag wahr.

245 Kaufmann, H. B., Die Christen und die Schule in staatlicher und in freier Trägerschaft, S. 24-31

Bei der Erwachsenenbildung geht es nicht um ein pädagogisches Handeln im eigentlichen Sinn. In der Erwachsenenbildung begegnen sich selbständige Persönlichkeiten, die ihr Leben selbstverantwortlich gestalten. Das Verhältnis Lehrer und Lernender ist in der Erwachsenenbildung ein anderes als zwischen Lehrer und Schüler. Es handelt sich hier um Andragogik. Lehrer und Lernender stehen auf derselben Ebene. Da das pädagogische Handeln im Bereich der Erwachsenenbildung weitgehend wegfällt, habe ich Mühe, die Erwachsenenbildung in die Gemeindepädagogik einzuordnen. Ich würde die Erwachsenenbildung lieber im Fachbereich »Gemeindebau« entfalten. In diesem Fach könnte die Erwachsenenbildung in der Gesamtdarstellung einer Gemeinde als Andragogik ausgeführt werden.

Der Erziehende in der Gemeinde ist Gott selber. Er erzieht sowohl den Lehrer als auch den Lernenden und zwar vor allem mit Hilfe des göttlichen Wortes (2. Tim 3,16.17).

Da aber heute in allen gemeindepädagogischen Entwürfen die Erwachsenenbildung zur Gemeindepädagogik gerechnet wird (siehe Anm. 5), will ich hier doch einige grundsätzliche Gedanken zu einer innergemeindlichen Erwachsenenbildung entfalten.

5.9.1 Beispiele für Erwachsenenbildung in der Bibel

5.9.1.1 Jesus und der Jüngerkreis

Hier ist zunächst vorauszuschicken, dass das Verhältnis von Jesus zu seinen Jüngern nur beschränkt als Vorbild für die Erwachsenenbildung dienen kann. Jesus hat als Sohn Gottes an seinen Jüngern auch einen Erziehungsauftrag wahrgenommen, der bei der Erwachsenenbildung unter Menschen wegfällt. Gott ist es aber, der noch heute seine Jünger erzieht (Hebr 12,4-11).

Jesus pflegte mit seinen Jüngern in einer überschaubaren Gruppe eine Lebens- und Lerngemeinschaft. Er prägte ihr Leben durch sein Vorbild (Joh 13,12-17) und seine Art zu lehren. Er wandte sich ihnen liebevoll zu und lehrte sie (Joh 17,14a). Die Lehre, die zunächst ein Wissen war, wurde mit dem praktischen Tun verbunden (Mk 6,30-44). Oft wurde das, was die Jünger taten, nachbesprochen (Lk 10,17-24).[246]

Jesus zeigte ihnen auch, nach welchen Grundprinzipien sie miteinander umgehen sollen (Mt 20,25-27).

Jesus hat die Jünger bestmöglich auf ihre spätere Aufgabe vorbereitet. Durch die Kraft des Heiligen Geistes konnten sie später den Auftrag erfüllen, zu welchem sie Jesus angeleitet hatte (Apg 1,8).

5.9.1.2 Paulus und seine Mitarbeiter[247]

Paulus wurde zunächst einmal von Barnabas geprägt, der ihn nach seiner Bekehrung begleitete (Apg 9,27) und ihn später nach Antiochia holte, um mit ihm die dortige Gemeinde aufzubauen und zu betreuen (Apg 11,25-26). Zusammen wurden sie von dort auf eine erste Missionsreise gesandt (Apg 13-14).

Paulus führte später auch seinen eigenen missionarischen Dienst mit verschiedenen Mitarbeitern aus. Er nahm Silas auf die zweite Missionsreise mit (Apg 15,40) und gewann Timotheus als seinen Mitarbeiter (Apg 16,1-3). Er nahm noch viele andere in diesen Mitarbeiterkreis auf (Apg 18,2.18; 19, 22.29; 20,4).

Paulus pflegte mit all seinen Mitarbeitern eine enge Beziehung. Das Fundament dieser Beziehung war der Glaube an den Retter Jesus Christus und die Bereitschaft, ihm als Herrn zu dienen. Wie eng die innere Verbindung zu seinen Mitarbeitern war, zeigen die Pastoralbriefe. Er pflegte mit ihnen eine herzliche Beziehung (1. Tim 1,2; Tit 1,4) und sie beteten füreinander (2. Tim 1,3). Sie ermutigten sich gegenseitig (2. Kor 8,16.17).

Paulus verstand sich im Kreis seiner Mitarbeiter als Vorbild (1. Kor 4,16; 11,1).

Er lehrte seine Mitarbeiter in der Praxis und durch die Praxis. Er nahm sie auf seine Missionsreisen mit. Sie sahen, wie er evangelisierte

---

246 Printz, M., Grundlinien einer bibelorientierten Gemeindepädagogik, S. 244-245

247 Ott, C., Das Trainingsprogramm für Mitarbeiter, S. 38-45; Printz, M., Grundlinien einer bibelorientierten Gemeindepädagogik, S. 247-249

und Menschen zum Glauben an Jesus Christus führte. Sie konnten miterleben, wie er mit diesen glaubenden Menschen Gemeinden gründete und aufbaute. Er gab ihnen Aufgaben, die sie selbständig erledigen mussten (Apg 17,14-15; 19,22). Er traf jeweils wieder mit ihnen zusammen, um mit ihnen das zu besprechen, was sie ausgeführt hatten.

Zugleich unterwies er seine Mitarbeiter in der ihm von Gott anvertrauten Lehre. Es war ihm wichtig, dass seine Mitarbeiter die ihm von Gott geoffenbarte Lehre treu bewahrten (2. Tim 1,13) und sie anderen so weitersagten, dass diese ihrerseits befähigt wurden, andere zu lehren (2. Tim 2,2).

Die Lehrmethoden des Paulus waren das Beobachten, die Unterweisung, die praktische Erfahrung und das Nachgespräch. All dies war eingebettet in eine verbindliche Gemeinschaft.

Das Ziel des Paulus war es, fähige und selbständige Gemeindebauer heranzuziehen.

Diese beiden Beispiele machen deutlich, dass eine wichtige Komponente biblischer Erwachsenenbildung **die Pflege der durch Christus geschenkten Gemeinschaft ist**. Grundlage der Erwachsenenbildung ist der von Jesus und seinen Aposteln gegebene Lehrauftrag (Mt 28,19.20; 2. Tim 2,2; Jak 3,1.2). Zu diesem Lehrauftrag gehört **die Beobachtung, die Lehre, die praktische Erfahrung und das Nachgespräch**. Alle Lehrbemühungen sollen dazu dienen, dass sich die Gemeinde entfalten und ihren evangelistisch-missionarischen Auftrag noch besser wahrnehmen kann.

5.9.2 Die Gemeinde – Ort der biblischen Erwachsenenbildung

Unter 5.1.1 habe ich gezeigt, dass nur Menschen zur Gemeinde gehören, die Jesus im Glauben als persönlichen Retter angenommen haben, die sich also bekehrt und eine Wiedergeburt erlebt haben.

Mit einer Gemeinde, in welcher alle Glieder vom Erlösungswerk Jesu her leben, pflegt Jesus eine innige Beziehung. Er wohnt in ihr (Eph 2,22). Wenn sie zusammenkommt, ist er in ihrer Mitte (Mt

18,20). Er beschenkt sie, da sie ja bildlich gesprochen seine Braut ist, ununterbrochen mit seiner Liebe (Mt 9,15).

Diese Gemeinschaft, welche die Gemeinde mit ihrem Herrn hat, führt unter denen, die zu ihr gehören, zu einer von der göttlichen Liebe getragenen Gemeinschaft. Jeder weiß sich von den anderen Gemeindegliedern geliebt und angenommen (Röm 15,7). Man hilft und ermutigt sich gegenseitig. Man nimmt auch Anteil am Leiden und an der Trauer der anderen (1. Kor 12,26). Keines braucht in der Gemeinde die Liebe des anderen zu verdienen.

Leider aber belasten immer wieder Missverständnisse, Verletzungen und Spannungen das Zusammenleben in der Gemeinde. All dies kann jedoch mit Hilfe von Jesus, der ja diese Gemeinschaft ermöglicht und erhält, in Gesprächen aufgearbeitet und durch die gegenseitige Vergebung überwunden werden (Kol 3,12-15).

Wichtig ist nun, dass diese von Gott geschenkte Gemeinschaft im Alltag wirklich gelebt wird. Damit dies möglich ist, braucht es in einer Gemeinde strukturelle Vorkehrungen.

- Jedes Gemeindeglied sollte in einen Hauskreis eingebunden sein, in welchem es mit anderen Gemeindegliedern den Austausch und das Gebet pflegen kann. In einem solchen Hauskreis ist es möglich, am Ergehen der anderen Anteil zu nehmen, sich gegenseitig praktisch zu helfen und sich zu ermutigen. In Hauskreisen kann biblische Gemeinschaft gelebt werden.
- Auch in den einzelnen Arbeitsgruppen innerhalb der Gemeinde – in der Sonntagsschularbeitsgruppe, im Jungscharteam, Jugendgruppenteam, im Chor – ist die Pflege dieser Gemeinschaft von entscheidender Bedeutung. Aus der gelebten Gemeinschaft in der Gruppe erwächst ein vollmächtiger Dienst.

Um also die von Jesus geschenkte Gemeinschaft zu leben, braucht eine Gemeinde eine Gruppenstruktur. Markus Printz spricht in diesem Zusammenhang von einer »familialen Gestaltungsweise« der Gemeinde.[248]

Wie wir sehen, ist in einer Gemeinde die Grundvoraussetzung für biblische Erwachsenenbildung, nämlich eine von Christus ge-

[248] Printz, M., Grundlinien einer bibelorientierten Gemeindepädagogik, S. 284

schenkte **tragende Gemeinschaft** gegeben. Die Gemeinde ist eine Lebens- und Lerngemeinschaft.[249]

5.9.3 Grundlage und Ziele der Erwachsenenbildung

5.9.3.1 Die Bibel als Grundlage

Grundlage einer biblischen Erwachsenenbildung, welche die Gemeinde wahrnimmt, ist das von Gott geoffenbarte Wort, die Bibel. Wir sind davon überzeugt, dass das inspirierte Wort Gottes (2. Tim 3,16) in allen Bereichen des persönlichen Lebens, des Lebens in der Ehe und Familie, der Gemeinde und in der Gesellschaft als letzter Maßstab ernst genommen werden muss.

Die Bibel zeigt die letzten Normen und Werte auf, welche die anzustrebenden Ziele tragen.

Wir sind zutiefst davon überzeugt, dass das Wort Gottes ganz aktuell in das Leben von Menschen, in bestimmte Situationen und gesellschaftliche Gegebenheiten hineinreden kann, sodass es zu Veränderungen kommt, denn im Wort Gottes liegt eine gewaltige Kraft (1. Kor 1,18).

In der kirchlichen Erwachsenenbildung lehnt man heute dieses Ausgehen von einer vorgegebenen Wahrheit bewusst ab. Man will deshalb nicht von vorgegebenen Wahrheiten ausgehen, weil man mit den Anwesenden in einen Dialog zwischen christlichen Glaubensinhalten und bestimmten Lebenssituationen eintreten will. Der lebensgeschichtliche Kontext steht gleichwertig neben den christlichen Glaubensinhalten.[250]

W. Deresch schreibt sogar:

---

[249] Wieske, G., Gemeindepädagogik für die Praxis, S. 45

[250] Wegenast, K.; Lämmermann, G., Gemeindepädagogik, S. 150

»Denn EB (gemeint ist Erwachsenenbildung, AM) soll nicht überzeitlichen Normen folgen, sondern ausgehen von den Nöten der bestehenden Gesellschaft.«[251]

5.9.3.2 Die Ziele

Die Ziele einer von der Bibel geprägten Erwachsenenbildung sind ebenfalls in ihr vorgegeben. Ich habe diese Ziele in Kapitel 3 ausführlich entfaltet.

Bevor ich aber auf die in der Bibel vorgegebenen Ziele noch einmal kurz eingehe, weise ich auf die Ziele der kirchlichen Erwachsenenbildung hin.

- In der Erwachsenenbildung gelte es, die positive und negative Bedeutung von Religion in der Lebensgeschichte eines Menschen aufzuzeigen.
- Außerdem solle die Relevanz des Glaubens für verschiedene Situationen des Lebens im Dialog herausgeschält werden.
- Die Erwachsenenbildung habe sich auch gegen menschenfeindliche Lebensbedingungen in Kirche und Gesellschaft zu engagieren.
- Der Erwachsenenbildung müsse es um die Entwicklung religiöser Autonomie gehen.[252]

Im Grunde genommen werden in der kirchlichen Erwachsenenbildung die Ziele der emanzipatorischen Pädagogik angestrebt. Diese sind: Selbstbestimmung, Mündigkeit, Selbstverwirklichung.[253]

Jetzt wenden wir uns den in der Bibel vorgegebenen Zielen zu.

- Zuerst sollen die Menschen mit der in der Bibel vorgegebenen Offenbarung so vertraut gemacht werden, dass sie Gott als ihren

---

[251] zit. nach Deresch, W., Handbuch für kirchliche Erwachsenenbildung, Hamburg 1973, S. 56

[252] Wegenast, K., Lämmermann, G., Gemeindepädagogik, S. 146

[253] ebd., S. 148. Die Schwerpunkte der katholischen Erwachsenenbildung sind ebenfalls die Hinführung zur kritisch-konstruktiven Teilnahme an der gesamtgesellschaftlichen Entwicklung sowie die Einübung einer emanzipatorischen Haltung im Hinblick auf Staat, Kirche und Gesellschaft. Vgl. Zils, F., Kirche und Erwachsenenbildung, S. 236

Schöpfer (Ps 139,13), in dessen Bild sie geschaffen sind (1. Mose 1,27), und Jesus als ihren Retter und Helfer (Jes 53,4-6; Röm 3,21-26; 2. Kor 5,18-21; 1. Tim 2,4-6) kennen lernen. Es soll ihnen weiter gezeigt werden, wie sie die ihnen in Christus angebotene Rettung annehmen können. Erst wenn ein Mensch **die Rettung im Glauben** angenommen hat, kann er innerlich wachsen und geistlich weitergeführt werden. Wenn er Jesus als Retter ablehnt, bleibt er für Gott tot (Eph 2,1) und wird schließlich ewig verloren gehen. Eine bibelorientierte Erwachsenenbildung hat deshalb immer eine evangelistisch-missionarische Ausrichtung.
Den Menschen, die Jesus als Retter angenommen haben, soll gezeigt werden, wie sie **andere Menschen zu Jesus führen können.** Die an Christus glaubenden Menschen sollen zu einem evangelistischen und missionarischen Leben angeleitet werden (Kol 4,5.6).

- Wir haben ferner bei den Menschen, die durch den Glauben an Jesus zur Gotteskindschaft gelangt sind, **den Umgestaltungsprozess ins Bild Gottes zu unterstützen** (Eph 4,11-13). Eigentlich ist es ja Jesus, der diesen Umgestaltungsprozess durch den Heiligen Geist im Leben eines Menschen Schritt für Schritt vollzieht (2. Kor 3,18). Doch benutzt er dazu die verbindliche Gemeinschaft mit den anderen Gläubigen und die biblische Lehre, die von letzten Normen und Werten ausgeht. Von Seiten des Gläubigen braucht es die Bereitschaft das, was Jesus ihm sagt, auch zu tun (Jak 1,22-25).
  In allen Bereichen der Gottesbildlichkeit, in der Gemeinschaftsfähigkeit (Phil 4,2), Verantwortlichkeit (Kol 3,18-4,1), im Denkvermögen (Röm 12,2), in der Kreativität, im richtigen Umgang mit dem Körper (1. Kor 6,19.20) und der Emotionalität (Phil 4,4; Jak 1,20) soll er gefördert werden (siehe 3.3).
  Es wird ihm ferner gezeigt, wie er mit Hilfe von Jesus Fragen und Probleme des Lebens bewältigen kann.
  Außerdem werden ihm auch konkrete Hilfen für die Gestaltung des persönlichen Lebens, der Ehe und Familie gegeben. Damit dies in rechter Weise geschehen kann, sollten von der Bibel her Leitbilder für eine christliche Ehe und Familie ausgearbeitet wer-

den, die im Kontext der heutigen Zeit lebbar sind.[254] Es werden weiter helfende Ratschläge für die Kindererziehung entfaltet. Dies ist dringend nötig, da 76% der evangelikalen Eltern Unterricht im Bereich der Erziehung wünschen.[255] Auch das Verhalten am Arbeitsplatz und in der Gesellschaft wird angesprochen. Man setzt sich zudem mit dem verantwortlichen Umgang mit Zeit und Geld auseinander.[256] Das Ziel ist es, dass an Christus glaubende Menschen in dieser Welt Licht und Salz sind (Mt 5,13-16).

- Das dritte Ziel besteht darin, bei denen, die an Jesus glauben, **das Verständnis für die Gemeinde zu wecken, sie in diese zu integrieren und ihnen zu helfen, in ihr mitzuarbeiten** (1. Kor 12,12-27).

  Jeder Gläubige hat »Charismen« (Gnadengaben), die ihn befähigen, in der Gemeinde mitzuhelfen (1. Petr 4,10). Diese Charismen empfing der Gläubige, als bei der Wiedergeburt der Heilige Geist in sein Leben kam. Der Heilige Geist gab ihm diese Gaben, um in der Gemeinde einen Dienst erfüllen zu können (1. Kor 12,11).

  - Das Ziel der Erwachsenenbildung ist es zunächst, die Dienste herauszufinden, welche zu den Gaben, die Gott einem jeden einzelnen Gemeindeglied gegeben hat, passen.
  - Die Gläubigen benötigen zudem Anleitung, wie sie nun ihre Gaben bestmöglich in ihrer Aufgabe einsetzen können. Sie brauchen Grundkenntnisse über den Aufgabenbereich, in dem sie arbeiten. Sie sollten sich Fertigkeiten aneignen können. Sie brauchen Lehre, praktische Anweisungen, Korrektur und Ermutigung.

---

254 Faix, W., Familie im Wandel. Gesellschaftliche Bedingungen heutigen Familienlebens als Herausforderung für die christliche Familie, in: Theologische Wahrheit und die Postmoderne. Bericht von der 11. Theologischen Studienkonferenz des Arbeitskreises für evangelikale Theologie (AfeT) am 5.-8. September 1999 in Bad Blankenburg, hg. v. H. H. Klement, Wuppertal; Gießen; Basel 2000, S. 411

255 Faix, W., Die christliche Familie heute, S. 80

256 Martin, J., An die Bedürfnisse von Erwachsenen angepasster Unterricht, in: Wie mach ich's richtig? Tips und Hilfen zum Lehren und Lernen, hg. v. B. Wilkinson, Dillenburg 1998, S. 275-276

- Viele Gemeindeglieder leiten bestimmte Arbeitsgruppen. Ihnen muss geholfen werden, ihre Leitungsaufgabe noch besser wahrnehmen zu können. Vor allem sollte ihnen gezeigt werden, wie sie in ihren Gruppen Leiter und Leiterinnen nachziehen können.
- Die Gemeinde Jesu trägt auch Verantwortung für **die sie umgebende Gesellschaft**. Diese nimmt sie zunächst in der Fürbitte für alle die, welche politische Ämter bekleiden, wahr (1. Tim 2,1-3). Zugleich zeigt sie den einzelnen Gemeindegliedern, wie sie sich in der Gesellschaft verantwortlich einbringen können (Mitarbeit in einer Schulkommission, Mithilfe in der Fürsorge, als Gemeinderat oder Gemeinderätin usw.). Der Glaube an Jesus, der davon gekennzeichnet ist, dass der Gläubige an den biblischen Normen und Werten festhält, soll auch in der Gesellschaft helfend zum Ausdruck kommen, vor allem durch das evangelistische Zeugnis, den vorbildlichen Lebenswandel und die praktisch-soziale Hilfe (Mt 5,13-16).

Diese vier Ziele dienen dazu, dass sowohl jeder einzelne Gläubige als auch die Gemeinde als Ganzes geistlich wächst. Die innergemeindliche Gemeinschaft wird so vertieft und gefestigt. **Dieses qualitative Wachstum hat quantitatives Wachstum zur Folge**. Die Gemeindeglieder bemühen sich, verlorene Menschen zu Jesus ihrem Retter hinzuführen. Dies bewirkt äußeres Wachstum der Gemeinde. Eine wachsende Gemeinde hat wiederum Einfluss auf die sie umgebende Gesellschaft im moralischen, kulturellen, wirtschaftlichen und politischen Bereich.

5.9.4 Schulungsmöglichkeiten und didaktische Überlegungen

Es gilt jetzt aufzuzeigen, welche Schulungsmöglichkeiten eine Gemeinde hat. Im Blick auf diese Schulungen wollen wir uns auch einige didaktische Überlegungen machen.

5.9.4.1 Schulungsmöglichkeiten

- **Die Predigt**
  In der Predigt wird das Wort Gottes weitergegeben (Apg 18,11; 20,20). Der Verkündiger hat sich in der Predigt darum zu bemühen, das, was das Wort Gottes lehrt, für alle Anwesenden verständlich und anschaulich zu entfalten. Da alle biblische Lehre zur Erfahrung mit Gott, zur Veränderung im Leben der einzelnen Hörer und zur Tat hindrängt, ist in einer Predigt der Bezug zum Alltag unerlässlich. Da die Umsetzung der biblischen Lehre in das alltägliche Leben nur mit Hilfe von Jesus Christus möglich ist (Joh 15,5), braucht jede Predigt eine christozentrische Ausrichtung.
- **Die Bibelstunden**
  In den Bibelstunden geht es ebenfalls darum aufzuzeigen, was die Bibel, und durch sie Gott, uns lehrt. In den Bibelstunden können die Lehrschwerpunkte der Bibel thematisch oder in einer gründlichen Auslegung von ganzen biblischen Büchern umfassender und gründlicher entfaltet werden als in einer Predigt. Es kann auch detaillierter dargelegt werden, welche Veränderungen das Wort Gottes im Leben eines jeden einzelnen Gemeindegliedes, in seiner Ehe und Familie, an seinem Arbeitsplatz mit Hilfe von Jesus bewirken will. Das Lehren in den Bibelstunden wird einerseits von homiletischen Überlegungen geprägt. Andererseits sollten auch die didaktischen Schwerpunkte der Erwachsenenbildung berücksichtigt werden.
- **Schulungen in Gruppen**
  In den meisten Gemeinden besuchen die Gemeindeglieder Hauskreise. Hier werden sie, eingebettet in eine Atmosphäre des Angenommenseins und der Geborgenheit, in ihrem persönlichen Glauben weitergeführt. Man betrachtet bei diesen Zusammenkünften manchmal ganze biblische Bücher oder bestimmte Bibelabschnitte. Ab und zu werden anhand der Bibel Sachthemen besprochen wie Ehegestaltung, Kindererziehung usw. Es wird auch miteinander gelernt, wie man mit Verwandten, Nachbarn,

Freunden, Arbeitskollegen so über den Glauben spricht, dass diese den Weg zu Jesus finden können.[257]
Es finden spezielle Schulungen in Frauengesprächskreisen, in Gruppen für Singles, in Seniorengruppen usw. statt.[258]

- **Besondere Schulungsanlässe**
  Eine Gemeinde kann besondere Schulungsanlässe anbieten. Es gibt sehr viele Bereiche innerhalb einer Gemeinde, in welchen Schulungen erwünscht und nötig sind.
  An dieser Stelle möchte ich nur einige Bereiche aufzählen:
  - Der Ältestenkreis (Gemeindeleitung) und alle die, welche Arbeitsgruppen leiten (Diakone und Diakoninnen), brauchen Schulungen.
  - Alle die, welche in der Sonntagsschule, in Hauskinderstunden, in der Jungschar, im Teenagerclub und in der Jugendgruppe mitarbeiten, sind dankbar für Schulungen.
  - Auch die Hauskreisleiter und -leiterinnen müssen geschult werden.
  - Die, welche sich im sozial-diakonischen Bereich einsetzen (Seniorenarbeit, Krankenbetreuung, Ausländerarbeit usw.), brauchen helfende Schulungen.
  - Die Mitarbeiter und Mitarbeiterinnen im Evangelisations- oder Missionsteam brauchen Anleitungen durch Schulung.
  - Eltern werden im Blick auf die Erziehung ihrer Kinder Schulungen angeboten.

  In diesen Schulungen wird es darum gehen aufzuzeigen, was die Bibel im Blick auf diesen Aufgabenbereich lehrt und wie dieses Gelehrte ganz praktisch in diesem Bereich umgesetzt werden kann. In den Schulungen wird auch Wissen vermittelt. Es werden Fertigkeiten gelernt. Das Gelernte wird dann in der Praxis geübt. Da die Schulungen vor allem aufzeigen wollen, wie wir anderen Menschen noch besser dienen können, ist beim Lernenden die innere Veränderung in allen Bereichen, welche zur Gottesbildlichkeit gehören, wichtig, denn es geht in unserem Dienst

---

[257] Mauerhofer, A., Gemeindebau nach biblischem Vorbild, S. 127-129
[258] ebd., S. 133

darum, dass wir unserem Nächsten mit Liebe, Freundlichkeit und oft auch mit Geduld begegnen. Dies können wir nur, wenn Jesus unser Leben verändern kann.

- **Lernen im praktischen Vollzug**
  In manchen Aufgabenbereichen der Gemeinde wird vieles im praktischen Vollzug gelernt. Die, welche in einer bestimmten Arbeitsgruppe der Gemeinde mitarbeiten, schauen zu, wie der Gruppenleiter eine Aufgabe ausführt. Dieser erklärt ihnen, was er gerade macht und warum er es so macht. Die Gruppenmitglieder machen das Vorgemachte nach und üben unter Anleitung des Gruppenleiters so lange, bis sie es auch können.

5.9.4.2 Didaktische Überlegungen

- **Das Verhältnis Lehrer – Lernender**
  Innerhalb der Gemeinde ist der Lehr- und Lernvorgang in die durch Christus ermöglichte Gemeinschaft eingebettet. Das Lernumfeld ist demzufolge geprägt von einer schönen Atmosphäre und von einem Gefühl der Geborgenheit. Zwischen dem Lehrer und dem Lernenden besteht ein Vertrauensverhältnis.
  Da der Lehrende und der Lernende erwachsene, d.h. selbständige Persönlichkeiten sind, die ihr Leben selbstverantwortlich gestalten, wissen sie sich auf der gleichen Ebene und gehen deshalb respektvoll miteinander um.
  In einer von der Bibel her geprägten Erwachsenenbildung wissen beide, dass sie unter der Autorität Gottes und seines Wortes stehen. Gott greift im Lernprozess als Vater erziehend sowohl in das Leben des Lehrers als auch des Lernenden ein.

Schema 5:

Lehrer und Lernender stehen auf derselben Ebene unter Gott und seinem Wort

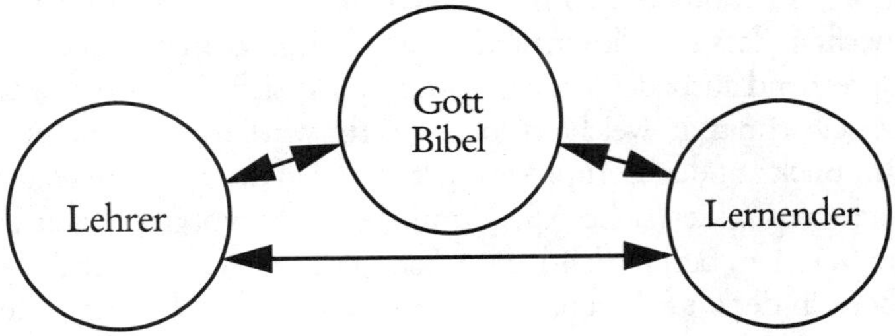

Damit Gott aber erziehend in des Leben des Lehrers und des Lernenden eingreifen kann, müssen beide Jesus im Glauben als Retter angenommen haben. Deshalb hat in jedem von der Bibel geprägten Lernprozess die Hinführung des Lernenden zu Jesus oberste Priorität.

Nur der Lehrer kann im Unterricht die angestrebten Ziele erreichen, der für die Lernenden ein Vorbild ist. Ein Vorbild ist er dann, wenn in seinem Leben Lehre und Leben eine Einheit bilden. Dies wiederum ist nur möglich, wenn er sein Leben, der biblischen Lehre entsprechend, bewusst mit Hilfe des innewohnenden Christus lebt (Gal 2,20).

- **Der Lehr- und Lernprozess**
  Das Lehren innerhalb einer Gemeinde ist grundsätzlich als ein Dienst zu verstehen (1. Petr 4,10). Interessant ist zu beachten, dass Erwachsene im Wesentlichen nicht anders lernen als Kinder. Aus diesem Grund können die in der bibelorientierten Didaktik gemachten Ausführungen – besonders 7.5 bis 7.11 – hier in der Erwachsenenbildung mit berücksichtigt werden.
  Doch sind bei den Erwachsenen die Motive und die inneren Voraussetzungen für das Lernen anders als bei den Kindern. Die Erwachsenen bringen viele Erfahrungen und Einstellungen mit in den Lernprozess. Viele haben auch die Fähigkeit, Informationen zu strukturieren und das Wesentliche vom Unwesentlichen zu

unterscheiden.[259] Ihnen ist zudem die Umsetzung dessen, was sie lernen, in den Alltag wichtig. Sie helfen auch den Lernprozess mitzugestalten.[260]

Der Lehrer sollte die Gabe haben, die Lernenden für das, was er lehrt, zu motivieren. Im Blick auf die Motivation ist aber auch wichtig, dass sich die einzelnen Gemeindeglieder ihren Gaben entsprechend ausbilden lassen. Zudem wirkt sich ein überschaubarer Zeitabschnitt, in welchem etwas gelernt wird, motivierend aus.[261]

Im Blick auf den Lernprozess gilt es, die in der Bibel aufgezeigten Schwerpunkte (siehe 5.9.1) und die in ihr vorgegebenen Ziele (5.9.3.2) zu berücksichtigen. Wichtig ist ferner, dass der Arbeitsbereich der zu Schulenden beachtet wird. Die Schwerpunkte sehen bei der Schulung von Hauskreisleitern/-leiterinnen ganz anders aus als bei Leitern oder Leiterinnen der Jugendgruppe. Wer in der Gemeinde im Missionsteam mitarbeitet, muss anders geschult werden als jemand, der sich seelsorgerlich um andere Gemeindeglieder kümmert.

- **Beobachtung**
  Zuerst muss der Lehrer aufzeigen, warum diese Schulung überhaupt notwendig ist. Er hat anhand verschiedener Beobachtungen auf wichtige Bedürfnisse, Versäumnisse und Probleme hinzuweisen.
- **Lehre (Wissen)**
  Anschließend folgt die Lehre. Er hat das, was er lehrt, zunächst biblisch zu begründen. Er hat dann Schritt für Schritt aufzuzeigen, wie die am Anfang aufgezeigten Bedürfnisse befriedigt und die Probleme gelöst werden können.
  - Bei der **theoretischen Entfaltung** der Lehre sollten möglichst viele Sinne des Lernenden angesprochen werden.
  - Der Inhalt sollte verständlich, klar gegliedert, anschaulich und interessant präsentiert werden. Dies ist nur möglich,

---

259 Lenzen, D., Orientierung Erziehungswissenschaft. Was sie kann, Was sie will, Reinbek bei Hamburg 1999, S. 87

260 Ott, C., Das Trainingsprogramm für Mitarbeiter, S. 50-51

261 Wieske, G., Gemeindepädagogik für die Praxis, S. 109

wenn der Lehrer den Stoff beherrscht und engagiert, den Hörern angepasst, unterrichtet.
- Das Ausgeführte sollte während des Vortrags durch Bilder (Folien, Tafelskizzen), Grafiken, Videos usw. veranschaulicht werden.
- Der Lernende sollte zum Mitschreiben angespornt werden, indem ihm Arbeitsblätter ausgeteilt werden, in denen nicht alles aufgeschrieben ist.

- Damit **das Ausgeführte besser verstanden werden kann,** sollten folgende Dinge beachtet werden:
  - Das Gelehrte sollte während der Darbietung durch Fragen und Antworten oder durch Gespräche in der Lerngruppe gefestigt werden.
  - Einzel-, Partner- und Gruppenarbeiten können ebenfalls helfen, das Gehörte besser zu erfassen.
  - Eine gute Verstehenshilfe sind Fallstudien. Es wird dem Lernenden ein bestimmter Fall als ungelöstes Problem vorgestellt. Mit Hilfe der von der Bibel her gemachten Ausführungen sollte er in der Lage sein, dieses Problem zu lösen. Die vorgeschlagenen Lösungen werden dann in der Lerngruppe besprochen. Es werden noch alternative Lösungen gesucht.[262] Dies führt zu einem biblisch fundierten eigenständigen Denken.
- **Praktische Anwendungen (Fertigkeiten)**

  Das Gelehrte soll nun noch ganz praktisch im jeweiligen Aufgabenbereich (Sonntagsschule, Jungschar, Teenagerclub, Jugendgruppe, Hauskreisarbeit, Missionsteam, seelsorgerliche Begleitung von Menschen, sozial-diakonische Dienste) angewandt werden. Der Lernende soll das, was ihm gelehrt wurde, ganz konkret anwenden. Wichtig ist, dass der Lernende im Blick auf die praktische Umsetzung mit der Hilfe von Jesus rechnet.

  Er bereitet seine Anwendung schriftlich vor und gibt sie dem Lehrer ab. Dieser bespricht diese Vorbereitung mit ihm.

  In Anwesenheit des Lehrers und meist auch des Leiters des Aufgabenbereichs praktiziert er nun, was er schriftlich vorbereitet hat.

---

262 Ott, C., Das Trainingsprogramm für Mitarbeiter, S. 79-81

- **Nachgespräch**
  Anschließend gibt ihm der Lehrer und der Leiter des Aufgabenbereichs ein helfendes Feedback. Es wird ihm gezeigt, was er gut gemacht hat. Er wird aber auch auf das hingewiesen, was er noch besser machen müsste und wie er es besser machen könnte. Dieses Nachgespräch will dem Lernenden helfen und ihn ermutigen. Sicherlich muss der Lehrer mit dem Leiter zusammen nach mehreren Übungen auch ganz offen sagen, wenn er den Eindruck hat, dass bei dem Lernenden die Gaben zu dieser Aufgabe fehlen.
  Wichtige Gedanken des Nachgesprächs fließen in die Gestaltung des Unterrichts ein. Der Lehrer achtet darauf, dass der Unterricht noch besser auf die Praxis ausgerichtet wird.

Damit durch die Lehre und ihre praktische Umsetzung Menschen von Jesus her gedient werden kann, braucht es im Lehrenden und Lernenden die ständig voranschreitende Umgestaltung ins Bild Jesu. Die Grundvoraussetzung zu einem Dienst, der in der Gemeinde wirklich etwas bewirkt, ist die von Jesus bewirkte Veränderung (Kol 3,12-17). Durch diese Veränderung werden die Lehrer und die Lernenden immer brauchbarer für Jesus, sodass sich durch ihren Dienst die Gemeinde nach innen und außen entfalten kann.

5.9.5 Wer schult wen in der Gemeinde?

Um zu wissen, wer wen in der Gemeinde schult, haben wir uns die biblische Gemeindestruktur, auf welche ich unter 5.1.1 hingewiesen habe, noch einmal vor Augen zu halten.

Die Bibel lehrt uns, dass Älteste die Gemeinde leiten sollen (Apg 20,17.28; 1. Tim 3,1-7). Zum Leitungsauftrag, den ein Ältestenkreis wahrzunehmen hat, gehört auch der Lehrauftrag (1. Tim 3,2; 1. Tim 5,17.18). Diakone und Diakoninnen unterstützen die Ältesten in ihrem Leitungs- und Lehrauftrag (1. Tim 3,8-13). Sie leiten die verschiedenen Aufgabenbereiche der Gemeinde, meist mit Hilfe eines Mitarbeiterteams. Besonders wichtige Arbeitsbereiche sind die Sonntagsschul-, Jungschar-, Teenager- und Jugendarbeit. Verschiedene Diakone und

Diakoninnen setzen sich in der Gemeinde in der Hauskreisarbeit als Leiter und Leiterinnen ein.

Da wir das allgemeine Priestertum in der Gemeinde ernst nehmen (1. Petr 2,9), bemühen wir uns darum, dass alle Gemeindeglieder ihren Gaben entsprechend in der Gemeinde mithelfen (1. Petr 4,10).

Schema 6:
Biblische Gemeindestruktur

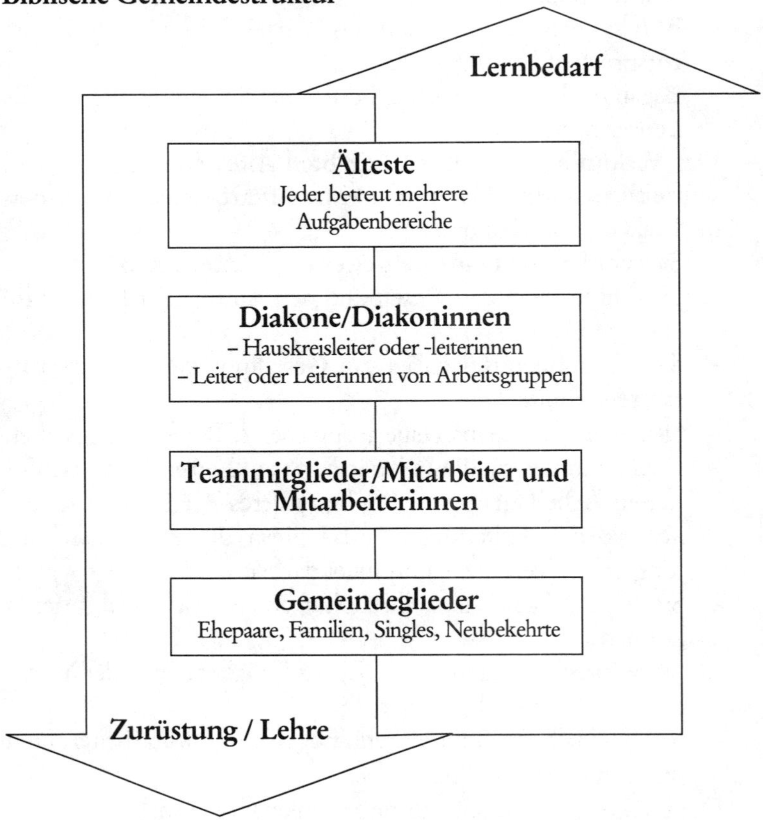

- **Der Verkündiger**, der die Stellung eines Ältesten hat, schult vor allem die Ältesten, die seine engsten Mitarbeiter sind. Er zeigt ihnen, wie sie innerhalb der Gemeinde ihre Leitungsaufgabe, die als Dienst verstanden wird, noch besser erfüllen können. Diese

Schulungen sind in eine aufopfernde Mentorbeziehung eingebettet. Der Verkündiger investiert sich in die Ältesten.

- Er zeigt ihnen, wie sie die Aufgabenbereiche, die sie betreuen, noch besser strukturieren könnten.
- Er gibt ihnen helfende Anweisungen, wie sie mit den Diakonen oder Diakoninnen, welche die Aufgabenbereiche führen und für welche sie die letzte Verantwortung tragen, gut zusammenarbeiten können.
- Er hilft ihnen, die Gemeinde als Ganzes den biblischen Zielen entsprechend zu führen.
- Begabte Älteste zieht er für bestimmte Schulungsaufgaben als Lehrer nach.

- **Der Verkündiger** schult mit **begabten Ältesten** und mit einem **vollzeitlichen Mitarbeiter oder einer Mitarbeiterin zusammen** die Diakone und Diakoninnen.
  - Sie **schulen die Hauskreisleiter und -leiterinnen**.
  - Sie führen sie in das Wesen und den Auftrag der Hauskreise ein.
  - Sie geben ihnen Ratschläge zur Gestaltung der Hauskreiszusammenkünfte.
  - Sie lehren sie, wie man eine ansprechende Bibelarbeit gestaltet.
  - Ferner schulen sie **die Leiterinnen und Leiter der verschiedenen Arbeitsgruppen**. Ein besonderes Augenmerk schenken sie den Leiterinnen und Leitern der Sonntagsschul-, Jungschar-, Teenager- und Jugendarbeit.
  - Sie zeigen ihnen, wie sie ihren Aufgabenbereich strukturieren können.
  - Sie besprechen mit ihnen die Einsatzmöglichkeiten der Mitarbeiterinnen und Mitarbeiter.
  - Sie geben ihnen für die Schulungen ihrer Mitarbeiterinnen und Mitarbeiter Hilfen.
- **Die Diakone und Diakoninnen** schulen ihre Mitarbeiter. In der Sonntagsschul-, Jungschar-, Teenager- und Jugendarbeit **helfen der vollzeitliche Mitarbeiter/Mitarbeiterin und der Verkündiger bei den Schulungen** ebenfalls mit.

  - Sie zeigen, wie man eine biblische Geschichte oder Thematik interessant ausführt, veranschaulicht und für die Kinder anwendet (siehe Katechetik 8.4 und 8.5.2).
  - Sie weisen den Mitarbeiterinnen und Mitarbeitern ihren Fähigkeiten entsprechende Aufgaben zu.
  - Sie stehen ihnen bei der Erfüllung dieser Aufgaben mit Rat und Tat zur Seite, bis diese in der Lage sind, die Aufgaben selbständig auszuführen.
  - Begabte und zu dieser Aufgabe berufene Mitarbeiterinnen und Mitarbeiter, welche für die Sache Jesu brennen, ziehen sie als Leiter/Leiterinnen nach, sodass sie schließlich in der Lage sind, ihren Platz einzunehmen.
- **Die Hauskreisleiter und -leiterinnen und die Mitarbeiterinnen und Mitarbeiter der verschiedenen Aufgabenbereiche** bemühen sich um die einzelnen Gemeindeglieder. Sie helfen ihnen, ihre von Gott geschenkten Gaben zu entdecken und fördern diese, indem sie sie zur Mitarbeit in ihren Aufgabenbereichen heranziehen.

Alle die, welche innerhalb der Gemeinde Schulungen durchführen, sollten sich gegenseitig begleiten. Sie können gegenseitig die Schulungsanlässe besuchen und ein helfendes Feedback geben. Natürlich muss dieses gegenseitige Hospitieren in einem Klima des wohlwollenden Vertrauens stattfinden.[263]

Zwischen dem Lehrer und einem Lernenden des gleichen Geschlechts kann sich für eine begrenzte Zeit ein Mentorverhältnis entwickeln. Der Lehrer wendet sich dem Lernenden ganz besonders zu. Er sucht ihm als Mentor in seiner persönlichen und geistlichen Entwicklung zu helfen und seine Gaben und Fähigkeiten zu fördern. Der Wunsch des Mentors ist es, das Potenzial, das er in seinem Leben entdeckt hat, zur Entfaltung zu bringen. Er lässt ihn nicht nur an dem teilhaben, was er sagt, sondern an dem, wie er sein Leben gestaltet.[264]

Die **jung im Glauben stehenden Gemeindeglieder** sollten durch ansprechend gestaltete Glaubensgrundkurse in das Wesen

263 Zils, F., Kirche und Erwachsenenbildung, S. 257

264 Faix, T., Mentoring. Chance für geistliches Leben und Persönlichkeitsprägung, Neukirchen-Vluyn 2000, S. 49.65

und den Auftrag der Gemeinde eingeführt werden. Es wird ihnen auch gezeigt, welche Dienste sie in der Gemeinde wahrnehmen können. Diese Schulung junger Christen ist deshalb von großer Bedeutung, weil diese eine große Lernoffenheit haben. Günter Wieske schreibt:

> »Wird diese Zeit der Lernoffenheit versäumt, kostet jeder spätere Versuch, das Versäumte nachzuholen, für Lehrer und Lernenden große Anstrengung. Denn die Tage der freiwilligen ersten Lernmotivation sind unwiederbringlich dahin.«[265]

Sie werden in diesem Grundkurs auch angeleitet, wie sie andere Menschen zu Jesus führen können. Das Gelernte wird bei Hausbesuchen gleich geübt.[266]

Der Verkündiger und die vollzeitliche Mitarbeiterin oder der Mitarbeiter bemühen sich ferner, die **Ehepaare und Eltern** in der Gemeinde zu schulen. Sie bieten immer wieder Kurse an, in welchen gezeigt wird, wie man eine Ehe mit der Hilfe von Jesus so gestalten kann, dass sie schön und harmonisch wird. Für Eltern werden auch Kurse angeboten, in welchen ihnen gezeigt wird, worauf sie bei der Kindererziehung zu achten haben und wie sie ihre Kinder zum Glauben an Jesus führen können. Dies ist deshalb dringend nötig, weil nur 20 % der evangelikalen Eltern angeben, dass ihnen die Gemeinde im Blick auf die Erziehung ihrer Kinder Hilfen gibt.[267] Die Gemeinde hat zu beachten, dass die Privatisierung des Lebens zu einer Isolierung der Familie geführt hat. Deshalb brauchen die Familien konkrete Hilfen für den Alltag, insbesondere für die Erziehung der Kinder. Vor allem der Inhalt von 3.4 und 4.4 könnte den Lehrenden für diese Kurse wertvolle Hilfen geben. Wilhelm Faix schreibt dazu:

> »Es wäre eine Hilfe, in jeder Gemeinde regelmäßig Vorträge und Seminare zum Thema Erziehung und Familienleben anzubieten ...

---

265 zit. nach Wieske, G., Gemeindepädagogik für die Praxis, S. 68
266 ebd., S. 94-97
267 Faix, W., Die christliche Familie heute, S. 51

So wie es Beauftragte für Kinder-, Jugend-, Alten-, Missionsarbeit etc. gibt, so könnte es auch Beauftragte für Erziehungs- und Familienarbeit geben. Dies ist ein Arbeitsbereich der Gemeinde, der noch zu wenig wahrgenommen wird.«[268]

Damit ein Verkündiger (Pfarrer, Pastor, Prediger) den wichtigen Schulungsauftrag innerhalb der Gemeinde erfüllen kann, muss er von allen unnötigen administrativen und organisatorischen Aufgaben freigestellt werden. Dazu muss er auch bereit sein, Aufgaben, die andere Gemeindeglieder ebenso gut erfüllen können, abzugeben. Wenn die Gemeinde eine bestimmte Größe erreicht hat (120-150 Predigtbesucher), braucht er eine vollzeitliche Mitarbeiterin oder einen Mitarbeiter, die oder der ihn in dieser wichtigen Schulungsaufgabe unterstützt. Günter Wieske fragt in diesem Zusammenhang, ob es nicht sinnvoll wäre, einen Gemeindepädagogen/-pädagogin als vollzeitlichen Mitarbeiter anzustellen. Dieser/diese wäre zuständig für alle Schulungsangebote in der Gemeinde (Sonntagsschul- und Kinderarbeit, Jungschar/Teenagerarbeit, biblischer Unterricht, Jugendgruppe, Hauskreisarbeit usw.). Er/sie müsste die zu erarbeitenden Curricula mit den jeweiligen Gruppen gründlich besprechen. Zugleich wäre er/sie in Absprache mit dem Pastor für die Durchführung der verschiedenen Schulungen verantwortlich. Natürlich würde er/sie längst nicht alle Schulungen selber halten, sondern würde den Pastor, begabte Älteste, fähige Diakone und Diakoninnen mit einsetzen. Seine/ihre Aufgabe wäre es zudem, denen, welche die Schulungen halten, zu zeigen, wie sie es noch besser machen könnten, sodass die Qualität des Lehrens verbessert würde.[269]

Günter Wieske wünscht sich im Blick auf dieses Ziel, dass in Europa an den Bibelschulen, den evangelikalen theologischen Seminaren und Hochschulen, dem amerikanischen Vorbild entsprechend, Gemeindepädagogen und -pädagoginnen ausgebildet würden.[270] Ich finde diesen Vorschlag bedenkenswert.

---

268 zit. nach Faix, W., Familie im gesellschaftlichen Wandel, S. 117-118
269 Wieske, G., Gemeindepädagogik für die Praxis, S. 148-150
270 ebd., S. 158-160

Um diese vielfältige Schulungsaufgabe wahrnehmen zu können, müssen sich der Verkündiger und die vollzeitliche Mitarbeiterin oder der Mitarbeiter (Gemeindepädagogin/Gemeindepädagoge) durch das Lesen helfender Literatur ständig weiterbilden. Ab und zu sollten sie auch weiterführende Kurse besuchen.

Da alle Schulungen innerhalb einer Gemeinde eine geistliche Dimension haben und dazu dienen sollen, dass die Gemeinde gefestigt wird und wächst, müssen sie von der Ausrichtung auf die Bibel, auf Jesus und vom Gebet geprägt sein.

Natürlich kann eine Gemeinde für bestimmte Schulungen gute Lehrer/Lehrerinnen von außen beiziehen. Sie sollte auch die **Schulungsangebote des Gemeindeverbandes**, zu welchem sie gehört, oder die von **freien Werken** angeboten werden, nutzen. Wichtig wäre, dass Bibelschulen, theologische Seminare und bibeltreue theologische Hochschulen in den verschiedenen Bereichen der Gemeindepädagogik helfende Kurse für die Gemeinden anbieten würden.

Literaturverzeichnis

Aanderud, C. Die Gesellschaft verstößt ihre Kinder. Werteverlust und Erziehung, Hamburg 1995

Abeln, R. Ehe sie erwachsen werden. Probleme mit Jugendlichen in der Reifezeit, Ostfildern 1980

Abromeit, H.-J. Im Streit um die gute Schule. Der Beitrag der Christen, Neukirchen-Vluyn 1991

Adam, G. Kindergottesdienst, in: Gemeindepädagogisches Kompendium, hg. v. G. Adam; R. Lachmann, Göttingen 1987

Adam, G.; Lachmann, R. Begründungen des schulischen Religionsunterrichts, in: Religionspädagogisches Kompendium, hg. v. G. Adam; R. Lachmann, Göttingen 1997[5]

Adam, G.; Lachmann, R. Was ist Gemeindepädagogik?, in: Gemeindepädagogisches Kompendium, hg. v. G. Adam; R. Lachmann, Göttingen 1987

Ahlborn, H.-U. Werteerziehung durch Vorbild lernen. Tugenden in moderner Sicht, Frankfurt a. M. 1996

Alles Sex oder was? hg. v. J. Höppner; M. Hübner; K. Nieland, Asslar 1996

Antes, P. Simulierung von Religion im Unterricht?, in: Religion in der schulischen Bildung und Erziehung. LER – Ethik – Werte und Normen in einer pluralistischen Gesellschaft, hg. v. K. E. Grözinger; B. Gladigow; H. Zinser, Berlin 1999

Antholzer, R. Plädoyer für eine biblische Seelsorge, Berneck 1986

Arp, C. u. D. Und plötzlich sind sie dreizehn oder die Kunst, einen Kaktus zu umarmen. So begleiten Sie Ihr Kind durch die Teenagerzeit, Gießen; Basel 1996

Bailer, A. Profile des Religionsunterrichts, Stuttgart 1980

Bamberger, R. Go. 16 pfannenfertige JG-Abende zum Thema „Mission“, Wetzikon 1995

Bamberger, R. Jugendarbeit zwischen Wachstum und Stillstand, Wetzikon 1989

Bamberger, R. Leben das Kreise zieht. Praxis-Handbuch für missionarisches und diakonisches Engagement, Wetzikon 1995

Bamberger, R. Methodische Grundsätze zur Erarbeitung und Durchführung eines thematischen JG-Abends, Wetzikon 1994

Bamberger, R., Planung und Durchführung einer missionarischen Jugendwoche, Wetzikon 1989

Bamberger, R. Ziele stecken und erreichen in der Jugendgruppe, Wetzikon 1992

Bangert, M. Der Gottesdienst, in: Werkstatt Jugendgottesdienst. Ideen – Anregungen – Modelle, hg. v. M. Bangert; R. Schwarz; Ch. Tröger, Gütersloh 1998

Bangert, M. Rückblick und Ausblick, in: Werkstatt Jugendgottesdienst. Ideen – Anregungen – Modelle, hg. v. M. Bangert; R. Schwarz; Ch. Tröger, Gütersloh 1998

Barnes, R. G. Wir schaffen's auch allein! Tips für Alleinerziehende, Asslar 1991

Barz, P.; Rens, R.; Witte, E., Promiseland – Wie Kinder Gott erleben. Neue Ideen für die Arbeit mit Kindern, Asslar 2000

Baudler, G. Religiöse Erziehung heute. Grundelemente einer Didaktik religiösen Lernens in der weltanschaulich pluralen Gesellschaft, Paderborn; München; Wien; Zürich 1979

Bauer, W. Wörterbuch zum Neuen Testament, Berlin; New York 1971[5]

Beck, H. W. Emanzipatorisches und biblisch-christliches Menschenbild, in: Menschenwürde und Emanzipation, hg. v. E. Düsing; H. W. Beck, Neuhausen-Stuttgart 1981

Beck, H. W. Menschenwürde und Emanzipation. Entfremdung und Konzepte ihrer Aufhebung. Kritischer Traktat, Neuhausen-Stuttgart 1981

Beer, U.; Erl, W. Entfaltung der Kreativität, Tübingen 1972

Bennack, J. erziehen heute! Ratgeber für Eltern und Pädagogen, Hohengehren 1996

Benner, D. Studien zur Theorie der Erziehungswissenschaft. Pädagogik als Wissenschaft, Handlungstheorie und Reformpraxis, Bd. 1, Weinheim; München 1994

Berg, H. K. Grundriss der Bibeldidaktik. Konzepte – Modelle – Methoden, München; Stuttgart 1993

Berger, K. R., Harry Potter – Zauberlehrling des 21. Jahrhunderts, Wuppertal 2000

Berneburg, E. Das Verhältnis von Verkündigung und sozialer Aktion in der evangelikalen Missionstheorie – unter besonderer Berücksichtigung der Lausanner Bewegung für Weltevangelisation (1974-1989), Wuppertal 1997

Berner, H. Aktuelle Strömungen in der Pädagogik, Bern; Stuttgart; Wien 1992

Besier, G. Konzern Kirche. Das Evangelium und die Macht des Geldes, Neuhausen-Stuttgart 1997

Betz, G. Massenmedien, in: Handbuch religionspädagogischer Grundbegriffe, hg. v. G. Bitter; G. Miller, Bd. 1, München 1986

Biblische Lehre für junge Leute. Das Arbeitsbuch für Bibelunterricht, Teenykreis, Schule und Familie, hg. v. H. Jaeger; J. Pletsch, Dillenburg 1994

Biehl, P.; Hinze, U.; Tammeus, R. Symbole geben zu lernen. Einführung in die Symboldidaktik anhand der Symbole Hand, Haus und Weg, Neukirchen-Vluyn 1989

Blankertz, H. Pädagogische Theorie und empirische Forschung, in: Neue Folge der Ergänzungshefte zur Vierteljahrsschrift für wissenschaftliche Pädagogik, Nr. 5/1966

Blomberg, C. L. Die Gleichnisse Jesu. Ihre Interpretation in Theorie und Praxis, Wuppertal 1998

Bochinger, E.; Paul, E. Einführung in die Religionspädagogik, in: Studium Theologie, Bd. 5, München; Mainz 1979

Bockmühl, K. Atheismus in der Christenheit. Die Unwirklichkeit Gottes in Theologie und Kirche, Gießen; Basel 1985[3]

Bockmühl, K. Evangelikale Sozialethik. Der Artikel 5 der Lausanner Verpflichtung, Gießen; Basel 1975

Bockmühl, K. Theologie und Lebensführung. Gesammelte Aufsätze II, Gießen; Basel 1982

Bohren, R. Predigtlehre, München 1986

Bollnow, O. F. Die geisteswissenschaftliche Pädagogik, in: Richtungsstreit in der Erziehungswissenschaft und pädagogische Verständigung. Wilhelm Flitner zur Vollendung seines 100. Lebensjahres am 20. August 1989 gewidmet, hg. v. H. Röhrs; H. Scheuerl, Frankfurt a. M. 1989

Bosch, R.; Jenni, H.; Kurth, R. Handbuch für Leitungsaufgaben in Gemeinde und Beruf, Buchs 1992[2]

Boshers, B.; Anderson, K. Jugendarbeit im Jahr 2000X. Vom Kuschelclub zur dynamischen Gruppe, Asslar 1998

Boyd, Ch. Was für Eltern braucht mein Kind? Wege zu einer typgemäßen Erziehung, Wuppertal 1997

Braun, W. Pädagogik – eine Wissenschaft!? Aufstieg, Verfall, Neubegründung, Weinheim 1992

Breinbauer, I. M. Einführung in die Allgemeine Pädagogik, Wien 1996

Brezinka, W. Aufklärung über Erziehungstheorien. Beiträge zur Kritik der Pädagogik, München; Basel 1989

Brezinka, W. Erziehung heute – Elternhaus und Schule in gemeinsamer Verantwortung, in: Pädagogische Rundschau, Frankfurt a. M.; Bern; New York; Paris Nr. 4/1991

Brezinka, W. Erziehungsziele heute. Problematik und Leitlinien, in: Pädagogische Rundschau, Frankfurt a. M.; Bern; New York; Paris Nr. 5/1991

Brezinka, W. Erziehung und Kulturrevolution. Die Pädagogik der Neuen Linken, München 1974

Brezinka, W. Gewalt, Staat und Erziehung, in: Pädagogische Rundschau, Frankfurt a. M. Nr. 1/1995

Brezinka, W. Glaube, Moral und Erziehung, München; Basel 1992

Brezinka, W. Grundbegriffe der Erziehungswissenschaft. Analyse, Kritik, Vorschläge, München; Basel 1974

Brezinka, W. Werterziehung? Problematik und Möglichkeiten, in: Pädagogische Rundschau, Frankfurt a. M.; Bern; New York; Paris Nr. 4/1990

Bridger, F. Wie Kinder glauben, Wuppertal; Kassel 1990

Bucher, A. A. Familie und religiöse Sozialisation, in: Ein jedes Herz in seiner Sprache ... Religiöse Individualisierung als Herausforderung für die Kirchen. Kommentare zur Studie „Jede(r) ein Sonderfall? Religion in der Schweiz", hg. v. M. Krüggeler; F. Stolz, Bd. 1, Zürich; Basel 1996

Büchner, P. Das Kind als Schülerin oder Schüler, in: Kinder als Außenseiter? Umbrüche in der gesellschaftlichen Wahrnehmung von Kindern und Kindheit, hg. v. H. Zeiher; P. Büchner; J. Zinnecker, Weinheim; München 1996

Bühler-Niederberger, D. Teure Kinder – Ökonomie und Emotionen im Wandel der Zeit, in: Kinder als Außenseiter? Umbrüche in der gesellschaftlichen Wahrnehmung von Kindern und Kindheit, hg. v. H. Zeiher; P. Büchner; J. Zinnecker, Weinheim; München 1996

Bukow, W.-D. Religiöse Sozialisation, in: Jahrbuch der Religionspädagogik, hg. v. P. Biehl; Ch. Bizer; H-G. Heimbrock; F. Rickers, Bd. 2, Neukirchen-Vluyn 1986

Bunk, G. P. Vom Bankrott der Erziehung, in: Pädagogische Rundschau, Frankfurt a. M. Nr. 3/1995

Burkhardt, H. Wiederkehr der Religiosität?, Gießen 1990

Burow, O.-A. Jugendgewalt: Symptome einer sozialen und ökologischen Amnesie der Erwachsenengeneration?, in: Jugend heute. Wege in die Autonomie, hg. v. J. W. Erdmann; G. Rückriem; E. Wolf, Bad Heilbrunn 1996

Campbell, R. Kinder sind Persönlichkeiten. Hilfen zur geistlichen Reife, Marburg a. d. Lahn 1989

Campbell, R. Kinder sind wie ein Spiegel, Marburg a. d. Lahn 1984[5]

Campbell, R. Teenager brauchen mehr Liebe. Ein Handbuch für Eltern, die ihre Teenager richtig lieben wollen, Marburg a. d. Lahn 1985[3]

Chapman, G. So stell' ich mir Familie vor. Fünf Anregungen für ein glückliches Zusammenleben, Marburg a. d. Lahn 1998
Chapman, G.; Campbell, R. Die fünf Sprachen der Liebe für Kinder. Wie Kinder Liebe ausdrücken und empfangen, Marburg a. d. Lahn 1998[3]
Chess, St.; Thomas, A. Know your Child, New York 1989
Chisholm, G. Halbe Eltern – ganze Familie. Als Alleinerziehende zwischen Frust und Freude, Wuppertal o. J.
Christenson, L. Die christliche Familie, Marburg a. d. Lahn 1973[2]
Christsein – Lehrersein. Möglichkeiten und Grenzen für christliche Lehrerinnen und Lehrer an staatlichen Schulen, hg. v. W. Gasser, St. Gallen 1991
Cilien-Naujeck, U. Das Wagnis der Freiheit. Zum Menschenbild Theodor Litts, in: Menschenbilder. Festschrift für Rudolf Lassahn, hg. v. C. Menze; G. P. Bunk; B. Ofenbach, Frankfurt a. M.; Berlin; Bern; New York; Paris; Wien 1993
Coelen, Th. Pädagogik als „Geständniswissenschaft"? Zum Ort der Erziehung bei Foucault, Frankfurt a. M. 1996
Collins, G. Vom Kind zum Erwachsenen. Psychologie der persönlichen Entwicklung, Witten 1980
Constam, D. Befreiung aus dem Hungerturm. Hilfe für Magersüchtige, Bern; Salzuflen; Wuppertal 1991
Corrodi, G. Erziehung – neu entdeckt. Stufen einer gesunden Entwicklung, Basel; Gießen 1990
Coupland, D. Generation X – Geschichten für eine immer schneller werdende Kultur, Hamburg 1992
Cuthbertson, D. Hilfe, ich erziehe! Entweder wir erziehen unsere Kinder oder sie uns, Marburg a. d. Lahn 1988
Czell, G. Religiöse und kirchliche Sozialisation in der Alltagswelt, in: Religiöse Sozialisation, hg. v. M. Arndt, Stuttgart 1975
Das erste Mal, hg. v. J. Höppner; M. Hübner, Asslar 1999
De Funke, hg. v. Bund Evangelikaler Schweizer Jungscharen, Fällanden 1985
Deresch, W. Handbuch für kirchliche Erwachsenenbildung, Hamburg 1973
Die Religion der Reformpädagogen. Ein Arbeitsbuch, hg. v. R. Koerrenz; N. Collmar, Weinheim 1994
Die Religion in Geschichte und Gegenwart. Handwörterbuch für Theologie und Religionswissenschaft, hg. v. K. Galling, Bd. 2, Tübingen 1986[3]
Dienelt, K. Pädagogische Anthropologie. Eine Wissenschaftstheorie, Köln; Weimar; Wien; Böhlau 1999

Dienst, K. Formen des Lehrens und Lernens in der Geschichte der Kirche, in: Grundlagen der evangelischen Religionspädagogik, hg. v. J. Ohlemacher; H. Schmidt, Göttingen 1988

Diesbergen, C. Radikal-konstruktivistische Pädagogik als problematische Konstruktion. Eine Studie zum Radikalen Konstruktivismus und seiner Anwendung in der Pädagogik, Bern; Berlin; Bruxelles; Frankfurt/M; New York; Wien 2000[2]

Dieterich, M. Frühe Kindheitserfahrung und mögliche Folgen für das Glaubensleben, in: Wenn der Glaube krank macht. Psychische Störungen und religiöse Ursachen, hg. v. M. Dieterich, Wuppertal; Zürich 1991

Dieterich, M. Psychologie contra Seelsorge? Hilfestellung für die christliche Gemeinde, Neuhausen-Stuttgart 1985[2]

Dietrich, Th. Zeit- und Grundfragen der Pädagogik. Eine Einführung in pädagogisches Denken, Bad Heilbrunn 1992[7]

Dobson, J. Anti-Frust-Buch. Für Eltern von willigen und eigenwilligen Kindern, Kehl 1991

Dobson, J. Das eigenwillige Kind, Kehl 1984

Dobson, J. Endlich ... ich werde erwachsen! Ein Ratgeber für Teenager und ihre Eltern!, Kehl 1997

Dobson, J. Minderwertigkeitsgefühle – eine Epidemie, Kehl 1987[2]

Dobson, J. Nimm dein Leben in deine Hand. Tips für junge Leute, Kehl 1996

Dobson, J. Unsere Kinder sind unmöglich, Kehl 1982

Dreikurs, R; Blumenthal, E. Eltern und Kinder – Freunde oder Feinde?, Stuttgart 1973

Drescher, J. M. Acht Dinge, die Ihre Familie braucht, Asslar 1997

Drescher, J. M. Sieben Dinge, die Ihr Kind braucht, Asslar 1995[5]

Dumont, G.-F. Europa stirbt vor sich hin ... Bevölkerungspolitik vor dem Bankrott. Wege aus der Krise, Aachen 1997

Düsing, E. Das Ende der Individualität?, in: Menschenwürde und Emanzipation. Entfremdung und Konzepte ihrer Aufhebung. Kritischer Traktat, Neuhausen-Stuttgart 1981

Eareckson, J.; Musser, J. Joni. Der erschütternde Bericht über Kampf und Sieg einer durch Unfall gelähmten jungen Frau, Wetzlar 1978[4]

Eggers, Ph.; Lenhart, V. Die sozialwissenschaftliche Orientierung der Pädagogik, in: Richtungsstreit in der Erziehungswissenschaft und pädagogische Verständigung. Wilhelm Flitner zur Vollendung seines 100. Lebensjahres am 20. August 1989 gewidmet, hg. v. H. Röhrs; H. Scheuerl, Frankfurt a. M. 1989

Elberfelder Bibel, revidierte Fassung, Wuppertal; Zürich 1992[4]
Elias, N. Was ist Soziologie?, Weinheim; München 1996[8]
Englert, R. Wissenschaftstheorie der Religionspädagogik, in: Handbuch religionspädagogischer Grundbegriffe, hg. v. G. Bitter; G. Miller, Bd. 2, München 1986
Ernst, H. Psychotrends. Das Ich im 21. Jahrhundert, München; Zürich 1998
Evangelische Schriftauslegung. Ein Quellen- und Arbeitsbuch für Studium und Gemeinde, hg. v. J. Cochlovius; P. Zimmerling, Wuppertal 1987
Evangelisches Gemeindelexikon, hg. v. E. Geldbach; H. Burkhardt; K. Heimbucher, Wuppertal 1978
Failing, W.-E. Religiöse Erziehung in der Familie, in: Gemeindepädagogisches Kompendium, hg. v. G. Adam; R. Lachmann, Göttingen 1987
Faix, T. Die WA(H)RE Jugend. Jugendliche besser verstehen, Neuhausen-Stuttgart 1997
Faix, T., Mentoring. Chance für geistliches Leben und Persönlichkeitsprägung, Neukirchen-Vluyn 2000
Faix, T. Teeniearbeit kreaktiv, Neukirchen-Vluyn 1999
Faix, W. Die christliche Familie heute. Ergebnisse einer Umfrage unter evangelikalen Familien über ihr Glaubens- und Familienleben und ihre Erziehungspraxis, Bonn 2000
Faix, W. Familie im gesellschaftlichen Wandel. Der Beitrag des Pietismus. Eine sozialgeschichtliche Studie, Gießen; Basel 1997
Faix, W. Familie im Wandel. Gesellschaftliche Bedingungen heutigen Familienlebens als Herausforderung für christliche Familie, in: Theologische Wahrheit und die Postmoderne. Bericht von der 11. Theologischen Studienkonferenz des Arbeitskreises für evangelikale Theologie (AfeT) am 5.-8. September 1999 in Bad Blankenburg, hg. v. H. H. Klement, Wuppertal; Gießen; Basel 2000
Fees, K. Zur Notwendigkeit und Möglichkeit von Werterziehung im Unterricht, in: Grundfragen des Unterrichts. Bildung und Erziehung in der Schule der Zukunft, hg. v. J. Rekus, Weinheim; München 1998
Feifel, E. Grundlegung der Religionspädagogik im Religionsbegriff, in: Handbuch der Religionspädagogik, hg. v. E. Feifel; R. Leuenberger; G. Stachel; K. Wegenast Bd. 1, Gütersloh; Zürich; Einsiedeln; Köln 1977[2]
Feifel, E. Religionsunterricht, in: Handbuch religionspädagogischer Grundbegriffe, hg. v. G. Bitter; G. Miller, Bd. 1, München 1986
Felten, M. Auf Drogen hereinfallen? Mein Kind nicht! Wie Eltern Heranwachsende unterstützen können, Wuppertal; Bern 1996
Fend, H. Entwicklungspsychologie des Jugendalters, Opladen 2000

Fields, D. Jugendarbeit mit Vision. 9 Schritte zu einer lebendigen Jugendarbeit, Asslar 2000
Fitsch, E. G. Was sagt die Bibel zum vorehelichen Geschlechtsverkehr? in: Warum bis zur Ehe warten? Eine medizinisch-seelsorgerliche Antwort, hg. v. W. Furch, Wuppertal; Zürich 1990[2]
Flämig, K.; Kress, G.; Wenzler, E. G., Jugendarbeit mit Pfiff, Kassel 1994
Flitner, A. Reform der Erziehung. Impulse des 20. Jahrhunderts, München 1992
Foitzik, K. Die Mitarbeiter in den gemeindepädagogischen Handlungsfeldern, in: Gemeindepädagogisches Kompendium, hg. v. G. Adam; R. Lachmann, Göttingen 1987
Forneck, H. J. Bildung – Die Archäologie der Selbsterschaffung, in: Studien zur Philosophie und Theorie der Bildung. Kritische Erziehungswissenschaft – Moderne – Postmoderne, hg. v. W. Marotzki; H. Sünker, Bd. 2, Weinheim 1993
Fraas, H.-J. Schüler und Schülerin: Religiöse Sozialisation – Religiöse Entwicklung – Religiöse Erziehung, in: Religionspädagogisches Kompendium, hg. v. G. Adam; R. Lachmann, Göttingen 1997[5]
Francis, P. Wenn du dein Kind nicht mehr verstehst. Ein Crashkurs für Eltern von Teenagern, Basel; Gießen 1999
Francke, A. H. Werke in Auswahl, hg. v. E. Peschke, Berlin 1969
Francke, A. H. Kurzer und einfältiger Unterricht, wie die Kinder zur wahren Gottseligkeit und christlichen Klugheit anzuführen sind, in: August Hermann Francke, Werke in Auswahl, hg. v. E. Peschke, Berlin 1969
Francke, A. H. Von der Erziehung der Jugend, Vorrede 1698, in: August Hermann Francke. Werke in Auswahl, hg. v. E. Peschke, Berlin 1969
Franzke, R. Stilleübungen und Fantasiereisen. Moderne Wege der Pädagogik? Ein Plädoyer für okkultfreie Schulen, Hannover 1997
Frey, R. Arbeit unter Kindern. Eine praktische und methodische Anleitung zur Durchführung von Kindergottesdiensten, Sonntagsschule und Kinderstunden im eigenen Heim, Duisburg-Ruhrort 1969[3]
Frör, K. Grundriss der Religionspädagogik. Im Umfeld der modernen Erziehungswissenschaft, Konstanz 1983[2]
Frost, U. Erziehungswissenschaft, in: Handbuch religionspädagogischer Grundbegriffe, Bd. 2, hg. v. G. Bitter; G. Miller, München 1986
Früchtel, U. Leitfaden Religionsunterricht. Arbeitsbuch zur Didaktik des Religionsunterrichts, Göttingen 1987[4]
Furch, W. Körperliche Auswirkungen verfrühten Geschlechtsverkehrs, in: Warum bis zur Ehe warten? Eine medizinisch-seelsorgerliche Antwort, hg. v. W. Furch, Wuppertal; Zürich 1990[2]

Gage, J. P. Wenn Kinder rebellieren. Wie weit geht die Verantwortung der Eltern?, Neuhausen-Stuttgart 1990
Gagné, R. M. Die Bedingungen des menschlichen Lernens, Hannover 1980[5]
Garz, D. Moral, Erziehung und Gesellschaft. Wider die Erziehungskatastrophe, Bad Heilbrunn 1998
Gassmann, L. Frieden in Gerechtigkeit durch Welteinheit? Basel '89 und der „konziliare Prozeß", Bad Liebenzell 1989
Gassmann, L. Öko: Auf der Suche nach der heilen Welt. Erfahrungen eines Umweltschützers, Neuhausen-Stuttgart 1988[2]
Gerstner, J. H. Die kirchliche Lehre über die Inspiration der Bibel, in: Die Unfehlbarkeit der Bibel, J. M. Boice, hg. v. S. R. Külling, Asslar; Riehen 1987
Giesecke, H. Das Ende der Erziehung. Neue Chance für Familie und Schule, Stuttgart 1985
Giesecke, H. Einführung in die Pädagogik, Weinheim; München 1990
Giesekus, U. Fähigkeiten entdecken und entwickeln, in: Ratgeber Erziehung, hg. v. O. Schaude; D. Velten, Wuppertal; Zürich 1991
Giesekus, U. Familien-Leben. Spielregeln für Eltern und Kinder, Wuppertal; Zürich 1994
Gitt, W. Das biblische Zeugnis der Schöpfung, Neuhausen-Stuttgart 1985[2]
Glöckel, H. Vom Unterricht. Lehrbuch der Allgemeinen Didaktik, Bad Heilbrunn 1990
Glogauer, W. Kriminalisierung von Kindern und Jugendlichen durch Medien. Wirkungen gewalttätiger, sexueller, pornographischer und satanischer Darstellungen, Baden-Baden 1994[4]
Godet, F. Kommentar zu dem Evangelium des Johannes, Gießen; Basel 1987
Goebel, K. Friedrich Wilhelm Dörpfeld. Sonderdruck aus: Rheinische Lebensbilder, Bd. 6, Köln 1975
Grawert, G. Ergänzung: Elternarbeit in der Großstadt, in: Kindergarten – wohin? Erfahrungen, Denkanstöße, Orientierungshilfen, hg. v. H. B. Kaufmann, Neukirchen-Vluyn 1992
Graystone, P. Platz für Kinder. Auch in der Kirche?, Wuppertal; Kassel 1990
Groothoff, H.-H. Humanismus gestern und heute. Zu Kants konstitutivem und Heideggers kritischem Beitrag zur humanistischen Ethik, Politik und Pädagogik, in: Pädagogische Rundschau, Frankfurt a. M.; Bern; New York; Paris, Nr. 5/1990
Groothoff, H.-H. Philosophie und Pädagogik, in: Erziehungswissenschaftliches Handbuch, Bd. 3/Teil 1, Berlin 1971
Groothoff, H.-H. Wilhem Dilthey: Mensch, Gesellschaft und Geschichte, in: Menschenbilder. Festschrift für Rudolf Lassahn, hg. v. C. Menze; G.

P. Bunk; B. Ofenbach, Frankfurt a. M.; Berlin; Bern; New York; Paris; Wien 1993

Gudjons, H. Pädagogisches Grundwissen. Überblick – Kompendium – Studienbuch, Bad Heilbrunn 1993

Günter, H.; Willeke, R. Was uns deutsche Schulbücher sagen. Eine empirische Untersuchung der genehmigten Deutsch-, Politik- und Religionsbücher, hg. v. der Forschungsstelle Jugend und Familie, Werl 1982

Günther, K.; Kögler, T. Die neue Sucht. Videofilme und Videospiele – Fakten, Gefahren, Hilfen, Dillenburg 1986

Haack, F.-W. Europas neue Religion. Sekten-Gurus-Satanskult, Zürich; Wiesbaden 1991

Haacker, K. Biblische Theologie als engagierte Exegese. Theologische Grundfragen und thematische Studien, Wuppertal; Zürich 1993

Hager, F.-P., Aufklärung und christlicher Platonismus in Pestalozzis religiösen Anschauungen, in: Pädagogische Rundschau, Frankfurt a. M. Nr. 1/1996

Hager, F.-P. Das Menschenbild Pestalozzis in seiner religiösen Tiefendimension, in: Menschenbilder. Festschrift für Rudolf Lassahn, hg. v. C. Menze; G. P. Bunk; B. Ofenbach, Frankfurt a. M.; Berlin; Bern; New York; Paris; Wien 1993

Hager, F.-P. Zum Bedeutungswandel der Geschichte der Pädagogik, in: Pädagogische Rundschau, Frankfurt a. M., Nr. 3/1996, S. 357

Hänze, M. Denken und Gefühl. Wechselwirkung von Emotion und Kognition im Unterricht, Neuwied; Kriftel; Berlin 1998

Hart, A. Damit die Wunden heilen. So werden Kinder mit der Scheidung ihrer Eltern fertig, Marburg a. d. Lahn 1998

Haubeck, W.; v. Siebenthal, H. Neuer sprachlicher Schlüssel zum griechischen Neuen Testament. Römer bis Offenbarung, Gießen 1994

Hauschildt, I. Die feministische Versuchung und die Antwort der christlichen Frau, Wuppertal; Zürich 1989

Hauss, F. Väter der Christenheit, neu hg. v. S. Spahr, Wuppertal; Zürich 1991

Heim, K. Ich gedenke der vorigen Zeiten, Wuppertal 1960[3]

Heimbrock, H.-G. Lern-Wege religiöser Erziehung, Göttingen 1984

Heitger, M. Vom Selbstverständnis transzendentalphilosophischer Pädagogik, in: Richtungsstreit in der Erziehungswissenschaft und pädagogische Verständigung. Wilhelm Flitner zur Vollendung seines 100. Lebensjahres am 20. August 1989 gewidmet, hg. v. H. Röhrs; H. Scheuerl, Frankfurt a. M. 1989

Hellekamps, S. Erziehender Unterricht und Didaktik. Neuere Didaktiktheorien im Horizont klassischer Begriffsbestimmungen, Weinheim 1991

Helmer, K. Zur Elementarschule im 17. Jahrhundert. Hintergründe, Entwürfe, Realisierungen, in: Pädagogische Rundschau, Frankfurt a. M.; Bern; New York; Paris, Nr. 6/1990

Hemel, U. Ziele religiöser Erziehung. Beiträge zu einer integrativen Theorie, Frankfurt a. M.; Bern; New York; Paris 1988

Henderson, W. G. Göttliche Prinzipien der Schriftauslegung, Neuhausen-Stuttgart 1987

Hengst, H. Kinder an die Macht! Der Rückzug des Marktes aus dem Kindheitsprojekt der Moderne, in: Kinder als Außenseiter? Umbrüche in der gesellschaftlichen Wahrnehmung von Kindern und Kindheit, hg. v. H. Zeiher; P. Büchner; J. Zinnecker, Weinheim; München 1996

Herforth, U. Christliche Feste – mit Weihnachtsmann und Osterhase?, in: Kindergarten – wohin? Erfahrungen, Denkanstöße, Orientierungshilfen, hg. v. H. B. Kaufmann, Neukirchen-Vluyn 1992

Herforth, U. Im Team arbeiten, in: Kindergarten – wohin? Erfahrungen, Denkanstöße, Orientierungshilfen, hg. v. H. B. Kaufmann, Neukirchen-Vluyn 1992

Herrmann, U. Die Pädagogik der Philanthropen, in: Klassiker der Pädagogik, hg. v. H. Scheuerl, Bd. 1, München 1979

Hille, R. Was ist schriftgemäß?, in: Dein Wort ist die Wahrheit. Festschrift für Gerhard Maier. Beiträge zu einer schriftgemäßen Theologie, hg. v. E. Hahn; R. Hille; H.-W. Neudorfer, Wuppertal 1997

Ho, H.-C. Christian Heinrich Zellers Erziehungsdenken als Grundlage seiner Tätigkeit an der „freiwilligen Armen-Schullehrer-Anstalt" in Beuggen, Frankfurt a. M. 1989

Hoffmann, A. H. Vom Elend der (evangelischen) Religionspädagogik, in: Fundamentum, Zeitschrift der Freien Evangelisch-Theologischen Akademie Basel, Riehen Nr. 1/1984

Hofmann, K. Familienbezogene Elternarbeit in meiner Gruppe, in: Kindergarten – wohin?, Erfahrungen, Denkanstöße, Orientierungshilfen, hg. v. H. B. Kaufmann, Neukirchen-Vluyn 1992

Holt, J. Zum Teufel mit der Kindheit, Wetzlar 1978

Holt, P.; Ketterman, G. Mama, warum schreist du so? Hilfen für genervte Mütter, Marburg a. d. Lahn 1997[2]

Horie, M. u. H. Familie als System. Kleine Hilfe für Eltern und Kinder, Wuppertal; Zürich 1994

Horn, H. Existenz – Erziehung – Evangelium. Pädagogik im Dialog mit Philosophie und Theologie. Dortmunder Beiträge zur Pädagogik, hg. v. U. von der Berg; U. Freyhoff; D. Höltershinken; G. Pätzold, Bochum 1991
Horn, R. Jungschar: Das Einsteigerbuch. Ideen, Tips, Erfahrungen und Entwürfe, Moers 1997
Hörster, G. Markenzeichen bibeltreu. Die Bibel richtig verstehen, auslegen, anwenden, Gießen 1990
Hübner, M. u. U.; Lobenwein, W. u. P., Wenn alles anders wird, in: Alles Sex oder was?, hg. v. J. Höppner; M. Hübner; K. Nieland, Asslar 1996
Hübner, U. u. M. Praxisbuch Familie und Gemeinde. Familie im Brennpunkt, Gemeinsam geht's besser, Familienfeste in der Gemeinde, Familien-Gottesdienst, Eltern-Kinder-Tag, Neuhausen-Stuttgart 1994
Hull, J. M. Glaube und Bildung, Ausgewählte Schriften, Bd. 1, Berg am Irchel 2000
Hüllen, J. Ethik und Menschenbild der Moderne, Köln; Wien 1990
Hunt, D.; McMahon, T. A. Die Verführung der Christenheit, Bielefeld 1985
Huntemann, G. Autorität oder Chaos, Wuppertal 1971
Huntemann, G. Vom Überlebenskampf des Christentums in Deutschland, Herford 1990
idea-dossier, Jugendarbeit heute – Ideen, Trends, Modelle und Herausforderungen, Luzern Nr. 3/1996
idea-Spektrum, Nachrichten und Meinungen aus der evangelischen Welt, hg. v. Informationsdienst der Evangelischen Allianz e.V., Wetzlar Nr. 23/1989; Nr. 36/1991; Nr. 22/1992; Nr. 33/1994; Nr. 39/1996; Nr. 38/1999
Jaeger, H. Mit Kindern die Bibel entdecken. Die gute biblische Unterrichtshilfe für die Kinderarbeit, Bd. 1, Dillenburg 1992[3]
Jahnke, M. Kinderarbeit kreaktiv, Neukirchen-Vluyn 1998
Jahnke, M.; Depuhl, P. Jugendarbeit kreaktiv, Neukirchen-Vluyn 1995
Janssen, H. Kinder wollen Klarheit. Regeln finden – Grenzen setzen, Zürich 1991
Jostock, S. Kindheit in der Moderne und Postmoderne. Eine bildungstheoretische und sozialwissenschaftliche Untersuchung, Opladen 1999
Jörns, K.-P. Die neuen Gesichter Gottes. Was die Menschen heute wirklich glauben, München 1997
Jugendarbeit und Schule. Kooperation statt Rivalität um die Freizeit, hg. v. G. Brenner; M. Nörber, Weinheim; München 1992
Jugend-Lehre, Vereinigung Freier Missionsgemeinden, Wabern o. J.
Jungschararbeit. Wie macht man das? Handbuch zur Praxis, hg. v. CVJM-Gesamtverband in Deutschland e.V., Wuppertal 1982[3]

Kaiser, B. Was ist biblische Irrtumslosigkeit? in: Der Kampf um die Bibel. 100 Jahre Bibelbund (1894-1994), hg. v. S. Holthaus; Th. Schirrmacher, Bonn 1994

Kaiser, W. C. jr. Legitime Hermeneutik, in: Fundamentum. Zeitschrift der Staatsunabhängigen Theologischen Hochschule Basel, Riehen Nr. 4/ 1997; Nr. 1/1998

Kaldewey, J. So macht Familie richtig Spaß. Wir lösen unsere Konflikte im Familienrat, Asslar 1995

Kantzer, K. S. Die Evangelikalen und die Lehre von der Irrtumslosigkeit, in: Die Unfehlbarkeit der Bibel, J. M. Boice, hg. v. S. R. Külling, Asslar; Riehen 1987

Kaufmann, H. B. Die Christen und die Schule in staatlicher und in freier Trägerschaft, Neukirchen-Vluyn 1989

Keine „heile Welt" – Fünf christliche Schulen im Vergleich, in: Family. Das christliche Magazin für Partnerschaft und Familie, Cuxhaven Nr. 1/2000

Kerp, E. Emanzipation – Wovon? Wozu? Eine kritische Anfrage an die neuere Religionspädagogik, Frankfurt a. M. 1976

Kesler, J. Hilfe Teenies! Überlebenstraining für Teenagereltern, Asslar 1990

Ketterman, G. Du bist nicht allein, mein Kind! Ein Begleiter in Erziehungsfragen, Marburg a. d. Lahn 1998

Kettermann, G. H. u. H. L. Unser Kind, Wuppertal 1983

Kittel, H. Vom Religionsunterricht zur Evangelischen Unterweisung, Hannover 1947

Klafki, W. Kann Erziehungswissenschaft zur Begründung pädagogischer Zielsetzungen beitragen? – Über die Notwendigkeit, bei pädagogischen Entscheidungsfragen hermeneutische, empirische und ideologiekritische Untersuchungen mit diskursethischen Erörterungen zu verbinden, in: Richtungsstreit in der Erziehungswissenschaft und pädagogische Verständigung. Wilhelm Flitner zur Vollendung seines 100. Lebensjahres am 20. August 1989 gewidmet, hg. v. H. Röhrs; H. Scheuerl, Frankfurt a.M. 1989

Klapwijk, J. Philosophien im Widerstreit, hg. v. S. R. Külling, Asslar; Riehen 1985

Kliemann, P. Impulse und Methoden. Anregungen für die Praxis des Religionsunterrichts, Stuttgart 1997

Knoop, K.; Schwab, M. Einführung in die Geschichte der Pädagogik. Pädagogen-Porträts aus vier Jahrhunderten, Heidelberg; Wiesbaden 1994[3]

Knöppel, K. H. So gut kann Familie sein. Grundlinien für Ehe, Familie und Erziehung, Neuhausen-Stuttgart 1998

Knubbertz, A. Pädagogik aus Verantwortung. Überlegungen zur Aktualität prinzipiengeleiteter Erziehung in der Schule, Frankfurt a. M.; Bern; New York; Paris 1990

Kögler, T. Lernen durch Entspannung? Superlearning, Suggestopädie und „Sanfte Methoden" der Entspannung in Schule, Kirche und Gemeinde. Eine kritische Studie, Lahr 1993

Kögler, T. Neid – ein unnützes Gefühl. Wie man erzieherisch mit Neidgefühlen der Kinder umgehen kann, in: Erziehen konkret. Beiträge zu grundlegenden und praktischen Fragen der christlichen Erziehung, hg. v. T. Kögler; D. Velten, Lahr 1999

Kokemohr, R. Friedrich Nietzsche (1844-1900), in: Klassiker der Pädagogik, hg. v. H. Scheuerl, Bd. 2, München 1979

Koller, H.-Ch. Bildung im Widerstreit. Bildungstheoretische Überlegungen im Anschluss an Lyotards Konzeption pluraler Diskurse, in: Studien zur Philosophie und Theorie der Bildung. Kritische Erziehungswissenschaft – Moderne – Postmoderne, hg. v. W. Marotzki; H. Sünker, Bd. 2, Weinheim 1993

König, E. Werte und Normen in der Erziehung, in: Pädagogik. Handbuch für Studium und Praxis, hg. v. L. Roth, München 1991

König, E.; Zedler, P. Theorien der Erziehungswissenschaft. Einführung in Grundlagen, Methoden und praktische Konsequenzen, Weinheim 1998

König, M. Lasst die Kinder Kinder sein, Gießen 1989

Konrad, W. Hermeneutik im Spannungsfeld von Exegese und Homiletik. Predigt als Rede- und Leseakt, Frankfurt a. M. 1998

Koring, B. Perspektiven für die Bearbeitung des Theorie-Praxis-Problems in der Pädagogik, in: Pädagogische Rundschau, Frankfurt a. M.; Berlin; Bern; New York; Paris; Wien Nr. 6/1992

Krimmer, H. Kolosserbrief, in: Edition C. Bibelkommentar hg. v. G. Maier, Neuhausen-Stuttgart 1996

Kron F. W. Grundwissen Didaktik, München; Basel 1993

Kron, F. W. Grundwissen Pädagogik, München; Basel 1989[2]

Krone, W. Zur Erziehung des Erziehers. Behaviorismus – Psychoanalyse – Humanistische Psychologie, Frankfurt a. M. 1988

Kuen, A. Gemeinde nach Gottes Bauplan, Frutigen 1975

Kuhn, M. Der Einfluss der Medien auf unsere Kinder. Vier Thesen zu einem immer aktuellen Thema, in: Erziehen konkret. Beiträge zu grundlegenden und praktischen Fragen der christlichen Erziehung, hg. v. T. Kögler; D. Velten, Lahr 1999

Kuhn, W. Stolpersteine des Darwinismus. Wunder der Schöpfung in Wort und Bild, Bd. 2, Berneck 1985

Külling, S. Genesis, in: Fundamentum. Zeitschrift der Freien Evangelisch-Theologischen Akademie Basel, Riehen Nr. 2.3/1982

Künneth, W. Mitte und Struktur biblischer Heilsgeschichte, in: Epochen der Heilsgeschichte. Beiträge zur Förderung heilsgeschichtlicher Theologie, hg. v. H. Stadelmann, Wuppertal 1984

Lachmann, R. Evangelische Erziehung im Kindergarten, in: Gemeindepädagogisches Kompendium, hg. v. G. Adam; R. Lachmann, Göttingen 1987

Lachmann, R. Grundsymbole christlichen Glaubens. Eine Annäherung, Göttingen 1992

Lachmann, R. Wechselnde Moden in der Religionspädagogik, in: Grundlagen der evangelischen Religionspädagogik, hg. v. J. Ohlemacher; H. Schmidt, Göttingen 1988

LaHaye, T. Aufklären – aber wie? Ein Ratgeber für Eltern, Asslar 1986

Lähnemann, J. Umgang mit der Bibel – Bibelwissenschaftliches Arbeiten in fachdidaktischer Perspektive, in: Religionspädagogisches Kompendium, hg. v. G. Adam; R. Lachmann, Göttingen 1997[5]

Lähnemann, J. Weltreligionendidaktische Grundregeln, in: Religionsdidaktik in Grundregeln. Leitfaden für den Religionsunterricht, hg. v. E. Groß; K. König, Regensburg 1996

Lämmermann, G. Religionspädagogik im 20. Jahrhundert. Prüfungswissen Theologie, Gütersloh 1994

Langer, K. Warum noch Religionsunterricht? Religiosität und Perspektiven von Religionspädagogen heute, Gütersloh 1989

Lassahn, R. Grundriss einer allgemeinen Pädagogik, Heidelberg 1983[2]

Laub, P.; Frey, R.; Georg, J.; Trommer, F., Handbuch für Teenagerarbeit. Grundlagen, Ideen, Programmen, Gießen 1990

Ledermann, K.; Skambraks, U. Der Griff nach unseren Kindern. Einblicke in ein (un)heimliches Erziehungsprogramm, Asslar 1988

Lehner, H. Einführung in die empirisch-analytische Erziehungswissenschaft. Wissenschaftsbegriff, Aufgaben und Werturteilsproblematik, Bad Heilbrunn 1994

Lempert, W. Bildungsforschung und Emanzipation. Über ein leitendes Interesse der Erziehungswissenschaft und seine Bedeutung für die empirische Analyse von Bildungsprozessen, in: Neue Sammlung, Nr. 9/1969

Lenzen, D. Mythos, Metapher und Simulation. Zu den Aussichten Systematischer Pädagogik in der Postmoderne, in: Zeitschrift für Pädagogik, Nr. 33/1987

Lenzen, D. Orientierung Erziehungswissenschaft. Was sie kann, was sie will, Reinbek bei Hamburg 1999
Lewis, P. Alles, was Ihr Kind braucht. Das 1×1 für starke und selbstbewusste Kinder, Moers 1998
Liedholz, M. Unterwegs mit jungen Menschen. Handbuch für Jugendarbeit, Gießen 1987[4]
Lindenmann, R. Christsein in der Schule. Als Mittelschüler glaubwürdig im Schulalltag leben, St. Gallen 1992
Lindmeier, B. Die Pädagogik des Rauhen Hauses. Zu den Anfängen der Erziehung schwieriger Kinder bei Johann Hinrich Wichern, Bad Heilbrunn 1998
Linnemann, E. Original oder Fälschung. Historisch-kritische Theologie im Licht der Bibel, Dillenburg 1994
Linnemann, E. Wissenschaft oder Meinung? Anfragen und Alternativen, Nürnberg 1999[2]
Lott, M. Wertewandel. Unterricht und Erziehung, Hamburg 1996
Lucht, K Pädagogische Forschungsmethoden, in: Pädagogische Positionen. Ein Leitfaden für Lehrer aller Schularten, hg. v. J. Petersen; G.-B. Reinert, Donauwörth 1990
Lück, I. Alarm um die Schule. Kritische Auseinandersetzung mit der gegenwärtigen Erziehungs-Situation. Die neomarxistische Unterwanderung, Neuhausen-Stuttgart 1980[2]
Ludwig, H. „Kosmische Erziehung“. Zum Ansatz einer ökologisch orientierten Schulpädagogik und Didaktik bei Maria Montessori, in: Pädagogische Rundschau, Frankfurt a. M.; Berlin; Bern; New York; Paris; Wien Nr. 4/1992
Lukasse, J. Gemeindebau im nachchristlichen Europa, Greng-Murten 1994
Maier, G. Bibelkommentar. Matthäus-Evangelium Bd. 2/2. Teil, Neuhausen-Stuttgart 1996
Maier, G. Biblische Hermeneutik, Wuppertal; Zürich 1990
Maier, G. Das Ende der historisch-kritischen Methode, Wuppertal 1975[3]
Maier, G. Der Abschluß des jüdischen Kanons und das Lehrhaus von Jabne, in: Der Kanon der Bibel, hg. v. G. Maier, Gießen; Basel; Wuppertal 1990
Maier, G. Grundlinien eines biblischen Schriftverständnisses, in: Theologische Auseinandersetzung mit dem Denken unserer Zeit, Bd. 3, Neuhausen-Stuttgart 1984
Maier, G. Heiliger Geist und Schriftauslegung, Wuppertal 1983
Maier, G. Wie legen wir die Schrift aus?, Gießen; Basel 1982[2]
Malcher, J. nicht ohne. Gruppendynamische Übungen, Methoden und Techniken, Köln 1971

Mann, P. Hasch – Zerstörung einer Legende, Frankfurt a. M. 1987
Marburger, H. Entwicklung und Konzepte der Sozialpädagogik, München 1981²
Marshall, H. Biblische Inspiration, Gießen; Basel 1986
Martin, J. An die Bedürfnisse von Erwachsenen angepasster Unterricht, in: Wie mach ich's richtg? Tips und Hilfen zum Lehren und Lernen, hg. v. B. Wilkinson, Dillenburg 1998
Matzker, R. Anthropologie. Theorie – Geschichte – Gegenwart, München 1998
Mauerhofer, A. Bilder der Gemeinde Jesu, Frutigen 1979
Mauerhofer, A. Eine Erweckungsbewegung im 19. Jahrhundert. Karl von Rodt und die Entstehung der Freien Evangelischen Gemeinden in der Schweiz, Gießen; Basel 1987
Mauerhofer, A. Gemeindebau nach biblischem Vorbild, Neuhausen-Stuttgart 1998
Mauerhofer, E. Umgestaltung ins Bild Jesu, in: Fundamentum. Zeitschrift der Staatsunabhängigen Theologischen Hochschule Basel, Riehen Nr. 4/1994
McDowell, J. Werden, wie Gott mich meint, Kehl 1989²
McDowell, J.; Hostetler, B. Die neue Toleranz. Wie eine kulturelle Bewegung Sie, Ihren Glauben und Ihre Kinder zu zerstören droht, Bielefeld 1999
McDowell, J.; Hostetler, B. Glaube ohne Werte – Jugend am Abgrund, Bielefeld 1997
Meier, B. Merkmale Christlicher Bekenntnisschulen, in: Fundamentum. Zeitschrift der Freien Evangelisch-Theologischen Akademie Basel, Riehen Nr. 2/1989
Meier, B. Schule – Die große Herausforderung, Rüti 1993
Menze, C. Das Menschenbild Wilhelm von Humboldts, in: Menschenbilder. Festschrift für Rudolf Lassahn, hg. v. C. Menze; G. P. Bunk; B. Ofenbach, Frankfurt a. M. 1993
Menze, C. Der pädagogische Humanismus in der Diskussion der Gegenwart, in: Richtungsstreit in der Erziehungswissenschaft und pädagogische Verständigung, Wilhelm Flitner zur Vollendung seines 100. Lebensjahres am 20. August 1989 gewidmet, hg. v. H. Röhrs; H. Scheuerl, Frankfurt a. M. 1989
Merkens, H. Wissenschaftstheorie, in: Pädagogik. Handbuch für Studium und Praxis, hg. v. L. Roth, München 1991
Mertens, G. Verbindliche Argumentation in der Pädagogik? Überlegungen zu Lyotards Postmodernismus, in: Pädagogische Rundschau, Frankfurt a. M.; Bern; New York; Paris Nr. 1/1991

Meskemper, G. Jesus, der Lehrer. Sein Vorbild für die Vorbilder der Gegenwart, Neuhausen-Stuttgart 1988
Mette, N. Familie, in: Handbuch religionspädagogischer Grundbegriffe, hg. v. G. Bitter; G. Miller, Bd. 1, München 1986
Meves, Ch. Bilanz aus 30 Jahren Fehlentwicklung. Trotzdem: Mut zur Zukunft, Gräfelfing 1998
Meves, Ch. Es geht um unsere Kinder. Erfahrung und Einsichten aus der Beratungspraxis, Gießen 1988
Meves, Ch. Kindgerechte Sexualerziehung. Bilanz und Neuanfang, Vellmar-Kassel 1992
Meves, Ch. Ohne Liebe geht es nicht. Mütterprobleme ernst genommen – mit Christa Meves im Gespräch, Neuhausen-Stuttgart 1997
Meves, Ch. Wer einem Kinde begegnet ... Beiträge zu aktuellen Erziehungsfragen, Kassel 1979
Michel, K.-H. Immanuel Kant und die Frage der Erkennbarkeit Gottes, Wuppertal 1987
Miegel, M.; Wahl, S. Das Ende des Individualismus. Die Kultur des Westens zerstört sich selbst, Bonn 1994[2]
Miller, A. Am Anfang war Erziehung, Frankfurt a. M. 1980
Missalla, H. Friedenserziehung, in: Handbuch religionspädagogischer Grundbegriffe, hg. v. G. Bitter; G. Miller, Bd. 1, München 1986
Missalla, H. Politische Bildung, in: Handbuch religionspädagogischer Grundbegriffe, hg. v. G. Bitter; G. Miller, Bd. 1, München 1986
Mollenhauer, K. Erziehung und Emanzipation – Polemische Skizzen, München 1973[6]
Morris, H. M. Evolution im Zwielicht, Augsburg 1966
Mühlan, C. Du schaffst es! Überlebenstraining für Mütter, Asslar 1993
Mühlan, C. u. E. Das große Familien-Handbuch. Erziehungstips für alle Entwicklungsphasen Ihres Kindes, Asslar 1996
Mühlan, C. u. E. Is' was, Mama? Kinder-Erziehung von der Vorschule bis zur Vorpubertät, Asslar 1991
Mühlan, C. u. E. Vergiss es, Mama! Tips für (angehende) Teenager-Eltern, Asslar 1992
Mühlan, E. Bleib cool Papa! Guter Rat für gestresste Väter, Asslar 1994
Mühlan, E. Früh übt sich ... ! Christlicher Lebensstil und Andachten in der Familie, Asslar 1989
Mühlan, E. Kinder in der Zerreißprobe. Der anti-christliche Angriff auf die Familie, Asslar 1986[2]

Mühlan, E. Papa, rück' die Scheine raus! Kinder lernen mit Geld umzugehen, Asslar 1990
Mühlan, E.; Schröter, A. Total fertig oder voll gut drauf? Helfen Sie Ihrem Kind, mit seinen Gefühlen klarzukommen, Asslar 1996
Mühlan, E. u. C. Menschenskinder! Kindererziehung aus biblischer Sicht, Asslar 1987[6]
Müller, E. Bildnerische Eigentätigkeit im Religionsunterricht der Primarstufe. Entwicklung einer Lernform, in: Studien zur Pädagogik der Schule, hg. v. R. Biermann; W. Wittenbruch, Frankfurt a. M. 1990
Mussen, P. H.; Conger, J. J.; Kagan, J., Lehrbuch der Kinderpsychologie, Stuttgart 1981[3]
Nastainczyk, W. Didaktik, in: Handbuch religionspädagogischer Grundbegriffe, hg. v. G. Bitter; G. Miller, Bd. 2, München 1986
Naujokat, G. Junge Menschen – erste Liebe. Begegnung der Gefühle, Neuhausen-Stuttgart 1995[4]
Naujokat, G. Können wir unsere Kinder zum Glauben erziehen?, Neuhausen-Stuttgart 1986
Neuberger, T. M. Lebensorientierung und religiöse Deutungssysteme, Frankfurt a. M.; Bern; New York; Paris 1989
Neumann-Schönwetter, M.; Kehlenbeck, C., Jugendliche – das sind weibliche Jugendliche und männliche Jugendliche – Zur Notwendigkeit einer geschlechtsspezifischen Betrachtungsweise, in: Jugend heute. Wege in die Autonomie, hg. v. J. W. Erdmann; G. Rückriem; E. Wolf, Bad Heilbrunn 1996
Niggli, A. Lebensbewältigung als Bindeglied zwischen Familie und Religionsunterricht, in: Schweizer Schule, Kriens Nr. 9/1990
Nipkow, K. E. Bildung in einer pluralen Welt. Bd. 2, Religionspädagogik im Pluralismus, Gütersloh 1998
Nipkow, K. E. Erwachsenwerden ohne Gott? Gotteserfahrung im Lebenslauf, München 1987
Nohl, H. Die pädagogische Bewegung in Deutschland und ihre Theorie, Frankfurt 1935
Novum Testamentum Graece 1898-1998, Jubiläumsausgabe, Nestle-Aland, hg. v. K. Aland u. a., Stuttgart 1998[27]
Ofenbach, B. Ethos und Erziehung. Der systematische Ort der Verantwortung in der Theoriebildung der hermeneutisch-pragmatischen Pädagogik, in: Pädagogische Rundschau, Frankfurt a. M. Nr. 4/1997
Ofenbach, B. Zum Beziehungsgeflecht von Anthropologie und Geschichte, in: Menschenbilder. Festschrift für Rudolf Lassahn, hg. v. C. Menze; G.

P. Bunk; B. Ofenbach, Frankfurt a. M.; Berlin; Bern; New York; Paris; Wien 1993

Osberghaus, J. Praxisbuch Feste feiern. Mit vielen frohen Festen durch das Jahr: Geburtstag, Muttertag, Erntedank, Advent, Weihnachten und andere Gemeindefeste mit Spielen, Sketchen, Geschichten, Andachten und vielen erprobten Ideen, Neuhausen-Stuttgart 1989[3]

Oser, F. Genese und Logik der Entwicklung des religiösen Bewusstseins: Eine Entgegnung auf Kritiken, in: Glaubensentwicklung und Erziehung, hg. v. K. E. Nipkow; F. Schweitzer; J. W. Fowler, Gütersloh 1988

Ott, C. Das Trainingsprogramm für Mitarbeiter. Biblische Grundsätze, Didaktische Hinweise, Praktische Modelle, Gießen; Basel 1996

Ott, R. Sozialisation, in: Handbuch religionspädagogischer Grundbegriffe, hg. v. G. Bitter; G. Miller, Bd. 1, München 1986

Otto, G. Schule, Religionsunterricht, Kirche, Göttingen 1961

Ouweneel, W. J. Mythos Wissenschaft. Ein Blick hinter die Kulissen, Bielefeld 1994

Pädagogik aktuell – Lexikon pädagogischer Schlagworte und Begriffe, hg. v. G. Wehle, Bd. 1, München 1973

Pfeifer, A. Ich hab' es doch so gut gemeint. Mütter zwischen Ideal und Wirklichkeit, Lahr 1997

Pfeifer, A. Mütter sind nicht immer schuld. Von Selbstvorwürfen zur Gelassenheit, Wuppertal; Zürich 1995

Pfeifer, A. Wenn Kinder aus der Reihe tanzen. Problemkinder verstehen und begleiten, Wuppertal 1999

Pfeifer, A. Wir erziehen unsere Kinder anders, Neuhausen-Stuttgart 1989

Pfeifer, S. Die Schwachen tragen. Moderne Psychiatrie und biblische Seelsorge, Basel; Gießen 1988

Pfeiffer, Ch. Freu Dich, Du bist erwählt! in: Damit alles besser läuft. Wege – Hilfen – Impulse, Kassel 1987

Pleik, I. Pass auf, Du bist angefochten! in: Damit alles besser läuft. Wege – Hilfen – Impulse, Kassel 1987

Pöggeler, F. Bildung in lebenslanger Perspektive, in: Richtungsstreit in der Erziehungswissenschaft und pädagogische Verständigung. Wilhem Flitner zur Vollendung seines 100. Lebensjahres am 20. August 1989 gewidmet, hg. v. H. Röhrs; H. Scheuerl, Frankfurt a. M. 1989

Potter, E. Der biblische Auftrag zur Kreativität, in: Fundamentum. Zeitschrift der Freien Evangelisch-Theologischen Akademie Basel, Riehen Nr. 4/1992

Praxisbuch Jugendarbeit, So wird's gemacht! Jugendliche in der Gemeinde – Gestaltung der Jugendarbeit – Leitung und Mitarbeit – Jugendevangelisation – Seelsorge – Programmideen – Minimodelle – Tips und Hilfen, hg. v. R. Zelewske, Neuhausen-Stuttgart 1991

Praxisbuch Jungschararbeit, So wird's gemacht! Programm-Ideen, Mitarbeitergewinnung, Umgang mit Jungschärlern, Familien- und Elternarbeit, Gestaltung der Jungscharstunden, Spielvorschläge, Minimodelle, hg. v. M. Hübner; K. D. Grumbach, Neuhausen-Stuttgart 1990

Praxisbuch Kleinkinder-Kreis, So wird's gemacht! Kinderstunden im Vorschulalter – Mutter-Kind-Kreis – Puppenspielgeschichten – Bastelanleitungen – Kopiervorlagen – Rezepte – Liedvorschläge – Spielkreisarbeit – Frauengesprächsgruppen – Programmideen für zwei Jahre, hg. v. G. Kröger, Neuhausen-Stuttgart 1990

Preul, R. Bildung, in: Handbuch religionspädagogischer Grundbegriffe, hg. v. G. Bitter; G. Miller, Bd. 1, München 1986

Printz, M. Grundlinien einer bibelorientierten Gemeindepädagogik. Pädagogische und praktisch-theologische Überlegungen, Wuppertal; Zürich 1996

Quadflieg, K. Im Schatten der Gesetzlosigkeit. Matthäus 24, Vers 12, Hamburg 1995

Ramm, B. Biblische Hermeneutik, Asslar 1991

Rang, M. Jean-Jacques Rousseau (1712-1778), in: Klassiker der Pädagogik, hg. v. H. Scheuerl, Bd. 1, München 1979

Ratgeber Erziehung, hg. v. O. Schaude; D. Velten, Wuppertal; Zürich 1991

Rauschenberger, H. Erzieherisches Denken und Handeln. Gesellschaftliche Entwicklungen in ihrer Wirkung auf Schule und Unterricht, Weinheim; München 1999

Rauscher, E. Religion im Dialog. Fächerverbindung, Projektstruktur, Religionsunterricht, Frankfurt a. M.; Bern; New York; Paris 1991

Rehfus, W. D. Die spätmoderne Dämmerung. Zur Gründungsnot in den Zeiten transzendenter und transzendentaler Obdachlosigkeit, in: Der Taumel der Moderne, hg. v. W. D. Rehfus, Langenfeld 1992

Rehfus, W. D. Die Vernunft frisst ihre Kinder. Zeitgeist und Zerfall des modernen Weltbilds, Hamburg 1990

Reihlen, K. Gesellschaft, Schule, religiöse Erziehung. Diplomarbeit, Didaktikum Aarau 1999

Rienecker, F. Das Evangelium des Matthäus. Wuppertaler Studienbibel, hg. v. F. Rienecker; W. de Boor, Wuppertal 1972[6]

Rieser, E. Die ABCD-Methode. Die »Brücken«-Methode, in: Eine evangelistische Bibelgesprächsgruppe leiten, hg. v. A.-L. Diserens, St. Gallen 1991

Riesner, R. Wenn sich pneumatische Exegese beim Geist widerspricht, in: Dein Wort ist die Wahrheit. Festschrift für Gerhard Maier. Beiträge zu einer schriftgemäßen Theologie, hg. v. E. Hahn; R. Hille; H.-W. Neudorfer, Wuppertal 1997

Ritter, W. H. Religion in nachchristlicher Zeit. Eine elementare Untersuchung zum Ansatz der neueren Religionspädagogik im Religionsbegriff. Kritik und Konstruktion, Frankfurt a. M.; Bern 1982

Röhrs, H. Allgemeine Erziehungswissenschaft. Eine Einführung in die erziehungswissenschaftlichen Aufgaben und Methoden, in: Hermann Röhrs. Gesammelte Schriften, Bd. 1, Weinheim 1993

Röhrs, H. Die Erneuerung des Menschen und der Gesellschaft im Geiste Rousseaus, in: Menschenbilder. Festschrift für Rudolf Lassahn, hg. v. C. Menze; G. P. Bunk; B. Ofenbach, Frankfurt a. M.; Berlin; Bern; New York; Paris; Wien 1993

Röhrs, H. Die traditionellen Alternativschulen, in: Pädagogische Positionen. Ein Leitfaden für Lehrer aller Schularten, hg. v. J. Petersen; G.-B. Reinert, Donauwörth 1990

Röhrs, H. Richtungsstreit in der Erziehungswissenschaft und pädagogische Verständigung – Zur Einführung in die Fragestellung, in: Richtungsstreit in der Erziehungswissenschaft und pädagogische Verständigung. Wilhelm Flitner zur Vollendung seines 100. Lebensjahres am 20. August 1989 gewidmet, hg. v. H. Röhrs; H. Scheuerl, Frankfurt a. M. 1989

Rösler, K. Gemeinde ohne Konfirmation, in: idea Spektrum. Nachrichten und Meinungen aus der evangelischen Welt, hg. v. Informationsdienst der Evangelischen Allianz, Wetzlar Nr. 15/1997

Roth, H. Pädagogische Anthropologie. Bildsamkeit und Bestimmung, Bd. 1, Hannover 1976[4]

Roth, H. Entwicklung und Erziehung, Bd. 2, Hannover 1971

Roth, H.-J. Pädagogische Anthropologie und Erziehungswissenschaft heute, in: Pädagogische Rundschau, Frankfurt a. M. Nr. 5/1996

Rousseau, J.-J. Emile oder Über die Erziehung, hg. v. M. Rang, Stuttgart 1986

Ruager, S. Die Hermeneutik des Hebräerbriefes (Hebr 1,1+2a), in: Dein Wort ist die Wahrheit. Festschrift für Gerhard Maier. Beiträge zu einer schriftgemäßen Theologie, hg. v. E. Hahn; R. Hille; H.-W. Neudorfer, Wuppertal 1997

Rush, M. Management – der biblische Weg, Asslar 1988

Ruthe, R. Elternbuch, Wuppertal 1986

Ruthe, R. Faulheit ist heilbar. Ein Elternratgeber, Wuppertal 1983

Ruthe, R. Frl. Tochter und Herr Sohn, Wuppertal 1980
Ruthe, R. Was meine Eltern über Sex wissen sollten, Wuppertal; Zürich 1989
Ryrie, Ch. C. Irrtum ausgeschlossen! Wahrheit und Inspiration der Bibel im Kreuzverhör, Dillenburg 1996
Sauer, E. Das Morgenrot der Welterlösung. Ein Gang durch die alttestamentliche Offenbarungsgeschichte, Gütersloh 1937[3]
Scarbath, H. Karl Marx (1818-1883), in: Klassiker der Pädagogik, hg. v. H. Scheuerl, Bd. 2, München 1979
Schaeffer, F. A. Die große Anpassung. Der Zeitgeist und die Evangelikalen, Asslar 1988
Schaude, O. Kind und Schule, in: Ratgeber Erziehung, hg. v. O. Schaude; D. Velten, Wuppertal; Zürich 1991
Schaude, O. Konzentration – mangelhaft?! in: Erziehen macht Schule, hg. v. H. Bader; R. Schweikle, Bad Liebenzell 1985
Schenk-Danzinger, L. Entwicklung, Sozialisation, Erziehung. Von der Geburt bis zur Schulfähigkeit, Bd. 1, Stuttgart; Wien 1994[2]
Scheuerl, H. Johann Amos Comenius (1592-1670), in: Klassiker der Pädagogik, hg. v. H. Scheuerl, Bd. 1, München 1979
Scheuerl, H. Pädagogische Anthropologie. Eine historische Einführung, Stuttgart; Berlin; Köln; Mainz 1982
Schilling, J. Kursbuch Jugendarbeit: informieren – planen – handeln, München 1983
Schirrmacher, Th. Bibelkritik und Sünde: Gedanken zum Sündenfall (1Mose 3), in: Der Kampf um die Bibel. 100 Jahre Bibelbund (1894-1994), hg. v. S. Holthaus; Th. Schirrmacher, Bonn 1994
Schlichting, W. Atheismus, in: Evangelisches Gemeinde-Lexikon, hg. v. E. Geldbach; H. Burkhardt; K. Heimbucher, Wuppertal 1978
Schmid, A. Als Glaube und Pädagogik auseinander fielen, in: idea-magazin Schweiz. Informationen und Dokumentationen aus der Evangelischen Allianz, Luzern Nr. 17/1994
Schmid, H. Der Tempelbaubericht – mehr als ein Baubericht. Beobachtungen zu 1. Könige 6 und 7, in: Dein Wort ist die Wahrheit. Festschrift für Gerhard Maier. Beiträge zu einer schriftgemäßen Theologie, hg. v. E. Hahn; R. Hille; H.-W. Neudorfer, Wuppertal 1997
Schmidt, H. Gott in der Schule. Bildungstheoretische Überlegungen zum Religionsunterricht, in: Widerstehen und Erziehen im christlichen Glauben. Festgabe für Gerhard Ringshausen zum 60. Geburtstag, hg. v. G. Besier; G. R. Schmidt, Holzgerlingen 1999

Schmidt, H. Religionsdidaktik. Ziele, Inhalte und Methoden religiöser Erziehung in: Schule und Unterricht, Bd. 1, Stuttgart 1982

Schmitz, E.; Stiksrud, A. Erziehung, Entfaltung und Entwicklung. Ein Lern- und Lehrbuch für den Unterricht in Psychologie und Erziehungslehre an weiterführenden Schulen, Heidelberg 1990

Schnabel, E. Die Lehre von der Inspiration nach der Heiligen Schrift, in: Der Kampf um die Bibel. 100 Jahre Bibelbund (1894-1994), hg. v. S. Holthaus; Th. Schirrmacher, Bonn 1994

Schnabel, E. Inspiration und Offenbarung. Die Lehre vom Ursprung und Wesen der Bibel, Wuppertal 1986

Schnabel, E. J. Sind Evangelikale Fundamentalisten? Wuppertal; Zürich 1995

Schnabel, N. Starke Väter – schwache Nerven. Warum der Vater wichtig ist, Lahr 1998

Schoeck, H. Kinderverstörung. Die missbrauchte Kindheit, Umschulung auf eine andere Republik, Asendorf 1987[2]

Scholl, N. Eine Botschaft, die guttut. Wie Religion für Schüler(innen) wieder attraktiv werden kann, in: Werden unsere Kinder noch Christen sein? hg. v. J. Hoeren; K. H. Schmitt, Freiburg i. Br. 1990

Schreur, J. u. J. So werden Eltern Sorgen los. Wie wir lernen, die Ängste um unsere Kinder zu überwinden, Asslar 1997

Schritte zu den Kindern Arbeitsbuch Gnadauerkongress 1987, hg. v. D. Velten, Dillenburg 1987

Schrodt, Ch. Eugen Drewermann – ein neuer Prophet? in: Fundamentum, Zeitschrift der Freien Evangelisch-Theologischen Akademie Basel, Riehen Nr. 3/1993

Schröer, H. Elementarisierung, in: Handbuch religionspädagogischer Grundbegriffe, hg. v. G. Bitter; G. Miller, Bd. 2, München 1986

Schröter, G. Leben lässt sich nicht zensieren. Erfahrungen eines unverbesserlichen Schulmeisters, Wuppertal; Zürich 1993

Schrupp, E. Die Heilsgeschichte bei Erich Sauer, in: Epochen der Heilsgeschichte. Beiträge zur Förderung heilsgeschichtlicher Theologie, hg. v. H. Stadelmann, Wuppertal 1984

Schule auf biblischer Basis Grundlagen und Ziele Evangelischer Bekenntnisschulen, hg. v. d. Arbeitsgemeinschaft Evangelischer Bekenntnisschulen (AEBS), Neuhausen- Stuttgart 1985

Schütz, W. Probleme der Predigt, Göttingen 1981

Schweitzer, F. Lebensgeschichte und Religion. Religiöse Entwicklung und Erziehung im Kindes- und Jugendalter, München 1987

Schweitzer, F. Religiöse Bildung als Aufgabe der Schule, in: Religionspädagogisches Kompendium, hg. v. G. Adam; R. Lachmann, Göttingen 1997[5]
Seiß, R. Humane Pädagogik. Liebe – das Zentrum erzieherischen Handelns, Bad Heilbrunn 1986[2]
Seiß, R. Identität und Beziehung. Ein zentraler Aspekt verstehender Entwicklungspsychologie, Neuhausen-Stuttgart 1986
Skowronek, H. Lernen und Lerntheorien, in: Pädagogik. Handbuch für Studium und Praxis, hg. v. L. Roth, München 1991
Smalley, G. Der Schlüssel zum Herzen unseres Kindes, Kehl 1988
Smith, T. Starke Eltern – starke Kids. So gewinnen Sie die Mitarbeit Ihrer Kinder, Marburg a. d. Lahn 1999
Spaemann, R. Emanzipation – ein Erziehungsziel?, in: Tendenzwende hg. v. C. Graf, Stuttgart 1975
Stachel, G. Religiöse Erziehung als offene Frage, in: Handbuch der Religionspädagogik, hg. v. E. Feifel; R. Leuenberger; G. Stachel; K. Wegenast, Bd. 1, Gütersloh; Zürich; Einsiedeln; Köln 1977[2]
Stadelmann, H. Gemeindeaufbau nach dem Neuen Testament als Ziel der Mission, in: Werdet meine Zeugen. Weltmission im Horizont von Theologie und Geschichte, hg. v. H. Kasdorf; F. Walldorf, Neuhausen-Stuttgart 1996
Stadelmann, H. Grundlinien eines bibeltreuen Schriftverständnisses, Wuppertal 1985
Stadelmann, H. Biblische Apokalyptik und heilsgeschichtliches Denken, in: Epochen der Heilsgeschichte. Beiträge zur Förderung heilsgeschichtlicher Theologie, hg. v. H. Stadelmann, Wuppertal 1984
Staub, F. Jugendevangelisation. Eine praktische Anleitung, Berneck 1989
Steiner, H. R. Gottes Plan mit dem Menschen (Scriptum), Juni 1986
Steinmeister, A. Sind Schulen auf biblischer Basis für unsere Kinder wirklich notwendig? in: Bibel und Gemeinde, hg. v. Bibelbund, Waldbronn Nr. 3/1990
Stoll, C.-D. Umstrittene Verfasserschaft am Beispiel des Jesaja-Buches, in: Dein Wort ist die Wahrheit. Festschrift für Gerhard Maier. Beiträge zu einer schriftgemäßen Theologie, hg. v. E. Hahn; R. Hille; H.-W. Neudorfer, Wuppertal 1997
Stolz, J. Evangelikalismus und Bekehrung in der deutschen Schweiz. Eine theoretische und quantitativ-empirische Untersuchung, Zürich 1993
Stoodt, D. Von der religiösen Erziehung zur religiösen Sozialisation, in: Religiöse Sozialisation, hg. v. M. Arndt, Stuttgart 1975
Stückelberger, A. Erziehung als Herausforderung, Zürich 1966

Stückelberger, A. Grundlagen und Bausteine christlicher Erziehung. Der Erzieher, das Kind, die Erziehung, Zürich 1946
Stuhlmacher, P. Wie treibt man Biblische Theologie?, Neukirchen-Vluyn 1995
Sturm, W. Religionspädagogische Konzeptionen, in: Religionspädagogisches Kompendium, hg. v. G. Adam; R. Lachmann, Göttingen 1997[5]
Swarat, U. Das Werden des neutestamentlichen Kanons, in: Der Kanon der Bibel, hg.v. G. Maier, Gießen; Basel; Wuppertal 1990
Theobald, D. u. V. Gott liebt nicht nur große Leute. Handbuch für Kinderarbeit, Gießen 1984[5]
Thiede, W. Esoterik – die postreligiöse Dauerwelle. Theologische Betrachtungen und Analysen, Neukirchen-Vluyn 1995
Thiede, W. Religion als Esoterik, in: Ein jedes Herz in seiner Sprache ... Religiöse Individualisierung als Herausforderung für die Kirchen. Kommentare zur Studie »Jede(r) ein Sonderfall? Religion in der Schweiz«, hg. v. M. Krüggeler; F. Stolz, Bd. 1, Zürich; Basel 1996
Thomae, H. Psychologische Anthropologie, in: Pädagogik. Handbuch für Studium und Praxis, hg. v. L. Roth, München 1991
Tiesmeyer, L. Die Erweckungsbewegung in Deutschland während des 19. Jahrhunderts, Bd. 1, Kassel 1901
Toews, J. J. Glückliche Familie – nach Gottes Plan, Neuwied 1982[2]
Trautner, H. M. Lehrbuch der Entwicklungspsychologie, Bd. 1, Göttingen; Toronto; Zürich 1978
Uhl, S. Die Mittel der Moralerziehung und ihre Wirksamkeit, Bad Heilbrunn 1996
Utz, K. Wenn Familien Probleme haben. Chancen und Grenzen der Familienarbeit im Kindergarten, Freiburg; Basel; Wien 1997
van der Ploeg, P. Familie und religiöse Sozialisation Jugendlicher, in: Jahrbuch der Religionspädagogik, hg. v. P. Biehl; Ch. Bizer; H. G. Heimbrock; F. Rikkers, Bd. 4, Neukirchen-Vluyn 1988
Veith, H. Theorien der Sozialisation. Zur Rekonstruktion des modernen sozialisationstheoretischen Denkens, Frankfurt; New York 1996
Velten, D. Das Kind und die Gemeinde, in: Ratgeber Erziehung, hg. v. O. Schaude; D. Velten, Wuppertal; Zürich 1991
Vierzig, S. Lernziele und Religionsunterricht, Zürich; Einsiedeln; Köln 1970
Vitz, P. Der Kult ums eigene Ich. Psychologie als Religion, Gießen; Basel 1995
Völkel, A. Testfeld Leben. Theologie und Erfahrung – miteinander statt gegeneinander, Wuppertal 1998

von Padberg, L. Auf der Suche nach dem neuen Menschen, in: Bibel und Gemeinde, hg. v. Bibelbund, Waldbronn Nr. 1/1990
von Padberg, L. 1968-1998: Bilanz nach 30 Jahren Emanzipation, in: Bibel und Gemeinde. Zeitschrift des Bibelbundes, Reiskirchen, Nr. 1/1999
von Padberg, L. Die Bibel. Grundlage für Glauben, Denken und Erkennen, Neuhausen-Stuttgart 1986
von Padberg, L. Die neue Spiritualität, Informationen über das New Age, in: Bibel und Gemeinde, hg. v. Bibelbund, Waldbronn Nr. 2/1988
von Padberg, L. Freiheit und Autorität, Wuppertal 1984
von Padberg, L. Ethik im Spannungsfeld von Selbstverwirklichung und Gottesorientierung, in: Das Fundament, hg. v. DCTB, Korntal-M, Nr. 7/1988,
von Wright, G. H. Normen, Werte und Handlungen, Frankfurt a. M. 1994
Wanner, W. Mach mehr aus Dir. Schritte zur Erweiterung und Vertiefung der Persönlichkeit. Wege zur Ganzheit, Gießen 1984[2]
Wanner, W. Seelische Krisen erkennen, verstehen, bewältigen, Gießen 1985[2]
Wanner, W. Wer bin ich – wer bist Du? Handbuch Jugendpsychologie, Gießen; Basel 1984[3]
Warum bis zur Ehe warten? Eine medizinisch-seelsorgerliche Antwort, hg. v. W. Furch, Wuppertal; Zürich 1990[2]
Weber, E. Pädagogik. Eine Einführung. Grundfragen und Grundbegriffe. Ontogenetische Voraussetzungen der Erziehung – Notwendigkeit und Möglichkeit der Erziehung, Bd. 1/Teil 2, Donauwörth 1996[8]
Weber, E. Pädagogik. Eine Einführung. Grundfragen und Grundbegriffe. Pädagogische Anthropologie. Phylogenetische (bio- und kulturevolutionäre) Voraussetzungen der Erziehung, Bd. 1/Teil 1, Donauwörth 1995[8]
Wegenast, K. Evangelische Erwachsenenbildung, in: Gemeindepädagogisches Kompendium, hg. v. G. Adam; R. Lachmann, Göttingen 1987
Wegenast, K. Religionsdidaktik Grundschule, Stuttgart; Berlin; Köln; Mainz 1983
Wegenast, K. Schule, in: Handbuch religionspädagogischer Grundbegriffe, hg. v. G. Bitter; G. Miller, Bd. 1, München 1986
Wegenast, K.; Lämmermann, G., Gemeindepädagogik. Kirchliche Bildungsarbeit als Herausforderung, Stuttgart; Berlin; Köln 1994
Weisskopf, T. Das Ringen um ein Menschenbild in der Pädagogik, in: Das heutige Menschenbild, Entwürfe und Ansätze, hg. v. M. Svilar, Bern; Frankfurt a. M.; New York; Paris 1989
Wenham, J. Jesus und die Bibel. Autorität, Kanon und Text des Alten und Neuen Testaments, Holzgerlingen 2000

Werner, R. Anders als die anderen?, in: Alles Sex oder was?, hg. v. J. Höppner; M. Hübner; K. Nieland, Asslar 1996
West, M. Ein Märchen berauscht die Welt, in: Brückenbauer. Wochenzeitung der Migros, Basel Nr. 31/1999
Westermann, C. Biblischer Kommentar. Genesis 1-11, Bd. 1/Teil 1, Neukirchen-Vluyn 1974
Westmeier, A.; v. Aesch, E.; Glöckl, P., Ich habe es überlebt. Das dunkle Geheimnis: Sexueller Mißbrauch, Wuppertal; Bern 1997
Wetter, E. Spaß an Büchern, in: Ratgeber Erziehung, hg. v. O. Schaude; D. Velten, Wuppertal; Zürich 1991
Wieske, G. Gemeindepädagogik für die Praxis, Bornheim; Bonn 1998
Wilder-Smith, A. E. Die Erschaffung des Lebens, Neuhausen-Stuttgart 1972
Wilder-Smith, A.E. Herkunft und Zukunft des Menschen, Basel; Gießen 1966
Winkel, R. Von Solingen bis Mölln. Gewalt und Gewaltbereitschaft bei Schülerinnen und Schülern, in: Jugend heute. Wege in die Autonomie, hg. v. J. W. Erdmann; G. Rückriem; E. Wolf, Bad Heilbrunn 1996
Wohlenberg, D. G. Der erste und zweite Petrusbrief und der Judasbrief, in: Kommentar zum Neuen Testament, hg. v. Th. Zahn, Leipzig 1915[2]
Wright, N. Tips für Eltern. Kindererziehung heute, Bad Liebenzell 1980
Wünsche, K. Die Endlichkeit der pädagogischen Bewegung, in: Neue Sammlung, Nr. 25/1985
Yarbrough, R. W. Hermeneutik von 1. Timotheus 2,12, in: Frauen in der Kirche. 1. Timotheus 2,9-15 kritisch untersucht, hg. v. A. J. Köstenberger; Th. R. Schreiner; H. S. Baldwin, Gießen; Basel 1999
Zander, D.; Celek, T. Wen(n) Kirche nicht mehr zieht. Die MTV-Generation – was sie fühlen, was sie glauben, Wiesbaden 1997
Zdarzil, H. Zum Menschenbild Johann Gottfried Herders, in: Menschenbilder. Festschrift für Rudolf Lassahn, hg. v. C. Menze; G. P. Bunk; B. Ofenbach, Frankfurt a. M.; Berlin; Bern; New York; Paris; Wien 1993
Zeltner, E. Generationen-Mix, Bern 1998
Zils, F. Kirche und Erwachsenenbildung, Frankfurt a. M. 1997
Zindel, H. Im Spannungsfeld der Generationen leben. Hilfestellung im Umgang miteinander, Neuhausen-Stuttgart 1992
Zulliger, H. Das Strafen in der Erziehung. Seelenkundliche und erzieherische Betrachtungen. Schriftenreihe der Schweizerischen Vereinigung Schule und Elternhaus, Meiringen Nr. 20/1981[3]
Zwierlein, E. Heilige Schrift, historisch-kritische Methode und Hermeneutik, in: Bibel und Gemeinde, hg. v. Bibelbund, Waldbronn Nr. 2/1991

hänssler

Weitere Titel aus der Theologie-Reihe:

Erich Mauerhofer
Einleitung in die Schriften des Neuen Testaments
Band 1
Matthäus – Apostelgeschichte
Pb, 310 S.
Nr. 392.218, ISBN 3-7751-2218-4

Band 2
Römer – Offenbarung
Pb, 320 S.
Nr. 392.340, ISBN 3-7751-2340-7

Das ist seit Jahren die erste deutschsprachige Einleitung ins Neue Testament auf bibeltreuer Basis. Fragen zur Zuverlässigkeit des Neuen Testaments und seiner historischen Entstehungssituation wurden hier zusammenhängend beantwortet.
Sie finden hier eine Fülle von Material aus neutestamentlicher Zeit bis zur heutigen Forschung. Die Verfasser stellen verschiedene Positionen übersichtlich dar und begründen ihren eigenen bibeltreuen Standpunkt. Mit ausführlichen Quellenhinweisen und sachlich nachvollziehbaren Argumentationen werden Fragen um die Entstehung der neutestamentlichen Schriften entschlüsselt. Daneben wird jeweils auch eine bibelkundliche Übersicht über die einzelnen Schriften vermittelt.
Eine ideale Studiengrundlage für jeden, der sich mit Theologie beschäftigt!

Bitte fragen Sie in Ihrer Buchhandlung nach diesen Büchern!
Oder schreiben Sie an den Hänssler Verlag, D-71087 Holzgerlingen